D、現在完成進行式...14
E、過去完成進行式...14
F、未來完成進行式...15
六、動名詞...15
七、動詞個過去時態所加個助詞「矣 Ev」...............16
八、動詞過去時態助詞「矣 Ev」個變音...................16
動詞總彙...18
A..20
B..23
C..48
CH..62
D..72
E..98
F..99
G..127
H..178
I...211
J...241
K..252
L...282
M...309
N..327
NG..336
O..360
P...363
S...391
T...448
TS...484
U..527
W...538
Y...541
Z...551

動詞　　TUNG^ TSv　　（摘錄自拙著「客家語文文法」一書）

動詞係用來表示動作、狀態或功用個字詞。
(TUNG^ TSv HE^ YUNG^ LOIv BEU` S^ TUNG^ ZOG` , TSONG^ TAI^ FED^ GUNG YUNG^ GE^ S^ TSv)

一、 外動詞，又稱及物動詞 ： 動作外射到他人或他物。

(NGOI^ TUNG^ TSv , YU^ TSN KIB^ UD^ TUNG^ TSv : TUNG^ ZOG` NGOI^ SA^ DO^ TA NGINv FED^ TA UD^)

1、處分事物：做、放、種、煮、食、製造、保存 ....(TSU` FUN S^ UD^ : ZO^ , BIONG^ , ZUNG^ , ZU` , SD^ , Z^ TSO^ , BO` SUNv ....)

* 用白布做衫著（ YUNG^ PAG^ BU^ ZO^ SAM ZOG` 用白布做上衣穿 ）。
* 糯米做個甜粄、紅粄也、圓粄也（ NO^ MI` ZO^ GE^ TIAMv BAN` , FUNGv BAN` NE` , IANv BANv NE` 糯米做的年糕、紅米粄、湯圓 ）。
* 書同字典放于在桌上（ SU TUNGv S^ DIEN` BIONG^ NGA^ TSOI ZOG` HONG^ 書和字典放在桌上 ）。
* 洗好個衫褲愛摺好，放于衣櫥肚裏（ SE` HO` GE^ SAM FU^ OI^ ZAB` HO` , BIONG^ NGA^ I TSUv DU` LI 洗好的衣服要摺好，放在衣櫥中 ）。
* 人種蔬菜、五穀來做食物（ NGINv ZUNG^ SU TSOI^ , NG` GUG` LOIv ZO^ SD^ UD^ 人種蔬菜、五谷來做食物 ）。
* 種樹造林，有盡大個利益可圖（ ZUNG^ SU^ TSO^ LIMv , YU CHIN^ TAI^ GE^ LI^ ID` KO` TUv 種樹造林，有很大的利益可圖 ）。
* 煮飯、炒菜、煎魚、燉肉、煲湯，係食物個烹調方法（ ZU` FAN^ , TSAU` TSOI^ , JIEN NGv , DUN NGYUG` , BO TONG , HE^ SD^ UD^ GE^ PEN TIAUv FONG FAB` ）。
* 每日三餐個煮食，愛用盡多時間（ MI NGID` SAM TSON GE^ ZU` SD^ , OI^ YUNG^ CHIN^ DO Sv GIAN 每天三餐的煮食，要用很多時間 ）。
* 牛食草,人食飯（ NGYUv SD^ TSO^ , NGINv SD^ FAN^ 牛吃草，人吃飯 ）。
* 造紙工廠製造各種紙張（ TSO^ Z` GUNG TSONG` Z^ TSO^ GOG` ZUNG` Z` ZONG ）。
* 人發明馬口鐵個罐頭，來保存食物（ NGINv FAD` MINv MA HEU` TIED` GE^ GON^ TEUv , LOIv BO` SUNv SD^ UD^ ）。
* 這個古董時鐘，已經保存一百年矣（ IA` GE^ GU` DUNG` Sv ZUNG , I` GIN BO` SUNv ID` BAG` NGIANv NEv ）。

2、經驗方法:看、聽、想、知 記得 ....(GIN NGIAM^ FONG FAB` : KON^ , TANG , CIONG` , DI , GI^ DED` ....)

* 伊看書、看電視都盡專心（ Iv KON^ SU , KON^ TIEN^ S^ DU CHIN^ ZON CIM 他看書、看電視都很專心 ）。
* 我一轉身，就看不到人矣！（ NGAIv ID` ZON` SN , CHIU^ KON^ Mv DO` NGINv NEv！ 矣＝了）
* 耳聾個人，聽不到人講話（ NGI` LUNG GE^ NGINv , TANG Mv DO` NGINv GONG` FA^ ）。
* 我冇想到你會恁遽就來矣！（ NGAIv MOv CIONG` DO` Nv UOI^ AN` GIAG` CHIU^ LOIv IEv！ 我沒想到你會這麼快就來了！）
* 莫去想以前個傷心事！（ MOG^ HI^ CIONG` I CHIANv GE^ SONG CIM S^！ 別去想以前的傷心事 ）！

8、表示關係..6
二、內動詞..6
1、通常動作..6
2、情意作用..7
三、同動詞..7
1、決定個同動詞..7
2、推較個同動詞..7
四、助動詞..8
1、表示可能..8
2、表示意志..8
3、表示當然..8
4、表示必然..9
5、表示或然..9
6、表示被動..9
7、表示趨勢..10
五、動詞個時態..10
1、簡單式..10
A、現在時態..10
a、表示現在個事實、狀態或動作..10
b、表示習慣性個動作..10
c、表示不變個真理、事實或格言..11
B、過去時態..11
a、在動詞後加「矣」..11
b、在動詞與「矣」之間加相關個完成字..11
c、在動詞之前先表明過去個時間..11
C、未來時態..11
2、完成式..11
A、現在完成式..12
a、表示到目前為止動作個完成..12
b、表示從過去繼續到現在個動作或狀態..12
c、表示到現在為止個經驗..12
B、過去完成式..12
a、表示到「過去某時」為止個動作完成..12
b、表示到「過去某時」為止個經驗..13
C、未來完成式..13
3、進行式..13
A、現在進行式..13
a、現在繼續或正在進行個動作..13
b、即時發生個動作或預定個計畫..13
B、過去進行式..14
a、過去某時正在繼續或進行中個動作..14
b、過去某時個意圖或即將發生個事..14
C、未來進行式..14

客家語文動詞總彙

編輯大意　　轉載自拙著「客家語文文法」一書（以客家語文書寫）

文法係語文個程式、規律，這種程式、規律多為經年累月積聚成個習慣，客家語文也有其習慣個程式、規律，我等使用客家語文，若與此種程式、律不符，所寫個文章或所講個話語，將無法使人了解意欲表達個心意，昇評為文法、語法錯誤。

筆者三、四十年來，自"常用客話字典"、"漢字客家語文字典"、"客家語讀本100課"、"聽聲看圖學客話"、"客家語文有聲字典"及"客家語文有聲辭海電子書"等書個寫作中，深深覺察到研究客家語文，必須融會貫通客家語文個程式、規律，冇論寫作、講話，才能得心應手、正確無誤。

客家語文個文法有其獨特面，與他種語文個文法、語法不盡相同，因此，寫客家文或講客家話，不能使用他種語文個程式、規律來表達；目前各書坊又無專門談及客家語文文法、語法個書籍，筆者及鑒於此，乃憑藉四、五十年寫、講客家語文個經驗，琢磨各種詞類個結構、律例，嘗試"客家語文文法"個編寫，也與他種文法書一樣，分類為名詞、代名詞、形容詞、副詞、動詞、介系詞、連接詞、助詞及感嘆詞等九大詞類，說明各種詞類個用法，並以例句示範解說，用通順漢字客家語文書寫，以萬國羅馬音韻標注客話發音、用現代通用華文直譯，匯聚成此「客家語文文法」一書，有意提供並幫助有志研究客家語文個同好、鄉親有法可據、有路可循，也提供書中所列個例句，當作「讀本」閱讀，用於協助同好研習客家語文。

惟因筆者才疏學淺，遺誤之處難免，尚祈諸位賢達先進不吝賜正，共襄傳承、保留客家語文文化之盛舉。

　　　　　　　　　　　　　　劉丁衡　1996年6月　謹識於美國密西根
（1999年10月重新打字, 2007年3月修訂, 2010年8月再次修訂）

從這"客家語文文法"書中特別引出「動詞」一章，並蒐羅所有個動詞單字及字詞，彙集成此冊「客家語文動詞總彙」，也用於協助同好研習客家語文個參考。

　　　　　　　　　　　　　　　　　劉丁衡　謹識　2015年8月

目錄

動詞 3
一、外動詞 3
1、處分事物 3
2、經驗方法 4
3、交接事物 4
4、交涉人事 4
5、認定名義 5
6、變更書物 5
7、情意作用 6

* 我還記得三歲時做過個事（NGAIv HANv GI^ DED` SAM SE^ Sv ZO^ GO^ GE^ S^）。

3、交接事物：送、寄、賞、教、交付……（GAU JIAB` S^ UD^ : SUNG^ , GI^ , SONG` , GAU , GAU FU^ ……）

* 伊送一本字典分我（Iv SUNG^ ID` BUN` S^ DIEN` BUN NGAIv 他送一本字典給我）。
* 購買寒衣，贈送窮困個人（GIEU MAI HONv I, ZEN^ SUNG^ KYUNGv KUN^ GE^ NGINv）。
* 車禍受傷個人，送去醫院矣（TSA FO^ SU^ SONG GE^ NGINv , SUNG^ HI^ I IAN^ NEv）。
* 我接到一封對英國寄來個航空掛號信（NGAIv JIAB` DO` ID` FUNG DUI^ IN GUED` GI^ LOIv GE^ HONGv KUNG GUA^ HO^ CIN^ 對＝從）。
* 昨暗晡寫好個信也，已經寄出去矣（TSOv AM^ BU CIA` HO` GE^ CIN^ NE`, I` GIN GI^ TSUD` HI^ IEv 昨夜寫好的信，已經寄出去了）。
* 得到第一名個，賞一千元獎金（DED` DO` TI^ ID` MIANGv GE^ , SONG` ID` CHIEN IANv JIONG` GIM）。
* 吾哥教書，教到退休（NGA GO GAU SU , GAU DO^ TUI^ HYU 我哥哥教書，教到退休）。
* 五歲起始，吾母就教我彈鋼琴（NG` SE^ HI` S^, NGA ME CHIU^ GAU NGAIv TANv GONG^ KIMv 五歲起，我媽就教我彈鋼琴）。
* 乃爸臨終時，交付一本重要文件分伊（IA BA LIMv ZUNG Sv , GAU FU^ ID` BUN^ TSUNG^ IEU^ UNv KIAN^ BUN Iv 他父親臨終時，交付一本重要文件給他）。

4、 交涉人事：使、令、請、喚、要求、請求、答應、拜託、囑咐、允許、禁止……（ GAU SAB^ NGINv S^ : S` , LIN^ , CHIANG` , UON^ , IEU KYUv , CHIANG` KYUv , DAB` IN^ , BAI^ TOG` , ZUG` FU^ , YUN HI` , GIM^ Z` ……）

* 堵到難解決個事，使伊一暗晡睡不得（DUv DO` NANv GIAI` GIAD` GE^ S^ , S` Iv ID` AM^ BU SOI^ Mv DED` 遇到難解決個事，使他一夜睡不著）。
* 伊乃父親突然去世，這事實令伊一時無法接受（Iv IA FU^ CHIN TUD` IANv KI^ S^ , IA` S^ SD^ LIN Iv ID` Sv Uv FAB` JIAB` SU^ 他的父親突然去世，這事實令他一時無法接受）。
* 你講這個理由，不會令人信服（Nv GONG` IA` GE^ LI YUv , Mv UOI^ LIN^ NGINv CIN^ FUG^）。
* 請先生來教，比伊自家讀，較有效（CHIANG` CIN SANG LOIv GAU , BI` Iv TS^ GA TUG^ , GO^ YU HAU` 請老師來教，比自己讀有效）。
* 請先生來教，比伊自家讀，較有效（CHIANG` CIN SANG LOIv GAU , BI` Iv TS^ GA TUG^ , GO^ YU HAU` 請老師來教，比自己讀有效）。

* 伊乃主管，喚伊去處理該未了結個事（Iv IA ZU` GON`, UON` Iv HI^ TSU` LI GE^ MANGv LIAU` GIAD` GE^ S^ 他的主管，使喚他去處理那未了結的事）
* 吾爸喚我來問你，愛怎焉同阿公做生日？（NGA BA UON` NGAIv LOIv MUN^ Nv, OI^ NGIONG` NGE TUNGv A GUNG ZO^ SANG NGID`？ 我爸叫我來問你，要如何給祖父做生日？）
* 一群學生也，來要求某教授，改善伊乃教書習慣（ID` KYUNv HOG^ SANG NGE`, LOIv IEU KYUv MEU GAU^ SU^, GOI` SAN^ Iv IA GAU SU CIB^ GON^ 伊乃 = 他的）。
* 村民請求在村中設立一所小學校個提案，教育廳已經答應矣（TSUN MINv CHIANG` KYUv TSOI TSUN ZUNG SAD` LIB^ ID` SO` SEU` HOG^ GAU` GE^ TIv ON^, GAU^ YUG` TANG I` GIN DAB` IN^ NEv）。
* 競選個人，沿街拜託大家投票分伊（GIN^ CIEN^ GE^ NGINv, IANv GIAI BAI^ TOG` TAI^ GA TEU^ PEU^ BUN Iv 競選的人，沿街拜託大家投票給他）。
* 出門時，伊阿母一再囑咐伊愛小心駛車也（TSUD` MUNv Sv, Iv A ME ID` ZAI^ ZUG` FU^ Iv OI^ SEU` CIM S` TSA E` 出門時，他媽媽一再囑咐他要小心駕駛）。
* 禁止進入個園區，愛得到允許才可以入去（GIM^ Z` JIN^ NGIB^ GE^ IANv KI, OI^ DED` DO` YUN HI` ZANG^ KO` I NGIB^ HI^ 禁止進入的園區，要得到允許才可以進入）。

5、認定名義：認、喊、稱、謂、安名、安到.......（NGIN^ TIN^ MIANGv NGI^：NGIN^, HAM^, TSN, WI^, ON MIANGv, ON DO^.......）
* 三個月大個嬰孩也，就會認人矣（SAM GE^ NGIAD^ TAI^ GE^ ONG NGAv E`, CHIU^ UOI^ NGIN^ NGINv NEv 三足月的嬰兒，就會認人了）。
* 伊五十歲矣還冇子女，就認伊老妹個賁也做賁也（Iv NG` SB^ SE^ Ev HANv MOv Z` NG`, CHIU^ NGINv Iv LO` MOI^ GE^ LAI^ IE` ZO^ LAI^ IE` 他五十歲了還沒有子女，就認養他妹妹的兒子為兒子）。
* 阿母個老妹，愛喊阿姨，阿母個阿哥愛喊阿舅（A ME GE^ LO` MOI^, OI^ HAM^ A Iv, A ME GE^ A GO OI^ HAM^ A KYU 媽媽的妹妹，要叫阿姨，媽媽的哥哥要叫舅舅）。
* 老公個阿哥，稱為大伯、老弟稱為細叔（LO` GUNG GE^ A GO, TSN WIv TAI^ BAG`, LO` TAI TSN WIv SE^ SUG` 老公的哥哥稱為大伯、弟弟稱為小叔）。
* 親戚之間個稱謂，甚為複雜，不可喊不著矣（CHIN CHID` Z GIAN GE^ TSN WI^, SM^ WIv FUG^ TSAB^, Mv HO` HAM^ Mv TSOG^ GEv 喊不著矣 = 叫錯了）。
* 男女嫁娶，謂之結婚（NAMv NG` GA^ CHI`, WI^ Z GIAD` FUN）。
* 昨晡日穹(娩)個嬰孩也，我同伊安名，安到"顯榮"（TSOv BU NGID` GYUNG^ GE^ ONG NGAv E`, NGAIv TUNGv Iv ON MIANGv, ON DO^ "HIAN^ YUNGv" 昨天出生的嬰兒，我給他取名叫"顯榮"）。

6、變更書物：改、刪、變、化、分、合、融 ....(BIEN^ GIEN^ SU UD^ : GOI`, SAN, BIEN^, FA^, FUN, HAB^, YUNGv ....)

* 國文先生改作文，有盡多錯字冇改（ GUED` UNv CIN SANG GOI` ZOG` UNv, YU CHIN^ DO TSO^ S^ MOv GOI` 國文老師改作文，有很多錯字沒改正 ）。
* 用電腦寫文章，可以刪改，也可以增添（ YUNG^ TIEN^ NO` CIA` UNv ZONG, KO` I SAN GOI`, IA KO` I ZEN^ TIAM ）。
* 水冷卻會變冰塊，加熱又會變水蒸氣（ SUI` LANG KIOG` UOI^ BIEN^ BEN KUAI^, GA NGIAD^ YU^ UOI^ BIEN^ SUI` ZN HI` ）。
* 糖疙浸于水中，就會化為糖水（ TONGv KID^ JIM^ MA^ SUI` ZUNG, CHIU^ UOI^ FA^  WIv TONGv SUI` 糖塊浸在水中，就會化為糖水 ）。
* 樹大分杈，人大分家（ SU^ TAI^ FUN TSA=UA, NGINv TAI^ FUN GA ）。
* 兩兄弟結婚後，就分開來歇矣（ LIONG` HYUNG TI^ GIAD` FUN HEU^, CHIU^ FUN KOI LOIv HED^ LEv 兩兄弟結婚後，就分開來住了 ）。
* 兩姊妹結婚後，合起來經商，盡賺錢（ LIONG` JI` MOI^ GIAD` FUN HEU^, HAB^ HI` LOIv GIN SONG, CHIN^ TSON^ CHIENv 盡賺錢 = 很賺錢 ）。
* 師生感情融為一體，親像一家人一樣（ S SEN GAM` CHINv YUNGv WIv ID` TI`, CHIN CHIONG^ ID` GA NGINv ID` IONG^ ）。
* 鹽放于碗上，幾下個月冇弇，融歇矣（ IAMv BIONG^ NGA UON` HONG^, GI` HA GE^ NGIAD^ MOv GIEMv, YUNGv HED` LEv 鹽放在碗裏，好幾個月沒加蓋，融解掉了 ）。

7、情意作用：愛、恨、惜、孬、希望、憂慮、嫉妒、贊成 ....
(CHINv I^ ZOG` YUNG^ : OI^, HEN^, CIAG`, NAU, HI UONG^, YUv LI^, CHID^ DU^, ZAN^ SNv ....)

* 父母愛子女，子女愛父母（ FU^ MU OI^ Z` NG`, Z` NG` OI^ FU^ MU ）。
* 伊恨乃哥，兩兄弟變成仇敵矣，(Iv HEN^ IA GO, LIONG` HYUNG TI^ BIEN^ SNv SUv TID^ DEv 他恨他的哥哥，兩兄弟變成仇敵了 ）。
* 伊係伊乃爸最細個崽也，所以特別惜伊（ Iv HE^ Iv IA BA ZUI^ SE^ GE^ LAI^ IE`, SO` I TID^ PED^ CIAG` Iv 他是他爸爸最小的兒子，所以特別惜愛他 ）。
* 伊惜伊乃大心舅，孬伊乃細心舅（ Iv CIAG` Iv IA TAI^ CIM KYU, NAU Iv IA SE^ CIM KYU 她疼愛她的大媳婦，不疼愛她的小媳婦 ）。
* 伊乃母希望伊成為律師（ Iv IA ME HI UONG^ Iv SNv WIv LID^ S 伊乃母 = 她的媽媽 ）。
* 不使憂慮恁多，就照原計畫進行（ Mv S` YUv LI^ AN` DO, CHIU^ ZEU^ NGIANv GIE^ UAG^ JIN HANGv 不必憂慮這麼多，就照原計畫進行 ）。
* 伊嫉妒伊乃朋友比伊強，才會謀殺伊（ Iv CHID^ DU^ Iv IA PENv YU BI` Iv KIONGv, ZANG^ UOI^ MEUv SAD^ Iv 他嫉妒他的朋友比他強，才會謀殺他 ）。
* 大家都贊成你恁呢做（ TAI^ GA DU ZAN^ SNv Nv AN` NE ZO^ 大家都贊成你這麼做 ）。

8、表示關係：有、冇、關於、屬於 ....(BEU` S^ GUAN HE^ : YU, MOv, GUAN I, SUG^ I ....)

* 伊有兩個老弟，冇老妹（Iv YU LIONG` GE^ LO` TAI, MOv LO` MOI^ 她有兩個弟弟，沒有妹妹）。
* 我今晡日冇去上課（NGAIv GIM BU NGID` MOv HI^ SONG^ KO^ 我今天沒去上課）。
* 錢有冇不重要，最重要個係伊有能力冇？（CHIENv YU MOv Mv TSUNG^ IEU^, ZUI^ TSUNG^ IEU^ GE^ HE^ Iv YU NENv LID` MOv？錢有沒有不重要，最重要的是他有能力沒有？）
* 我負責設計關於都市計畫個排水系統（NGAIv FU^ JID` SAD` GIE^ GUAN I DU S^ GIE^ UAG^ GE^ PAIv SUI` NE^ TUNG^）。
* 這公司係屬於伊等家族個關係企業（IA` GUNG S HE^ SUG^ Iv IEN GA TSUG^ GE^ GUAN HE^ KI NGIAB^ 這公司是屬於他們家族的關係企業）。

二、 內動詞，又稱不及物動詞： 其動作內擬，止於己身。
（NUI^ TUNG^ TSv, YU^ TSN BUD` KIB^ UD^ TUNG^ TSv : KIv TUNG^ ZOG` NUI^ NGIv, Z` I GI` SN）

1、通常動作：來、去、聽、走、生、死、休息 ....（TUNG SONGv TUNG^ DOG` : LOIv, HI^, TANG, ZEU`, SANG, CI`, HYU CID`...... ）
* 我等來去參觀汽車工廠！（NGAIv NEN LOIv HI^ TSAM GON HI^ TSA GUNG TSONG` 來去 = 去．到 ..... 去）！
* 頭先，吾嫂去市場買菜（TEUv CIEN, NGA SO` HI^ S^ TSONGv MAI TSOI^ 剛才，我嫂嫂到市場去買菜）。
* 我等來去公園散步！（NGAIv NEN LOIv HI^ GUNG IANv SAN^ PU^！我們到公園去散步！）
* 伊等去聽林博士演講矣（Iv IEN HI^ TANG LIMv BOG` S^ IAN GONG` NGEv 他們去聽林博士演講了）。
* 打早我去操場走矣三千公尺（DA` ZO` NGAIv HI^ TSAU TSONGv ZEU` UEv SAM CHIEN GUNG TSAG^ 打早 = 清早，走 = 跑）。
* 上禮拜種個樹也，生矣！（SONG^ LI BAI^ ZUNG^ GE^ SU^ UE`, SANG NGEv！上禮拜種的樹活了！）。
* 病矣三年個狗也，昨晡日死歇矣（PIANG^ NGEv SAM NGIANv GE^ GIEU` UE`, TSOv BU NGID` CI` HED` LEv 病了三年的狗，昨天死了）。
* 人個生死，自家冇法掌握（NGINv GE^ SANG CI`, TS^ GA MOv FAB` ZONG` AG` 人的生死，自己無法掌握）。
* 做矣一朝晨矣，可以休息矣（ZO^ UEv ID` ZEU SNv NEv, KO` I HYU CID` LEv！做了一個上午了，可以休息了！）

2、情意作用：歡喜、驚、嗷、謔、愩、悲傷、喜怒哀樂 ......（CHINv I^ ZOG` YUNG^ : FON HI`, GIANG, GIEU^(哭), NAG`(笑), KIEN`(生氣), BI SONG, HI` NU^ OI LOG^ .... ）
* 伊歡喜于目汁都流出來矣（Iv FON HI` IA^ MUG` ZB` DU LIUv TSUD` LOIv IEv 她高興得眼淚都流出來了）。

* 貓也聽到雷公響，驚于緊顫（MEU^ UE` TANG DO` LUIv GUNG HIONG`, GIANG NGA^ GIN` ZUN 貓聽到打雷，怕得一直發抖）。
* 嬰孩也一出歲，就大聲嗷方停（ONG NGAv E` ID` TSUD` SE^, CHIU^ TAI^ SANG GIEU^ MOv TINv 嬰兒一出世，就哭不停）。
* 莫譴人不知見笑，你自家乜共樣！（MOG^ NAG` NGINv Mv DI GIAN^ SEU^, Nv TS^ GA MA KYUNG^ IONG^ 別笑人不知羞恥，你自己也一樣！）
* 你看伊，慍于面烏歇矣！（Nv KON^ Iv, KIEN` NA^ MIEN^ U HED` LEv！你看她，氣得臉都黑了！）
* 伊悲傷過度，暈歇矣！（Iv BI SONG GO^ TU^, FUNv HED` LEv！她悲傷過度，暈過去了！）
* 人有喜怒哀樂，天有晴雨風雲（NGINv YU HI` NU^ OI LOG^, TIEN YU CHIANGv I` FUNG YUNv）。

三、 同動詞： 有動性、有動態。
　　　（TUNGv TUNG^ TSv：YU TUNG^ CIN^, MOv TUNG^ TAI^）

1、決定個： 係(是)、就係(就是)、不係(不是)、即、非、乃係 ....
　　（GIAD` TIN^ GE^：HE^, CHIU^ HE^, Mv HE^, JID`, FI, NAI　HE^ ....）
* 我係堂堂正正個男人（NGAIv HE^ TONGv TONGv ZN^ ZN^ GE^ NAMv NGINv 我是堂堂正正的男人）。
* 係就講係，不係就講不係，愛誠實（HE^ CHIU^ GONG` HE^, Mv HE^ CHIU^ GONG` Mv HE^, OI SNv SD^ 是就說是，不是就說不是，要誠實）。
* 會騙人個人，就係不誠實個人（UOI^ PIEN^ NGINv GE^ NGINv, CHIU^ HE^ Mv SNv SD^ GE^ NGINv 會騙人的人，就是不誠實的人）。
* 不係我不同你講，實在係因為我不知（Mv HE^ NGAIv Mv TUNGv Nv GONG`, SD^ TSAI^ HE^ IN WI^ NGAIv Mv DI 不是我不告訴你，實在是因為我不知道）。
* 時間即金錢（Sv GIAN JID` GIM CHIENv）。
* 此非小鳥，乃係鴛鴦（TS` FI SEU` NGIAU, NAI HE^ IAN IONG）。

2、 推較個： 像、似、如 ....（TUI GAU` GE^：CHIONG^, S^, Iv ....）
* 伊像伊阿爸恁固執（Iv CHIONG^ Iv A BA AN^ GU^ ZB` 他像他爸一樣固執）。
* 外甥相似舅，意思係講外甥也生到親像阿舅（NGOI^ SEN CIONG S^ KYU, I^ S^ HE^ GONG` NGOI SEN NE` SANG`DO` CHIN CHIONG^ A KYU 外甥相似舅，意思是說外甥長得像舅舅）。
* 潔白似雪，係講白色個．洗于像白雪恁白（GIAD` PAG^ S^ CIED`, HE^ GONG` PAG^ SED` GE^, SE` IA CHIONG^ PAG^ CIED` AN` PAG^ 潔白如雪，是說白色的，洗得像白雪這麼白）。
* 日月如梭，意思係講時間遽過（NGID` NGIAD^ Iv SO, I^ S^ HE^ GONG` Sv GIAN　GIAG` GO^ 日月如梭，意思是說時間快過）。

四、 助動詞： 幫助動詞個動詞。通常放于主動詞頭前。
(TSU^ TUNG^ TSv : BONG TSU^ TUNG^ TSv GE^ TUNG^ TSv . TUNG SONGv BIONG^ NGA^ ZU` TUNG^ TSv TEUv CHIENv)

1、 表示可能： 會、可以、足以、能夠 ....(BEU` S^ KO` NENv : UOI^ , KO` I , JYUG` I , NENv GIEU^ ....)
* 我個車也繕好矣，會行矣（NGAIv GE^ TSA E` ZANG` HO` UEv , UOI^ HANGv NGEv 我的車修好了，會走了）。
* 伊畜個狗也，會開門（Iv HYUG` GE^ GIEU` UE` , UOI^ KOI MUNv 他養的狗，會跟客人開門）。
* 這間屋好，價錢也符合你若預算，可以買（IA` GIAN UG` HO` , GA^ CHIENv IA FUv HAB^ Nv NGIA I^ SON^ , KO` I MAI 這間房屋好，價錢也符合你的預算，可以買）。
* 這本辭海，足以證明你曾經化費長久時間去寫（IA` BUN` TSv HOI` , JYUG` I ZN^ MINv Nv TSENv GIN FA^ FI^ TSONGv GYU` Sv GIAN HI^ CIA` ）。
* 你若薪水能夠維持你等全家個生活嗎？(Nv NGIA CIN SUI` NENv GIEU^ WIv TSv Nv NEN CHIONv GA GE^ SEN FAD^ MAv ?)

2、 表示意志： 愛、想、肯、敢、試、願意、打算 ....(BEU` S^ I^ Z^ : OI^ , CIONG` , HENv , GAM` , TS^ , NGIAN^ I^ , DA` SON^ ....)
* 伊決意愛去投考海軍官校（Iv GIAD` I^ OI^ HI^ TEUv KAU` HOI` GYUN GON GAU` 他決意要投考海軍官校）。
* 我盡早就想買一台鋼琴，下決心來彈（NGAIv CHIN^ ZO` CHIU^ CIONG` MAI ID` TOIv GONG^ KIMv , HA^ GIAD` CIM LOIv TANv 盡早 = 很早）。
* 我問矣伊盡久，伊一直不肯講出原因（NGAIv MUN^ NEv Iv CHIN^ GYU` , Iv ID` TSD^ Mv HEN` GONG` TSUD` NGIANv IN 我問了他很久，他一直不肯說出原因 ）。
* 我到今還不敢泅水，也不敢擲手榴彈（NGAIv DO^ GIM HANv Mv GAM` CHIUv SUI` , IA Mv GAM` JIED^ SU` LIUv TANv ）。
* 下來試泅看哪！水淺淺焉，不會沉死人！(HA LOIv TS^ CHIUv KON^ NA^ ! SUI` CHIEN` CHIEN` NE , Mv UOI^ TSM^ CI` NGINv ! 下來試游游看！水很淺，不會溺死人的！)
* 你因為不願意試駛，所以不會駛車也！(Nv IN WI^ Mv NGIAN^ I^ TS^ S` , SO` I Mv UOI^ S` TSA E` ! 你因為不願意嘗試駕駛，所以不會開車！)
* 你等哪久才打算結婚呢？(Nv NEN NAI^ GYU` ZANG^ DA` SON^ GIAD` FUN NO` ? 你們何時才打算結婚呢？)

3、 表示當然： 應該、應當、愛(要)、須要、當然、宜 ....(BEU` S^ DONG IANv : IN^ GOI , IN^ DONG , OI^ , CI IEU^ , DONG IANv , NGIv ....)

* 向人借錢就應該愛照約定時間還，不可拖欠（HIONG^ NGINv JIA^ CHIENv CHIU^ IN^ GOI OI^ ZEU^ IOG` TIN^ Sv GIAN UANv , Mv HO` TO KIAM^ ）。

* 踏到人個腳，就應當向人賠失禮（TAB^ DO` NGINv GE^ GIOG`, CHIU^ IN^ DONG HIONG^ NGINv POIv SD` LI）。
* 做不著矣，就愛勇於認錯（ZO^ Mv TSOG^ GEv, CHIU^ OI^ YUNG` I NGIN^ TSO^）。
* 這個契約，雙方都有意見，須要修正（IA` GE^ KIE^ IOG`, SUNG FONG DU YU I^ GIAN^, CI IEU^ CIU ZN^）。
* 既然雙方都有意見，當然就愛修正（GI^ IANv SUNG FONG DU YU I^ GIAN^, DONG IANv OI^ CIU ZN^）。
* 不正確個設想，不宜繼續求證（Mv ZN^ KOG` GE^ SAD` CIONG`, BUD` NGIv GI^ CYUG^ KYUv ZN^）。

4、表示必然：一定、必、決定、斷然、不得不、不免、未免 …….(BEU` S^ BID` IANv : ID` TIN^ , BID` , GIAD` TIN^ , DON^ IANv, BUD` DED` BUD` , BUD` MIEN , WI^ MIEN …….)

* 人一定愛經過一段學生求學階段，才會成熟（NGINv ID` TIN^ OI^ GIN GO^ ID` DON^ HOG^ SEN KYUv HOG^ GIAI DON^, ZANG^ UOI^ SNv SUG^）。
* 字典、辭典係學生必用個求學工具（S^ DIEN`, TSv DIEN` HE^ HOG^ SEN BID` YUNG^ GE^ KYUv HOG^ GUNG KI`）。
* 汽車駕駛人，必定愛有駕駛執照，才可以駕駛汽車（HI^ TSA GA^ S` NGINv, BID` TIN^ OI^ YU GA^ S` ZB` ZEU^, ZANG^ KO` I GA^ S` HI^ TSA）。
* 伊決定參加比賽後，就每日勤奮練習（Iv GIAD` TIN^ TSAM GA BI` SOI^ HEU^, CHIU^ MI NGID` KYUNv FUN` LIEN^ CIB^）。
* 伊發現對方個缺點之後，就斷然拒絕對方個邀約（Iv FAD` HIAN^ DUI^ FONG GE^ KIAD` DIAM` Z HEU^, CHIU^ DON^ IANv KI CHIED^ DUI^ FONG GE^ IEU IOG`）。
* 飛機飛行中發現故障，駕駛員不得不迫降附近機場（FI GI FI HANG ZUNG FAD` HIAN^ GU^ ZONG^, GA^ S` IANv BUD` DED` BUD` BED` GONG^ FU^ KYUN^ GI TSONGv）。
* 因為飛機臨時迫降，不免引起旅客個不安（IN WI^ FI GI LIMv Sv BED` GONG^, BUD` MIEN IN HI` LI` KIED` GE^ BUD` ON）。
* 家中有親人去世，家人不免傷心悲痛（GA ZUNG YU CHIN NGINv KI^ S^, GA NGINv BUD` MIEN SONG CIM BI TUNG^）。
* 伊好食懶做，又愛賭博，未免有人看伊不起！（Iv HAU^ SD^ LAN ZO^, YU^ OI^ DU` BOG`, WI^ MIEN YU NGINv KON^ Iv Mv HI`！）

5、表示或然：或係、或許、驚怕、恐怕 ……(BEU` S^ FED^ IANv : FED^ HE^ , FED^ HI` , GIANG PA^ , KYUNG` PA^ …….)

* 你愛繼續升學或係去工作做事，你自家去決定！（Nv OI^ GI^ CYUG^ SN HOG^ FED^ HE^ HI^ GUNG ZOG` ZO^ S^, Nv TS^ GA HI^ GIAD` TIN^！）
* 去向伊求情，或許可以得到伊乃寬恕（HI^ HIONG^ Iv KYUv CHINv, FED^ HI` KO` I DED` DO` Iv IA KON SU^ 去向他求情，或許可以得到他的寬恕）。

* 不向伊低頭，又不向伊求情，驚怕伊不饒你！(Mv HIONG^ Iv DAI TEUv , YU^ Mv HIONG^ Iv KYUv CHINv , GIANG PA^ Iv Mv NGIEUv Nv !)。
* 飛機失事，旅客恐怕罹難矣！(FI GI SD` S^ , LI` KIED` KYUNG` PA^ LIv NAN^ NEv !)

6：表示被動：分(被)、受、接、承受、承蒙 ....(BEU` S^ PI TUNG^ : BUN , SU^ , JIAB` , SNv SU^ , SNv MUNGv ....)

* 全班學生也，因為有照時間來上課，分先生處罰矣（CHIONv BAN HOG^ SANG NGE` , IN WI^ MOv ZEU^ Sv GIAN LOIv SONG^ KO^ , BUN CIN SANG TSU` FAD^ LEv 全班學生因為沒按時來上課，被老師處罰了）。
* 伊等有照規則個約束打球也，受到裁判個處罰（Iv IEN MOv ZEU^ GUI ZED` GE^ IOG` SUG` DA` KYUv UE` , SU^ DO` TSAIv PAN^ GE^ TSU` FAD^ 他們沒有照規則的約束打球，受到裁判的處罰）。
* 我駕駛汽車違規超速，昨晡日接到一張罰單（NGAIv GA` S` HI^ TSA WIv GUI TSEU SUG` , TSOv BU NGID` JIAB` DO` ID` ZONG FAD^ DAN）。
* 你無照駕駛，當然愛承受重金個處罰（Nv Uv ZEU^ GA^ S` , DONG IANv OI^ SNv SU^ TSUNG^ GIM GE^ TSU` FAD^ 你沒有駕照駕駛，當然要承受重金的處罰）。
* 這擺個同鄉會，承蒙你大力幫助，才能圓滿結束（IA` BAI` GE^ TUNGv HIONG FI^ , SNv MUNGv Nv TAI^ LID` BONG TSU^ , ZANG^ NENv IANv MAN GIAD` SUG`）。

7： 表示趨勢： 來、去 .... (BEU` S^ CHI S^ : LOIv , HI^ ....)
* 請專家來研判槍擊案個始末（CHIANG` ZON GA LOIv NGIAN PAN^ CHIONG GID` ON^ GE^ TS` MAD^）。
* 該聚會因為有免費個午餐招待，所以有盡多人來參加（GE^ CHI^ FI^ IN WI^ YU MIEN FI^ GE^ NG` TSON ZEU TAI^ , SO` I YU CHIN^ DO NGINv LOIv TSAM GA）。
* 山上發現金礦，大家都去淘金（SAN HONG^ FAD` HIAN^ GIN KONG^ , TAI^ GA DU HI^ TOv GIM）。
* 有興趣足球賽個人，怎會去球場曬日頭看球賽呢？(MOv HIM^ CHI^ JYUG` KYUv SOI^ GE^ NGINv , NGIONG` UOI^ HI^ KYUv TSONGv SAI^ NGID` TEUv KON^ KYUv SOI^ NO`？)

五、動詞個時態（TUNG^ TS^ GE^ Sv TAI^）
　　用來表示時間關係個各種動詞形態，有現在、過去同未來三種時態。
　　(YUNG^ LOIv BEU` S^ Sv GIAN GUAN HE^ GE^ GOG` ZUNG TUNG^ TSv HINv TAI^ , YU HIAN^ TSAI^ , GO^ KI^ TUNGv WI^ LOIv SAM ZUNG` Sv TAI^)

表示客話動詞個時態，必須在動詞之前或之後加字，因為客話個動詞本身，有時態個變化；以「看」為例，現在、過去、未來都用「看」：
　　(BEU` S^ HAG` FA^ TUNG^ TSv GE^ Sv TAI^ , BID` CI TSOI TUNG^ TSv Z CHIENv FED^ Z HEU^ GA S^ , IN WI^ HAG` FA^ GE^ TUNG^ TSv BUN` SN , MOv Sv

TAI^ GE^ BIEN^ FA^ , I " KON^ " WIv LI^ , HIAN^ TSAI^ , GO^ KI^ , WI^ LOIv DU YUNG^ " KON^ ")

現在：我看穩該本書。(HIAN^ TSAI^ : NGAIv KON^ UN` GE^ BUN` SU)
過去：我看矣該本書。(GO^ KI^ : NGAIv KON^ NEv GE^ BUN` SU)
將來：我愛看該本書。(JIONG LOIv : NGAIv OI^ KON^ GE^ BUN` SU)

1、 簡單式：(GIAN` DAN SD` :)

A、現在時態：(HIAN^ TSAI^ Sv TAI^ :)
a、表示現在個事實、狀態或動作（BEU` S^ HIAN^ TSAI^ GE^ S^ SD^ , TSONG^ TAI^ FED^ TUNG^ ZOG`)。
* 我今在台北上班（NGAIv GIM TSOI TOIv BED` SONG^ BAN 我現在在台北上班）。
* 伊有兩個老弟（Iv YU LIONG` GE^ LO` TAI 他有兩個弟弟）。
* 李先生今教穩書（LI` CIN SANG GIM GAU UN` SU 李老師現在正在教書）。
* 伊在桌上寫字（Iv TSOI ZOG` HONG^ CIA` S^）。
b、表示習慣性個動作。(BEU` S^ CIB^ GON^ GE^ TUNG^ ZOG`)
* 我每日行路去學校讀書（NGAIv MI NGID` HANGv LU^ HI^ HOG^ GAU` TUG^ SU 我每天走路到學校去上學）。
* 一般人每日食三餐飯（ID` BAN NGINv MI NGID` SD^ SAM TSON FAN^）。
* 我等每禮拜都去教會做禮拜（NGAIv NEN MI LI BAI^ DU HI^ GAU^ FI^ ZO^ LI BAI 我們每星期都到教會做禮拜）。
c、表示不變個真理、事實或格言。(BEU` S^ BUD` BIEN^ GE^ ZN LI , S^ SD^ FED^ GIED^ NGIANv)。
* 日頭對東片出來（NGID` TEUv DUI^ DUNG PIEN` TSUD` LOIv）。
* 天冇絕人之路（TIEN MOv CHIED^ NGINv Z LU^ 天無絕人之路）。
* 水比油較重（SUI` BI` YUv GO^ TSUNG 水比油重）。

B、 過去時態：表示過去個事實、狀態、經驗或習慣。
(GO^ KI^ Sv TAI^ : BEU` S^ GO^ KI^ GE^ S^ SD^ , TSONG^ TAI^ , GIN NGIAM^ FED^ CIB^ GON^)
客話個過去時態有三種表示方法：
(HAG` FA` GE^ GO^ KI^ Sv TAI^ YU SAM ZUNG` BEU` S^ FONG FAB` :)
a、在動詞後加「矣」助詞。(TSOI TUNG^ TSv HEU^ GA " Ev " TSU^ TSv)
* 我買矣新車也（NGAIv MAI IEv CIN TSA E` 我買了新車子）。
* 信寄去日本矣（CIN` GI^ HI^ NGID` BUN` IEv 信寄去日本了）。
* 伊行矣一日才到（Iv HANGv NGEv ID` NGID` ZANG^ DO^ 他走了一天才到）。
b、在動詞同「矣」之間，加相關個完成字。(TSOI TUNG^ TSv TUNGv " Ev " Z GIAN , GA CIONG GUAN GE^ UANv SNv S^)
* 衫做好矣（SAM SE` HO` UEv 上衣做好了）。
* 飯煮熟矣（FAN^ ZU` SUG^ GEv 飯煮熟了）。

* 我食飽矣（NGAIv SD^ BAU` UEv 我吃飽了）。
* 你買好矣嗎？（Nv MAI HO` UEv MAv？你買好了嗎？）

c、在動詞之前，先表明過去個時間。（TSOI TUNG^ TSv Z CHIENv，CIEN BEU` MINv GO^ KI^ GE^ Sv GIAN）
* 昨晡日伊來尋我（TSOv BU NGID` Iv LOIv CHIMv NGAIv 昨天他來找我）。
* 伊上禮拜去美國出差（Iv SONG^ LI BAI^ HI^ MI GUED` TSUD` TSAI 他上個禮拜到美國去出差）。
* 這就係頭先買個電視（IA` CHIU^ HE^ TEUv CIEN MAI GE^ TIEN^ S^ 這就是剛才買的電視）。

C、未來時態：表示未來將發生個動作或狀態。（WI^ LOIv Sv TAI^：BEU` S^ WI^ LOIv JIONG FAD` SEN GE^ TUNG^ ZOG` FED^ TSONG^ TAI^）
a、客話個未來時態，係在動詞之前加「愛、會、想、將、打算、應該……」等意欲實現而不曾實現個字詞。
（HAG` FA^ GE^ WI^ LOIv Sv TAI^，HE^ TSOI TUNG^ TSv Z CHIENv GA " OI^，UOI^，CIONG`，JIONG，DA` SON^，IN^ GOI……DEN` I^ YUG` SD^ HIAN^ Iv Mv TSENv SD^ HIAN^ GE^ S^ TSv）
* 我愛來去買菜（NGAIv OI^ LOIv HI^ MAI TSOI^ 我要去買菜）。
* 伊會來開會（Iv UOI^ LOIv KOI FI^ 他會來開會）。
* 你不想食嗎？（Nv Mv CIONG` SD^ MEv？你不想吃嗎？）
* 下禮拜，伊將搬去南部歇（HA^ LI BAI^，Iv JIONG BAN HI^ NAMv PU^ HED^ 下禮拜他將搬去南部住）。
* 我打算去參加政黨（NGAIv DA` SON^ HI^ TSAM GA ZN^ DONG`）。
* 這時節伊應該到矣（IA` Sv JIED` Iv IN^ GOI DO^ UEv 這時候他應該到了）。

b、或在動詞頭前加「等一下、天光日、後日、下隻月、過矣年、從今以後……」等未來個時間。（FED^ TSOI TUNG^ TSv TEUv CHIENv GA " DEN` ID` HA^，TIEN GONG NGID`，HEU NGID`，HA^ ZAG` NGIAD^，GO^ UEv NGIANv，CHYUNGv GIM I HEU^ ….." DEN` WI^ LOIv GE^ Sv GIAN）.
* 等一下吾哥會來（DEN` ID` HA^ NGA GO UOI^ LOIv 等一下我哥哥會來）。
* 天光日開學（TIEN GONG NGID` KOI HOG^ 明天開學）。
* 電費後日到期（TIEN^ FI^ HEU NGID` DO^ KIv 後日＝後天）。
* 下隻月我就大學畢業矣（HA^ ZAG` NGIAD^ NGAIv CHIU^ TAI^ HOG^ BID` NGIAB^ MEv 下隻月＝下個月）。
* 過矣年你就十五歲矣（GO^ UEv NGIANv Nv CHIU^ SB^ NG` SE^ Ev 明年你就十五歲了）。
* 從今以後，你等有屋歇矣（CHYUNGv GIM I HEU^，Nv NEN YU UG` HED^ LEv 從今以後你們有房子住了）。

2、完成式（UANv SNv SD`）

A、現在完成式：表示現在為止，同現在有關個動作或狀態。
（HIAN^ TSAI^ UANv SNv SD`：BEU` S^ HIAN^ TSAI^ WIv Z`，TUNGv HIAN^ TSAI^ YU GUAN GE^ TUNG^ ZOG` FED^ TSONG^ TAI^）

a、表示現在為止動作個完成。
（BEU^ S^ HIAN^ TSAI^ WIv Z` TUNG^ ZOG` GE^ UANv SNv）
* 我個事，做歇矣（NGAIv GE^ SE^ ZO^ HED` LEv 我的工作做完了）。
* 伊上飛機去日本矣（Iv SONG FI GI HI^ NGIB` BUN` NEv 他上飛機去日本了）。
* 門打開來矣（MUNv DA` KOI LOIv IEv）。
* 郵差送信來矣（YUv TSAI SUNG^ CIN^ LOIv IEv）。

b、表示從過去繼續到現在個動作或狀態。（BEU` S^ CHYUNGv GO^ KI^ GI^ CYUG^ DO^ HIAN^ TSAI^ GE^ TUNG^ ZOG` FED^ TSONG^ TAI^）。
* 我在這裡歇矣十年矣（NGAIv TSOI IA` LE HED^ LEv SB^ NGIANv NEv 我在這裡住了十年了）。
* 伊病矣三年矣（Iv PIANG^ NGEv SAM NGIANv NEv 他病了三年了）。
* 兩三年冇看到你矣（LIONG` SAM NGIANv MOv KON^ DO` Nv NEv 兩三年沒看見你了）。
* 這張車也，放于這裏盡久矣（IA` ZONG TSA E`，BIONG^ NGA^ IA` LE CHIN^ GYU` UEv 這輛車子，放在這裡很久了）。

c、表示到現在為止個經驗。（BEU` S^ DO^ HIAN^ TSAI^ WIv Z` GE^ GIN NGIAM^）
* 我看過伊一擺（NGAIv KON^ GO^ Iv ID` BAI` 我看過他一次）。
* 你有去過日本嗎？（Nv YU HI^ GO^ NGID` BUN` MAv？）
* 伊做過推銷員（Iv ZO^ GO^ TUI SEU IANv 他幹過推銷員）。
* 我不會泅水（NGAIv Mv UOI^ CHIUv SUI` 我不會游泳）。

B、過去完成式：表示到過去某時間為止個動作完成、繼續或經驗。
（GO^ KI^ UANv SNv SD`：BEU` S^ DO^ GO^ KI^ MEU Sv GIAN WIv Z` GE^ TUNG^ ZOG` UANv SNv，GI^ CYUG^ FED^ GIN NGIAM^）

a、表示到「過去某時」為止個動作完成。
（BEU` S^ DO^ "GO^ KI^ MEU Sv" WIv Z` GE^ TUNG^ ZOG` UANv SNv）
* 伊來個時節，我已經睡目矣（Iv LOIv GE^ Sv JIED`，NGAIv I` GIN SOI^ MUG` GEv 他來的時候，我已經睡了）。
* 伊去美國之前，就會講英語矣（Iv HI^ MI GUED^ Z CHIENv，CHIU^ UOI^GONG` IN NGI IEv 他去美國之前，就會說英語了）。
* 聽講伊這擺個選舉失敗矣（TANG GONG` Iv IA` BAI` GE^ CIEN` GI` SD` PAI^ IEv 聽說他這次的選舉失敗了）。

b、表示到「過去某時」為止個經驗。（BEU` S^ DO^ "GO^ KI^ MEU Sv" WIv Z` GE^ GIN NGIAM^）
* 伊講伊看過伊乃爸一擺（Iv GONG` Iv KON^ GO^ Iv IA BA ID` BAI` 他說他看過他爸一次）。
* 我第一擺修理電腦（NGAIv TI^ ID` BAI` CIU LI TIEN^ NO` 我第一次修電腦）。

* 你移民美國以前，出過國嗎（Nv lv MINv MI GUED`I CHIENv , TSUD`GO^ GUED`MAv）？
* 伊在湖中救起你個時節，還不係救生員（Iv TSOI FUv ZUNG GYU^ HI` Nv GE^ Sv JIED`, HANv Mv HE^ GYU^ SEN IANv 他在湖中救起你的時候，還不是救生員）。

C、未來完成式：表示到「未來某時」為止個動作完成、繼續、經驗等。
（WI^ LOIv UANv SNv SD`: BEU` S^ "WI^ LOIv MEU Sv" Wlv Z` GE^ TUNG^ ZOG` UANv SNv , GI^ CYUG^ , GIN NGIAM^ DEN`）
* 到暗晡夜十二點，我個值日就交差矣（DO^ AM^ BU IA^ SB^ NGI^ DIAM`, NGAIv GE^ TSD^ NGID` CHIU^ GAU TSAI IEv 到今夜十二時，我的值日就交差了）。
* 下晝三點，我就可以下班矣（HA ZU^ SAM DIAM`, NGAIv CHIU^ KO`I HA^ BAN NEv 下午三時，我就可以下班了）。
* 下隻月三十日，伊等兩公婆結婚就滿三十年矣（HA ZAG` NGIAD^ SAM SB^ NGID`, Iv IEN LIONG` GUNG POv GIAD` FUN CHIU^ MAN SAM SB^ NGIANv NEv 下個月三十日，他們夫妻結婚就滿三十年了）。

3、進行式（JIN^ HANGv SD`）

A、現在進行式（HIAN^ TSAI^ JIN^ HANGv SD`）
a、現在繼續或正在進行個動作。（HIAN^ TSAI^ GI^ CYUG^ FED^ ZUN TSAI^ JIN^ HANGv GE^ TUNG^ ZOG`）
* 伊在書房寫穩字，冇看電視（Iv TSOI SU FONGv CIA` UN` S^ , MOv KON^ TIEN^ S^ 他正在書房寫字，沒有看電視）。
* 你在該裏做麼個？我在這裡食穩飯（Nv TSOI GE^ LE` ZO^ MA` GE^ ? NGAIv TSOI IA` LE` SD^ UN` FAN^ 你在那裡做什麼？我正在這裡吃著飯）。
* 落穩大雨，不可出去（LOG^ UN` TAI^ I`, Mv HO` TSUD`HI^ 下著大雨，不可出去）。
b、即將發生個動作或預定個計畫。
（JID` JIONG FAD` SEN GE^ TUNG^ ZOG` FED^ I^ TIN^ GE^ GIE^ UAG^）
* 下晝伊會在學校等我（HA ZU^ Iv UOI^ TSOI HOG^ GAU` DEN` NGAIv 下午他會在學校等我）。
* 天光日我愛去香港開會（TIEN GONG NGID` NGAIv OI^ HI^ HIONG GONG` KOI FI^ 明天我要到香港去開會）。
* 我老妹等一下會來（NGAIv LO` MOI^ DEN` ID` HA^ UOI^ LOIv 我妹妹等一下會來）。
* 我講一個故事分你聽（NGAIv GONG` ID` GE^ GU` S^ BUN Nv TANG 我講一個故事給你聽）。

B、過去進行式（GO^ KI^ JIN^ HANGv SD`）
a、過去某時正在繼續或進行中個動作。

（GO^ KI^ MEU Sv ZN^ TSAI^ GI^ CYUG^ FED^ JIN^ HANGv ZUNG GE^ TUNG^ ZOG` ）

* 昨晡日我等出發個時節，抵好落大雨（TSOv BU NGID` NGAIv NEN TSUD` FAD^ GE^ Sv JIED`, DU` HO` LOG^ TAI^ I` 昨天我們出發的時候，正好下大雨）。
* 伊等相打時，你冇看到，你在哪也？（Iv IEN CIONG DA` Sv, Nv MOv KON^ DO`, Nv TSOI NA^ E`？他們打架時，你沒看見，你在哪裡？）
* 伊講伊等一下晝，都冇出去（Iv GONG` Iv IEN ID` HA ZU^, DU MOv TSUD` HI^ 他說他們整個下午都沒出去）。
* 討論該件事個時節，我冇在該裏（TO` LUN^ GE^ KIAN^ S^ GE^ Sv JIED`, NGAIv MOv TSOI GE^ LE` 討論那件事的時候，我不在那裡）。

b、過去某時個意圖、計畫或即將發生個事。

（GO^ KI^ MEU Sv GE^ I^ TUv, GIE^ UAG^ FED^ JID` JIONG FAD` SEN GE^ S^）

* 我問伊個時節，伊也抵好愛同我講（NGAIv MUN^ Iv GE^ Sv JIED`, Iv IA DU` HO` OI^ TUNGv NGAIv GONG` 我問他的時候，他也正要告訴我）。
* 伊同我講過矣，伊第二日就愛離開（Iv TUNGv NGAIv GONG` GO^ UEv, Iv TI^ NGI` NGID` CHIU^ OI^ LIv KOI 他告訴過我，他第二天就要離開）。
* 該時節，該老人家已經不會講話矣（GE^ Sv JIED` GE^ LO` NGINv GA I` GIN Mv UOI^ GONG` FA^ Ev 那時，那老人家已經不會說話了）。
* 該時節我在現場，準備愛看衛星個發射（GE^ Sv JIED` NGAIv TSOI HIAN^ TSONGv, ZUN` PI^ OI^ KON^ WI^ SEN GE^ FAD` SA^ 那時候我在現場，準備要看衛星的發射）。

C、未來進行式：未來某時將進行個動作。

（WI^ LOIv JIN^ HANGv SD`: WI^ LOIv MEU Sv JIONG JIN^ HANGv GE^ TUNG^ ZOG`）

* 天光日伊等會來公園聚餐（TIEN GONG NGID` Iv IEN UOI^ LOIv GUNG IANv CHI^ TSON 明天他們會來公園聚餐）。
* 天光下晝，我愛打一下晝個網球（TIEN GONG HA ZU^, NGAIv OI^ DA` ID` HA ZU^ GE^ MIONG` KYUv 明天下午我要打一個下午的網球）。
* 天光朝晨十點，我在屋家等你（TIEN GONG ZEU SNv SB^ DIAM`, NGAIv TSOI UG` GA DEN` Nv 明天上午十點，我在家等你）。
* 我希望我等到達個時節，天就晴矣（NGAIv HI MONG^ NGAIv NEN DO^ TAD^ GE^ Sv JIED`, TIEN CHIU^ CHIANGv NGEv 我希望我們到達的時候，天就晴了）。

D、現在完成進行式：（HIAN^ TSAI^ UANv SNv JIN^ HANGv SD`:）
表示從過去一直到現在，並仍然繼續進行或抵好完成個動作。

（BEU` S^ CHYUNGv GO^ KI^ ID` TSD` DO^ HIAN^ TSAI^, BIN` INv IANv GI^ CYUG^ JIN^ HANGv FED^ DU` HO` UANv SNv GE^ TUNG^ ZOG`）

* 這本書我已經讀兩日矣，還讀冇一半（IA` BUN` SU NGAIv I` GIN TUG^ LIONG` NGID` LEv, HANv TUG^ MOv ID` BAN^ 這本書我已經讀兩天了，還讀不到一半）。

* 我等在這間屋已經歇十過年矣（NGAIv NEN TSOI IA` GIAN UG` I` GIN HED^ SB^ GO^ NGIANv NEv 我們在這間屋子已經住十多年了）。
* 我去到個時節，伊抵好食飽（NGAIv HI^ DO^ GE^ Sv JIED`, Iv DU` HO` SD^ BAU` 我到的時候，他正好吃飽）。

E、過去完成進行式：（GO^ KI^ UANv SNv JIN^ HANGv SD`:）
　　表示一直繼續到過去某時，並在當時仍然繼續進行或抵好完成個動作。（BEU` S^ ID` TSD^ GI^ CYUG^ DO^ GO^ KI^ MEU Sv, BIN^ TSAI^ DONG Sv INv IANv GI^ CYUG^ JIN^ HANGv FED^ DU` HO` UANv SNv GE^ TUNG^ ZOG`）

* 我來美國以前，已經學過五年英語矣（NGAIv LOIv MI GUED` I CHIENv, I` GIN HOG^ GO^ NG` NGIANv IN NGI IEv）。
* 伊講伊對1980年就在今上班個公司上班矣（Iv GONG` Iv DUI^ 1980 NGIANv CHIU^ TSOI GIM SONG^ BAN GE^ GUNG S SONG^ BAN NEv 他說他從1980年就在現在上班的公司上班了）。
* 我等個教授未來這大學以前，一直在美國耶魯大學教（NGAIv NEN GE^ GAU^ SU^ MANGv LOIv IA` TAI^ HOG^ I CHIENv, ID` TSD^ TSOI MI GUED` IA LUv TAI^ HOG^ GAU 我們的教授還沒來這所大學以前，一直在美國耶魯大學教）。
* 伊打完球也收東西時，我也抵好去接伊（Iv DA` UANv KYUv UE` SU DUNG CI Sv, NGAIv IA DU` HO` HI^ JIAB` Iv 他打完球收拾東西時，我也正好去接他）。

F、未來完成進行式：（WI^ LOIv UANv SNv JIN^ HANGv SD`:）
　　表示從過去某時起，到現在還繼續進行，而在未來某時將完成個動作。（BEU` S^ CHYUNGv GO^ KI^ MEU Sv HI`, DO^ HIAN^ TSAI^ HANv GI^ CYUG^ JIN^ HANGv, Iv TSAI^ WI^ LOIv MEU Sv JIONG UANv SNv GE^ TUNG^ ZOG`）

* 若係天光日還落雨，就落矣一禮拜個雨矣（IOG^ HE^ TIEN GONG NGID` HENv LOG^ I`, CHIU^ LOG^ GEv ID` LI BAI^ GE^ I` IEv 假若明天還下雨，就下了一個禮拜的雨了）。
* 到今年年底，我就出國二十年矣（DO^ GIM NGIANv NGIANv DAI`, NGAIv CHIU^ TSUD` GUED` NGI` SB^ NGIANv NEv）。
* 過矣年八月，你就足二十五歲矣（GO^ UEv NGIANv BAD` NGIAD^, Nv CHIU^ JYUG` NGI^ SB^ NG` SE^ Ev 明年八月，你就足二十五歲了）。

六、動名詞：動名詞就係將「動詞」加「也 E`」助詞，變為名詞。
　　（TUNG^ MIANGv TSv : TUNG^ MIANGv TSv CHIU^ HE^ JIONG "TUNG^ TSv" GA "E`" TSU^ TSv, BIEN^ WIv MINGv TSv）

動詞（TUNG^ TSv）　　　　動名詞（TUNG^ MIANGv TSv）

鋸（GI^）　　　　　　　鋸也（GI^ IE` 鋸子）
梳（S）　　　　　　　　梳也（S　E` 梳子）
刷（SOD`）　　　　　　刷也（SOD` LE` 刷切器）

鑿（TSOG^）	鑿也（TSOG^ GE`鑿子）
夾（GIAB^）	夾也（GIAB^ BE`夾子）
剪（JIEN`）	剪也（JIEN`NE`剪子）
鑽（ZON^）	鑽也（ZON^ NE`鑽子）
釘（DANG）	釘也（DANG NGE`釘子）
鏟（TSAN`）	鏟也（TSAN`NE`鏟子）
擦（TSO^）	擦也（TSO^ UE`黑板擦，橡皮擦）
釣（DIAU^）	釣也（DIAO^ UE`）
鉤（GIEU）	鉤也（GIEU UE`）

* 用鋸也鋸樹也（YUNG^ GI^ IE` GI^ SU^ UE` 用鋸子鋸樹）。
* 冇梳也好梳頭（MOv S E`HO`S TEUv 沒有梳子可以梳頭）。
* 刷蕃薯籤個蕃薯刷也（SOD`FAN SUv CHIAM GE^ FAN SUv SOD`LE` 切削地瓜籤的地瓜切削器）。
* 圓鑿也鑿圓空（IANv TSOG^ GE`TSOG^ IANv KANG 圓形鑿子鑿圓的孔）。
* 拿夾也來夾樂譜（NA GIAB^ BE`LOIv GIAB^ NGOG^ PUv 拿夾子來夾樂譜）。
* 用老鼠剪也剪到老鼠（YUNG^ LO^ TSU`JIEN`NE`JIEN`DO`LO^ TSU` 用老鼠剪子剪捕到老鼠）。
* 先用鑽也鑽空，再用電鑽去鑽（CIEN YUNG^ ZON^ NE`ZON^ KANG, ZAI^ YUNG^ TIEN^ ZON^ HI^ ZON^）。
* 不可釘釘也在壁上（Mv HO`DANG DANG NGE`TSOI BIAG`HONG^ 不可釘釘子在牆壁上）。
* 拿鏟也來鏟雪（NA TSAN`NE`LOIv TSAN`CJED`）。
* 小學生用擦擦也，擦鉛筆字（SEU`HOG^ SEN YUNG^ TSO^ TSO^ UE`TSO^ IANv BID`S^ 小學生用橡皮擦，擦鉛筆字）。
* 用大釣也釣到一尾大魚（YUNG^ TAI^ DIAU^ UE`DIAU^ DO`ID`MI TAI^ NGv 用一個大釣鉤釣到一條大魚）。
* 愛用長鉤也去鉤樹上個柚也（OI^ YUNG^ TSONGv GIEU UE`HI^ GIEU SU^ SONG^ GE^ YU^ UE` 要用長鉤子去鉤樹上的柚子）。

七、 動詞個過去時態助詞「矣」：
　　（TUNG^ TSv GE^ GO^ KI^ Sv TAI^ TSU^ TSv " Ev ":）
　　表示動作完成矣或時間過去矣、改變矣。
　　（BEU`S^ TUNG^ ZOG`UANv SNv NEv FED^ Sv GIAN GO^ KI^ IEv, GOI`BIEN^ NEv）

* 飯煮熟矣（FAN^ ZU`SUG^ GEv）。
* 水冷歇矣（SUI`LANG HED`LEv 水冷掉了）。
* 火漬著屋矣（FO`TSE^ TSOG^ UG`GEv 火蔓延到房屋了）。
* 鍋也生鏽矣（UOG^ GE`SANG LU UEv 鍋子生鏽了）。
* 伊乃妹也嫁歇矣（Iv IA MOI^ IE`GA^ HE^ LEv 他的女兒嫁出去了）。
* 這個法律條文已經改矣（IA`GE^ FAB`LID^ TIAUv UNv I`GIN GOI`IEv）。

* 到昨晡日當畫十二點，就完全做好矣（DO^ TSO BU NGID` DONG ZU^SB^ NGI^ DIAM`, CHIU^ UANv CHIONv ZO^ HO` UEv 到昨天中午十二時，就完全做好了）。
* 前日伊就出國矣（CHIENv NGID` Iv CHIU^ TSUD` GUED` LEv 前天他就出國了）。

八、動詞過去時態助詞「矣 Ev」個變音。
　　（TUNG^ TSv GO^ KI^ Sv TAI^ TSU^ TSv "Ev" GE^ BIEN^ IM）
　　這「矣」字隨動詞尾韻變音：其發音，隨前字尾韻變化：常加前字尾韻在 " 矣 Ev " 之前。
（IA` " Ev " S^ SUIv TUNG^ TSv MI YUN^ BIEN^ IM : KIv FAD` IM , SUIv CHIENv S^ MI YUN^ BIEN^ FA^ : SONGv GA CHIENv S^ MI YUN^ TSAI^ " Ev " Z CHIENv）

1、 詞尾 A，接助詞 Ev。如：
嫁矣（GA^　Ev）出嫁了。
下車矣（HA　TSA　Ev）下車了。
會爬矣（UOI^　PAv　Ev）會爬了。

2、 詞尾 B，接助詞 BEv。如：
答矣（DAB`　BEv）回答了。
急矣（GIB`　BEv）急了。
去接矣（HI^　JIAB`　BEv）去接了。

3、 詞尾 D，接助詞 DEv = LEv。如：
出矣（TSUD`　DEv = LEv）出了。
食矣（SD^　DEv = LEv）吃了。
出發矣（TSUD`　FAD`　DEv = LEv）出發了。

4、 詞尾 E，接助詞 Ev。如：
洗矣（SE`　Ev）洗了。
齊矣（TSEv　Ev）齊了。
冇人陪矣（MOv　NGINv　BEv　Ev）沒人陪了。

5、 詞尾 G，接助詞 GEv。如：
足矣（JYUG`　GEv）夠了。
拆矣（TSAG`　GEv）拆了。
睡目矣（SOI^　MUG`　GEv）睡覺了。

6、 詞尾 I，接助詞 IEv。如：
去矣（HI^　IEv）去了。
不醫矣（Mv　I　IEv）不醫了。
會飛矣（UOI^　BI　IEv）會飛了。

7、詞尾 M，接助詞 MEv。如：
尋矣（CHIMv　MEv）尋找了。
浸矣（JIM^　MEv）浸了。
慘矣（TAM`　MEv）慘了。

8、詞尾 N，接助詞 NEv。如：
蒸矣（ZN　NEv）蒸了。
清矣（CHIN　NEv）清了。
看矣（KON^　NEv）看了。

9、詞尾 NG，接助詞 NGEv。如：
生矣（SANG　NGEv）活了。
鬆矣（SUNG　NGEv）鬆了。
用矣（YUNG^　NGEv）用了。

10、詞尾 O，接助詞 UEv。如：
做矣（ZO^　UEv）做了。
好矣（HO`　UEv）好了。
不坐矣（Mv　TSO　UEv）不坐了。

11、詞尾 S，接助詞 Ev。如：
過時矣（GO^　Sv　Ev）過時了。
蒔矣田再來（S^　Ev　TIENv　ZAI^　LOIv）插了秧再來。
冇字矣（MOv　S^　Ev）沒字了。

12、詞尾 TS，接助詞 Ev。如：
開始矣（KOI　TS`　Ev）開始了。
飼矣飯（TS^　Ev　FAN^）餵了飯。
冇牙齒矣（MOv　NGAv　TS`　Ev）沒牙齒了。

13、詞尾 U，接助詞 UEv。如：
輸矣（SU　UEv）輸了。
繡矣（CIU^　UEv）繡了。
皮皺矣（PIv　JIU^　UEv）皮皺了。

14、詞尾 WI，接助詞 IEv。如：
圍矣（WIv　IEv）圍了。
不餵矣（Mv　WI^　IEv）不餵了。
食膩矣（SD^　WI^　IEv）吃膩了。

15、詞尾 YU，接助詞 UEv。如：
有矣（YU　UEv）有了。

冇救矣（MOv　GYU^　UEv）沒救了。
不使求矣（Mv　S`　KYUv　UEv）不必求了。

16、詞尾 Z，接助詞 Ev。如：
停止矣（TINv　Z`　Ev）停止了。
冇手指矣（MOv　SU`　Z`　Ev）沒手指了。
決志矣（GIAD`　Z^　Ev）決志了。

客家語文動詞總彙

客話漢字	客話發音	例句注音及現代華文註釋
扼	A	貪多。如： 扼恁多（A AN` DO 貪霸這麼多）！ 佔有。如： 扼揪矣（A CHIU UEv 全霸佔了）！
啞啞	A`	不能說話。 啞狗（A` GIEU` 罵人不開口說話）。 啞口無言（A` KIEU` Uv NGIANv 無話可說）。 裝聾作啞（ZONG LUNG ZOG`A` 假詐成聾啞者）。
瘂瘂	A`	同「啞A`」。
押	AB`	1、留禁犯人。如： 拘押（GI AB` 拘留押解）。 押送（AB` SUNG^ 看守遞送）。 押解（AB` GIAI^ 拘送人犯）。 2、抵當、保證。如： 抵押（DI` AB` 抵當保證）。 押當（AB` DONG^ 收押物品）。 押租（AB` ZU 租屋保證金）。 押票（AB` PEU^ 當票）。 押櫃（AB` KUI^ 職業保證金）。 3、與「壓」通用。如： 押韻（AB` YUN^ 詩賦尾字所用相協的聲韻）。
壓壓	AB`	用重力加在事物上。如： 壓力（AB` LID^ 壓迫的力量）。 壓搾（AB` ZA^）：壓迫搾取。 電壓（TIEN^ AB` 兩物體電位的相差，即電位差 voltage：伏特數）。 高壓（GO AB` 高的壓力）。 水壓（SUI` AB` 水的壓力）。 氣壓（HI^ AB` 空氣的壓力）。 高壓電（GO AB` TIEN^ 電位差大的電流）。 大石頭壓于腳上（TAI^ SAG^ TEUv AB` BA^ GIOG` HONG^ 大石頭壓在腳上）。

		用強力逼迫。如： 壓迫（AB` BED` 強力逼迫）。 壓制（AB` Z^ 以威勢制服人）。 壓倒（AB` DO` 受壓力倒下）。 威壓（WI AB` 威逼壓制）。 3、停滯。如： 積壓（JID` AB`）。 4、逼近。如： 壓境（AB` GIN^ 逼近邊境）。
抑	AD`	1、受了刺激，抑鬱在心中。 抑鬱（AD` YUD` 憂悶）。 抑死（AD` CI` 心鬱結擁塞而死）。 抑制（AD` Z^ 管制壓迫）。 抑塞（AD` SED` 鬱悶）。 抑到矣（AD` DO` UEv 抑鬱著）。 2、音調的浮沉。如： 抑揚（AD` IONGv）。
關閉	AD`	堵塞不通。如： 關塞（AD` SED` 也指抑鬱心塞）。 關抑（AD` ID` 抑鬱）。 關死（AD` CI` 抑鬱而死）。 通「抑AD`」。
扼	AG`	握緊，抓緊，通「握」。如： 扼腕（AG` UON` 緊握人的手腕,表同情、失意時悲痛而感情激動、奮發貌）。 扼手（AG` SU` 握手）。 扼死（AG` CI` 搯死）。
握	AG`	用手抓住。如： 把握（BA` AG` 掌握）。 握手（AG` SU` 搯手、執手行禮）。 握力（AG4 LID^ 手掌的抓力）。 握筆（AG` BID` 執筆）。 握拳（AG` KIANv 搯拳頭）。 握腕（AG` UON` 表示親切和同情）。 握權（AG` KIANv 抓權、搯權、掌權）。 又音KAG^。
搤	AG`	緊握，手握，捉住，掐住。同「扼」。 搤手（AG` SU` 握手、執手行禮）。 搤喉（AG` HEUv 掐住喉嚨）。 搤吭拊背（AG` HONGv FU` BOI^ 搯喉嚨,撫背脊,喻制其要害）。
捱	AI	1、拖延。如：

		恁會捱（AN` UOI^ AI 這麼會拖）！ 捱恁久（AI AN` GYU` 拖這麼久）！ 莫捱矣（MOG^ AI IEv 別拖時間了）！ 捱日也（AI NGID` LE` 拖延、消磨日子）。 2、勉強經過。如： 捱過矣（AI GO^ UEv 熬過了）。
挨	AI	1、順次。如： 挨次（AI TS^ 順序）。 挨戶（AI FU^ 順著門戶）。 2、靠近。如： 挨兼（AI GIAM 接近）。 挨近（AI KYUN^ 靠近）。 挨穩（AI UN` 靠緊）。 3、受。如： 挨餓（AI NGO^ 受著飢餓）。 挨打（AI DA` 受打）。
掩	AM	1、遮蔽，覆蓋。如： 掩護（AM FU^ 遮蓋保護）。 掩蓋（AM GOI^ 遮蓋、蓋蓋子）。 掩面（AM MIEN^ 遮臉）。 掩鼻（AM PI^ 遮蓋鼻子）。 掩耳（AM NGI` 以手蓋耳不聽）。 遮掩（ZA AM 遮蓋）。 掩穩（AM UN` 遮住）。 掩壁（AM BIAG` 以草,葉,布等遮蔽牆壁）。 掩籬笆（AM LIv BA 圍籬笆）。 掩圍身裙（AM WIv SN KYUNv 圍圍兜兜）。 掩耳盜鈴（AM NGI` TO^ LINv 怕鈴響，遮蓋耳朵去偷鈴，比喻自欺欺人）。 2、隱瞞。如： 掩礚（AM KAM` 遮掩壓蓋，隱瞞）。 掩人耳目（AM NGINv NGI` MUG` 欺騙人家）。
醃	AM	鹽漬食物： 醃肉（AM NGYUG`）。 醃缸（AM GONG 醃漬食物的瓷缸）。 醃菜（AM TAOI^ 醬菜）。 醃瓜也（AM GUA E` 醬瓜）。
掩	AM`	同「掩AM」。遮蔽、關閉。如： 掩蓋（AM` GOI^）：遮掩壓蓋，隱瞞。

		掩砐（AM` KAM`）：遮掩壓蓋,隱瞞。 掩護（AM` FU^）：遮掩保護。 掩飾（AM` SD`）：遮蓋壞處。 掩埋（AM` MAIv）：壅埋壓蓋。 掩蔽（AM` BI^）：遮蓋蒙蔽。 掩掩伏（AM` AM` PUG`身體、臉面向下仆倒）。
俺	AM`	1、要嬰兒開口餵食的勸進聲。 2、以掌送食物進口。
諳	AM^	知曉、明白、背誦： 熟諳（SUG^ AM^）。 諳記（AM^ GI^ 背誦）。
齆	ANG^	鼻塞。如： 齆鼻（ANG^ PI^）。 鼻齆齆（PI^ ANG^ ANG^ 鼻塞貌）。
齉	ANG^	鼻塞。如： 齉鼻（ANG^ PI^）。 鼻齉齉（PI^ ANG^ ANG^ 鼻塞貌）。
拗	AU`	1、攀折。如： 拗花（AU` FA 攀折花木）。 拗斷（AU` TON 折斷）。 拗蔗也（AU` ZA^ E`折斷或收成甘蔗）。 拗斷節（AU` TON JIED` 折斷）。 拗腳骨（AU` GIOG` GUD`斷了人的去路）。 2、使直或使彎： 拗直（AU` TSD^ 扳直）。 拗彎（AU` UAN 扳彎）。 拗腰（AU` IEU 前後左右彎腰）。 拗手力（AU` SU` LID^ 比腕力）。 拗不直（AU` Mv TSD^ 有理說不清,無法擺平,無法扳直）。 3、扭傷。如： 拗到（AU` DO` 扭折到, 扭傷）。 拗到腳（AU` DO` GIOG` 腳扭傷了）。 4、折疊。如： 拗骨遮也（AU` GUD` ZA E` 折疊式的傘）。
謷	AU^	1、好辯,頑固不變。如： 謷王（AU^ UONGv 好辯的人）。 謷贏矣（AU^ IANGv NGEv 辯贏了）！ 謷到贏（AU^ DO^ IANGv 辯贏為止）。 謷命不贏（AU^ MIANG^ Mv IANGv爭不過

		命運)。 2、不順從，不聽話、反叛。如： 執譀（ZB` AU^）。 譀強（AU^ KIONGv）。 譀暴（AU^ BAU^）。
巴	BA	1、盼望。如： 巴望（BA UANG^）。 2、奉承。如； 巴結（BA GIAD`）。 3、爬蟲附著在人或動物身上吸血。 巴人（BA NGINv 附著在人身上）。
背	BAv	1、馱在肩、背上，同「揹 BAv」。如： 背人（BAv NGINv 將人背在背上）。 背嬰孲也（BAv ONG NGAv E`背嬰兒)。 背鑊也（BAv UOG^ GE`駝背，如背鍋子在背上)。 背死佬過河（BAv CI` LO` GO^ HOv 喻救了一個無情義的人)。
揹	BAv	1、馱在背上。 揹書包（BAv SU BAU）。 2、駝背的人： 揹鍋也（BAv UOG^ GE`）。
把	BA`	1、手握。如： 把持（BA` TSv 獨掌不放）。 把握（BA` AG`）。 把柄（BA` BIANG^ 要挾的憑據）。 2、看管。如： 把守（BA` SU`）。
霸	BA^	強蠻的，作惡稱雄的，強佔的。 霸道（BA^ TO^）。 惡霸（OG` BA^）。 霸王（BA^ UONGv）。 霸佔（BA^ ZAM^）。 霸位（BA^ WI^ a、佔地方。 　　　　　　b、強佔位子）。
罷罷	BA^	1、停止。如： 罷工（BA^ GUNG）。 罷課（BA^ KO^）。 2、免職。如： 罷免權（BA^ MIEN KIANv）。
撥撥	BAD`	1、挑動。如： 撥弄是非（BAD` NUNG` S^ FI）。

		2、分派。如： 分撥（FUN BAD` 分發）。 撥去做出納（BAD` HI^ ZO^ TSUD` NAB^ 分派去當出納員）。 3、提出、調用。如： 撥錢（BAD` CHIENv 調用錢財）。
斡	BAD`	「斡 UAD`」的變音。轉彎、轉向。如： 轉斡（ZON` BAD`＝UAD` 轉彎）。 斡轉來（BAD` ZUN` LOIv 轉彎回頭）。 斡不轉（BAD` Mv ZUN` 轉不過來）。 斡左（右）片（BAD` ZO`〔YU^〕PIEN` 向左（右）轉彎）。
醱	BAD`	1、醱酵（BAD` HAU^ 將釀好的酒再次釀造）。 2、醱醅（BAD` PIv 酒再釀）。
潑 泼	BAD^	1、玩水使水濺出。如： 潑水（BAD^ SUI`）。 2、沐浴、洗澡。如： 洗潑潑（SE` BAD^ BAD^ 洗澡）。
擘	BAG`	1、用兩手分開。如： 擘開（BAG` KOI 用雙手打開）。 擘殼（BAG` HOG` 打開外殼）。 擘碴（BAG` SAG` 分開成碎塊）。 擘析（BAG` SAG` 分開成碎塊）。 擘不開（BAG` Mv KOI 打不開）。 擘兩髀（BAG` LIONG` BI` 把兩腿撕開）。 擘三碴＝析（BAG` SAM SAG` 擘開為三片或三塊）。 擘番豆（BAG` FAN TEU^ 擘開花生）。 擘嘴角（BAG` ZOI^ GOG` 撕裂嘴巴）。
掰	BAG`	同「擘」字。
跋	BAG`	1、在草中行走、奔走、翻山越嶺。 跋涉（BAG` SAB^ 在地上走稱跋，在水中走稱涉；形容旅途艱難）。 跋崎（BAG` GIA^ 上坡，爬坡）。 2、同「攀 BAG`」爬高。如： 跋上樹（BAG` SONG SU^ 爬上樹）。 跋上兩樓（BAG` SONG LIONG` LEUv 爬上二樓）。 3、腳的後面、寫在著作或字畫後的短文： 跋尾（BAG` MI 寫在書前叫序，寫在書

		後叫跋)。 跋文（BAG` UNv 書後語）。 4、跋扈（BAG` FU^ 傲慢,霸道,強橫）。
攀	BAG`	1、從下援上、爬高。如： 攀壁（BAG` BIAG` 攀爬牆壁）。 攀上樹（BAG` SONG SU^ 爬上樹）。 莫攀恁高！（MOG^ BAG` AN` GO 別爬這麼高！）
捭	BAG`	1、自動張開，不用他力自開。如： 捭嘴（BAG` ZOI^ 張開嘴巴）。 捭目（BAG` MUG` 張開眼睛）。 嘴捭開來！（ZOI^ BAG` KOI LOIv！把嘴巴打開！） 不曾捭目（Mv TSENv BAG` MUG` 還未開目）。
吸	BAG^	吸入煙、氣。如： 吸煙（BAG^ IAN 吸煙）。
縛 縛	BAG^	福佬話（河洛話）的「綁、繫」。如： 縛腳（BAG^ KA 纏腳）。 縛腳母（BAG^ KA MAv 纏腳女人）。又變音為（BAG^ HAv MAv）。
排	BAIv	1、排列（BAIv LIED^）。如： 照排（ZEU^ BAIv 按照次序排列）。 排正來（BAIv ZANG^ LOIv 排好）。 排正于咧（BAIv ZANG^ NGA^ LE！排整齊些！） 2、擺設。如： 排桌凳（BAIv ZOG` DEN^ 排好桌凳）。 排碗筷（BAIv UON` KUAI^ 飯前在桌上排好碗筷）。 排于桌面上（BAIv IA^ ZOG` MIEN^ HONG^ 排在桌面上）。 讀音 PAIv。
擺 擺	BAI`	1、搖動。如： 擺動（BAI` TUNG^）。 搖擺（IEUv BAI`）。 2、陳列。如： 擺設（BAI` SAD`）。 擺景（BAI` GIN` 排佈景、展覽）。 擺體面（BAI` TI` MIEN^ 充場面）。 3、休息： 轉擺（ZON` BAI` 轉換擺動方式,方向）。

拜	BAI^	1、下跪、叩頭、打拱作揖。如： 跪拜（KUI` BAI^ 雙膝下跪參拜）。 2、參拜（TSAM BAI^ 以禮敬謁）。 3、拜託（BAI^ TOG` 請人做事的客氣話）。 拜訪（BAI^ FONG`）：到人家去問候。 拜望（BAI^ UONG^）：探望的敬詞。 拜候（BAI^ HEU^）：同拜望。 拜見（BAI^ GIAN^ 恭敬造訪）。 拜謝（BAI^ CHIA^）：道謝的敬詞。 拜辭（BAI^ TSv 恭敬辭謝或告辭）。 拜堂（BAI^ TONGv 結婚時拜祖堂及高堂）。 拜壽（BAI^ SU^ 祝賀生日）。 拜年（BAI^ NGIANv 新年行禮慶賀）。 拜讀（BAI^ TUG^ 恭敬閱讀）。 拜覆（BAI^ FUG^ 恭敬回覆）。 拜阿公婆（BAI^ A GUNG POv 拜祖先）。 拜師學藝（BAI^ S HOG^ NGI^ 跟老師學習技藝。） 拜金主義（BAI^ GIM ZU` NGI^ 崇拜金錢，唯利是圖）。
簸	BAI^	揚米去糠或揚去五谷雜物的動作。 簸穀（BAI^ GUG`）。
搬	BAN	1、移動，遷徙。如： 搬動（BAN TUNG^ 移動）。 搬運（BAN YUN^ 移動）。 搬遷（BAN CHIEN 遷徙）。 搬家（BAN GA 遷家）。 搬屋（BAN UG` 搬家）。 搬桌凳（BAN ZOG` DEN^）。 2、搬弄（BAN NUNG` 從中挑撥）。 3、搬演（BAN IAN 排練戲劇或音樂）。
頒 頒	BAN	1、發下。如； 頒發（BAN FAD` 發給）。 頒獎（BAN JIONG` 發給獎狀獎品）。 2、宣布。如： 頒布（BAN BU^ 公佈）。 頒行（BAN HANGv 公佈施行）。
扳	BAN	1、拉動,推拉。如電開關的拉動： 扳開（BAN KOI 拉開）。 扳下來（BAN HA LOIv 拉下來）。 扳上去（BAN SONG HI^ 推上去）。

		扳纏（BAN TSANv 攀纏，糾纏不清）。 扳道（BAN TO^ 鐵路的分叉口）。 扳留（BAN LIUv 挽留）。 2、挽回。如： 扳回（BAN FIv）。 扳轉（BAN ZON` 挽回）。 3、扶。如： 扳緊（BAN HENv 扶緊）。 扳穩（BAN UN` 扶住）。 扳頭攬=揇頸（BAN TEUv LAM`=NAM` GIANG` 親暱狀、勾肩搭背）。
扮	BAN^	裝飾、化妝。如： 打扮（DA` BAN^）。 裝扮（ZONG BAN^ 化妝）。 假扮（GA` BAN^ 裝假，裝扮成……）。 扮皇帝（BAN^ FONGv DI^）。 女扮男裝（NG` BAN^ NAMv ZONG）。
拌	BAN^	調和，攪混。如： 拌勻（BAN^ YUNv 調和均勻）。 攪拌（GAU` BAN^ 混攪在一起）。 拌砂石（BAN^ SA SAG^ 攪拌砂和石）。 拌石灰（BAN^ SAG^ FOI 攪拌石灰）。 拌紅毛泥（BAN^ FUNGv MO NAIv 攪拌水泥）。
絆 絆	BAN^	1、被阻礙。如： 絆腳（BAN^ GIOG` 腳受阻礙）。 絆人（BAN^ NGINv 糾纏，阻礙人辦事）。 絆橫人（BAN^ UANG^ NGINv 絆倒人）。 2、以皮帶、布帶捆綁。 絆緊（BAN^ HENv 綁緊）。 3、馬韁繩。如： 羈絆（GI BAN^ 牽纏）。
伴	BAN^	作陪。如： 同伴（TUNGv BAN^）。 伴侶（BAN^ LI` 同伴）。 老伴（LO` BAN^ 老的伴侶）。 男伴（NAMv BAN^ 男同伴）。 女伴（NG` BAN^ 女同伴）。 作伴（ZO^=ZOG` BAN^）。 冇伴（MOv BAN^ 沒有伴侶）。 陪伴（PIv BAN^）。 伴讀（BAN^ TUG^ 陪伴讀書）。

		伴遊（BAN^ YUv 陪伴旅行）。 伴娘（BAN^ NGIONGv 結婚時的女儐相）。 伴郎（BAN^ LONGv 結婚時的男儐相）。 伴唱（BAN^ TSONG^ 以歌聲陪襯唱歌）。 伴奏（BAN^ ZEU^ 以樂器伴和；所有樂器的獨奏和人聲的獨唱都以鋼琴伴奏）。
挷	BANG	前拉、拖、力拔。 挷緊（BANG HENv 拉緊）。 挷草（BANG TSO` 拔草）。 挷毛（BANG MO 拔毛）。 挷相（BANG CIONG` 筋骨伸長，身體長高，尤指孩童的長大）。 挷大索（BANG TAI^ SOG` 拔河）。 挷不直（BANG Mv TSD^ 有理說不清）。 挷皮扯烈（BANG PIv TSA` LAD` 皮膚繃緊疼痛，或謂經濟拮据。） 繽挷裭扯（BIN BANG TS` TSA`）繽＝繽亂，挷＝拉扯，裭＝剝奪，扯＝牽扯。忙得不可開交，或比喻牽扯不清。
拔	BANG	拉、用力拔離。同「挷BANG」。 拔草（BANG TSO` 拔草）。 拔毛（BANG MO 拔毛）。 拔大索（BANG TAI^ SOG` 拔河）。
蹦	BANG`	跳起，高跳： 蹦蹦跳（BANG` BANG` TIAUv）。
繃 綳	BANG^	緊。如： 繃緊（BANG^ HENv 拉緊）。 繃雄（BANG^ HYUNGv 精力強盛，性慾旺盛）。
包 ㄅ	BAU	1、裹住。如： 包裝（BAU ZONG 包裹裝扮）。 包裹（BAU GO` 包好貼好的東西）。 包袱（BAU FUG^ 以布巾包衣物，引申為家庭負累。） 飯包（FAN^ BAU 飯盒）。 菜包（TSOI^ BAU 包菜的麵包或米粄)。 包也（BAU UE` 包子）。 書包（SU BAU 裝書本的袋子）。 錢包（CHIENv BAU 裝錢的皮袋子）。 皮包（PIv BAU 錢包）。 包皮（BAU PIv 包陰莖的皮）。

		包塞塞（BAO SAD` SAD` 完全包住）。
		包包攝攝（BAU BAU NGIAB`NGIAB`偷偷包藏）。
		2、容納。如：
		包容（BAU YUNGv 含容）。
		包涵（BAU HAMv 寬容）。
		包庇（BAU BI^ 庇護邪惡）。
		3、總括。如：
		包括（BAU GUAD`）。
		包尾（BAU MI 殿後，在後押尾）。
		包車（BAU TSA 包顧的車）。
		包換（BAU UON^ 全可以換新）。
		包准（BAU ZUN` 擔保准許）。
		4、圍住。如：
		包圍（BAU WIv 四面圍住）。
		包操（BAU TSAU 包圍襲擊）。
		包心白（BAU IM PAG^ 包心白菜）。
		土包也（TU` BAU UE` 土包子，沒有見識者）。
		5、總攬。如：
		包辦（BAU PAN^）。
		包工（BAU GUNG 包攬工程）。
		包頭（BAU TEUv 包工的首領）。
		包攬（BAU LAM` 包辦所有的）。
		包廂（BAU CIONG 劇院的特別座）。
		包羅萬象（BAU LOv UAN^ CIONG^ 包含一切）。
		6、包黍（BAU CYUG` 玉蜀黍）。
炰	BAU	炰肉（BAU NGYUG`隔火炙的烹調方法）。
爆	BAU^	1、以火逼乾。如：
		雞肉爆麻油（GIE NGYUG` BAU^ MAv YUv）。
		爆魷魚也（BAU^ YUv NGv NGE`火逼魷魚）。
		2、用油炸的烹飪法。如：
		爆魚也（BAU^ NGv NGE` 以油炸魚）。
		3、出芽。如：
		爆芽（BAO^ NGAv）。
		爆筍（BAU^ SUN`）。
		4、裂開。如：
		爆線縫（BAU^ CIEN^ PUNG^ 衣物縫合處裂開了）。
		爆歇矣（BAU^ HED` LEv 如輪胎爆裂了）。

		爆米撐也（BAU^ MI` TSANGv NGE` 爆米花）。
齙齩	BAU^	牙齒突出在正常排列之外： 齙牙（BAU^ NGAv）。 牙齙齙（NGAv BAU^ BAU^ 牙齒突出齒列之外）。
趵	BAU^	跳躍。如： 趵跳（BAU^ TIAU^ 生氣跳腳）。
暴虣	BAU^	不聽話、反叛、兇惡、強暴、突然： 謷暴（AU^ BAU^）。 兇暴（HYUNG BAU^ 兇惡）。 暴行（BAU^ HANGv 強暴的舉動）。 暴力（BAU^ LID^ 強暴的力量）。 暴卒（BAU^ ZUD` 突然死去）。 暴徒（BAO^ TUv 強暴凶狠的人）。 暴君（BAU^ GYUN 專制霸道的君王）。 暴動（BAU^ TUNG^ 團體強暴行為）。 暴躁（BAU^ TSAU^ 焦急，粗暴）。 暴戾（BAU^ LI^ 凶狠）。 暴富（BAU^ FU^ 突然富有起來）。 暴利（BAU^ LI^ 突然得到厚利）。 暴雨（BAU^ I` 急猛大雨）。 暴風（BAU^ FUNG 猛烈狂風）。 暴殄（BAU^ TIEN` 不知愛惜物力）。 讀音 PAU^。
陪	BEv	1、並肩。如： 陪陪行（BEv BEv HANGv 並肩走）。 陪陪坐（BEv BEv TSO 並肩坐）。 同人陪（TUNGv NGINv BEv 與人並肩）。 陪人睡（BEv NGINv SOI^ 與人同睡）。 2、陪伴。如： 陪上陪下（BEv SONG BEv HA 到處陪伴）。 讀音 PIv。
並	BEv	並行、並排、並肩。如： 並並坐（BEv BEv TSO 並肩坐）。 並並行（BEv BEv HANGv 並肩走）。 同人並（TUNGv NGINv BEv 與人並肩）。 並人睡（BEv NGINv SOI^ 陪人睡）。 讀音 BI`。
迫	BED`	1、用威勢壓逼。如： 壓迫（AB` BED`）。 強迫（KIONGv BED`）。 迫令（BED` LIN^ 強迫人做事）。

		2、急切。如： 迫切（BED` CHIED`）。 迫近（BED` KYUN 靠近，逼近）。 迫促（BED` TSUG` 催逼）。 迫不得已（BED` BUD` DED` I` 情勢所逼，不能不如此）。 又讀 PED`。
逼偪	BED`	強迫，切近。如： 逼近（BED` KYUN^ 切近）。 逼迫（BED` PED` 強迫）。 威逼（WI BED` 用威勢壓逼）。 逼供（BED` GYUNG 強迫供認）。 逼債（BED` ZAI^ 嚴厲討債）。 逼真（BED` ZN 像真的一樣）。 逼人太甚（BED` NGINv TAI^ SM^ 壓迫得不留餘地）。 逼貓食屎（BED` MEU^ SD^ S` 強人所難，逼迫人做不願做的事）。 又音 BID`。
冰氷冫	BEN	冷卻。如： 冰凍（BEN DUNG^）。 冰冷（BEN LANG）。 冰箱（BEN CIONG）。 冰點（BEN DIAM` 攝氏零度，水結冰時的溫度）。 冰天雪地（BEN TIEN CIED` TI^ 形容很冷的景象）。
崩	BEN	1、倒塌。如： 山崩（SAN BEN）。 崩敗（BEN PAI^ 事業沒落失敗或牙齒鬆脫）。 崩潰（BEN KUI` 事物毀滅敗壞）。 2、皇帝死稱為： 駕崩（GA^ BEN）。
憑凭	BEN^	依靠。如： 憑壁（BEN^ BIAG` 靠著牆壁）。 憑人（BEN^ NGINv 靠人）。 憑椅（BEN^ I` 有靠背的椅子）。 憑山（BEN^ SAN 靠山）。 讀音 PINv。
迸	BEN^	散開。裂開。跳躍。如： 迸裂（BEN^ LIED^ 爆裂）。

		迸開（BEN^ KOI 爆開）。 迸跳（BEN^ TIAU^ = TIAUv 跀跳）。 又音 BIN`。
穮	BEU	耕耘。
麃	BEU	耕耘，同「穮 BEU」。
摽	BEU	投擲。如： 摽槍（BEU CHIONG a、投擲長槍的運動。 b、擲擊野獸、大魚的武器）。
標 标	BEU	1、表露，表明。如： 標題（BEU TIv）。 標價（BEU GA^ 標注價錢）。 標注（BEU ZU^ 注音，注釋）。 標語（BEU NGI 宣傳用的短語）。 標新立異（BEU CIN LIB^ I^ 創立新奇的名目以炫眾）。 2、表記、符號。如： 商標（SONG BEU 商品標記）。 音標（IM BEU 注音用的符號）。 標記（BEU GI^ 記號）。 標幟（BEU ZD` 旗幟）。 3、比價。如： 標會也（BEU FI^ IE` 比價投標，以得會款）。 標菜（BEU TSOI^ 比價投標買蔬菜）。 又讀 PEU。
趵	BEU	跳躍。如： 趵高（BEU GO 跳高）。 趵遠（BEU IAN` 跳遠）。 趵起來（BEU HI` LOIv 跳起來）。 趵過去（BEU GO^ HI^ 跳越過去）。 緊趵緊跳（GIN` BEU GIN` TIAUv 怒氣填胸而暴跳）。 又音 BAU^。
猋	BEU	1、暴風。同「飆」。 2、狗跑的樣子。
飆 飈 颮 飊	BEU	暴風、疾風。如： 狂飆（KONGv BEU 忽然起的暴風。發狂似地疾馳）。 飆車（BEU TSA 開車或騎車像暴風一般疾馳）。
驫	BEU	跑、跳。
表	BEU`	宣布。如：

		發表（FAD` BEU`）。 表示（BEU` S^）。 表白（BEU` PAG^ 表明）。 表現（BEU` HIAN^ 表露）。 表決（BEU` GIAD` 會議時議案的決定）。 表揚（BEU` IONGv 褒獎傳揚）。 表彰（BEU` ZONG 顯揚功德）。 表演（BEU` IAN 發表演出）。
裱	BEU`	糊貼紙。如： 裱糊（BEU` FUv 用漿糊把紙糊上去）。 裱畫（BEU` FA^ 裝潢書畫）。 裱褙（BEU` BOI^ 裝潢書畫）。
俵	BEU`	分發，分物品給人： 俵散（BEU` SAN^ 分散物品）。 俵分（BEU` FUN 分配或瓜分物品）。
滮	BEU`	屙尿（O NGIAU^ 小便，撒尿）： 滮尿（BEU` NGIAU^ 像噴泉似地撒尿）。
俾	BI	1、使。如： 俾能自立（BI NENv TS^ LIB^）。 俾免（BI MIEN 使免、使不）。 俾便（BI PIEN^ 使方便）。 2、補。如： 俾益（BI ID` 補益）。
飛 飞	BI	在空中往來。如： 飛上飛下（BI SONG BI HA 飛來飛去）。 鵰也不會飛矣（DIAU UE` Mv UOI^ BI IEv 鳥不會飛了）。 讀音 FI。
比	BI`	1、較量。如： 比較（BI` GAU`）。 比例（BI` LI^ 兩數之間的關係）。 比照（BI` ZEU^ 對照比較）。 比賽（BI` SOI^）。 比看哪（BI` KON^ NA^ 比比看）。 2、譬喻。如： 比喻（BI` I^）。 比將（BI` JIONG 好比）。 比論講（BI` LUN^ GONG` 比如說）。 3、做手勢： 比畫（BI` FA^ = UAG^ 比以手勢）。 比手畫腳（BI` SU` UAG^ GIOG` 以肢體語言交談）。

畀	BI`	給予、交給,「分伊(BUN Iv)」兩字合成一字之音及字。如: 拿畀食(NA BI` SD^ 拿給他吃)。 喊畀醒(HAM^ BI` CIANG` 把他叫醒)。 搣畀死!(MAG^ BI` CI` 他死他!)。
痺	BI^	肢體失去感覺,不能隨意活動的病叫痲痺(MAv BI^)。如: 腳痺(GIOG` BI^ 腳痲痺)。
痹	BI^	同「痺 BI^」。
蔽 苹	BI^	1、遮擋。如: 遮蔽(ZA BI^)。 掩蔽(AM` BI^ 蓋滿)。 蔽野(BI^ IA` 滿地)。 蔽空(BI^ KUNG 遮蔽天空)。 衣不蔽體(I BUD` BI^ TI` 衣服不能遮蔽身體)。 2、不通。如: 蔽塞(BI^ SED` 水不通,風氣不開通)。 3、隱瞞。如: 蒙蔽(MUNGv BI^)。 4、總括。如: 一言以蔽之(ID` NGIANv I BI^ Z 一句話總括他)。
泌	BI^	1、排出體內分泌物。如: 分泌(FUN BI^)。 泌尿科(BI^ NGIAU^ KO)。 2、從細孔排出液體。如: 泌飯湯(BI^ FAN^ TONG 飯煮開後,將米飯之外的湯水泌掉)。
潷	BI^	倒出汁來,把藥渣去掉。 潷藥(BI^ IOG^ 倒出藥汁,去掉藥渣)。
閉 闭	BI^	1、關、停。如: 關閉(GUAN BI^)。 禁閉(GIM^ BI^ 關禁)。 閉關(BI^ GUAN 關閉關口,不與外國往來)。 2、完結。如: 閉幕(BI^ MOG` 關閉幕布)。 3、阻塞。如: 閉塞(BI^ SED`)。 閉汗(BI^ HON^ 汗腺不通)。 閉尿(BI^ NGIAU^ 尿不通)。

		4、不切實際。如： 閉門造車（BI^ MUNv TSO^ GI 無實際經驗而自造事物）。
庇	BI^	1、保護。如： 保庇（BO` BI^ 保護庇祐）。 庇護（BI^ FU^ 保護）。 庇祐（BI^ YU^ 保佑）。 2、遮蔽。如： 蔭庇＝庇蔭（IM^ BI^ ＝ BI^ IM^）。
秘	BI^	1、隱藏的。如： 秘密（BI^ MED^）。 秘訣（BI^ GIAD` 不公開的成功方法）。 秘方（BI^ FONG 不公開的藥方）。 秘傳（BI^ TSONv 不傳給外人的技術）。 秘而不宣（BI^ Iv BUD` CIEN 隱藏而不告訴人）。 2、排屎尿困難。如： 便秘（PIEN^ BI^ 大便秘結）。 秘結（BI^ GIAD` 便秘）。 3、秘書（BI^ SU 幕僚人員）。 4、祕魯（BI^ LUv 南美洲一國名 Peru，首都 Lima）。
祕	BI^	同「秘」字。
背	BI^	背在背上或肩上。如： 背人（BI^ NGINv 以背帶背人在背上）。 背帶（BI^ DAI^ 背嬰孩的長幅布條）。 背樹筒（BI^ SU^ TUNGv 將砍倒的樹，截斷樹幹、以肩扛運）。 背桌凳（BI^ ZOG` DEN^ 以肩背搬桌子凳子）。 背穀包（BI^ GUG` BAU 以背搬穀包）。
揹	BI^	同「背 BI^」。
奰	BI^	奰：發怒。不醉而怒曰奰。
拚	BIA^	此音是從福佬話的「打拚 PA` BIAv」來的。 1、勤快努力之意。如： 拚事（BIA^ SE^ 勤奮）。 2、趕、快之意。如： 拚歇矣（BIA^ HED` LEv 趕完了）。 拚遽于咧（BIA^ GIAG` GA^ LE 加快一些）。 3、使力。如： 拚不上（BIA^ Mv SONG 爬上不去）。

36

		4、比賽或打架。如： 相拚（CIONG BIA^）。
擗	BIAG^	1、將膠狀物摔黏在他物上。如： 擗泥（BIAG^ NAIv 摔=甩黏泥巴）。 擗于壁上（BIAG^ GA^ BIAG` HONG^ 摔=甩黏在牆壁上）。 2、摑以巴掌。如： 擗嘴角（BIAG^ ZOI^ GOG` 巴掌打臉頰）。
爆	BIAG^	1、火花爆開。如： 火屎會爆人（FO` S` UOI^ BIAG^ NGINv 燒柴、炭時，火星四射，會傷人）。 2、裂開。如： 爆歇矣（BIAG^ HED` LEv 炸掉、完了）。 爆開來矣（BIAG^ KOI LOIv IEv 爆裂開來了）。
擗	BIAG^	批打，掌打出聲： 擗嘴角（BIAG^ ZOI^ GOG` 掌打面頰）。 同「搏 BIAG^」。
搏	BIAG^	1、將膠狀物摔=甩黏在他物上。如： 搏泥（BIAG^ NAIv 摔=甩黏泥巴）。 搏于壁上（BIAG^ GA^ BIAG` HONG^ 摔=甩黏在牆壁上）。 2、摑以巴掌。如： 搏嘴角（BIAG^ ZOI^ GOG` 巴掌打臉頰）。
擯 挩	BIANG	甩開不用。摔、擲、拋、丟。如： 擯開（BIANG KOI 摔開）。 擯歇（BIANG HED` 丟棄）。 擯到人（BIANG DO` NGINv 摔=甩東西打到人）。 擯壞矣（BIANG FAI` IEv 摔壞了）。 擯擯頓頓（BIANG BIANG DUN^ DUN^ 摔東西泄氣。）
拚	BIANG^	打拚（DA` BIANG^ 努力工作）。 拚命（BIANG^ MIANG^ 拚命做事）。 拚事（BIANG^ SE^ 趕工）。 拚掃（BIANG^ SO^ 打掃）。 又音 BIA^。
避	BIANG^	躲避，躲藏，隱藏。如： 避穩（BIANG^ UN` 躲藏著，躲好）。 避開（BIANG^ KOI 藏開）。 避掩目（BIANG^ EM MUG` 捉迷藏）。 避起來（BIANG^ HI` LOIv 躲起來）。

		避避楔楔（BIANG^ BIANG^ LIAB` LIAB` 躲躲藏藏）。
隙	BID`	裂痕，裂開，破裂。如： 隙縫（BID` PUNG^ 裂縫）。 隙紋（BID` UNv＝FUNv 裂痕）。 隙磋（BID` SAG` 裂開兩半或碎片）。 隙析（BID` SAG` 裂成碎片）。 隙隙（BID` BID` 將裂開的樣子、有裂痕）。 隙歇矣（BID` HED` LEv 裂開了！） 讀音 HID`。語音 BID`。
逼	BID`	逼迫（BID` BED`＝PED` 強迫。） 逼近（BID` KYUN^ 切近。） 亦音 BED`。
焙	BID`	用火烤乾。如： 焙烤（BID` KAU`）。 焙肉乾（BID` NGYUG` GON）。
批	BIED^	用手掌、竹片、木片等輕打。如： 批腳髀（BIED^ GIOG` BI` 打大腿）。 批出聲（BIED^ TSUD` SANG 打出聲音）。 批嘴角（BIED^ ZOI^ GOG`巴掌打臉頰）。 批屎窟（BIED^ S^ FUD`掌打屁股）。
編編	BIEN	1、交織。如： 編織（BIEN ZD`）。 2、順次排列。如： 編列（BIEN LIED^）。 編排（BIEN PAIv） 編次（BIEN TS^ 排列次第）。 編制（BIEN Z^ 依次排列組織）。 2、纂集。如： 編著（BIEN ZU^ 編輯著述）。 編輯（BIEN CIB^ 蒐集編纂）。 編訂（BIEN DANG` 編輯修訂）。 編審（BIEN SM` 編輯並審查）。 編譯（BIEN ID^ 編輯和翻譯）。 編纂（BIEN TSON^ 編輯）。 3、捏造。如： 編造（BIEN TSO^ 捏造或編製表冊）。
鞭	BIEN	鞭打（BIEN DA`）。 鞭笞（BIEN TS）。 2、督促。如： 鞭策（BIEN TSED`）。 鞭長莫及（BIEN TSONGv MOG^ KIB^ 因路

貶貶	BIEN`	遠,勢力達不到)。
		降低,減少。如: 貶值(BIEN` TSD^ 降低價值)。 貶職(BIEN` ZD` 降低職位)。 貶低(BIEN` DAI 降低)。 褒貶(BO BIEN` 批評他人的優劣)。
反	BIEN`	翻倒、翻尋。 1、下面的翻到上面。如: 反轉來(BIAN` ZON` LOIv 翻過來)。 反白(BIEN` PAG^ 魚在水中死了,白色魚肚翻在上面)。 反肚底(BIEN` DU` DAI` 肚子向上反白)。 2、裏面的翻到外面。如: 反肚(BIEN` DU` 嘔吐)。 反衫(BIEN` SAM 上衣翻面)。 反腸也(BIEN` TSONGv NGE` 腸子內裡翻到外面)。 3、上面的翻到下面。如: 反車(BIEN` TSA 翻車)。 反船(BIEN` SONv 翻船)。 4、翻尋。如: 反出來(BIEN` TSUD` LOIv 翻尋出來)。 反狗虱(BIEN` GIEU` SEB` 在狗身上找虱子)。 一哪也都反過矣,尋不到(ID` NA^ E` DU BIEN` GAU=GO^ UEv, CHIMv Mv DO` 到處都找遍了,找不到)。
變变	BIEN^	1、更改事物的狀態、性質。如: 變化(BIEN^ FA^)。 變動(BIEN^ TUNG^)。 變異(BIEN^ I^ 變化)。 變革(BIEN^ GIED` 改變)。 變形(BIEN^ HINv 形狀改變)。 變相(BIEN^ CIONG^ 本質不變,形式改變)。 變換(BIEN^ FON^ 改換)。 變幻(BIEN^ FON^ 變化莫測)。 變遷(BIEN^ CHIEN 改變)。 變節(BIEN^ JIED` 失去節操。改過向善)。 變色(BIEN^ SED` a、改變顏色。b、臉色因恐懼改色。c、淪陷。)。 變態(BIEN^ TAI^ a、心態不正常。b、生

		理變化，如蝌蚪變青蛙）。 變鬼（ BIEN^ GUI` 私下作手腳，改變常態）。 變本加厲（ BIEN^ BUN` GA LI^ 變更原本情勢，更加猛烈起來）。 2、突發的重大事故。如： 突變（ TUD` BIEN^ 突然變化）。 事變（ S^ BIEN^ 大變化的事件）。 變亂（ BIEN^ LON 禍亂）。 變故（ BIEN^ GU^ 出於不測的患難事故）。 3、假造。如： 變造（ BIEN^ TSO^ ）。 4、更改已決的事。如： 變更（ BIEN^ GIEN^ ）。 變面（ BIAN^ MIEN^ 改變臉色）。 變心（ BIEN^ CIM 改變心意）。 變卦（ BIEN^ GUA^ 中途發生變化）。 5、臨機應變的方法。如： 應變（ IN^ BIEN^ 應付突發狀況）。 變通（ BIEN^ TUNG 求合局勢的辦法）。 變竅（ BIEN^ KIEU^ 變通）。 變把戲（ BIEN^ BA` HI^ 變戲法）。 變古變怪（ BIEN^ GU` BIEN^ GUAI^ 變化各種花樣）。 6、變賣（ BIEN^ MAI^ 賣出）。
擯擯	BIN`	棄而不用，拋棄。如： 擯棄（ BIN` HI^ 排斥）。 擯除（ BIN` TSUv 排除）。 擯斥（ BIN` TSD` 棄而不用）。
摒	BIN`	排除、除去。如： 摒除（ BIN` TSUv ）。 摒棄（ BIN` KI^ 棄捨）。 摒屎（ BIN` S` 便後擦去肛門屎蹟）。 摒尿（ BIN` NGIAU^ 擦拭便後尿液）。
屏	BIN`	1、避開： 屏除（ BIN` TSUv 排除，斥逐）。 屏絕（ BIN` CHIED^ 彼此排斥,斷絕往來）。 屏棄（ BIN` KI^ 放棄）。 2、恐懼： 屏息（ BIN` CID` 不敢出氣;非常害怕）。 屏氣（ BIN` HI^ 不敢出聲呼吸）。

迸	BIN`	同「屏除的屏 BIN`」。
拼	BIN`	掙扎。如： 恁會拼（AN` UOI^ BIN` 這麼會掙扎）。 拼落矣（BIN` LOD` LEv 掙脫了）。 拼拼綻（BIN` BIN` TSAN^ 掙扎想脫逃）。
奮奮	BIN`	同「拼 BIN`」：掙扎。 奮落矣（BIN` LOD` LEv 掙脫了）。 奮奮綻（BIN` BIN` TSAN^ 掙扎想脫逃）。
併	BIN^	合、並。如： 併合（BIN^ HAB^）。 合併（HAB^ BIN^）。 一併（ID` BIN^）。 搭併（DAB` BIN^ 又，也，且）。 併攏（BIN^ LUNG` 緊靠一起）。 併發症（BIN^ FAD` ZN^ 同時發生或連帶發生的病症）。
并	BIN^	通「並」、「併」。合。如： 合并（HAB^ BIN^）。 并吞（BIN^ TUN）。 兼并（GIAM BIN^）。
放	BIONG^	1、解除束縛。如： 放手（BIONG^ SU` 放開手）。 放水（BIONG^ SUI`把水放出；放水進去）。 放晝（BIONG^ ZU^ 午前工作停止）。 放夜（BIONG^ IA^ 午後至傍晚的工作停止）。 放工（BIONG^ GUNG 停止一天的工作，下班）。 放歇矣（BIONG^ HED` LEv 放開、放掉了）。 2、加入。如： 放鹽（BIONG^ IAMv 加鹽）。 放糖（BIONG^ TONGv 加糖）。 放醋（BIONG^ TS^ 加醋）。 放田水（BIONG^ TIENv SUI` 加水進田）。 3、置。如： 放心不落（BIONG^ CIM Mv LOG^ 放心不下）。 放錢在銀行（BIONG^ CHIENv TSOI NGYUNv HONGv 存款）。 放于桌面上（BIONG^ NGA^ ZUG` MIEN^ HONG^ 放在桌面上）。 放黃鱔笱（BIONG^ UONGv SAN HOv 放置捕

		捉鱔魚的竹簍在沼澤中捕捉鱔魚）。 4、起火。如： 放火燒山（BIONG^ FO` SEU SAN 生火山）。 遲人放火（TSv NGINv BIONG^ FO` 殺人放火）。 5、放牧。如： 放牛食草（BIONG^ NGYUv SD^ TSO` 放任不管）。 6、放紙鷂也（BIONG^ Z` IEU^ UE` 放風箏）。
襃 褒	BO	誇獎、讚賞。如： 襃獎（BO JIONG` 讚揚獎勵）。 襃揚（BO IONGv 襃獎讚揚）。 襃貶（BO BIEN` 批評好壞）。 食襃也（SD^ BO UE` 喜歡聽襃獎的好話）。 莫襃伊（MOG^ BO Iv 別誇獎他）。
煲	BO	用文火煮。如： 煲粥（BO ZUG` 熬粥）。 煲湯（BO TONG 熬湯）。 煲缽（BO BAD` 煮食用的陶瓷鍋子）。
播	BO	1、散布，傳布。如： 傳播（TSONv BO 傳布）。 廣播（GONG` BO 播音）。 播音（BO IM 以聲音傳播）。 播散（BO SAN^ 傳布擴散）。 播揚（BO IONGv 傳揚）。 2、下種。如： 播種（BO ZUNG^ 撒種）。 3、遷移。如： 播遷（BO CHIEN 搬遷）。 4、挑撥。如： 播弄（BO NUNG`）。
踣	BOv	踣腳（BOv = BAI GIOG` 腳有殘疾,不良於行）。 踣踣跌（BOv BOv DIED` 行走不穩,常跌倒）。
保	BO`	1、護衛。如： 保衛（BO` WI^）。 保護（BO` FU^ 守衛安全）。 保全（BO` CHIONv 保持安全、原樣）。 保養（BO` IONG 調養,保衛養育）。 保育（BO` YUG` 保衛養育）。 保守（BO` SU` 看守護衛）。

		保重（BO` TSUNG^ 注重身體健康）。 保健（BO` KIAN^ 保持健康）。 保安（BO` ON 保衛治安）。 保障（BO` ZONG^ 用於保護的障蔽）。 保膘=鑣（BO` BEU 私人衛士）。 保育（BO` YUG` 保護養育）。 保母（BO` MU 保育幼兒的女性）。 2、負責。如： 保證（BO` ZN^ 負責擔保）。 擔保（DAM BO` 替人擔負責任）。 保結（BO` GIAD` 連鎖保證）。 保管（BO` GON` 保護管理）。 保人（BO` NGINv 保證人）。 保鑣（BO` BEU 私人護衛）。 保釋（BO` SD` 獲得保釋）。 交保（GAU BO` 獲得保釋）。 保險（BO` HIAM` 按期繳保費，遇不測災難時，得保險金）。 3、庇護。如： 保佑（BO` YU^ 神靈庇護）。 保庇（BO` BI^ 神靈庇祐）。 4、存留。如： 保存（BO` SUNv）。 保留（BO` LIUv 留置原有權利）。 保持（BO` TSv 保護維持）。 保密（BO` MED^ 保持秘密）。
報 报	BO^	1、告知。如： 報告（BO^ GO^）。 報信（BO^ CIN^）。 報訊（BO^ CYUN^）。 報喜（BO^ HI` 告知喜訊）。 2、酬答。如： 報答（BO^ DAB`）。 報酬（BO^ TSUv 答謝、薪金）。 3、應因得果。如： 報應（BO^ IN^ 種因的回報）。 惡報（OG` BO^ 壞的回應）。 善報（SAN^ BO^ 好的回應）。 4、回報。如： 報仇（BO^ SUv 回報仇恨）。 報復（BO^ FUG` 回報仇恨）。 報怨（BO^ IAN^ 報復怨恨）。 報恩（BO^ EN 回報恩情）。

		5、登記參加。如： 報名（BO^ MIANGv）。 6、報關（BO^ GUAN 向海關報繳稅金）。 7、報銷（BO^ SEU 報告收支請求核銷）。 8、報案（BO^ ON^ 把發生的事，報告法庭）。
播	BO^	1、散布、傳布。如： 傳播（TSONv BO^）。 廣播（GONG` BO^ 播音）。 播音（BO^ IM）。 播散（BO^ SAN^）。 播揚（BO^ IONGv 傳揚）。 2、下種。如： 播種（BO^ ZUNG`）。 3、移。如： 播遷（BO^ CHIEN）。 4、投環在物品上或木椿上叫 播圈也（BO^ KIAN NE`）。 5. 投物在格子中叫 播格也（BO^ GAG` GE`）。 又音 BO。
發 发	BOD`	1、生病、生瘡、病蟲害。如： 發病（BOD` PIANG^）。 發痧（BOD` SA 中暑）。 發癩（BOD` TAI` 患麻瘋病）。 發蟲（BOD` TSUNGv 生蟲）。 發瘟（BOD` UN 瘟疫）。 發疥（BOD` GIE` 植物長疥）。 發鹵（BOD` LU 長疥或生銹）。 發死（BOD` CI` 癲癇發作）。 發癲（BOD` DIEN 發瘋）。 發狂（BOD` KONGv 發瘋）。 發粒也（BOD` LIAB^ BE` 長疙瘩）。 發疽也（BOD` TSOIv IE` 長瘡）。 發冷也（BOD` LANG NGE` 生瘧疾）。 發鼻膿（BOD` PI^ NUNG^ 鼻塞多涕的病）。 發癱風（BOD` TAN FUNG 癱瘓，或指懶得不願做工的人）。 發喧筋（BOD` CIEN` GIN 抽筋）。 2、發生天災。如： 發大水（BOD` TAI^ SUI`）。 發風災（BOD` FUNG ZAI 起颱風）。

		發風落雨（BOD` FUNG LOG^ I`刮風下雨）。 3、作夢。如： 發夢（BAD` MUNG^）。 4、發漲。如： 發粄（BOD`＝FAD` BAN` 加發酵蒸熟的米粄）。 發脹（BOD` ZONG^ 罵人腫脹）。 發大脹（BOD` TAI^ ZONG^ 罵人腫脹）。 5、發肉雄（BOD` NGYUG` HYUNGv 精力過剩，處發泄，發情）。
搏	BOG`	1、對打。如： 搏鬥（BOG` DEU^）。 肉搏（NGYUG` BOG`）。 搏戰（BOG` ZAN^）。 搏擊（BOG` GID`）。 2、捕捉。如： 搏取（BOG` CHI`）。 搏執（BOG` ZB`）。 3、格殺。如： 搏殺（BOG` SAD`）。
剝	BOG`	1、刮削。如： 剝削（BOG` CIOG`）。 剝奪（BOG` TOD^）。 2、腐蝕脫落。如： 剝落（BOG` LOG^）。 剝蝕（BOG` SD^）。 3、去掉。如： 剝衣（BOG` I）。 剝皮（BOG` PIv 去皮）。 剝殼（BOG` HOG` 剝去外殼）。 4、剝膚之痛（BOG` FU Z TUNG^ 深切的災害）。
駁駁	BOG`	1、辨正是非。如： 反駁（FAN` BOG`）。 2、法律名詞的不准、退回。如： 駁回（BOG` FIv）。 3、載卸貨物。如： 駁貨（BOG` FO^）。 駁船（BOG` SONv 貨從大船卸給小船，或從小船裝到大船）。 4、顏色或事物雜亂。如：

		斑駁（BAN BOG`）。 駁雜（BOG` TSAB^）。 5、辯論。如： 　辯駁（PIEN^ BOG`）。 　駁議（BOG` NGI^）。
擘	BOG`	用手把食品、物品分開或分解。如： 　擘餅（BOG` BIANG` 將整塊餅分成幾片）。 　擘不開（BOG` Mv KOI 合緊的器皿或撐緊的螺絲打不開）。 　擘不落（BOG` Mv LOD` 解不開）。 　擘開來看（BOG` KOI LOIv KON^）。
搏	BOG^	1、心臟的跳動聲音。如： 　脈搏（MAG` BOG^）。 　搏搏滾（BOG^ BOG^ GUN` 心跳急促貌）。 　心臟緊搏（CIM TSONG^ GIN` BOG^ 心臟直跳）。 2、摔水泥、泥土或膠狀物的聲音。 　搏泥（BOG^ NAIv BIAG` 以泥漿，摔補泥磚縫，使壁縫彌合）。 　搏彌（BOG^ MIv 摔滿泥漿補牆使不通風，補滿漏水的盛器或緊塞瓶塞不漏氣）。 3、開瓶蓋聲。如： 　搏一聲（BOG^ ID` SANG）。
掰	BOI	1、用手拂動。如： 　掰開（BOI KOI 拂推開）。 　掰過去（BOI GO^ HI^ 拂推過去）。 　掰塵灰（BOI TSNv FOI 手拂灰塵）。 　掰淨來（BOI CHIANG^ LOIv 拂掃乾淨）。 2、意外賺得。如： 　掰到矣（BOI DO` UEv 賺到了）。
掰	BOI	同「掰」： 1、用手拂動。如： 　掰開（BOI KOI 拂推開）。 　掰過去（BOI GO^ HI^ 輕推過去）。 　掰塵灰（BOI TSNv FOI 手拂灰塵）。 　掰淨來（BOI CHIANG^ LOIv 拂掃乾淨）。 2、意外賺得。如： 　掰到矣（BOI DO` UEv 賺到了）。
踣	BOI`	1、跌扭腳踝：

		踣到腳（BOI` DO` GIOG`）。 踣斷矣（BOU` TON NEv 高跟鞋的鞋跟扭斷了）。 2、走路時跌倒。 3、在路上倒斃。
跛	BOI`	1、跌扭腳踝： 跛到腳（BOI` DO` GIOG`）。 跛斷矣（BOI` TON NEv 高跟鞋的鞋跟扭斷了）。 2、失足傾倒： 跛蹶（BOI` KIAD`）。 跛倚（BOI` I` 偏倚）。
悖	BOI^	違背情理。如： 悖逆（BOI^ NGIAG^ 犯上作亂）。 悖謬（BOI^ MEU^ 悖逆荒謬）。 悖入悖出（BOI^ NGIB^ BOI^ TSUD` 違反常理的收入，就有違反常理的支出）。
揹	BOI^	背在背上。如： 揹人（BOI^ NGINv = BI^ NGINv）。 揹書包（BOI^ = BAv SU BAU）。 又音 BAv，BI^。
幫 帮 帮	BONG	1、佐助。如： 幫忙（BONG MONGv 協助）。 幫襯（BONG TSN^ 贊助陪襯）。 2、附和。如： 幫腔（BONG KIONG）。 3、秘密結社、夥。如： 幫派（BONG PAI^）。 一幫人（ID` BONG NGINv）。 4、助理官： 幫辦（BONG PAN^）。 5、擦拭和磨刀的動作。如： 幫淨（BONG CHIANG^ 擦乾淨）。 幫衫褲（BONG SAM FU^ 在衣服上擦拭）。 齷齪手莫幫我（O ZO SU` MOG^ BONG NGAIv 髒手別在我身上擦）。 刀也不利矣，去幫幫于咧（DO UE` Mv LI^ IEv，HI^ BONG BONG NGA^ LE！刀子不利了，去磨一磨！）。
謗	BONGv	1、惡意宣揚人的過失：

謗		毀謗（FI` BONGv）。 2、指責人的不是。如： 開謗（KOI BONGv 訓誡人）。 又音 BONG`。
碰	BONGv	碰到（BONGv DO` 遇到,觸到）。
綁 綁	BONG`	1、以繩索捆扎。如： 捆綁（KUN` BONG`）。 2、擄人為質，勒索贖金： 綁票（BONG` PEU^）。
謗 謗	BONG`	惡意講別人壞話或捏造事實損害別人名譽： 毀謗（FI` BONG`）。 同「謗BONGv」。
傍	BONG`	1、依靠： 依傍（I BONG`）。 2、佐菜、以菜拌飯吃。如： 傍菜（BONG` TSOI^）。 傍肉（BONG` NGYUG` 以肉拌飯吃）。 傍飯（BONG` FAN^ 以菜佐飯）。 傍酒（BONG` JIU` 喝酒佐菜）。 傍魚也（BONG` NGv NGE` 以魚佐飯）。
嗙	BONG^	1、自誇。如： 嗙大空（BONG^ TAI^ KANG 吹牛）。 2、在旁插問。如： 哈哈嗙嗙（HAv HAv BONG^ BONG^）。
餔	BU	吃食： 餔啜（BU TSOD`）。
逋	BU	1、逃亡： 逋逃（BU TOv）。 2、拖欠： 逋負（BU FU^）。
噗	BUv	1、駕駛汽車、機車。如： 噗上噗下（BUv SONG BUv HA 駛來駛去）。 2、喇叭、引擎、機器聲。如： 噗噗噗噗（BUv BUv BU^ BU^）。 3、噗煙（BUv IAN 抽煙、吐煙霧、排煙）。
補 补	BU`	1、把破的修好。如： 修補（CIU BU`）。 補衫褲（BU` SAM FU^）。 補鑊頭（BU` UOG^ TEUv 補鍋子）。 補笊篱（BU` ZAU^ LEUv 喻事後彌補，

48

		也喻多此一舉)。 亡羊補牢(UONGv IONGv BU` LOv 比喻事後補救,仍然有效)。 2、補足欠缺。如: 補足(BU` JYUG`)。 補助(BU` TSU^)。 彌補(MIv BU` 補足)。 補充(BU` TSUNG 補足)。 補考(BU` KAU 補行考試)。 填補(TIENv BU` 補足欠缺)。 補習(BU` CIB^ 補充學習)。 補短(BU` DON 補充欠缺)。 補遺(BU` WIv 補足遺漏的)。 3、填上空缺。如: 補缺(BU` KIAD`)。 4、事後改正。如: 補救(BU` GYU^)。 補過(BU` GO^ 彌補過失)。 補償(BU` SONG` 賠償損失)。 5、對身體健康有助益。如: 補品(BU` PIN`)。 補藥(BU` IOG^)。 進補(JIN^ BU`)。 6、補充供給。如: 補給(BU` GIB`)。
捕	BU`	捉擒。如: 捕捉(BU` ZOG`)。 擒捕(KIMv BU`)。 追捕(ZUI BU`)。 捕魚(BU` NGv)。 捕風捉影(BU` FUNG ZOG` IANG` 不實在的話或事)。
哺	BU`	餵食。如: 反哺(FAN` BU` 幼養老)。 哺乳(BU` I` 餵食乳汁)。
布	BU^	1、宣告。如: 公布(GUNG BU^)。 布告(BU^ GO^)。 宣布(CIEN BU^)。 開誠布公(KOI SNv BU^ GUNG 彼此坦白無私,都用真心相待)。 2、安放排列。如:

		布置（BU^ Z^）。
		布陣（BU^ TSN^ 排列陣勢）。
		布局（BU^ KYUG^ 詩文的結構次序）。
		烏雲密布（U YUNv MED^ BU^）。
佈	BU^	同「布」。
		公佈（GUNG BU^）。
		佈告（BU^ GO^）。
		佈置（BU^ Z^）。
㞗	BUD^	1、放屁。如：
		㞗出聲（BUD^ TSUD` SANG）。
		2、冒出。如；
		㞗屎（BUD^ S` 冒出糞便）。
		㞗水（BUD^ SUI`）。
		㞗泡（BUD^ PO 冒出泡沫）。
		3、忽出言語。如：
		㞗出一句話（BUD^ TSUD` ID` GI^ FA^ 忽然冒出一句話）。
卜	BUG`	1、推斷吉凶。如：
		預卜（I^ BUG`）。
		2、選擇。如：
		卜居（BUG` GI 選擇居住）。
		3、占卜。如：
		拈籤卜卦（NGIAM CHIAM BUG` GUA^）。
飛飞	BUI	同「飛 BI」。
		讀音 FI。
奔犇	BUN	1、跑。如：
		奔走（BUN ZEU` 行走）。
		狂奔（KONGv BUN 急走、急跑）。
		2、逃亡。如：
		出奔（TSUD` BUN）。
		3、未結婚先出走。如：
		私奔（S BUN）。
		4、為達成某種任務，到處張羅：
		奔走（BUN ZEU` 為某事奔波）。
		奔波（BUN BO = PO 勞苦奔走）。
		5、直往。如：
		投奔（TEUv BUN 投靠）。
		飛奔（FI BUN 如飛直往）。
		奔命（BUN MIANG^ 拼命）。
		奔喪（BUN SONG 為親人喪事，急歸家中）。
		6、奔放（BUN FONG^ 不受拘束）。

		7、奔流（BUN LIUv 湍急的流水）。
分	BUN	1、使離開，分配。如： 分開（BUN KOI）。 分家（BUN GA 分財產）。 分勻（BUN YUNv 分配均勻）。 分食（BUN SD^ 分家後分開煮食；乞食）。 分爨（BUN TSON^ 分家後分開煮食）。 分勻來（BUN YUNv LOIv 要平均分配）。 分財產（BUN TSOIv SAN`）。 2、給，被。如： 分我（BUN NGAIv 給我）。 送分伊（SUNG^ BUN Iv）。 分人招＝贅（BUN NGINv ZEU 入贅）。 分人賴（BUN NGINv LAI^ 被誣賴）。 分人謔＝笑（BUN NGINv NAG`＝SEU^ 被取笑）。 分水打走（BUN SUI` DA` ZEU` 被水沖走）。 拿分人食（NA BUN NGINv SD^）。 分骨頭哽到（BUN GUD` TEUv GANG` DO` 被骨頭哽噎）。 分雷公敲死（BUN LUIv GUNG KAU^ CI` 被雷雷擊死）。 分車也輾死矣（BUN TSA E` ZAN^ CI` IEv 被車壓死了）。 3、要來、討得。如： 分一些分我（BUN ID` CID` BUN NGAIv 分一些給我）。 討食也分食（TO` SD^ LE` BUN SD^ 乞丐乞食）。 分矣一個賚也（BUN NEv ID` GE^ LAI^ IE` 要來了一個兒子）。
奔犇	BUN^	1、投向： 各奔前程（GOG` BUN^ CHIENv TSANGv）。 2、動物在土中打通道。如： 奔泥（BUN^ NAIv）。 奔地龍（BUN^ TI^ LYUNGv）：一種善鑽土的尖頭鼠、鼴鼠。 奔屎蚣（BUN^ S` GUNG 在糞堆中覓食的甲蟲）。

		3、植物從土中冒芽： 　　奔筍（BUN^ SUN`）。 讀音 BUN。
逩	BUN^	直往。同「奔BUN^」:動物在土中打通道。
捧	BUNG`	張開兩手掌承物。如： 　　捧茶（BUNG` TSAv 端茶）。 　　捧飯（BUNG` FAN^ 端飯）。 　　捧酒（BUNG` JIU` 端酒）。 　　捧菜（BUNG` TSOI^ 端菜）。 　　捧碗（BUNG` UON` 端碗）。 　　捧斗（BUNG` DEU` 父母逝世出葬時，長子捧斗送葬的習俗）。
撕	CI	用手撕裂成細條。如： 　　撕菌也（CI KYUN NE` 手撕菇菌）。 　　用手撕雞肉（YUNG^ SU` CI GIE NGYUG`）。
死	CI`	喪失生命。如： 　　死亡（CI` MONGv）。 　　死罪（CI` TSUI^）。 　　死刑（CI` HINv 死罪）。 　　死別（CI` PED^ 死的分別）。 　　死屍（CI` S 屍體）。 2、拼命。如： 　　死守（CI` SU`）。 　　死戰（CI` ZAN^）。 3、非常，極甚。如： 　　死熱（CI` NGIAD^ 非常熱）。 　　死鹹（CI` HAMv 非常鹹）。 　　死精（CI` JIN 極為精明）。 4、呆板。如： 　　死板（CI` BAN`）。 　　死佬（CI` LO` 罵人木呆，不知變通）。 5、不通。如： 　　死巷（CI` HONG^）。 　　死路（CI` LU^）。 6、固定。如： 　　釘死（DANG CI`）。 7、強記。如： 　　死記（CI` GI^）。 　　死背（CI` POI^）。 8、堅持。如： 　　死鬥（CI` DEU^）。

		死黨（CI` DONG`）。 死都不承認（CI` DU Mv SNv NGIN^）。 9、注意不到之處。如： 　　死角（CI` GOG`）。 10、斷念。如： 　　死心（CI` CIM）。 11、咒罵的話。如： 　　該死（GOI CI` 應該死）。 12、如同死亡。如： 　　會愶死（UOI^ KIEN` CI` 會氣死）。 　　會做死（UOI^ ZO^ CI`）。 　　會沉死（UOI^ TSM^ CI` 會溺死）。 　　死睡（CI` SOI^）。 13、死冇命矣（CI` MOv MIANG^ NGEv 完蛋了！糟糕了！已經無望了！） 　　死該矣（CI` GOI IEv 糟糕了！完了！）。 14、熄滅。如： 　　死灰復燃（CI` FOI FUG^ IANv 熄滅的灰重新燃燒起來，比喻失敗的事，重新興旺起來）。
肆	CI^	1、放縱，任性。如： 　　放肆（FONG^ CI^）。 　　肆意（CI^ I^ 任性）。 　　肆行（CI^ HANGv 任意做）。 　　肆念（CI^ NGIAM^ 放任自己的意志）。 　　肆虐（CI^ NGIOG` 姿意害人）。 　　肆無忌憚（CI^ Uv GI^ TAN^ 毫無顧忌）。 2、陳列。如： 　　肆宴設席（CI^ IAN^ SAD` CID^）。
敘叙敍	CI^	1、說話。如： 　　面敘（MIEN^ CI^ 當面陳述）。 　　敘述（CI^ SUD^ 依序說明）。 　　敘舊（CI^ KYU^ 談論舊事）。 　　敘別（CI^ PED^ 話別）。 2、發抒。如： 　　暢敘（TSONG` CI^）。 3、書卷前說明全書要點或撰寫經過的文字。 　　敘言（CI^ NGIANv 序言）。 　　敘論（CI^ LUN^ 序論）。 4、聚會。如： 　　餐敘（TSON CI^ 聚會兼聚餐）。

		5、獎勵。如： 　　敘功（CI^ GUNG 獎勵有功人員）。 6、敘用（CI^ YUNG^ 錄用官職）。 7、打湊敘（DA` DEU^ CI^ 聚友打牙祭）。
絮	CI^	弄散。如： 　　絮散（CI^ SAN^）。 絮秆（CI^ GON` 散放稻草）。 絮于一天一地（CI^ IA^ ID` IEN ID` TI^ 弄散到滿地都是）。
寫 写	CIA`	1、拿筆書寫或作畫。如： 　　寫字（CIA` S^）。 　　寫生（CIA` SEN 描寫實物實景）。 寫作（CIA` ZOG` 創作）。 描寫（MEUv CIA` 以文字或圖畫表現事物的真相）。 2、立約。如： 　　寫字據（CIA` S^ GI`）。 3、描述紀錄： 　　寫情（CIA` CHINv）。 　　寫實（CIA` ZD^ 描寫實在事跡）。 　　寫真（CIA` ZN 描寫真實事跡）。 　　寫照（CIA` ZEU^ 一切事象的描寫）。 寫實（CIA` SD^描寫事實,不加修 　　　飾)。 4、描摹。如： 　　描寫（MEUv CIA` 依照底稿描繪）。 　　寫景（CIA` GIN`）。 5、從容舒適： 　　寫意（CIA` I^ 舒適）。
瀉 泻	CIA^	1、水向下直流。如： 　　一瀉千里（ID` CIA^ CHIEN LI）。 2、拉肚子。如： 　　屙瀉滓（O CIA^ BAv 瀉肚子）。 　　瀉痢肚（CIA^ LI^ DU` 瀉肚子）。 3、跑得很快的樣子。如： 　　直瀉（TSD^ CIA^ 直跑,瀉肚子）。 　　瀉恁遽（CIA^ AN` GIAG` 跑這麼快）。 4、說話使人丟臉。如： 　　瀉人（CIA^ NGINv）。 　　瀉衰人（CIA^ SOI NGINv 使人蒙羞）。
卸	CIA^	1、解脫： 　　推卸（TUI CIA^ 推卻責任）。

		卸責（ CIA^ JID` 推卸責任 ）。 卸肩（ CIA^ GIEN 解除負擔 ）。 卸貨（ CIA^ FO^ 卸下貨物 ）。 卸職（ CIA^ ZD` 解除職務 ）。 卸歇矣（ CIA^ HED` LEv 所載運或裝袋的貨物沒綑綁好，潰散掉落了）。 2、脫去： 卸衣（ CIA^ I 脫衣 ） 卸帽（ CIA^ MO^ 脫帽 ）。 3、凋落： 凋卸（ DIAU CIA^ 凋謝 ）。 亦音 HA` 卸貨。
楔	CIAB`	墊平、墊東西。如： 楔平來（ CIAB` PIANGv LOIv 墊平它 ）。 楔桌腳（ CIAB` ZOG` GIOG` 墊平桌腳 ）。 楔牙齒（ CIAB` NGAv TS` 塞在牙縫中。）
洩	CIAB^	漏出、滲水。如： 漏洩（ LEU^ CIAB^ ）。 洩水（ CIAB^ SUI` 漏水 ）。 洩尿（ CIAB^ NGIAU^ 忍不住流出尿來 ）。
泄	CIAB^	同「洩 CIAB^」。
惜	CIAG`	疼愛，疼惜。如： 惜人（ CIAG` NGINv 疼愛人 ）。 孬惜（ NAU CIAG` 不得人疼惜或得人疼惜 ）。 得人惜（ DED` NGINv CIAG` 得人疼惜 ）。 惜入骨（ CIAG` NGIB^ GUD`疼愛到骨子裏）。 惜入心（ CIAG` NGIB^ CIM 疼愛到內心深處 ）。 讀音 CID`。
削	CIAG^	刀割、刀切。如： 削到手（ CIAG^ DO` SU` ）。 讀音 CIOG`。
潛潛	CIAMv	1、沉入水中。如： 潛水艦（ CIAMv SUI` GAM^ ）。 2、深藏不露。如： 潛伏（ CIAMv FUG^ = PUG^ ）。 3、心靜而專。如： 潛心（ CIAMv CIM ）。 4、無形中感化人： 潛移默化（ CIAMv Iv MED^ FA^ ）。 5、暗中行事。如：

		潛入（CIAMv NGIB^）。
		潛逃（CIAMv TOv）。
潛	CIAMv	「潛」的簡體字。
誘誘	CIANGv	引誘。 誘人（CIANGv NGINv 引誘人。） 誘烏蠅（CIANGv U INv 引誘蒼蠅）。 誘蟻蚣（CIANGv NGIE^ GUNG 誘螞蟻）。 讀音 YU^ 。
醒	CIANG`	1、由昏迷而清楚。如： 睡醒（SOI^ CIANG` 清醒）。 清醒（CHIN CIANG` 意識清楚）。 提醒（TIv CIANG` 從旁促使注意）。 2、由迷惑而覺悟。如： 醒悟（CIANG` NGU^）。 3、顯明的樣子。如： 醒目（CIANG` MUG` 明顯）。 醒眼（CIANG` NGIAN` 明顯）。 4、警醒。如： 醒睡（CIANG` SOI^ 睡時警覺性高）。 醒世（CIANG` S^ 警醒世人）。 5、醒醒（CIANG` CIANG` a、未睡。 　　　　　　　　　　b、米未煮熟）。
癲癲	CIAU^	〔河洛音〕精神失常。如： 癲癲（CIAU^ CIAU^）：癲癲（DIAN DIAN）精神不正常。 讀音 DIEN 。
呷	CIB`	吸食，小酌。如： 呷一杯酒（CIB` ID` BI JIU` 喝一杯酒）。
習習	CIB^	1、學。如： 學習（HOG^ CIB^）。 習字（CIB^ S^ 學寫字）。 習琴（CIB^ KIMv 學樂器）。 習畫（CIB^ FA^ 學畫畫）。 習藝（CIB^ NGI^ 學手藝、技藝）。 習題（CIB^ TIv 學習的問題、題目）。 2、熟練學過的。如： 溫習（UN CIB^）。 複習（FUG^ CIB^）。 練習（LIEN^ CIB^）。 3、慣常。如： 習慣（CIB^ GON^ = GUON^）。 習性（CIB^ CIN^ 習慣與性情）。

		習見（CIB^ GIAN^ 慣常看見的）。 習俗（CIB^ CYUG^ 風俗習慣）。 習氣（CIB^ HI^ 社會上的不良風氣）。 4、熟悉。如： 習聞（CIB^ UNv）。
襲 襲	CIB^	1、依原有的不改。如： 沿襲（IANv CIB^ 依原有的不改變）。 因襲（IN CIB^ 依原有的不改樣）。 2、世代接續。如： 世襲（S^ CIB^）。 3、出其不意的攻擊。如： 襲擊（CIB^ GID`）。 突襲（TUD` CIB^ 突然攻擊）。 襲奪（CIB^ TOD 乘其不備奪取）。 空襲（KUNG CIB^ 從空中攻擊）。 4、衣服一套叫 一襲（ID` CIB^）。 抄別人的作品叫 抄襲（TSAU CIB^）。
集 亼 雧	CIB^	1、聚合。如： 集合（CIB^ HAB^）。 集中（CIB^ ZUNG）。 集會（CIB^ FI^ 聚會）。 聚集（CHI^ CIB^ 集合）。 巨集（KI CIB^ 很大一本）。 集團（CIB^ TONv 為某種目的集聚的團體）。 集體（CIB^ TI` 集團、多人一致去做）。 集資（CIB^ Z 聚合資本）。 集議（CIB^ NGI^ 眾人議決）. 集權（CIB^ KIANv 集中權力）。 集思廣益（CIB^ S GONG`=GUONG` ID` 集合眾人的見解，可得很大的益處）。 2、彙合許多著作而成的書。如： 詩集（S CIB^）。 文集（UNv CIB^）。 3、一種定期交易的市場。如： 市集（S^ CIB^）。 趕集（GON` CIB^）。 4、揀選，收藏： 挑選自然生長的竹木做器具。 集一枝釣竿（CIB^ ID` GI DIAU^ BIN 從

		眾多竹子中,挑選一枝釣竿)。 集一枝杖也 (CIB^ ID` GI TSONG` NGE` 從眾多樹枝中挑選一枝拐杖)。
輯輯	CIB^	1、收集,聚集綜合。如: 編輯 (BIEN CIB^ 聚集綜合)。 輯錄 (CIB^ LYUG^ 收集抄錄)。 輯要 (CIB^ IEU^ 輯錄要項)。 通輯 (TUNG CIB^ 同"通緝"通告捉拿)。 2、和睦。如: 輯睦 (CIB^ MUG^ 輯穆)。
緝緝	CIB^	1、搜捕: 緝捕 (CIB^ BU`)。 緝盜 (CIB^ TO^ 搜捕強盜)。 緝私 (CIB^ S 搜捕走私)。 緝獲 (CIB^ FED^ 抓到犯人)。 通緝 (TUNG CIB^ 通令捉拿在逃犯人)。 2、同「輯」,收集: 編緝 (BIEN CIB^)。
戢	CIB^	1、收藏、止而不用: 戢兵 (CIB^ BIN 休兵)。 2、禁止: 嚴戢 (NGIAMv CIB^ 嚴禁)。 3、藏伏: 戢影 (CIB^ IANG` 息影)。
濈	CIB^	聚集一起貌。 其角濈濈 (KIv GOG` CIB^ CIB^ 羊角攢動聚集一齊)。
惜	CID`	1、覺得寶貴珍愛。如: 愛惜 (OI^ CID` )。  惜物 ( CID` UD^)。 惜情 (CID` CHINv 珍惜感情 )。  惜陰 ( CID` IM 愛惜光陰)。 惜福 (CID` FUG` 享用不肯過分)。 惜玉 (CID` NGYUG^ 憐惜女子 )。 憐惜 ( LIENv CID` 憐愛珍惜)。 珍惜 (ZN CID` 珍愛 )。 2、捨不得。如:  惜別 ( CID` PED^)。 惋惜 (UAN` CID` 痛惜)。 3、悲痛。如: 痛惜 (TUNG^ CID` 哀痛珍惜)。 4、貪吝。如:

		吝惜（LIN` CID` 過分愛惜）。
息	CID`	停歇。如： 休息（HYU CID`）。 息兵（CID` BIN 停戰）。 息事（CID` S^ 平息事情）。 息怒（CID` NU^ 消除怒氣）。 息肩（CID` GIEN 卸下負擔）。 息影（CID` IANG` 隱居）。
悉	CID`	1、知道： 知悉（Z CID`）。 2、竭盡： 悉心（CID` CIM 盡心）。 悉力（CID` LID^ 盡力）。 悉意（CID` I^ 盡意）。 3、完全： 悉數（CID` SU^ 全數）。 4、詳盡： 熟悉（SUG^ CID`）。
恤 賉	CID`	憐惜： 體恤（TI` CID`）。 憐惜（LINv CID`）。 顧慮： 不恤人言（BUD` CID` NGINv NGIANv）。
卹	CID`	同「恤」。
析	CID`	1、分解。如： 分析（FUN CID`）。 2、分離。如： 析產（CID` SAN`）。 析居（CID` GI）。 3、解釋。如： 解析（GIAI` CID`）。 析疑（CID` NGIv）。 析義（CID` NGI^ 釋意）。
熄	CID`	滅火，火滅。如： 熄滅（CID` MED^）。 熄燈（CID` DEN）。 熄火（CID` FO`）。 吹熄（TSOI CID` 風吹、口吹滅燈火）。
雪	CIED`	洗除、洗刷。如： 洗雪（SE` CIED`）。 雪恥（CIED` TS`）。 雪恨（CIED` HEN^）。

		雪冤（CIED` IAN 洗雪冤情）。
洩	CIED`	1、漏水、漏氣。如： 洩氣（CIED` HI^）。 2、透露秘密。如： 洩漏軍機（CIED` LEU^ GYUN GI）。 3、排出體外。如： 排洩（PAIv CIED`）。 洩瀉（CIED` CIA^ 瀉肚子）。 4、發散。如： 洩恨（CIED` HEN^）。 發洩（FAD` CIED`）。
泄	CIED`	同「洩」字。 又音 CIED^，CIAB^，I^。
渫	CIED`	1、除去穢濁： 井渫不食（JIANG` CIED` BUD` SD^ 井不除污，不食井水）。 2、休歇： 為歡未渫（WIv FON WI^ CIED` 作樂不息）。 3、分散： 粟有所渫（SUG` YU SO` CIED`）。
蹀	CIED`	來回旋轉： 來回蹀（LOIv FIv CIED` 來回盤旋）。 蹀門瞭戶（CIED` MUNv LIAUv FU^ 時常挨家閒聊串門子）。
洩	CIED^	同「洩 CIED`」的漏水、漏氣，排出體外。 1、洩水（CIED^ SUI` 以水管射水）。 2、洩尿（CIED^ NGIAU^ 屙尿）。
諧諧	CIED^	講大話，吹牛。如： 諧虛（CIED^ HI 說空話，吹牛）。 諧猴（CIED^ HEUv 善吹牛的男子）。 2、同「洩 CIED^」。
宣亘	CIEN	1、公開表示、散布。如： 宣告（CIEN GO^）。 宣布（CIEN BU^）。 宣揚（CIEN IONGv）。 宣傳（CIEN TSONv）。 宣誓（CIEN S^ 公開表示遵守誓言）。 宣示（CIEN S^ 公告）。 宣戰（CIEN ZAN^）。 宣講（CIEN GONG` 公開演講）。 宣讀（CIEN TUG^ 公開朗讀）。

		宣導（CIEN TO 疏通勸導）。 宣判（CIEN PAN^ 宣布判決結果）。 宣言（CIEN NGIANv 發表意見的文字）。 2、通達。如： 　宣洩（CIEN CIED`）。 3、盡力。如： 　宣勞（CIEN LOv）。 4、詳說。如： 心照不宣（CIM ZEU^ BUD` CIEN 彼此心裏明白，但不說出來）。
諼諼	CIEN	詐騙；遺忘。如： 弗諼（FUD^ CIEN 不要忘記）。 詐諼（ZA^ CIEN 詐騙）。
旋	CIENv	1、繞圈。如： 　回旋（FIv CIENv）。 2、轉動。如： 　旋轉（CIENv ZON`）。 　斡旋（UAD` CIENv 斡是轉彎，旋是繞圈。挽回、居中調解）。 　旋風（CIENv FUNG 螺旋風）。 3、應付。如： 　周旋（ZU CIENv）。 4、歸來。如： 　凱旋（KOI` CIENv 戰勝歸來）。 5、旋律（CIENv LID^）：Melody. 不同高低長短的單音連續。 6、旋踵（CIENv ZUNG`）：一轉腳，隨即。 7、旋轉乾坤（CIENv ZON` KIANv KUN 很大的力量）。
漩	CIENv	水的回旋流動： 　旋渦（CIENv UO）。
選選	CIEN`	1、揀、挑。如： 　選拔（CIEN` PAD^）。 　挑選（TIAU CIEN`）。 　選擇（CIEN` TSED^）。 　選派（CIEN` PAI^）。 　選科（CIEN` KO）。 　選手（CIEN` SU` 從眾人中挑出來的能手）。 2、選舉的總稱。如： 　普選（PUv CIEN`）。 　推選（TUI CIEN`）。

		選舉（CIEN` GI`）。 選民（CIEN` MINv 有選舉權的人）。 選賢任能（CIEN` HIANv IM^ NENv 選拔賢者，任用能人。）
跣	CIEN`	赤腳踏地： 　　跣足（CIEN` JYUG` 光著腳）。 脫光衣褲： 　　衫褲跣淨淨（SAM FU^ CIEN` CHIANG^ CHIANG^ 衣服脫光光）。
羨	CIEN^	愛慕。如： 　　羨慕（CIEN^ MU^ 心中希望得到的愛慕）。
睍	CIEN^	偷看： 　　偷睍（TEU CIEN^）。
信	CIN^	1、誠實。如： 　　信實（CIN^ SD^）。 　　信義（CIN^ NGI^ 誠實公正）。 2、標誌。如： 　　信號（CIN^ HO^）。 3、書札、消息。如： 　　音信（IM CIN^）。 　　書信（SU CIN^）。 　　信息（CIN^ CID`）。 　　信封（CIN FUNG）。 4、憑證。如： 　　信物（CIN^ UD^）。 　　印信（IN^ CIN^）。 　　信用（CIN^ YUNG^）。 　　信任（CIN^ IM^）。 　　信託（CIN^ TOG` 信任交託）。 5、隨意。如： 　　信口（CIN^ KIEU`）。 6、不疑。如： 　　信奉（CIN^ FUNG^ 信仰敬奉）。 　　信仰（CIN^ NGIONG` 信服仰慕）。 　　信徒（CIN^ TUv）。 　　相信（CIONG CIN^）。 　　信念（CIN^ NGIAM^ 無疑的意念）。 7、信口雌黃（CIN^ KIEU` TS UONGv 不加思考，隨口批評）。 信口開河（CIN^ KIEU` KOI HOv 不加思考，隨口發言）。

弄	CIOv	偷、扒。如： 弄錢（CIOv CHIENv 偷錢、扒錢）。 在書店弄到一本書（TSOI SU DIAN^ CIOv DO` ID` BUN` SU 在書店偷得一本書）。 弄人個金也，分人扭到矣（CIOv NGINv GE^ GIM ME`, BUN NGINv NEU` DO` UEv 偷人的金子，被抓到了）。
逍	CIOv	閒蕩。如： 逍上逍下（CIOv SONG CIOv HA 到處閒蕩）。
咻	CIO^	跑得快，也指蛇的爬動聲。如： 咻于過（CIO^ UA^ GO^）。亦指快而無聲的新車跑動聲。 咻于恁遽（CIO^ UA^ AN` GIAG` 跑得這麼快）。
削	CIOG`	1、刀切。如： 削皮（CIOG` PIv）。 削髮為尼（CIOG` FAD` WIv NIv 剃髮當尼姑）。 2、消瘦。如： 瘦削（TSEU^ CIOG`）。 3、刪除。如： 削減（CIOG` GAM`）。 削除（CIOG` TSUv）。 削正（CIOG` ZN^ = ZANG^ 改正）。 4、革職。如： 削職（CIOG` ZD`）。 5、虐削(蠍)（NGIOG` CIOG`）：皮膚接觸到穀芒或刺激物品，引起的癢痛與難受感覺。
襄 勷	CIONG	幫助。如： 襄助（CIONG TSU^）。 襄理（CIONG LI 輔佐經理辦事者）。 完成。如： 襄事（CIONG S^）。
鑲 鋃	CIONG	把東西嵌在別的東西上。如： 鑲牙齒（CIONG NGAv TS`）。 鑲邊（CIONG BIEN 在東西外緣加邊）。
瓖	CIONG	同「鑲」。如： 瓖牙（CIONG NGAv）。

翔	CIONGv	鳥回旋而飛： 飛翔（FI CIONGv）。 迴翔（FIv CIONGv）。 翱翔（NGAUv CIONGv）。
想	CIONG`	1、思索。如： 想出（CIONG` TSUD`）。 思想（S CIONG`）。 想必（CIONG` BID`想想必定如此）。 想入非非（CIONG` NGIB^ FI FI 妄想、無意義的想像）。 2、思念。如： 想念（CIONG` NGIAM^）。 3、猜度。如： 猜想（TSAI CIONG`）。 想像（CIONG` CIONG^只憑心想，沒有親身經歷）。 4、回憶。如： 回想（FIv CIONG`）。 5、認為。如： 我想不好去較好（NGAIv CIONG` Mv HO` HI^ GO^ HO`我認為不去較好）。 我想莫買較著（NGAIv CIONG` MOG^ MAI GO^ TSOG^我認為不買才對）。
相	CIONG^	1、察看。如： 相面（CIONG^ MIEN^）。 相命（CIONG^ MIANG^）。 相士（CIONG^ S^看命相的人）。 相機行事（CIONG^ GI HANGv S^看適當時機做事）。 相親（CIONG^ CHIN男女對看議親）。 2、幫助。如： 相夫教子（CIONG^ FU GAU Z`幫助丈夫教育子女）。 3、尋找、選擇、選購。如： 相一頂帽也（CIONG^ ID` DANG MO^ UE`選擇一頂帽子）。 相來相去，相有一枝好筆（CIONG^ LOIv CIONG^ HI^, CIONG^ MOv ID` GI HO` BID`找來找去找不到一枝好筆）。
修	CIU	1、整治，更改。如： 修理（CIU LI）。 修繕（CIU SAN^修整）。

		修改（CIU GOI`）。 修訂（CIU DANG` 修改訂正）。 修正（CIU ZN^）。 修明（CIU MINv 政治嚴明）。 2、磨練身心。如： 修身（CIU SN）。 修行（CIU HEN^ 修養品行）。 修心養性（CIU CIM IONG CIN^）。 3、建造。如： 修橋（CIU KIEUv）。 4、書寫。如： 修書（CIU SU）。 修函（CIU HAMv 寫信）。 5、研究、學習。如： 修業（CIU NGIAB^）。 修習（CIU CIB^）。 6、打扮。如： 修飾（CIU SD`）。
蒐	CIUv	窺視，賊頭賊腦地尋找可偷的東西。 蒐上蒐下（CIUv SONG CIUv HA）。 蒐蒐蒐蒐（CIUv CIUv CIU^ CIU^）。
抾	CIU`	用竹條、藤條鞭打。如： 抾分伊痛（CIU` BUN Iv TUNG^ 打痛他）。
秀	CIU^	1、表演、亮相。如： 做秀（ZO^ CIU^）。 2、Show：展現、展示、展覽的外語。 跑車秀（PAU TSA CIU^ 跑車展覽會）。 電腦秀（TIEN^ NO` CIU^ 電腦展覽）。 寫真秀（CIA` ZN CIU^ 實體或照片物體展覽）。 秋裝秀（CHIU ZONG CIU^ 秋裝展示）。
繡 繡 绣 绣	CIU^	用彩色的線在布上刺成花紋。如： 繡花（CIU^ FA）。 車繡（TSA CIU^ 針車繡）。 拋繡球（PAU CIU^ KYUv 女子拋繡球選郎的習俗）。
蒐	CIU^	同「蒐CIUv」。 蒐蒐蒐蒐（CIUv CIUv CIU^ CIU^ 賊頭賊腦地尋找可偷的東西）。
嗅	CIU^	用鼻辨別氣味： 嗅覺（CIU^ GOG` 能辨別香臭的感覺）。

		嗅神經（CIU^ SNv GIN 分佈在鼻腔上面主嗅覺的腦髓神經）。
宿	CYUG`	1、住夜。如： 歇宿（HIAD` CYUG` 住宿）。 宿夜（CYUG` IA^）。 　宿營（CYUG` IANGv 軍隊駐紮）。 2、短期住處。如： 宿舍（CYUG` SA`）。 3、積久的。如： 宿志（CYUG` Z^）。 　宿願（CYUG` NGIAN^）。 　宿望（CYUG` UONG^）。 　宿怨（CYUG` IAN^ 積久的仇恨）。 　宿疾（CYUG` CHID^ 久病）。 4、老練的。如： 宿將（CYUG` JIONG^）。
續续	CYUG^	1、連接不斷。如： 陸續（LYUG^ CYUG^）。 　連續（LIENv CYUG^）。 　接續（JIAB` CYUG^）。 繼續（GI^ CYUG^ 連續不斷）。 2、斷了再接。如： 斷續（DON^ CYUG^停了又接著做）。 續弦（CYUG^ HIANv 妻死再娶）。 3、延伸。如： 延續（IANv CYUG^）。
巡	CYUNv	1、往來察看。如： 巡夜（CYUNv＝SUNv IA^）。 2、遍。如： 酒過三巡（JIU` GO^ SAM CYUNv＝SUNv）。
循	CYUNv	1、依照。如： 遵循（ZUN CYUNv）。 2、同「巡」。如： 循行（CYUNv HANGv）。 3、有次序的。如： 循循善誘（CYUNv CYUNv SAN^ YU^）。 4、循環（CYUNv FANv＝KUANv）：事物運動的周而復始。
詢询	CYUNv	1、查問。如： 詢問（CYUNv UN^）。 2、徵求意見。如： 諮詢（Z CYUNv）。

訊 訊	CYUN^	1、詢問。如： 問訊（UN^ CYUN^）。 2、審問。如： 審訊（SM` CYUN^）。 3、通消息。如： 音訊（IM CYUN^）。
殉	CYUN^	1、用活人或財物陪葬。如： 殉葬（CYUN^ ZONG^）。 2、因某事犧牲生命。如： 殉情（CYUN^ CHINv）。 殉道（CYUN^ TO^）。 殉國（CYUN^ GUED`）。 3、不顧生命去追求。如： 殉名（CYUN^ MIANGv）。 殉利（CYUN^ LI^）。
遜 遜	CYUN^	1、讓。如： 遜位（CYUN^ WI^）。 2、減。如： 遜色（CYUN^ SED` 減色,差一點）。 3、稍次、不如。如： 遠遜於（IAN` CYUN^ I）。 4、恭敬而謙虛。如： 謙遜（KIAM CYUN^）。
徇	<u>CYUN^</u>	疾也，快速。 幼而徇(侚)齊（YU^ Iv SUN^ = CYUN^ TSEv 齊 = 速也）。 思慮徇(侚)通（S LI^ SUN^ = CYUN^ TUNG 敏達）。
徇	CYUN^	1、同「殉」。 徇難（CYUN^ NAN^）。 徇義（CYUN^ NGI^ 不顧生命,維持正義）。 徇情（CYUN^ CHINv 殉情、徇私）。 2、巡行而宣令。 使徇于師（S` CYUN^ I S）。 又音 SUN^。
誦 誦	CYUNG^	1、大聲讀、朗讀。如： 朗誦（LONG CYUNG^）。 誦讀（CYUNG^ TUG^）。 誦經（CYUNG^ GIN）。 2、讚美。如： 稱頌（TSN CYUNG^）。

		誦讚（CYUNG^ ZAN^）。
頌頒	CYUNG^	1、稱讚。如： 歌頌（GO CYUNG^）。 頌揚（CYUNG^ IONGv 稱頌讚揚）。 頌詞（CYUNG^ TSv 頌揚歌詞）。 頌歌（CYUNG^ GO 頌揚歌詞）。 頌禱（CYUNG^ DO` 頌揚祝禱）。 2、祝賀。如： 敬頌近安（GIN^ CYUNG^ KYUN^ ON）。
訟	CYUNG^	1、打官司。如： 訴訟（SU^ CYUNG^）。 2、責備。如： 自訟（TS^ CYUNG^ 自責）。 3、公正的言論。如： 訟言（CYUNG^ NGIANv）。 4、爭辯是非曲直。如： 爭訟（ZEN CYUNG^）。 聚訟紛紜（CHI^ CYUNG^ FUN YUNv）。
棲	CHI	停留、居住。如： 棲宿（CHI CYUG` 住宿）。 棲息（CHI CID` 停息）。 棲身（CHI SN 住宿、寄身）。 兩棲動物（LIONG` CHI TUNG^ UD^）。
栖	CHI	同「棲」。 栖息（CHI CID` 飛鳥歸巢歇息）。 栖栖（CHI CHI 急迫貌）。 栖栖皇皇（CHI CHI FONGv FONGv）： 倉皇無定。
凄	CHI	同「淒」。「淒」的簡寫字。
篩筛	CHI	用篩也（CHI IE`）分別物質的粗細。 篩砂（CHI SA）。 篩石也（CHI SAG^ GE` 篩石子）。 篩米（CHI MI`）。 篩穀（CHI GUG`）。 篩豆也（CHI TEU^ UE` 篩豆子）。
趨趍趋	CHI	1、快速行走： 趨前（CHI CHIENv 快速前行）。 2、前往： 趨賀（CHI FO^）。 趨候（CHI HEU^ 向前去問候）。 3、依附權勢： 趨附（CHI FU^）。

		4、傾向： 趨向（CHI　HIONG^）。 　趨利（CHI　LI^　努力向利）。 　趨勢（CHI　S^　大勢的傾向）。 5、迎合： 趨奉（CHI　FUNG^　恭敬奉承）。 　趨迎（CHI　NGIANGv　前去歡迎）。
狙	CHI	1、窺伏伺隙： 狙伺（CHI　S^）。 2、乘人不備而攻擊： 狙擊（CHI　GID`）。
取	CHI`	得到、拿到。如： 取得（CHI`　DED`）。 　取信（CHI`　CIN^　獲得信任）。 　取法（CHI`　FAB`　效法）。 　取悅（CHI`　IAD^　取得對方的歡悅）。 2、接受。如： 分文不取（FUN　UNv　BUD`　CHI`）。 3、選擇、採用。如： 選取（CIEN`　CHI`）。 　就地取材（CHIU^　TI^　CHI`　TSOIv）。 　取樂（CHI`　LOG^　尋取快樂）。 4、找、尋求。如： 取笑（CHI`　SEU^　嘲笑、諷刺）。 5、下判斷。如： 取決（CHI`　GIAD`）。 6、取消（CHI`　SEU　解除約定）。 　取締（CHI`　DI^　加以禁止並加以限制、監督、管理）。
娶	CHI`	男女成婚。在男方是 娶妻（CHI`　CHI）。又稱 娶親（CHI`　CHIN）。
聚	CHI^	1、會合。如： 聚餐（CHI^　TSON）。 　聚會（CHI^　FI^）。 　聚居（CHI^　GI）。 　聚首（CHI^　SU`　會面）。 　聚集（CHI^　CIB^）。 2、積蓄。如： 聚斂（CHI^　LIAM^）。 　聚財（CHI^　TSOIv）。
趨	CHI^	同「趨 CHI」。

趨		1、傾向。如： 趨向（CHI^ HIONG^）。 2、趕上前。如： 趨前（CHI^ CHIENv）。
砌	CHI^	1、堆疊： 砌牆（CHI^ CIONGv）。 2、台階： 雕欄玉砌（DIAU LANv NGYUG^ CHI^）。
沏	CHI^	1、以滾水沖泡。如： 沏茶（CHI^ TSAv 泡茶）。 2、用水撲滅燃燒物。
覰 覷 覰 覷	CHI^	1、看： 面面相覷（MIEN^ MIEN^ CIONG CHI^）。 2、偷看： 窺覷（KUI CHI^）。 3、輕視： 小覷（SEU` CHI^）。
淬	CHI^	1、淬水（CHI^ SUI`）：a、燒紅的鋼鐵放入水中冷卻。b、放水在熱鍋中。 2、泪淬也（MI^ CHI^ IE` 濕淋淋的人、潛水的人）。
謝 谢	CHIA^	1、表示感激。如： 感謝（GAM` CHIA^）。 　謝函（CHIA^ HAMv 感謝信）。 　謝恩（CHIA^ EN 答謝恩情）。 　謝禮（CHIA^ LI 答謝禮品或禮金）。 2、認錯、道歉。如： 謝罪（CHIA^ TSUI^）。 3、推辭、辭去。如： 謝絕（CHIA^ CHIED^）。 　辭謝（TSv CHIA^）。 4、更換、衰退。如： 新陳代謝（CIN TSNv TOI^ CHIA^ 去舊換新）。
蹀	CHIAB`	蹀蹀（CHIAB` CHIAB` 往來貌）。 蹀蹀（CHIAB` TIAB^ 行走貌）。
竊 窃	CHIAB`	1、偷。如： 偷竊（TEU CHIAB`）。 2、賊。如： 小竊（SEU` CHIAB`）。 　竊賊（CHIAB` TSED^ 小偷）。 　竊盜（CHIAB` TO^ 強盜）。

		3、暗中。如： 竊笑（CHIAB`SEU^）。 　竊思（CHIAB`S）。 　竊聽（CHIAB`TANG 暗中偷聽）。 4、竊竊私語（CHIAB`CHIAB`S NGI）： 背著人低聲談話。
刺	CHIAG`	以針刺畫。如： 刺字（CHIAG`S^）。 　刺青（CHIAG`CHIANG 在皮膚上刺畫青色字畫）。 　刺繡（CHIAG`CIU^）。
織 织	CHIAG`	編織。如： 織襪（CHIAG`MAD`）。 織毛線（CHIAG`PONG^ CIEN^）。 　織魚網（CHIAG`NGv MIONG`）。 　織帽也（CHIAG`MO^ UE`織帽子）。 讀音 ZD`。
簽 签	CHIAM	1、親筆署名。如： 簽名（CHIAM MIANGv）。 　簽字（CHIAM S^）。 　簽約（CHIAM IOG`簽訂公約）。 　簽署（CHIAM SUv 簽字）。 2、簡明寫出要點或意見。如： 簽注意見（CHIAM ZU^ I^ GIAN^）。 3、簽證（CHIAM ZN^）：國家機關在本國或外國公民護照或旅行證上簽註、蓋章，表示准許出入國境或過境的手續。 　簽准（CHIAM ZUN`簽證獲准）。
殲 歼	CHIAM	全部殺盡。如： 殲滅（CHIAM MED^ 殺盡滅絕）。
熸	CHIAMv	1、撲滅火勢。 2、戰敗逃走。
戳	CHIAMv	穿刺。如： 戳人（CHIAMv NGINv 以刀刺人）。 　戳豬也（CHIAMv ZU UE`殺豬時，以刀刺喉嚨）。 　戳蛤蟆頦（CHIAMv HAv MAv GOI 刀刺喉嚨）。 　刀戳針刺（DO CHIAMv ZM CHYUG`）。 又音 TSAMv。
請	CHIANG`	1、懇求。如：

請		請示（CHIANG` S^）。 　　請求（CHIANG` KYUv）。 　　請命（CHIANG` MIN^ 請求指定）。 　　請和（CHIANG` FOv 請求復和）。 　　請罪（CHIANG` TSUI^ 請求原諒）。 　　請假（CHIANG` GA` 請求准假）。 　　請願（CHIANG` NGIAN^ 請求依願）。 　　請纓（CHIANG` IN 請求參與戰役）。 2、邀約。如： 邀請（IEU CHIANG`）。 　　請客（CHIANG` KIED`）。 　　請人客（CHIANG` NGINv HAG` 請客）。 　　請帖（CHIANG` TIAB` 邀請通知）。 3、延聘。如： 聘請（PIN` CHIANG`）。 　　請人教（CHIANG` NGINv GAU）。 　　請先生來（CHIANG` CIN SANG LOIv 　　　　　請老師、醫生、丈夫來）。 　　請教（CHIANG` GAU^ 求教）。 4、問候。如： 請安（CHIANG` ON 問候平安）。
鍬 鍬 鏊	CHIAU	1、攪拌。如： 　　鍬鹽（CHIAU IAMv 拌鹽）。 　　鍬糖（CHIAU TONGv 和糖）。 　　鍬砂灰（CHIAU SA FOI 攪拌水泥、砂、石灰，使之均勻）。 　　鍬合來（CHIAO GAB` LOIv 攪拌均勻）。 　　鍬紅毛泥（CHIAU FUNGv MO NAIv 攪拌水泥）。 2、翻尋、搜尋、翻箱倒櫃： 　　鍬書包（CHIAU SU BAU 搜查書包中的東西）。 　　鍬拖箱也（CHIAU TO CIONG NGE` 翻查抽屜）。 　　鍬袋也（CHIAU TOI^ IE` 翻查袋子）。
叱	CHID`	惡聲斥罵： 叱責（CHID` JID`）：呼喝。 又音 TSD`。
彳	CHID`	小步行走、邊走邊停的樣子，左步為彳CHID`），右步為亍（TSOG`）。如： 　　打彳亍（DA` CHID` TSOG` 漫步）。 　　彳彳亍亍（CHID` CHID` TSOG` TSOG`

		無目標地行走、徘徊不前）。
躑躅	CHID`	躑躅（CHID` TSOG`）：彳亍、踟躕。又音 ZD`。
切	CHIED`	1、貼近、緊靠。如： 切身（CHIED` SN）。 　　切近（CHIED` KYUN^ = KYUN）。 2、密合、符合。如： 切實（CHIED` SD^）。 　　切合（CHIED` HAB^）。 3、急迫。如： 迫切（BED` CHIED`）。 　　切切（CHIED` CHIED` 再三告誡）。 4、千萬。如： 切莫（CHIED` MOG^ 千萬不可）。 　　切勿（CHIED` UD^ 千萬不可）。 　　切記（CHIED` GI^ 千萬要記住）。 　　切忌（CHIED` GI^ 千萬要避免）。 5、悲哀。如： 悽切（CHI CHIED`）。 6、把脈。如： 切脈（CHIED` MAG`）。 7、用刀切斷。如： 切菜（CHIED` TSOI^）。 8、一切（ID` CHIED` 一律、總括全體）。 9、切磋（CHIED` TSO 互相討論學問）。 10、用上字的聲與下字的韻，切合注音。反切（FAN` CHIED`）。 11、咬牙切齒（NGAU NGAv CHIED` TS` 極憤恨貌）。 12、切膚之痛（CHIED` FU Z TUNG^ 親身所受的痛苦）。
絕	CHIED^	1、斷。如： 絕望（CHIED^ UONG^ = MONG^）。 　　絕交（CHIED^ GAU 斷絕來往）。 　　絕版（CHIED^ BAN` 斷版的書）。 　　絕糧（CHIED^ LIONGv 斷絕糧食）。 　　絕境（CHIED^ GIN^ 切斷出路）。 　　絕代（CHIED^ TOI^ 斷絕後嗣、舉世無雙）。 　　絕後（CHIED^ HEU^ 同「絕代」）。 　　絕世（CHIED^ S^ 斷後嗣、舉世無雙）。 　　絕嗣（CHIED^ S^ 同「絕後」）。

		絕種（CHIED^ ZUNG` 同「絕代」）。 2、隔。如： 絕緣（CHIED^ IANv）。 3、盡。如： 氣絕（HI^ CHIED^ 斷氣）。 4、極。如： 絕佳（CHIED^ GA 非常好）。 　　絕妙（CHIED^ MEU^ 極佳）。 　　絕景（CHIED^ GIN` 極佳的風景）。 　　絕品（CHIED^ PIN` 極品）。 5、肯定的、完全的。如： 絕對（CHIED^ DUI^）。 6、獨一無二的、完全的。如： 精采絕倫（JIN TSAI` CHIED^ LUNv）。 7、絕無僅有（CHIED^ Uv GYUN` YU 極少）。 8、絕句（CHIED^ GI^ 五字或七字為一句，共四句的詩）。
褰	CHIEN	用手提起衣褲： 褰裳（CHIEN SONGv 提起衣裳）。
遷 迁 扢	CHIEN	1、搬移。如： 遷徙（CHIEN SAI`）。 　　遷移（CHIEN Iv）。 　　遷居（CHIEN GI）。 　　遷調（CHIEN TIAU^ 調換職位）。 　　遷怒（CHIEN NU^ 移怒他人）。 2、改變。如： 變遷（BIEN^ CHIEN）。 　　遷善（CHIEN SAN^ 改過向善）。 　　遷就（CHIEN CHIU^ 改變己見，迎合他人、委曲求全）。 　　事過境遷（S^ GO^ GIN^ CHIEN 事情已過，一切都改變了）。
蹮 跹	CHIEN	蹁蹮（PIENv CHIEN 行走盤旋）。 蹮蹮（CHIEN CHIEN 跳舞的樣子）。
踐 践	CHIEN^	1、腳踏。如： 踐踏（CHIEN^ TAB^）。 2、實行。如： 踐約（CHIEN^ IOG`）。 實踐（SD^ CHIEN^）。 　　踐履（CHIEN^ LI` 照約實行）。 　　踐諾（CHIEN^ NOG` 實踐諾言）。 3、浪費、糟踏=蹋。如：

		作賤（ZOG` CHIEN^）。
賤 贱	CHIEN^	頑皮、不聽話、摸弄不該動的東西。 　　賤手賤腳（CHIEN^ SU` CHIEN^ GIOG` 生性好動，閒不下來）。 　　莫賤人個東西（MOG^ CHIEN^ NGINv GE^ DUNG CI 別動人的東西）。 　　盡賤個細人也（CHIN^ CHIEN^ GE^ SE^ NGINv NE` 很皮、好動的孩子）。
尋 寻	CHIMv	1、找。如： 尋覓（CHIMv MED`）。 　　尋求（CHIMv KYUv 探求）。 　　尋訪（CHIMv FONG` 拜訪）。 　　尋人（CHIMv NGINv 找人）。 　　尋食（CHIMv SD^ 找食物）。 　　尋味（CHIMv MI^ 探求）。 　　尋死（CHIMv CI` 自找死路、自殺）。 　　尋短見（CHIMv DON` GIAN^ 自殺）。 　　尋頭路（CHIMv TEUv LU^ 找工作）。 　　尋冇頭緒（CHIMv MOv TEUv TAG` 找不到頭緒）。 　　尋根究底（CHIMv GIN GYU^ DAI` 徹底尋求）。 　　尋花問柳（CHIMv FA UN^ LIU a、遊春覽勝。b、嫖妓）。 2、探討、研究。如： 　　耐人尋味（NAI^ NGINv CHIMv MI^）。 3、考慮。如： 尋思（CHIMv S）。
撏	CHIMv	1、摘下： 撏取（CHIMv CHI` 摘取）。 2、拔獸毛： 撏毛（CHIMv MO）。
燖	CHIMv	已煮熟的冷食物再溫熱。
鋟	CHIM`	雕刻： 鋟版（CHIM` BAN` 雕刻印版）。 鋟梓（CHIM` Z` 刻書）。
侵	CHIM`	1、掠奪。如： 侵佔（CHIM` ZAM^）。 　　侵害（CHIM` HOI^）。 　　侵越（CHIM` IAD^ 越過權限）。 2、興兵進犯。如：

		入侵（NGIB^ CHIM`）。 侵略（CHIM` LIOG^）。 侵犯（CHIM` FAM^）。 侵襲（CHIM` CIB^ 暗中出兵）。 侵吞（CHIM` TUN）。 3、漸進。如： 侵尋（CHIM` CHIMv）。 侵蝕（CHIM` SD^）。 侵淫（CHIM` IMv）。
寢	CHIM`	1、睡眠。如： 就寢（CHIU^ CHIM`）。 廢寢忘食（FI^ CHIM` UONG^ SD^）。 2、臥室。如： 寢室（CHIM` SD`）。 寢具（CHIM` KI` 睡覺用具）。 3、停止。如： 事寢（S^ CHIM`）。 寢兵（CHIM` BIN）。
親 亲	CHIN	接吻或貼面。如： 親嘴（CHIN ZOI^）。
清	CHIN	1、使熱的變涼： 冬溫夏清（DUNG UN HA^ CHIN 冬天溫暖夏天涼）。 2、寒涼： 冷清（LANG CHIN 寒冷）。
清	CHIN	使乾淨。如： 清潔（CHIN GIAD`）。 清淨（CHIN CHIANG^）。 清除（CHIN TSUv）。 清理（CHIN LI）。 清爽（CHIN SONG` 清潔爽快）。 清道夫（CHIN TO^ FU 清潔道路者）。 清心寡欲（CHIN CIM GUA` YUG^ 心境安寧，慾念少）。
磬	CHIN`	1、身體前傾，彎腰，像「く」字形的樂器「磬」，引申為低頭彎腰之意。 磬到（CHIN` DO` 低著頭，彎著腰）。 磬折（CHIN` ZAD` 身體前彎，鞠躬）。 頭磬磬（TEUv CHIN` CHIN` 低著頭）。 磬下去（CHIN` HA HI^ 彎腰前傾）。 磬裁（CHIN` TSAIv 彎腰恭請裁定！現在變音為CHIN^ TSAI，或CHIN^ TSAI^（河洛音）

		「隨你意！隨便！」）。
傾 倾	CHIN`	同"罄"。 1、上身前傾，彎腰站立。 　　傾到（CHIN` DO` 低著頭，彎著腰）。 　　傾折（CHIN` ZAD` 上身前彎，鞠躬）。 　　頭傾傾（TEUv CHIN` CHIN` 低著頭）。 　　傾下去（CHIN` HA HI^ 彎腰前傾）。 傾裁（CHIN` TSAIv 彎腰恭請裁定！現在變音為CHIN^ TSAI，或CHIN^ TSAI^（河洛音）「隨你意！隨便！」）。
靖	CHIN^	使安定： 靖亂（CHIN^ LON^）。
鍬 锹	CHIO	1、串入、插入： 鍬秤（CHIO GON` 串入稻草中）。 　　鍬入去（CHIO NGIB^ HI^ 插進去）。 2、針縫： 鍬衫褲（CHIO SAM FU^ 縫補衣服）。 　　鍬布唇（CHIO BU^ SUNv 縫布邊）。 　　鍬鈕也（CHIO KIEU^ UE` 縫鈕釦）。 　　鍬到手（CHIO DO` SU` 針戳到手指）。
躍 跃	CHIOG`	「躍IOG`」的變音。跳起。如： 躍起來（CHIOG` HI` LOIv）。 躍上去（CHIOG` SONG HI^）。 躍過去（CHIOG` GO^ HI^）。
吮	CHION	用口吸吮。如： 吮嗾（CHION ZOD^ 吸吮）。 　　吮乳＝奶（CHION NEN^ 吸吮奶房）。 吮手指（CHION SU` Z`）。 讀音 CHION`, SOD^, SUD^, SUN`。
吮	CHION`	鴨、鵝用扁嘴吃食或攻擊的動作。 吮食（CHION` SD^ 鴨鵝取食）。 　　鴨也吮穀（AB` BE` CHION` GUG`）。 　　鵝也吮人（NGv UE` CHION` NGINv^）。
搶 抢	CHIONG`	1、奪去。如： 搶劫（CHIONG` GIAB`）。 　　搶人（CHIONG` NGINv）。 　　搶錢（CHIONG` CHIENv）。 2、爭取。如： 搶先（CHIONG` CIEN）。 　　搶光（CHIONG` GONG 搶奪別人光彩，有「愛表現」之意）。 　　搶兜（CHIONG` DEU 群豬爭食貌，喻

		人多一起吃飯胃口特別好）。 3、趕做。如： 搶修（CHIONG` CIU）。 4、用風車把晒乾的五穀吹乾淨。如： 搶穀（CHIONG` GUG`）。
嗆	CHIONG`	1、氣體刺激鼻喉，食物進入氣管。 尿味嗆人（NGIAU^ MI^ CHIONG` NGINv）。 2、鳥食。
像	CHIONG^	相似： 相像（CIONG CHIONG^）。 像伊（CHIONG^ Iv 像他）。 像樣（CHIONG^ IONG^ 做什麼像什麼，中規中矩）。 像種（CHIONG^ ZUNG` 像父母，有父母的遺傳特徵在）。 不像人（Mv CHIONG^ NGINv 諷刺裝扮過分時髦的人，不像正常人）。 不像猴（Mv CHIONG^ HEUv 同「不像人」）。 像爺像哀（CHIONG^ IAv CHIONG^ OI 像父像母）。
囚	CHIUv	1、人被拘禁，犯人。如： 囚犯（CHIUv FAM^）。 2、把人拘禁起來。如： 囚禁（CHIUv GIM^）。
泅汼	CHIUv	游水。如： 泅水（CHIUv SUI`）。
就	CHIU^	1、進入。如： 就學（CHIU^ HOG^）。 就木（CHIU^ MUG` 死後殮入棺材）。 就醫（CHIU^ I 找醫生看病、入院）。 2、靠近。如： 就近（CHIU^ KYUN^）。 遷就（CHIEN CHIU^）。 就人（CHIU^ NGINv 依人、纏人）。 就枕（CHIU^ ZM` 上床入睡）。 就教（CHIU^ GAU^ 求教）。 就于共下（CHIU^ UA^ KYUNG^ HA^ 聚靠在一起）。 3、赴任。如： 就任（CHIU^ IM^ 就職）。

		就位（CHIU^ WI^）。 就業（CHIU^ NGIAB^）。 就職（CHIU^ ZD`）。 就事（CHIU^ S^ a、任事。b、在範圍內）。
僦	CHIU^	租賃。如： 僦屋（CHIU^ UG` 租房子）。
刺 刺	CHYUG`	用尖銳的東西戳。如： 　　針刺刀戳（ZM CHYUG` DO CHIAMv）。 　　分釘也刺到（BUN DANG NGE` CHYUG` DO` 被針刺到）。 　　分笏刺到（BUN NED` CHYUG` DO` 被竹刺刺到）。
從 从 従	CHYUNGv	1、跟隨。如： 隨從（SUIv CHYUNGv）。 　　從良（CHYUNGv LIONGv 妓女脫離賤業，而隨從良家）。 　　力不從心（LID^ BUD` CHYUNGv CIM）。 2、依順。如： 從命（CHYUNGv MIN^）。 　　從師（CHYUNGv S 拜師學藝、依順老師所教）。 　　從優（CHYUNGv YUv 給優厚待遇）。 　　從嚴（CHYUNGv NGIAMv 盡量嚴格）。 3、屈服。如： 服從（FUG^ CHYUNGv）。 　　至死不從（Z^ CI` BUD` CHYUNGv）。 4、參加。如： 從政（CHYUNGv ZN^ 參與政治）。 　　從軍（CHYUNGv GYUN 參軍）。
打	DA`	擊、捶、敲。如： 　　打鼓（DA` GU`）。 　　槌打（TSUIv DA`）。 　　打人（DA` NGINv）。 擊打（GID` DA`）。 2、鬥毆。如： 毆打（EU` DA`）。 　　相打（CIONG DA` 打架）。 3、購買。如： 打酒（DA` JIU` 買酒）。 打油（DA` YUv）。 4、捕捉。如： 打魚也（DA` NGv NGE` 捕魚）。

5、汲取。如：
打水（DAˋ SUIˋ 汲水）。
打露（DAˋ LU^ 露天;盛凝露水）。
6、製、造：
打鐵（DAˋ TIEDˋ）。
打磚（DAˋ ZON 製造磚塊）。
7、編織。如：
打毛線（DAˋ MO CIEN^）。
打草鞋（DAˋ TSOˋ HAIv 編草鞋）。
打大索（DAˋ TAI^ SOGˋ 編繩索）。
8、繫結。如：
打結（DAˋ GIEDˋ）。
9、建造。如：
打井（DAˋ JIANGˋ）。
　　打灶頭（DAˋ ZO^ TEUv 建爐灶）。
　　打眠床（DAˋ MINv TSONGv 造床）。
10、計算。如：
打算（DAˋ SON^）。
打算盤（DAˋ SON^ PANv）。
11、起稿。如：
打稿（DAˋ GOˋ）。
12、掃地。如：
打掃（DAˋ SO^）。
13、撥發。如：
打電話、報（DAˋ TIEN^ FA^、BO^）。
14、立定。如：
打基礎（DAˋ GI TSUˋ）。
15、捆紮。如：
打包（DAˋ BAU）。
16、摔破。如：
打碎（DAˋ SUI^）。
打壞矣（DAˋ FAIˋ IEv 摔壞了）。
17、掀開。如：
打開（DAˋ KOI）。
18、賭博。如：
打牌（DAˋ PAIv）。
19、動作發生：
打忸（DAˋ NUG^ 吃驚而寒顫）。
打呵欠（DAˋ A^ HAMˋ）。
　　打哈啾（DAˋ HA^ CHIU^ 打噴嚏）。
　　打呃咄（DAˋ ED^ DOG^ 打咯）。
打嚶咕（DAˋ ANG GUv 嬰兒學說話的語聲）。

80

		打沁佞（DA` CHIN^ NGIN^ 因寒冷或畏食而顫抖,不寒而悚）。 打眼枴（DA` NGIAN` GUAI` 相互擠眉弄眼,以眼神示意）。 20、打牙祭、聚餐： 打湊斂（DA` DEU^ CI^）。 21、打屁卵（DA` PI^ LON` 放屁）。 22、打走人（DA`ZEU` NGINv 被洪水沖走）。 23、打扮（DA` BAN^ 化裝）。 打粉（DA` FUN` 抹粉化妝）。 24、打探（DA` TAM^ 打聽）。 打底（DA` DAI` 奠基；探測水深）。 25、打嘴鼓（DA` ZOI^ GU` 聊天）。 26、打露（DA` LU^ 露天、使凝聚露水）。 27、動作。如： 打側（DA` ZED` 側著身體）。 打橫（DA` UANGv 橫著）。 打直（DA` TSD^ 直著）。 打平（DA` PIANGv 平放；平手）。 打蹬＝端（DA` DENv 嬰孩學習站立）。 打嗌（DA` ED` 打咯）。 28、打醮（DA` ZEU^ 民間大規模的祭鬼神聚會）。 打採茶（DA` TSAI` TSAv 演戲）。 29、打倒搣（DA` DO^ MAG^ 向後摔倒）。 30、打出本（DA` TSUD` BUN` 賠本）。 31、打淨食（DA` CHIANG^ SD^ 單吃一種,不與他種食物同吃）。 32、打鱸嘴（DA` ME^ ZOI^ 弄髒嘴）。 打秕嘴（DA` PANG^ ZOI^ 說空話）。 33、打洽（DA` HAB^ 商量）。 34、打喪（DA` SONG`浪費；蹧蹋,可惜）。 35、打脈（DA` MAG` 把脈）。 36、植物結果子、開花。如： 打子（DA` Z` 結果）。 打花（DA` FA 開花）。
喋	DA^	誇口： 好喋（HAU^ DA^ 喜歡吹牛）。 喋喋滾（DA^ DA^ GUN` 大聲吹牛）。
答答	DAB`	應對。如： 回答（FIv DAB`）。 問答（UN^ DAB`）。

		答案（DAB` ON^）。 答覆（DAB` FUG^）。 答辯（DAB` PIEN^ 答復申辯）。 答非所問（DAB` FI SO` UN^ 答案與問題不符）。 2、還報。如： 　　報答（BO^ DAB`）。 　　答謝（DAB` CHIA^）。 　　答禮（DAB` LI）。 　　答識人（DAB` SD` NGINv 回謝酬報）。 3、允許。如： 　　答應（DAB` IN^）。
畣	DAB`	「答」的本字。
搭	DAB`	1、架起。如： 　　搭棚布（DAB` PUNGv BU^ 搭架遮陽遮雨帆布）。 　　搭寮也（DAB` LIAUv UE` 搭草寮）。 　　搭架也（DAB` GA^ E` 搭架子）。 2、配搭，委託。如： 　　搭信（DAB` CIN^ 托人帶信）。 　　搭話（DAB` FA^ 托人帶話）。 　　搭伙（DAB` FO` 付錢在別人家吃飯）。 　　搭食（DAB` SD^ 搭伙）。 　　搭人食（DAB` NGINv SD^ 搭伙）。 3、乘坐。如： 　　搭火車（DAB` FO` TSA）。 　　搭船（DAB` SONv）。 4、理睬。如： 　　莫搭伊（MOG^ DAB` Iv 不理他）。 　　搭不得（DAB` Mv DED` 不能理）。
貼 黏	DAB`	粘貼。如： 　　貼紙（DAB` Z` = DIAB` Z`）。 　　貼簝（DAB` LIAU 密著，貼切）。 　　貼碓（DAB` DOI^ 磨石的上層與下層密著貼切）。 　　冇貼碓（MOv DAB` DOI^ 磨石的上層與下層沒有密著，不貼切。引申為不癢不痛，不夠刺激，不發生作用，不夠深入，不怎麼樣）。 　　冇貼冇碓（MOv DAB` MOv DOI^ 不癢不痛，不夠刺激，不發生作用，不夠深入，不怎麼樣）。

		帖對聯（DAB`=DIAB` DUI^ LIENv）。 目貼貼（MUG` DAB` DAB` 眼睛合著，無力睜開）。 貼秤頭（DAB` TSN^ TEUv 貼補斤n兩，追加少許，使斤兩足夠的小塊肉）。 兩頭不貼蓆（LIONG` TEUv Mv DAB` CHIAG^ 駝背的人仰臥床上，頭和腳不能同時貼著蓆子，喻兩邊不討好，兩頭落空）。
嗒	DAB^	嘴巴吃食的響聲。如： 嗒嘴（DAB^ ZOI^ a、吃食時，口舌出「嗒」聲。b、沒有食物可吃），比喻落空。 嘀嗒（DID^ DAB^ 吃食的響聲,零食）。 2、零食。如： 零嗒（LANGv DAB^）。 3、口中品嚐： 舐嗒（SE DAB^ 又舔又出聲）。 罔嗒（MONG` DAB^ 口中沒有正食，以別種食物代替也好）。
抵	DAI`	遮蔽、遮蓋、遮擋。如： 抵穩（DAI` UN` 遮住、蓋住、擋住）。 抵到（DAI` DO` 遮蓋=擋到）。 用布也抵（YUNG^ BU^ UE` DAI` 用布遮蓋、遮蔽、遮擋）。 抵涼（DAI` LIONGv 遮涼）。
帶帶	DAI^	1、佩掛。如： 帶花（DAI^ FA）。 帶孝（DAI^ HAU^ 服喪）。 2、隨身提攜。如： 帶飯（DAI^ FAN^）。 帶書包（DAI^ SU BAU）。 帶不落窟（DAI^ Mv LOG^ FUD` 死時什麼都帶不進棺材）。 3、率領。如： 帶路（DAI^ LU^）。 帶兵（DAI^ BIN）。 帶頭（DAI^ TEUv）。 帶壞樣（DAI^ FAI^ IONG^ 壞模範）。 4、附著、連著。如： 帶搭（DAI^ DAB` 順便）。

		梨也帶葉（LIv IE` DAI^ IAB^）。
戴	DAI^	1、加在頭、身上。如： 戴帽也（DAI^ MO^ UE`）。 戴手錶（DAI^ SU` BEU`）。 戴手鐲（DAI^ SU` KUANv）。 戴目鏡（DAI^ MUG` GIANG^ 戴眼鏡）。 戴金鏈也（DAI^ GIM LIEN^ NE` 戴金項鏈）。 戴金戒指（DAI^ GIM GIAI^ Z`）。 戴手絡也（DAI^ SU` LAB` BE`戴手套）。 戴高帽也（DAI^ GO MO^ UE`戴高帽子：以讚美方法奉承人）。 戴星披月（DAI^ SEN PI NGIAD^ 夜間奔走趕辦）。 不共戴天（BUD` KYUNG^ DAI^ TIEN 不與同在一起之意，勢不兩立）。 2、尊奉、擁護。如： 擁戴（YUNG` DAI^）。 愛戴（OI^ DAI^）。
邸	DAI^	住在： 邸哪也？（DAI^ NA^ E` 住哪裏？）
擔担	DAM	1、負責。如： 擔當（DAM DONG）。 擔頭（DAM TEUv a、擔子。 　　　　　　　b、探頭、抬頭）。 擔也（DAM NE` 擔子）。 擔保（DAM BO` 承擔保證）。 擔硬（DAM NGANG^ 忍受痛苦）。 擔任（DAM IM^）。 擔待（DAM TAI^）。 擔負（DAM FU^）。 2、牽掛。如： 擔心（DAM CIM）。 擔憂（DAM YUv）。 3、患病。如： 擔到病（DAM DO` PIANG^）。 擔到肺病（DAM DO` FI^ PIANG^）。
儋	DAM	負荷（今通作「擔」）： 負儋（FU^ DAM）。 儋荷（DAM HOv）。
耽躭	DAM	1、遲延。如： 耽誤（DAM NGU^）。

84

		耽延（DAM IANv）。 耽擱（DAM GOG`）。 2、沉溺。如： 耽樂（DAM LOG^）。 耽溺（DAM NID^）。 3、嗜愛，沉迷於。如： 耽美（DAM MI）。 耽於聲色（DAM I SANG SED`）。 4、同「擔」。如： 耽心（DAM CIM 掛慮）。 5、向下。如： 耽耳（DAM NGI` 耳垂下垂）。 耽視（DAM S^ 眼睛下視）。 耽思（DAM S 低頭沉思）。
酖	DAM	1、嗜酒： 荒酖（FONG DAM 荒蕩狂飲）。 酖酖（DAM DAM 安樂貌）。 2、沉溺： 酖樂（DAM LOG^ 沉溺在享樂中）。 3、拖延： 酖延（DAM IANv 耽誤而拖延）。 酖誤（DAM NGU^）。 4、酖思（DAM S 深思）。 5、酖耳（DAM NGI` 耳大而下垂）。
探	DAM	伸出： 探頭看（DAM TEUv KON^）。 探腳（DAM GIOG` 伸出腳）。
談談	DAMv	[河洛音] 談哆（DAMv DEv）：閒談。
誕誕	DAN^	1、出生。如： 誕辰（DAN^ SNv）。 誕生（DAN^ SEN 出生）。 壽誕（SU^ DAN^ 上了壽的生日）。 2、不合情理。如： 怪誕（GUAI^ DAN^）。 荒誕（FONG DAN^ 說話荒唐）。 誕妄（DAN^ UONG^ 虛言欺世）。 3、行為放蕩。如： 放誕（FONG^ DAN^）。
釘釘	DANG	1、用槌槌釘。如： 釘釘也（DANG DANG NGE` 釘釘子）。 釘楯（DANG DUN` 釘木樁）。

85

		釘不緊（DANG Mv HENv 釘不緊）。 釘穩（DANG UN` 釘住、看住）。 2、陽具勃起。如： 釘起來（DANG HI` LOIv 勃起來）。 不會釘（Mv UOI^ DANG 不會勃起）。 釘釘（DANG DANG）：a、陽具勃起。 　　　　　　　　　　　 b、特地、專程。 4、釘信（DANG CIN^）：確信不疑。
盯	DANG	注視。如： 眼盯盯（NGIAN` DANG DANG）。
靪	DANG	補靪（BU` DANG 衣服鞋襪縫補的部分，修補）。
朾	DANG	補朾（BU` DANG 修補衣服鞋襪）。
單	DANG	單 DAN 的變音，專為某事做。如： 單單來（DANG DANG LOIv 專程來）。 單單去買（DANG DANG HI^ MAI 專程去買）。
盯	DANGv	注視。如： 眼盯盯（NGIAN` DANGv DANGv 眼睜睜地）。
訂 訂	DANG`	1、約定、商量。如： 訂約（DANG` IOG`）。 　　訂定（DANG` TIN^）。 　　訂立（DANG` LIB^）。 　　訂婚（DANG` FUN）。 2、預約。如： 訂票（DANG` PEU^ 預先購買）。 3、改正。如： 訂正（DANG` ZN^）。 　　改訂（GOI` DANG`）。 　　校訂（GAU` DANG` 校正）。
哆	DEv	〔河洛話〕 談哆（DAMv DEv）：閒談。
碟	DEB^	碟水（DEB^ SUI`）：踐踏水。
得 淂	DED`	1、取到、收到。如： 得到（DED` DO`）。 　　獲得（FED^ DED`）。 　　得失（DED` SD` 成敗是非）。 　　得志（DED` Z^ 達成志願）。 　　得勝（DED` SUN^ 得到勝利）。 　　得計（DED` GIE^ 計策成功）。 　　得罪（DED` TSUI^ 冒犯、對不起）。

		得病（DED` PIANG^）。
得人畏（DED` NGINv WI^ 令人害怕、厭煩）。
得人驚（DED` NGINv GIANG 令人懼怕）。
得人孥惜（DED` NGINv NAU CIAG` 使人討厭或得人疼愛）。
得失參半（DED` SD` TSAM BAN^ 利弊各半）。
得寸進尺（DED` TSUN^ JIN^ TSAG` 貪心不足）。
2、高興、滿意。如：
揚揚自得（IONGv IONGv TS^ DED` 得意洋洋）。
得意（DED` I^ 意願得償）。
3、合適。如：
得體（DED` TI`）。
4、貪。如：
戒之在得（GIAI^ Z TSAI^ DED`）。
沾	DEM	1、沾水（DEM SUI`）：a、人蹲入水中，臀部觸水。b、盤、盆放在水面，目的在冷卻或防蟻。
2、沾沾焉（DEM DEM ME 暗地裡、悄悄地）。沾沾焉偷暢（DEM DEM ME TEU TIONG^ 沾沾自喜）。
蹬	DEM`	腳踏，頓足、腳踩、跥腳：
蹬腳（DEM` GIOG` 踏腳、跥腳）。
蹬人（DEM` NGINv 踩人）。
分馬蹬到（BUN MA DEM` DO` 被馬腳踩到）。
叮	DEN	叮嚀（DEN NENv）：再三吩咐。
叮囑（DEN ZUG`）：囑咐。
登	DEN	1、從低處往高處。如：
登高（DEN GO 爬高）。
登山（DEN SAN 上山）。
登天（DEN TIEN 喻困難）。
登門（DEN MUNv 上門、到家拜訪）。
登場（DEN TSONGv 上台、出場）。
登科（DEN KO 上榜、應試及格）。
登台（DEN TOIv 上台獻藝）。
登峰造極（DEN FUNG TSO^ KID^ 最高的成就）。
登堂入室（DEN TONGv NGIB^ SD` 造

		詣極深、深入屋內）。 2、記載。如： 登記（DEN GI^）。 　登載（DEN ZAI^）。 　登報（DEN BO^ 刊載報上）。 3、登位（DEN WI^ 就職、就位）。 4、登常（DEN SONGv 長久以來都如此做）。 　登長（DEN TSONGv 長久以來都如此做）。
叮	DEN	修補衣服： 補叮（BU` DEN）。
蹬	DENv	1、腳跟離地升起站立。如： 　腳蹬起來（GIOG` DENv HI` LOIv 腳跟提起來）。 2、擁擠。如： 　擠=尖于蹬起來（JIAM MA^ DENv HI` LOIv 擁擠到腳騰空了）。 3、豎立。如： 蹬蹬（DENv DENv 讓嬰孩站立）。 筆蹬（BIAG^ DENv 筆直,挺立）。 打蹬（DA` DENv 嬰孩學習站立）。 放蹬來（BIONG^ DENv LOIv 放他站立）。
端	DENv	同「蹬」：筆直豎立。如： 端端（DENv DENv 豎立）。 筆端（BIAG^ DENv 筆直站立）。 打端（DA` DENv 嬰孩學習站立）。 放端來（BIONG^ DENv LOIv 放他站立）。
等	DEN`	等候。如： 等下（DEN` HA^ 不久、一下子）。 　等一下（DEN` ID` HA^）。 　等一下添（DEN` ID` HA^ TIAM 再等一會兒）。 　等路（DEN` LU^ 禮物）。 　等待（DEN` TAI^）。 　等候（DEN` HEU^）。 　等正來（DEN` ZANG^ LOIv 等著吧）！
瞪	DEN^	張大眼睛向前直看： 瞪眼（DEN^ NGIAN`）。 瞪目（DEN^ MUG`）。 目瞪口呆（MUG` DEN^ KIEU` DEv 驚嚇而瞪眼,一句話都說不出來）。

端	DEU`	「端 DON」的變音。 以兩手捧物。如： 　　端菜（DEU TSOI^ 雙手端菜）。 　　端腳（DEU GIOG` 抓人把柄、舉人的腳）。 　　端箕也（DEU GI IE` 雙手端的盛土箕）。 　　端鍋也（DEU UOG^ GE` 端鍋子）。 　　端凳也（DEU DEN^ NE` 搬凳子）。 　　端起來（DEU HI` LOIv 端起來）。 2、抱孩子促其大小便叫 　　端屎尿（DEU S` NGIAU^）。 讀音 DON，又音 DEU。
抖	DEU`	1、身體顫動：顫（ZUN）。 2、抖摵（DEU` SO`）：a、奮發的樣子。 　　　　　　　　　　　b、振落身上塵埃。
鬭 鬥 鬪 斗	DEU^	爭打、比賽。如： 　　爭鬥（ZEN DEU^）。 　　鬥智（DEU^ Z^）。 　　鬥力（DEU^ LID^）。 　　鬥毆（DEU^ EU` 爭鬥毆打）。 　　好鬥（HAU^ DEU^ 喜好爭鬥）。 　　鬥氣（DEU^ HI^ 賭氣、嘔氣）。 　　牛相鬥（NYUv CIONG DEU^ 兩牛以角對鬥）。 2、同"湊"。裝配、安裝。如： 　　鬥柄（DEU^ BIANG^ 器具裝柄）。 　　鬥腳（DEU^ GIOG` 器具裝腳）。 　　鬥緊（DEU^ HENv 裝緊）。 　　鬥緊（DEU^ GIN` 著急）。 　　鬥榫頭（DEU^ SUN` TEUv 接合榫頭）。 鬥眠床（DEU^ MINv TSONGv 組裝睡床）。 　　钁頭鬥柄（GIOG` TEUv DEU^ BIANG^ 鋤頭裝柄）。
斗	DEU^	同「鬥」，「鬥」的簡體字。
湊 凑	DEU^	1、湊滿數、湊熱鬧。 　　湊股（DEU^ GU` 合股）。 　　湊搭（DEU^ DAB` 配搭得當）。 　　湊陣（DEU^ TSN^ 湊成一夥）。 　　湊滿＝足（DEU^ MAN＝JYUG` 湊足）。 　　湊鬧熱（DEU^ NAU^ NGIAD^）。 2、與人有姦情。如：

89

		湊到人（DEU^ DO` NGINv）。 湊客哥也（DEU^ KIE^ GO UE` 與約情夫）。 3、裝配,組合。 　　湊桌腳（DEU^ ZOG` GIOG` 將桌腳裝上）。 　　湊不落（DEU^ Mv LOG^ 裝不上去）。 又讀「SEU^」。
知	DI	心裏明白。如： 　　知！（DI 知道）！ 　　我知（NGAIv DI）：回答：我知道！ 　　不知（Mv DI 不知道）。 　　知得（DI DED` 知道）。 　　知嗎（DI MAv 知道嗎？） 　　知矣（DI IEv 知道了！） 　　知知個（DI DI GE^ 明明知道的）。 　　知人我（DI NGINv NGO 知道人際關係）。 　　知人性（DI NGINv CIN^ 知道人的性情）。 讀音 Z。
抵	DI`	1、抗拒。如： 　　抵抗（DI` KONG^）。 　　抵制（DI` Z^）。 　　抵擋（DI` DONG`）。 　　抵禦（DI` NGI^ 抵抗防禦）。 　　抵敵（DI` TID^）。 2、到達。如： 　　抵達（DI` TAD^）。 3、冒犯。如： 　　抵觸（DI` TSUG`）。 4、賠償。如： 　　抵償（DI` SONG`）。 　　抵命（DI` MIANG^）。 5、擔保。如： 　　抵押（DI` AB`）。 6、相當。如： 　　抵消（DI` SEU）。 　　抵罪（DI` TSUI^ 依罪處刑）。 　　收支相抵（SU Z CIONG DI`）。 7、遮蓋。如： 　　抵雨（DI`＝DAI` I` 遮雨）。

		抵日頭（DI`=DAI` NGID` TEUv 遮太陽）。又音 DAI`。
牴	DI`	1、牛羊用角頂撞： 相牴（CIONG DI`）。 牴鬥（DI` DEU^）。 2、衝突： 牴觸（DI` TSUG`）。
觝	DI`	同「抵，牴」。
詆諆	DI`	1、故意說別人的短處： 詆毀（DI` FI`）。 2、辱罵： 痛詆（TUNG^ DI`）。
遞递	DI^	1、傳送。如： 傳遞（TSONv DI^）。 郵遞（YUv DI^）。 遞信（DI^ CIN^）。 遞解（DI^ GIAI` 押解）。 2、更換。如： 更遞（GIEN^=GANG DI^）。 3、順次。如： 遞加（DI^ GA 順次增加）。 遞次（DI^ TS^ 順次，依次）。 遞減（DI^ GAM` 順次減少）。 遞補（DI^ BU` 依次補上）。 又音 TI^。
締缔	DI^	結成、訂立。如： 締結（DI^ GIAD`）。
嚏	DI^	打哈啾（DA` HA^ CHIU^）： 噴嚏（PUN^ DI^=TI^）。 願言則嚏（NGIAN^ NGIANv ZED` DI^ 想到他就不停打噴嚏）。 亦音 TI^。
佇竚	DI^	[福佬音]。在。 佇哪也（DI^ NA^ E` 在哪裡？） 佇屋家（DI^ UG` GA 在家）。 佇路上（DI^ LU^ HONG^ 在路上）。 又音 DU^。
踶	DIAv	踶蹀（DIAv DIA^ 幼兒學走路來回多次貌）。
蹀	DIA^	踶蹀（DIAv DIA^ 幼兒學走路來回多次

		貌）。
貼貼	DIAB`	1、粘。如： 粘貼（NGIAMv DIAB`）。 　　貼紙（DIAB` Z`）。 　　貼膏藥（DIAB` GAU IOG^）。 2、補足。如： 補貼（BU` DIAB`＝TIAB`）。 3、妥當。如： 妥帖（TOv DIAB`＝TIAB`）。 4、切近。如： 貼身（DIAB`＝TIAB` SN）。
疊疊迭	DIAB^	以手抓粘物摔在某物上或摔成丸子、摔成某物的樣子。如： 疊肉丸（DIAB^ NGYUG` IANv 摔疊成肉丸子）。 擤鼻疊于壁上（SEN^ PI^ DIAB^ BA^ BIAG` HONG^）：用手擤鼻涕甩在牆壁上。
彈彈	DIAG^	1、指彈：彎曲食指或中指，固定於拇指，然後彈出，以撞擊他物。 彈烏蠅（DIAG^ U INv 彈殺蒼蠅）。 彈珠也（DIAG^ ZU UE` 彈玻璃珠子）。 彈耳空（DIAG^ NGI` GUNG 指彈耳朵）。 2、彈硬（DIAG^ NGANG^ 非常硬，極硬）。
停	DIAM	停止、不繼續、不動。如： 車也停矣（TSA E` DIAM MEv 車子停了）。 落雨透日冇停（LOG^ I` TEU^ NGID` MOv DIAM 下雨整日不停）。
战	DIAM	用手估量物體的輕重。 战斤掅兩（DIAM GIN BAD` LIONG 斤斤較量）。
掂	DIAM	同「战」。用手估量物體的輕重。 掂斤掅兩（DIAM GIN BAD` LIONG 斤斤較量）。
點点	DIAM`	燃火。如： 　　點燈（DIAM` DEN）。 　　點火（DIAM` FO`）。 2、液體落下。如： 　　點目藥（DIAM` MUG` IOG^ 點眼藥）。 3、選定。如： 　　點菜（DIAM` TSOI^）。 　　點名（DIAM` MIANGv）。

		點將（DIAM` JIONG^）。 點唱（DIAM` TSONG^）。 4、指明。如： 　　指點（Z` DIAM`）。 　　點破（DIAM` PO^）。 　　點醒（DIAM` CIANG` 提醒）。
點 点	DIAM^	點狀播種： 　　點菜種（DIAM^ TSOI^ ZUNG`）。 　　點花仁（DIAM^ FA INv 播種花種）。 點菜仁也（DIAM^ TSOI^ INv NE` 播種菜種）。 點蘿蔔仁（DIAM^ LOv PED^ INv 播蘿蔔種）。
惦	DIAM^	思念。如： 　　惦念（DIAM^ NGIAM^）。
玷	DIAM^	污辱。如： 　　玷污（DIAM^ U）。
彈 弹	DIANGv	土話說「彈琴」、「彈棉花」。如： 　　彈日彈夜（DIANGv NGID` DIANGv IA^ 日夜不停地彈）。 2、彈硬（DIANGv NGANG^ 很硬，極硬）。 硬彈彈（NGANG^ DIANGv DIANGv 硬繃繃的）。
雕	DIAU	雕鏤。如： 　　雕刻（DIAU KIED`）。
彫	DIAU	「雕」的簡字。
琱	DIAU	同「雕」。治玉；飾畫。
凋	DIAU	枯落。如： 　　凋謝（DIAU CHIA^）。 　　凋零（DIAU LINv 草枯、葉落、花謝）。 　　凋萎（DIAU WI 樹葉枯萎）。 　　凋敝（DIAU BI^ 衰敗、病困）。
叼	DIAU	用嘴口銜住。如： 　　叼煙筒（DIAU IAN TUNGv 啣煙斗）。
螫	DIAU	蜂類、蚊蟲用尾針刺人畜。如： 　　蚊也螫人（MUN NE` DIAU NGINv 蚊子釘人）。 　　分蜂也螫到（BUN FUNG NGE` DIAU DO` 被蜂螫釘）。
著 着	DIAUv	（河洛音）中了，固定了。如： 　　著矣（DIAUv UEv 考中了、選上了、貼緊了）。

		耐不著（DU^ Mv DIAUv 耐不住）。 黏不著（NGIAMv Mv DIAUv 貼不住）。
住	DIAUv	同「著」,（河洛音）固定。如： 耐不住（DU^ Mv DIAUv 耐不住）。 黏不住（NGIAMv Mv DIAUv 貼不住）。
鳥	DIAU`	性交： 相鳥（CIONG DIAU`）。 莫鳥伊（MOG^ DIAU` Iv 別理他-土話）。
弔	DIAU^	1、懸掛。如： 弔死（DIAU^ CI` 吊死）。 2、傷感。如： 憑弔（PINv DIAU^）。
吊	DIAU^	「弔」的俗字。懸掛。
釣 钓	DIAU^	1、用鉤帶餌，勾捕魚類。如： 釣魚（DIAU^ NGv）。 　釣餌（DIAU^ NGI`）。 2、騙取。如： 沽名釣譽（GU MIANGv DIAU^ I^）。
調 调	DIAU^	調動。如： 調開（DIAU^ KOI）。 調職（DIAU^ ZD`）。 　調兵（DIAU^ BIN 征兵）。
滴	DIED`	1、水點往下落。如： 滴水（DIED` SUI`）。 2、水點聲,滴水貌。如： 滴滴滴滴（DID` DID` DIED` DIED`）。
跌	DIED`	掉落、摔倒。如： 跌倒（DIED` DO`）。 跌下去（DIED` HA HI^ 摔下去）。 跌落水（DIED` LOG^ SUI 跌落水中）。 跌筊也（DIED` GAU^ UE` 擲筊卜吉凶）。 2、物價下降。如： 跌價（DIED` GA^）。 3、遺失。 掉歇矣（DIED` HED` LEv 丟掉了,遺失了）。
得	DIED`	「得 DED`」的變音。 得罪人（DIED` TSUI^ NGINv）。 得失人（DIED` SD` NGINv）。 又音 DED`, E`。
迭	DIED`	1、輪流更換：

94

		更迭（GIEN^ = GANG　DIED`）。 2、停止： 稱謝不迭（TSN　CHIA^　BUD`　DIED`）。 3、層次： 迭接來信（DIED`　JIAB`　LOIv　CIN^）。
咥	DIED`	1、咬。2、大笑。
癲 癲	DIEN	精神錯亂。如： 瘋癲（FUNG　DIEN），俗稱： 發癲（BOD`　DIEN　發瘋）。 　癲也（DIEN　NE`　瘋子）。 　癲狗（DIEN　GIEU`　瘋狗）。 　癲牯（DIEN　GU`　瘋男子）。 　癲母（DIEN　MAv　瘋女子）。 　瘋瘋癲癲（FUNG　FUNG　DIEN　DIEN）。
撿	DIEN	1、跌。 2、撿窨（DIEN　IM^　頓足忍氣,表示失意）。
典	DIEN`	1、質押。如： 　典押（DIEN`　AB`　典當質押）。 　典當（DIEN`　DONG^）。 2、主持、主管。如： 　典試（DIEN`　S^　主持考試）。 　典獄長（DIEN`　NGYUG^　ZONG`　監獄主管）。
展	DIEN`	〔河洛音〕表現、賣弄。如： 　展風神（DIEN`　FUNG　SNv　賣弄神氣）。 　展功夫（DIEN`　GUNG　FU　展現功夫）。 　讀音 ZAN`。
纏 纏	DIN	環繞、轉圈。如： 　纏纏圓（DIN　DIN　IANv　繞圓圈）。 　纏暈矣（DIN　FUNv　NEv　轉暈了！）。 　纏一轉（DIN　ID`　ZON`　繞一圈）。 　地球纏日頭（TI^　KYUv　DIN　NGID`　TEUv　地球繞太陽）。
頂 頂	DIN`	1、承接： 　頂讓（DIN`　NGIONG^）。 　店頂分人（DIAM^　DIN`　BUN　NGINv　商店頂讓給人）。 　頂香火（DIN`　HIONG　FO`承接香火）。 2、頂在頭上： 　頂天立地（DIN`　TIEN　LIB^　TI^）。 3、用力支撐。

		頂不贏（DIN` Mv IANGv 頂不住，無力支撐）。 頂不起來（DIN` Mv HI` LOIv）。
鼎	DIN`	承受、撐。同「頂DIN`」。如： 鼎不贏（DIN` Mv IANGv 不夠力量承受）。 鼎不起（DIN` Mv HI` 撐不起來）。 我來鼎（NGAIv LOI DIN` 我來撐）。
釘釘	DIN^	用針線、釘子固定。如： 釘扣也（DIN^ KIEU^ UE` 縫紐扣）。 扣也釘緊（KIEU^ UE` DIN^ HENv 鈕扣縫緊）。 用釘也暫釘（YUNG^ DANG NGE` CHIAM^ DIN^ 用釘子暫時固定）。
佔	DIN^	佔位置。如： 凳也佔位（DEN^ NE` DIN^ WI^ 凳子佔位子）。 佔手佔腳（DIN^ SU` DIN^ GIOG` 累贅）。 佔中也（DIN^ DUNG NGE` 喉嚨正中凸出的小舌）。 讀音 ZAM^。
丟	DIU	喪失，拋棄。如： 丟棄（DIU KI^）。 又音 TIAU`，TIU`。
叨	DO	1、多話令人厭煩： 嘮叨（LOv DO）。 叨念（DO NGIAM^）。 2、受人恩惠、容許： 叨光（DO=TO GONG 受惠的感謝語）。 叨教（DO=TO GAU^ 感謝賜教）。 3、相煩： 叨擾（DO=TO IEU` 打擾）。
拖	DOv	拖時間（DOv Sv GIAN）。 讀音 TO。
搗搗	DO`	1、攪亂。如： 搗亂（DO` LON^）。 2、捶擊。如： 搗碎（DO` SUI^）。 搗衣（DO` I 洗衣時以木捶衣）。 搗蒜（DO` SON^ 舂碎蒜頭）。
擣	DO`	通「搗DO`」。破壞、攻擊、敲碎。
倒	DO`	1、人、動物或豎立的東西，橫躺下來。

		眠倒（MINv DO` 躺臥著）。 跌下去。如： 跌倒（DIED` DO`）。 橫倒（UANG^ DO` 跌倒）。 2、坍塌。如： 倒屋（DO` UG`）。 壁倒歇矣（BIAG` DO` HED` LEv 牆倒了）。 3、生意虧損、停業。 倒店（DO` DIAM^）。 倒債（DO` ZAI^）。 倒人錢（DO` NGINv CHIENv）。 倒歇矣（DO` HED` LEv 倒掉了、關店了）。 4、傾出容器中的東西。如： 倒水（DO` SUI`）。 倒酒（DO` JIU` 斟酒）。 倒地圾（DO` TI^ SEB` 倒垃圾）。 倒轉去（DO`＝DO^ ZON` HI^ 倒回去）。 5、砍樹。如： 倒樹也（DO` SU^ UE` 砍樹）。 倒竹頭（DO` ZUG` TEUv 砍竹子）。
禱 禱	DO`	向神祈求、祝告。如： 祝禱（ZUG` DO` 祝福及祈求）。 至禱（Z^ DO` 書信用語：非常祈望）。 祈禱（KIv DO` 向神求告）。
倒	DO^	1、後退。如： 倒退（DO^ TUI^）。 2、向下。如： 倒傾（DO^ JIANG^ 瓶罐嘴向下）。 倒頭（DO^ TEUv 頭腳倒放）。 倒吊（DO^ DIAU^ 綁腳在上，頭向下吊）。 3、反面。如： 倒反（DO^ FAN`＝DO^ BIEN`）。 倒貼（DO^ TIAB` 賠本）。 打倒搣（DA` DO^ MAG^ 後仰倒下）。 4、倒回來。如： 倒轉去（DO^ ZON` HI^ 倒回去）。 倒歸來（DO^ GUI LOIv 回來）。 倒去倒轉（DO^ HI^ DO^ ZON` 來回又來回、重復著）。

		5、倒汗（DO^ HON^）：蒸好的食品或東西，冷卻時，水蒸汽凝結成的水滴稱為「倒汗」。 6、倒草（DO^ TSO` 牛羊反芻）。 7、倒頦（DO^ GOI 倒液體時未從口出，卻從他處流出）。
跺跺	DO^	1、感情激動時，以足踏地。 跺腳（DO^ GIOG`）。 2、腳用力踏地，以震掉腳上的附著物。 跺塵（DO^ TSNv）。
到	DO^	1、抵達。如： 到達（DO^ TAD^）。 達到（TAD^ DO^）。 到任（DO^ IM^ 履職）。 到案（DO^ ON^ 到法庭受審）。 到期（DO^ KIv 時間到）。 到底（DO^ DAI` 究竟,達到極點）。 到今（DO^ GIM 到現在為止）。 2、週密。如： 週到（ZU DO^）。 3、得到。如： 到手（DO^ SU`）。 4、去。如： 到美國（DO^ MI GUED`）。
咄	DOD`	咄咄逼人（DOD` DOD` BID` NGINv）：逼人太甚。 咄啐（DOD` TSUI^ 呵叱,怒責）。
掇	DOD`	1、摘選： 精掇（JIN DOD` 精挑細選）。 2、向批發商採購。如： 掇貨（DOD` FO^ 大量採購）。 掇來賣（DOD` LOIv MAI^ 大量買進再零售）。
躉	DOD`	「躉 DUN`」的變音。大量採購。 躉貨（DOD` FO^ 大量採購）。
敠敠	DOD`	用手衡量物件的輕重。 战敠（ZAM DOD`）。
剟	DOD`	刺，割。 刺剟（CHYUG` DOD`）。
輟輟	DOD`	停止： 輟學（DOD` HOG^ 學業中輟）。 輟業（DOD` NGIAB^ 停止營業）。

		輟耕（DOD` GIEN 荒蕪）。
裰	DOD`	縫補衣服。
黜	DOD`	貶逐、貶職、斥退： 罷黜（BA^ DOD` 罷免）。 黜免（DOD` MIEN 罷免）。
詘 絀	DOD`	同「黜」。貶職。
托	DOD`	抱孩子、抱動物或抱東西在腹前。 托細人也（DOD` SE^ NGINv NE` 手抱小孩子）。 托上托下（DOD` SONG DOD` HA 抱著到處走）。
琢	DOG`	雕刻琢磨玉石。如： 雕琢（DIAU DOG`）。 琢磨（DOG` MOv）。 玉不琢，不成器（NGYUG^ BUD` DOG`, BUD` SNv HI^）。
督	DOG`	〔河洛音〕察看、看守、管理。如： 督穩伊（DOG` UN` Iv 看守著他）。
椓	DOG^	擊打。 扣椓（KIEU^ DOG^ 擊打）。
剁 剢	DOG^	舉高大刀用力向下切劈。如： 剁斷（DOG^ TON 砍斷）。 剁頭（DOG^ TEUv 砍頭）。 剁手腳（DOG^ SU` GIOG` 砍斷手腳）。 剁肉丸（DOG^ NGYUG` IANv 剁碎肉、做丸子）。 剁豬骨頭（DOG^ ZU GUD` TEUv）。
堆	DOI	1、聚積。如： 堆穀（DOI GUG`）。 堆積（DOI JID`）。 堆疊（DOI TIAB^）。 堆穀包（DOI GUG` BAU）。 堆秆棚（DOI GON` PANGv 堆壘稻草）。 2、累積在一起的東西。如： 草堆（TSO` DOI）。 砂堆（SA DOI）。 泥堆（NAIv DOI）。 堆肥（DOI PIv）。 牛屎堆（NGYUv S` DOI 牛糞）。 3、似堆積物的數詞。如：

		一堆屎（ID` DOI S` 一堆大便）。 屙一堆尿（O ID` DOI NGIAU^ 撒一拋尿）
咄哧	DOIv	怒斥、大聲吼叫。 咄人（DOIv NGINv 吼人）。 咄咄跳（DOIv DOIv TIAU^ 大聲吼叫）。
咄	DOI^	打岔。講話插入在人的思考或談話中，攪亂別人。 嘀咄（DI^ DOI^ 打岔）。 莫嘀嘀咄咄（MOG^ DI^ DI^ DOI^ DOI^ 別打岔擾亂！） 莫咄我（MOG^ DOI^ NGAIv 別吵我！）。
端	DON	用手捧。如： 端茶（DON TSAv）。
斷斷	DON`	1、截止： 斷水（DON` SUI` 截斷水流）。 斷血（DON` HIAD` 止血）。 2、戒絕： 斷奶（DON` NEN^戒絕嬰兒吸母奶）。 3、切斷： 斷臍（DON` CHIv 切斷臍帶）。 斷心（DON` CIM 截斷植物的嫩芽）。
斷斷	DON^	1、隔開、割開。如： 斷絕（DON^ CHIED^）。 2、決定、判定。如： 診斷（ZN DON^）。 斷定（DON^ TIN^ 認為必定）。 斷真（DON^ ZN 真的、確實）。
鍛鍛煅	DON^	同「鍛TON^」把金屬置於火中燒紅，再取出捶打。亦引申為練身。如： 鍛練（DON^ = TON^ LIEN^）。
籪	DON^	編竹成籬笆狀，插入水中，用以捕魚。
當当	DONG	1、擔任。如： 當兵（DONG BIN）。 擔當（DAM DONG）。 當差（DONG TSAI 擔任差使）。 當值（DONG TSD^ 輪流值班）。 當局（DONG KYUG^ 擔任的機關）。 當選（DONG CIEN` 被選中）。 當事人（DONG S^ NGINv 與事者）。 2、掌管。如： 當權（DONG KIANv）。

		當家（DONG GA 掌管家務）。 3、承受。如： 承當（SNv DONG）。 　　當心（DONG CIM 小心謹慎）。 4、相稱。如： 相當（CIONG DONG）。 5、應該。如： 應當（IN^ DONG）。 　　當然（DONG IANv）。 6、向著。如： 當面（DONG MIEN^）。 7、正在。如： 當時（DONG Sv）。 　　當下（DONG HA^ 即刻）。 　　當場（DONG TSONGv 當下在場）。 　　當今（DONG GIM 現在）。 　　當代（DONG TOI^ 當世）。 　　當年（DONG NGIANv 從前）。 　　當初（DONG TSU 起初時）。 　　當晝頭（DONG ZU^ TEUv 正午）。 　　當機立斷（DONG GI LIB^ DON^ 遇到 　　　　　　突發事件立下決斷不遲疑）。 8、非常。如： 當好（DONG HO` 很好）。 　　當發（DONG BOD` 很富有）。 　　當靚（DONG JIANG 很美）。 　　當近（DONG KYUN 很近）。 　　當冇閒（DONG MOv HANv 很忙）。 　　當要緊（DONG IEU^ GIN` 很重要）。
擋 挡	DONGv	〔河洛話〕 擋凸（DONGv DUD^）：耽誤、耽延。 讀音 DONG`。
擋 挡	DONG`	1、阻攔。如： 阻擋（ZU` DONG`）。 　　擋水（DONG` SUI` 阻擋水流）。 　　擋駕（DONG` GA^ 拒絕來訪客人）。 2、遮蔽。如： 擋風（DONG` FUNG）。 　　擋雨（DONG` I` 遮雨）。 3、煞住車子叫「擋DONG`」。如： 擋不站（DONG` Mv DIAM 煞不住、 車子不停）。

		4、剎車零件。如： 擋也（DONG` NGE` 煞車機件）。 　　擋也擋不歇（DONG` NGE` DONG` Mv HED^　煞車機件失靈，煞不住）。
攩	DONG`	1、遮止： 攩駕（DONG` GA^ 謝絕客人）。 2、阻擋： 阻攩（ZU` DONG`）。 3、捶打。
當当	DONG^	1、抵押。如： 當鋪（DONG^ PU`）。 　　典當（DIEN` DONG^物品質押在當店）。 　　當票（DONG^ PEU^ 當東西的收據）。 2、當作。如： 以茶當酒（I TSAv DONG^ JIU`）。 3、中圈套。如： 上當（SONG^ DONG^）。 4、勝過。如： 　　當過（DONG^ GO^ 勝過）。 　　妹也當過賽也（MOI^ IE` DONG^ GO^ LAI^ IE` 女兒勝過兒子）。 　　不當（Mv DONG^ 不如、不比）。 　　賣書不當賣冰（MAI^ SU Mv DONG^ MAI^ BEN 賣書不比賣冰賺錢）。
重	DONG^	〔河洛音〕的變音。 傷重（SONG DONG^）。 又音 TSUNG , TSUNG^ 。
鬥閗	DU	1、頂擋、阻塞。如： 鬥緊（DU HENv 頂緊，堵緊）。 兩隻牛相鬥（LIONG` ZAG` NGYUv CIONG DU 兩隻牛頭相頂）。 車也鬥到大石頭（TSA E` DU DO` TAI^ SAG^ TEUv 車子撞到大石頭）。 用桌也鬥門（YUNG^ ZOG` GE` DU MUNv 以桌子堵門）。
堵	DUv	1、堵塞。如： 堵鼻鬚（DUv PI^ CI 鼻下口上的髭）。 門堵穩矣，入不得（MUNv DUv UN` NEv , NGIB^ Mv DED` 門擋住了，進不去）。 2、相遇。如：

		堵到（DUv DO` 遇到）。 相堵頭（CIONG DUv TEUv 相遇）。 讀音 DU`。
賭賭	DU`	1、以財物計勝負。如： 賭博（DU` BOG`）。 　賭錢（DU` CHIENv）。 　賭局（DU` KYUG^ 聚賭）。 　賭注（DU` ZU^ 下賭的錢）。 　賭徒（DU` TUv 嗜賭的人）。 2、以預料爭勝負。如： 打賭（DA` DU`）。 　賭造化（DU` TSO^ FA^ 跶運氣。與造化主爭輸贏）。 3、負氣。如： 賭氣（DU` HI^）。 　賭吝（DU` LIN` 偏偏、故意）。 4、賭咒（DU` ZU^ 發誓）。
睹覩	DU`	看見。如： 目睹（MUG` DU`）。 　有目共睹（YU MUG` KYUNG^ DU`）。
貯貯	DU`	儲藏、儲蓄。如： 貯金（DU` GIM 儲蓄）。 貯存（DU` SUNv）。 　貯蓄（DU` HYUG`）。 　貯積（DU` JID` 儲蓄聚集）。
佇竚	DU^	1、久立： 佇候（DU^ HEU^）。 2、盼望： 佇望（DU^ MONG^）。 3、在。 　佇哪也（DU^ NA^ E` 在哪裡）？ 　佇屋家（DU^ UG` GA 在家裡）。 又音 DI^。
兜	DU^	迎風、直接吹風。如： 兜風（DU^ FUNG）。
耐	DU^	河洛話的變音。如： 耐不住（DU^ Mv DIAUv）。
蠹蠹螙	DU^	侵吞財物： 蠹蝕（DU^ SD^）。
觸	DUD`	觸摸、踫著。如： 莫觸到我（MOG^ DUD DO NGAI 別踫

103

		到我）。 撩撩觸觸（LIAUv LIAUv DUD` DUD` 動手動腳觸摸人，毛手毛腳、輕佻）。 觸我知（DUD` NGAIv DI 暗中通知我）。
督	DUG`	1、察看。如： 督察（DUG` TSAD`）。 督學（DUG` HOG^ 督察教育的人）。 2、監督、統率。如： 督戰（DUG` ZAN^）。 3、總監督官。如： 總督（ZUNG` DUG`）。 4、責備。如： 督促（DUG` TSUG`）。 督責（DUG` JID`）。
涿	DUG`	水下滴，淋雨。如： 涿雨（DUG` I` 淋雨）。 涿濕（DUG` SB` 淋濕）。
啄啅	DUG`	1、鳥類啄食。如： 啄木鳥（DUG` MUG` NGIAU）。 2、啄目睡（DUG` MUG` SOI^ 打瞌睡。）
剁	DUG`	用刀割： 剁草（DUG` TSO` 割草）。
劐	DUG^	劐田螺（DUG^ TIENv LOv）：切去田螺的尖尾。 劐到腳（DUG^ DO` GIOG`）：刀子或玻璃等尖物落下戳傷了腳。 劐冰（DUG^ BEN 以尖叉戳碎冰塊）。
堆	DUI	累積、聚集。如： 堆積（DUI JID`）。 堆肥（DUI PIv）。
追	DUI	[河洛音] 同「追 ZUI」。 1、自後趕上： 追趕（DUI GON`）。 2、補回： 追捕（DUI BU`）。 追回（DUI FIv）。 追加（DUI GA）。 追念（DUI NGIAM^）。 追蹤（DUI ZUNG 跟隨足跡）。 追求（DUI KYUv）。 追究（DUI GYU^ 查究過去的錯失）。 追思（DUI S 追念）。

		追悼（DUI TO^ 對死者的追思哀悼）。讀音 ZUI。
搥	DUI`	抽、掣、手執繩索急拉。如： 搥一下（DUI` ID` HA^ 急扯一次）。 目珠緊搥（MUG` ZU GIN` DUI` 眼皮一直在抽動）。 電會搥人（TIEN^ UOI^ DUI` NGINv 身體觸電時，電力會抽掣人）。 緊搥緊掣（GIN` DUI` GIN` TSAD` 又抽又掣，如手腳被燙傷時的疼痛感覺。也形容心疼，如物價超過預算、心疼付錢的感覺）。
啄	DUI`	鳥類以嘴啄食或攻擊： 啄人（DUI` NGINv）。
對对	DUI^	1、回答。如： 對答（DUI^ DAB`）。 　應對（IN^ DUI^）。 2、看待。如： 對待（DUI^ TAI^）。 3、向著。如： 對面（DUI^ MIEN^）。 　面對（MIEN^ DUI^）。 　對門（DUI^ MUNv）。 　對準（DUI^ ZUN`）。 　相對（CIONG DUI^）。 　對手（DUI^ SU`）。 　對打（DUI^ DA`）。 　對頭（DUI^ TEUv 面對的一方）。 　對人死（DUI^ NGINv CI` 拼死也要討回公道、也要理論到底）。 4、相合。如： 對症（DUI^ ZN^ 符合病狀）。 　對證（DUI^ ZN^ 對質）。 　對錯（DUI^ TSO^ 對或不對）。 　對歲（DUI^ SE^ 週歲）。 　對年（DUI^ NGIANv 一週年）。 5、比照。如： 對照（DUI^ ZEU^）。 　校對（GAU` DUI^）。 　對比（DUI^ BI`）。 　核對（HED` DUI^）。 　對症下藥（DUI^ ZN^ HA^ IOG^ 看準

		病症,下藥正確）。 6、互相。如： 對調（DUI^ TIAU^ 互調）。 　　對換（DUI^ UON^ 交換）。 7、一半。如： 對半（DUI^ BAN^）。 　　對剖（DUI^ PO^ 剖開為兩半）。 8、雙。如： 一對（ID` DUI^）。 　　雙對（SUNG DUI^）。 　　對聯（DUI^ LIENv）。 　　對也（DUI^ IE` 對聯）。 9、從、自。如： 　　對哪也來（DUI^ NA^ IE` LOIv 從哪裏來）？ 　　伊對非洲來（Iv DUI^ FI ZU LOIv 他從非洲來）。
憝怼	DUI^	怨恨。如： 怨憝（IAN^ DUI^）。
兌兊	DUI^	交換。如： 兌換（DUI^ FON^ = UON^）。
憨	DUI^	怨恨。 怨憨（IAN^ DUI^）。
譵	DUI^	同「憨」：怨恨： 怨譵（IAN^ DUI^）。
敦	DUN	1、厚道、誠懇。如： 敦厚（DUN HEU^）。 2、催促。如： 敦促（DUN TSUG`）。 3、敦請（DUN CHIANG`：懇請（KIEN` CHIANG`）。 4、勉勵。如： 敦勵（DUN LI^）。
燉	DUN	1、隔水文火加熱。如： 燉飯（DUN FAN^ 悶飯）。 　　燉燒來（DUN SEU LOIv 加熱使溫）。 2、慢煨使熟。如： 燉肉（DUN NGYUG`）。 　　燉補（DUN BU` 煨燉補品）。 　　燉雞酒（DUN GIE JIU`）。
炖	DUN	1、「燉」的簡體字。 2、火勢盛熾貌。

蹲	DUN	1、兩膝彎曲，臀部下降不著地，客話稱：（踞 GU）。如： 半蹲（BAN^ DUN）。 2、停留、閒居。
鐓鐓	DUN	將樹木的上半截切掉，留下樹幹部分。 鐓樹也（DUN SU^ UE` 切斷樹梢）。
諄諄	DUN	1、諄諄（DUN DUN 誨人不倦、說話誠懇）。 2、諄厚（DUN HEU^）：敦厚。
躉	DUN`	整批買進。 躉貨（DUN` FO^ 整批買進）。 躉購（DUN` GIEU 整批買入）。 躉賣（DUN` MAI^ 整批賣出）。 躉售（DUN` SU^ 整批賣出）。
頓頓	DUN`	短時間停歇。如： 停頓（TINv DUN`）。 頓腳（DUN` GIOG`）：歇腳，駐足。 頓筆（DUN` BID 暫時停筆）。 頓站（DUN` DIAM 停步）。 2、忽然、立刻。如： 頓時（DUN` Sv）。 頓悟（DUN` NGU^ 忽然領悟）。 3、窮困、挫折。如： 困頓（KUN^ DUN`）。 頓挫（DUN` TSO^ 受挫停頓）。 4、安置、整理。 安頓（ON DUN`）。 整頓（ZN` DUN`）。 5、碰觸地面。如： 頓首（DUN` SU` 磕頭敬禮）。 6、頓水（DUN` SUI` 阻擋水流，儲備水）。 7、頓足（DUN` JYUG` 跺腳表憤怒、悲傷或後悔）。
囤	DUN`	存放糧食的倉庫、存儲物品。如： 囤貨（DUN` FO^）。 囤糧（DUN` LIONGv）。
盹	DUN`	小睡，打瞌睡。如： 打盹（DA` DUN` 小睡，打瞌睡）。
頓頓	DUN^	1、用木棍把軟的東西擠塞在洞裏或容器裏。 頓緊（DUN^ HENv 擠緊）。 2、鑿孔。如：

		頓井（DUN^ JIANG` 鑿井）。 　　頓壁（DUN^ BIAG` 鑿開牆壁）。 　　頓窟也（DUN^ FUD` LE` 在地面鑿洞）。 3、將一捆不齊物品，觸在平面物體上使之平整。如： 頓平（DUN^ PIANGv）。 　　頓齊（DUN^ TSEv）。 4、頓掘（DUN^ KUD^）：小孩子以哭或無言的抗議來引起大人的注意或達到向大人要求的目的。 5、「吃」的土語、罵人的氣話。如： 　　淨頓不動（CHIANG^ DUN^ Mv TUNG）：罵人「只吃，不做事」。 　　頓飽矣（DUN^ BAU` UEv：罵人「吃飽了」）。
眈	DUN^	小睡，打瞌睡。如： 打眈（DA` DUN^ 小睡，打瞌睡）。
頂頂	DUNG	頂在頭上或戴在頭上。如： 頂包袱（DUNG BAU FUG^ 包袱放在頭上頂著）。 書包頂于頭顱頂上（SU BAU DUNG NGA^ DEUv NAv DANG` HONG^ 書包頂在頭上）。 頂細人也去街上（DUNG SE^ NGINv NE` HI^ GIAI HONG^ 將小孩頂在頭上上街）。 頂頭觸腦（DUNG TEUv DUD` NO` 房頂或車頂低，觸及頭部）。
董	DUNG`	管事、督導。如： 　　董事（DUNG` S^ 主管、監督者）。 　　校董（GAU` DUNG` 學校董事會主席）。 　　由林君董其事（YUv LIMv GYUN DUNG` KIv S^ 由林君主管督導）。
懂	DUNG`	1、明白、瞭解。如： 　　懂得（DUNG` DED`）。 懵懂（MUNG` DUNG`）：沒有知識、心中昏亂不清楚的樣子。如： 　　懂上懂下（DUNG` SONG DUNG` HA 嬰兒學走路，到處走）。
凍	DUNG^	1、因冷而凝結、使之冰冷： 冰凍（BEN DUNG^）。 冷凍（LANG DUNG^）。

		魚凍（NGv DUNG^ 冷凍的魚）。 凍肉（DUNG^ NGYUG` 冷凍的肉）。 果凍（GO` DUNG^ 凝結的果汁食品）。 解凍（GIAI` DUNG^ 化解冰凍）。 2、寒冷的侵襲： 凍死（DUNG^ CI`）。 3、封存銀行的存款： 凍結（DUNG^ GIAD` 冰凍凝結的液體，引申為銀行存款的封存）。
湮	EB`	1、熄滅火種。如： 湮火（EB` FO` 滅火）。 　湮火屎（EB` FO` S` 滅火種）。 2、手捧砂土掩蓋。如： 湮滅（EB` MED^ 滅跡）。 3、湮湮（EB` EB`）：蛙類的鳴叫聲。
呃呃	ED`	氣逆出聲： 打呃（DA` ED`）：喝汽水或吃飽後氣逆上衝發出的聲音。 呃咄（ED` DOG^）：打咯。
嗌	ED`	同「呃 ED`」。 打嗌（DA` ED`）：喝汽水或吃飽後氣逆上衝發出的聲音。
餩	ED`	同「嗌 ED`」： 餩餩（ED` ED` 嗌聲）。
噎哆	ED`	氣逆出聲： 打噎（DA` ED`）。 又音 UE^。
嗝	ED`	氣逆出聲： 　打嗝（DA` ED`）。
呃	ED^	打呃咄（DA` ED^ DOG^）：打咯。
擲擲	ED^	投擲。讀音「JIED^」的變音。如： 擲石頭（ED^ SAG^ TEUv = JIED^ SAG^ TEUv）。 　擲球也（ED^ KYUv UE` 投擲球）。
掩	EM	1、遮擋。如： 遮掩（ZA EM＝IAM` 遮擋）。 掩面（EM MIEN^＝AM MIEN^ 以手、布、紙等蒙面）。 　掩被（EM PI 蓋棉被）。 　掩頭顱（EM TEUv NAv 遮蓋頭頂）。 　掩耳空（EM NGI` GUNG 搗掩耳朵）。 用手掩目珠（YUNG^ SU` EM MUG` ZU

		以手遮眼睛）。 2、雙手掬取。如： 掩水（EM SUI` 合掌捧水）。 　掩泥（EM NAIv 捧泥土）。 　掩砂（EM SA 捧砂土）。 3、哄孩子入睡。如： 　掩細人也睡（EM SE^ NGINv NE` SOI^ 哄孩子睡）。 4、避掩目（BIANG^ EM MUG` 捉迷藏）。
應應	EN^	同「應 IN^」。 　怎不應伊（NGIONG` Mv EN^ Iv 怎不應他）。 讀音 IN^。
慪慪	EU	1、心中有氣不能發洩。 慪氣（EU HI^）。 2、招惹，逗引： 慪人（EU NGINv 撩人）。
謳讴	EU	歌吟。如： 謳歌（EU GO 齊聲唱歌、頌揚功德）。
嘔呕	EU`	吐，悶氣。如： 嘔吐（EU` TU^ 從肚內吐出）。 　嘔氣（EU` HI^ 賭氣、生氣、悶氣）。 　嘔心（EU` CIM 指苦心力想）。 　嘔心瀝血（EU` CIM CIM LID^ HIAD`費盡心血苦思,已到吐出心血的程度）。
毆殴	EU`	棍打。如： 毆打（EU` DA`）。 　鬥毆（DEU^ EU` 打鬥、打架）。 　毆畀死（EU` BI` CI` 打死他）。
熰	EU^	1、生火、起火、放火。如： 熰火炙（EU^ FO` ZAG`生火取煖）。 　熰糞圾（EU^ BUN^ SEB`焚燒垃圾）。 2、熰弓蕉（EU^ GYUNG ZEU 悶香蕉）。 　　　　　　把生香蕉放在不通風的缸中，以電土、香火悶熱，使熟、使軟。
花苍蒻	FA	耗費。如： 花費（FA FI^）。 　花錢（FA CHIENv）。 花天酒地（FA TIEN JIU` TI^ 沉溺在酒色中）。
譁	FAv	1、人多吵雜：

		喧譁（CIEN FAv 吵鬧）。 譁然（FAv IANv 為不平吵鬧）。 譁笑（FAv SEU^ 喧嘩譏笑）。 2、譁變（FAv BIEN^ 軍隊叛變）。
化七	FA^	1、改變。如： 1、變化（BIEN^ FA^）。 　化學（FA^ HOG^ 研究物質變化的科學）。 　化名（FA^ MIANGv 改換姓名）。 　化裝（FA^ ZONG 改變裝束）。 　化妝（FA^ ZONG 打扮、改變容貌）。 2、溶解。如： 化解（FA^ GIAI`）。 雪化（CIED` FA^ 溶化）。 　化歇（FA^ HED` 溶解掉了）。 　化驗（FA^ NGIAM^ 溶解試驗）。 　化合（FA^ HAB^ 溶化結合）。 3、食化。如： 消化（SEU FA^）。 4、火燒。如： 火化（FO` FA^）。 5、感動。如： 感化（GAM` FA^）。 6、用錢。如： 化錢（FA^ CHIENv）。
畫画	FA^	1、繪圖。如： 畫圖（FA^ TUv）。 　畫展（FA^ ZAN` 圖畫展覽）。 　畫蛇添足（FA^ SAv TIAM JYUG` 喻多此一舉）。 　畫龍點睛（FA^ LYUNGv DIAM` JIN 做事抓住要點）。 2、區分。如： 畫分（FA^ FUN）。 3、描寫。如： 描畫（MEUv FA^）。 　畫像（FA^ CIONG^ 描畫人像）。 4、簽押。如： 畫押（FA^ AB`）。 5、整齊。如： 畫一（FA^＝UAG^ ID`）。 6、畫虎吝（FA^ FU` LIN` 吹牛）

話話	FA^	1、語言。如： 講話（GONG` FA^）。 　　話柄（FA^ BIANG^ 談笑的資料）。 　　話劇（FA^ KIAG` 以對話演戲）。 話語（FA^ NGI）。 2、談說。如： 話別（FA^ PED^）。 　　話舊（FA^ KYU^ 敘談往事）。 話柄（FA^ BIANG^ 言行做人家的談笑資料）。 笑話（SEU^ FA^ 好笑的話語）。
罸	FA^	阻礙。 罸礙（FA^ NGOI^）。 讀音 GUA^。
發 发 發	FAD`	由靜而動、生出、開始。如： 　　發動（FAD` TUNG^）。 　　發生（FAD` SEN）。 　　發芽（FAD` NGAv）。 　　發電（FAD` TIEN^）。 　　發祥（FAD` CIONGv 開始）。 　　發起（FAD` HI` 開始）。 發刊（FAD` KON 發行印刷品）。 發布（FAD` BU^ 發表）。 發行（FAD` HANGv 發布通行）。 發明（FAD` MINv 新創）。 發難（FAD` NAN^ 首先起義）。 2、送出、派遣。如： 發信（FAD` CIN^）。 發送（FAD` SUNG^ 開始送出）。 　　發兵（FAD` BIN 起兵）。 3、放射。如： 發射（FAD` SA^）。 4、由隱而顯。如： 發現（FAD` HIAN^ 看見新事物）。 發見（FAD` HIAN^ 同發現）。 發炎（FAD` IAMv 紅腫或潰爛）。 　　面色發青（MIEN^ SED` FAD` CHIANG）。 5、由內而外、說出、表達。如： 發言（FAD` NGIANv）。 發表（FAD` BEU` 宣布、展示）。 發火（FAD` FO` 生氣,著火）。 發誓（FAD` S^ 起誓）。

		發慪（FAD` KIEN` 生氣）。
發洩（FAD` CIED` 發散心中苦悶）。
發作（FAD` ZOG` 動怒,隱藏的情緒或病顯露出來）。
發狂（FAD` KONGv 舉止失常,發癲）。
發愁（FAD` SEUv 心裏愁悶）。
發願（FAD` NGIAN^ 立下心願）。
發憤圖強（FAD` FUN^ TUv KIONGv 下決心奮起,力圖強盛）。
發號施令（FAD` HO^ S LIN^ 發布命令）。
6、由小而大、擴大。如：
發達（FAD` TAD^）。
發展（FAD` ZAN 由小而大）。
發育（FAD` YUG` 生物長大）。
發揚（FAD` IONGv 發展傳播）。
發福（FAD` FUG` 發胖）。
發財（FAD` TSOIv 賺錢）。
發酵（FAD` GAU^ 酵母）。
發粄（FAD`=BOD` BAN` 加酵母發酵的米粄）。
發矣（FAD` DEv 膨脹了,發財了,昌盛了）。
發祥地（FAD` CIONGv TI^ 發跡的地方）。
7、由聚而散、散開。如：
發散（FAD` SAN^）。
蒸發（ZN FAD`）。
發布（FAD` BU^ 發表出來）。
8、感到。如：
發癢（FAD` IONG）。
發燒（FAD` SEU 體溫因病增高）。
發昏（FAD` FUN 頭昏,一時糊塗）。
發覺（FAD` GOG` 陰謀被發現）。
9、發票（FAD` PEU^ 賣出的商品票據）。
10、發條（FAD` TIAUv 鋼板彈簧）。
伐	FAD^	1、征討。如：
北伐（BED` FAD^）。
伐罪（FAD^ TSUI^ 征討有罪的人）。
2、砍擊。如：
伐木（FAD^ MUG` 砍伐樹木）。
3、自誇。如：
不伐善（BUD` FAD^ SAN^ 不誇功）。

		4、腳步。如： 　　步伐（PU^　　FAD^）。 5、做媒。如： 　　作伐（ZOG`　　FAD^）。
垡	FAD^	起土耕田。
罰 罸 罸	FAD^	懲治、處分。如： 　　處罰（TSU`　　FAD^）。 　　刑罰（HINv　　FAD^ 懲戒罪人的方法）。 　　罰金（FAD^　　GIM 懲罰罪人的金錢）。 　　罰錢（FAD^　　FANv　罰錢）。
活	FAD^	1、生存、有生命的、生個（SANG　GE^ 活的）。 活人（FAD^　NGINv 還生個人 HANv SANG　GE^　NGINv 還存活的人）。 死活（CI`　FAD^＝死個生個 CI`　GE^　SANG GE^ 死的和活的）。 2、生動。如： 　　靈活（LINv　　FAD^）。 　　活用（FAD^　　YUNG^）。 　　活潑（FAD^　　PAD` 靈活好動）。 　　活躍（FAD^　　IOG` 活動蓬勃）。 3、繁殖。如： 　　活種（FAD^　　ZUNG`　撒種，播種）。 活豬菜（FAD^　ZU　TSOI^　栽種豬吃的甘薯菜）。 活菜秧也（FAD^　TSOI^　IONG　NGE` 繁殖菜苗）。
活	FAG`	1、活生（FAG`　SANG 活生生的）。 　　會活（UOI^　FAG` 會動）。 2、活起來（FAG`　HI`　LOIv 勃起來、翹起來、活過來）。
懷 怀 裛 裛	FAIv	1、想念。如： 　　懷念（FAIv　　NGIAM^）。 　　懷舊（FAIv　　KYU^ 想念舊情）。 　　懷古（FAIv　　GU` 追念古昔）。 2、存心。如： 　　不懷好意（BUD`　FAIv　HO`　I^ 存 　　　　　　　　　心不良）。 　　懷恨（FAIv　　HEN^ 心存怨恨）。 3、包藏。如： 　　身懷武器（SN　　FAIv　U　HI^）。 　　懷胎（FAIv　　TOI）。 　　懷孕（FAIv　　IN`）。

		懷疑（FAIv NGIv）。 懷春（FAIv TSUN 少女初情發動）。
壞坏	FAI`	受損傷。如： 　　壞歇矣（FAI` HED` LEv 壞掉了）。 　　觸壞矣（TSOG` FAI` IEv 撞壞了）。 　　坐壞矣（TSO FAI` IEv 坐壞了）。 壞淨淨（FAI` CHIANG^ CHIANG^ 全壞了）。 壞種草（FAI` ZUNG` TSO` 不好的遺傳）。 壞死（FAI` CI` 損壞的、無知覺的皮膚或肌肉）。 壞血病（FAI` HIAD` PIANG^ 出血不止的病）。
孬	FAI`	不疼惜，不好。 又音 NAU 不疼惜：得人孬（DED` NGINv NAU 不得人的疼惜）。
壞坏	FAI^	1、損毀。如： 　　損壞（SUN` FAI^）。 破壞（PO^ FAI^）。 2、行為惡劣、不聽勸告、不正當、亂來。 某人盡壞（CHIN^ FAI^ 欺騙嫖賭樣樣來。 變壞矣（BIEN^ FAI^ IEv 行為偏差，變壞了）。 壞壞（FAI^ FAI^ 身體衰弱貌）。
犯	FAM	妨礙，阻擋。 犯人（FAM NGINv 妨礙人，阻擋著人，礙手礙腳）。 犯到鬼（FAM DO` GUI 被鬼魂附著）。
犯	FAM^	1、侵害。如： 　　侵犯（CHIM` FAM^ 侵入殘害）。 2、違反。如： 　　犯規（FAM^ GUI 違反規定）。 　　犯罪（FAM^ TSUI^ 違法的行為）。 　　犯科（FAM^ KO 犯法）。 　　犯上（FAM^ SONG^ 干犯在上的人）。 3、病發作、復發。如： 　　犯病（FAM^ PIANG^ 生病）。
氾	FAM^	1、水向四處泛溢。如： 　　氾濫（FAM^ LAM^）。 2、普遍、廣博。如： 　　氾愛（FAM^ OI^ 博愛）。

		氾博（FAM^ BOG` 廣大）。 氾論（FAM^ LUN^ 討論大概，廣泛論述）。
泛	FAM^	1、漂浮水面。如： 　　泛舟（FAM^ ZU 在水面伐船）。 2、不切實際。如： 　　空泛（KUNG FAM^ 空洞）。 3、廣泛論述。如： 　　泛論（FAM^ LUN^）。 　　泛指（FAM^ Z` 廣指）。 　　泛美（FAM^ MI 廣指美洲 pan American）。
範范	FAM^	1、法式、模型。如： 　　模範（MUv FAM^ 為人表率）。 　　規範（GUI FAM^ 法式）。 　　範本（FAM^ BUN` 示範的樣本）。 　　範例（FAM^ LI^ 示範的例子）。 　　師範（S FAM^ 當老師示範）。 　　示範（S^ FAM^ 做模範）。 　　範疇（FAM^ TSUv 一定的形式）。 2、界限。如： 　　範圍（FAM^ WIv）。
患	FAM^	1、憂慮。如： 　　不患寡（BUD` FAM^ GUA` 不愁少）。 　　患得患失（FAM^ DED` FAM^ SD` 憂慮得失）。 2、禍害。如： 　　水患（SUI` FAM^ 水災）。 　　外患（NGOI^ FAM^ 外族、外國的侵犯）。 　　患難（FAM^ NAN^ 禍患災難）。 3、得病。如： 　　患病（FAM^ PIANG^）。 　　患者（FAM^ ZA` 生病的人）。
繙	FAN	繙譯（FAN ID^ 以他種語文轉述：「翻譯」）。 繽繙（BIN FAN 風吹旗動貌）。
翻飜	FAN	1、上下內外移位、反轉、歪倒。如： 　　翻倒（FAN DO` 倒轉）。 　　翻開（FAN KOI 掀開）。 　　翻身（FAN SN 轉身，平反）。 　　翻病（FAN PIANG^ 舊病復發）。 　　翻轉頭（FAN ZON` TEUv 回頭）。 2、改變。如：

		翻供（FAN GYUNG 改變供詞）。 翻案（FAN ON^ 推翻原來罪案）。 翻覆（FAN FUG^ 翻轉，反覆，變化不定）。 推翻（TUI FAN 翻覆，推倒）。 3、重新。如： 翻修（FAN CIU 重新修整）。 翻印（FAN IN^ 複印，重印）。 4、越過。如： 翻越（FAN IAD^）。 翻牆（FAN CIONGv）。 翻過去（FAN GO^ HI^）。 5、譯成另一種語文。如： 翻譯（FAN ID^）。
燔	FANv	燒、炙。如： 燔祭（FANv JI^ 燒肉以祭）。
煩烦	FANv	勞動人、麻煩人。如： 勞煩（LOv FANv）。 煩勞（FANv LOv）。
繁	FANv	生物產生新的個體。如： 繁殖（FANv TSD^）。
環环	FANv	圍繞。如： 環島（FANv DO`）。 環球（FANv KYUv 環繞地球）。 環繞（FANv NGIEU`）。 環境（FANv GIN^ 周圍的境界）。 環遊（FANv YUv 周遊）。 環視（FANv S^ 四面觀看）。
還还	FANv	1、返回、恢復。如： 往還（UONG FANv 來回）。 還鄉（FANv HIONG 回鄉）。 還原（FANv NGIANv 返回原樣）。 還俗（FANv CYUG^ 出家人回歸凡塵）。 還魂（FANv FUNv 死去復生）。 2、回答、報復、回應。如： 還禮（FANv LI 回禮）。 還手（FANv SU`）。 還報（FANv BO^ 報答）。 還願（FANv NGIAN^ 依祈願回謝）。 以牙還牙（I NGAv FANv NGAv 仇將仇報）。 3、物歸原主。此時多用「UANv」。

		歸還（GUI　FANv = UANv）。 還債（FANv = UANv　ZAI^　歸還欠債）。 償還（SONG`　FANv = UANv　歸償）。 還伊（FANv = UANv　Iv　還給他、她）。 還本（FANv = UANv　BUN`　償還本金）。 4、討價，減低。如： 　還價（FANv = UANv　GA^）。
反	FAN`	1、背面。如： 　反面（FAN`　MIEN^）。 　反手（FAN`　SU`　反掌，喻容易）。 　反目（FAN`　MUG` = MUG^　不和睦）。 2、掉轉。如： 　反攻（FAN`　GUNG　攻回去）。 　反省（FAN`　SEN`　回想）。 　反覆（FAN`　FUG^　翻轉）。 　反顧（FAN`　GU^　回頭看）。 　反悔（FAN`　FI`　後悔）。 　反哺（FAN`　BU`　回饋奉養父母）。 　反響（FAN`　HIONG`　回聲、回應）。 　反敗為勝（FAN`　PAI^　WIv　SUN^）。 　反璞歸真（FAN`　PUG^　GUI　ZN 恢復到 　　　　　　　最初境界）。 3、違背、背叛。如： 　造反（TSO^　FAN`）。 　反叛（FAN`　PAN^）。 　反歇矣（FAN`　HED`　LEv　統統反叛 了）。 　反背（FAN`　BOI^　反叛）。 　反情理（FAN`　CHINv　LI　違背情理）。 4、不贊成。如： 　反對（FAN`　DUI^）。 5、類推。如： 　舉一反三（GI`　ID`　FAN`　SAM）。 6、反切（FAN`　CHIED`以第一個字之聲 　　　　　與第二個字的韻，合切成一 音的注音方法）。
返	FAN`	1、歸還。如： 　返璧（FAN`　BID`　物歸原主）。 　免息返本（MIEN　CID`　FAN`　BUN`）。 2、轉回。如： 　返家（FAN`　GA　回家）。 　返里（FAN`　LI　回故鄉）。

118

		返航（FAN` HONGv 回程）。 返老還童（FAN` LO` FANv TUNGv 老人恢復童真）。 3、返生（FAN` SANG 復活）。
販 贩	FAN^	1、買貨或買進後再賣出。如： 販賣（FAN^ MAI^）。 販貨（FAN^ FO^）。 2、擺攤的零售商。如： 攤販（TAN FAN^）。 小販（SEU` FAN^）。
反	FANG`	1、彎翹。本來平直的東西變型了。 板也反歇矣（BIONG NGE` FANG` HED` LEv 木板不平、翹角了）。 2、孩子頑皮、聰明、創新。如： 盡反個細人也（CHIN^ FANG` GE^ SE^ NGINv NE` 很頑皮的小孩子）。
歪	FE`	東西不正，人的長相或走路姿勢不正。 鍋也歪歪（UOG^ GE` FE` FE` 鍋子歪斜）。 面歪一片（MIEN^ FE` ID` PIEN` 臉歪一邊）。 腳歪歪（GIOG` FE` FE` 跛腳）。
喎 㖞	FE`	歪斜不正。 鍋也喎喎（UOG^ GE` FE` FE`鍋子歪斜）。 面喎一片（MIEN^ FE` ID` PIEN` 臉歪一邊）。 腳喎喎（GIOG` FE` FE` 跛腳）。
惑	FED^	1、迷亂。如： 迷惑（MIv FED^）。 不惑（BUD` FED^ 不迷惑）。 惑眾（FED^ ZUNG^ 迷惑眾人）。 惑亂（FED^ LON^ 迷亂人心）。 2、疑慮。如： 疑惑（NGIv FED^）。
獲 获	FED^	得到。如： 獲得（FED^ DED`）。 獲獎（FED^ JIONG` 得獎）。 獲救（FED^ GYU^ 得救）。 獲咎（FED^ GYU^ 得罪）。 獲罪（FED^ TSUI^ 得罪）。 捕獲（BU` FED^ 捉到）。

		榮獲（YUNGv FED^ 光榮獲得）。
穫獲	FED^	收割穀物。如： 　　收穫（SU　FED^ = UOG`）。 又音 UOG`。
弘	FENv	擴大。如： 　　弘道（FENv　TO^）。 　　弘揚（FENv　IONGv　擴大傳揚）。
衡	FENv	1、平均： 　　均衡（GYUN　FENv）。 2、秤輕重： 　　衡量（FENv　LIONGv）。 3、計劃： 　　權衡（KIANv　FENv）。 4、衡鑑（FENv　GAM^ 分別是非的準則）。
浮	FEUv	1、漂在水面、飄在空中。如： 　　浮水（FEUv　SUI` = PEUv　SUI`）。 　　浮沉（FEUv = PEUv　TSMv 浮在水面，沉入水中）。 　　浮雲（FEUv　YUNv 飛在空中的雲）。 　　浮萍（FEUv　PINv 浮在水面的小植物）。 　　浮屠、浮圖（FEUv　TUv 佛教徒）。 　　浮生（FEUv　SN 虛浮無定的人）。 2、超過。如： 　　人浮於事（NGINv　FEUv　I　S^ 人比事多）。 3、不切實。如： 　　虛浮（HI　FEUv）。 　　浮報（FEUv　BO^ 以少報多）。 　　浮華（FEUv　FAv 徒有表面的美觀、空乏不實在）。 　　浮財（FEUv　TSOIv 不是親手賺來的；現金）。 4、凸出。如： 　　浮雕（FEUv　DIAU 在平面雕成凸出的雕刻）。 　　浮火（FEUv　FO`因虛火，牙齦腫起)。
飛飞	FI	1、有翅膀的鳥類、蟲類或航空器騰空往來。 　　飛鳥（FI　NGIAU = BI　DIAU）。 　　飛翔（FI　CIONGv 迴旋而飛）。 　　飛行（FI　HANGv 在空中往來）。

		飛禽走獸（FI KIMv ZEU` TSU^ 飛鳥走獸）。 龍飛鳳舞（LYUNGv FI FUNG^ U` 書法活潑）。 飛機起飛（FI GI HI` FI）。 飛黃騰達（FI UONGv TINv TAD^ 喻人生顯達、官場得意）。 飛簷走壁（FI IAMv ZEU` BIAG` 形容行動敏捷，武術高超）。 2、隨風在空中飄蕩。如： 飛揚（FI IONGv 受風吹動而飄揚）。 飛絮（FI CI^ 棉絮飛散）。 飛舞（FI U` 飄動不定）。 3、比喻「快」。如： 飛奔（FI BUN 跑得很快）。 飛走（FI ZEU` 快逃）。 飛快（FI KUAI^ 像飛一樣快）。 飛馳（FI TSv 跑得很快）。 飛漲（FI ZONG^ 漲價很快）。 4、比喻「高」。如： 飛橋（FI KIEUv 高橋）。 飛樓（FI LEUv 高樓）。 5、意外的。如： 飛來橫禍（FI LOIv UANGv FO^）。
蜚	FI	同「飛」： 蜚語（FI NGI 無根據的話）。 蜚言蜚語（FI NGIANv FI NGI 隨便說的，沒有根據的謠言）。 蜚短流長（FI DON` LIUv TSONGv 造謠生事）。 蜚聲（FI SANG 聲譽飛揚）。
棐	FI	1、輔助。 2、通「榧」字。
揮	FI	1、搖動。如： 揮扇（FI SAN^ 煽扇子）。 揮毫（FI HOv 運筆寫字）。 2、舞動。如： 揮刀（FI DO）。 揮拳（FI KIANv 以拳頭打人）。 3、指示。如： 指揮（Z` FI）。 4、散落。如：

		揮淚（FI LUI^ 落淚）。 揮汗（FI HON^ 流汗如雨滴）。 5、浪費。如： 揮霍（FI UOG` 揮灑錢財）。
撝	FI	1、分裂： 撝介（FI GIAI^）。 2、指揮： 瞋目而撝之（TSN MUG` Iv FI Z 怒目看人而指揮）。 3、謙抑： 撝謙（FI KIAM）。
恢	FI	還原。 恢復（FI FUG^ 失而復得）。
隳 墮 堕	FI	毀壞； 隳人城廓（FI NGINv SANGv KOG` 毀壞人的內外城）。
回 囘 囬	FIv	1、歸轉。如： 歸回（GUI FIv）。 回春（FIv TSUN 冬盡春來）。 回扣（FIv KIEU^ 收取佣金）。 回收（FIv SU 收回）。 回升（FIv SN 回去過去的高度）。 回籠（FIv LUNG 收回放出去的）。 回想（FIv CIONG`）。 回首（FIv SU` 回想從前）。 回憶（FIv I^ 回想）。 回聲（FIv SANG 折回聲波）。 回頭（FIv TEUv 回轉）。 回轉（FIv ZON` 返轉）。 回敬（FIv GIN^ 還給對方的行動）。 回答（FIv DAB` 答覆）。 2、曲折。如： 百折不回（BAG` ZAD` BUD` FIv 遭遇困難仍不屈服）。
迴 廻	FIv	1、環繞。如： 迴旋（FIv CIENv 來回繞）。 迴風（FIv FUNG 旋風）。 迴翔（FIv CIONGv 來回飛翔）。 2、曲折。如： 迴紋針（FIv UNv ZM 夾紙用迴旋形的針）。

		迴廊（Flv LONGv 一種曲折的走廊）。 迴腸盪氣（Flv TSONGv TONG^ HI^ 受詩文、樂曲感動很深）。 3、躲避。如： 　　迴避（Flv PID`）。 4、回轉。如： 　　迴斡（Flv UAD` 旋轉）。 迴心轉意（Flv CIM ZON` I^ 心意不再固執）。 迴天乏術（Flv TIEN FAD^ SUD^ 無法回生）。
徊	Flv	1、徘徊（PAIv Flv 流連往復、來去不定）。 　　徊翔（Flv CIONGv 在空中盤旋，比喻官職升遷緩慢）。 2、低徊（DAI Flv 再三思量）。
洄	Flv	1、逆流而上： 溯洄（SOG` Flv）。 2、水流迴轉： 洄注（Flv ZU^）。
悱	FI`	1、悲傷。如： 悱惻（FI` TSED` 悲痛憐惜）。 悱憤（FI` FUN^ 悲痛憤怒）。 2、有話想說卻說不出來。如： 　　不悱不發（BUD` FI` BUD` FAD`）。
誹 諀	FI`	說別人的壞話。如： 　　誹謗（FI` BONG`）。
悔	FI`	1、追恨。如： 後悔（HEU^ FI`）。 懊悔（O^ FI` 後悔）。 2、改過。如： 悔過（FI` GO^ 悔悟改過）。 悔改（FI` GOI` 悔悟改過）。 悔悟（FI` NGU^ 覺悟悔改）。 悔不當初（FI` BUD` DONG TSU 當初的錯誤，現在才知道懊悔）。 3、打算取消。如： 反悔（FAN` FI`）。
毀	FI`	1、破壞、傷害。如： 毀壞（FI` FAI^）。 毀損（FI` SUN`）。 毀傷（FI` SONG）。 毀滅（FI` MED^ 破壞消滅）。

		2、說人的壞話。如： 　　毀謗（FI` BONG`）。 　　毀譽參半（FI` I^ TSAM BAN^ 稱讚與 　　　　　　毀謗各佔一半）。
燬	FI`	1、燒壞。如： 　　焚燬（FUNv FI`）。 2、烈火。 3、火勢旺盛的樣子。
潰 潰	FI`	同「潰 KUI`」。如： 潰爛（FI` LAN^ 腐爛）。 潰瘍（FI` IONGv 潰爛的病）。
費 费	FI^	事情麻煩。如： 　　費事（FI^ S^）。 　　費神（FI^ SNv）。 　　費力（FI^ LID^）。 　　費心（FI^ CIM 費神）。 　　費解（FI^ GIAI` 難瞭解、難解釋）。
怫	FI^	憤怒： 怫恚（FI^ FI^ 憤怒）。 怫然（FI^ IANv）。
會 会	FI^	1、聚合。如： 　　會師（FI^ S）。 　　會合（FI^ HAB^）。 　　會同（FI^ TUNGv）。 　　會商（FI^ SONG）。 　　會萃（FI^ TSUI^ 聚集）。 2、見面。如： 　　會面（FI^ MIEN^）。 　　會晤（FI^ NGU^）。 　　會話（FI^ FA^ 對話）。 3、理解。如： 　　領會（LIANG FI^）。 　　誤會（NGU^ FI^ 理解錯誤）。 　　會心（FI^ CIM 心中領悟）。 　　會意（FI^ I^ a、領會心意。b、合 　　兩字以上形成一新字及意義者）。
廢 廢 废	FI^	1、停止、不再使用。如： 　　廢止（FI^ Z` 停止效力）。 　　作廢（ZOG` FI^ 停止使用）。 　　廢棄（FI^ HI^ 停用，放棄）。 　　半途而廢（BAN^ TUv Iv FI^ 中途停 　　　　　　　止）。

		廢寢忘食（FI^ CHIM` UONG^ SD^ 做事專勤以至寢食俱廢）。 2、毀壞。如： 　　焚廢（FUNv FI^ 燒掉）。 　　廢馳（FI^ TSv 敗壞、不認真做）。
誨 诲	FI^	1、教導。如： 　　訓誨（HYUN^ FI^）。 　　教誨（GAU^ FI^）。 2、引誘。如： 誨盜（FI^ TO^ 錢財外露，引起他人 　　　　盜心）。 誨淫（FI^ IMv 女子故意顯出妖冶， 　　　　容易引起他人淫心）。
繪 绘 绘	FI^	作畫、描畫。如： 　　繪畫（FI^ FA^ 作畫）。 繪聲繪影（FI^ SANG HI^ IANG`描繪 　　　　情態，生動逼真）。
繢	FI^	同「繪」。
恚	FI^	怒恨不平。如： 　　恚怒（FI^ NU^ 怨恨憤怒）。 　　怫恚（FI^ FI^ 憤怒）。
篲	FI^	1、掃拂。 2、掃帚。如： 篲星（FI^ SEN）俗稱掃把星（SO^ BA` SEN）。
匯 汇 滙	FI^	1、水流會合。如： 　　匯合（FI^ HAB^）。 　　匯聚（FI^ CHI^ 水流聚集）。 　　匯集（FI^ CIB^ 匯合聚集）。 匯成江河（FI^ SNv GONG HOv 從各處 　　　　流入，變成江河）。 2、寄款。如： 　　匯寄（HI^ GI^）。 　　匯款（FI^ KUAN` 寄錢）。 　　匯票（FI^ PEU^ 匯寄錢銀的領款憑 單）。 　　匯兌（FI^ TUI^ 匯寄銀錢兌換銀錢）。 3、聚在一起、綜合。如： 　　詞匯（TSv FI^ 詞句匯聚成書、詞典）。
彙	FI^	同類的聚集在一起。如： 　　彙集（FI^ CIB^ 聚集）。 　　字彙（S^ FI^ 聚集文字）。

		彙編（FI^ BIEN 編輯成冊）。 彙報（FI^ BO^ 聚集的報告）。
燴烩	FI^	調和食物，各種食料合煮。如： 雜燴（TSAB^ FI^）。 燴飯（FI^ FAN^ 調和各種食物加在白飯上）。
薈萃	FI^	聚集。如： 人文薈萃（NGINv UNv FI^ TSUI^）。
靧頮	FI^	洗臉。
甩	FID`	丟棄、拋棄。如： 甩歇（FID` HED` 甩掉）。 甩不歇（FID` Mv HED` 甩不掉）。 甩不遠（FID1 Mv IAN` 丟不遠）。 甩出去（FID` TSUD` HI^）。
甩	FID^	搖擺，甩開。如： 甩尾（FID^ MI 搖尾巴）。 甩歇（FID^ HED` 甩開）。
拂	FID^	同「甩 FID^」。搖動，甩開拋棄。如： 拂尾（FID^ MI 搖尾巴）。
迴	FINv	環繞、回旋。如： 迴索也（FINv SOG` GE` 旋轉繩索：抓住繩尾，繞著繩端轉圈子）。 迴人（FINv NGINv 抓孩童雙腳或雙手，懸空繞圓圈）。
甩	FIN^	甩掉。如： 手甩晃燥（SU` FIN^ BI` ZAU 把濕手甩乾）。 甩手（FIN^ SU` 手痛麻痺，以甩手減輕痛楚）。 甩頭（FIN^ TEUv 猛搖頭）。 甩筆（FIN^ BID` 把筆甩乾或把筆中墨水甩出）。
伛	FOI	1、攻擊。 2、鬧鬧聲。 喧伛（CIEN FOI 喧鬧）。
花	FOI	〔河洛話〕「花」的變音，不講理、無理取鬧、用口理論。如： 花透夜（FOI TEU^ IA^ 無理取鬧一整夜）。 同伊花（TUNGv Iv FOI 與他理論）！ 花不直（FOI Mv TSD^ 理論不完、有

		理說不清)。 盡花個人（CHIN^ FOI GE^ NGINv 很不講理的人）。
喚喚	FON^	呼叫。如： 喚起民眾（FON^ HI` MINv ZUNG^）。 傳喚（TSONv FON^ 叫喚）。 呼喚（FU FON^ 呼喊）。 又音 UON`。
換換	FON^	1、對調、互易。如： 交換（GAU FON^ UON^）。 換錢（UON^=FON^ CHIENv 換零錢）。 換帖（UON^=FON^ TIAB` 結拜）。 更換（GANG UON^=FON^ 交換）。 換藥（UON^=FON^ IOG^ 更換新藥）。 換衫（UON^=FON^ SAM 換穿上衣）。 換褲（UON^=FON^ FU^ 換穿褲子）。 換位（UON^=FON^ WI^ 調換位子、位置）。 換向（UON^=FON^ HIONG^ 改變方向、對調）。 換片（UON^=FON^ PIEN` 調換另一邊、與對邊互調；更換另一影片）。 換手（UON^=FON^ SU` 換另一手工作,換人）。 換肩（UON^=FON^ GIEN 換另一邊肩膀挑）。 2、改變、更改。如： 換樣（FON^=UON^ IONG^）。 換新（FON^=UON^ CIN 改變新樣）。 換湯芳換藥（UON^=FON^ TONG MOv UON^=FON^ IOG^ 外表改變，實質沒有改變）。 3、輪流。如： 換班（FON^=UON^ BAN 輪值）。 換我矣（UON^=FON^ NGAIv IEv 輪到我了）。 又讀 UON^。
逭	FON^	逃避。如： 罪無可逭（TSUI^ Uv KO` FON^ 罪不能逃）。
豢	FON^	1、餵養家畜。如： 豢畜（FON^ TSUG` 餵養家畜）。 2、以利引誘人。

127

慌	FONG	1、害怕。如： 恐慌（KYUNG` FONG）。 2、急忙心亂。如： 心慌（CIM FONG）。 慌忙（FONG MONGv）。 慌亂（FONG LON^）。 慌張（FONG ZONG）。
防	FONGv	1、預先戒備。如： 提防（TIv FONGv）。 預防（I^ FONGv）。 防守（FONGv SU` 防備守衛）。 防止（FONGv Z` 預防阻止）。 防範（FONGv FAM^ 加以限制防備）。 防衛（FONGv WI^ 防守保衛）。 防腐（FONGv FU` 預防腐爛）。 防洪（FONGv FUNGv 預防洪水）。 冬防（DUNG FONGv 冬天防患）。 海防（HOI` FONGv 海邊戒備）。 防備（FONGv PI^ 防護戒備）。 防護（FONGv FU^ 戒備保護）。 防疫（FONGv ID^ 預防疾病的傳染）。 防治（FONGv TS^ 預防和治療）。 防空（FONGv KUNG 防備空中襲擊）。 防腐劑（FONGv FU` JI^ 預防腐爛的藥劑）。 防患未然（FONGv FAM^ WI^ IANv 事先防範）。 防不勝防（FONGv BUD` SUN^ FONGv 很難防備）。 2、抵禦。如： 防禦（FONGv NGI^ 防備抵禦）。 國防（GUED` FONGv 國家的防禦）。 防線（FONGv CIEN^ 防守地帶）。
妨	FONGv	1、阻礙、損害。如： 妨礙（FONGv NGOI^）。 2、有害。如： 妨害（FONGv HOI^）。 3、可以。如： 不妨一試（BUD` FONGv ID` TS^）。
徨	FONGv	1、猶豫不決： 徬徨（PONGv FONGv）。 徨徨（FONGv FONGv 猶豫不前）。

		2、來去不定： 彷徨（FONGv　FONGv）。
遑	FONGv	1、急迫。如： 遑迫（FONGv　BED`急迫）。 遑遑（FONGv　FONGv　急迫不安）。 2、閒暇。如： 不遑（BUD`　FONGv　沒有閒空）。
仿	FONG`	1、學樣做。如： 模仿（MUv　FONG`）。 仿效（FONG`　HAU`仿照效法）。 摹仿（MUv　FONG`描摹仿效）。 仿古（FONG`　GU`摹擬古代的器物文字。） 仿造（FONG`　TSO^仿照製造）。 2、大致相同。如： 相仿（CIONG　FONG`相像）。 3、相似。如：　仿佛（FONG`　FUD`）。
倣	FONG`	1、照樣做。如： 倣造（FONG`　TSO^模仿製造）。 倣效（FONG`　HAU`仿照效法）。 2、同「仿」。
訪 訪	FONG`	1、尋求、探問。如： 訪問（FONG`　UN^）。 偵訪（ZN　FONG`暗中探訪）。 採訪（TSAI`　FONG`尋訪）。 探訪（TAM`　FONG`探問）。 訪古（FANG`　GU`探求古跡）。 訪員（FONG`　IANv採訪消息的人）。 2、探望、拜會親友。如： 拜訪（BAI^　FONG`）。 訪友（FONG`　YU探望友人）。 訪親（FONG`　CHIN探視親人）。
紡 紡	FONG`	1、將絲麻棉等抽成紗線。如： 紡紗（FONG`＝PIONG`　SA）。 2、柔細的絲織品。如： 紡綢（FONG`＝PIONG`　TSUv）。 紡織（FONG`＝PIONG`　ZD`紡紗和織布）。
晃	FONG`	形影閃動。如： 晃動（FONG`　TUNG^上頭固定，下頭擺動）。 搖晃（IEUv　FONG`下固定上搖擺為搖，上固定下搖擺為晃）。

放	FONG^	1、解除束縛。如：
		解放（GIAI` FONG^）。
		放生（FONG^ SEN 捉得的動物放牠逃生）。
		放行（FONG^ HANGv 准許通過）。
		放鬆（FONG^ SUNG 解開束縛）。
		2、擴大。如：
		放大（FONG^ TAI^）。
		3、花開。如：
		百花怒放（BAG` FA NU^ FONG^）。
		4、發出。如：
		放送（FONG^ SUNG^ 廣播）。
		放炮（FONG^ PAU^ 燃放爆竹，發射砲彈）。
		5、安置。如：
		放置（FONG^ Z^ 安放）。
		放書（FONG^ = BIONG^ SU）。
		6、把牛羊放出去吃草。如：
		放牛（FONG^ = BIONG^ NGYUv）。
		7、加酌料。如：
		放鹽（FONG^ = BIONG^ IAMv）。
		8、捨棄。如：
		放棄（FONG^ HI^ = KI^）。
		放手（FONG^ SU` 離開手握）。
		9、控制自己。如：
		腳步放輕（GIOG` PU^ FONG^ = BIONG^ KIANG）。
		10、借錢給人收取利息。如：
		放款（FONG^ = BIONG^ KUAN`）。
		11、驅逐。如：
		流放（LIUv FONG^）。
		放逐（FONG^ ZUG`）。
		12、散發。如：
		放賑（FONG^ ZN` 發放救濟物品）。
		13、外出渡洋。如：
		放洋（FONG^ IONGv 流放海外）。
		14、天晴。如：
		放晴（FONG^ CHIANGv）。
		15、肆意縱慾，不守規矩。如：
		放任（FONG^ IM^）。
		放肆（FONG^ CI^ 肆無忌憚）。
		放縱（FONG^ JYUNG`）。
		16、安心。如：

		放心（FONG^ CIM）。 17、給予休假： 　　放假（FONG^ GA`）。 18、行為不拘束： 　　放蕩（FONG^ TONG^）。 　　放浪（FONG^ LONG^ 態度自由、不管禮節）。 　　放蕩不羈（FONG^ TONG^ BUD` GI 行為浪蕩,不知檢束）。 19、大膽。如： 　　放膽（FONG^ DAM`）。 20、散布發射。如： 　　放射（FONG^ SA^）。
敷	FU	1、布置。如： 　　敷設（FU SAD`）。 2、塗抹。如： 　　敷藥（FU IOG^）。 3、陳述。如： 　　敷陳（FU TSNv）。 4、敷衍（FU IAN^ 做事不認真、表面應付）。
孵	FU	以身蓋卵，使卵受熱、開殼、生出新生命。 　　孵卵（FU LON` 又稱 PU^ LON`）。 　　孵化（FU FA^ 從蛋中生出）。 亦音 PU^。
呼	FU	1、往外吐氣。如： 　　呼吸（FU KIB` 吐氣與吸氣）。 2、發出大聲。如： 　　呼喊（FU HAM^＝HEM）。 　　歡呼（FON FU 歡欣呼喊）。 　　呼喚（FU FON^ 喊叫）。 　　呼喝（FU HOD` 生氣么喝）。 　　呼嚎（FU HOv 大聲哀哭）。 　　呼嘯（FU SEU^ 大聲喊叫）。 3、喊人或物的名： 　　直呼其名（TSD^ FU KIv MIANGv）。 　　呼風喚雨（FU FUNG FON^ I` 有本領的人）。 4、嘆息。如： 　　嗚呼（U FU）。 5、呼應（FU IN^ 彼此回答、互通聲氣）。

		6、呼籲（FU I^ 請求援助）。
扶	FUv	1、以手或金錢支持幫助。如： 扶助（FUv TSU^）。 扶持（FUv TSv）。 扶養（FUv IONG）。 扶危（FUv NGUIv 危險時，加以幫助）。 扶老攜幼（FUv LO` HI YU^ 指全體出動）。 扶起來（FUv＝PUv HI` LOIv 手扶使不倒下）。 2、扶桑（FUv SONG 花名；古稱日本）。 3、扶疏（FUv SU 形容樹木枝葉茂盛）。 4、扶竹（FUv ZUG`）：駢生的植物。 5、扶搖直上（FUv IEUv TSD^ SONG^ 事業發展迅速或地位升得很快）。
俘	FUv	1、俘虜（FUv LU` 戰俘）。 2、捉到； 俘獲（FUv FED^）。
俯	FU`	1、向下。如： 俯首（FU` SU` 低頭）。 俯身（FU` SN 彎腰）。 俯衝（FU` TSUNG 向下衝）。 2、委屈。如： 俯就（FU` CHIU^ 降格屈就）。
俛	FU`	同「俯 FU`」字。
頫	FU`	同「俯 FU`」字。 頫首（FU` SU` 低頭）。
拊	FU`	1、拊掌（FU` ZONG` 拍掌）。 2、撫養： 拊畜（FU` HYUG`）。 3、撫： 拊心（FU` CIM 用手撫心，傷痛貌)。 拊循（FU` CYUNv＝SUNv 撫慰）。
腐	FU`	逐漸銷毀。如： 腐蝕（FU` SD^）。
輔 辅	FU`	從旁協助。如： 輔導（FU` TO 協助指導）。 輔佐（FU` ZO` 協助）。 輔助（FU` TSU^ 協助）。 輔翼（FU` ID^ 襄助）。
撫 抚	FU`	1、安慰。如： 安撫（ON FU`）。

		撫慰（FU` WI` 安慰）。 撫恤（FU` CID` 安慰救濟）。 2、護育。如： 撫養（FU` IONG）。 撫育（FU` YUG` 養育）。 撫孤（FU` GU 撫養孤兒）。 3、按摩。如： 撫摩（FU` MOv）。
護护	FU^	1、保衛、照顧。如： 保護（BO` FU^）。 護照（FU^ ZEU^ 有保護作用的身分證明）。 看護（KON^ FU^ 照顧）。 護士（FU^ S^ 醫院照顧病患的人）。 護法（FU^ FAB` 維護法規）。 2、救助。如： 救護（GYU^ FU^）。 3、掩蓋、包庇。如： 掩護（IAM` FU^）。 護短（FU^ DON` 掩蓋短處；保護違法者）。
擭	FU^	護衛： 擭護（FU^ FU^）。
戽	FU^	1、汲水灌田的「凵」形汲勺稱為： 戽斗（FU^ DEU` 引申為下顎突出的臉相）。 2、用戽斗汲水叫 戽水（FU^ SUI`）。
付	FU^	1、交給、授與。如： 付托（FU^ TOG` 交托）。 付郵（FU^ YUv 交給郵局寄出）。 付印（FU^ IN^ 交付刊印出版）。 付梓（FU^ Z` 交付印刷，印刷書籍出版）。 付之一炬（FU^ Z` ID` KI 燒毀）。 付之流水（FU^ Z` LIUv SUI` 投入水中、完全拋棄之意）。 2、支出財物。如： 支付（Z FU^）。 付出（FU^ TSUD`）。 付錢（FU^ CHIENv）。 付款（FU^ KUAN`）。

		3、對待。如： 對付（DUI^　FU^）。 應付（IN^　FU^）。
附坿	FU^	1、依從。如： 附議（FU^　NGI^ 依從別人的決議）。 附和（FU^　FOv 相隨而贊成）。 2、牽強湊合。如： 附會（FU^　FI^）。 3、寄。 附書（FU^　SU 寄書）。
赴	FU^	去、前往。如： 趕赴（GON`　FU^ 趕往）。 親赴（CHIN　FU^ 親自去）。 赴考（FU^　KAU` 趕往考試）。 赴晝（FU^　ZU^ 趕上午餐）。 赴死（FU^　CI` 趕上死亡）。 赴不到（FU^　Mv　DO` 趕不上）。
怙	FU^	依恃父母。 怙恃（FU^　S^ 指父母；無父何怙， 　　　　　　　　　無母何恃？）
負	FU^	1、背負。如： 負責（FU^　JID`）。 負疚（FU^　GYU^ 背負愧疚）。 負笈（FU^　KIB^ 背負書箱、出外遊學）。 負荊請罪（FU^　GIN　CHIANG`　TSUI^ 背負刑杖來請罪、向人謝罪）。 2、擔任。如： 擔負（DAM　FU^）。 肩負（GIEN　FU^）。 負荷（FU^　HOv 擔負著）。 負氣（FU^　HI^ 生氣） 3、遭受。如： 負傷（FU^　SONG）。 4、違背。如： 負義（FU^　NGI^ 違背道義）。 負約（FU^　IOG` 違背約定）。 負心（FU^　CIM 違背良心、棄絕恩情）。 5、虧欠。如： 負債（FU^　ZAI^）。
傅	FU^	1、教導，也指教導或傳授技藝的師長。 師傅（S　FU^）。

		2、輔助、幫助。如： 傅之德義（FU^ Z DED` NGI^）。
富	FU^	1、充裕、多。如： 富裕（FU^ YUG^ 富足充裕）。 富經驗（FU^ GIN NGIAM^ 經驗豐富）。 富於感情（FU^ I GAM` CHINv 感情充沛）。 2、使財力充裕。如： 富國富民（FU^ GUED` FU^ MINv）。 3、壯盛。如： 富強（FU^ KIONGv）。 年富力強（NGIANv FU^ LID^ KIONGv）。
咐	FU^	叮囑，用口指派。如： 吩咐（FUN FU^ 口頭囑咐）。 囑咐（ZUG` FU^ 吩咐交帶）。
忽	FUD`	1、不留心、不重視。如： 忽略（FUD` LIOG^）。 疏忽（SU FUD`）。 2、時間快過。如： 忽已數載（FUD` I` SU^ ZAI`）。
寤	FUD`	1、從睡眠中驚醒。 2、從睡到醒，睡一覺，稱為 一寤（ID` FUD`）。
付	FUD`	「付 FU^ 的變音」。如： 付錢（FUD` CHIENv）。如： 付歇矣（FUD` HED` LEv 付完了）。
拂	FUD^	1、除去塵灰。如： 拂塵（FUD^ TSNv）。 2、拂袖（FUD^ CHIU^ 摔動袖子表示不 　　　　悅或憤怒）。 3、吃、幹、打的不雅土話。如： 相拂（CIONG FUD^ 相打、打架）。 拂一餐（FUD^ ID` TSON 吃一頓）。
祓	FUD^	消除不祥。 祇祓（KIv FUD^ 消除不祥的祭祀)。
怫	FUD^	鬱悶： 怫鬱（FUD^ YUD` 不稱心，憤懣）。
匐	FUG`	人手足伏地爬行： 匍匐（PUv FUG`）。
伏	FUG^	1、面向下。如： 伏案（FUG^ ON^）。 伏祈（FUG^ KIv 低頭祈求）。 伏貼（FUG^ TIAB` 順從、妥當）。

		2、隱藏。如： 伏兵（FUG^ BIN）。 伏筆（FUG^ BID` 預為後文作影子的文句）。 3、低頭承認、受罰。如： 伏罪（FUG^ TSUI^）。 伏法（FUG^ FAB` 受處死刑）。 伏辯（FUG^ PIEN^ 自己承認甘願受罰）。
服	FUG^	1、吃藥。如： 服藥（FUG^ IOG^）。 服用（FUG^ YUNG^）。 服毒（FUG^ TUG^ 吃毒藥自殺）。 2、聽從、順從。如： 服從（FUG^ CHYUNGv）。 服法（FUG^ FAB` 接受法律制裁或服藥方法）。 3、擔任。如； 服務（FUG^ U^）。 服役（FUG^ ID^）。 服侍（FUG^ S^ 伺候）。 服事（FUG^ S^ 服務事奉）。 4、適應。如： 水土不服（SUI` TU` BUD` FUG^）。 5、欽佩。如： 佩服（PI^ FUG^）。 6、降服： 不服伊（Mv FUG^ Iv 不降服他）。 攝服（SAB` FUG^ 降服）。
洑	FUG^	1、洄流。 2、泅水： 洑水（FUG^ SUI` 游泳）。
覆	FUG^	1、遮蓋。如： 覆蓋（FUG^ GOI^）。 覆蔽（FUG^ BI^ 遮蓋）。 2、翻倒。如： 翻覆（FAN FUG^）。 覆水難收（FUG^ SUI` NANv SU 做錯的事，無法挽回）。 3、失敗。如.： 全軍覆沒（CHIONv GYUN FUG^ MUD^）。 4、回答。如：

		回覆（FIv　FUG^）。 答覆（DAB`　FUG^）。 覆信（FUG^　CIN^）。 5、審察。如： 　　檢覆（GIAM`　FUG^）。 6、重複。如： 　　反覆（FAN`　FUG^）。
復 复	FUG^	1、回答。如： 　　復信（FUG^　CIN^　回信）。 　　復函（FUG^　HAMv　回信）。 　　復仇（FUG^　SUv　報仇）。 復命（FUG^　MIN^　受命做完事後的報告）。 2、使已經變化或壞了的，再回到原樣、還原。如： 　　回復（FIv　FUG^）。 　　恢復（FI　FUG^）。 　　復員（FUG^　IANv　復職）。 　　復興（FUG^　HIN　再次興盛）。 3、還、回。如： 　　往復（UONG　FUG^　來回）。 　　復原（FUG^　NGIANv　恢復還原）。 　　復古（FUG^　GU`回復古老的樣式）。 　　復辟（FUG^　PID`失位的君王復位）。
縛 缚	FUG^	用繩捆綁： 　　束縛（SUG`　FUG^）。 又音　BAG^。
分	FUN	1、離開。如： 　　分離（FUN　LIv）。 　　分手（FUN　SU`　離別）。 　　分界（FUN　GIAI^　劃分界限）。 分解（FUN　GIAI`　因化學作用分析為兩種以上新物質的化學變化；說明）。 　　分工（FUN　GUNG　分開做）。 　　分心（FUN　CIM　不專心）。 分家（FUN＝BUN　GA 分攤家產、兄弟姐妹各自生活）。 　　分裂（FUN　LIED^　一分為二）。 　　分掌（FUN　ZONG`　分別管理）。 　　分泌（FUN　BI^　排泄）。 　　分化（FUN　FA^　分散嚴密組織）。 　　分道揚鑣（FUN　TO^　IONGv　BEU　各走各

		的 路 ）。 2、辨別。如： 　　分辨（ FUN　PIEN^ ）。 3、發派。如： 　　分派（ FUN　PAI^　派遣 ）。 　　分攤（ FUN　TAN　平均分派 ）。 4、生產。如： 　　分娩（ FUN　MIEN　生孩子 ）。
吩	FUN	叮囑。如： 　　吩咐（ FUN　FU^　叮囑 ）。
昏昏	FUN	1、頭暈。如： 　　頭昏（ TEUv　FUN ）。 　　昏花（ FUN　FA ）。 2、神智不清。如： 　　昏昧（ FUN　MI^　不明白 ）。 　　昏頭昏腦（FUN　TEUv　FUN　NO` ）。 3、失去知覺。如： 　　昏迷（ FUN　MIv　神智不清 ）。 　　昏沉（ FUN　TSMv　昏迷不醒 ）。 　　昏亂（ FUN　LON^　昏迷錯亂 ）。 　　昏醒（ FUN　CIANG`　昏迷已甦醒 ）。
焚	FUNv	火燒。如： 　　焚燒（ FUNv　SEU ）。 　　焚化（ FUNv　FA^　燒盡 ）。 　　焚身（ FUNv　SN　燒身、禍及自身 ）。 　　焚香（ FUNv　HIONG　燒香 ）。
暈暈	FUNv	1、頭暈。如： 　　暈車（ FUNv　TSA　因車行而眩暈嘔吐 ）。 　　暈船（ FUNv　SONv　因船行而眩暈嘔吐 ）。 　　頭顱暈暈（ TEUv　NAv　FUNv　FUNv　頭暈暈的 ）。 2、傻呆。如： 　　暈暈（ FUNv　FUNv　眩暈，呆呆的 ）。
棼	FUNv	紛亂。如： 　　棼棼（ FUNv　FUNv ）。
粉	FUN`	破壞。如： 　　粉碎（ FUN`　SUI^　擊碎 ）。 　　粉身碎骨（ FUN`　SN　SUI^　GUD`　徹底犧牲 ）。
奮奮	FUN`	1、鳥振動翅膀。如： 　　奮翼（ FUN`　ID^ ）。

		2、做事努力、振作發揚。如： 奮發（FUN` FAD` 努力上進）。 振奮（ZN` FUN` 振作發奮）。 奮勉（FUN` MIEN 奮發勉勵）。 3、勇猛。如： 奮勇（FUN` YUNG`）。 4、拼命。如： 奮鬥（FUN` DEU^）。
忿	FUN^	氣憤、怨恨。如： 忿怒（FUN^ NU^ 憤怒）。 忿恨（FUN^ HEN^ 憤恨）。 忿言（FUN^ NGIANv 生氣說的話）。 忿忿不平（FUN^ FUN^ BUD` PIANGv）。
憤 憤	FUN^	1、心中不滿而激動、發怒。如： 憤怒（FUN^ NU^）。 憤慨（FUN^ KOI` 憤怒感慨）。 憤懣（FUN^ PI^ 憤怒抑鬱）。 氣憤不平（HI^ FUN BUD` PIANGv）。 2、怨恨。如： 憤恨（FUN^ HEN^）。 公憤（GUNG FUN^ 公眾的憤怒）。 憤世（FUN^ S^ 對世事不平）。 3、奮發。如： 發憤（FAD` FUN^）。
混	FUN^	1、攪合。如： 混合（FUN^ HAB^）。 混戰（FUN^ ZAN^ 混在一起打）。 2、雜亂。如： 混雜（FUN^ TSAB^）。 混亂（FUN^ LON^）。 3、苟且度日。如： 混日也（FUN^ NGID` LE` 混日子）。 混飯食（FUN^ FAN^ SD^ 混飯吃）。
焜	FUN^	1、辱沒。 2、攪擾。 3、憂患。
瘋 瘋	FUNG	精神失常、神經錯亂的病。如： 瘋癲（FUNG DIEN 神經錯亂而發狂）。 瘋狂（FUNG KONGv 像發瘋一樣、蠻橫、熱烈）。
封	FUNG	密閉。如： 封閉（FUNG BI^）。

		封鎖（FUNG SO`）。 封條（FUNG TIAUv）。 封港（FUNG GONG` 封鎖港口）。
諷	FUNG	1、用含蓄、委婉或影射的話暗示、嘲諷人。 　　譏諷（GI FUNG 譏笑諷刺）。 　　諷刺（FUNG CHYUG` 用話語譏刺人）。 　　嘲諷（TSEUv FUNG 譏笑諷刺）。 2、背誦。如： 　　諷誦（FUNG CYUNG^）。 3、用委婉曲折言語規勸。如： 　　諷諫（FUNG GIAN`）。
轟	FUNG	1、驅逐。如： 　　轟走（FUNG ZEU`）。 2、以炮彈破壞。如： 　　轟炸（FUNG ZA^）。 3、同時感動或引起多數人的注意。 　　轟動（FUNG TUNG^）。 4、做得有聲有色、盛大。 　　轟轟烈烈（FUNG FUNG LIED^ LIED）。
烘	FUNG	1、以火取暖或使物品乾燥。如： 　　烘乾（FUNG GON 火烤使乾）。 　　烘焙（FUNG POI^ 火烤使熟、使乾)。 2、烘托（FUNG TOG` 從旁渲染使主體更顯明）。 　　雲烘托月（YUNv FUNG TOG` NGIAD^）。
揈	FUNG	驅逐。 　　揈走（FUNG ZEU` 趕走）。
訌	FUNGv	1、爭執、紛亂、敗亂： 　　內訌（NUI^ FUNGv 內部爭執）。 2、潰散。 　　訌散（FUNGv SAN^）。
逢	FUNGv	1、遇到。如： 　　相逢（CIONG FUNGv）。 　　逢場作戲（FUNGv TSONGv ZO^ HI^ 偶而隨便玩玩，並非常常如此）。 2、奉承。如： 　　逢迎（FUNGv NGIANGv）。
夆	FUNGv	通「逢」字。
縫縫	FUNGv	用針線連綴。如： 　　縫補（FUNGv BU`）。 　　縫合（FUNGv HAB^）。

		針縫（ZM FUNGv = LIONv 以針線縫合）。
縫紉（FUNGv NGYUN` 以針線縫合）。
裁縫（TSAIv FUNGv 剪裁縫合）。
縫紉機（FUNGv NGYUN` GI 縫衣機）。
戇	FUNG`	1、盛放液體的容器傾倒，液體倒出。
水戇歇矣（SUI` FUNG` HED` LEv 水倒掉了）。
2、男人或雄性動物的交配動作。如：
戇吝（FUNG` LIN`）。
3、跛腳走路。如：
戇上戇下（FUNG` SONG FUNG` HA）。
腳戇戇（GIOG` FUNG` FUNG`跛腳走路）。
奉	FUNG^	1、敬詞。如：
奉勸（FUNG^ KIAN^ 尊敬勸告）。
奉送（FUNG^ SUNG^ 敬送）。
奉贈（FUNG^ ZEN^ 奉送）。
奉候（FUNG^ HEU^ 尊敬等候、問安）。
奉陪（FUNG^ PIv 恭敬地陪伴）。
奉還（FUNG^ FANv = UANv 恭敬地送還）。
2、呈獻。如：
奉獻（FUNG^ HIAN^ 無條件獻出）。
3、伺候。如：
奉養（FUNG^ IONG 伺奉親長）。
4、遵守。如：
奉公（FUNG^ GUNG）。
奉公守法（FUNG^ GUNG SU` FAB` 重公紀、守法律）。
奉行（FUNG^ HANGv 遵守命令行事）。
5、承受。如：
奉命（FUNG^ MIN^）。
6、恭維。如：
奉承（FUNG^ SNv 巴結）。
哄	FUNG^	說話欺騙：
哄騙（FUNG^ PIEN^）。
加	GA	1、增添。如：
增加（ZEN^ GA）。
加減（GA GAM` 增加或減少）。
加薪（GA CIN 增加薪水）。
加強（GA KIONGv 增加力量）。
加油（GA YUv 增加油料）。
加班（GA BAN 額外增加班次）。

		加速（GA SUG` 加快速度）。 加重（GA TSUNG 增加重量）。 加工（GA GUNG 再修飾成品，使之更好）。 加盟（GA MENv 加入聯盟）。 加倍（GA PI^ 增加雙倍）。 加護（GA FU^）。 加深（GA TSM）。 加熱（GA NGIAD^）。 加害（GA HOI^ 使之受害）。 加添（GA TIAM 多加）。 加壓（GA AB` 加重壓力）。 加兜添（GA DEU TIAM 多加些）。 2、戴上。如： 加冕（GA MIEN 戴上冠冕）。
嫁	GA^	1、女子結婚。如： 出嫁（TSUD` GA^）。 婚嫁（FUN GA^ 男婚女嫁）。 嫁娶（GA^ CHI` 結婚）。 嫁粧（GA^ ZONG 陪嫁品）。 嫁妹也（GA^ MOI^ IE` 嫁女兒）。 嫁老公（GA^ LO` GUNG 女子嫁人）。 2、推給別人、轉移。如： 嫁禍（GA^ FO^ 災禍轉移給他人）。
架	GA^	1、毆打、爭吵。如： 打架（DA` GA^）。 勸架（KIAN^ GA^ 勸解打架）。 2、劫持。如： 綁架（BONG` GA^）。
駕駛	GA^	1、用牲口拖車。如： 駕車（GA^ TSA 駕駛車輛）。 2、操縱。如： 駕駛（GA^ S`）。 駕馭（GA^ NGI^ 駕駛）。 3、騎。如： 騰雲駕霧（TINv YUNv GA^ U^）。 4、對人的敬詞。如： 駕臨（GA^ LIMv 來臨）。 勞駕（LOv GA^ 勞煩您）。
甲	GAB`	甲到人（GAB` DO` NGINv 與人通姦。實為"合到人"）。
合	GAB`	1、合到人（GAB` DO` NGINv 與人通姦）=

		甲到人（GAB` DO` NGINv）。 2、縫合（LIONv GAB` 以針線結合）。 合線縫（GAB` CIEN^ PUNG^ 以針線結合之處或以針線縫合）。
夾	GAB`	裝訂。如： 夾書（GAB` SU）：裝訂書本。 夾簿也（GAB` PU UE` 裝訂簿本）。
掰	GAB`	兩手合抱。
呷	GAB^	1、狗、豬吃食有湯食物的動作或聲音。 咭咭呷呷（GID^ GID^ GAB^ GAB^）。 2、狗、豬吃食的動作或聲音。如： 狗呷烏蠅（GIEU` GAB^ U INv 喻言多無實效）。
合	GAG`	合 GAB` 的變音。 合意（GAG` I^ = HAB^ I^ 符合心意。中意）。 合貨（GAG` FO^ 配合貨品出售）。
隔	GAG`	1、分開。阻斷。距離。如： 隔開（GAG` KOI）。 分隔（FUN GAG`）。 隔離（GAG` LIv）。 隔間（GAG` GIAN 隔開的房間）。 阻隔（ZU` GAG`）。 間隔（GIAN GAG`）。 隔世（GAG` S^ 死生異世）。 隔鄰（GAG` LINv 鄰居）。 隔絕（GAG` CHIED^ 阻斷）。 隔壁（GAG` BIAG`）。 隔鄰（GAG` LINv 隔壁）。 隔熱（GAG` NGIAD^ 隔開熱氣）。 隔閡（GAG` HED` 有阻隔）。 隔牆有耳（GAG` CIONGv YU NGI` 隔壁有人偷聽）。 隔鞋(靴)搔癢（GAG` HAIv = HIO ZAU` IONG 在鞋皮外搔癢。比喻做事不切實）。 2、中間隔一、跳過一。如： 隔日（GAG` NGID` 間隔一日）。 隔夜（GAG` IA^ 間隔一夜）。 隔宿（GAG` CYUG` 間隔一夜）。 隔月（GAG` NGIAD^ 間隔一月）。 隔代（GAG` TOI^ 間隔一代）。

格	GAG`	打殺。如： 格殺（GAG` SAD` 以槍械殺死）。 怎格殺（NGIONG` GAG`＝GAD` SAD` 如何將其殺死,怎麼辦)!? 不得格殺（Mv DED` GAG`＝GAD` SAD` 古時野獸破壞農作物或巨蟒野獸闖進民宅,農民沒有遠距離射殺的槍械,如何格殺？後來人們在無可奈何時,常出此無奈的語句）。
隔	GAG^	攔斷、分開。如： 將兩隻豬母隔開來（JIONG LIONG` ZAG` ZU MAv GAG^ KOI LOIv）。
甘	GAM	1、情願、心願、樂意。如： 甘願（GAM NGIAN^）。 甘心（GAM CIM 甘願）。 甘休（GAM HYU 願意了事）。 不甘願（Mv GAM NGIAN^ 心不甘）。 2、強制人、逼迫人做不願意做或不情願做的。 甘伊做（GAM Iv ZO^ 強制他做）。 甘人食（GAM NGINv SD^ 強制人吃）。 莫甘伊去（MOG^ GAM Iv HI^別逼他）。
尷尬	GAM	尷尬（GAM GIE^ a、事情不易處理、左右為難。b、困窘、難堪。c、素行不端。）
緘緘械	GAM	不說話，封口。 緘默（GAM MED^ 閉口不言）。 緘口（GAM KIEU` 閉口）。
含	GAMv	（河洛音）含在口中。如： 含水（GAMv SUI` 口中含著水）。 含糖也（GAMv TONGv NGE`口含糖果）。 金含也（GIM GAMv ME` 小圓糖。整個放在口中含著,慢慢溶化糖果）。
敢	GAM`	1、有膽量、有勇氣,果決,進取的膽量。 勇敢（YUNG` GAM`）。 敢做（GAM` ZO^）。 不敢（Mv GAM`）。 敢為（GAM` WIv 敢做）。 敢當（GAM` DONG 勇敢擔當）。 敢死隊（GAM` CI` DUI^）。 敢怒不敢言（GAM` NU^ Mv GAM` NGIANv）。

		2、莫非、也許，冒昧，大約。如： 敢係（GAM` HE^ 是嗎？莫非是？） 敢有（GAM` YU 有嗎？） 敢冇（GAM` MOv 沒有嗎？難道沒有？）
澉	GAM`	洗滌。
感	GAM`	1、情意．覺得。如： 感情（GAM` CHINv）。 感覺（GAM` GOG`）。 2、意識、情緒上引起的反映。如： 感動（GAM` TUNG^）。 感慨（GAM` KOI` 有所感觸）。 感化（GAM` FA^）。 感召（GAM` SEU^ 感化）。 感恩（GAM` EN）。 感銘（GAM` MEN` 感恩）。 感嘆（GAM` TAN^ 嘆息）。 感激（GAM` GID` 心中感戴）。 感戴（GAM` DAI^ 感恩不忘）。 3、表示謝意。如： 感謝（GAM` CHIA^）。 4、受外界影響．如： 感受（GAM` SU^）。 感染（GAM` NGIAM` 染受）。 感光（GAM` GONG 受光線照射而起變化）。 感應（GAM` IN^ 感受）。
減减	GAM`	1、降低、衰退。如： 減色（GAM` SED` 退色）。 減弱（GAM` NGIOG^）。 減輕（GAM` KIANG）。 減低（GAM` DAI）。 減肥（GAM` PIv）。 減緩（GAM` FON^ 減慢）。 減速（GAM` SUG` 減低速度）。 減刑（GAM` HINv 減輕刑罰）。 減產（GAM` SAN` 減低產量）。 減損（GAM` SUN` 減低損失）。 2、除去一部分。如： 減價（GAM` GA^ 減低價錢）。 減半（GAM` BAN^ 減去一半）。 減少（GAM` SEU`）。

		減免（GAM` MIEN 免除）。 減薪（GAM` CIN 減少薪資）。 減稅（GAM` SOI^ 減低稅款）。 加減（GA GAM` 增加或減少）。
監监	GAM^	從旁察看。如： 　監視（GAM^ S^）。 　監督（GAM^ DUG` 監視督導）。 　監工（GAM^ GUNG 監督工程的進行）。 　監考（GAM^ KAU` 監督考試）。 　監印（GAM^ IN^ 監督蓋印）。 　監護（GAM^ FU^ 監督看護）。 　監管（GAM^ GON` 監督管理）。 　監禁（GAM^ GIM^ 監督關禁）。 　監製（GAM^ Z^ 監督製造）。 　監房（GAM^ FONGv 監督室）。 監察院（GAM^ TSAD` IAN^ 民主政府五院：行政、立法、司法、考試、監察之一）。 監守自盜（GAM^ SU` TS^ TO^ 盜取自己主管的財物）。
鑑鉴	GAM^	1、審查、仔細看。如： 　鑑別（GAM^ PED^）。 　鑑賞（GAM^ SONG`）。 　鑑識（GAM^ SD`）。 　鑑定（GAM^ TIN^）。 2、可以做為警戒的事。如： 　前車之鑑（CHIENv TSA = GI Z GAM^）。 鑑戒（GAM^ GIAI^ 引已往的事作為自戒）。 3、映照。如： 　水清可鑑（SUI` CHIN KO` GAM^）。
鑒鉴	GAM^	1、同「鑑」。 2、寫信時常用在開頭的，請人看信之意。 　鈞鑒（GYUN GAM^）。
更	GANG	1、改換。如： 　更換（GANG FON^ = UON^）。 　更動（GANG TUNG^ 變動）。 　更易（GANG I^ 改變）。 　更正（GANG ZN^ 改正）。 　更衣（GANG I 換衣服）。

		更改（GANG GOI`）。 2、革新。如： 　　更新（GANG CIN）。 3．閱歷： 少不更事（SEU^ BUD` GANG S^ 年少閱歷少，不懂事）。
賡	GANG	1、繼續。如： 賡續（GANG CYUG^）。 2、賡酬（GANG TSUv 作詩作文互相酬和）。
耕畊	GANG	1、用犁鬆土除草、種作。如： 　　耕田（GANG TIENv 泛指農田耕作）。 　　耕圃（GANG PU 耕種乾地）。 　　耕作（GANG ZOG` 耕種）。 　　耕種（GANG ZUNG^ 農作）。 　　耕讀（GANG TUG^）：a、努力讀書。 　　　　　　　　　　　　b、又耕作又讀書。 　　耕農（GANG NUNGv 做農事）。 　　筆耕（BID` GANG 靠寫作為生）。 2、比喻付出精神和勞力稱為 　　耕耘（GANG YUNv 鋤土除草,耕作）。 讀音「GIEN」。
尷尬	GANG	尷尬（GANG GIE^ a、事情不易處理、左右為難,b、困窘、難堪。c、素行不端。）
哽	GANG`	食道或咽喉堵塞。如： 　　哽到（GANG` DO`）。 　　分豬骨頭哽死矣（BUN ZU GUD` TEUv GANG` CI` IEv 被豬骨頭哽死了）。
骾	GANG`	同「哽」：骨頭阻塞食道。 　　分骨頭骾到（BUN GUD` TEUv GANG` DO` 骨頭卡在喉嚨裏）。
鯁鯁	GANG`	同「哽」：魚骨阻塞食道。 　　分魚骨鯁到（BUN NGv GUD` GANG` DO` 魚骨卡在喉嚨裏）。
挭	GANG^	1、阻絆。如： 　　挭人（GANG^ NGINv 阻礙人）。 　　挭腳（GANG^ GIOG` 絆腳）。 挭橫（GANG^ UANG^ 絆倒）。 2、用腳、手或棍杖分開稻子或叢草。 　　挭開（GANG^ KOI 分開）。
交	GAU	1、付給。如：

		交付（GAU FU^）。 交待（GAU TAI^）。 交帶（GAU DAI^ 交託）。 交還（GAU UANv = FANv）。 2、相接、相對之動作或事物。如： 交接（GAO JIAB` 交付和承接，互相接觸）。 交界（GAU GIAI^ 兩地相接的邊界）。 交戰（GAU ZAN^ 兩隊接觸相戰，心中情感相互衝突）。 交鋒（GAU FUNG 兩隊交戰）。 交換（GAU UON^ 對換）。 交惡（GAU OG` 彼此憎恨）。 交代（GAU TOI^ 交換）。 交通（GAU TUNG 交相通行）。 交叉（GAU TSA 交錯）。 交錯（GAU TSO^ 雜亂混雜）。 交涉（GAU SAB^ 商議彼此間的事）。 交談（GAU TAMv 相互談話）。 交易（GAU ID^ 做買賣）。 交情（GAU CHINv 相交的情誼）。 交際（GAU JI^ 互相接觸）。 春夏之交（TSUN HA^ Z GAU）。 交頭接耳（GAU TEUv JIAB` NGI` 耳邊低語）。 交響樂團（GAU HIONG` NGOG^ TONv 集合管、弦、打擊樂器合奏的樂團）。 3、朋友往來友誼。如： 至交（Z^ GAU 最深交情的交往）。 深交（TSM GAU 交往感情很深）。 4、生意往來。如： 交易（GAU I^）。 5、雌雄相配。如： 交配（GAU PI^）。
教	GAU	傳授。如： 教書（GAU SU 傳授書中知識）。 教唆（GAU SO 以言語唆使）。
跤	GAU	跌倒。如： 跌一跤（DIED` ID` GAU）。
喋	GAUv	喋喋喋喋（GAUv GAUv GAU^ GAU^ 嘮叨不停）。
校	GAU`	1、比較。如：

		校量（GAU` LIONGv）。 2、考證核對。如： 　校對（GAU` DUI^）。 　校正（GAU` ZN^）。 　校訂（GAU` DANG`）。 3、校閱（GAU` IAD^ a.審核書稿，定期 　　　　　　　　檢閱士兵）。
挍	GAU`	同「校對」的「校」。
較 较	GAU`	1．與同類的事物相比。如： 　比較（BI` GAU`）。 　較量（GAU` LIONGv）。 2．競爭： 　較力（GAU` LID^）。
攪 搅 捁	GAU`	1、擾亂。如： 　攪亂（GAU` LON^）。 2、拌和。如： 　攪拌（GAU` BAN^）。 3．胡為： 　亂攪（LON^ GAU`）。
絞 绞	GAU`	1、把兩繩紐在一起。如： 　絞索也（GAU` SOG` GE`）。 2、用繩子綁緊。如： 　絞緊（GAU` HENv 絞緊）。 3、絞刑（GAU` HINv）：古時用繩子勒死 　　　　　　　　犯人的死刑。
搞	GAU`	玩耍、嬉戲、遊玩。如： 　好搞（HAU^ GAU` 熱中於玩耍嬉戲）。 　搞水（GAU` SUI` 玩水）。 　搞泥（GAU` NAIv 玩泥巴）。 　搞聊（GAU` LIAU^ 游玩）。
教	GAU^	訓誨、指導。如： 　教育（GAU^ YUG`）。 教化（GAU^ FA^ 以教育感化）。 教材（GAU^ TSAIv）。 教訓（GAU^ HYUN^ 教化訓斥）。 教師（GAU^ S）。 教員（GAU^ IANv）。 教授（GAU^ SU^ 施教教誨,大學的資深教師）。 教誨（GAU^ FI^ 教訓）。 教養（GAU^ IONG 教育養育）。 教導（GAU^ TO 教誨指導）。

交	GAU^	交換。如： 　　一領衫交一雙鞋（ID` LIANG SAM GAU^ ID` SUNG HAIv）。 　　偷米交蕃薯，會算不會除（TEU MI` GAU^ FAN SUv，UOI^ SON^ Mv UOI^ TSUv）。
居 尻	GI	1、住。如： 　　居住（GI TSU^）。 　　遷居（CHIEN GI）。 　　居留（GI LIUv）。 　　居民（GI MINv）。 　　旅居（GI LIUv）。 2、在。如： 　　居上（GI SONG^）。 　　居間（GI GIAN 介紹人）。 　　居功（GI GUNG）。 　　居安思危（GI ON S NGUIv）。 3、當、任。如： 　　自居（TS^ GI）。 4、存著。如： 　　居心（GI CIM）。 5、佔： 　　居多（GI DO 佔多數）。
羈 羇 羇	GI	1、牽制、約束： 　　羈絆（GI BAN^）。 　　羈縻（GI MIv）。 　　放蕩不羈（FONG^ TONG^ BUD` GI 行為浪蕩，不知檢束）。 2、寄居： 　　羈旅（GI LI`）。
拘	GI	1、逮捕。如： 　　拘捕（GI BU`）。 　　拘留（GI LIUv）。 　　拘役（GI ID^）。 　　拘禁（GI GIM^）。 　　拘押（GI AB`）。 2、限制。如： 　　不拘（BUD` GI 不受拘束）。 3、顧忌。如： 　　拘束（GI SUG`）。 4．固執．不開通： 　　拘泥（GI NIv）。

		拘禮（GI LI）。 拘謹（GI GYUN` 古板謹慎）。
譏 讥	GI	以隱語諷刺挖苦人。如： 譏笑（GI SEU^）。 譏諷（GI FUNG）。 譏刺（GI CHYUG`）。 譏評（GI PINv）。
饑 饥	GI	1、荒年。如： 饑荒（GI FONG）。 饑餓（GI NGO^）。 2、通「飢」。
飢 饥	GI	1．餓。如： 肚飢（DU` GI）。 飢餓（GI NGO^）。 2．通「饑」。
沮	GI	1、敗。如： 沮喪（GI SONG` 灰心失望）。 沮索（GI SOG` 失意喪志）。 2、阻止。如： 沮止（GI Z`）。 沮遏（GI OD` 遏止）。 3、壞屋。如： 沮舍（GI SA`）。 4、說人壞話。如： 沮短（GI DON` 揭發人的短處）。
趌	GI	趔趌（LIED^ GI 就要摔倒而沒有摔倒）。 趑趌（Z GI 遲疑不前貌）。
據 据	GI`	1、依靠。如： 依據（I GI`）。 據點（GI` DIAM` 支持戰鬥的重要地點）。 2、按照。如： 據實（GI` SD^）。 據理（GI` LI 依據道理）。 據實（GI` SD^ 跟據實情）。 3、證明、憑證。如： 證據（ZN^ GI`）。 字據（S^ GI`）。 憑據（PINv GI`）。 收據（SU GI`）。 4、佔有。如：

		盤據（PANv GI`）。 據有（GI` YU 佔有）。 據守（GI` SU` 佔守）。
舉 举 举	GI`	1、把東西提高、抬高。如： 舉重（GI` TSUNG）。 舉目（GI` MUG`）。 舉杯（GI` BI）。 不舉（BUD` GI`）。 舉手（GI` SU`）。 2、推薦。如： 推舉（TUI GI`）。 舉薦（GU` JIEN^）。 3、動作。如： 舉動（GI` TUNG^）。 善舉（SAN^ GI`）。 舉止（GI` Z` 日常行為）。 4、發起。如： 舉兵（GI` BIN）。 5、辦事。如： 舉辦（GI` PAN^）。 舉行（GI` HANGv）。 6、提示： 舉例（GI` LI^）。 舉一反三（GI` ID` FAN` SAM）觸類旁通之意。 7、舉發（GI` FAD` 宣布事實）。
沮	GI`	1、敗。如： 沮喪（GI` SONG` 灰心失望）。 沮索（GI` SOG` 失意喪志）。 2、說人壞話。如： 沮短（GI` DON` 揭發人的短處）。
掎	GI`	1、捕獸時，從後牽引一腳。 2、發射： 弦不虛掎（HIANv BUD` HI GI` 箭不虛射）。
踽 偊	GI`	踽踽（GI` GI` 獨自行走貌）。
記 记	GI^	1、不忘。如： 記得（GI^ DED`）。 記仇（GI^ SUv 不忘仇恨）。 記性（GI^ CIN^ 記憶力）。 記憶（GI^ I^ 記得）。

		2、登載。如： 記帳（GI^ ZONG^）。 記事（GI^ S^）。 記載（GI^ ZAI^）。 記錄（GI^ LYUG^ 登載）。 登記（DEN GI^）。 記名（GI^ MIANGv 登記名字）。 3、想念。如： 記念（GI^ NGIAM^）。 記掛（GI^ GUA^ 掛念）。
計計	GI^	1、核算。如： 計算（GI^ = GIE^ SON^）。 2、策略。如： 計策（GI^ = GIE^ TSED`）。 3、謀劃。如： 計劃（GI^ = GIE^ UAG^）。 計謀（GI^ = GIE^ MEUv）。 4、爭論。如： 計較（GI^ = GIE^ GAU`）。
紀紀	GI^	1、記載。如： 紀實（GI^ SD^）。 紀事（GI^ S^ 記述事實）。 紀錄（GI^ LYUG^ 記載）。 2、思念不忘。如： 紀念（GI^ NIAM^）。 3、經理事務。如： 經紀（GIN GI^）。
忌	GI^	1、嫉妒。如： 忌妒（GI^ DU^）。 2、父母死亡之日： 忌日（GI^ NGID`）。 忌辰（GI^ SNv）。 3、禁止： 禁忌（GIM^ GI^）。 4、畏懼： 畏忌（WI^ GI^）。 忌憚（GI^ TAN^ 有所畏懼、不敢做）。 忌諱（GI^ FI^ 不欲人知或不願說出的事情）。
倨	GI^	驕傲： 倨傲（GI^ NGAU^）。
寄	GI^	1、付托。如：

		寄托（GI^ TOG`）。 寄語（GI^ NGI 傳話）。 寄情（GI^ CHINv 寄託感情）。 2、傳達。如： 寄信（GI^ CIN^）。 3、暫居。如： 寄宿（GI^ CYUG` 住在別人家中）。 寄籍（GI^ CID^ 客居的籍貫）。 寄居（GI^ GI）。 寄人籬下（GI^ NGINv LIv HA^ 依靠別人生活）。 4、依附。如： 寄生（GI^ SEN）。 寄養（GI^ IONG 依靠別人生活）。 寄食（GI^ SD^ 依靠別人吃飯）。 寄生蟲（GI^ SEN TSUNGv 寄在別的生物體中營生的生物）。
忣	GI^	飲食時氣逆不停。注意：不同於「忣 Uv」。
鋸 锯	GI^	1、用鋸切斷。如： 鋸斷（GI^ TON）。 鋸開（GI^ KOI）。 鋸板也（GI^ BIONG NGE` 鋸木板）。 鋸鐵板（GI^ TIED` BAN）。 3、與操作手鋸「來回」相似的動作。 鋸弦也（GI^ HIANv NE`拉胡琴、拉小提琴）。 鋸背囊（GI^ BOI^ NONGv 雙手拉浴巾或毛巾來回擦拭身體的背部）。
踞	GI^	1、彎曲、蹲坐。如： 箕踞（GI GI^ 蹲坐著）。 龍蟠虎踞（LYUNGv PANv FU` GI^ 地勢險要）。 2、侵佔。如： 盤踞（PANv GI^ 佔據）。
跽	GI^	長跪。
繼 继	GI^	1、持續接替。如： 繼續（GI^ CYUG^）。 繼父（GI^ FU^ 後父）。 繼母（GI^ MU 後母）。 繼室（GI^ SD`原配死後續娶之妻）。 繼任（GI^ IM^ 繼續接任）。 繼位（GI^ WI^）。

		繼武（GI^ U 繼續其事）。 繼往開來（GI^ UONG KOI LOIv 繼承已往，開展未來）。 2、隨後連接。如： 繼之而起（GI^ Z Iv HI`）。 3、承續先人事業或財產。如： 繼承（GI^ SNv）。
墍	GI^	1、休息。 2、塗飾。 3、取。 頃筐墍之（KIEN` KIONG GI^ Z）。
冀 兾	GI^	1、希望。如： 希冀（HI GI^）。 2、姓。
覬 覦	GI^	覬覦（GI^ Iv 非分的希望或貪想）。
劫 刦 刧 刼	GIAB`	1、搶奪。如： 搶劫（CHIONG` GIAB`）。 劫富救貧（GIAB` FU^ GYU^ PINv）。 劫持（GIAB` TSv）。 劫機（GIAB` GI 劫持飛機）。 劫獄（GIAB` NGYUG^ 從監獄劫人）。 劫後餘生（GIAB` HEU^ Iv SANG）。 2、災難。如： 災劫（ZAI GIAB`）。 劫運（GIAB` YUN^）。 劫數（GIAB` SU^ 指不好的命運）。
抾	GIAB`	通「劫」。
夾	GIAB`	兩面鉗制。如： 夾衣（GIAB` I 雙層的衣服）。 用筷也夾菜（YUNG^ KUAI^ IE` GIAB` TSOI^ 用筷子夾菜）。
梜	GIAB`	梜提（GIAB` TIv 筷子）。通「筴」。
袷	GIAB`	衣裾。
夾	GIAB^	兩面箝制。如： 夾攻（GIAB^ GUNG）。 夾擊（GIAB^ GID`）。 夾道（GIAB^ TO^ 道路兩旁的）。 夾輔（GIAB^ FU` 左右輔佐）。 夾帶（GIAB^ DAI^ 不該帶的帶在身上）。 夾棍（GIAB^ GUN^ 古時用來夾犯人

		手指逼犯人招供的刑具）。 夾雜（GIAB^　TSAB^　攪雜）。
筴 挾	GIAB^ GIAB^	以夾攻取得。 1、挾在腋下。如： 　　挾一枝筆（GIAB^　ID`　GI　BID`）。 　　挾一本書（GIAB^　ID`　BUN`　SU）。 2、倚仗勢力或拿住把柄來脅迫人。 　　挾天子以令諸侯（GIAB^　TIEN　Z`I　LIN^　ZU　HEUv）。
鋏 鉃	GIAB^	鉗夾： 　　鉗鋏（KIAMv　GIAB^）。
唊	GIAB^	多話貌。如： 　　嘴唊冇停（ZOI^　GIAB^　MOv　TINv　說話不停）。
決	GIAD`	1、河堤崩壞。如： 　　潰決（KUI`　GIAD`）。 　　決口（GIAD`　KIEU`）。 　　決堤（GIAD`　TIv）。 2、拿定主意。如： 　　決心（GIAD`　CIM）。 　　決意（GIAD`　I^）。 　　決策（GIAD`　TSED`　決定的計畫）。 　　決定（GIAD`　TIN^）。 　　決死（GIAD`　CI`）。 　　決計（GIAD`　GIE^　不變的計畫）。 　　決勝（GIAD`　SUN^　必勝）。 3、判斷、確定。如： 　　表決（BEU`　GIAD`）。 4、最後的、分勝負的競爭。如： 　　決算（GIAD`　SON^　結帳）。 　　決戰（GIAD`　ZAN^　決定勝負的戰爭）。 　　決鬥（GIAD`　DEU^　最後的爭鬥）。 　　決賽（GIAD`　SOI^）。
結 結	GIAD`	1、把繩絲織連成物。如： 　　結網（GIAD`　MIONG`）。 2、互相聯合。如： 　　結婚（GIAD`　FUN）。 3、凝聚。如： 　　結冰（GIAD`　BEN）。 4、構成。如： 　　結怨（GIAD`　IAN^）。

		5、事物的歸宿。如： 結果（GIAD` GO`）。 6、繩帶打團。如： 打結（DA` GIAD`= GIED`）。 7、終止收場。如： 結束（GIAD` SUG`）。 結局（GIAD` KYUG^）。 了結（LIAU` GIAD`）。 8、結拜（GIAD` BAI^）： 結義（GIAD` NGI^ 互認為兄弟姐妹）。 9、堅固強健。如： 結實（GIAD` SD^）。 10、果實累累。如： 柑也蓋結（GAM ME` GOI^ GIAD`）。 11、結成果實。如： 結子（GIAD` Z`）。 結果（GIAD` GO` 結果子）。 12、聯合。如： 結交（GIAD` GAU）。 結盟（GIAD` MENv）。 13、認識。如： 結識（GIAD` SD`）。
擷	GIAD`	1、用手摘取。如： 採擷（TSAI` GIAD`）。 擷取（GIAD` CHI`）。 2、通「襭」。用衣裳的下擺盛物。
頡頡	GIAD`	頡頏（GIAD` HONGv 鳥向上飛叫頡，向下飛叫頏，比喻不相上下）。
詰诘	GIAD`	1、責問、盤問。如： 盤詰（PANv GIAD`）。 反詰（FAN` GIAD` 反問）。 2、責難。如： 詰責（GIAD` JID` 責備）。 3、屈曲不平。 詰屈聱牙（GIAD`KYUD` NGAOv NGAv 文句深奧，文詞拗口而不平易）。
潔洁	GIAD`	1、乾淨。如： 清潔（CHIN GIAD`）。 潔淨（GIAD` CHIANG^）。 潔白（GIAD` PAG^）。 潔癖（GIAD` PID` 好潔成癖）。 2、修治、不假公濟私。如：

		潔身自好（GIAD` SN TS^ HAU^ 清白自愛）。 廉潔（LIAMv GIAD` 行為清白）。 潔己（GIAD` GI` 清白自己）。
洁	GIAD`	「潔」的簡體字。 又音 GID^。
訐	GIAD`	攻訐（GUNG GIAD`指摘他人的隱私)。
抉	GIAD`	1. 挑選： 抉擇（GIAD` TSED^）。 抉選（GIAD` CIEN`）。 抉摘（GIAD` ZAG` 摘取精義）。 2. 剔、挖掘： 抉目（GIAD` MUG` 挖出眼睛）。 抉剔（GIAD` TID` 挑取、剔除）。
趹	GIAD`	1、奔跑。 2、腳踢。
訣 诀	GIAD`	1、方法、秘術。如： 秘訣（BI^ GIAD`）。 訣竅（GIAD` KIEU^）。 訣要（GIAD` IEU^ 秘訣）。 2、易讀易記的語句、簡便的方法。 口訣（KIEU` GIAD`）。 3、離別。如： 訣別（GIAD` PED^ 永別）。 永訣（YUN` GIAD` 與人死別）。
揭	GIAD`	1. 披露．發表。如： 揭示（GIAD` S^）。 揭露（GIAD` LU^）。 揭曉（GIAD` HIAU` 發表）。 揭載（GIAD` ZAI` 公開登載）。 2. 高舉： 揭竿（GIAD` GON）。 3. 打開．打破： 揭開（GIAD` KOI）。 揭穿（GIAD` TSON）。 揭短（GIAD` DON` 公開短處）。 揭幕（GIAD` MOG` 開幕）。
譎 谲	GIAD`	1、欺詐： 譎詐（GIAD` ZA^）。 2. 變化莫測： 譎詭（GIAD` GUI`）。 3. 託辭規勸：

解解	GIAI`	
		譑諫（GIAD` GIAN`）。
		1、剖開、分開、放開。如：
		解剖（GIAI` PO^）。
		分解（FUN GIAI`）。
		溶解（YUNGv GIAI` 在水中溶化）。
		解散（GIAI` SAN^）。
		解體（GIAI` TI`）。
		解紙（GIAI` Z` 以刀割開折好的紙）。
		鬆解（SUNG GIAI`）。
		解開（GIAI` KOI）。
		解衣（GIAI` I 脫衣服）。
		解纜（GIAI` LAM` 船離開停泊處）。
		解囊（GIAI` NONGv 鬆開囊袋取出）。
		解鈴繫鈴（GIAI` LINv HI LINv 由原經手人去挽回既成的事實）。
		2、消除。如：
		解除（GIAI` TSUv）。
		解聘（GIAI` PIN` 消除聘約）。
		解任（GIAI` IM^ 解除職務）。
		解決（GIAI` GIAD`）。
		解約（GIAI` IOG` 解除契約）。
		解救（GIAI` GYU^）。
		解脫（GIAI` TOD`）。
		解雇（GIAI` GU^ 解除雇約）。
		解惑（GIAI` FED^ 解除疑問）。
		解渴（GIAI` HOD`）。
		解悶（GIAI` MUN^）。
		解職（GIAI` ZD`）。
		解圍（GIAI` WIv）。
		解嚴（GIAI` NGIAMv 取消戒嚴）。
		解放（GIAI` FONG^）。
		解禁（GIAI` GIM^ 解除監禁）。
		解網（GIAI` MIONG` 田獵不盡殺，比喻仁德）。
		解嘲（GIAI` TSUEv 自己解釋，免得他人嘲笑）。
		解頤（GIAI` Iv 開口而笑）。
		解毒（GIAI` TUG^）。
		解甲歸田（GIAI` GAB` GUI TIENv 解除軍職回家耕田）。
		3、說明。如：
		解釋（GIAI` SD`）。
		解說（GIAI` SOD`）。

		解題（GIAI` TIv）。 解析（GIAI` CID`）。 解答（GIAI` DAB`）。 解詁（GIAI` GU` 以今言注釋古言，又作"解故"）。 4、排屎尿。如： 大小解（TAI^ SEU` GIAI` 大小便、排屎尿）。 解手（GIAI` SU` a.大小便。b.離別）。 5．明瞭： 了解（LIAU` GIAI`）。 見解（GIAN^ GIAI` 意識、看法）。 解事（GIAI` S^ 懂事）。 解惑（GIAI` FED^ 解決疑問）。 6、押送。如： 解送（GIAI` SUNG^）。 起解（HI` GIAI`）。
戒	GIAI^	1、防備。如： 戒備（GIAI^ PI^ 嚴密防備）。 戒心（GIAI^ CIM 有防備之心）。 戒尺（GIAI^ TSAG` 責打學子的鞭板）。 戒嚴（GIAI^ NGIAMv 非常時期的緊急防備）。 2、警惕，警告。如： 警戒（GIN` GIAI^）。 引以為戒（IN I WIv GIAI^）。 3、根除，禁止。如： 戒除（GIAI^ TSUv）。 戒煙（GIAI^ IAN）。 戒酒（GIAI^ JIUv）。 戒賭（GIAI^ DU`）。 戒口（GIAI^ KIEU` 禁止某些食物入口）。 4．勸告： 勸戒（KIAN^ GIAI^）。
誡誡	GIAI^	1．警戒、勸告。如： 告誡（GO^ GIAI^）。 2．命令、禁令。如： 誡律（GIAI^ LID^ 法令、命令）。 誡命（GIAI^ MIN^ 法令、命令）。 十誡（SB^ GIAI^ 聖經記載上帝頒布的十條法令）。 3、通「戒」。

解解	GIAI^	同「解GIAI`」：押送： 解送（GIAI^ SUNG^）。 解押＝押解（GIAI^ AB`＝AB` GIAI^）。 解去衙門（GIAI^ HI^ NGAv MUNv 押送警察局）。
兼	GIAM	1、在原職務以外再擔任別職。如： 兼職（GIAM ZD`）。 兼任（GIAM IM^）。 兼差（GIAM TSAI）。 兼辦（GIAM PAN^）。 兼善天下（GIAM SAN^ TIEN HA^ 除了自己幸福，同時謀求世人幸福）。 2、不只一方面、幾方面都照顧到。 兼顧（GIAM GU^）。 3、合併。如： 兼併（GIAM BIN^）。 4、靠近。如： 行兼于咧（HANGv GIAM MA^ LE 走近一些）！ 行不兼（HANGv Mv GIAM 靠不近）。 騰兼伊（TENv GIAM Iv 跟緊他）！ 兼矣（GIAM MEv 近了、差不多了、快了）！
檢檢	GIAM`	1、查點。如： 檢查（GIAM` TSAv）。 檢討（GIAM` TO`討論過去的得失）。 檢點（GIAM` DIAM` 逐項檢查．留意言行瑣事）。 檢疫（GIAM` ID^檢查傳染病疫）。 檢閱（GIAM` IAD^查看訓練成績）。 檢察官（GIAM` TSAD` GON 偵察刑事犯的罪證並提起公訴的司法官）。 2、約束。如： 檢點（GIAM` DIAM`）。 3、揭開他人的過失： 檢舉（GIAM` GI`）。 4、考驗： 檢驗（GIAM` NGIAM^ 檢點查驗）。 檢定（GIAM` TIN^考驗後決定）。
撿	GIAM`	1、收拾。如：

撿		撿揪（GIAM` CHIU 收拾妥當）。 撿淨來（GIAM` CHIANG^ LOIv 收拾乾淨）。 2、收錢或付錢： 撿錢（GIAM` CHIENv）。 3、撿人食（GIAM` NGINv SD^ 給人吃）。 莫撿伊食（MOG^ GIAM` Iv SD^ 不給他吃）！ 4、撿碗筷（GIAM` UON` KUAI^ 飯前擺碗筷）。
奸	GIAN	1、虛偽、狡詐。如： 奸計（GIAN GIE^）。 2、邪惡、詐偽的人。如： 老奸（LO` GIAN）。 奸賊（GIAN TSED^）。 3、不忠、背叛者。如： 奸臣（GIAN SNv）。 4、男女間不正當的性行為。如： 奸情（GIAN CHINv）。 奸淫（GIAN IMv）。 5、間諜、通敵的人。如： 奸細（GIAN SE^）： 漢奸（HON^ GIAN）。 6、奸宄（GIAN GUI`盜賊從內起的叫奸，從外起的叫宄）。 7、通「姦」。 8、奸雄（GIAN HYUNGv）：投機，趁機偷懶。
姦	GIAN	1、不正當的性交。如： 通姦（TUNG GIAN）。 強姦（KIONGv GIAN）。 姦淫（GIAN IMv 不正當的性行為）。 姦殺（GIAN SAD`）。 姦情（GIAN CHINv）。 姦夫（GIAN FU 通姦的男人）。 2、同「奸」。
間	GIAN	隔開。如： 間隔（GIAN GAG`）。 間斷（GIAN DON^）。 間歇（GIAN HIAD`）。
捐	GIAN	1、拿出財物幫助。如： 捐助（GIAN TSU^）。

		捐款（GIAN KUAN` 捐錢）。 捐募（GIAN MOG` 募集捐款）。 捐獻（GIAN HIAN^ 捐出錢財物品）。 捐贈（GIAN ZEN^ 贈送）。 2、拋棄、犧牲。如： 捐生（GIAN SEN 犧牲生命）。 捐軀（GIAN KI 犧牲身體）。 捐棄（GIAN KI^ 拋棄）。
涓	GIAN	1、選擇： 涓吉（GIAN GID` 擇吉日）。 2、清潔。
悁	GIAN	1、憤恨： 悁恨（GIAN HEN^）。 2、憂悶： 悁悁（GIAN GIAN）。 3、躁急： 悁急（GIAN GIB`）。
狷狹	GIAN	1、性情躁急： 狷急（GIAN GIB`）：同「悁急」。 2、廉潔自守： 狷介（GIAN GIAI^）。
睊	GIAN	側著眼睛看。
鐫	GIAN	1、雕刻： 雕鐫（DIAU GIAN）。 2、官吏降級： 鐫級（GIAN GIB`）。
蠲	GIAN	1、除去： 蠲免（GIAN MIEN 免除）。 2、清潔。
揀 拣	GIAN`	挑選。如： 揀選（GIAN` CIEN`）。 揀擇（GIAN` TSED^＝TOG^ 選擇）。 揀別（GIAN` PED^ 揀選辨別）。 揀揀擇擇，擇到爛瓠勺（GIAN` GIAN` TOG^ TOG^, TOG^ DO` LAN^ PUv SOG^ 千挑萬選，結果挑到的是爛的葫蘆勺子）。
諫 谏	GIAN`	以直言勸告上級的人。如： 諫君（GIAN` GYUN 忠告君王）。 諫議（GIAN` NGI^ 直言糾正長官過失）。

		屍諫（S GIAN`以死抗告上級的錯誤）。
捲	GIAN`	1、彎轉成圓筒形。如： 捲髮（GIAN` FAD`）。 捲尺（GIAN` TSAG` 皮尺）。 春捲（TSUN GIAN`以薄麵皮捲包的食品）。 捲蓆也（GIAN` CHIAG^ GE`捲起蓆子）。 2、大的力量把東西撮起或裹住。如： 龍捲風（LYUNGv GIAN` FUNG 糾螺風）。 水捲（SUI` GIAN` 漩渦）。 3、搜刮財物而去。如： 捲逃（GIAN` TOv）。 4、捲土重來（GIAN` TU` TSUNGv LOIv 失敗後再來一次）。
倦勌	GIAN`	1、勞累、疲乏。如： 疲倦（PI GIAN`）。 倦容（GIAN` YUNGv 疲乏的神色）。 倦怠（GIAN` TAI^ 疲倦懶惰）。 2、厭煩。如： 厭倦（IAM^ GIAN`）。 倦勤（GIAN` KYUNv 對煩勞事感厭倦、辭職）。
鬈	GIAN`	頭髮捲曲。頭髮美好。
蜷	GIAN`	爬蟲彎曲身體而行。
見見	GIAN^	1、看到。如： 見到（GIAN^ DO`）。 見習（GIAN^ CIB^）。 見聞（GIAN^ UNv）。 見證（GIAN^ ZN^ 看見的人作證）。 見機行事（GIAN^ GI HANGv S^看情形做事）。 耳聞目見（NGI` UNv MUG` GIAN^）。 見異思遷（GIAN^ I^ S CHIEN 意志不堅定）。 2、表露出來、使人看到。如： 見效（GIAN^ HAU`）。 3、接觸。如： 見光（GIAN^ GONG）。 4、會晤。如： 接見（JIAB` GIAN^）。 5、看法。如：

		見識（GIAN^ SD`）。 見解（GIAN^ GIAI` 看法）。 高見（GO GIAN^ 高明的見解）。 見地（GIAN^ TI^ 見解程度）。 見仁見智（GIAN^ INv GIAN^ Z^ 見解不同）。 6、拜會。如： 　拜見（BAI^ GIAN^）。 7、被看見。如： 　見笑（GIAN^ SEU^）。 　見怪（GIAN^ GUAI^）。 8、客氣。如： 　見外（GIAN^ NGOI^）。 9、見諒（GIAN^ LIONG^ 原諒）。
建	GIAN^	1、設立、創設。如： 　建立（GIAN^ LIB^）。 　建都（GIAN^ DU）。 　建國（GIAN^ GUED`）。 　建設（GIAN^ SAD` 興辦設立）。 2、新築。如： 　建屋（GIAN^ UG`）。 　修建（CIU GIAN^）。 　建築（GIAN^ ZUG`）。 　建樹（GIAN^ SU^ 設置）。 3、提出。如： 　建議（GIAN^ NGI^ 提出意見）。
驚惊	GIANG	1、懼怕。如： 　驚慌（GIANG FONG 受驚心慌）。 　驚心（GIANG CIM 戒懼在心）。 　驚嚇（GIANG HAG`）。 　驚駭（GIANG HED` 害怕）。 　驚醒（GIANG CIANG`）。 　驚險（GIANG HIAM`）。 　驚怕（GIANG PA^ 恐怕）。 　驚鬼（GIANG GUI` 怕鬼）。 　驚死（GIANG CI` 怕死）。 2．驚驚險險(GIANG GIANG HIAM` HIAM` 害怕貌)。 3、煩擾。如： 　驚動（GIANG TUNG^）。 　驚擾（GIANG IEU`）。 4、震動。如：

		驚天動地（GIANG TIEN TUNG^ TI^）。 5、驚弓之鳥（GIANG GYUNG Z NGIAU 驚駭過度，遇事膽怯）。
涎	GIANGv	口水垂滴。如： 涎口涎（GIANGv HEU` LAN 流口水）。 涎涎涎涎（GIANGv GIANGv GIANG^ GIANG^ 口水垂滴貌）。 又音 GIAN ，GING^ 。
攪	GIAU	攪和、攪拌。如： 攪粉（GIAU FUN` 攪拌粉）。 攪糖（GIAU TONGv 加入糖）。 攪砂灰（GIAU SA FOI 攪拌砂和石灰）。 魚湯攪飯（NGv TONG GIAU FAN^ 魚湯拌飯）。
嘵嘵	GIAUv	爭吵聲，爭吵。如： 嘵嘵嘵嘵（GIAUv GIAUv GIAU^ GIAU^ 吵鬧聲）。 嘵一暗晡（GIAUv ID` AM^ BU）：吵一個晚上。
急	GIB`	1、迅速。如： 急速（GIB` SUG`）。 緩急（FON^ GIB` 慢或快）。 急步（GIB` PU^ 快走）。 急智（GIB` Z^ 臨機應變的才能）。 急流（GIB` LIUv 水勢急速）。 急變（GIB` BIEN^ 突然發生的變故）。 2、緊要、必須快辦的。如： 急事（GIB` S^）。 急務（GIB` U^ 緊急事物）。 緊急（GIN` GIB`）。 急用（GIB` YUNG^）。 急忙（GIB` MONGv）。 急需（GIB` CI 迫切需要）。 3、危險、困難、情形嚴重的。如： 救急（GYU^ GIB`）。 急救（GIB` GYU^ 緊急救治）。 危急（NGUIv GIB`）。 急迫（GIB` BED` 緊急迫切）。 4、焦躁、激烈。如： 著急（TSOG^ GIB`）。 急燥（GIB` TSAU^）。

		急性（GIB` CIN^ 性情急燥）。 急進（GIB` JIN^ 激烈主張、猛烈進取）。 5、熱心。如： 急公好義（GIB` GUNG HAU^ NGI^ 熱心公益、喜歡幫助人）。
給給	GIB`	1、供應。如： 供給（GYUNG GIB`）。 2、豐足。如： 家給人足（GA GIB` NGINv JYUG`）。 3、薪餉、待遇。如： 月給（NGIAD^ GIB`）。 薪給（CIN GIB` 薪水）。 4、交付、授予。如： 給獎（GIB` JIONG`）。 給與（GIB` I）。
禁	GIB^	「禁 GIM^」的變音：禁止。如： 禁伊不好出去（GIB^ Iv Mv HO` TSUD` HI^）禁止他不可出去。
拮	GID`	口手並做： 拮据（GID` GI` 手的動作發生困難，境況窘迫）。
擊击	GID`	1、打、敲打。如： 擊鼓（GID` GU`）。 擊節（GID` JIED` 打拍子、擊打節拍）。 擊賞（GID` SONG` 擊節稱賞）。 敲擊（KAU^ GID`）。 2、攻打。如： 攻擊（GUNG GID`）。 擊打（GID` DA`）。 襲擊（CIB^ GID`）。 擊潰（GID` KUI` 打敗）。 3、接觸。如： 目擊（MUG` GID` 看見）。
激	GID`	1、水受阻或受震而飛濺。如： 激起浪花（GID` HI` LONG^ FA）。 2、使感情奮發。如： 激怒（GID` NU^）。 激動（GID` TUNG^ 感動激烈）。 感激（GAM GID`）。 刺激（CHYUG` GID`）。 3、急速的、劇烈的。如：

		激戰（GID` ZAN^）。 激流（GID` LIUv 急流）。
詰詁	GID`	1、盤問、審訊。如： 　盤詰（PANv GID`）。 2、責難： 　詰責（GID` JID`）。 3、明日： 　詰旦（GID` DAN^ 明天）。 4、屈曲不平： 　詰屈（GID` KYUD` 不平易）。
頡頏	GID`	頡頏（GID` HONGv）a、鳥向上飛稱頡，向下飛稱頏。b、不相上下。
擷	GID`	以手摘取： 　採擷（TSAI` GID` 採摘）：亦稱以衣擺包物。通「襭」。
擠擠	GID^	壓擠，擁擠。如： 　擠緊（GID^ HENv 擠緊）。 　擠穩矣（GID^ UN` NEv 擠住了）。 　擠出水來（GID^ TSUD` SUI` LOIv）。
繫	GIE	綁、繫。如： 　繫皮帶（GIE PIv DAI^）。 　繫褲（GIE FU^ 繫褲帶）。
計計	GIE^	1、核算。如： 　計算（GIE^ SON^）。 2、策略。如： 　妙計（MEU^ GIE）。 　計策（GIE^ TSED`）。 3、謀畫。如： 　計劃（GIE^ UAG^）。 　計謀（GIE^ MEUv）。 4、爭論。如： 　計較（GIE^ GAU`）。 5、儀器。如： 　雨量計（I` LIONG^ GIE^）。 　溫度計（UN TU^ GIE^）。
激	GIEB^	波浪洶湧。如： 　水激出來（SUI` GIEB^ TSUD` LOIv 水桶水滿時搖蕩溢出）。 　海浪激于恁高（HOI` LONG^ GIEB^ BA^ AN` GO 激起這麼高的海浪）。
格	GIED`	打鬥。如： 　格鬥（GIED` DEU^）。

革	GIED`	改換。如： 改革（GOI` GIED`）。 革新（GIED` CIN 換新）。 革命（GIED` MIN^ 推翻既成制度的根本改革）。 格面洗心（GIED` MIEN^ SE` CIM 改變外貌清潔內裡）。 革故鼎新（GIED` GU^ DIN` CIN 除舊換新）。 2、除去。如： 革除（GIED` TSUv）。 革職（GIED` ZD`）。
結結	GIED`	佩掛。如： 結名牌（GIED` MIANGv PAIv）。
弇	GIEMv	1、加蓋、壓蓋。如： 弇蓋（GIEMv GOI^ 加上蓋）。 2、蓋印。如： 弇印（GIEMv IN^）。
耕畊	GIEN	1、做田事、從事農田生產。如： 耕田（GIEN TIENv）。 農耕（NUNGv GIEN）。 耕作（GIEN ZOG`）。 2、謀生。如： 筆耕（BID` GIEN 寫作謀生）。
更	GIEN^	換。如： 更換（GIEN^ = GANG UON^）。 更改（GIEN^ = GANG GOI`）。 更正（GIEN^ = GANG ZN^）。
凌	GIEN^	1、冷凍、接近使之更冷。如： 凌冰（GIEN^ BEN 使冰冷）。 凌涼（GIEN^ LIONGv 使冰涼）。 2、以冷物觸靠。如： 死雞腳，莫凌我（CI` GIE GIOG`, MOG^ GIEN^ NGAIv 你那冰冷的腳，別靠到我）。
驕骄	GIEU	1、自傲、自滿、自高自大。如： 驕傲（GIEU NGAU^）。 驕色（GIEU SED` 驕傲的臉色）。 驕敵（GIEU TID^ 輕視強敵）。 驕縱（GIEU JYUNG` 驕傲任性）。 驕矜（GIEU GIN 驕傲自大）。 2、炎熱。如：

		驕陽（GIEU IONGv）。
憍	GIEU	小人得志而驕傲： 憍泄（GIEU CIED`）。
矯	GIEU	1、改正。 矯正（GIEU ZN^）。 矯枉過正（GIEU UONG` GO^ ZN^ 過分矯正，反而不正了；過猶不及）。 2、高舉： 矯首（GIEU SU` 抬頭）。 3、假託： 矯命（GIEU MIN^ 假造命令）。 4、勇健： 矯健（GIEU KIAN^）。 5、故意違反： 矯亢（GIEU KONG^ 故意與人相反，以自鳴得意）。 矯飾（GIEU SD` 故意裝飾外貌以欺人）。 6、矯揉造作（GIEU YUv TSO^ ZOG` 過分做作，不自然）。
撟	GIEU	1、舉起。 2、偽造委託。 3、伸出： 舌撟（SAD^ GIEU 伸舌）。 天撟（IEU GIEU 頻伸貌：人之罷倦，頻伸天撟）。 4、揉曲使直： 撟枉過正（GIEU UONG` GO^ ZN^ 過分矯正，反而不正了；過猶不及。矯正枉曲失其中。撟與矯同，枉，曲也）。
搆 扚	GIEU	1、伸手向上或向前取；以勾勾取： 搆柚也（GIEU YU^ UE` 搆採柚子）。 搆不到（GIEU Mv DO` 伸手不及）。 2、同「搆」。
構 构	GIEU	1、建造。如： 構造（GIEU TSO^）。 構成（GIEU SNv）。 2、造作： 佳構（GA GIEU）。 3、寫作。如： 構詞（GIEU TSv）。

		構思（GIEU S 運用思想）。 4、結成。如： 　　構怨（GIEU IAN^ 結怨）。 5、陰謀。如： 　　構陷（GIEU HAM^ 設計陷害）。 6、構兵（GIEU BIN 交戰）。
媾	GIEU	1、結婚： 　　婚媾（FUN GIEU）。 2、兩方議和： 　　媾和（GIEU FOv）。 3、交合： 　　交媾（GAU GIEU）。
購购	GIEU	買入： 　　購買（GIEU MAI 買入）。 　　採購（TSAI` GIEU 採買）。 　　購置（GIEU Z^）。
覯觏	GIEU	遇見： 　　罕覯（HON` GIEU^ 罕見）。
勾	GIEU	1、除去。如： 　　勾銷（GIEU SEU）。 2、描畫。如： 　　勾畫（GIEU FA^）。 3、暗通。如： 　　勾通（GIEU TUNG 串通）。 　　勾結（GIEU GIAD` 串通）。 4、引誘： 　　勾引（GIEU IN）。 　　勾魂（GIEU FUNv 勾取人的靈魂）。 5、勾當（GIEU DONG^ 事情的措施，多 　　　　　　指不正當的行為）。 6、以勾勾取或以手探取： 　　勾到一領衫（GIEU DO` ID` LIANG 　　　　　　　　SAM）。
句	GIEU	同「勾」。 彎句（UAN GIEU 彎曲的勾子）。 句當（GIEU DONG 事情的措施，多指 不正當的行為）。 讀音 GI^。
鈎钩	GIEU	一種縫紉織線的方法。如： 　　鈎邊（GIEU BIEN）。
澆浇	GIEU	1、灑水、淋水： 　　澆水（GIEU SUI`）。

		澆花（GIEU FA 淋花）。 澆愁（GIEU SEUv 飲酒消愁）。 2、輕薄： 人情澆薄（NGINv CHINv GIEU POG^）。 3、回旋的水波。 4、倒入模型： 澆鑄（GIEU ZU^）。
徼	GIEU	巡察： 巡徼（SUNv GIEU）。
繳 繳	GIEU`	交納、交出。如： 繳納（GIEU` NAB^ 交納）。 繳交（GIEU` GAU 交納）。 繳稅（GIEU` SOI^ 納稅）。 繳款（GIEU` KUAN` 付錢）。 繳費（GIEU` FI^ 付費）。 繳槍（GIEU` CHIONG 交出槍械）。
撟	GIEU`	舉起。如： 撟舌（GIEU` SAD^伸出舌頭而不能說話）。 撟捷（GIEU` CHIAB^身手輕盈敏捷）。
敫	GIEU`	繫連。
叫	GIEU^	1、呼喊。如： 叫喊（GIEU^ HAM^）。 叫罵（GIEU^ MA^ 高聲謾罵）。 叫囂（GIEU^ HIEU 喧鬧）。 2、稱為。如： 叫做（GIEU^ ZO^）。
逅	GIEU^	邂逅（HAI` GIEU^）：不期而遇。
遘 逅	GIEU^	同「逅 GIEU^」：遇。 邂遘（HAI` GIEU^ 不期而遇）。
噭	GIEU^	高喊，哭泣。如： 喊噭（HEM GIEU^ 喊叫）。 噭咷（GIEU^ TOv 哭泣不止）。 噭吱（GIEU^ Z 哭）。 恁好噭（AN` HAU^ GIEU^ 這麼愛哭）。
雊	GIEU^	雄雞鳴叫： 雉雊（TSv GIEU^ 雄雉鳴叫）。
禁	GIM^	1、制止、不准。如： 禁止（GIM^ Z`）。 禁令（GIM^ LIN^）。 禁地（GIM^ TI^ 不准進入之地）。 禁煙（GIM^ IAN 禁止吸煙）。

		2、關押。如： 監禁（GAM^ GIM^）。
噤	GIM^	閉口不作聲。如： 噤口不言（GIM^ KIEU` BUD` NGIANv）。 噤若寒蟬（GIM^ IOG^ HONv TSAMv 像冬天的蟬不出聲音）。
經 经	GIN	1、策劃、從事。如： 經營（GIN IANGv）。 經管（GIN GON` 經營管理）。 2、親自作過。如： 經歷（GIN LID^）。 3、保持。如： 經久耐用（GIN GYU` NAI^ YUNG^）。 4、通過。如： 經過（GIN GO^）。 經年累月（GIN NGIANv LUI` NGIAD^ 延宕很久）。
兢	GIN	兢兢業業（GIN GIN NGIAB^ NGIAB^ 勤奮工作貌）。 注意：不同於「競 GIN^」字。
跟	GIN	1、腳踵： 腳跟（GIOG` GIN）。 後跟（HEU^ GIN）。 2、隨後。如： 跟從（GIN CHYUNGv）。 跟隨（GIN SUIv）。 跟蹤（GIN JYUNG 跟在人後察看行蹤）。
哏	GIN	逗人發笑： 逗哏（DEU^ GIN）。
矜	GIN	1、憐惜： 矜惜（GIN CID`）。 矜恤（GIN CID` 憐憫）。 2、慎重，自持。如： 矜持（GIN TSv 莊重自持，做作不自然）。 3、誇張。如： 驕矜（GIEU GIN）。 矜誇（GIN KUA）。 4、驕傲。 驕矜（GIEU GIN 驕傲自大）。 5、矜式（GIN SD` 使人佩服而仿效）。

儆	GIN`	懲戒。如： 儆戒（GIN` GIAI^ 告誡使人注意、對敵加強戒備）。 儆儆（GIN` GIN` 不安貌）。
憬	GIN`	1、醒悟。如： 憬悟（GIN` NGU^）。 2、想像。如： 憧憬（TSUNG GIN` 對某一事物，因思念所引起的想像）。
緊緊	GIN`	1、密集、切合，「鬆」的相反。如： 緊密（GIN` MED^）。 緊縮（GIN` SUG` 縮小範圍）。 2、情形嚴重急迫。如： 緊急（GIN` GIB`）。 緊張（GIN` ZONG）。 3、快。如： 趕緊（GON` GIN`）。 緊緊（GIN` GIN` 趕快）。 4、重要。如： 要緊（IEU^ GIN`）。 5、一邊…..又一邊…..。如： 緊行緊講（GIN` HANGv GIN` GONG` 邊走邊說）。 緊講緊食（GIN` GONG` GIN` SD^ 邊說邊吃）。 緊寫緊改（GIN` CIA GIN` GOI` 邊寫邊改）。 6、越….越….。如： 緊繃緊緊（GIN` BANG GIN` HENv 越拉越緊）。 緊歕緊烈（GIN` PUNv GIN` LAD` 越吹越熾烈）。
拳	GIN`	剪拳（JIANG` GIN` [從日語ジャンケンポン（剪、拳、布=包)-JIANG` GIN` BU^ (BAU)而來的簡略語，就是剪刀、拳=石頭、布="猜拳"]。
競	GIN^	1、爭逐。如： 競爭（GIN^ ZEN）。 競選（GIN^ CIEN` 選舉角逐）。 競賣（GIN^ MAI^ 拍賣、看誰賣的多）。 競技（GIN^ GI 比較誰的技藝好）。 2、比賽。如：

174

		競賽（GIN^ SOI^）。 競走（GIN^ ZEU` 走路比快）。 注意：不同於「兢 GIN」字。
敬	GIN^	1、尊重而佩服。如： 尊敬（ZUN GIN^）。 敬仰（GIN^ NGIONG` 恭敬仰慕）。 敬意（GIN^ I^）。 敬服（GIN^ FUG^ 恭敬佩服）。 敬佩（GIN^ PI^ 尊敬佩服）。 敬重（GIN^ TSUNG^）。 敬禮（GIN^ LI）。 敬愛（GIN^ OI^）。 2、有禮貌地給人。如： 回敬（FIv GIN^ 答禮）。 敬奉（GIN^ FUNG^）。 敬酒（GIN^ JIU` 恭敬地獻酒）。 敬備（GIN^ PI^）。 敬賀（GIN^ FO^ 恭敬道賀）。 敬啟（GIN^ KI` 恭敬陳述）。 敬稟（GIN^ BIN` 恭敬稟告）。 敬請（GIN^ CHIANG` 恭敬請求）。 3、拜神鬼。如： 敬拜（GIN^ BAI^）。 敬神（GIN^ SNv）。 敬天公（GIN^ TIEN GUNG）。
靳	GIN^	1、追隨。如： 驂靳（TSAM GIN^）。 2、吝嗇。如： 靳固（GIN^ GU^）。
踞	GIO	1、彎曲。如： 踞踞曲曲（GIO GIO GYU` GYU`彎彎曲曲）。 2、軟塌下去。如： 踞歇矣（GIO HED` LEv 軟塌下去了）。 踞下去矣（GIO HA HI^ IEv）軟倒下去了。 3、卷曲。如： 狗踞眠（GIEU` GIO MINv 像狗一般卷曲著睡）。 踞穩來睡（GIO UN` LOIv SOI^）卷曲著睡。 踞于一角落（GIO UA^ ID` GAU^

175

		LAU^ 卷曲在一堆）。
躩	GIOG`	1、跳著走。 2、疾行： 　躩步（GIOG` PU^ 快步）。 3、躩如（GIOG` lv 走路心中有顧慮，不敢前行；走路快而恭敬貌）。
攫	GIOG`	1、劫奪。如： 　攫取（GIOG` CHI` 奪取）。 2、鳥類用腳爪取物。
僵	GIONG	1、相持不下、無法解決。如： 　僵持（GIONG TSv）。 　僵化（GIONG FA^ 逐漸進入僵持局勢）。 　僵局（GIONG KYUG^ 僵持的局面）。 2、挑撥、激動。如： 　僵事（GIONG S^）。
歌詞	GO	1、出聲唱。如： 　歌曲（GO TSONG^ 歌聲曲譜）。 　歌詠（GO YUN` 歌唱）。 　唱山歌（TSONG^ SAN GO）。 　啦歌哩唱（LAv GO LI` TSONG^ 心情好、歌聲不斷）。 　歌舞昇平（GO U` SN PINv 太平盛世，以歌舞慶祝）。 2、曲調。如： 　歌曲（GO KYUG`）。 　歌詞（GO TSv 有韻律、供歌唱的文詞）。 　歌譜（GO PUv 記錄音樂的曲譜）。 　歌謠（GO IEUv 通俗歌曲民謠）。 　國歌（GUED` GO 代表一個國家的歌）。 　校歌（GAU` GO 代表一個學校的歌）。 　民歌（MINv GO 民間通俗的歌）。 　歌劇（GO KIAG` 音樂戲劇）。 3、歌頌（GO CYUNG^）：作詩歌來頌揚。 4、頌揚。如： 　歌功頌德（GO GUNG CYUNG^ DED` 歌頌功德）。
詞	GO	同「歌 GO」。
膏	GOv	〔河洛音〕塗抹。如：

			膏抹（GOv MAD`）。 膏糨（GOv GANG 糊漿糊）。 膏藥也（GOv IOG^ GE` 塗藥）。 膏壁（GOv BIAG` 以黏性物質塗抹牆壁）。
果	GO`	1、	決斷。如： 果敢（GO` GAM`）。 果決（GO` GIAD` 果敢堅決）。 果斷（GO` DON^ 決斷）。
		2、	吃飽。如： 果腹（GO` FUG`）。
裹	GO`	1、	包住、纏緊。如： 包裹（BAU GO` 包裝，包紮）。 裹傷（GO` SONG 包紮傷口）。 裹粽也（GO` ZUNG^ NGE` 包粽子）。 裹脅（GO` HIAB^ 包圍、圍困）。
		2、	包起來的物件。如： 包裹（BAU GO`）。
		3、	裹足（GO` JYUG`＝BAG^ KA 縛腳〔河洛音〕a.女人纏足。b.停步不前）。
		4、	裹腹（GO` FUG` 吃飽，填肚子）。
告	GO^	1、	用言語對人說。如： 報告（BO^ GO^）。 告辭（GO^ TSv 告別）。 告別（GO^ PED^ 告辭）。 告急（GO^ GIB` 危急時求救）。
		2、	用文字通知。如： 公告（GUNG GO^）。 告白（GO^ PAG^）。 告示（GO^ S^）。
		3、	控訴。如： 告狀（GO^ TSONG^）。 告發（GO^ FAD`）。 告密（GO^ MED^）。 控告（KUNG` GO^）：提出訴訟。 告訴（GO^ SU^ 訴訟。告知）。
		4、	表示。如： 自告奮勇（TS^ GO^ FUN` YUNG`）。
		5、	休假。如： 告假（GO^ GA` 請假）。
過 过	GO^	1、	超越、如： 超過（TSEU GO^）。

過分（GO^ FUN^ 超過程度）。
過度（GO^ TU^ 超過程度）。
過渡（GO^ TU^ 新舊交替）。
過剩（GO^ SUN^ 剩餘、太多）。
過火（GO^ FO` 超過程度）。
過半（GO^ BAN^ 超過半數）。
過猶不及（GO^ YUv BUD` KIB^ 超過與不及，都不適當）。
過獎（GO^ JIONG` 過於褒獎）。
過謙（GO^ KIAM 過於謙卑）。
過當（GO^ DONG^ 超過適當程度）。
過慮（GO^ LI^ 過分憂慮）。

2、遷移。如：
過門（GO^ MUNv 出嫁）。
過房（GO^ FONGv 過繼子女）。
過繼（GO^ GI^ 繼承）。

3、錯失。如：
過失（GO^ SD` 過錯）。
過錯（GO^ TSO^）。

4、傳導。如：
過電（GO^ TIEN^ 導電）。

5、過濾（GO^ LI^ a、液體流過紙、布、砂清潔。b、真相經過篩檢）。

6、移動。如：
過戶（GO^ FU^ 更換主人）。

7、已經、已往、經歷。如：
經過（GIN GO^）。
過程（GO^ TSANGv 歷程）。
過水（GO^ SUI` 涉水、過河）。
過磅（GO^ BONGv 經過磅秤、超過限定）。
過冬（GO^ DUNG 經過冬天）。
過釉（GO^ YU^ 將粗糙的表面細磨，使之細緻光滑）。
過關（GO^ GUAN 渡過關卡、渡過困難、及格）。
過目（GO^ MUG` 經過眼睛看）。
過訪（GO^ FONG` 拜訪）。
過時（GO^ Sv 過期，不新潮）。
過日（GO^ NGID` 度過日子）。
過年（GO^ NGIANv）。
過節（GO^ JIED`）。
過夜（GO^ IA^ 歇宿一夜）。

		過去（GO^ KI^ 以往、走過去）。 過後（GO^ HEU^ 之後、以後、將來）。 過世（GO^ S^ 逝世）。 過身（GO^ SN 逝世）。 過定（GO^ TIN^ 以訂金約定、訂婚）。 過房（GO^ FONGv 過繼兒子給兄弟）。 過家（GO^ GA 串門子）。 過願＝癮（GO^ NGIAN^ 過癮）。 過晝矣（GO^ ZU^ UEv 已過中午，太遲了）。 過手矣（GO^ SU` UEv 事做完了）。 讀過書（TUG^ GO^ SU）。 做過官（ZO^ GO^ GON 當過官）。 去過美國（HI^ GO^ MI GUED`）。
誥 诰	GO^	1、告誡的文章。如： 　　誥誡（GO^ GIAI^）。 2、命令或封贈的文詞。如： 　　誥命（GO^ MIN^）。 　　誥封（GO^ FUNG）。 　　誥贈（GO^ ZEN^）。
割 刈	GOD`	1、用刀切斷或切破。如： 　　割斷（GOD` TON）。 　　割草（GOD` TSO`）。 　　割禾（GOD` UOv 收割稻子）。 　　割頦（GOD` GOI 割斷喉管）。 2、區分。如： 　　分割（FUN GOD`）。 3、捨去、離開。如： 　　割愛（GOD` OI^）。 　　分人割歇矣（BUN NGINv GOD` HED` LEv 被人休了、被人離掉了）。
刈	GOD`	「割」的簡字。刀割。 　　刈草（GOD`＝NGI^ TSO` 割草）。
葛	GOD`	糾葛（GYU GOD` 雜亂，牽纏不清）。 葛藤（GOD` TENv 糾纏不清）。
轕	GOD`	轇轕（GYU GOD` 糾葛，雜亂，牽纏不清）。
擱 搁	GOG`	1、放置、停止： 　　擱置（GOG` Z^）。 　　擱筆（GOG` BID`）。 　　擱淺（GOG` CHIEN` 拋錨、船觸礁或

		陷於沙灘,不能進行)。 2、延緩: 　　耽擱（DAM　GOG`）。 3、阻止: 　　攔魚也（GOG`　NGv　NGE`　以攔阻方法抓魚）。
覺 覺 覺	GOG`	1、知曉、感受到、明晤事理。如: 　　先知先覺（CIEN　Z　CIEN　GOG`）。 　　不知不覺（BUD`　Z　BUD`　GOG`）。 2、知道和辨別外界事物的能力。如: 　　感覺（GAM`　GOG`）。 　　視覺（S^　GOG`）。 　　聽覺（TANG　GOG`）。 　　味覺（MI^　GOG`）。 　　知覺（Z　GOG`）。 3、醒悟。如: 　　覺醒（GOG`　CIANG`）。 　　發覺（FAD`　GOG`）。 　　覺察（GOG`　TSAD`）。 4、忽然明白過來。如: 　　覺悟（GOG`　NGU^）。
隔	GOG`	用東西隔開或阻擋。如: 　　用板也隔開（YUNG　BIONG　NGE`　GOG`　KOI　用木板隔開）。
舂	GOG^	敲、拳打、踫撞。如: 　　相舂（CIONG　GOG^ 互撞,相碰）。 　　舂一下（GOG^　ID`　HA^　敲一下）。 　　舂到壁（GOG^　DO`　BIAB`　碰撞到牆壁）。
改	GOI`	1、變更。如: 　　改組（GOI`　ZU）。 　　更改（GIEN^＝GANG　GOI`）。 　　改換（GOI`　FON^）。 　　改日（GOI`　NGID`　變更日期）。 　　改革（GOI`　GIED`　革除原來的）。 　　改造（GOI`　TSO^　更新）。 　　改途（GOI`　TUv　改換職業、方法）。 　　改期（GOI`　KIv　改時間）。 　　改編（GOI`　BIEN　重編）。 　　改嫁（GOI`　GA^　再嫁）。 2、糾正。如: 　　改正（GOI`　ZN^）。

			改選（GOI` CIEN` 另選新人）。 改良（GOI` LIONG 改好）。 改進（GOI` JIN^ 改好）。 改觀（GOI` GON 改變樣子）。 改邪歸正（GOI` CHIAv GUI ZN^ 去除不良行為，歸入正途）。
鋤 鋤	GOI`	1、	用鋤頭動土或切割。如： 鋤田（GOI` TIENv 以鋤頭翻田土）。 用钁頭鋤泥（YUNG^ GIOG` TEUv GOI` NAIv 以鋤頭挖翻泥土）。
蓋 盖 葢	GOI^	1、 2、 3、 4、 5、	由上向下遮覆。如： 弇蓋（GIEMv GOI^ 蓋蓋子）。 覆蓋（FUG^ GOI^ 遮蓋）。 掩蓋（IAM` GOI^ 掩蔽）。 遮蓋（ZA GOI^ 遮蔽）。 蓋被（GOI^ PI 蓋被子）。 蓋棺論定（GOI^ GON LUN^ TIN^ 人死之後，才能論定他的好壞）。 容器的封遮物。如： 蓋也（GOI^ IE` 蓋子）。 鍋蓋（UOG^ GOI^）。 建屋。如： 蓋瓦（GOI^ NGA`屋頂蓋以瓦片）。 蓋茅（GOI^ MAUv 蓋茅草）。 蓋屋頂（GOI^ UG` DANG`）。 印。如： 蓋印（GOI^ IN^）。 超過、壓倒。如： 蓋世無雙（GOI^ S^ Uv SUNG 超過全世界的人）。
戤	GOI^	1、 2、 3、	假冒圖利： 影戤（IANG` GOI^）。 以物抵押借錢。 依靠： 戤牌頭（GOI^ PAIv TEUv 靠他人面子做事）。
觀 观	GON	1、	觀看、考察、細看。如： 參觀（TSAM GON）。 觀光（GON GONG 旅行參觀名勝、古蹟、風景、文物等）。 旁觀（PONGv GON）。 觀摩（GON MOv 觀察研究學習）。

		觀察（GON TSAD` 詳細察看）。
		觀望（GON UONG^ 靜看演變、遲疑不決）。
		2、景象。如：
		奇觀（KIv GON 景象奇特）。
		壯觀（ZONG^ GON 場面偉大）。
		外觀（NGOI^ GON 外表）。
		觀瞻（GON ZAM 外觀、觀看）。
		3、看法。如：
		觀點（GON DIAM`）。
		觀念（GON NGIAM^就是人的"看法、思想"）。
		人生觀（NGINv SEN GON 對人生的看法）。
		世界觀（S^ GIAI^ GON 對世界的看法）。
		4、觀止（GON Z` 所見的都是盡美盡善 CHIN^ MI CHIN^ SAN^）。
		5、意識。如：
		主觀（ZU` GON 全憑自己的知識觀感判斷）。
		客觀（KED` GON 站在局外觀察）。
管筦	GON`	1、主持辦理。如：
		管理（GON` LI）。
		掌管（ZONG` GON`）。
		主管（ZU` GON`）。
		2、顧慮。如：
		不管好壞（BUD` GON` HO` FAI`）。
		3、拘束教導。如：
		管教（GON` GAU^）。
		管束（GON` SUG`）。
		4、關係、干涉。如：
		莫管人個閒事（MOG^ GON` NGINv GE^ HANv S^ 不管人的閒事）。
趕赶	GON`	1、從後追。如：
		追趕（ZUI GON`）。
		2、驅逐。如：
		趕出去（GON` TSUD` HI^）。
		3、加快。如：
		趕路（GON` LU^）。
		趕事（GON` SE^ 趕工）。
		趕緊（GON` GIN` 趕快！）

		趕製（GON` Z^ 趕工製造）。
擀	GON`	踂成薄片： 擀麵皮（GON` MIEN^ PIv）。
冠	GON^	戴帽子。如： 冠以皮帽（GON` I PIv MO^ 戴皮帽）。
灌	GON^	1、引水澆沃。如： 灌溉（GON^ KOI`）。 2、注入。如： 灌水（GON^ SUI`）。 灌注（GON^ ZU^）。 灌藥（GON^ IOG^）。 灌輸（GON^ SU 注入）。 灌土狗也（GON^ TU` GIEU` UE` 灌水在蟋蟀洞中，逼蟋蟀出洞）。 3、裝入。如： 灌香腸（GON^ HIONG TSONGv）。
貫貫	GON^	1、連接不斷。如： 聯貫（LIENv GON^ 連接）。 連貫（LIENv GON^ 連接）。 貫串（GON^ TSON^ 連接相通）。 2、穿過。如： 貫穿（GON^ TSON 穿通）。 貫徹（GON^ TSAD^ 貫通）。
摜摜	GON^	擲物於地。 摜筷也（GON^ KUAI^ IE` 投擲筷子於地）。
毌	GON^	1、穿物。 毌穿（GON^ TSON）。 2、通「貫」。 注意："毌"與"毋"不同。
盥	GON^	洗手。如： 盥洗（GON^ SE` 洗手洗臉）。
爟	GON^	舉火： 爟火（GON^ FO`）。
祼	GON^	1、灑酒在地上祭鬼神。 2、祼將（GON^ JIONG^ 酹酒獻屍，屍受酒而灌於地以降祭神）。 注意：與「裸LO`」不同，祼是示字旁，裸是衣字旁。
扛摜	GONG	兩個人或多人以肩抬起。如： 扛轎（GONG KIEU^ 抬轎）。 兩個人扛一桶水（LIONG` GE^ NGINv

		GONG` ID` TUNG` SUI`）。 一個人搞，兩個人扛（ID` GE^ NGINv KAI, LIONG` GE^ NGINv GONG 一個人挑，兩個人抬）。
晃	GONGv	閃動，搖擺。上固定下搖擺稱為晃；下固定上搖擺稱為搖。 晃籃（GONGv LAMv 搖籃）。 晃槓也（GONGv GONG^ NGE` 鞦韆）。 晃晃槓槓（GONGv GONGv GONG^ GONG^ 搖晃不定）。
講讲	GONG`	1、說話、說明、談話、解釋、口授。 講話（GONG` FA^）。 演講（IAN GONG`）。 講解（GONG` GIAI` 解說）。 講述（GONG` SUD^ 述說）。 講授（GONG` SU^ 解說傳授）。 講座（GONG` TSO^ 學術上為大眾或為某一特定需要設定的課程）。 講學（GONG` HOG^ 學術上的演說）。 講師（GONG` S a、教師。b、大學中比副教授低，比助教高的教師)。 講道（GONG` S 講述神的道）。 2、研究。如： 講習（GONG` CIB^）。 講究（GONG` GYU^ a、力求完善。b、事物精美）。 講求（GONG` KYUv a、講究追求。b、喜好）。 3、商量。如： 講價（GONG` GA^）。 講和（GONG` FOv 雙方和解、停止爭執）。
降	GONG^	1、從上落下。如： 下降（HA^ GONG^）。 降落（GONG^ LOG^）。 降旗（GONG^ KIv）。 降落傘（GONG^ LOG^ SAN`）。 2、壓低。如： 降低（GONG^ DAI）。 降級（GONG^ GIB`）。 降格（GONG^ GIED` 降低格位）。 3、降生（GONG^ SEN 出生）。

		4、降臨（GONG^ LIMv 尊稱人來臨）。
摜	GONG^	1、用手臂連袖子擦鼻涕稱為： 摜鼻（GONG^ PI^）。 2、摜行也（GONG^ HONGv NGE` 隆土成行，就是把成行植物兩旁的泥土隆靠植物。 3、磨刀，在厚皮帶上或在刀石上磨擦，使刀鋒利： 摜刀也（GONG^ DO UE` 磨刀）。
逛	GONG^	出外閒遊： 逛上逛下（GONG^ SONG GONG^ HA 到處閒遊）。
姑	GU	放縱寬容、苟且偷安。如： 姑息（GU CID` a、私心溺愛。 b、只圖目前安樂）。
估	GU	1、論價。如： 估價（GU GA^）。 2、計算、推算。如： 估計（GU GIE^）。 估量（GU LIONGv）。
沽	GU	1、買： 沽酒（GU JIU`）。 2、賣： 待價而沽（TAI^ GA^ Iv GU）。 3、沽名釣譽（GU MIANGv DIAU^ I^ 故意做作或以不正當手段撈取名譽）。
酤	GU	買酒或賣酒。 酤酒而飲（GU JIU` Iv IM` 買酒來喝）。
跍	GU	蹲。雙足彎曲，足掌著地，身體下蹲。 跍到（GU DO` 蹲著）。 跍下去（GU HA HI^ 蹲下去）。
箍	GU	用竹篾環或鐵環套在器物外圍，使不致散開。 箍桶（GU=KIEU TUNG` 環套木桶）。 鐵箍（TIED` GU 鐵環）。 豆箍（TEU^ GU 以箍環擠壓成的豆餅，用以餵豬的大豆餅）。 茶箍（TSAv GU 舊時做成箍餅狀的肥皂）。
鼓 皷	GU`	1、拍擊。如： 鼓掌（GU` ZONG` 拍掌）。

鼓		2、發動、振作。如： 　　鼓動（GU` TUNG^）。 　　鼓勵（GU` LI^）。 　　鼓舞（GU` U` 激勵振奮）。 3、凸出、漲大。如： 　　鼓脹（GU` ZONG^ 腸胃內部發酵膨脹）。 　　鼓膿（GU` NUNGv 傷口發炎生膿）。 　　鼓出（GU` TSUD` 膨脹凸出）。 4、提倡鼓勵、煽動。如： 　　鼓吹（GU` TSOI）。 　　鼓惑（GU` FED^ 鼓動搗惑）。 5、用風箱或壓縮機壓風叫 　　鼓風（GU` FUNG）。
瞽	GU`	眼睛失明。如： 目瞽（MUG` GU`＝MUG` PU` 眼瞎）。 又音 PU`。
臌	GU`	臌脹（GU` ZONG^ 肚子膨脹的病）。
賈 贾	GU`	1、招引、招致、自取。如： 　　賈利（GU` LI^ 自取其利）。 　　賈害（GU` HOI^ 招來禍害）。 　　賈禍（GU` FO^ 惹禍）。 2、賣出。如： 　　餘勇可賈（Iv YUNG` KO` GU`）。
凸	GU`	1、突出。如： 　　凸膿（GU` NUNGv 皮下有膿包）。 　　肚笥凸凸（DU` S` GU` GU` 肚子前挺鼓漲）。 2、用尖物刺入。如： 　　凸不入（GU` Mv NGIB^ 刺不進去）。 　　凸到手（GU` DO` SU` 被尖物刺到手）。
瘀	GU`	積聚鼓脹： 　　瘀血（GU` HIAD`）。 　　瘀膿（GU` NUNGv）。
雇	GU^	1、出錢請人做事。如： 　　雇佣（GU^ YUNG^ 出錢請人做事）。 　　雇主（GU^ ZU` 出錢請人做事的主人）。 2、被雇佣的人。如： 　　雇員（GU^ IANv）。 3、租賃。如： 　　雇車（GU^ TSA）。

		雇船（GU^ SONv。租船）。
僱	GU^	同「雇」。 僱工（GU^ GUNG 請來工人）。 僱用（GU^ YUNG^）。
顧 顾	GU^	1、回頭看、轉頭看、看。如： 　　回顧（FIv GU^）。 　　左顧右盼（ZO` GU^ YU^ PAN^ 左看 　　　　　　　　右看、回顧盼望）。 　　顧名思義（GU^ MIANGv S NGI^ 看 　　　　　　　　到名稱就聯想到它所 包含的意義）。 　　顧影自憐（GU^ IANG` TS^ LIENv 看 著自己的身影而憐惜自己）。 2、關心、照應人家。如： 　　照顧（ZEU^ GU^）。 　　顧客（GU^ KIED` 照應的客人）。 　　主顧（ZU` GU^ 商家的買客）。 　　顧及（GU^ KIB^ 關心到）。 　　顧全（GU^ CHIONGv 照顧周到）。 　　顧此失彼（GU^ TS` SD` BI`）。 3、考慮到。如： 　　顧慮（GU^ LI^）。 　　顧忌（GU^ GI^ 有所畏忌）。 　　奮不顧身（FUN` BUD` GU^ SN 奮勇 　　　　　　　　前去，不顧惜自身的安危）。
瓜	GUA	1、瓜分（GUA FUN 像切瓜一樣分割）。 2、瓜田李下（GUA TIENv LI` HA^）： 瓜田不納履，李下不整冠。意思是免得 被懷疑偷瓜偷李子。比喻容易引起嫌疑 的地方。 3、瓜葛（GUA GOD` 牽連的關係糾紛）。
刮	GUA`	1、被鋒利的東西劃破。如： 　　刮到一紋（GUA` DO` ID` FUNv 像家 　　　　　　　　具、汽車、樂器等光滑 的漆面，被鋒利的東西劃傷了一條 紋）。 　　刮人（GUA` NGINv 鋒利物劃破人皮）。 　　刮傷（GUA` SONG 被尖物劃傷）。 　　刮溜皮（GUA` LIU^ PIv 劃破皮膚）。 2、刮去身上的肉，剩下骨頭。如： 　　刮生（GUA` SANG）a. 把活魚的肉 刮下生吃，日語さしみ（Sasimi）。 b. 也指

187

		生吃蔬菜。 剾魚生（GUA` NGv SANG 剾活魚的肉生吃）。
掛 挂	GUA^	1、懸掛起來。如： 　　掛圖（GUA^ TUv 懸掛起來的圖表）。 　　掛名（GUA^ MIANGv 有名無實）。 　　掛零（GUA^ LANGv 整數之外還有零數）。 　　掛礙（GUA^ NGOI^ 阻礙）。 　　掛彩（GUA^ TSAI` 喜慶時門前懸掛彩帶；受傷）。 　　掛齒（GUA^ TS` 常掛在齒邊，常常說）。 　　掛一漏萬（GUA^ ID` LEU^ UAN^ 看到或做到的少，遺漏的多）。 　　掛羊頭賣狗肉（GUA^ IONGv TEUv MAI^ GIEU` NGYUG` 名不符實）。 2、登記。如： 　　掛號（GUA^ HO^）。 　　掛失（GUA^ SD` 聲明遺失）。 3、連接。如： 　　掛鉤（GUA^ GIEU）。 4、牽念、關懷。如： 　　掛念（GUA^ NGIAM^）。 　　牽掛（KIAN GUA^）。
罣	GUA^	1、牽掛。如： 　　罣念（GUA^ NGIAM^）。 2、因事牽引，犯了錯誤。如： 　　罣誤（GUA^ NGU^）。 3、阻礙。如： 　　罣礙（GUA^ NGOI^ 阻礙）。
絓	GUA^	有阻礙： 　　絓礙（GUA^ NGOI^ 同"罣礙"）。
詿 诖	GUA^	詿誤（GUA^ NGU^）：1、受騙牽連被處分。2、欺騙他人使其犯罪。
刮	GUAD`	1、用刀平削。如： 　　刮鬚（GUAD` CI）。 2、用橡皮或塑膠刮水器刮去玻璃或地板上的水。 　　刮水（GUAD` SUI`）。 3、刮平（GUAD` PIANGv）將水泥或補土，用平直器具刮平。

		4、因為身體肌肉的痠痛,用手指、手背在身上、或手腳上刮。 刮痧(GUAD` SA)。 5、風吹。 刮風落雨(GUAD` FUNG LOG^ I`)。
括榁	GUAD`	1、包含。如: 包括(BAU GUAD`)。 總括(ZUNG` GUAD`)。 2、括弧(GUAD` FUv):各式括號。 3、搜求。如: 搜括(SEU GUAD`)。 4、約束。如: 括約(GUAD` IOG`)。
颳刮	GUAD`	風吹。如: 颳風落雨(GUAD` FUNG LOG^ I`)。
适	GUAD`	快走。
佸	GUAD`	相會。 君子於役,不日不月,曷其有佸(GYUN Z` I ID^, BUD` NGID` BUD` NGIAD^, HOv KIv YU GUAD` 君子在服役,沒日沒月的,何時才能再相會?-詩經:王風)。
舂	GUAG^	1、用握拳的指背,敲打硬物。如: 舂頭顱殼(GUAG^ TEUv NAv HOG` 敲腦袋殼子)。 2、敲擊硬物或咬食脆硬食物發出的聲。 舂舂滾(GUAG^ GUAG^ GUN` 敲硬殼的聲音,嚼咬花生米或咬脆餅的聲音)。 又音 GOG^。
乖	GUAI	1、聰明聽話。如: 乖巧(GUAI KAU`)。 2、不淘氣、聽話的。如: 乖孫(GUAI SUN 乖的孫子)。 3、違背、不正常、性情獨特。如: 乖違(GUAI WIv 違背)。
拐	GUAI`	1、騙走人的財物。如: 拐騙(GUAI` PIEN^ 既哄帶騙)。 拐財(GUAI` TSOIv 騙財)。 2、哄乖孩子。如: 拐開(GUAI` KOI 想法哄乖孩子並帶

		開）。 　　　拐去睡！（GUAI` HI^ SOI^　哄孩子去睡）！ 3、打眼柺（DA` NGIAN` GUAI` 相互擠眉弄眼，以眼神示意）。
怪恠	GUAI^	責備、埋怨。如： 　　　責怪（JID` GUAI^）。 　　　莫怪伊（MOG^ GUAI^ Iv 別責怪他）。
關関関关	GUAN	1、閉合。如： 　　　關門（GUAN MUNv）。 　　　關閉（GUAN BI^）。 2、禁閉。如： 　　　關押（GUAN AB`）。 3、牽連、涉及。如： 　　　相關（CIONG GUAN）。 　　　關係（GUAN HE^）。 　　　關連（GUAN LIENv）。 　　　無關緊要（Uv GUAN GIN` IEU^）。 4、顧念。如： 　　　關心（GUAN CIM）。 　　　關照（GUAN ZEU^）。 　　　關切（GUAN CHIED`）。 　　　關注（GUAN ZU^）。 　　　關懷（GUAN FAIv）。
慣慣	GUAN^	1、習以為常、熟習。如： 　　　慣矣（GUAN^ NEv 習慣了）。 　　　不慣（Mv GUAN^ 不習慣）。 　　　習慣（CIB^ GUAN^ = GON^）。 　　　慣常（GUAN^ SONGv 習慣上常有的）。 　　　慣例（GUAN^ LI^ 常例、老規矩）。 　　　慣技（GUAN^ GI 常用的手段）。 　　　慣性（GUAN^ CIN^ 物體未受外力時，動者恆動，靜者恆靜的性質）。 　　　慣賊（GUAN^ TSED^ 作案多次的小偷）。 2、縱容、溺愛。如： 　　　縱慣矣 JYUNG` GUAN^ NEv 溺愛慣了）。
汩	GUD`	1、消滅： 　　　汩滅（GUD` MED^）。 2、汩汩（GUD` GUD` 波浪聲）。 注意："汩"與"汨MI^"字不同。
咕	GUD^	咕咕咕咕（GUv GUv GUD^ GUD^）心

		中不滿，口中嘀咕。
呱	GUEv	「說、講」的不雅語。如： 呱冇停（GUEv MOv TINv 說話不停）。 呱麼個（GUEv MAG` GE^嘀咕什麼）? 讀音 GUA。
摑摑	GUED^	用手打人。如： 摑衰伊（GUED^ SOI Iv 打衰他）。 扭來摑（NEU` LOIv GUED^ 抓來打）。 分人摑矣（BUN NGINv GUED^ DEv 被人打了）。
嘓	GUED^	說話、講： 會嘓（UOI^ GUED^ 很會說話）。 嘓冇停（GUED^ MOv TINv 說話不停）。 呱呱嘓嘓（GUEv GUEv GUED^ GUED^ 嘀咕、埋怨、嘮叨）。
汩	GUG^	消滅水路阻塞。用力把塞住不通的水擠通。 汩畀通（GUG^ BI` TUNG 把它弄通）。 汩不通（GUG^ Mv TUNG 擠不通）。 又音 MI^。 注意："汩" GUG^ 與 "汩" MI^ 字不同。
歸 皈 归	GUI	1、回、返回。如： 歸家（GUI GA）。 歸天（GUI TIEN 回天上的家）。 歸正（GUI ZN^ 回歸正途）。 歸省（GUI SEN` 回家探親）。 于歸（I GUI 女子出嫁）。 歸寧（GUI NEN 女子出嫁後回娘家）。 歸趙（GUI TSEU^ 歸還原主。源自：「完璧歸趙」，把完整的玉還給趙國）。 2、還給。如： 歸還（GUI FANv = UANv）。 歸功（GUI GUNG 功勞歸還給....）。 歸罪（GUI TSUI^ 怪罪於....）。 歸咎（GUI GYU^ 把過失委身給....）。 3、依附、服從。如： 歸附（GUI FU^ 服從、歸順）。 歸順（GUI SUN^ 投降順服）。 歸宿（GUI CYUG` 寄託委身之處）。 4、趨向。如： 眾望所歸（ZUNG^ UONG^ SO` GUI）

		殊途同歸（SU TUv TUNGv GUI 所走的路逕不同,最終目的地相同）。 5、屬於。如： 　　書歸我，筆歸你（SU GUI NGAIv, BID` GUI Nv = NGIv）。 6、聚合、併湊。如： 　　歸併（GUI BIN^ 合併）。 　　總歸（ZUNG` GUI）。 　　歸納（GUI NAB^ 由一系列具體的事實，概括出一般原理的推理形式）。 7、歸入國籍。如： 　　歸化（GUI FA^）。 8、整個。如： 　　歸日（GUI NGID` 整天）。 　　歸本書（GUI BUN` SU 整本書）。 　　歸間屋（GUI GIAN UG` 整間房屋）。 　　歸下也（GUI HA^ E` 整個的）。 　　歸頭樹也（GUI TEUv SU^ UE` 整棵樹）。
龜龜	GUI	爬蟲類動物，腹部背部披甲殼，四腳、頭、尾可縮入殼內： 　　龜縮（GUI SUG` 像龜一樣，頭縮在甲殼裡。形容貪生怕死，比喻畏縮）。
規規	GUI	1、謀劃。如： 　　規劃（GUI UAG^）。 2、勸告。如： 　　規勸（GUI KIAN^）。
槼	GUI	同「規」。
皈	GUI	依附、身心歸向，佛家稱拋棄世俗，誠心歸向佛門。 　　皈依（GUI I 誠心歸向佛門，亦作歸依）。
詭詭	GUI`	1、欺詐、奸滑。如： 　　詭計（GUI` GIE^ 奸計）。 　　詭詞（GUI` TSv 欺騙的言詞）。 　　詭譎（GUI` GIAD` 狡猾、變化莫測、奇怪）。 　　詭辯（GUI` PIEN^ 無理爭辯、欺詐奸猾的強辯）。 　　詭計多端（GUI` GIE^ DO DON 很多狡詐的計策）。 2、奇異。如：

		詭異（GUIˋ Iˆ 奇怪、怪異）。 3、違反。如： 　言行相詭（NGIANv HANGv CIONG GUIˋ 言行相悖）。 4、秘密。如： 　詭秘（GUIˋ BIˆ）。 　詭密（GUIˋ MED^）。 5、不正當。如： 　詭道（GUIˋ TO^ 不正當的方法）。 　詭得（GUIˋ DEDˋ 僥倖獲得）。
宄	GUIˋ	姦宄（GIAN GUIˋ）：盜賊的通稱，盜賊從內起的叫姦，從外起的叫宄。
跬	GUIˋ	跬步（GUIˋ PU^ 跨半步；一舉足為跬，再舉足為步）。
悸	GUI^	1、因害怕而心跳加劇。如： 　驚悸（GIANG GUI^）。 2、害怕。如： 　悸慄（GUI^ LID^ 害怕而顫慄）。 　心有餘悸（CIM YU Iv GUI^）。
劌剮	GUI^	快刀割傷。
滾滾	GUNˋ	1、大水奔騰的樣子。如： 　翻滾（FAN GUNˋ）。 2、旋轉。如： 　滾動（GUNˋ TUNG^）。 3、液體煮沸。如： 　煮滾（ZUˋ GUNˋ 煮開）。 　滾水（GUNˋ SUIˋ 開水）。 4、形容燙熱。如： 　滾圓（GUNˋ IANv）。 5、輾轉。如： 　滾利（GUNˋ LI^ 輾轉獲利）。 6、讀書讀熟、文詞背熟。如： 　滾瓜爛熟（GUNˋ GUA LAN^ SUG^）。 7、形容「正在進行」、「形勢洶湧」。 　憸憸滾（HEM^ HEM^ GUNˋ 正在發怒大聲吼叫）。 　大水渤渤滾（TAI^ SUIˋ BO^ BO^ GUNˋ 大水沖擊聲、水勢洶湧的樣子）。 　咻咻滾（CIO^ CIO^ GUNˋ 風吹聲、新汽車跑起來快而無聲貌）。 　拚拚滾（BIANG^ BIANG^ GUNˋ 做事

		勇猛、氣勢凌人的樣子）。 耆耆滾（GUAG^ GUAG^ GUN` 敲硬殼的聲音、嚼花生米、脆餅或嚼骨頭的聲音）。
攻	GUNG	1、向前打擊、用兵攻擊。如： 進攻（JIN^ GUNG）。 攻打（GUNG DA`）。 攻取（GUNG CHI` 進攻奪取）。 攻守（GUNG SU` 進攻與守備）。 攻堅（GUNG GIAN 攻擊敵人軍力最堅強的地方）。 攻擊（GUNG GID` 進攻擊打）。 2、指責人的過失。如： 攻奸（GUNG GIAN）。 群起攻之（KYUNv HI` GUNG Z 群眾一起攻擊）。 3、勤奮學習，專精研究。如： 攻讀（GUNG TUG^）。 專攻醫學（ZON GUNG I HOG^）。 4、取人之長，補己之短。如： 攻錯（GUNG TSO^ 借他人的長處，改正自己的錯失）。 他山之石，可以攻玉（TA SAN Z SAG^，KO` I GUNG NGYUG^）。
鬨 鬩	GUNG^	1、爭鬥。 內鬨（NUI^ GUNG^ 團體內部發生爭執）。 2、喧譁。 鬧鬨（NAU^ GUNG^）。
貢 贡	GUNG^	1、進獻。如： 進貢（JIN^ GUNG^）。 貢品（GUNG^ PIN`）。 2、貢獻（GUNG^ HIAN^）：提供自己的財力、勞力或智慧給別人。 3、貢舉（GUNG^ GI` 古時取士的制度）。 貢院（GUNG^ IAN^ 科舉時代試士的地方）。 貢生（GUNG^ SEN 被舉薦升入太學的生員）。
凸	GUNG^	1、突出。如： 凸膿（GUNG^ NUNGv 生膿瘡而鼓脹）。 凸甲（GUNG^ GAB` 指甲、趾甲內膿脹）。

		2、凸窿（GUNG^ LUNGv）：地鼠、蟋蟀等在泥土中鑽地洞。
逛	GUONG^	出門開遊。如： 逛街（GUONG^ GIAI）。 閒逛（HANv GUONG^）。 「逛 GONG^」的正確發音。
勼	GYU	集合。 勼眾（GYU ZUNG^ 集合群眾）。
縮 縮	GYU	〔河洛音〕縮短、縮小、捲縮。如： 縮水（GYU SUI` 浸水後縮短了）。 縮于一團（GYU UA^ ID` TONv 縮成一團）。
糾 糾 糺	GYU	1、督察： 　　糾察（GYU TSAD`）。 2、矯正： 　　糾正（GYU ZN^）。 　　糾謬（GYU MEU^ 糾正錯誤）。 3、事情纏繞不清： 　　糾纏（GYU TSANv）。 　　糾紛（GYU FUN 紛爭）。 　　糾葛（GYU GOD` 糾纏不清的事）。 4、結合： 　　糾眾（GYU ZUNG^ 結合大眾）。 　　糾結（GYU GIAD` 互相連結）。 5、舉發： 　　糾舉（GYU GI`）。 　　糾問（GYU UN^ 檢舉盤問）。
灸	GYU`	中醫療法之一，先貼生薑片在皮膚上，再放艾草團在生薑上，燒熱艾草以刺激皮膚和血液的療法。 艾灸（NGIE^ GYU`）。 針灸（ZM GYU` 針刺經絡穴道的療法）。 又音 GYU^。
曲	GYU`	「曲 KYUG`」的變音。 踡踡曲曲（GIO GIO GYU` GYU` 彎彎曲曲）。
救	GYU^	1、援助使脫離危險。如： 救助（GYU^ TSU^）。 救援（GYU^ IAN）。 拯救（ZN` GYU^ 援救）。 救濟（GYU^ JI^ 以錢濟助）。

		救護（GYU^ FU^ 救濟保護）。 救生（GYU^ SEN 援救將死的人）。 救命（GYU^ MIANG^ 拯救生命）。 救星（GYU^ SEN 救難的人）。 救世（GYU^ S^ 救助世人）。 救兵（GYU^ BIN 後援軍隊）。 救治（GYU^ TS^ 救助治療）。 救主（GYU^ ZU` 救世主，基督徒稱耶穌基督為救主）。 救世主（GYU^ S^ ZU` 救世人的主：耶穌基督）。 2、阻止。如： 救火（GYU^ FO` 阻止火的燃燒，滅火）。 救難（GYU^ NAN^ 救人遠離災難）。 救亡（GYU^ MONGv 救人免於死亡）。
究	GYU^	1、細心推敲。如： 研究（NGIAN GYU^）。 2、終、到底。如： 究竟（GYU^ GIN^）。 終究（ZUNG GYU^ 到底）。 追根究底（ZUI GIN GYU^ DAI` 追究到底）。 3、盤查審問。如： 追究（ZUI GYU^ 仔細盤查）。 究問（GYU^ UN^ 查問）。 究詰（GYU^ GIAD` 責問底細）。 究辦（GYU^ PAN^ 審問定罪）。
糾 糾 紏	GYU^	同「糾 GYU」。 1、督察： 糾察（GYU^ TSAD`）。 2、矯正： 糾正（GYU^ ZN^）。 糾謬（GYU^ MEU^ 糾正錯誤）。 3、事情纏繞不清： 糾纏（GYU^ TSANv）。 糾紛（GYU^ FUN）。 糾葛（GYU^ GOD` 糾纏不清的事）。 4、結合： 糾眾（GYU^ ZUNG^ 結合大眾）。 糾結（GYU^ GIAD` 互相連結）。 5、舉發：

		糾舉（GYU^ GI`）。 糾問（GYU^ UN^ 檢舉盤問）。 6、糾筋（GYU^ GIN 抽筋）。
咎	GYU^	1、罪過： 咎由自取（GYU^ YUv TS^ CHI` 自己惹來的災禍）。 咎有應得（GYU^ YU IN^ DED` 罪有應得）。 2、責怪： 既往不咎（GI^ UONG BUD` GYU^ 不責怪過去的錯誤）。
逐	GYUG`	追趕、驅逐。如： 逐不到（GYUG` Mv DO` 追不到）。 逐走矣（GYUG` ZEU` UEv 趕走了）。 逐出去（GYUG` TSUD` HI^ 驅逐出去）。 在後背逐（TSOI HEU^ BOI^ GYUG` 在後面追）。
趜	GYUG`	1、鬱心： 趜心（GYUG` CIM）。 2、趜屎（GYUG` S`）：高傲、不理睬人、屎急。 3、妝扮。如： 趜款（GYUG` KUAN` 趕時髦）。 又音 GYUG^。
焗	GYUG`	蒸餾。如： 焗酒（GYUG` JIU` ）：釀酒。
鞠	GYUG`	審問囚犯： 鞠治（GYUG` TS^ 審問後治罪）。 鞠實（GYUG` SD^ 徹底追問實情）。 鞠獄（GYUG` NGYUG^ 審問囚犯以定罪）。
趜	GYUG^	同「趜 GYUG`」。
捃 擴擄	GYUN`	拾取，蒐集。 捃摭（GYUN` ZAG` 摘取）。 捃華（GYUN` FAv 採取精華）。
墐	GYUN`	1、塗泥。 2、掩埋。
覲 覲	GYUN`	進見元首、下級的人晉見上級的人。 覲見（GYUN` GIAN^ 晉見）。 朝覲（TSEUv GYUN` 晉見）。
弓	GYUNG	1、彎曲。如：

		弓背（GYUNG BOI^）。 弓弦（GYUNG HIANv）。 2、擴張： 弓開（GYUNG KOI 由內向外張開）。
供	GYUNG	1、奉獻。如： 供養（GYUNG IONG 奉養老者）。 2、提供。如： 供給（GYUNG GIB` 提供給予）。 供應（GYUNG IN^ 提供給需要的）。 供求（GYUNG KYUv 供給和需求）。 供過於求（GYUNG GO^ I KYUv 物資過剩）。 3、犯人答話。如： 招供（ZEU GYUNG 要犯人說出實情）。 逼供（BED` GYUNG 強迫供認）。 翻供（FAN GYUNG 改變供詞）。 供認（GYUNG NGIN^ 承認）。 供詞（GYUNG TSv 被告或證人向法官說的話）。 4、引申為「審問罪犯、逼問」。如： 供矣一暗晡，供不出來（GYUNG NGEv ID` AM^ BU，GYUNG Mv TSUD` LOIv 盤問了整個晚上，他不招供）。 扭來供（NEU` LOIv GYUNG 抓來盤問）。
躬 躳	GYUNG	1、身體、親自。如： 躬親（GYUNG CHIN 親自）。 躬行（GYUNG HANGv 親自實行）。 反躬自問（FAN` GYUNG TS^ UN^ 自己反省）。 躬逢其盛（GYUNG FUNGv KIv SUN^ 親自遇見盛事）。 2、彎身曲體。如： 躬身（GYUNG SN 俯屈自身，表示敬意）。 鞠躬（KYUG` GYUNG 彎身行禮）。
廾	GYUNG`	拱手的樣子。與「艹」草字頭不同。
拱	GYUNG`	1、聳起、彎曲。如： 拱背（GYUNG` BOI^ 駝背）。 背拱拱（BOI^ GYUNG` GYUNG` 背部隆起）。 2、弧形建築。如：

		拱門（GYUNG` MUNv）。 拱橋（GYUNG` KIEUv）。 3、環繞、雙手合圍。如： 拱衛（GYUNG` WI^ 擁護保衛）。 拱腰（GYUNG` IEU 環抱）。
穹	GYUNG^	婦人擴張生門分娩、生孩子。（穴＝生門，弓＝擴張），是上帝從穹蒼賜下嬰兒。 穹人（GYUNG^ NGINv 生孩子）。 穹賚＝賴也（GYUNG^ LAI^ IE` 生男孩）。 穹妹也（GYUNG^ MOI^ IE` 生女孩）。
娩	GYUNG^	同「穹」。婦人分娩、生孩子。如： 娩人（GYUNG^ NGINv 生孩子）。 娩賚＝賴也（GYUNG^ LAI^ IE` 生男孩）。 娩妹也（GYUNG^ MOI^ IE` 生女孩）。 讀音 MIEN，語音 GYUNG^。
下	HA	1、「上」的相反。如： 上下（SONG HA 上上下下。來來去去。出出入入）。 上車下車（SONG TSA HA TSA）。 上庄下庄（SONG^ ZONG HA ZONG）。 2、從高而低。如： 下山（HA SAN）。 下樓（HA LEUv 從樓上到樓下）。 下凡（HA FAMv 來到人間）。 下來（HA LOIv 叫人下來）！ 下去（HA HI^ 叫人下去）！
卸	HA`	1、解除。如： 卸貨（HA` FO^ 卸下貨物）。 卸不落（HA` Mv LOD` 解不開）。 2、脫去。如： 卸帽也（HA` MO^ UE` 脫帽子）。 卸花（HA` FA 取下花冠）。
下	HA`	同「卸 HA`」。如： 下貨（HA` FO^ 卸貨）。 下帽也（HA` MO^ UE` 脫帽子）。 又音 HA，HA^，HE`。
下	HA^	1、使用。如： 下藥（HA^ IOG^）。 下毒（HA^ TUG^）。 下功夫（HA^ GUNG FU）。 2、使種子發芽。如： 下種（HA^ ZUNG` 播種）。

		下豆菜（HA^ TEU^ TSOI^ 蔭豆芽）。 下穀種（HA^ GUG` ZUNG`）。
哈	HAB`	1、被刺激性氣體嗆到叫： 哈到（HAB` DO` 被氣體嗆到）。 會哈人（UOI^ HAB` NGINv 氣體會嗆人）。 2、發哈（BOD` HAB` 喘息症、氣喘病）。
洽	HAB`	1、和合。如： 融洽（YUNGv HAB`）。 恰和（HAB` FOv 彼此情感契合）。 2、彼此商量。如： 接洽（JIAB` HAB`）。 3、普遍。如： 洽聞（HAB` UNv 多聞、見識普遍）。 又音 KAB`。
狎	HAB`	1、戲弄： 戲狎（HI^ HAB`）。 2、無禮地親近、非常親近： 狎近（HAB` KYUN）。 3、待人不莊重： 狎侮（HAB` U`）。
合	HAB^	1、結在一起、全體。如： 合力（HAB^ LID^）。 合作（HAB^ ZOG`）。 合家（HAB^ GA 全家）。 合股（HAB^ GU` 集合資本）。 合夥（HAB^ FO` 合股）。 合群（HAB^ KYUNv 能結合成群）。 合同（HAB^ TUNGv 雙方同意的契約）。 合金（HAB^ GIM 兩種以上金屬融合的金屬）。 2、關閉。如： 合起來（HAB^ HI` LOIv）。 3、符合、適當。如： 合法（HAB^ FAB`）。 合理（HAB^ LI 合情理）。 合格（HAB^ GIED` 符合規定資格）。 適合（SD^ HAB^ 適當）。 合式（HAB^ SD` 適合）。 合適（HAB^ SD` 適當）。 合宜（HAB^ NGIv 適當）。

		4、配。如： 配合（PI^ HAB^）。 融合（YUNGv HAB^）。 合巹（HAB^ GYUN`結婚時夫妻交杯合飲）。 5、聚。如： 會合（FI^ HAB^）。 聚合（CHI^ HAB^ 集合）。
盍	HAB^	聚合。
轄 轄 鎋	HAD`	管理。如： 管轄（GON` HAD`）。 院轄市（IAN^ HAD` S^ 直接隸屬行政院管轄的市，或稱直轄市）。 又音 HOD`。
舝	HAD`	同「轄HAD`」。 又音 HOD`。
嚇 吓	HAG`	害怕，受到驚嚇。如： 驚嚇（GIANG HAG`）。 嚇到（HAG` DO` 被驚嚇到）。 恐嚇（KYUNG` HAG`用武力、勢力威逼人）。 嚇驚矣（HAG` GIANG NGEv被嚇怕了）。 嚇死人（HAG` CI` NGINv喻非常可怕）。 又音 HEB^。
偕	HAIv	共同，陪同。如： 偕同（HAIv＝GIAI TUNGv 陪同）。 偕老（HAIv＝GIAI LO` 夫婦同伴到老）。 亦音「GIAI」。
諧 谐	HAIv	1、調和、適當。如： 和諧（FOv HAIv 樂音協調、協和、平順）。 2、談笑、隨便、滑稽、有趣。如： 詼諧（FOI＝KUI HAIv 滑稽）。 諧語（HAIv NGI 笑話，幽默的話）。 諧謔（HAIv NGIOG`＝NAG`滑稽、幽默的話）。 3、成功、辦妥。如： 事諧（S^ HAIv 事情辦妥）。
齘	HAI`	1、上下齒相切，切齒，表示憤怒。 2、相接處參差不密合。
懈	HAI^	鬆弛、不緊張。如： 常備不懈（SONGv PI^ BUD` HAI^）。

		鬆懈（SUNG HAI^）。 懈怠（HAI^ TAI^ 疏懶）。 匪懈（FI HAI^ 不懶惰）。
憨	HAM	逞強、魯直、直性果敢，做出反常的事、不經思考地去做。如： 憨憨（HAM HAM 意氣用事）。 憨乜（HAM ME` 不知天高地厚的人）。 憨牯（HAM GU` 不明事理、四肢發達頭腦簡單的男子）。 憨搭（HAM DAB` 不經頭腦想，亂管閒事）。 憨厚（HAM HEU^ 忠厚老實）。 憨態（HAM TAI^ 癡呆、嬌痴的姿態）。
酣	HAM	1、酒喝得暢快： 酣飲（HAM IM`）。 酣酒（HAM JIU` 暢快喝酒）。 酒酣耳熱（JIU` HAM NGI` NGIAD^ 喝酒臉紅）。 2、盛大： 聲酣（SANG HAM 大聲）。 3、飽足地： 酣醉（HAM ZUI^ 又飽又醉）。 4、盡量地： 酣睡（HAM SOI^ 大睡）。
脌	HAM	腮水。如： 面脌脌（MIEN^ HAM HAM 臉部腮水）。
鼾	HAM	睡時所發出的鼻息聲。
含	HAMv	1、放在口中，不吞入亦不吐出。如： 含水（HAMv SUI`）。 含糖乜（HAMv TONGv NGE`）。 含飴弄孫（HAMv Iv NUNG` SUN口含飴糖逗弄孫子，形容老人的閒逸自娛及與孫子玩樂的情景）。 2、包容。如： 包含（BAU HAMv）。 含情（HAMv CHINv 蘊藏著深情）。 含冤（HAMv IAN 有冤屈）。 含有水分（HAMv YU SUI` FUN）。 3、帶著。如： 含羞（HAMv CIU 顯出不好意思的面容）。

		含怒（HAMv NU^ 懷怒未發）。 含苞（HAMv BAU 未開的花蕾）。 含垢（HAMv GIEU^ 忍受恥辱）。 含笑（HAMv SEU^ 面帶笑容）。 含淚（HAMv LUI^ 眼眶中帶著眼淚）。 含蓄（HAMv HYUG` a、深藏不露。 　　　　　　　　b、欲言不盡）。 含血噴人（HAMv HIAD` PUN^ NGINv 　　　　　誣害人）。 含沙射影（HAMv SA SA^ IANG` 暗地 　　　　　裡害人）。 4、說話不清楚。如： 含糊（HAMv FUv）。
啣	HAMv	1、口含。如： 鵰也啣草（DIAU UE` HAMv TSO` 鳥嘴裡啣著草）。 燕也啣泥（IAN^ NE` HAMv NAIv 燕子啣泥）。 2、同「銜」。
銜 啣	HAMv	1、馬的勒口鐵。 銜勒（HAMv LED^）。 2、口含。如： 銜泥（HAMv NAIv）。 銜草（HAMv TSO`）。 銜煙（HAMv IAN 叼著紙煙或煙筒）。 3、含。如： 銜冤（HAMv IAN 含冤）。 銜恨（HAMv HEN^ 含恨）。 銜恤（HAMv CID` 含憂、遭父母之喪）。 4、接受。如： 銜命（HAMv MIN^ 受命）。 5、連接。如： 銜接（HAMv JIAB`）。 銜尾（HAMv MI 首尾連接）。
諴	HAMv	1、誠實： 至諴感神（Z^ HAMv GAM` SNv 至誠到感動神）。 2、和平： 諴于小民（HAMv I SEU` MINv 對小民和平誠懇）。
喊	HAM^	1、呼叫，稱呼。如： 呼喊（FU HAM^）。

		喊不醒（HAM^ Mv CIANG` 叫不醒）。 喊伊來（HAM^ Iv LOIv 叫他來）！ 冇喊阿伯（MOv HAM^ A BAG` 沒叫伯父）。 喊乃爸來（HAM^ IA BA LOIv 叫他爸來）。 2、申訴。如： 喊冤（HAM^ IAN 呼喊冤枉）。 又音 HEM。
撼	HAM^	1、搖動： 搖撼（IEUv HAM^）。 震撼天地（ZN` HAM^ TIEN TI^）。 2、懲戒。
憾	HAM^	1、恨。如： 遺憾（WIv HAM^ 遺恨、不滿意）。 2、不滿意。如： 缺憾（KIAD` HAM^）。 3、不快樂。如： 憾事（HAM^ S^）。
感	HAM^	通「憾」。 讀音 GAM`。
陷	HAM^	1、跌落、沉下。如： 陷入（HAM^ NGIB^）。 陷落（HAM^ LOG^）。 陷下（HAM^ HA^）。 2、攻破。如： 陷陣（HAM^ TSN^）。 失陷（SD` HAM^）。 3、缺點。如： 缺陷（KIAD` HAM^）。 4、設計害人。如： 陷害（HAM^ HOI^）。 誣陷（Uv HAM^）。 5、陷阱（HAM^ JIANG`）a.捕獸的深坑。 　　　　　　　　　b.害人的計謀。
嫻	HANv	熟習。如： 嫻熟（HANv SUG^ 熟練，熟習）。
限	HAN^	阻止，限定。如： 限制（HAN^ Z^ 限定）。
烘	HANG	1、用火氣取暖或用燻、烤、焙使物品乾燥或使食物熟透。 烘燥（HANG ZAU 燻乾）。

		烘焙麵包（HANG POI^ MIEN^ BAU）。 烘衫褲（HANG SAM FU^ 燻乾衣服）。 烘魚烘肉（HANG NGv HANG NGYUG` 烤魚烤肉）。 2、體溫稍高。如： 　　肉烘烘（NGYUG` HANG HANG 體溫略高）。
脝	HANG	脹大： 膨脝（PANGv HANG 膨脹）。
行	HANGv	1、以腳走路。如： 　　步行（PU^ HANGv）。 　　行路（HANGv LU^）。 　　行蹤（HANGv JYUNG 人走的蹤跡）。 　　行程（HANGv TSANGv 路程的長短）。 　　行裝（HANGv ZONG 行李）。 　　行徑（HANGv GANG^ 行為、人走的小路）。 　　平行（PINv HANGv a、與正在走的路同方向、不交叉。b、兩方面並行）。 　　行開（HANGv KOI 叫人"走開!"） 　　行兼（HANGv GIAM 靠近）。 　　半行半走（BAN^ HANGv BAN^ ZEU` 邊走邊跑）。 　　行屍走肉（HANG S ZEU` NGYUG` 人活著卻像死屍一樣）。 2、舉動。如： 　　行動（HANGv TUNG^ 行為舉動）。 　　行使（HANGv S` 使用）。 　　行駛（HANGv S` 駕駛車船飛機）。 　　行棋（HANGv KIv 下棋）。 　　行船（HANGv SONv 駕駛船隻出海）。 　　行禮（HANGv LI 敬禮）。 　　行止（HANGv Z` 去處、動靜、品行）。 　　行為（HANGv WIv 所作所為）。 　　行賄（HANGv FI^ 為達到目的，以財物賄賂）。 3、開始行動、發布。如： 　　發行（FAD` HANGv）。 　　頒行（BAN HANGv 頒佈實行）。 　　行帖（HANGv TIAB` 寄出請帖）。 　　行嫁（HANGv GA^ 出嫁）。 4、做。如：

		實行（SD^　HANGv）。 施行（S　HANGv）。 通行（TUNG　HANGv）。 行政（HANGv　ZN^ 依法施行政事）。 行事（HANGv　S^　做事）。 行醫（HANGv　I　施行醫術）。 行竊（HANGv　CHIAB` 偷東西）。 行兇（HANGv　HYUNG　執行兇殺）。 5、流通。如： 　行血（HANGv　HIAD`）。 　行文（HANGv　UNv 文書往來、寫文章）。 　流行（LIUv　HANGv　時下盛行）。 　風行（FUNG　HANGv　流行）。 6、出門遊歷。如： 　旅行（LI`　HANGv）。 　行聊（HANGv　LIAU^ 走走看看聊聊）。 7、行書（HANGv　SU 不草不正的書寫體）。 8、正常運作。如： 　時鐘方行（Sv　ZUNG　MOv　HANGv 時鐘停了）。 　行矣（HANGv　NGEv　正常運作了）。
吼	HAU	吼喝（HAU　HOD` 大聲喝罵）。
涸	HAU	1、乾枯： 　涸乾（HAU　GON）。 2、窮困： 涸轍（HAU　TSAD^ 境遇窮困）。 涸鮒（HAU　FU^ 處在窮困中）。
顄	HAU	「顄 HAM」的變音。面部浮腫。如： 　面顄顄（MIEN^　HAU　HAU＝HAM　HAM）。 又音 HAM，HANG。
哮	HAU	哮喘（HAU　TSON` 氣管阻塞，喘氣急促作聲）。
烋	HAU	包烋（PAUv　HAU＝HIEU 驕傲氣盛貌。咆哮）。 烋喝（HAU　HOD` 咆哮怒斥）。
效 効 傚	HAU`	1、模仿。如： 　效法（HAU`　FAB`）。 　效樣（HAU`　IONG^）。 　仿效（FONG`　HAU`）。 　效顰（HAU`　PINv 比喻人不善模仿）。

		2、功用。如： 功效（GUNG HAU`）。 效力（HAU` LID^）。 效用（HAU` YUNG^）。 效果（HAU` GO` 功效的結果）。 效能（HAU` NENv 功能、效用）。 效率（HAU` LID^ 功效的大小）。 效驗（HAU` NGIAM^ 考驗功效）。 3、盡力。如： 效勞（HAU` LOv 為人出力）。 效忠（HAU` ZUNG 盡忠職守）。 效命（HAU` MIN^ 不顧性命去做）。 4、效尤（HAU` YUv）：學壞樣。
孝	HAU^	盡心侍奉父母。如： 孝順（HAU^ SUN^ 順從父母心意，恭敬奉養）。 孝親（HAU^ CHIN 孝順父母親）。 孝敬（HAU^ GIN^ 孝順恭敬）。 孝友（HAU^ YU 孝順父母，友愛兄弟）。 孝悌（HAU^ TI^ 孝順父母，友愛兄弟）。 孝道（HAU^ TO^ 敬愛尊長的倫理）。
哮	HAU^	1、發怒時嚴厲的聲音： 咆哮（PAUv HAU^）。 2、哮喘（HAU^ TSON` 氣喘）。
好	HAU^	喜愛。如： 嗜好（S^ HAU^）。 好酒（HAU^ JIU`）。 好食懶做（HAU^ SD^ LAN ZO^）。 好色之徒（HAU^ SED` Z TUv）。 好嫖好賭（HAU^ PEUv HAU^ DU` 喜愛女色與賭博）。
誹誹	HE	當面以言語侮辱、揭發醜行。如： 當面誹伊（DONG MIEN^ HE Iv 當面言語侮辱）。 分人誹矣（BUN NGINv HE Ev 被言語侮辱了）。
下	HE`	〔河洛音：下落 HEv LO^〕如： 冇下冇落（MOv HE` MOv LOG^ 交待去做的事，沒有下文、對事漠不關心）。
係	HE^	1、是、著、對、肯定的。如：

		確係（KOG` HE^ 確是）。 同係（TUNGv HE^ 同是）。 不係（Mv HE^ 不是）。 係麼（HE^ MEv 是否）？ 係不係（HE^ Mv HE^？是不是？）。 實在係（SD^ TSAI^ HE^ 實在是）。 2、假如、假若、倘若。如： 若係（IOG^ HE^ 若是）。 係講（HE^ GONG` 若說）。 係冇（HE^ MOv 若無、如果沒有）。 係不（HE^ Mv 若不）。 係愛（HE^ OI^ 若要）。 係去（HE^ HI^ 若去、假如去了）。
翕	HEB`	覆蓋、使不透氣。如： 翕死（HEB` CI`）。 蓋被翕死（GOI^ PI HEB`=HIB` CI` 覆蓋被子窒息而死）。 翕分伊出汗（HIB`=HEB` BUN Iv TSUD` HON^ 蓋住使他流汗）。
嚇 吓	HEB^	嚇嚇滾（HEB^ HEB^ GUN`）：被嚇心跳氣急。
核	HED`	1、植物果實的果仁。如： 果核（GO` HED`）。 桃核（TOv HED`）。 2、中心部分。如： 核心（HED` CIM）。 3、結硬塊。如： 結核（GIAD` HED`）。 4、詳細稽查、考察。如： 核對（HED` DUI^）。 考核（KAU` HED`）。 核定（HED` TIN^）。 核准（HED` ZUN`）。 核辦（HED` PAN^ 考察辦理）。 核算（HED` SON^ 校對計算）。
閡 阂	HED`	阻隔不通： 隔閡（GAG` HED`）。
歇	HED`	在動詞之後表示完結、停止或已經過去之意。 食歇矣（SD^ HED` LEv 吃完了）。 賣歇矣（MAI^ HED` LEv 賣完了）。 做歇矣（ZO^ HED` LEv 做完了）。

		淡忘歇矣（TAM UONG^ HED` LEv 忘記了）。
劾	HED`	揭發罪狀： 彈劾（TANv HED`）。
齕	HED`	齕齕（I` HED` 咬傷人）。
覈	HED`	通「核」。考驗： 審覈（SM` HED` 審核）。 考覈（KAU` HED` 考核）。 覈對（HED` DUI^ 核對）。 覈算（HED` SON^ 核算）。 覈實（HED` SD^ 切實考核實際）。
歇	HED^	1、住宿。如： 歇茅寮（HED^ MAUv LIAUv 住茅屋）。 歇大樓（HED^ TAI^ LEUv 住在大樓中）。 在哪也歇（TSOI NA^ E` HED^ 在哪裏住？） 2、穩住、止住。如： 血擋歇矣（HIAD` DONG` HED^ LEv 血止住了）。 紙貼歇矣（Z` DIAB` HED^ LEv 紙貼緊了）。
喊	HEM	「喊HAM^」的變音。稱呼、打招呼、叫。 呼喊（FU HEM）。 大聲喊（TAI^ SANG HEM 大聲叫）。 冇喊我（MOv HEM NGAIv 沒叫我）！ 喊阿姨（HEM A Iv 叫阿姨，稱呼阿姨）！ 喊醒伊（HEM CIANG` Iv 叫醒他！）
唅	HEMv	同「唅HAMv、銜HAMv、HEMv」用口含。 唅水（HEMv SUI`）。 唅泥（HEMv NAIv）。 唅草（HEMv TSO`）。 唅煙筒（HEMv IAN TUNGv 叼煙斗）。
含	HEMv	同「唅」：口中含物。
噙	HEMv	口中含物。
銜 衘	HEMv	同「衘HAMv、唅HAMv、HEMv」用口含。 衘泥（HEMv NAIv）。 衘草（HEMv TSO`）。
悻	HEM^	「悻HEN^」的變音。 悻悻（HEM^ HEM^）：發怒的樣子。 悻悻滾（HEM^ HEM^ GUN` 盛怒大聲罵

		人）。
恆恒	HENv	長久。如： 恆久（HENv GYU`）。 恆心（HENv CIM）。 恆產（HENv SAN` 不動產）。 恆星（HENv SEN 以肉眼看，位置幾乎不變的星球）。
姮	HENv	姮娥（HENv NGOv 嫦娥：月中仙女）。
衡	HENv	1、稱量輕重。如： 衡量（HENv LIONGv）。 平衡（PINv HENv）。 均衡（GYUN HENv）。 度量衡（TU^ LIONG^ HENv）。 2、計劃。如： 權衡（KIANv HENv）。
肯肯肎	HEN`	1、願意。如： 肯去（HEN` HI^）。 肯放（HEN` BIONG^ 願意放開）。 不肯（Mv HEN`）。 2、許可。如： 首肯（SU` HEN`）。
狠	HEN`	凶惡、殘忍： 狠毒（HEN` TUG^）。 狠心（HEN` CIM 心意殘忍）。 狠命（HEN` MIANG^ 拚命、用全力）。
恨	HEN^	1、怨。如： 飲恨（IM` HEN^）。 憤恨（FUN^ HEN^ 怨極）。 恨海（HEN^ HOI` 深仇大恨）。 恨伊入骨（HEN^ Iv NGIB^ GUD` 恨他入骨）。 2、懊悔。如： 悔恨（FI` HEN^）。 3、不如意。如： 恨事（HEN^ S^ 不如意的事）。
倖	HEN^	幸而、好在、意外獲得。如： 僥倖（HIEU HEN^）。 倖存（HEN^ SUNv 僥倖能夠存在）。 倖免（HEN^ MIEN 僥倖免去不吉利的事）。
悻	HEN^	悻悻（HEN^ HEN^）：發怒的樣子。 又音 HEM^ 是(HEN^)的變音。悻悻滾

		（HEM^ HEM^ GUN` 盛怒罵人）。
婞	HEN^	同「悻」。
幸	HEN^	1、高興。如： 慶幸（KIN^ HEN^）。 幸災樂禍（HEN^ ZAI LOG^ FO^ 別人遇到災禍，不但不同情反而高興）。 2、希望。如： 幸勿推辭（HEN^ UD^ TUI TSv）。 3、得到意外的利益或脫免危險。如： 幸運（HEN^ YUN^ 運氣好）。 萬幸（UAN^ HEN^）。 幸虧（HEN^ KUI 意外得到利益或免除損失）。 幸事（HEN^ S^ 僥倖成功的事）。 幸免於難（HEN^ MIEN I NAN^ 幸好避免了災難）。
哼	HEN^	1、哄騙。 2、厲害，發狠的聲音。 無哼啼（Uv HEN^ TAIv 沒有發狠、怨恨的聲音）。
行	HEN^	品行（PIN` HEN^ 表現品德的舉止）。 德行（DED` HEN^ 合於道德的品行）。
吼	HEUv	1、猛獸的鳴叫聲。 2、大聲罵人。如： 大聲吼（TAI^ SANG HEUv）。
口	HEU`	1、口中的。如： 一口飯（ID` HEU` FAN^）。 一大口（ID` TAI^ HEU`）。 口涎（HEU` LAN）：唾液。 口嚨哽（HEU` LIENv GANG^ 喉嚨）。 2、口頭（HEU` TEUv 前頭，近入口處）。 3、數算圓形物體單位： 一口井（ID` HEU` JIANG`）。 一口鍋頭（ID` HEU` UOG^ TEUv）。 4、咬食。如： 咬一口（NGAU ID` HEU`）。 食一大口（SD^ ID` TAI^ HEU` 吃一大口）。
候	HEU^	1、等待。如： 等候（DEN` HEU^）。 候車（HEU^ TSA 等車）。 候命（HEU^ MIN^ 等候命令）。

		候教（HEU^ GAU^ 聽候指教）。 候補（HEU^ BU` 等候遞補缺額）。 候選人（HEU^ CIEN` 按規定手續提出供選舉的被選人）。 2、探望。如： 問候（UN^ HEU^）。 致候（Z^ HEU^ 看望問好）。 3、時令。如： 季候（GUI^ HEU^）。 候鳥（HEU^ NIAU 隨氣候轉變來去的鳥）。 氣候（HI^ HEU^）。 4、情狀。如： 火候（FO` HEU^ 煮食的火情）。 症候（ZN^ HEU^ 生病情狀）。 5、候脈（HEU^ MAG`：中醫把脈）。
希	HI	1、期望。如： 希望（HI UONG^ = MONG^）。 希圖（HI TUv 希望、計畫）。 希冀（HI GI^ 盼望）。 2、少有、同「稀 HI」。如： 希有（HI YU）。 希世（HI S^ 世上少有）。 希罕（HI HAN` 希有）。 希奇（HI KIv 少有、奇異的事物）。
唏	HI	通「欷 HI」。 1、悲傷而不哭： 唏噓（HI HI 哭泣以後的抽噎聲）。 2、笑。如： 唏唏（HI HI 笑聲）。
睎	HI	1、望。 2、羨慕。
欷	HI	悲泣氣咽的樣子： 欷噓（HI HI 哭泣以後的抽噎聲）。
悕	HI	1、想念。 2、悲痛。
嬉	HI	遊戲、玩耍。如： 嬉戲（HI HI^）。 嬉弄（HI NUNG` 玩弄）。 嬉笑怒罵（HI SEU^ NU^ MA^ 一會兒歡笑，一會兒怒罵）。
芋	HI	居住。

		君子攸芋（GYUN Z` YU HI 君子安居之所）。
攜 擕 攜	HI	1、提。如： 　　提攜（TIv　HI）。 2、牽。如： 　　攜手（HI　SU`）。 攜扶（HI　FUv　扶助）。 3．帶。如： 　　攜帶（HI　DAI^）。 4、離。如： 攜貳（HI　NGI^　有二心）。
虛 虚	HI	1、空。如： 虛空（HI　KUNG）。 空虛（KUNG　HI）。 太虛（TAI^　HI　天空）。 虛幻（HI　FON^　空虛無實）。 虛名（HI　MIANGv　名不符實）。 虛構（HI　GIEU　憑空構想）。 乘虛而入（SUN^　HI　Iv　NGIB^　趁空隙而進入）。 2、徒然。如： 虛度（HI　TU^　空渡）。 不虛此行（BUD`　HI　TS`　HANGv）。 3、虧、衰弱。如： 虛弱（HI　NGIOG^）。 4、不自滿。如： 謙虛（KIAM　HI）。 虛心（HI　CIM　謙卑）。 虛懷若谷（HI　FAIv　IOG^　GUG`非常謙虛）。 5、膽怯、愧怯。如： 心虛（CIM　HI）。 6、不真實。如： 虛實（HI　SD^　事情的真相）。 虛偽（HI　NGUI`　不實在的）。 虛假（HI　GA`　假的）。 虛詐（HI　ZA^　虛偽奸詐）。 虛妄（HI　UONG^　不真實，不合理）。 虛浮（HI　FEUv＝PEUv　不切實）。 虛言（HI　NGIANv　空話）。 虛報（HI　BO^　謊報）。 虛榮（HI　YUNGv　虛浮的光榮）。

		虛渺（HI MEU` 空虛渺茫）。 虛驚（HI GIANG 空受驚嚇，未受其害）。 虛有其表（HI YU KIv BEU` 只有表面，沒有內容）。 虛與委蛇（HI I WI Iv 勉強敷衍應酬、假意與別人周旋）。 7、浮腫。如： 虛肥（HI PIv 虛胖）。 8、白白地。如： 虛耗（HI HO^ 白白耗費）。 9、虛線（HI CIEN^ 點線）。
歔	HI	唏歔（HI HI 悲泣時氣咽而抽息）。
繫	HI	1、懸念： 繫念（HI NGIAM^）。 繫戀（HI LIEN^ 留戀不捨）。 2、連綴： 連繫（LIENv HI）。 繫絆（HI BAN^ 羈絆）。 繫援（HI IAN 攀附求助）。 3、囚禁： 繫獄（HI NGYUG^）。 繫縲（HI LUI` 拘囚）。 4、縛綁： 繫馬（HI MA 拴馬）。
稽	HI	1、考核： 稽查（HI TSAv）。 稽核（HI HED` 考核）。 稽古（HI GU` 考古）。 稽疑（HI NGIv 稽考疑問）。 2、停留： 稽留（HI LIUv）。 稽延（HI IANv 耽擱、停留）。 稽遲（HI TSv 久留不前）。 3、計較。如： 反唇相稽（FAN` SUNv CIONG HI 互相爭辯）。 4、稽顙（HI SONG` 居喪時下拜以額叩地）。
奚	HI	譏笑： 奚落（HI LOG^ 譏笑鄙視）。
傒	HI	1、繫住： 傒人子女（HI NGINv Z` NG` 繫綁

		人的子女）。 2、僎倖（HI HEN^ 戲弄）。 3、僎落（HI LOG^ 譏笑）。
喜	HI`	1、高興、快樂。如： 歡喜（FON HI`）。 欣喜（HYUN HI` 高興歡喜）。 喜色（HI` SED` 面上呈現歡喜表情）。 喜悅（HI` IAD^ 歡喜快樂）。 喜愛（HI` OI^ 喜歡）。 喜劇（HI` KIAG` 有圓滿結局，看了使人歡喜的戲劇）。 喜形於色（HI` HINv I SED` 心裡的喜悅表現在臉上）。 2、愛好。如： 喜好（HI` HAU`）。 喜歡（HI` FON 歡喜愛好）。 3、值得慶賀的。如： 報喜（BO^ HI` 報告喜訊）。 恭喜（GYUNG HI` 對人表示慶賀）。 賀喜（FO^ HI` 祝賀喜慶）。 喜事（HI` S^）。 喜酒（HI` JIU` 結婚筵席）。 喜氣（HI` HI^ 吉祥氣氛）。 4、懷孕。如： 有喜（YU HI`）。
憙	HI`	心中快樂。 欣憙（HYUN HI` 欣喜）。
許 许	HI`	1、答應、認可、允許。如： 許可（HI` KO`）。 允許（YUN HI`）。 許字（HI` S^ 女子許婚）。 許配（HI` PI^ 女子訂婚）。 2、給與。如： 以身相許（I SN CIONG HI` 以己身許配給）。 3、稱讚。如： 讚許（ZAN^ HI`）。 4、期望。如： 期許（KIv HI`）。 5、許願（HI` NGIAN^ 向神祈願）。 許福（HI` FUG` 許願）。 6、或者、大概。如：

		或許（FED^ HI`）。
		7、數目的多少。如：
		少許（SEU` HI`）。
		些許（CIA HI` 少許）。
		如許（Iv HI` 概指的詞）。
		8、很。如：
		許多（HI` DO）。
		許久（HI` GYU`）。
諰	HI`	諰諰（HI` HI` 驚懼貌）。
起	HI`	1、立。如：
		起立（HI` LIB^）。
		2、始。如：
		起頭（HI` TEUv 起始）。
		起始（HI` TS`=S^ 開始）。
		起用（HI` YUNG^）。
		起先（HI` CIEN 起頭）。
		起初（HI` TSU 起始）。
		起色（HI` SED` 開始轉好）。
		起迄（HI` KIED`=HID` 起止）。
		起落（HI` LOG^ 上揚下跌、升降）。
		起敬（HI` GIN^ 生出敬意）。
		起勁（HI` GIN^ 開始有了衝勁）。
		起步（HI` PU^ 踏出第一步）。
		起肩（HI` GIEN 開始抬起）。
		起轎（HI` KIEU^ 抬轎出發）。
		起家（HI` GA 成家）。
		起訴（HI` SU^ 向法院申訴）。
		起碼（HI` MA`=MA 最低限度）。
		起價（HI` GA^ 漲價）。
		起死回生（HI` CI` FIv SANG 把已死的救活）。
		3、發生。如：
		起風（HI` FUNG）。
		起火（HI` FO` 生火、發怒、著火）。
		起性（HI` CIN^ 發獸性、發狂）。
		起泡（HI` PEU^ 手指腳趾起繭、被燙傷的皮膚腫起）。
		起波（HI` PO 起泡沫）。
		起膀（HI` PONGv 被蜂螫蟲咬皮膚腫起）。
		起嘍（HI` LEUv 頭殼受撞腫起）。
		起寒毛菇（HI` HONv MO GU 起雞

		皮疙瘩）。 4、離開。如： 起身（HI` SN 起床、動身）。 起床（HI` TSONGv 離床起身）。 起居（HI` GI 日常生活）。 起飛（HI` FI 離地開始飛行）。 起行（HI` HANGv 動身）。 起程（HI` TSANGv 動身）。 起腳（HI` GIOG` 提起腳開溜）。 5、取出。如： 起貨（HI` FO^）。 6、建造。如： 起屋（HI` UG` 建造房屋）。 起樓（HI` LEUv 建造樓房）。 起工（HI` GUNG 開始建造）。 起造（HI` TSO^ 建造）。 起底（HI` DAI` 打基礎）。 7、草擬。如： 起稿（HI` GO`）。 起草（HI` TSO` 開始寫草稿）。 8、發起。如： 起兵（HI` BIN 出兵作戰）。 起事（HI` S^ 起兵、發起某事）。 起義（HI` NGI^ 仗義起兵）。
栩	HI`	栩栩（HI` HI` 歡喜、生動的樣子）。 栩栩如生（HI` HI` Iv SANG 形容生動,像活的一樣）。
詡 诩	HI`	說大話、誇耀： 自詡（TS^ HI`）。
呬	HI`	開口出氣。
氣 气 炁	HI^	1、呼吸。如： 透氣（TEU` HI^）。 氣息（HI^ CID`）。 氣喘（HI^ TSON` 呼吸急促）。 氣管（HI^ GON`）。 2、發怒。如： 動氣（TUNG^ HI^）。 受氣（SU^ HI^ 發怒）。 氣憤（HI^ FUN^）。 氣邈邈到（HI^ MEU` MEU` DO` 悶氣難消貌）。
棄	HI^	1、拋捨。如：

		拋棄（PAU HI^ = KI^）。 棄權（HI^ = KI^ KIANv 放棄權利）。 棄世（HI^ = KI^ S^ 人死、拋棄了世間）。 棄甲（HI^ = KI^ GAB` 拋棄軍服、戰敗逃走）。 2、廢除。如： 廢棄（FI^ HI^ = KI^）。 3、忘記。如： 捐棄（GIAN HI^ = KI^）。 4、死刑。如： 棄市（HI^ = KI^ S^ 古時的死刑）。 讀音 KI^。
戲 戲 戏	HI^	1、玩耍。如： 遊戲（YUv HI^）。 嬉戲（HI HI^）。 2、開玩笑。如： 戲言（HI^ NGIANv）。 戲弄（HI^ NUNG` 玩笑、耍弄）。 調戲（TIAUv HI^ 玩弄）。 戲謔（HI^ NGIOG` 戲弄、作弄人）。 3、化裝扮演故事。如： 做戲（ZO^ HI^ 演戲）。 演戲（IAN HI^ 扮演戲劇）。 看戲（KON^ HI^）。 戲團（HI^ TONv）。 戲棚（HI^ PANGv 戲臺）。 戲劇（HI^ KIAG` 演戲藝術）。 戲齣（HI^ TSUD` 戲碼）。 戲園（HI^ IANv 戲院）。 戲考（HI^ KAU` 研究戲劇來歷的書）。 戲法（HI^ FAB` a、魔術。 　　　　　　　　b、給人以假象的欺騙手法）。
去 厺	HI^	1、前往。如： 前去（CHIENv HI^ 向前去）。 來去（LOIv HI^ a、走吧！我們去！b、來往）。 來來去去（LOIv LOIv HI^ HI^ 來來往往）。 2、離開。如： 去留（HI^ = KI^ LIUv 離開或留下）。 去職（HI^ = KI^ ZD` 離職）。

		去世（HI^ = KI^　S^ 離開世間、死亡）。 3、發出。如： 去信（HI^ = KI^　CIN^）。 去電（HI^ = KI^　TIEN^ 發出電報、撥出電話）。 4、所到之處。如： 去向（HI^ = KI^　HIONG^）。 去處（HI^ = KI^　TSU^）。 5、去勢（HI^ = KI^　S^　閹割生殖器）。
繫	HI^	1、懸念，留戀： 繫念（HI^　NGIAM^ 掛念）。 繫戀（HI^　LIEN^ 留戀不捨）。 2、連綴： 聯繫（LIENv HI^）。 3、囚禁 繫獄（HI^　NGYUG^）。 繫纍（HI^　LUI` 拘囚）。 4、綁縛： 繫馬（HI^　MA）。 繫鞋帶（HI^　HAIv　DAI^ 綁鞋帶）。 5、牽纏： 繫絆（HI^　PAN^ 牽纏）。
餼 饩	HI^	餽贈： 餼之粟（HI^　Z　CHYUG` 送人的粟米）。
咥	HI^	大笑。
盻	HI^	盻盻（HI^　HI^ 眼睛看人帶怨恨）。
閜	HIA	張開，分散。嘴唇合不攏，外張： 閜開（HIA　KOI　張開）。 嘴閜閜（ZOI^　HIA　HIA 嘴唇外開，像瓠勺一般，口大。）
閜	HIA^	五指張開、孔雀羽尾開屏。如： 手指閜開來（SU`　Z`　HIA^　KOI　LOIv）。
灑 洒	HIA^	灑水（HIA^ = SA`　SUI` 以手散水）。
蓄	HIAB`	1、儲蓄。如： 蓄錢（HIAB`　CHIENv 存錢、儲蓄）。 蓄私頦（HIAB`　S　GOI 存私房錢）。 2、深藏。如： 蓄毒（HIAB`　TUG^ 蓄藏毒意）。 蓄仇恨（HIAB`　SUv　HEN^ 蓄存仇恨）。
脅 胁	HIAB^	用勢力逼迫。如： 威脅（WI　HIAB^）。

脅		脅迫（HIAB^ BED`）。 脅制（HIAB^ Z^ 強制、威逼）。 脅從（HIAB^ CHYUNGv 脅迫跟從）。
挾	HIAB^	1、夾持、脅迫： 要挾（IEU HIAB^）。 挾攻（HIAB^=GIAB^ GUNG 夾擊）。 2、約束。如： 挾制（HIAB^ Z^）。 3、夾在腋下： 挾衫帕（HIAB^=GIAB^ SAM PA^ 夾手帕）。 4、懷藏： 挾恨（HIAB^ HEN^）。 挾仇（HIAB^ SUv）。 挾嫌（HIAB^ HIAMv 挾恨）。
協	HIAB^	1、和合。如： 協和萬邦（HIAB^ FOv UAN^ BANG=BONG）。 2、共同、互相、輔助。如： 協同（HIAB^ TUNGv）。 協作（HIAB^ ZOG` 通力合作）。 協助（HIAB^ TSU^）。 協調（HIAB^ TIAUv 協商調和）。 協力（HIAB^ LID^）。 協定（HIAB^ TIN^ 商定條約）。 協商（HIAB^ SONG 共同商議）。 協理（HIAB^ LI a、幫同辦理。 　　　　　　　　b、經理的助手）。 協議（HIAB^ NGI^ 協商）。 協會（HIAB^ FI^ 為謀共同利益所組織的團體）。
撨	HIAB^	以武力恐嚇。同「脅 HIAB^」。
薔	HIAB^	計較。如： 子嫂會薔（Z` SO` UOI^ HIAB^ 妯娌會計較）。 薔伊不去做（HIAB^ Iv Mv HI^ ZO^ 計較他不去工作）。
歇	HIAD`	住宿。如： 歇夜（HIAD` IA^ 宿夜）。 歇宿（HIAD` GYUG`）。 在哪也歇（TSOI NA^ E` HIAD`在哪兒住夜？）。 歇睏（HIAD` KUN^）：休息、住宿睡覺。
肸	HIAD`	1、散佈。如： 肸肸（HIAD` HIAD` 笑聲散佈貌）。

		芬馥肸蠁（FUN FUG^ HIAD` HIONG^ 芬芳像蠁虫一樣到處散布）。 2、佈置。如： 肸飾（HIAD` SD` 佈置裝飾）。
劇 剧	HIAG`	動物激情： 起劇（HI` HIAG` 開始激情）。 牛作劇（NGYUv ZOG` HIAG` 牛激情）。
嫌	HIAMv	1、厭惡。如： 嫌惡（HIAMv U^）。 2、不滿意。如： 嫌少（HIAMv SEU`）。 棄嫌（KI^ HIAMv 不滿意而放棄）。 嫌忌（HIAMv GI^ 不滿意他人所做的）。 嫌東嫌西（HIAMv DUNG HIAMv CI）。 3、可疑。如： 嫌疑（HIAMv NGIv）。 避嫌（PID` HIAMv 避免嫌疑）。
嗛	HIAMv	1、怨恨。 2、口銜東西。
亨	HIAN	通達、順利： 亨通（HIAN TUNG）。 亨途（HIAN TUv 平坦的前途）。
掀	HIAN	1、揭開。如： 掀開（HIAN=IAN KOI）。 掀書（HIAN=IAN SU 翻開書）。 2、翻騰。如： 掀起大浪（HIAN=IAN HI` TAI^ LONG^）。 3、掌摑。「掌打」的另一種說法。如： 掀一巴掌（HIAN ID` BA ZONG`）。
揎	HIAN	1、捲袖露臂： 揎袖（HIAN CHIU^ 捲袖）。 2、以拳打人： 揎拳捋袖（HIAN KIANv LOD^ CHIU^ 掀起衣袖，露出手臂，準備打架）。 3、用話責備人； 排揎（PAIv HIAN）。
僩	HIAN	聰明而行為輕薄： 僩薄少年（HIAN POG^ SEU^ NGIANv）。
嬛	HIAN	輕佻，輕盈柔美貌： 便嬛綽約（PIEN^ HIAN TSOG` IOG`）。
翾	HIAN	1、急速： 輕翾（KIANG HIAN）。

		2、小飛： 翻飛（HIAN　FI）。
譁 諼	HIAN	1、欺詐： 詐譁（ZA^　HIAN）。 2、忘記： 勿譁（UD^　HIAN）。 3、通「萱」。
懸 悬	HIANv	1、掛在空中： 懸空（HIANv　KUNG）。 懸掛（HIANv　GUA^）。 懸崖（HIANv　NGAIv 絕壁、山崖高聳）。 懸壺（HIANv　FUv 行醫、賣藥）。 懸梁＝樑（HIANv　LIONGv 上吊自縊）。 2、事情沒有結果： 懸案（HIANv　ON^）。 3、出錢徵求別人做事： 懸賞（HIANv　SONG`）。 4、懸殊（HIANv　SU）：距離大。 5、牽念： 懸念（HIANv　NGIAM^）。 6、口若懸河（KIEU`　IOG^　HIANv　HOv 講話滔滔不絕）。
旋	HIANv	同「旋 CIENv」。 旋旋風（HIANv　HIANv　FUNG 突如其來）。
顯 顕 显	HIAN`	1、露在外面。如： 顯露（HIAN`　LU^）。 顯出（HIAN`　TSUD`）。 顯示（HIAN`　S^ 表示出來）。 顯明（HIAN`　MINv 很明白）。 顯揚（HIAN`　IONGv 表彰）。 顯著（HIAN`　ZU^ 明顯）。 顯赫（HIAN`　HAG` 光明貌、有靈驗的樣子）。 顯豁（HIAN`　HOD` 明顯）。 2、表現。如： 顯身手（HIAN`　SN　SU`）。 3、有聲望地位的。如： 顯貴（HIAN`　GUI^）。 顯要（HIAN`　IEU^）。
現 现	HIAN^	1、顯露。如： 出現（TSUD`　HIAN^）。 2、目前、當場。如：

		現場（HIAN^ TSONGv）。 現在（HIAN^ TSAI^）。 現代（HIAN^ TOI^ 目前的時代）。 現任（HIAN^ IM^ 現在擔任）。 現職（HIAN^ ZD` 現在的職位）。 現勢（HIAN^ S^ 目前的形勢）。 現狀（HIAN^ TSONG^ 現在的樣子）。 現款（HIAN^ KUAN` 現錢）。 3、實有。如： 現貨（HIAN^ FO^）。 現成（HIAN^ SNv 已經做好的）。 現實（HIAN^ SD^ a、實際的狀況。 　　　　　　　　b、只顧眼前利益）。 4、事物的狀態。如： 現象（HIAN^ CIONG^）。
見	HIAN^	發覺，顯露： 發見（FAD` HIAN^）。通「現」。
俔	HIAN^	恐懼： 忱俔（CIM` HIAN^ 恐懼貌）。 忱忱俔俔（CIM CIM HIAN^ HIAN^恐懼貌）。
睍	HIAN^	小見，小視；小眼睛；不敢舉目貌。 睍睍（HIAN^ HIAN^ 恐懼不敢舉目揚眉）。 睍睆（HIAN^ UAN` 美好貌）。
獻 献	HIAN^	1、恭敬奉送，下級呈奉給上級。如： 呈獻（TSANGv HIAN^）。 獻花（HIAN^ FA）。 2、自願捐贈。如： 捐獻（GIAN HIAN^）。 奉獻（FUNG^ HIAN^）。 貢獻（GUNG^ HIAN^）。 獻身（HIAN^ SN 貢獻自己）。 獻金（HIAN^ GIM 拿出錢來貢獻給大眾）。 獻計（HIAN^ GIE^ 貢獻計策）。 3、表演。如： 獻技（HIAN^ GI）。 獻醜（HIAN^ TSU` 向人表露自己技能時說的自謙話）。 4、故意顯示。如： 獻媚（HIAN^ MIv）。
炫	HIAN^	1、矜誇： 自炫（TS^ HIAN^）。 2、照耀：

		炫耀（HIAN^ IEU^ 光耀、自誇、誇耀）。 炫目（HIAN^ MUG` 光彩照耀眼睛）。 炫惑（HIAN^ FED` 炫耀誇飾）。
衒	HIAN^	自誇： 自衒（TS^ HIAN^）。
眴	HIAN^	轉動眼珠示意。
曉 暁	HIAU`	1、天亮。如： 破曉（PO^ HIAU`）。 天曉（TIEN HIAU` 天亮）。 曉色（HIAU` SED` 清晨的景色）。 知道。如： 知曉（DI HIAU`）。 3、會。會做，知曉。如： 曉得（HIAU` DED`）。 不曉得（Mv HIAU` DED` 不會做）。 4、使人知道、告知。如： 曉諭（HIAU` I^ 明白告知）。 揭曉（GIAD` HIAU` 發表、揭露）。 曉示（HIAU` S^ 告示）。 曉以利害（HIAU` I LI^ HOI^）。
攝	HIB`	攝相（HIB` CIONG^ 照相）。
翕	HIB`	1、不透氣、悶、欺負。如： 會翕死（UOI^ HIB` CI` 會悶死）。 翕被（HIB` PI）：蓋被子使之出汗。 翕死矣（HIB` CI` IEv）：窒息死了。 翕人（HIB` NGINv）：欺負人。 2、聚合。如： 張翕（ZONG HIB` 開合）。 3、翕然（HIB` IANv）：協和順暢的樣子。 4、翕相（HIB` CIONG^ 照相）。
歙	HIB`	通「吸」「翕」。 歙氣（HIB` HI^ 被激而悶氣）。
鬩 阋	HID`	因為忿恨而爭鬥。如： 鬩牆（HID` CHIONGv = CIONGv 兄弟相爭）。
嘵 哓	HIEU	嘵嘵（HIEU HIEU 不服而爭辯不已）。
枵	HIEU	空虛、飢餓： 枵腹（HIEU BUG`）。河洛音「IAU」。
烋	HIEU	炰烋（PAUv HIEU = HAU 驕傲氣盛貌。咆哮）。
囂	HIEU	1、囂張（HIEU ZONG 傲慢放肆）。

		2、罅塵（HIEU TSNv 塵土飛揚。甚罅塵上，四處紛傳）。 3、罅罅（HIEU HIEU 自得貌）。
嬈	HIEUv	女人花枝招展。不知害羞。在男人面前賣弄風情： 嬈妮妮（HIEUv NAIv NAIv 女子風騷、賣弄風情引人注意、騷包）。 蓋嬈個細妹也（GOI^ HIEUv GE^ SE^ MOI^ IE` 很風騷、賣弄風情的女子）。
翹翹	HIEU^	平直的木板變成彎曲、向上突起。 翹卻（HIEU^ HIOG` 平直木板翹曲不平）。 翹峨翹棟（HIEU^ NGOv HIEU^ DUNG^ 屋宇高大，屋棟翹起）。 板也翹起來矣（BIONG NGE` HIEU^ HI` LOIv IEv 木板翹起來了）。 該頭翹起來矣（GE^ TEUv HIEU^ HI` LOIv IEv 那頭翹起來了）。 分人褒于尾翹翹（BUN NGINv BO UA^ MI HIEU^ HIEU^ 聽到褒獎聲，尾巴都翹起來了）。
歆	HIM	1、羨慕。如： 歆慕（HIM MU^）。 歆羨（HIM HIAN^ 羨慕）。 2、悅服： 民歆（MINv HIM 人民心悅誠服）。
興興	HIM^	1、歡喜。如： 高興（GO HIM^）。 2、情趣。如： 興趣（HIM^ CHI^）。 酒興正濃（JIU` HIM^ ZN^ NUNGv）。 3、熱中。如： 恁興（AN` HIM^ 這麼熱中）。 興烙烙到（HIM^ LOD^ LOD^ DO` 太熱烙於....）
興興	HIN	1、開始、提倡、發動、舉辦。如： 興起（HIN HI`）。 大興土木（TAI^ HIN TU` MUG` 開始大規模的建築）。 2、盛昌、旺盛。如： 興旺（HIN UONG^）。 興亡（HIN MONGv 旺盛與衰亡）。 3、流行。如：

		時興（Sv HIN）。 4、起床、起來。如： 夙興夜寐（CYUG` HIN IA^ MI^ 起得早，睡得遲，表勤奮）。 4、興奮（HIN FEN 精神振作、情緒激動）。
刑	HINv	懲罰的總稱,懲罰罪犯的方法。如： 刑罰（HINv FAD^ 對犯人的責罰）。 刑法（HINv FAB` 對犯罪者規定處罰的法律）。 刑庭（HINv TINv 審理刑事案件的法庭）。 徒刑（TUv HINv 懲罪的方法）。 量刑（LIONGv HINv 裁量刑期）。 刑求（HINv KYUv 用刑具逼供）。 刑期（HINv KIv 懲罪期限）。 刑具（HINv KI` 用刑的器具）。
昏	HINv	頭暈。如： 昏昏（HINv HINv 頭暈暈的）。 頭顱昏（TEUv NAv HINv 頭暈）。 頭昏目暗（TEUv HINv MUG` AM^ 頭昏眼花）。
暈眩	HINv	頭暈。如： 暈車（HINv TSA 因車行而眩暈嘔吐）。 暈船（HINv SONv 因船行而眩暈嘔吐）。 頭顱暈暈（TEUv NAv HINv HINv 頭暈暈的）。
反	HIN`	「反 FAN`」的變音。 反骨（HIN` GUD`）：喻女人不守婦道。
詗	HIN^	刺探消息： 詗察（HIN^ TSAD` 刺探偵查）。 詗伺（HIN^ S^ 刺探的人）。
釁釁衅	HIN^	1、嫌隙： 啟釁（KI` HIN^ 開始猜忌生仇）。 釁隙（HIN^ HID` 感情有了裂痕）。 2、以香料塗身： 釁浴（HIN^ YUG^）。 3、以牲血塗器祭神： 釁鐘（HIN^ ZUNG）。 4、釁端（HIN^ DON 戰事，引起爭執）。
㪯	HIO^	1、以掌打臉。如： 㪯一巴掌（HIO^ ID` BA ZONG` 摑一巴掌）。 2、耳㪯㪯到（NGI` HIO^ HIO^ DO` 耳邊風、不聽話、不當一回事）。

卻却	HIOG`	1、本來平順的物體變形了。如：板也卻卻（BIONG NGE` HIOG` HIOG` 木板翹起、變形、不平）。 2、掌摑。如：卻一巴掌（HIOG` ID` BA ZONG`摑一巴掌）。
享言	HIONG`	1、受用、消受。如： 享受（HIONG` SU^）。 享福（HIONG` FUG`）。 享樂（HIONG` LOG^）。 享用（HIONG` YUNG^ 分與大家用）。 分享（FUN HIONG` 分與大家享受）。 2、請客、飲宴。如： 享客（HIONG` KIED`）。
響响	HIONG`	1、附和、應聲。如： 響應（HIONG` IN^）。 2、影響（IANG` HIONG` 受他方面言語、動作所引起的變化）。
饗	HIONG`	1、設豐盛酒食宴客： 饗客（HIONG` HAG`=KIED` 請客）。 2、通「享」：祭祖或祀神： 祝饗（ZUG` HIONG`）。 3、受： 尚饗（SONG^ HIONG`祭文的結尾用詞）。 4、鄉人飲酒。
餉饷	HIONG`	1、請客。如： 餉客（HIONG` KIED`）。 2、拿文字給人看。如： 以餉讀者（I HIONG` TUG^ ZA`）。
饟	HIONG`	同「餉」。
向	HIONG^	1、對著、朝著、方位。如： 方向（FONG HIONG^）。 向西（HIONG^ CI）。 面向（MIEN^ HIONG^ 面對）。 趨向（CHI HIONG^ 走向、對著）。 向前（HIONG^ CHIENv）。 向上（HIONG^ SONG^ 力求上進）。 2、目標。如： 方向（FONG HIONG^）。 航向（HONGv HIONG^）。 志向（Z^ HIONG^ 志願）。 向心（HIONG^ CIM 歸附）。 3、往昔。如：

		一向（ID` HIONG^ 一直如此）。 向來（HIONG^ LOIv 一直以來）。 4、偏袒。如： 偏向（PIEN HIONG^）。
嚮 向	HIONG^	1、通「向」。如： 嚮往（HIONG^ UONG 對著目標走,傾向）。 嚮慕（HIONG^ MU^ 景仰）。 傾向（KIN HIONG^ 趨向）。 2、接近。如： 嚮明（HIONG^ MINv 日出時）。 嚮午（HIONG^ NG` 接近中午）。 3、引領。如： 嚮導（HIONG^ TO 引路的人）。
饗	HIONG^	以豐盛酒食待客： 饗客（HIONG^ KIED`）。
呵	HO	1、呵護（HO FU^ 守護）。 2、呵斥（HO TSD` 怒責）。 呵叱（HO TSD` 大聲責罵）。 呵喝（HO HOD` 大聲喝止）。
訶	HO	大聲斥責： 訶斥（HO TSD` 大聲斥責）。 訶責（HO JID` 大聲責罵）。
熇	HO	日曬。如： 炎熇（IAMv HO 火勢熾盛,熱曬）。 熇日頭（HO NGID` TEUv 在大太陽底下曬）。
荷	HOv	1、用肩擔承。如： 負荷（FU^ HOv）。 2、承受。如： 感荷（GAM` HOv）。 3、請求之詞，意即「希望」。 請復信為荷（CHIANG` FUG^ CIN^ WIv HOv）。
嗥 嘷 獆 獋	HOv	狗狼狂叫。
嗥 号	HOv	號嗷（HOv GIEU^ 嚎哭）。
吼	HO^	大聲叫： 怒吼（NU^ HO^）。
耗	HO^	同「耗 HO」。 減損。如：

		耗費（HO^ FI^ 消耗，浪費）。 消耗（SEU HO^ 消磨耗費）。 耗喪（HO^ SONG` 浪費）。 耗造（HO^ TSO^ 耗費）。
熇	HO^	蒸氣燙熱。如： 熇到手（HO^ DO` SU` 被蒸氣炙燙到手）。 熇燒來（HO^ SEU LOIv）：蒸熱它。 會熇人（UOI^ HO^ NGINv 蒸汽會炙燙人）。
渴	HOD`	口乾、想喝水。如： 肚渴（DU` HOD`）：口渴。 又飢又渴（YU^ GI YU^ HOD`）。
喝	HOD`	大聲斥罵。如： 喝人（HOD` NGINv 大聲吼人）。 叱喝（TSD` HOD` 怒聲吼叫）。 喝狗（HOD` GIEU` 叱喝人如叱喝狗）。 大聲喝（TAI^ SANG HOD`）。 威嚇。如： 恐喝（KYUNG` HOD`）。 威喝（WI HOD` 威脅恐嚇）。 3、飲。如： 喝酒（HOD` JIU` 飲酒）。 4、喝采（HOD` TSAI` 大聲叫好）。
轄 辖	HOD`	管理： 管轄（GON` HOD`）。 轄區（HOD` KI 管轄區域）。
舝	HOD`	同「轄 HOD`」。
洇	HOD^	喘急而口乾。如： 走于恁洇（ZEU` UA^ AN` HOD^ 跑得這麼喘、這麼乾渴）。 洇洇不好食水（HOD^ HOD^ Mv HO` SD^ SUI` 氣急乾渴時不可喝水）。
熇	HOG`	放在燒熱的鐵器上焙烤。如： 熇蝦蚣（HOG` HAv GUNG 烤蝦）。 熇魚乾（HOG` NGv GON 烤魚乾）。
豁	HOG`	1、捨棄、丟掉。如： 豁歇（HOG` HED` 丟掉、丟棄）。 豁命（HOG` MIANG^ 捨命）。 2、免除。如： 豁免（HOG` MIEN）。
涸	HOG`	1、水乾盡了： 涸乾（HOG` GON 乾燥）。

		燥涸（ZAU HOG` 乾燥）。 2、窮困的： 涸轍（HOG` TSAD^ 窮困）。
學 学	HOG^	1、習練、仿效、研求。如： 學習（HOG^ CIB^ 研習）。 學行（HOG^ HANGv 學走路）。 學徒（HOG^ TUv 跟師傅學藝的人）。 學生（HOG^ SEN=SANG）。 學子（HOG^ Z` 學生）。 學人（HOG^ NGINv 學者、模仿人的模樣）。 求學（KYUv HOG^ 求取學問）。 學問（HOG^ UN^ 求學所得的知識）。 學識（HOG^ SD` 學問知識）。 輟學（DOD` HOG^ 中途停學）。 失學（SD` HOG^ 缺失學習）。 學齡（HOG^ LINv 受教育的年齡）。 學童（HOG^ TUNGv 學齡兒童）。 學派（HOG^ PAI^ 研究學術的派別）。 學分（HOG^ FUN 計算學習成績的單位）。 學業（HOG^ NGIAB^ 研究學問）。 學說（HOG^ SOD` 學術上的主張）。 學歷（HOG^ LID^ 求學的經歷）。 學位（HOG^ WI^ 研究學問所得的位置稱號）。 學手藝（HOG^ SU` NGI^ 學習謀生的技藝）。 學齡兒童（HOG^ LINv Iv TUNGv 讀書年齡的兒童）。 2、學話（HOG^ FA^ 打小報告）。
害	HOI^	1、禍患，災患。如： 蟲害（TSUNGv HOI^）。 災害（ZAI HOI^）。 禍害（FO^ HOI^）。 害人害己（HOI^ NGINv HOI^ GI` 居心不良反而危害自己）。 害子害孫（HOI^ Z` HOI^ SUN 禍害子孫）。 2、殘殺。如： 謀財害命（MEUv TSOIv HOI^ MIANG^）。 3、妨礙。如： 妨害（FONGv HOI^）。 危害（NGUIv HOI^）。

		4、心理產生不安情緒。如： 害羞（HOI^ CIU）。 5、患病，生病。如： 害病（HOI^ PIANG^）。 病害（PIANG^ HOI^）。 蟲害（TSUNGv HOI^）。 6、重要地方。如： 要害（IEU^ HOI^）。 7、毀傷。如： 損害（SUN` HOI^）。 8、無益的。如： 害鳥（HOI^ NGIAU）。 害蟲（HOI^ TSUNGv）。 害群之馬（HOI^ KYUNv Z MA 有害群眾的人）。 9、使、令。如： 害我冇赴到（HOI^ NGAIv MOv FU^ DO` 害我沒有趕上）。 害伊分人罵矣（HOI^ Iv BUN NGINv MA^ Ev 害他捱罵了）。
駭 骇	HOI^	1、驚懼、可怕： 駭人聽聞（HOI^ NGINv TANG UNv 使人聽了害怕）。 驚濤駭浪（GIANG TO HOI^ LONG^ 使人驚悚的大浪）。 2、詫異： 駭異（HOI^ I^ 詫怪驚異）。 駭愕（HOI^ NGOG` 驚懼詫異）。
旱	HON	1、久不下雨、缺少雨水。 天旱（TIEN HON）。 旱災（HON ZAI）。 2、缺水的田地。如： 旱田（HON TIENv）。
放	HON	「放 FONG^」的變音，大量放水。如： 放水（HON SUI` 把水池的水放掉或放入）。
捍 扞	HON^	1、同「扞」。保衛： 捍衛（HON^ WI^）。 2、同「悍」。兇暴： 兇捍（HYUNG HON^）。
熯	HON^	1、乾煎食物。 2、烘乾。

		3、同「漢」。
熯	HON^	1、烘乾。 2、烈日烘曬。
銲 釬 焊	HON^	接合金屬。如： 銲接（HON^ JIAB`）。 銲錫（HON^ CIAG`以錫焊接亞鉛皮管、桶）。
焊	HON^	同「銲 HON^」。 電焊（TIEN^ HON^ 以電熱焊接）。 焊接（HON^ JIAB` 以電熱燒接）。
夯	HONG	1、用力舉物或挑物。 擔夯（DAM HONG 肩挑）。 2、有力而強壯的： 夯漢（HONG HON^ 力強男人）。 3、夯貨（HONG FO^ 罵人愚笨,笨重的東西）。 4、以灰土補縫隙。 5、很風行、很搶眼。 盡(蓋)夯（CHIN^ = GOI^ HONG 很盛行）。
航	HONGv	船和飛機的行駛。定期往來的船或飛機。 航空（HONGv KUNG 駕使飛機在空中飛行）。 航海（HONGv HOI`駕駛船隻在海中航行）。 航班（HONGv BAN 飛行或航船的班次）. 飛航（FI HONGv 飛機飛行）。 航運（HONGv YUN^ 飛機或輪船的運輸）. 航業（HONGv NGIAB^ 航運事業）。 航線（HONGv CIEN^ 船舶飛機航行的路線）。 領航（LIANG HONGv 帶領飛行或帶領船行）。
頏	HONGv	頡頏（GID` HONGv a、鳥向上飛稱頡,向下飛稱頏。b、不相上下。
降	HONGv	1、服從、屈服。如： 降服（HONGv FUG^）。 投降（TEUv HONGv 降服）。 降伏（HONGv FUG^ 投降）。 2、用力制服。如： 降虎（HONGv FU` 制服老虎）。
項 項	HONG^	頸項升離原位。從凳子、床上或水中升起或離身。 項起來（HONG^ HI` LOIv 頸項升離原位：a.站(坐)起來！b.起床！c.從水中上岸來！）

		項凳（HONG^ DEN^ 離凳站立起來）。 項床（HONG^ TSONGv 頸項從躺臥中升離床,起床、離床）。
休	HYU	1、歇息、轉擺（ZON` BAI`）、歇睏（HIAD` KUN^）。 休息（HYU CID`）。 休假（HYU GA` 放假）。 休憩（HYU KI^ 休息）。 休刊（HYU KON 停止刊載）。 休業（HYU NGIAB^ 停止營業）。 休學（HYU NGIAB^ 停學）。 休養（HYU IONG 休息調養）。 休閒（HYU HANv 優遊歲月,閒暇時）。 2、終止。如： 休會（HYU FI^ 停止開會）。 休職（HYU ZD` 停止職務）。 退休（TUI^ HYU 終止工作）。 3、丈夫割棄妻子稱為 休妻（HYU CHI）。 4、喜慶、美善。 休戚相關（HYU CHID` CIONG GUAN 彼此的快樂和憂愁有連帶關係）。
庥	HYU	1、庇蔭： 蒙庥（MUNGv HYU 承蒙庇蔭）。 2、同「休」。
朽	HYU`	1、腐爛。如： 朽木（HYU` MUG` 腐爛的木頭）。 朽敗（HYU` PAI^ 腐敗）。 朽糜（HYU` MUD` 朽爛）。 朽味（HYU` MI^）：死屍的臭味、惡臭。 2、衰老。如： 老朽（LO` HYU`）。 朽邁（HYU` MAI^ 老邁）。 3、滅。如： 永垂不朽（YUN` SUIv BUD` HYU`）。
蓄	HYUG`	1、積聚。如： 儲蓄（TSUv HYUG`）。 貯蓄（DU` HYUG`）。 蓄志（HYUG` Z^ 蘊蓄志願伺機即發）。 蓄念（HYUG` NGIAM^ 久存此心）。 蓄謀（HYUG` MEUv 內裡精心謀劃）。 蓄怨（HYUG` IAN^ 積聚怨恨）。

		養精蓄銳（IONG JIN HYUG` YUI^ 蓄精神銳氣）。 2、隱藏、涵容。如： 含蓄（HAMv HYUG`）。
畜	HYUG`	1、飼養牲畜。如： 畜牧（HYUG` MUG^）。 畜雞畜鴨（HYUG` GIE HYUG` AB`養雞養鴨）。 畜狗畜貓（HYUG` GIEU` HYUG` MEU^）。 畜老鼠咬布袋（HYUG` LU^ TSU` NGAU BU^ TOI^ 喻吃裡扒外）。 2、養育兒女。如： 畜大細（HYUG` TAI^ SE^ 養育兒女）。 畜衰人（HYUG` SOI NGINv 養育他真倒楣！） 畜六個細人也（HYUG` LYUG` GE^ SE^ NGINv NE` 養育六個兒女）。 畜不得大（HYUG` Mv DED` TAI^ 難於拉拔長大）。
慉	HYUG`	1、養。 2、積。
勗 勖	HYUG`	勉勵： 勖勉（HYUG` MIEN）。
欣	HYUN	心裡喜歡、高興、歡喜。如： 欣喜（HYUN HI`）。 欣慰（HYUN WI^ 歡喜安慰）。 欣悅（HYUN IAD^ 歡樂）。 欣服（HYUN FUG^ 歡心佩服）。 欣然（HYUN IANv 喜悅的樣子）。 欣賞（HYUN SONG` 用欣喜的心情來賞玩）。 欣欣向榮（HYUN HYUN HIONG^ YUNGv 草木滋長的樣子。事業順利發展）。
忻	HYUN	同「欣」字。
訢	HYUN	恭敬、歡喜： 訢訢（HYUN HYUN）。 訢然（HYUN IANv）。
薰	HYUN	1、香草名。 2、火灼。如： 薰灼（HYUN ZOG` 火烤）。 利慾薰心（LI^ YUG^ HYUN CIM 心懷貪念如被火薰灼）。 3、溫和。如：

		薰風（HYUN FUNG 和風）。 4、芳香。如： 草薰（TSO` HYUN）。 薰沐（HYUN MUG^ 以香氣沐浴、喻潔淨）。 薰陶（HYUN TOv 香可薰物，陶可製器。喻培育人才）。
燻	HYUN	通「薰、熏、煮」。用煙火烤。如： 燻魚燻雞（HYUN NGv HYUN GIE）。 燻肉（HYUN NGYUG`）。
熏	HYUN	1、煙向上冒。如： 煙火熏天（IAN FO` HYUN TIEN）。 2、用煙火烤食物。如： 熏肉（HYUN NGYUG`）。 3、用香料的煙燻烤。如： 熏沐（HYUN MUG^ 燻烤身體沐浴）。 4、氣味襲人。如： 臭味熏人（TSU^ MI^ HYUN NGINv）。 熏倒（HYUN DO` 受氣味熏炙昏倒）。 熏煤（HYUN MOIv 受煤氣熏炙）。 熏香（HYUN HIONG 有毒的香味，迷魂香味；喻誹謗人或揭短揚惡的話）。 5、和暖。如： 熏風（HYUN FUNG）。 熏夕（HYUN CIB^ 昏暮）。
醺	HYUN	1、漸染。如： 為世所醺（WIv S^ SO` HYUN 為世俗所染）。 2、酒醉而樂。如： 醉醺醺（ZUI^ HYUN HYUN）。
訓 訓	HYUN^	1、教導、申斥。如： 教訓（GAU^ HYUN^ 教導訓斥）。 訓人（HYUN^ NGINv 責備人）。 訓斥（HYUN^ TSD` 教訓斥責）。 訓話（HYUN^ FA^ 訓勉）。 訓勉（HYUN^ MIEN 教導勸勉）。 訓誡（HYUN^ GIAI^ 教導警戒）。 訓誨（HYUN^ FI^ 長輩對小輩的教訓）。 訓育（HYUN^ YUG` 訓導、管理、培育）。 訓詞（HYUN^ TSv 教訓的言詞）。 訓練（HYUN^ LIEN^ 訓示操練）。 訓令（HYUN^ LIN^ 訓示命令）。 2、可做法則的言語。如：

		師訓（S HYUN^）。 校訓（GAU` HYUN^）。 3、解釋。如： 訓詁（HYUN^ GU` 註解文義）。
馴 馴	HYUN^	順從、使順服。如： 馴服（HYUN^ FUG^）。 馴馬（HYUN^ MA）。 馴獸（HYUN^ TSU^ 訓練獸類使順從人意）。 馴鹿（HYUN^ LUG^ 在北寒帶受愛斯基摩人訓練來拖車的一種鹿）。
凶	HYUNG	1、兇惡、殘忍、蠻悍不講理。如： 凶惡（HYUNG OG` 殘忍惡毒）。 凶狠（HYUNG HEN` 兇暴狠毒）。 凶暴（HYUNG PAU^ 強悍不講理）。 凶險（HYUNG HIAM` 兇惡險詐）。 2、傷人、殺人。如： 行凶（HANGv HYUNG 凶殺）。 凶殺（HYUNG SAD` 殺人）。 凶手（HYUNG SU` 殺傷人的人）。 凶器（HYUNG HI^ 殺、傷人的器具）。 3、形容厲害。如： 蓋凶（GOI^ HYUNG 很凶）。 凶猛（HYUNG MEN 非常勇猛）。 4、不吉利。如： 吉凶（GID` HYUNG 吉利和不吉利）。 凶兆（HYUNG SEU^ 不吉利的兆頭）。 5、凶年（HYUNG NGIANv 荒年）。 6、通「兇HYUNG」。
兇	HYUNG	同「凶」。 1、狠惡。如： 兇惡（HYUNG OG`）。 行兇（HANGv HYUNG 兇殺）。 兇手（HYUNG SU` 行兇的人）。 2、恐慌、驚嚇的樣子。如： 兇懼（HYUNG KI`）。 3、飢荒年歲。如： 兇年（HYUNG NGIANv 荒年）。
恟	HYUNG	1、驚恐： 恟懼（HYUNG KI` 恐懼）。 2、喧擾貌： 天下恟恟（TIEN HA^ HYUNG HYUNG 到處

		喧擾）。
雄	HYUNGv	性慾旺盛。如： 雄頭（HYUNGv TEUv）：衝力很大、很猛。 起雄（HI` HYUNGv 雄性動物挑起性慾）。 掤雄（BANG^ HYUNG 猛，性慾旺盛）。
衣	I	穿著。如： 衣錦還鄉（I GIM` FANv HIONG 穿著華麗的衣服回家，形容功成名就，光榮回家）。
依	I	1、倚賴、仗靠。如： 依靠（I KAU^）。 依賴（I LAI^）。 依附（I FU^ 憑依、憑靠）。 依傍（I BONG` 靠近）。 2、按照。如： 依次（I TS^ 依照次序）。 依照（I ZEU^ 按照）。 依法（I FAB` 依照法令）。 依據（I GI` 根據）。 3、順從。如： 依順（I SUN^）。 依令（I LIN^ 順從命令）。 4、仍舊。如： 依舊（I KYU^）。 5、彷彿。如： 依稀（I HI 不很清楚的樣子）。 6、不忍分離。如： 依依難捨（I I NANv SA`）。
醫 医	I	1、治療疾病。如： 醫病（I PIANG^）。 醫治（I TS^ 診治疾病）。 醫術（I SUD^ 治病技術）。 醫道（I TO^ 治病的方法與醫德）。 醫德（I DED` 行醫的道德）。 醫學（I HOG^ 研究治病的科學）。 醫藥（I IOG^ 治病的藥物）。 醫院（I IAN^ 醫治看護病人的場所）。 2、能治病的人。如： 醫生（I SEN）。 醫師（I S）。 庸醫（YUNG I 醫術不精的醫生）。
以	I	1、用、拿。如：

以備（I PI^ 用來防備）。
以便（I PIEN^ 用來方便）。
以資（I Z 用來幫助）。
以誠待人（I SNv TAI^ NGINv）。
以身作則（I SN ZOG` ZED`）。
以身試法（I SN S^ FAB`）。
以貌取人（I MAU^ CHI` NGINv 用容貌作為取人的標準）。
以牙還牙（I NGAv FANv NGAv 仇將仇報）。
以毒攻毒（I TUG^ GUNG TUG^ 用一種毒去攻另一種毒）。
以一警百（I ID` GIN` BAG` 懲罰一人以警戒大眾）。
以訛傳訛（I NGOv TSONv NGOv 以錯誤的消息傳揚，越傳越錯）。
以德報怨（I DED` BO^ IAN^ 用恩德報答他人給予的怨恨）。
以寡敵眾（I GUA` TID^ ZUNG^ 用少數抵抗多數）。
以逸待勞（I ID^ TAI^ LOv 安居不動等待遠來疲倦的敵人）。
2、能夠。如：
可以（KO` I）。
3、按照、依順。如：
　　以此類推（I TS` LUI^ TUI）。
4、因為。如：
以致（I Z^ 為了某種原因才變成這樣）。
以期（I KIv 為了求得）。
以此之故（I TS` Z GU^ 原因如此）。
不以人廢（BUD` I NGINv FI^ 不因為某人的人為因素，廢棄原有計畫）。
5、放在方位詞之前，表示時間、空間、地位、方向或數量。如：
以前（I CHIENv 之前）。
以後（I HEU^ 之後）。
以上（I SONG^ 之上）。
以下（I HA^ 之下）。
以北（I BED` 之北）。
以南（I NAMv）。
以內（I NUI^）。
以外（I NGOI^）。
以來（I LOIv）。

		以往（I UONG 以前）。 6、因法。如： 所以（SO` I）。 7、以為（I WIv 以主觀的見解"認為"、"當作"想）。 8、以及（I KIB^ 和、與、連）。
吕	I	同「以」。 注意：「吕」與「呂 LI`」不同。
于	I	于歸（I GUI）：女子出嫁。「于」是往，「歸」是回。
紆	I	彎曲盤繞；盤繞於心的悶結，抑鬱難開。 紆行（I HANGv 曲折而行）。 紆迴（I FIv 迂迴，彎曲迴旋）。 紆緩（I FON^ 緩慢）。 紆徐（I CHIv 徐緩）。 紆尊降貴（I ZUN GONG^ GUI^ 高貴的人俯就低下；謙卑自處）。
予	I	1、給、賞賜。同「與」。如： 給予（GIB` I 給與）。 予奪（I TOD^ 賜予和奪取；指有無上權威）。 生殺予奪（SEN SAD` I TOD^ 操人生死的無上特權）。 予取予求（I CHI` I KYUv 要多少給多少，任意取求，毫無節制之意）。 2、許可。如： 准予（ZUN` I）。 請予照准（CHIANG` I ZEU^ ZUN` 請賜予准許）。
於	I	1、在。如： 在於（TSAI^ I）。 舟行於水（ZU HANGv I SUI` 船行在水上）。 於心何忍（I CIM HOv NGYUN 怎能忍心）。 2、與、和。如： 於法不符（I FAB` BUD` FUv 不符合法令）。 3、到。如： 於今（I GIM 到現在）。 邊於（CHIEN I 邊到）。 4、從、自。如： 取之於民（CHI` Z I MINv 從人民取得）。

		5、比....更....。比較。如： 大於（TAI^ I）。 猛於虎（MEN I FU` 比老虎還猛烈）。 6、承接、結果。如： 於是（I S^ 接著、因此）。
淤泥	I	1、濫泥： 淤泥（I NAIv 阻塞水道的泥沙）。 2、被泥沙塞住： 淤塞（I SED` 泥沙阻塞）。 淤積（I JID` 泥沙囤積）。 3、不流動的： 淤血（I HIAD` 因為靜脈血液回流受阻所引起的循環障礙，常指因微血管破裂而呈現的青腫現象)。
瘀	I	淤血、血液停滯。
與 与	I	1、同、和。如： 人與獸（NGINv I TSU^）。 2、給予。如： 贈與（ZEN^ I 贈送給）。 付與（FU^ I 付給）。 與奪（I TOD^ 給予和奪取）。 3、參加。如： 參與（TSAM I）。 與聞（I UNv 參與其事）。 4、交往。如： 相與（CIONG I 與之交往）。 與國（I GUED` 交好的國家）。 5、同類。如： 黨與（DONG` I 同黨）。 6、等待。如： 歲不與我（SUI^ BUD` I NGO 歲月不等我）。 7、幫助。如： 與人為善（I NGINv Wlv SAN^）。
与	I	「與」的簡體字。
夷	Iv	1、削平。如： 夷為平地（Iv Wlv PIANGv TI^）。 2、平安。如： 化險為夷（FA^ HIAM` Wlv Iv）。 3、殺滅。如： 誅夷（ZU Iv）。 夷其全家（Iv Klv CHIONv GA 殺他全家）。

		4、平等。如： 等夷（ DEN` Iv ）。 5、蒙昧。如： 夷昧（ Iv MI^ ）。 6、夷愉（ Iv Iv＝I^ 心悅誠服）。
移	Iv	1、搬動。如： 移動（ Iv TUNG^ ）。 移居（ Iv GI ）。 移民（ Iv MINv 遷居他處，多指移居國外）。 移交（ Iv GAU 因離職，將職務上經辦的事物交給後任的人）。 移禍（ Iv FO^ 嫁禍給別人）。 移植（ Iv TSD^ 移動植物到他處種植）。 移轉（ Iv ZON` 移動轉換）。 移花接木（ Iv FA JIAB` MUG` 花木的接枝。喻運用巧妙的手段變更事實）。 移樽就教（ I ZUN CHIU^ GAU^ 送酒宴請人飲食。喻自往就教於人）。 2、改變。如： 　移風易俗（ Iv FUNG I^ CYUG^ 改變風俗）。 　立志不移（ LIB^ Z^ BUD` Iv 立志不變）。 3、動搖。如： 　堅定不移（ GIAN TIN^ BUD` Iv ）。
濡	Iv	1、浸濕： 濡筆（ Iv BID` 浸濕毛筆）。 2、感染： 濡染（ Iv NGIAM` 受染，被同化）。 濡忍（ Iv NGYUN 含忍）。 耳濡目染（ NGI` Iv MUG` NGIAM` 聽慣了、看慣了，不以為意）。
如	Iv	1、像、同、似。如： 如同（ Iv TUNGv ）。 如一（ Iv ID` 不變）。 如下（ Iv HA^ 像下面一樣）。 如初（ Iv TSU 與原來一樣）。 如故（ Iv GU^ 像從前一樣）。 如許（ Iv HI` 像這麼多）。 如晤（ Iv NGU^ 好像對面談一樣）。 如雲（ Iv YUNv 像雲這麼多）。 如魚得水（ Iv NGv DED` SUI` 滿足需

		要，非常適意）。 如火如荼（ Iv FO` Iv TUv 形勢熱烈壯盛）。 如釋重負（ Iv SD` TSUNG^ FU^ 好像放下沈重的擔子一樣輕鬆）。 如法泡製（ Iv FAB` PAU^ Z^ 仿效）。 如出一轍（ Iv TSUD` ID` TSAD^ 一模一樣）。 2、及、比得上。如： 不如（ BUD` Iv 不及）。 3、依照。如： 如願（ Iv NGIAN^ ）。 如此（ Iv TS` 照這樣）。 如數（ Iv SU^ 全數）。 4、若是。如： 如果（ Iv GO` ）。 如其（ Iv KIv 若是 ）。 5、現在。如： 如今（ Iv GIM ）。 6、適合。如： 如意（ Iv I^ 合意）。 7、譬喻。如： 譬如（ PID` Iv ）。 8、如何（ Iv HOv 怎樣？） 9、無奈，奈何。如： 如之何（ Iv Z HOv 又如何？奈何 ）？ 10、如廁（ Iv TSED` 用廁所 ）。
茹	Iv	1、互相牽連的草根。 2、吃食。如： 含辛茹苦（HAMv CIN Iv KU` 吃盡辛苦）。
洳	Iv	流鼻涕貌。
胹	Iv	煮熟、煮爛食物： 胹鱉（ Iv BIED` ）。
邇 迩	Iv	1、靠近，親近： 不邇聲色（ BUD` Iv SANG SED` ）。 2、近： 邇來（ Iv LOIv 近來 ）。 遐邇（ HAv Iv 遠近 ）。
諛	Iv	曲意奉承： 阿諛（ A Iv ）。
舁	Iv	兩人抬物： 舁夫（ Iv FU 抬物的人 ）。 舁上階（ Iv SONG^ GIAI 抬上階 ）。

揄	Iv	1、稱贊： 揄揚（Iv IONGv 稱讚他人的美德）。 2、嘲笑、戲弄： 揶揄（IAv Iv）。 3、牽引。
渝	Iv	改變。如： 不渝（BUD` Iv 不改變）。
踰	Iv	1、跳越：通「逾」。 踰越（Iv IAD^）。 踰垣（Iv IANv 跳躍短牆）。 踰分（Iv FUN^ 超過本分）。 2、遠：通「遙」。 踰言（Iv NGIANv）。
隃	Iv	通「踰」。
逾	Iv	通「踰」。 1、跨越。如： 逾河（Iv HOv 跨越河川）。 2、超過。如： 逾越（Iv IAD^）。 逾限（Iv HAN^ 超過限度）。 逾期（Iv KIv 過期）。 逾額（Iv NGIAG` 超過額數）。 逾分（Iv FUN^ 過分、超過本分）。 3、更加。如： 逾甚（Iv SM^ 越發、愈益）。
睮	Iv	細看而不說話。
于	Iv	1、往，去： 于歸（Iv GUI 女子出嫁，去夫家）。 2、于飛（Iv FI 夫婦和好）。
貽 詒	Iv	1、贈給。如： 貽與（Iv Iv 贈給）。 餽貽（KUI` Iv 餽贈）。 2、遺留。如： 貽訓（Iv HYUN^ 遺訓）。 貽世（Iv S^ 遺留到後世）。 貽殃（Iv IONG 遺留下來的災禍）。 貽羞（Iv CIU 羞辱留傳後世）。 貽害（Iv HOI^ 遺害）。 貽笑（Iv SEU^ 引起人的譏笑）。 貽誤（Iv NGU^ 留下錯誤）。 貽謀（Iv MEUv 把計謀留傳給後人）。

詒	Iv	通「貽 Iv」、遺留、留傳。如： 詒書（Iv SU 遺書）。 詒厥（Iv KIAD^ 留傳）。 詒託（Iv TOG` 將權益委託於人）。 詒訓（Iv HYUN^ 遺訓）。
頤	Iv	保養。如： 頤養（Iv IONG 調養，休養）。 頤神（Iv SNv 養神）。
倚	I`	1、依靠、仗恃。如： 倚賴（I` LAI^）。 倚靠（I` KAU^）。 倚仗（I` TSONG^ 依靠）。 倚恃（I` S^ 依靠、仗恃）。 倚傍（I` BONG` 憑藉、取法）。 倚門（I` MUNv 父母靠在門邊望兒子回家）。 倚重（I` TSUNG^ 信任器重）。 2、偏。如： 不偏不倚（BUD` PIEN BUD` I` 沒有任何偏差）。 3、仗勢。如： 倚勢欺人（I` S^ KI NGINv 憑恃勢力欺侮人）。
踦	I`	用力抵抗： 膝之所踦（CHID` Z SO` I`）。
齮	I`	咬。如： 齮齕（I` HED` 咬傷人）。 齮齔（I` TSN^ 脫去乳齒，換上永久牙齒、喻幼年期）。
窫	I`	懶惰： 窫惰（I` TO^ 懶惰不振作）。 窫民（I` MINv 懶人）。
意	I^	1、心中所想的。如： 心意（CIM I^）。 意思（I^ S 思想、意義、敬意）。 中意（ZUNG^ I^ 合意）。 意向（I^ HIONG^ 心意的傾向）。 意志（I^ Z^ 意念的傾向）。 意會（I^ FI^ 心中領會）。 2、主張。如： 意見（I^ GIAN^）。 3、料想。如：

		意料（I^ LIAU^）。 意外（I^ NGOI^ 料想之外）。 不意（BUD` I^ 意外）。 4、意識（I^ SD` 知覺感情思想的總稱）。 5、意氣（I^ HI^ 任性的行為）。
憶忆	I^	1、記得。如： 記憶（GI^ I^）。 憶及（I^ KIB^ 想到）。 2、思念。如： 憶念（I^ NGIAM^）。 憶鄉（I^ HIONG 想念家鄉）。 憶舊（I^ KYU^ 追念舊人或舊事）。 憶友（I^ YU 懷念舊友）。
臆肊	I^	憑私意猜想： 臆測（I^ TSED`）。 臆斷（I^ DON^ 憑己意判斷）。
易	I^	1、交換。如： 交易（GAU I^）。 2、商業行為。如： 貿易（MEU^ = MAU^ I^ = ID^）。 3、改變。如： 易名（I^ MIANGv）。 易地（I^ TI^）。 易俗（I^ CYUG^ 轉移風俗）。 移風易俗（Iv FUNG I^ CYUG^ 轉移風俗）。
瘗	I^	埋葬： 瘞骨（I^ GUD`）。
肄	I^	1、學習。如： 肄業（I^ NGIAB^ 學習中,尚未畢業）。 2、植物切斷後再生的嫩枝。如： 條肄（TIAUv I^）。 3、勞苦。如： 莫知我肄（MOG^ Z NGO I^）。
愈	I^	1、更加。如： 愈來愈好（I^ LOIv I^ HO` 越來越好）。 2、病好了。如： 痊愈（CHIONv I^）。 3、勝過。如： 此愈於彼（TS` I^ I BI`）。
愉	I^	快樂、高興、歡喜。如： 愉快（I^ KUAI^）。 歡愉（FON I^）。

245

		愉悅（ I^　IAD^　快樂和悅 ）。 愉色（ I^　SED`　和顏悅色 ）。
預 预	I^	1、事先。如： 預先（ I^　CIEN　事先 ）。 預備（ I^　PI^　事先準備 ）。 預定（ I^　TIN^　預先決定 ）。 預計（ I^　GIE^　預先估計 ）。 預算（ I^　SON^　預先計算 ）。 預約（ I^　IOG`　預先約定 ）。 預料（ I^　LIAU^　事前推想 ）。 預期（ I^　KIv　事先的期盼、預定期間 ）。 預兆（ I^　SEU^　事前的暗示 ）。 預防（ I^　FONGv　事前防備 ）。 預告（ I^　GO^　預先告知 ）。 預賽（ I^　SOI^　決賽前的比賽 ）。 2、參與。如： 參預（ TSAM　I^ ）。 預會（ I^　FI^　預先參與 ）。 3、干涉。如： 干預（ GON　I^ ）。
施	I^	1、蔓延。 2、及於： 施於子孫（ I^　I　Z`　SUN　延及子孫 ）。
豫	I^	通「預」。 1、事先。如： 豫備（ I^　PI^　預備 ）。 豫算（ I^　SON^　預算 ）。 豫感（ I^　GAM`　事發前的感覺 ）。 2、參加。如： 干豫（ GON　I^　干預 ）。 3、喜悅、安適。如： 逸豫（ ID^　I^　安逸 ）。 不豫之色（ BUD`　I^　Z　SED` ）。 4、疑惑。如： 豫惑（ I^　FED^　疑惑不決 ）。 猶豫（ YUv　I^　相傳古時有兩種性情疑 　　　　　　　惑的獸，故借來比喻做事疑惑 　　　　　　　不決 ）。
譽 誉	I^	1、名聲。如： 名譽（ MIANGv　I^ ）。 盛譽（ SUN^　I^　好名聲、盛讚 ）。 榮譽（ YUNGv　I^　光榮的名譽 ）。

		2、讚揚。如： 稱譽（TSN I^ 稱讚）。 毀譽參半（FI` I^ TSAM BAN` 毀謗和稱讚各佔一半）。
逾	I^	通「踰」。 1、跨越。如： 逾河（I^ HOv 跨越河川，過河）。 2、超過。如： 逾越（I^ IAD^ 超越）。 逾限（I^ HAN^ 超過限度）。 逾期（I^ KIv 過期）。 逾額（I^ NGIAG` 超過額數）。 逾分（I^ FUN^ 過分、超過本分）。 3、更加。如： 逾甚（I^ SM^ 越發、愈益）。
喻	I^	1、明白、瞭解。如： 家喻戶曉（GA I^ FU^ HIAU` 家家戶戶都曉得）。 不言而喻（BUD` NGIANv Iv I^ 不需言語解釋即能明白）。 2、例舉。如： 比喻（BI` I^）。 3、啟發、開導。如： 喻之以理（I^ Z I LI 以理性開導）。
諭 谕	I^	知曉。如： 曉諭（HIAU` I^ 明白告知）。 諭知（I^ Z 使人知悉）。
籲 吁	I^	向人呼號求助。如： 呼籲（FU I^）。 籲請（I^ CHIANG` 請求）。
曳	I^	牽引、拖拉。如： 曳車（I^ TSA 拖車）。 曳引機（I^ IN` GI 在前牽動的機器，替代耕牛的農耕機-鐵牛）。
飫 饫	I^	1、飫賜（I^ SU^ 厚賜酒食）。 2、飽飫（BAU` I^ 飽食，飽足）。 3、繁多。如： 飫聞（I^ UNv 多聞）。
泄	I^	多言語。 泄泄（I^ I^ 通「呭呭」：妄加議論）。 無然泄泄（Uv IANv I^ I^ 不要如此一派胡言）。

洩	I^	舒散。 其樂洩洩（ KIv LOG^ I^ I^ ）。
餽	I^	同「飫」：食飽。 飽餽（ BAO` I^ 比喻饜足 ）。
也	IA	1、亦。如： 也好（ IA HO` 也可以、也好 ）。 也係（ IA HE^ 也是 ）。 也做得（ IA ZO^ DED` 也可以 ）。 2、或。 也許（ IA HI` 或許 ）。 也罷（ IA BA^ 只有如此了！還過得去！）
野 樦 埜	IA	蠻橫、粗魯。如： 野蠻（ IA MANv ）。 野性（ IA CIN^ 粗魯不馴服的本性 ）。 野人（ IA NGINv 不文明的人 ）。
冶	IA	1、熔煉金屬。如： 冶鐵（ IA TIED` ）。 冶金（ IA GIM 鎔鑄金屬 ）。 2、造就。如： 陶冶（ TOv IA ）。 3、不正派的打扮。如： 妖冶（ IEU IA ）。 冶艷（ IA IAM^ 妖冶漂亮的打扮 ）。 4、不正當的遊樂。如： 冶遊（ IA YUv ）。
揶 揶	IA	1、揶揄（ IA Iv 戲弄嘲笑 ）。 2、拜揶（ BAI^ IA 手拿香火或雙手合十拜鬼神 ）。 酖揶（ TSONG^ IA 以酒或香火祭拜鬼神 ）。「酖」是祭拜鬼神的香、酒。
扡	IA`	1、以五指張開抓滿。如： 扡米（ IA` MI` 以手掌及五指抓米 ）。 扡番豆（ IA` FAN TEU^ 抓花生米 ）。 2、抓一把叫做 一扡（ ID` IA` ）。如： 一扡米（ ID` IA` MI` 一把米 ）。 3、扡頦（ IA` GOI 吃到刺激性食物，使喉嚨食道癢痛的感覺。遇到困難不易解決的問題 ）。
西 西	IA^	覆蓋。

腌	IAB`	被鹽、汗、石灰和激烈藥物傷到皮膚、眼睛或弄痛傷口。如： 腌到目珠（IAB` DO` MUG` ZU 傷到眼睛）。 會腌人（UOI^ IAB` NGINv 會傷皮膚）。
掖	IAB`	1、通「腋」：扶持骨下、在旁攙扶： 扶掖（FUv IAB` 在旁攙扶）。 掖門（IAB` MUNv 邊門）。 掖庭（IAB` TINv 嬪妃居處）。 2、倒捲，又音「掖NGIAB`」。如： 掖衫袖（IAB` SAM CHIU^）。 避避掖掖（BIANG^ BIANG^ IAB` IAB` 怕人發現而掩蔽藏匿，躲躲藏藏）。
燁 曄	IAB^	火光閃耀： 熠熠燁燁（ID^ ID^ IAB^ IAB^）。
撮	IAB^	1、用手指按捺。 撮脈（IAB^ MAG` 把脈）。 撮息（IAB^ CID` 把脈）。 2、夾在裏邊： 撮入去（IAB^ NGIB^ HI^ 夾進去）。
饁	IAB^	送飯給田中的農夫。 饁彼南畝（IAB^ BI` NAMv MEU` 送飯給南邊那塊地的他）。
謁 謁	IAD`	通名進見、請見： 謁見（IAD` GIAN^ 拜見上級的人）。 晉謁（JIN` IAD` 晉見、拜見）。
揭	IAD`	1、披露： 揭露（IAD` LU^）。 揭壞話（IAD` FAI` FA^）。 揭空頭（IAD` KANG TEUv 揭瘡疤，揭開人的醜事）。 揭空也（IAD` KANG NGE` 同上）。 揭壞空（IAD` FAI` KANG 同上）。 2、舉起： 揭竿（IAD` GON 舉起竹竿）。 3、掘開。如： 揭石頭（IAD` SAG^ TEUv 掘挖石頭）。 揭番薯（IAD` FAN SUv 挖地瓜）。 揭芋也（IAD` U^ UE` 挖芋頭）。
挖	IAD`	掘起： 挖井（IAD` JIANG`）。 挖泥（IAD` NAIv）。 挖窟也（IAD` FUD` LE` 挖洞窟）。

		挖石頭（IAD` SAG^ TEUv）。 挖鼻屎（IAD` PI^ S` 挖鼻孔中的髒物）。
揠	IAD`	拔心曰揠（IAD`），拔根曰擢（TSOG^）。 揠苗助長（IAD` MEUv TSU^ ZONG` 喻躁急妄為，欲益反害）。
咽	IAD`	呼吸哽塞，聲音阻塞： 氣咽（HI^ IAD` 呼吸阻塞）。 哽咽（GANG` IAD` 氣塞）。 又音 IAN，IAN^。
曰	IAD^	1、說。如： 子曰（Z` IAD^ 孔子說）。 2、稱為。如： 肚飢曰餓（DU` GI IAD^ NGO^）。
悅	IAD^	歡暢愉快： 歡悅（FON IAD^ 歡喜暢快）。 喜悅（HI` IAD^ 喜歡愉悅）。 悅納（IAD^ NAB^ 歡喜接納）。 悅目（IAD^ MUG` 視覺感覺愉快）。 悅耳（IAD^ NGI` 聽起來愉快）。 悅色（IAD^ SED` 臉色和悅）。 悅澤（IAD^ TSED^ 光美潤澤）。 悅人耳目（IAD^ NGINv NGI` MUG` 使人聽覺視覺都愉悅暢快）。 心悅誠服（CIM IAD^ SNv FUG^ 心動而佩服）。
說	IAD^	通「悅」字。
越	IAD^	1、超過、超出。如： 超越（TSEU IAD^）。 越界（IAD^ GIAI^）。 越權（IAD^ KIANv）。 優越（YUv IAD^ 超過平常）。 越界（IAD^ GIAI^ 超過界線）。 越軌（IAD^ GUI` 踰越軌範）。 越俎代庖（IAD^ ZU` TOI^ PAUv 超越自己職分，替人做事）。 2、跳過、逃出。如： 越牆（IAD^ CIONGv）。 越獄（IAD^ NGYUG^ 逃出監獄）。 3、愈加。如： 越發（IAD^ FAD` 更加）。 越來越貴（IAD^ LOIv IAD^ GUI`）。 越來越多（IAD^ LOIv IAD^ DO）。

		越來越遠（IAD^ LOIv IAD^ IAN`）。
閱閱	IAD^	1、觀、看。如： 閱讀（IAD^ TUG^）。 閱覽（IAD^ LAM`）。 閱報（IAD^ BO^ 看報）。 2、檢驗。如： 檢閱（GIAM` IAD^）。 閱兵（IAD^ BIN）。 3、經歷。如： 閱歷（IAD^ LID^）。
曳	IAD^	牽引、搖動、搖撼。如： 搖曳（IEUv IAD^ 飄揚，搖晃不定）。 曳不動（IAD^ Mv TUNG 搖不動）。 搖搖曳曳（IEUv IEUv IAD^ IAD^移動不停）。
拽	IAD^	同「曳」。 牽引、搖動、搖撼。如： 搖拽（IEUv IAD^）。 拽不動（IAD^ Mv TUNG）。 搖搖拽拽（IEUv IEUv IAD^ IAD^ 移動不停）。
曳	IAG^	搖動，招手。如： 曳伊過來（IAG^ Iv GO^ LOIv 搖手叫他(她)過來）。 曳旗也（IAG^ KIv IE` 搖旗子）。
搖	IAG^	同「曳 IAG^」。「搖 IEUv」的變音。搖動、搖手、搖旗子。如： 搖旗也（IAG^ KIv IEv 搖旗子）。 搖手（IAG^ SU` 招手、搖手）。 搖伊來（IAG^ Iv LOIv 搖手示意，叫他來）。
搖	IAI	搖 IEUv的變音。搖動固定樁或推動重物。 搖不動（IAI Mv TUNG）。 讀音 IEUv。又音 IAG^。
閹閹	IAM	割除生殖器或生殖腺。如： 閹豬也（IAM ZU UE` 割除公豬睪丸）。 閹雞也（IAM GIE E` 割除雄雞睪丸）。 閹割（IAM GOD` 割除生殖器）。 閹歌矣（IAM HED` LEv 閹割掉了）。
醃	IAM	用鹽浸漬食物。生菜生吃稱為 醃生（IAM SANG）。如： 瓜也醃生（GUA E` IAM SANG 浸漬小黃

		瓜）。 蘿蔔也醃生（LOv PED^ DE` IAM SANG 蘿蔔生吃）。
淹	IAM	1、久留。如： 淹留（IAM LIUv 久留）。 2、浸漬。如： 淹生（IAM SANG 生菜生吃）。 淹瓜（IAM GUA 浸漬青瓜，醬瓜）。 3、浸沒。如： 淹死（IAM CI`）。 淹沒（IAM MUD^）。
掩	IAM`	遮擋。如： 遮掩（ZA IAM` 遮蔽）。 掩蓋（IAM` GOI^ 遮蓋）。
淹	IAM`	1、久留。如： 淹留（IAM` LIUv 久留）。 2、浸漬。如： 淹瓜（IAM` GUA 醬瓜，醃瓜）。 3、浸沒。如： 淹死（IAM` CI` 溺死）。 淹沒（IAM` MUD^）。
弇	IAM`	1、遮蓋。如： 遮弇（ZA IAM`）。 弇蓋（IAM` GOI^ 遮蓋）。 2、狹路。 3、深遠。
揞	IAM`	1、覆蔽：通「掩 IAM`」： 揞蓋（IAM` GOI^）。 2、覆取： 揞擒（IAM` KIMv）。 3、奪取。 4、襲。 5、困迫。
剡	IAM`	1、削。如： 剡木為矢（IAM` MUG` WIv S` 削木頭做箭）。 2、斬。如： 剡其脛（IAM` KIv GUANG` 斬斷其小腿）。
掞	IAM^	1、上下搖動、顛簸。如： 膨床掞掞動（PONG^ TSONGv IAM^ IAM^ TUNG 彈簧床軟且上下顛簸）。 盡掞頭（CHIN^ IAM^ TEUv 坐車、沙發、

		軟床,上下顛搖得很)。 2、扻腳（IAM^ GIOG`）：抖動腳。 3、撒放。如： 扻香料（IAM^ HIONG LIAU^ 撒香料在食物上)。 扻熱痱粉（IAM^ NGIAD^ BI^ FUN` 撒痱子粉）。
堙 垔	IAN	1、埋沒： 堙沒（IAN MUD^）。 堙滅（IAN MED^ 埋沒）。 2、填塞： 堙塞（IAN SED` 堵塞）。
湮	IAN	通「堙IAN」。 1、埋沒。如： 湮沒（IAN MUD^）。 湮滅（IAN MED^）。 2、堵塞。如： 湮塞（IAN SED`）。 3、久遠的。如： 年湮代遠（NGIANv IAN TOI^ IAN` 年代久遠）。
掀	IAN	掀開、翻開。如： 掀被（IAN PI 掀開棉被）。 掀開來看（IAN KOI LOIv KON^）。 我彈琴，你掀譜（NGAIv TANv KIMv，Nv IAN PUv）。
演	IAN	1、當眾表現技藝。如： 演戲（IAN HI^）。 2、根據事理引伸。如： 演講（IAN GONG`）。 演義（IAN NGI^ 引據史實加以推想編成的小說）。 3、預先練習。如： 演習（IAN CIB^）。 4、由普通原理推斷特殊事實的方法。 演繹（IAN ID^）。 推演（TUI IAN 引伸推廣）。 5、自然進化的程序。如： 天演（TIEN IAN）。 演進（IAN JIN^ 演變和進展）。
爰	IAN	遷移。如： 爰居（IAN GI）：移居。

援	IAN	1、幫助、救助。如： 援助（IAN TSU^）。 援救（IAN GYU^）。 援手（IAN SU` 幫手）。 後援（HEU^ IAN 後方來的援助）。 援軍（IAN GYUN 後援的救兵）。 2、牽引、依據。如： 援引（IAN IN 引證、攀引）。 援例（IAN LI^ 引用成例）。 援照（IAN ZEU^ 依照舊例）。 3、拿起。如： 援筆（IAN BID` 舉筆）。
延	IANv	1、伸長。如： 延長（IANv TSONGv）。 延續（IANv CYUG^ 繼續）。 2、拖退、展緩。如： 延期（IANv KIv）。 延誤（IANv NGU^ 因拖延而誤事）。 3、牽累。如： 延燒（IANv SEU）。 蔓延（MAN^ IANv）。 4、聘請、接納、請客。如： 延聘（IANv PIN`）。 延請（IANv CHIANG`）。 延客（IANv KIED` 請客）。
蜒	IANv	蜿蜒（UAN IANv 蛇爬行貌。彎曲貌）。
沿	IANv	1、靠近。如： 沿海（IANv HOI`）。 河沿（HOv IANv 河邊）。 2、順著。如： 沿街（IANv GIAI）。 沿門（IANv MUNv 挨戶）。 沿途（IANv TUv 循著路線）。 沿路（IANv LU^ 循著路線）。 沿線（IANv CIEN^ 循著路線）。 3、因襲、相傳、循著。如： 沿襲（IANv CIB^）。 沿用（IANv YUNG^ 循舊使用）。 相沿成習（CIONG IANv SNv CIB^）。 4、沿革（IANv GIED` 事物的發展變遷）。
燃	IANv	火燒。如： 燃燒（IANv SEU）。

		燃料（IANv LIAU^）。 燃眉（IANv MIv 比喻非常急迫）。
緣 縁	IANv	攀援、順著。如： 緣河（IANv HOv 沿河）。 緣街（IANv GIAI 順著街道）。 緣木求魚（IANv MUG` KYUv NGv 攀爬到樹上找魚。比喻永遠找不到）。
偃	IAN`	1、仰面跌倒： 偃仆（IAN` PUG`）。 2、停止： 偃武修文（IAN` U CIU UNv 停止武備，修明文教）。 偃旗息鼓（IAN` KIv CID` GU` 中止其事）。
衍	IAN`	1、水流暢通。 2、延展： 蔓衍（MAN^ IAN` 蔓延）。 3、多餘： 衍文（IAN` UNv）。 4、馬虎應付： 敷衍（FU IAN`）。 5、繁盛。如： 繁衍（FANv IANv）。
宴	IAN^	1、用酒食招待客人。如： 宴會（IAN^ FI^）。 酒宴（JIU` IAN^）。 宴客（IAN^ KIED`）。 2、安樂。如： 宴樂（IAN^ LOG^）。
晏	IAN^	1、晚： 晏睡（IAN^ SOI^）。 2、清明： 河清海晏（HOv CHIN HOI` IAN^）。 3、平安： 晏安（IAN^ ON）。 晏然（IAN^ IANv 安閒的樣子）。
燕	IAN^	請客喝酒。如： 燕享（IAN^ HIONG`）。
嚥	IAN^	吞食： 吞嚥（TUN IAN^）。
怨	IAN^	1、仇恨、仇人。如： 結怨（GIAD` IAN^）。 怨恨（IAN^ HEN^ 仇恨）。

		怨家（IAN^ GA 仇人）。 怨憝（IAN^ DUI^ 怨恨）。 怨耦（IAN^ NGIEU` 不和睦、仇人似的夫妻）。 2、不滿、指責。如： 埋怨（MAIv IAN^）。 怨言（IAN^ NGIANv 埋怨的話）。 怨尤（IAN^ YUv 責怪、怨天尤人）。 怨聲載道（IAN^ SANG ZAI^ TO^ 到處都是埋怨的聲音）。
縈 縈	IANG	1、閒逛、縈繞。如： 縈上縈下（IANG SONG IANG HA 到處閒逛）。 2、纏繞。如： 縈線（IANG CIEN^ 纏線、整理線，以便使用）。
營 営	IANGv	從事、辦理。如： 營利（IANGv LI^ 謀利益）。 營私（IANGv S 假公濟私）。 營業（IANGv = INv NGIAB^ 從事營利事業）。 營造（IANGv TSO^ 建造）。 營建（IANGv GIAN^ 建造）。 營繕（IANGv SAN^ = ZANG` 建造修整）。 營救（IANGv GYU^ 設法救助）。 營養（IANGv = INv IONG 吸取食物中必要養分滋補身體）。
贏 贏	IANGv	1、有餘。如： 贏餘（IANGv Iv）。 贏利（IANGv LI^）。 2、勝利。如： 輸贏（SU IANGv）。
影	IANG`	影響（IANG` HIONG` 從一件事，波及到周圍的事）。
映	IANG`	1、光線照射。如： 映照（IANG` ZEU^）。 放映（FONG^ IANG`）。 2、反射。如： 映射（IANG` SA^）。 反映（FAN` IANG`）。 倒映（DO` IANG`）。
暎	IANG`	同「映」。
枵	IAU	空虛、飢餓。如：

		肚枵（DU` IAU 肚飢）。 枵腹（IAU FUG`=BUG` 餓肚子）。 枵鬼（IAU GUI` 餓鬼）。 枵儸（IAU LOv 飢餓的傻儸）。
夭	IAU	同「夭 IEU」。又音 IEU。
邀	IAU	同「邀 IEU」。又音 IEU。
要	IAU	同「要 IEU」。又音 IEU。
搖	IAUv	同「搖 IEUv」。又音 IEU。
舀	IAU`	同「舀 IEU`」。又音 IEU`。
爪	IAU`	「爪 ZAU`」的變音。 以爪攻擊或被爪抓傷。如： 爪人（IAU` NGINv 動物爪子划傷人）。 爪頦（IAU` GOI 同拁頦（IA` GOI 吃到刺激性食物，使喉嚨食道癢痛的感覺。或遇到困難不易解決的問題）。 爪到手（IAU` DO` SU` 抓傷了手）。 貓爪粢粑（MEU^ IAU` CHIv BA 不得脫爪，越幫越忙，越抓越亂）。
躍跃	IAU^	同「躍 IEU^」。
悒	IB`	憂愁，不安。如： 悒悒（IB` IB` 不安的樣子）。
挹	IB`	1、酌取。如： 挹注（IB` ZU^ 取有餘，補不足;挪移錢財）。 2、推重。如： 獎挹（JIONG` IB` 獎勵推舉）。 3、謙挹（KIAM IB` 客氣謙讓）。
揖	IB`	拱手行禮。如： 揖讓（IB` NGIONG^ 禮讓）。 打拱作揖（DA` GYUNG` ZOG` IB`）。
饐	ID`	通「噎」，「咽」： 哽饐（GANG` ID` 食物阻哽）。
噎	ID`	食物阻塞。 哽噎（GANG` ID` 食物阻塞在喉嚨或食道中）。 因噎廢食（IN ID` FI^ SD^ 因為哽噎而廢除飲食，比喻因偶發小事而改變態度，廢止經常的大事；因小廢大）。
弋	ID`	1、木樁。 2、用繩繫箭而射，取得、捕捉： 弋人（ID` NGINv 射箭的人）。

		弋獲（ID` FED^ 射到了）。
抑	ID`	1、壓下、遏止。如： 壓抑（AB` ID`）。 抑遏（ID` OD` 壓抑）。 抑鬱（ID` YUD` 憂悶壓抑）。 2、強制。如： 強抑（KIONGv ID`）。 抑制（ID` Z^ 壓制）。 抑強扶弱（ID` KIONGv FUv NGIOG^ 壓制強橫的，扶助弱者）。
縊繐	ID`	以繩索勒頸自殺、吊死、勒死。如： 自縊（TS^ ID`）。
溢	ID`	1、充滿而外流。如： 溢出（ID` TSUD` 瀑出）。 外溢（NGOI^ ID`）。 2、超過、過分。如： 溢收（ID` SU 超收）。 溢額（ID` NGIAG` 超過定額）。 溢美（ID` MI 美艷超眾）。 溢譽（ID` I^ 過份的讚譽）。
弈	ID^	1、圍棋。如： 弈棋（ID^ KIv）。 2、下棋。如： 對弈（DUI^ ID^）。
役	ID^	1、勞力之事。如： 勞役（LOv ID^）。 役夫（ID^ FU 服勞役的人）。 役役（ID^ ID^ 勞苦不息）。 3、使喚、差遣。如： 奴役（NUv ID^）。 工役（GUNG ID^ 供使喚的人）。
譯译	ID^	把語言文字翻成另一種語文。如： 翻譯（FAN ID^）。 譯本（ID^ BUN` 翻譯書籍）。 譯名（ID^ MIANGv 翻譯的名字或名詞）。 譯音（ID^ IM 翻譯的語音）。 古文今譯（GU` UNv GIM ID^）。 英譯小說（IN ID^ SEU` SOD`）。
懌怿	ID^	1、欣悅。如： 心中不懌（CIM ZUNG BUD` ID^ 心中不悅）。 2、順服。

258

繹繹	ID^	1、抽絲。 2、接連不斷。如： 絡繹不絕（ LOG^ ID^ BUD` CHIED^）。 3、引其端緒而推尋真理。如： 演繹（ IAN ID^ ）。 4、陳述。如： 繹志（ ID^ Z^ 陳述志願 ）。
斁	ID^	憎惡： 無斁（ Uv ID^ ）。
睪睾	ID^	藏匿在暗處偷窺。 又讀「睪 GO 」。
圛	ID^	回行的樣子。 圛圛（ IANv ID^ 盤旋 ）。
逸	ID^	1、逃脫。如： 逃逸（ TOv ID^ ）。 2、超越。如： 逸群（ ID^ KYUNv ）。 逸才（ ID^ TSOIv 出眾的人 ）。 逸氣（ ID^ HI^ 超俗的氣質 ）。 逸想（ ID^ CIONG`  超俗的思想 ）。 逸民（ ID^  MINv  節行超逸的人 ）。 逸品（ ID^  PIN` 超俗的藝術品 ）。 3、放縱。如： 淫逸（ IMv ID^ ）。 逸聲（ ID^ SANG 淫泆的聲音 ）。 4、散失。如： 散逸（ SAN^ ID^ ）。 逸書（ ID^ SU 久經散失的古書 ）。
易	ID^	1、交換。如： 交易（ GAU ID^ ）。 2、商業行為。如： 貿易（ MEU^ ID^ ）。
掖	ID^	1、通「腋」：扶持脅下、在旁攙扶： 扶掖（ FUv ID^ 在旁攙扶 ）。 2、倒捲、又音「掖 NGIAB`」。如： 掖衫袖（ ID` SAM CHIU^ ）。 掖掖撒撒（ ID^ ID^ IAB^ IAB^ 怕人發現而掩蔽藏匿 ）。
翊	ID^	1、輔助： 翊贊（ ID^ ZAN^ 贊助 ）。 2、擁護： 翊戴（ ID^ DAI^ 擁戴 ）。

		3、飛翔貌。
翼	ID^	1、輔助。如： 輔翼（FU` ID^）。 2、覆育。如： 翼卵（ID^ LON` 保護撫育）。 翼戴（ID^ DAI^ 保護推重）。 翼翼（ID^ ID^ 恭慎小心、壯健）。
勚	ID^	放蕩。
泆	ID^	放蕩不拘束，氾濫。 淫泆（IMv ID^ 行為放蕩不檢點）。
勩	ID^	勞苦。 莫知我勩（MOG^ Z NGO ID^ 不知我的勞苦）。
遹	ID^	1、遵循。 祇遹（Z` ID^）。 2、迴避： 回遹（FIv ID^）。 3、遹皇（ID^ FONGv 往來貌）。
擁	IE	擁YUNG`的變音，一群人或動物成堆的擠來擁去。 擁來擁去（IE LOIv IE HI^）。
撒	IE^	散放，散布。如： 撒灰（IE^ FOI）。 撒穀種（IE^ GUG` ZUNG`）。 撒肥料（IE^ PIv LIAU^）。 撒秆（IE^ GON` 把稻草撒開在地上曬，或撒在田中當肥料）。 撒于一天一地（IE^ A^ ID` TIEN ID` TI^ 撒得滿地）。
夭	IEU	早死、短命。如： 夭折（IEU ZAD` 早死）。 夭壽（IEU SU^=IAU CIUv 不長壽、短命）。
殀	IEU	同「夭」，早死、短命。如： 殀折（IEU ZAD` 早死）。 殀壽（IEU SU^ 不長壽、短命）。
邀	IEU	1、約請。如： 邀請（IEU CHIANG`）。 邀集（IEU CIB^ 招集）。 應邀（IN^ IEU 接受邀請）。 2、攔阻。如： 邀擊（IEU GID`）。 3、邀功（IEU GUNG 搶別人的功勞以為

		自己的）。
要	IEU	1、求。如： 要求（IEU KYUVv）。 2、仗勢強求。如： 要挾（IEU HIAB^）。
徼	IEU	祈求： 徼福（IEU FUG` 祈福）。
搖	IEUv	1、下頭固定，上頭擺動。如： 搖手（IEUv SU`）。 搖尾（IEUv MI 狗搖尾巴）。 風吹樹搖（FUNG TSOI SU^ IEUv）。 燈光搖曳（DEN GONG IEUv ID^ 燈光搖動，飄盪不定）。 2、轉動。如： 搖擺（IEUv BAI`）。 搖轉（IEUv ZON`）。
謠谣	IEUv	憑空鍱造的，沒有根據的流傳。如： 謠言（IEUv NGIANv）。 謠傳（IEUv TSONv）。
飈	IEUv	飄飈（PEU IEUv 風吹貌,動盪不安）。 通「搖」。又音 IAUv。
舀抗	IEU`	1、用瓢勺、湯匙等取液體。如： 舀=抗水（IEU` SUI`）。 舀=抗湯（IEU` TONG）。 舀=抗尿（IEU` NGIAU^）。 2、賺錢、學習： 加減舀=抗（GA GAM` IEU` 多少賺些、學些）。
擾扰	IEU`	擾亂（IEU` LON^ 攪亂。搞亂）。 干擾（GON IEU` 攪亂。) 攪擾（GAO` IEU`）。
躍跃	IEU^	1、跳。如： 跳躍（TIAU^ IEU^）。 2、欣喜。如： 雀躍（CHIOG` IEU^）。 3、躍進（IEU^ JIN^ 進步很快）。 4、躍躍欲試（IEU^ IEU^ YUG^ S^ 心動、技癢、急進的樣子）。
樂乐	IEU^	愛好： 樂群（IEU^ KYUNv 合群）。 樂樂樂（NGOG^ IEU^ LOG^ 人名,姓樂 NGONG^,名樂樂 IEU^ LOG^,愛好

		音樂）。
喑	IM	1、失去聲音： 喑啞（IM A`）。 2、發怒大喊聲。 3、緘默不說話。
瘖	IM	口啞、不能說話： 　　瘖啞（IM A`）。
淹	IM	浸水。如： 放水淹田（BIONG^ SUI` IM TIENv 放水到田中潤澤水田禾稻）。 屋肚裏淹水矣（UG` DU` LI IM SUI` IEv 屋子裏浸水了。）
淫 婬	IMv	1、不正當的性行為。如： 姦淫（GIAN IMv）。 賣淫（MAI^ IMv）。 淫亂（IMv LON^）。 淫蕩（IMv TONG^ 淫亂不拘束）。 奸夫淫婦（GIAN FU IMv FU^ 淫蕩男女）。 2、迷惑放蕩。如： 淫佚（IMv ID^ 放蕩不檢點）。 淫風（IMv FUNG 放蕩無度的風氣）。 淫詞（IMv TSv 放蕩的言詞）。 3、過量、過份。如： 淫雨（IMv I`）。 淫威（IMv WI 仗勢欺人）。 4、邪而不正。如： 淫視（IMv S^ 不正視）。
飲 飮	IM`	1、喝。如： 飲酒（IM` JIU`）。 飲食（IM` SD^）。 飲茶（IM` TSAv）。 飲水思源（IM` SUI` S NGIANv 不忘本源）。 飲食男女（IM` SD^ NAMv NG` 人的食色慾念）。 2、可喝的東西。如： 飲料（IM` LIAU^）。 冷飲（LANG IM`）。 3、含、忍。如： 飲恨（IM` HEN^ 含恨無出處）。 飲泣（IM` KIB^ 哭而不出聲）。 4、飲彈（IM` TANv 中彈）。
蔭	IM^	1、保護、庇廕。如：

蔭		庇蔭（BI^ IM^）。 2、不見日光。如： 蔭豆豉（IM^ TEU^ S^ 蔭漬豆豉）。 蔭豆菜（IM^ TEU^ TSOI^ 蔭發豆芽）。
廕	IM^	遮蓋、庇護： 庇廕（BI^ IM^ 保護）。 遮廕（ZA IM^ 遮蓋庇蔭）。 餘廕（Iv IM^ 指祖先的恩澤）。
任	IM^	1、派用。如： 任命（IM^ MIN^）。 任免（IM^ MIEN 任用和免職）。 2、擔負。如： 擔任（DAM IM^）。 任勞任怨（IM^ LOv IM^ IAN^ 不怕勞苦，不避嫌怨）。 任重道遠（IM^ TSUNG^ TO^ IAN` 長久擔重任）。 3、聽憑。如： 放任（FONG^ IM^）。 任意（IM^ I^ 不慎重從事、隨便）。 任人（IM^ NGINv 聽任他人）。 任選（IM^ CIEN` 隨意挑選）。 任便（IM^ PIEN^ 隨意聽便）。 任憑（IM^ PINv 隨意、儘管、任便）。 任在你（IM^ TSAI^ Nv 隨便你）。 4、相信。如： 信任（CIN^ IM^）。
賃	IM^	1、以錢租借： 租賃（ZU IM^）。 賃屋（IM^ UG`）。 2、傭工： 傭賃（YUNG IM^）。
飪 恁 餁	IM^	1、煮熟食物： 烹飪（PEN IM^）。 失飪（SD` IM^ 過熟或不熟）。
淹	IM^	1、放水入田。如： 放水淹田（BIONG^ SUI` IM^ TIENv）。 2、水浸。如： 水掩到膝頭（SUI` IM^ DO^ CHID` TEUv 水深到膝）。
引	IN	1、領導、帶領。如： 引導（IN TO）。

		引領（IN LIANG 引導、引頸）。
		引人入勝（IN NGINv NGIB^ SUN^ 指風景、文章吸引人）。
		引狼入室（IN LONGv NGIB^ SD`自己招禍）。
		2、推薦、介紹。如：
		引進（IN JIN^）。
		引重（IN TSUNG^）。
		引言（IN NGIANv 序言、前言）。
		引見（IN GIAN^ 介紹相見）。
		2、拉、挽。如：
		引力（IN LID^）。
		引頸（IN GIANG` 伸長脖子盼望）。
		3、牽制。如：
		牽引（KIAN IN 關連）。
		引起（IN HI` 牽引以致）。
		引致（IN Z^ 致使、弄到）。
		引誘（IN YU^ 誘騙他人去做壞事）。
		引逗（IN TEU^ 引誘挑逗）。
		引伸（IN SN 從本意推展聯想而生出別義）。
		引信（IN CIN^ 引燃炸藥的導火物）。
		引咎（IN GYU^ 自認有過錯）。
		引渡（IN TU^ 向外國政府要回逃犯）。
慇	IN	通「殷」。
		1、憂愁。如：
		慇憂（IN YUv）。
		慇慇（IN IN 憂愁）。
		2、情意周到亦稱
		慇勤（IN KYUNv）。
攖	IN	1、觸犯。如：
		攖怒（IN NU^ 觸怒）。
		2、牽繫。如：
		攖心（IN CIM 牽掛）。
膺	IN	1、承受：
		榮膺（YUNGv IN 榮耀上任）。
		膺命（IN MIN^ 承接命令）。
		2、承當：
		膺選（IN CIEN` 當選）。
		3、打擊。
陻	IN	阻塞。
		鯀陻洪水（GUN` IN FUNGv SUI`夏禹王之父，阻塞大水）。

264

盈盈	INv	1、充滿。如： 　　豐盈（FUNG　INv　豐滿）。 盈虧（INv　KUI　圓或缺，賺或賠）。 2、多餘。如： 盈餘（INv　Iv）。 3、美好輕巧的樣子。如： 輕盈（KIANG　INv）。 盈盈（INv　INv）。
營營	INv	1、建造。如： 　　營造（INv　TSO^）。 營建（INv = IANGv　GIAN^　建造）。 營繕（INv = IANGv　SAN^ = ZANG`建造修整）。 2、營救（INv = IANGv　GYU^　設法救助）。 3、營養（INv　IONG　生物從外界攝取需要的養料，以維持其生長的作用）。 4、從事、辦理。如： 　　經營（GIN　INv = IANGv）。 營利（INv = IANGv　LI^　謀利益）。 營私（INv = IANGv　S　假公濟私）。 營業（IANGv = INv　NGIAB^ 從事營利事業）。
縈縈	INv	1、纏繞。同「縈 IANG」。 縈繞（INv　NGIEU`）。 縈迴（INv　FIv　迂迴環繞）。 2、引申為掛念。如： 　　縈念（INv　NGIAM^）。 縈懷（INv　FAIv　縈繞在心）。 　　縈回（INv　FIv　迂迴在心）。 又音 IANG 。
濴	INv	1、濴洄（INv　FIv　水流迴旋的樣子）。 2、大水。
濙	INv	水迴旋貌。 濙濙（INv　INv）。
贏贏	INv	1、有餘。如： 　　贏餘（INv = IANGv　Iv）。 贏利（INv = IANGv　LI^）。 2、勝利。如： 　　輸贏（SU　INv = IANGv）。
扔	INv	1、投擲： 　　扔球（INv　KYUv）。 2、棄置。牽引。 　　扔棄（INv　KI^）。
引	IN`	同「引 IN」。又音 IN`。

㽕	IN`	行走長路。今作「引」。
孕	IN`	1、懷胎： 　　懷孕（FAIv　IN`）。 有孕（YU　IN`）。 孕婦（IN`　FU^）。 孕珠（IN`　ZU　指懷孕）。 2、培育： 　　孕育（IN`　YUG`）。
郢	IN`	郢正（IN`　ZN^　自己做的詩文請人修改指正）。 郢政（IN`　ZN^　同"郢正"）。 郢書燕說（IN`　SU　IAN^　SOD`誤解文字，穿鑿附會：違背義理，勉強湊合）。
應 応 应 膺	IN^	1、回答。如： 　　答應（DAB`　IN^）。 應聲（IN^　SANG　回答）。 應答（IN^　DAB`　對答）。 應付（IN^　FU^對付、對待、設法處置）。 應命（IN^　MIN^　答應）。 應諾（IN^　NOG`　允諾）。 應酬（IN^　TSUv　交際往來）。 2、附和。如： 　　相應（CIONG　IN^　回應）。 響應（HIONG`　IN^　附和回應）。 3、允許。如： 　　應允（IN^　YUN`）。 應許（IN^　HI`）。 4、適合。如： 　　應時（IN^　Sv）。 應市（IN^　S^　適時出售）。 應用（IN^　YUNG^　適合實用）。 5、接受。如： 　　應徵（IN^　ZN　應付徵用）。 應試（IN^　S^　應付考試）。 應募（IN^　MOG`　接受招募）。 應接（IN^　JIAB`應對接待、援助接應）。 應援（IN^　IAN　答應援助）。 應戰（IN^　ZAN^　臨陣接戰、接受挑戰）。 應變（IN^　BIEN^隨機對付偶發事件）。 6、感動。如： 　　感應（GAM`　IN^　各物相應和）。

		應和（IN^ FOv 聲音相應、一應一答）。 7、該當。如： 　　應該（IN^ GOI）。 　　應當（IN^ DONG）。 8、應驗（IN^ NGIAM^ 照所說的實現了）。
印	IN^	1、把文字圖畫留在紙上。如： 　　印刷（IN^ SOD`）。 　　印行（IN^ HANGv 出版發行）。 　　印花（IN^ FA 貼在契約上像郵票的稅票）。 2、彼此符合。如： 　　印證（IN^ ZN^ 互相證明）。 　　心心相印（CIM CIM CIONG IN^ 兩心相印）。
胤	IN^	子孫相承繼： 　　胤嗣（IN^ S^ 子嗣）。 　　祚胤（ZOG` IN^ 後嗣子孫）。
約 约	IOG`	1、拘束、限制。如： 　　約束（IOG` SUG`）。 2、共同訂立遵守的條款。如： 　　契約（KIE^ IOG`）。 　　條約（TIAUv IOG`）。 　　約同（IOG` TUNGv）。 　　約定（IOG` TIN^）。 　　約章（IOG` ZONG 相互訂定的章程）。 　　約法（IOG` FAB` 以法律約束）。 3、預先定好的期會。如： 　　預約（I^ IOG`）。 　　約會（IOG` FI^）。 　　約請（IOG` CHIANG` 邀請）。 4、預先說好。如： 　　約好（IOG` HO`）。 5、邀請。如： 　　約朋友（IOG` PENv YU）。 6、儉省。如： 　　節約（JIED` IOG`）。 7、大概、簡單。如： 　　大約（TAI^ IOG`）。 　　約略（IOG` LIOG^）。 　　約數（IOG` SU^ 大約數目。能除盡他數的數目，如：3和4都是12的約數）。

		約莫（IOG` MOG^ 約略）。 簡約（GIAN` IOG`）。 8、模糊。如： 隱約（IN` IOG`）。
躍 跃	IOG`	1、跳： 跳躍（TIAU^ IOG`）。 2、欣喜： 雀躍（CHIOG` IOG`）。 3、心情激動： 躍躍欲試（IOG` IOG` YUG^ S^）。
瀹	IOG`	1、烹： 瀹茗（IOG` MEN` 烹茶）。 2、疏通河道： 疏瀹（SU IOG`）。
噁	IOG`	反胃、吐。如： 噁奶（IOG` NEN^）：吐出奶水。 噁酸（IOG` SON）：吐出酸汁。
浴	IOG^	洗澡： 洗浴（SE` IOG^ 洗澡）。 搵浴（UN^ IOG^ 浸浴）。 牛搵浴（NGYUv UN^ IOG^ 喻洗澡時間太長）。
殃	IONG	1、災害。如： 飢亂之殃（GI LON^ Z IONG 飢餓暴亂的災害）。 2、禍惡。如： 眾以為殃（ZUNG^ I WIv IONG）。 3、禍害、損害。如： 遭殃（ZO IONG 遭到禍害）。 禍國殃民（FO^ GUED` IONG MINv 使國家、人民遭受災害）。 殃及池魚（IONG KIB^ TSv NGv 無辜受到牽連而遭禍害）。
養 养	IONG	1、供給生活所需、撫育。如： 養育（IONG YUG` 扶養教育）。 教養（GAU^ IONG）。 扶養（FUv IONG）。 養老（IONG LO` 撫養老人、年老家居修養）。 養分（IONG FUN 供給生長的養料成分）。 養料（IONG LIAU^ 滋養的養分）。

		養成（IONG SNv 栽培成立）。 2、餵動物。如： 　　養豬（IONG ZU）。 　　餵養（WIˇ IONG）。 3、培植花卉。如： 　　養花（IONG FA）。 4、生育。如： 　　生養（SEN IONG）。 5、調理。如： 　　調養（TIAUv IONG 調養病體）。 　　養病（IONG PIANG^ 調養病體）。 　　養心（IONG CIM 調養心境）。 　　養神（IONG SNv 休養精神）。 6、修護。如： 　　保養（BO` IONG）。 　　養路（IONG LU^ 保養道路）。 　　養生（IONG SEN 保養身體生命）。 7、人品的修練。如： 　　修養（CIU IONG）。 　　涵養（HAMv IONG 修養）。 　　養性（IONG CIN^ 涵養天性）。 8、動物分娩。如： 　　牛也養矣（NGYUv UE` IONG NGE` 牛生小牛了）。 　　養矣三隻貓也（IONG NGEv SAM ZAG` MEU^ UE` 生了三隻貓）。
佯	IONGv	假裝、詐： 　　佯狂（IONGv KONGv 假裝發狂）。 　　佯言（IONGv NGIANv 說假話）。 　　佯笑（IONGv SEU^ 假裝笑）。 　　佯死（IONGv CI` 裝死）。 　　佯輸詐敗（IONGv SU ZA^ PAI^ 假裝失敗）。
徉	IONGv	1、徘徊： 　　彷徉（FONG` IONGv）。 2、從容自在或安閒徘徊貌： 　　徜徉（TONG` IONGv）。
烊	IONGv	1、鎔化金屬： 　　烊鐵（IONGv TIED`）。 2、商店晚上收市稱為： 　　打烊（DA` IONGv）。
揚	IONGv	1、舉起、抬高。如：

269

扬 敭		揚帆（IONGv　FAMv）。 2、向上、傳播。如： 　揚塵（IONGv　TSNv）。 揚威（IONGv　WI　傳播威勢）。 揚言（IONGv　NGIANv 傳布言語、張大言詞）。 3、飄動。如： 　飄揚（PEU　IONGv　被風颳起）。 4、稱讚。如： 　表揚（BEU`　IONGv）。 5、宣傳。如： 　宣揚（CIEN　IONGv）。 6、高、表顯。如： 　揚聲（IONGv　SANG　提高聲音）。 　揚名（IONGv　MIANGv　顯揚聲名）。 7、得意。如： 　揚眉吐氣（IONGv　MIv　TU^　HI^ 得意 　　　　　　的樣子）。 　揚揚得意（IONGv　IONGv　DED`　I^）。
颺 飏	IONGv	1、揚風吹颺： 　飄颺（PEU　IONGv）。 2、像被風吹似地迅速逃走： 　遠颺（IAN`　IONGv　遠走高飛）。 3、通「揚」。
煬 炀	IONGv	加熱焙化金屬。 　煬和（IONGv　FOv　形容溫和）。
恙	IONG^	憂慮。如： 　無恙（Uv　IONG^　無憂）。
樣 様 样	IONG^	陪伴。如： 　樣陣（IONG^　TSN^）：作伴。
漾	IONG^	1、水動的樣子。如： 　蕩漾（TONG^　IONG^）。 2、滿溢。如： 　漾溢（IONG^　ID`）。
瀁	IONG^	古"漾"字。
齎 赍 賫 賷	JI	1、送東西給人： 　齎送（JI　SUNG^　贈送）。 2、抱： 　齎恨（JI　HEN^　抱恨）。
擠 挤	JI`	1、用力壓榨。 　擠壓（JI`　AB`）。

		2、推： 推擠（TUI JI`）。 3、排擠： 排擠（PAIv JI` 排斥擠除）。 擠抑（JI` ID` 排除抵制）。
祭	JI^	1、拜神鬼。如： 祭拜（JI^ BAI^）。 2、追悼死者。如： 祭祖（JI^ ZU`）。
抓	JI^	搔抓癢羞處。如： 抓乃脅下（JI^ IA HIAB` HA 搔他脅下）。 畏抓（WI^ JI^）：怕搔到癢羞處。
濟济	JI^	1、救助。如： 救濟（GYU^ JI^）。 濟民（JI^ MINv 救濟民生）。 濟困（JI^ KUN^ 救濟貧困）。 濟急（JI^ GIB` 救助急難）。 濟世（JI^ S^ 救助世人）。 濟溺（JI^ NID^ 拯救沈溺的人）。 濟弱扶傾（JI^ NGIOG^ FUv KIN 救助弱小遭難的人）。 2、補益。如： 無濟於事（Uv JI^ I S^）。 3、渡河。如： 同舟共濟（TUNGv ZU KYUNG^ JI^）。 4、經濟（GIN JI^ a.利用財貨的行為。b.節省）。
嚌	JI^	品嘗食物。
蹟隮	JI^	登高，上升： 攀蹟（PAN JI^ 攀登）。
漬瀆	JI^	染漬、吸取： 漬水（JI^ SUI` 以紙或布吸取水分）。 漬到衫褲（JI^ DO` SAM FU^ 油漬或顏料染上衣服）。 油漬漬到（YUv JI^ JI^ DO` 多油滲出貌）。
借	JIA^	1、經同意暫時使用的財物。 借錢（JIA^ CHIENv）。 借書（JIA^ SU）。 借用（JIA^ YUNG^）。 租借（ZU JIA^ 以錢財借地、借屋、借貨）。

271

		借貸（JIA^ TOI^ 借用財物）。 借條（JIA^ TIAUv 借東西的紙條證據）。 借據（JIA^ GI` 借錢或物的證據）。 借鏡（JIA^ GIANG^拿他人過去的事做警戒）。 借鑑（JIA^ GAM^ 借鏡）。 2、利用。如： 　　借刀殺人（JIA^ DO SAD` NGINv）。 借重（JIA^ TSUNG^借別人的力量）。 3、假托。如： 　　借口（JIA^ KIEU`）。
藉	JIA^	1、依靠： 　　憑藉（PINv JIA^）。 2、假借： 　　藉口（JIA^ KIEU` 託詞）。 　　藉故（JIA^ GU^ 託故、借理由）。 　　藉重（JIA^ TSUNG^借用他人的力量）。 藉手（JIA^ SU` 假手）。 3、安慰： 　　慰藉（WI` JIA^）。 4、設使： 　　藉令（JIA^ LIN^ 假使）。 5、草墊。如： 　　枕藉（ZM` JIA^ 枕頭蓆墊、縱橫枕臥沒有秩序）。
耤	JIA^	借助。同「藉」。
接	JIAB`	1、收受。如： 　　接到（JIAB` DO`）。 接收（JIAB` SU 接受過來）。 接手（JIAB` SU` 接過來做）。 接任（JIAB` IM^ 到任工作）。 接印（JIAB` IN^ 到任受印）。 2、托住、承受。如： 　　接穩（JIAB` UN` 接住）。 承接（SNv JIAB` 承受接任）。 接生（JIAB` SEN 分娩助產）。 接種（JIAB` ZUNG` 疫苗培植）。 3、相迎、迎迓、照料。如： 　　迎接（NGIANGv JIAB`）。 接待（JIAB` TAI^ 招待）。 接人（JIAB` NGINv）。 接客（JIAB` KIED` 招待客人）。

		接風（JIAB` FUNG 招待遠客或歸客）。 4、靠近。如： 　　接近（JIAB` KYUN^）。 接觸（JIAB` TSUG`）。 交頭接耳（GAU TEUv JIAB` NGI` 講機密話）。 接吻（JIAB` UN` 親嘴）。 接物（JIAB` UD^ 交際、處置事物）。 接連（JIAB` LIENv 相連）。 接界（JIAB` GIAI^ 兩地相鄰）。 接壤（JIAB` NGIONG^ 交界相鄰）。 5、連結、會合。如： 　　相接（CIONG JIAB`）。 接索也（JIAB` SOG` GE` 接繩索）。 6、援助。如： 　　接濟（JIAB` JI^ 以財物幫助）。 接應（JIAB` IN^ 接濟援助）。 7、連續。如： 　　接續（JIAB` CYUG^）。 接踵（JIAB` ZUNG` 接連不斷地來）。 接替（JIAB` TI^ 交接替換）。 8、商量。如： 　　接洽（JIAB` KAB`）。
輒 軋	JIAB^	每每、常常、屢次： 　　輒輒（JIAB^ JIAB^ 常常、經常）。 輒常（JIAB^ SONGv 常常、經常）。 輒來（JIAB^ LOIv 常來）。
尖	JIAM	1、打尖（DA` JIAM 中途休息飲食）。 2、尖凸甕（JIAM DUG` UNG^ 尖底的甕，比喻人沒有一處停留得住，什麼事都做不好）。 3、擁擠。如： 　　相尖（CIONG JIAM 互相擁擠）。 尖燒（JIAM SEU 擠進人群中湊熱鬧）。 尖麻油（JIAM MAv YUv 擠榨麻油）。 尖上車（JIAM SONG TSA 擠上車）。 尖不入（JIAM Mv NGIB^ 擠不進去）。 車也盡尖（TSA E` CHIN^ JIAM 車子很擠）。
擠 挤	JIAM	擠緊。同「尖 JIAM」。如： 　　擠緊（JIAM HENv 擠緊）。 盡擠（CHIN^ JIAM 很擠）。

		擠燒（JIAM SEU擠進人群中湊熱鬧）。 擠上車（JIAM SONG TSA）。 擠麻油（JIAM MAv YUv擠榨麻油）。
沾	JIAM`	菜、肉蘸觸醬料。如： 沾豆油（JIAM` TEU^ YUv沾醬油）。 沾鹽（JIAM` IAMv蘸鹽）。 沾菜（JIAM` TSOI^菜蘸醬料）。
蘸	JIAM`	同「沾JIAM`」。如： 蘸鹽（JIAM` IAMv沾鹽）、 蘸豆油（JIAM` TEU^ YUv沾醬油）。 粢粑也，蘸麻也（CHIv BA E`, JIAM` MAv E`糯米軟粄蘸芝麻糖粉吃）。
佔	JIAM^	強力取得、據有。 霸佔（BA^ JIAM^ = ZAM^）。 強佔（KIONGv JIAM^ = ZAM^）。 佔位也（JIAM^=ZAM^ WI^ IE`佔位子）。
僭 僣	JIAM^	過分、超越權限： 僭越（JIAM^ IAD^超越）。 僭權（JIAM^ KIANv越權）。 僭分（JIAM^ FUN^超越本分）。 僭竊（JIAM^ CHIAB`無才而居高位）。
剪	JIANG`	剪拳（JIANG` GIN`從日本外來語ジャンケンポン：剪、拳、布＝包（JIANG` GIN` BU^ = BAU）：剪刀、拳(石)頭、布而來的"猜拳"）。
倾 傾	JIANG^	倒置、倒吊。如： 倒傾（DO^ JIANG^頭下腳上倒置）。 傾菜（JIANG^ TSOI^）： 傾鹹菜（JIANG^ HAMv TSOI^）：將搓鹽後未乾的高麗菜或芥(鹹)菜，擠入瓶中，再將瓶子倒放，瓶口向下，使之滴水乾燥。
剿	JIAU`	斷絕。
勦	JIAU`	滅絕、殺賊。如： 勦滅（JIAU` MED^）。 勦匪（JIAU` FI）。
剿	JIAU`	同「勦JIAU`」。又音TSAU。
咂	JIB^	1、弄響嘴唇出聲： 咂嘴（JIB^ ZOI^接吻或吃食聲，也比喻工作機會落空或錢用完了，只有弄響嘴唇，像有東西吃）。 2、吸取：

		唼蜆也（JIB^ HAN` NE` 吸食河蜆的肉和汁）。
積積	JID`	1、聚集。如： 堆積（DUI JID`）。 累積（LUI` JID` 積聚）。 積木（JID` MUG` 堆積的木塊）。 2、長時間造成的。如： 積習（JID` CIB^）。 積德（JID` DED` 做很多好事）。 積久（JID` GYU`）。 積蓄（JID` HYUG` 儲蓄）。 積聚（JID` CHI^ 漸漸聚集）。 積欠（JID` KIAM^ 累積拖欠）。 積怨（JID` IAN^ 累積怨恨）。 積習（JID` CIB^ 累積的習慣）。 積善（JID` SAN^ 做很多好事）。 積弊（JID` BI^ 累積的弊病）。 積勞成疾（JID` LOv SNv CHID^ 長久辛勞積成疾病）。 積穀防飢（JID` GUG` FONGv GI 積聚食糧以防飢餓）。 3、停滯。如： 積水（JID` SUI`）。
責責	JID`	1、在分內的。如： 負責（FU^ JID`）。 責任（JID` IM^ 應負擔的）。 盡責（CHIN^ JID`）。 責無旁貸（JID` Uv PONGv TOI^ 自己應負的責任，沒有理由推諉）。 2、詰問。如： 責問（JID` UN^）。 3、要別人做到、強令。如： 責成（JID` SNv）。 4、指摘別人的過錯。如： 責備（JID` PI^ 以言語訓戒使其完美全備）。 責怪（JID` GUAI^ 責備怪罪）。 責難（JID` NAN^責成他做很難的事）。 責罵（JID` MA^ 訓戒責罵）。 5、處罰。如： 責罰（JID` FAD^）。 責打（JID` DA`）。

		6、職分。如： 職責（ZD` JID`）。
嘖嘖	JID`	1、讚嘆，稱讚： 嘖嘖（JID` JID` 讚嘆不停）。 2、眾口爭論： 嘖有煩言（JID` YU FANv NGIANv 人眾爭論多、眾人怨言多）。
蹐	JID`	走小步。如： 踢蹐（KYUG^ JID` 不能伸展貌）。
擠挤	JID`	用木棍擠壓。如： 擠入去（JID` NGIB^ HI^）。 擠分伊緊（JID` BUN Iv HENv 把它擠緊）。 擠看哪（JID` KON^ NA^ 擠壓看看、以棍探索看看）。
漬渍	JID`	1、醬浸： 瓜漬（GUA JID` 醬瓜）。 2、污點： 油漬（YUv JID`）。
殛	JID`	誅殺。如： 雷殛（LUIv JID` 雷電擊死人畜或擊壞物體）。
踧	JID`	踧踖（TSUG` JID` 因恭敬而感到不安）。
絕绝疖	JID^	「絕CHIED^」的變音：盡了、停了、斷了。 水絕歇矣（SUI JID^ HED` LEv 流水斷了）。
節節节卩	JIED`	1、約束。如： 節制（JIED` Z^ 不使過度）。 2、減省、限制。如： 節省（JIED` SEN`）。 節儉（JIED` KIAM^ 節省儉樸）。 節食（JIED` SD^）。 節約（JIED` IOG` 節省）。 節育（JIED` YUG` 節制生育）。 節慾（JIED` YUG^ 節制慾望）。 節哀（JIED` OI 節制哀傷）。
櫛	JIED`	1、梳洗頭髮： 櫛沐（JIED` MUG^）。 櫛風沐雨（JIED` FUNG MUG^ I` 喻奔走辛勞）。 2、剔除： 櫛垢（JIED` GIEU^）。

		3、排列細密： 　　櫛比（JIED` BI`）。
截	JIED`	1、段。如： 　　上半截（SONG^ BAN^ JIED`）。 　　兩截（LIONG` JIED` 兩段）。 　　斷截（TON JIED` 斷成兩半，斷成好幾截）。 2、割斷。如： 　　截斷（JIED` TON）。 　　截肢（JIED` GI 截斷手腳）。 　　截獲（JIED` FED^ 中途截斷其通路而捉到）。 3、扣留。如： 　　截留（JIED` LIUv）。 4、停止。如： 　　截止（JIED` Z`）。
擲 揤	JIED^	投擲。如： 　　擲石頭（JIED^ SAG^ TEUv）。 　　相擲（CIONG JIED^ 互擲、用球或石頭互擲）。
煎	JIEN	1、貼鍋使食物乾熟的烹調法。如： 　　煎魚（JIEN NGv）。 　　煎粄（JIEN BAN`）。 　　煎牛排（JIEN NGYUv PAIv）。 2、逼迫。如： 　　煎迫（JIEN BED` 逼迫）。 　　煎熬（JIEN NGAUv 處境困苦）。 　　相煎（CIONG JIEN 相逼迫）。
湔	JIEN	洗： 　　湔雪（JIEN CIED` 洗雪、洗清冤枉）。
鐫 鎸	JIEN	1、雕刻： 　　雕鐫（DIAU JIEN）。 2、官吏降職： 　　鐫級（JIEN GIB`）。
剪	JIEN`	1、以兩面刀刃相對挾割的工具和方法： 　　剪髮（JIEN` FAD` 剪頭髮）。 　　用剪刀剪紙（YUNG^ JIEN` DO JIEN` Z`）。 2、用剪洞挾在紙上或布上打洞叫 　　剪空（JIEN` KANG 以剪壓洞）。 　　剪票（JIEN` PEU^）。 3、消滅。如： 　　剪除（JIEN` TSUv）。

277

翦	JIEN`	1、通「剪」： 翦落（JIEN` LOG^ 落髮為僧，削除）。 翦裁（JIEN` TSAIv 剪裁）。 翦影（JIEN` IANG` 剪影：代表事物的片段）。 2、截斷： 翦布（JIEN` BU^ 剪布）。 翦徑（JIEN` GANG^ 匪盜在路上搶劫人）。 3、削除： 剪奸（JIEN` GIAN 剪除奸臣）。
揃	JIEN`	同「翦」。
薦 荐	JIEN^	1、推舉。如： 推薦（TUI JIEN^）。 2、草蓆。如： 草薦（TSO` JIEN^）。 3、薦任（JIEN^ IM^ 公務員銓敘任用的官等）。
荐	JIEN^	「薦」的簡體字。
餞 饯	JIEN^	1、以酒食送行。如： 餞別（JIEN^ PED^）。 2、以蜜糖浸漬或煎熬果品。如： 餞糖（JIEN^ TONGv）。 蜜餞（MED^ JIEN^）。
勁 劲	JIEN^	勁腳（JIEN^ GIOG`腳出力伸或踩踏）。
唚	JIM	親嘴、接吻。如： 相唚（CIONG JIM）。 唚嘴（JIM ZOI^）。 唚一下（JIM ID` HA^）。
浸	JIM^	1、浸埋在液體中。如： 浸水（JIM^ SUI`）。 浸濕（JIM^ SB` 浸水潮濕）。 沉浸（TSMv JIM^ 沉溺、沉迷）。 2、逐漸。如： 浸染（JIM^ NGIAM` 逐漸滲透）。
津	JIN	1、滋潤。如： 津潤（JIN YUN^）。 2、補貼。如： 津貼（JIN TIAB`）。
精	JIN	1、細密。如： 精密（JIN MED^ 精細周密）。

		精細（JIN SE^ 精密仔細）。 精緻（JIN Z^ 精美細緻）。 精巧（JIN KAU` 精細巧妙）。 精確（JIN KOG` 精密確實）。 精工（JIN GUNG 精細的手工）。 精打細算（JIN DA` SE^ SON^ 盤算細密）。 2、專心、用功深。如： 專精（ZON JIN）。 精研（JIN NGIAN）。 精進（JIN JIN^ 專精求進）。 精心（JIN CIM 專心一意）。 精益求精（JIN ID` KYUv JIN 不斷力求進步）。 3、機警心細。如： 精明（JIN MINv 對事物透徹了解）。
閂 闩	JIN	1、關閉門戶用的橫木稱為 門閂（MUNv JIN）。 2、關門稱為 閂門（JIN MUNv）。
審 审	JIN	嚴格盤問。如： 審一暗晡都審不出來（JIN ID` AM^ BU DU JIN Mv TSUD` LOIv 盤問一夜都不供出實話來）。
晉	JIN`	1、同「進」、進升。如： 晉見（JIN` GIAN^ 晚輩進見長輩）。 晉升（JIN` SN 升級）。 晉謁（JIN` IAD` 拜望）。 晉京（JIN` GIN 進入京城）。 2、交接。如： 晉接（JIN` JIAB` 交接）。
搢	JIN`	插入： 搢笏（JIN` FU^ 古代大臣朝見黃帝時，將笏-手板插在腰帶中)。
進 进	JIN^	1、向前。如： 進前（JIN^ CHIENv）。 前進（CHIENv JIN^）。 進發（JIN^ FAD` 向前出發）。 進攻（JIN^ GUNG 向前攻打）。 進兵（JIN^ BIN 出兵）。 進出（JIN^ TSUD` 出入）。 進逼（JIN^ BED` 進前逼迫）。

		進行（JIN^ HANGv 依次做、向前走）。
		進佔（JIN^ ZAM^ 佔領）。
		進步（JIN^ PU^ 上進）。
		進取（JIN^ CHI` 努力向上）。
		進益（JIN^ ID` 進步增益）。
		進展（JIN^ ZAN` 進步發展）。
		進修（JIN^ CIU 上進研習）。
		進深（JIN^ TSM 上進深入）。
		激進（GID` JIN^ 激動前進）。
		進退維谷（JIN^ TUI^ WIv GUG` 進退都困難）。
		2、入。如：
		進入（JIN^ NGIB^）。
		進口（JIN^ KIEU` 輸入貨物）。
		進身（JIN^ SN 擠入）。
		閒人免進（HANv NGINv MIEN JIN^ 閒人莫入）。
		3、收入、買入。如：
		進貨（JIN^ FO^）。
		進款（JIN^ KUAN` 收入錢款）。
		進帳（JIN^ ZONG^ 收入錢款）。
		進項（JIN^ HONG^ 進款）。
		4、送上、奉上。如：
		進酒（JIN^ JIU`）。
		進貢（JIN^ GUNG^ 獻上財寶給君王或強國）。
		5、推薦。如：
		引進（IN JIN^）。
		進言（JIN^ NGIANv 以言語推薦）。
靳	JIN^	追隨：
		驂靳（TSAM JIN^）。
擠挤	JIO	人或動物擠縮一起。如：
		擠于一堆（JIO UA^ ID` DOI 擠成一堆）。
		擠上擠下（JIO SONG JIO HA 擠來擠去）。
喍	JIOD^	用力吸吮。如：
		喍田螺（JIOD^ TIENv LOv 切去尖尾的田螺，煮熟之後，用嘴在田螺尾開口處用力吸吮，以吸出螺肉）。
		喍不出來（JIOD^ Mv TSUD` LOIv 吸不出來）。

		又音（ZOD^）。
嚼	JIOG`	用齒磨碎食物，細品滋味。如： 　　嚼食（JIOG` SD^） 　　嚼臘（JIOG` LAB^ 無味）。 　　倒嚼（DO^ JIOG` 牛羊反芻）。 　　嚼舌（JIOG` SAD^ 撥弄是非）。
將 将	JIONG	1、快要。如： 　　即將（JID` JIONG）。 　　將近（JIONG KYUN^）。 2、把、拿。如： 　　將把（JIONG BA`）。 　　將就（JIONG CHIU^ 勉強遷就）。 　　將心比心（JIONG CIM BI` CIM 以自己 　　　　　　　的心比作他人的心）。 　　將功贖罪（JIONG GUNG SUG^ TSUI^ 立 　　　　　　　功以抵銷所犯的罪過)。 　　將計就計（JIONG GIE^ CHIU^ GIE^ 　　採用對方所用的計策對付對方）。
漿 浆	JIONG	將衣服或布浸入飯湯或粉漿中，使它 乾燥燙平之後能挺硬。如： 　　漿衫褲（JIONG SAM FU^）。
獎 奖	JIONG`	勉勵、稱讚、表揚。如： 　　獎勵（JIONG` LI^ 獎賞勉勵）。 　　獎賞（JIONG` SONG`）。 　　嘉獎（GA JIONG` 讚美獎勵）。 　　獎狀（JIONG` TSONG^ 獎勵的證書）。 　　獎金（JIONG` GIM 獎勵的金錢）。 　　頒獎（BAN JIONG` 頒發獎金、獎狀）。 　　褒獎（BO JIONG` 讚揚和獎勵）。
醬 酱	JIONG^	浸漬在醬料裏。如： 　　醬瓜（JIONG^ GUA）。 　　醬菜（JIONG^ TSOI^）。
糾 纠	JIU`	1、絞紐。如： 　　糾緊矣（JIU` HENv NEv 扭緊了）。 　　打糾股矣（DA`JIU` GU` UEv 扭絞在一 　　起了）。 　　糾螺風（JIU` LOv FUNG 旋螺風、龍卷風）。 2、扭糾（NGYU` JIU` 性情難纏、難應 付， 　　　　　這也不好，那也不好）。
揪 挚	JIU`	用手扭住。 　　揪賊（JIU` TSED^ 抓賊）。

皺皱	JIU^	使鼻子眼睛摺動。如： 皺目（JIU^　MUG`）。
蹙	JYUG`	1、縮、皺。如： 　　蹙眉（JYUG`　MIv　皺眉）。 2、踢。如： 　　以足蹙馬（I　JYUG`　JYUG`　MA）。 3、急迫。如： 　　形勢日蹙（HINv　S^　NGID`　JYUG`）。
縱纵	JYUNG	1、放。如： 　　縱火（JYUNG　FO`）。 縱情（JYUNG　CHINv 放縱感情，不加管束）。 2、放任。如： 　　縱情（JYUNG　CHINv）。 3、直線。如： 　　縱貫（JYUNG　GON^）。 　　縱谷（JYUNG　GUG` 與山脈平行的河谷）。 　　縱隊（JYUNG　DUI^ 直排的隊伍）。 4、橫直。如： 　　縱橫（JYUNG　UANGv）。 5、斜斜地。如： 　　縱縱（JYUNG　JYUNG　不直）。
縱纵	JYUNG`	1、寵愛、放任。如： 　　縱容（JYUNG`　YUNGv 放縱）。 　　縱情（JYUNG`　CHINv　放任情懷）。 　　縱言（JYUNG`　NGIANv 言談不加檢點）。 　　縱談（JYUNG`　TAMv　無所不談）。 　　放縱（FONG^　JYUNG`　放任）。 　　縱慾（JYUNG`　YUG^ 逞自己的慾念）。 　　縱逸（JYUNG`　ID^　放縱蕩逸）。 2、假使、即使。如： 　　縱使（JYUNG`　S`）。 　　縱然（JYUNG`　IANv　即使）。 　　縱令（JYUNG`　LIN^　即使）。 3、釋放。如： 　　縱火（JYUNG`　FO`　放火）。 　　縱目（JYUNG`　MUG`　極目遠眺）。 　　縱覽（JYUNG`　LAM`　任意觀看）。 　　縱虎歸山（JYUNG`　FU`　GUI　SAN 不處置罪犯，任其為非作歹）。 　　欲擒故縱（YUG^　KIMv　GU^　JYUNG` 先

		故意放縱他，使其不備，再加以逮捕）。 4、操縱（TSAU JYUNG`駕馭,任意支配)。
卡	KAv	留住、夾住、鉤住不能動彈。如： 卡到（KAv DO`）。 卡緊矣（KAv HENv NEv 卡住卡緊了）。
揩	KA^	揩油（KA^ YUv）滿語「揩油」（ㄎㄞ ㄧㄡˊ）的客音： 抽取油水，從中抽利剝削。
瞌	KAB`	合眼、打盹。如： 瞌眼（KAB` NGIAN`）。 瞌睡（KAB` SOI^ 合眼打盹小睡）。 瞌一下（KAB` ID` HA^ 小睡一下）。 目瞌瞌到（MUG` KAB` KAB` DO` 倦眼惺忪地）。
磕	KAB`	1、以頭去撞地、碰壁。如： 磕頭（KAB` TEUv）。 2、碰觸到身體。如： 磕到手（KAB` DO` SU` 碰觸到手）。 莫去磕伊（MOG^ HI^ KAB` Iv 別去碰他）。
嗑	KAB`	用牙咬開有殼的東西。 嗑瓜子（KAB` GUA Z`）。 嗑蜆也（KAB` HAN` NE` 以口咬開河蜆）。
洽	KAB`	彼此商量。如： 接洽（JIAB` KAB`）。 洽談（KAB` TAMv）。
刻	KAD`	1、「雕刻 KIED`」的變音。如： 刻印也（KAD` IN^ NE` 刻印）。 用刀也刻（YUNG^ DO UE` KAD` 以刀雕刻）。 2、罵人。如： 刻人（KAD` NGINv）。 分人刻矣（BUN NGINv KAD` LEv 挨罵了）。
咯	KAG`	咯血（KAG` HIAD`咳嗽出血的病症）。 咯痰（KAG` TAMv 咳嗽將痰逼出）。 咯呸（KAG` PUI^ 咳出痰並吐出）。
咳	KAG`	咳血（KAG` HIAD` 咳嗽出血的病症）。 咳呸（KAG` PUI^ 咳出痰並吐出）。
喀	KAG`	喀喀（KAG` KAG` 嘔吐聲,逼痰聲）。

		喀痰（KAG` TAMv 吐痰，咳嗽將痰逼出）。 喀呸（KAG` PUI^ 咳出痰並吐出）。
握	KAG^	1、掌握。如： 握權（KAG^ KIANv）。 握筆（KAG^ BID`）。 握手（KAG^ SU`）。 2、五指合拳抓握。如： 握拳頭（KAG^ KIANv TEUv）。 握泥（KAG^ NAIv）。 握緊（KAG^ HENv 抓緊）。 握到（KAG^ DO` 抓握到）。 握蛤蟆頦（KAG^ HAv MAv GOI 握抓喉嚨）。 分鬼握到（BUN GUI` KAG^ DO` 被鬼抓到）。
搰	KAG^	五指合抓，扼住。如： 搰權（KAG^ KIANv 抓權）。 搰筆（KAG^ BID` 握筆）。 搰緊（KAG^ HENv 抓緊）。 搰核（KAG^ HAG^ 抓握睪丸）。 搰拳頭（KAG^ KIANv TEUv 握拳）。 搰蛤蟆頦（KAG^ HAv MAv GOI 握抓喉嚨）。 分鬼搰到（BUN GUI` KAG^ DO` 被鬼抓到）。
搞	KAI	用肩挑扛。如： 搞擔（KAI DAM 挑擔子）。 搞枷（KAI GA a、刑具套在犯人頸上。b、太陽或月亮周圍因濕氣形成的圓形虹彩）。 搞柴（KAI TSEUv 挑木柴）。 搞水（KAI SUI` 挑水）。 搞肥（KAI PIv 挑水肥）。 搞糞（KAI BUN^ 挑糞便）。
戡	KAM	1、殺戮。 2、平定。如： 戡亂（KAM LON^ 平定叛亂）。 3、勝利。
勘	KAM	1、實地查看。如： 勘察（KAM TSAD`）。 勘災（KAM ZAI 調查災害實情）。

		勘界（KAM GIAI^ 察看地界）。 勘測（KAM TSED` 實地測量）。 2、校對錯誤。如： 勘誤（KAM NGU^ 校對錯誤）。 勘校（KAM GAU` 校對）。 勘誤表（KAM NGU^ BEU` 將書中的錯誤，列表改正）。 3、考核考慮。如： 勘看哪（KAM KON^ NA^ 考慮看看）。 4、審問罪犯。如： 推勘（TUI KAM）。 5、接合。如： 勘合（KAM HAB^ 兩紙騎縫間蓋印）。
嵌	KAM	1、填補孔隙： 鑲嵌（CIONG KAM 鑲補填入）。 嵌裝（KAM ZONG 填入）。 嵌合（KAM HAB^ 兩件東西相接合）。 2、山勢幽深的樣子。
砍	KAM`	用刀斧劈。如： 砍伐（KAM` FAD^）。 砍樹（KAM` SU^ 以刀斧砍倒樹）。
嵌	KAM^	1、填補空隙。 嵌裝（KAM^ ZONG 填入）。 鑲嵌（CIONG KAM^ 鑲補接合）。 嵌合（KAM^ HAB^ 兩件相接合）。 2、山勢幽深貌。
瞰	KAM^	1、俯視： 俯瞰（FU` KAM^ 向下看）。 鳥瞰（NGIAU KAM^ 從高空向下看）。 2、窺視。如： 瞰視（KAM^ S^）同「闞視 KAM^ S^」。
闞 闞	KAM^	1、偷看： 闞視（KAM^ S^）。 2、勇敢貌： 闞闞（KAM^ KAM^）。
瞷	KAM^	偷看： 瞷視（KAM^ S^）。
刊 栞	KAN	排版印出。如： 出刊（TSUD` KAN）。 刊印（KAN IN^）。 刊行（KAN HANGv 發行書籍）。 刊載（KAN ZAI^ 在書報登載）。

		刊物（KAN UD^ 出版的書報雜誌）。 刊登（KAN DEN 登載）。 刊定（KAN TIN^ 文字經改確定）。 刊誤表（KAN NGU^ BEU` 將書中的錯誤列表改正，同「勘誤表」）。
空	KANG	1、孔、洞。如： 大空（TAI^ KANG 大孔，大的孔洞）。 細空（SE^ KANG 小孔、小洞）。 冇空矣（MOv KANG NGEv 沒有孔洞了）。 褲擘于恁大空（FU^ BAG` GA^ AN` TAI^ KANG 褲子扯破這麼大的洞）。 2、空頭（KANG TEUv 心機、花樣、竅門）。
坑	KANG	同「阬」。 活埋： 坑儒（KANG Iv 活埋文人）。
阬	KANG	同「坑」。 阬儒（KANG Iv 活埋文人）。
交	KAU	1、物體交叉、交纏： 交手（KAU SU` 手交叉）。 交腳（KAU GIOG` 腳交叉站立、交腿坐、雙腳絞紐而臥）。 索也交穩矣（SOG` GE` KAU UN` NEv 繩子交繞、糾結在一起了）。 2、刀削。如： 交番薯（KAU FAN SUv 削地瓜皮）。 交樹皮（KAU SU^ Piv 刨削樹皮）。 交篾也（KAU MED^ LE` a、削篾皮。b、編織篾皮做竹器）。 3、吹風、風乾、兜風。如： 交風（KAU FUNG 放在通風處風乾）。
尻	KAU	諷刺、譏誚、講話帶刺： 尻誚（KAU SE` 以言語譏諷人）。 尻尻誚誚（KAU KAU SE` SE` 說話譏諷人）。
拷	KAU`	打、用刑具打、打靶。如： 拷打（KAU` DA`）。 拷問（KAU` UN^ 刑罰逼供）。 拷責（KAU` JID` 拷問責備）。 拷啪（靶）也（KAU` PAG^ GE` 打靶）。
烤	KAU`	1、燻烘食物。如：

		烘烤（HANG KAU`）。 烤魚（KAU` NGv）。 烤肉（KAU` NGYUG`）。 烤番薯（KAU` FAN SUv 烤地瓜）。 烤雞烤鴨（KAU` GIE KAU` AB`）。 2、以火取暖。如： 烤火（KAU` FO`）。 3、以火烘乾。如： 烤衫褲（KAU` SAM FU^ 烘乾衣服）。
熇	KAU`	「烤」本字。
考	KAU`	1、測驗。如： 考試（KAU` S^）。 期考（KIv KAU` 學期末考）。 2、研究、探求。如： 考據（KAU` GI`）。 考驗（KAU` NGIAM^）。 考證（KAU` ZN^ 考核辨正）。 考究（KAU` GYU^ 查究根底）。 3、檢查、查核。如： 考查（KAU` TSAv 查驗）。 考察（KAU` TSAD` 考查）。 考核（KAU` HED` 查驗核對）。 考勤（KAU` KYUNv 考核勤惰）。
攷	KAU`	同「考」。
靠	KAU^	1、依賴。如： 依靠（I KAU^）。 靠天食飯（KAU^ TIEN SD^ FAN^）。 2、接近。如： 靠近（KAU^ KYUN^）。 靠岸（KAU^ NGAN^）。 3、依著。如： 靠壁（KAU^ BIAG`）。 靠山食山（KAU^ SAN SD^ SAN）。 4、信實、信任。如： 可靠（KO` KAU^）。 信靠（CIN^ KAU^）。
敲	KAU^	1、擊打、拳扣。如： 敲門（KAU^ MUNv）。 敲擊（KAU^ GID`）。 敲門磚（KAU^ MUNv ZON 喻借學以獲功名，功名獲而棄學）。 2、研究、斟酌、討論。如：

		推敲（TUI KAU^ 研究用字：推門好，還是敲門好）？ 3、以恐嚇取財。如： 　　敲詐（KAU^ ZA^）。
犒	KAU^	1、以酒食、財物勞軍。如： 　　犒師（KAU^ S 犒賞慰勞軍隊）。 　　犒軍（KAU^ GYUN 犒賞慰勞軍隊）。 2、以財、物慰勞獎賞。如： 　　犒賞（KAU^ SONG`）。 　　犒勞（KAU^ LOv 犒賞慰勞）。
銬 鐐	KAU^	1、鎖住手腳的刑具。如： 　　手銬腳鐐（SU` KAU^ GIOG` LIAU^ 鎖住手腳的刑具）。 2、戴上手銬鎖雙手。如： 　　銬手（KAU^ SU`）。
拒	KI	1、抵抗： 　　拒捕（KI BU` 抵抗捕捉）。 2、不接受： 　　拒絕（KI CHIED^）。 　　拒毒（KI TUG^ 禁拒毒品）。 　　拒收（KI SU 不收）。 　　拒諫（KI GIAN` 不聽勸告）。
炬	KI	1、火把： 　　火炬（FO` KI）。 2、蠟燭： 　　蠟炬（LAB^ KI）。 3、焚燒： 　　付之一炬（FU^ Z ID` KI 被火焚燒）。
距	KI	抗違。如： 　　敢距大邦（GAM` KI TAI^ BANG 敢於抗拒大國）。
企	KI	1、挺起腳跟張望、盼望。如： 　　企望（KI UONG^）。 　　企慕（KI MU^ 仰望）。 　　企盼（KI PAN^ 仰望）。 　　企及（KI KIB^ 趕得上、望得到）。 2、計劃、打算。如： 　　企圖（KI TUv 企望打算）。 3、站立。如： 　　企等（KI DEN`＝NEN` 站著）。 　　企到（KI DO` 站著）。 　　企穩（KI UN` 站穩,站著）。

		企起來（KI HI` LOIv 站起來）。 企正來（KI ZANG^ LOIv 站直！站好！） 企坐不得（KI TSO Mv DED` 站也不是，坐也不是、坐立不安）。
欺	KI	1、施詐騙術。如： 　欺騙（KI PIEN^）。 2、凌辱。如： 　欺負（KI FU^）。 　欺侮（KI U` 欺凌侮辱）。 　欺凌（KI LINv 欺侮凌辱）。 　欺壓（KI AB` 欺負壓榨）。 3、自昧良心。如： 　自欺欺人（TS^ KI KI NGINv 自昧良心也欺騙別人）。
誆	KI	欺瞞。
區 区	KI	類別。如： 　區別（KI PED^ 分別）。 　區分（KI FUN 分別）。
驅 驱 駈 敺	KI	1、趕馬。如： 　驅馬（KI MA 鞭馬）。 　驅策（KI TSED` 鞭馬疾走）。 2、逐出。如： 　驅逐（KI ZUG`）。 　驅除（KI TSUv）。 　驅邪（KI CIAv 驅逐邪氣）。 　驅蟲劑（KI TSUNGv JI^）。 3、快跑。如： 　長驅直入（TSONGv KI TSD^ NGIB^ 快馬直搗入內）。 　驅馳（KI TSv 替人盡力奔走）。 4、差遣。如： 　驅使（KI S` 促使，差使）。
祛	KI	1、驅逐： 祛災（KI ZAI 消除災害）。 2、清除： 祛病（KI PIANG^ 消除疾病）。
胠	KI	開 胠篋（KI KIAB^ 小偷開箱偷取)。
遽	KI	1、急迫： 急遽（GIB` KI 急迫）。 2、忽然： 遽然（KI IANv 忽然）。

		3、害怕： 驚遽（GIANG KI 懼怕）。 惶遽（FONGv KI 惶恐）。
瞿	KI	1、觀看。 2、驚懼。如： 瞿瞿（KI KI 驚懼的樣子）。
棋 棊 碁	KIv	散布。如： 棋布（KIv BU^）。
期	KIv	1、希望。如： 期望（KIv MONG^ = UONG^）。 期待（KIv TAI^ 期望等待）。 2、時限、時日、約定的時間。如： 日期（NGID` KIv）。 限期（HAN^ KIv 限定的時間）。 期間（KIv GIAN）。 定期（TIN^ KIv）。 無期（Uv KIv 沒有期限）。 期刊（KIv KON 定期出版物）。 期票（KIv PEU^ 預定期限支付的票據）。 期會（KIv FI^ 約定時間聚會）。
騎 騎	KIv	1、兩腿跨坐在牲畜、機車或單車上。 騎馬（KIv MA）。 騎車也（KIv TSA E` 騎車子）。 騎木馬（KIv MUG` MA）。 騎士（KIv S^ 騎車、騎馬的人）。 騎虎難下（KIv FU` NANv HA 騎在老虎背上不能下來，喻被逼必須繼續做完）。 騎馬靠杖也（KIv MA KU^ TSONG` NGE` 穩紮穩打）。 2、兼跨兩邊。如： 騎縫印（KIv PUNG^ IN^ 同蓋在兩頁之間的印記）。 3、馬兵： 騎兵（KIv BIN 騎馬打仗的兵）。
祈	KIv	1、向神求。如： 祈禱（KIv DO` 禱告）。 2、請求。如： 祈求（KIv KYUv）。 祈望（KIv UONG^ 希望）。

蘄蘄	KIv	祈求： 蘄生（ KIv SANG 求生 ）。
歧	KIv	1、岔開的： 歧路（ KIv LU^ 岔路 ）。 岐見（ KIv GIAN^ 不同的意見 ）。 岐途（ KIv TUv 錯誤之路，岔路 ）。 2、事情錯雜： 歧異（ KIv I^ ）。 3、岐視（ KIv S^ 不公平的待遇 ）。
啟启啓啓	KI`	1、打開、開導。如： 啟齒（ KI` TS` 開嘴說話 ）。 啟封（ KI` FUNG 打開封套 ）。 啟示（ KI` S^ 開導 ）。 2、開發。如： 啟發（ KI` FAD` ）。 啟蒙（ KI` MUNGv 開發蒙昧、教導初學的人 ）。 3、動身。如： 啟身（ KI` SN ）。 啟行（ KI` HANGv 動身 ）。 4、陳述。如： 啟事（ KI` S^ 書面陳述 ）。
懼惧悬	KI`	害怕。如： 恐懼（ KYUNG` KI` ）。 懼怕（ KI` PA^ 有所畏懼 ）。 懼內（ KI` NUI^ 怕老婆 ）。
偈	KI`	1、壯健貌。 2、疾馳貌。 3、偈偈（ KI` KI` 用力貌 ）。
齲齲	KI`	1、蛀牙。 齲齒（ KI` TSv 蛀牙 ）。 2、蟲蛀。
去厺	KI^	1、從此地到那地。如： 來去（ LOIv KI` = HI^ 來或去。我們去！我們走！ ）。 去處（ KI^ TSU^ 所到之地 ）。 2、離開。如： 去國（ KI^ GUED` ）。 去留（ KI^ LIUv 離開或留下 ）。 去向（ KI^ HIONG^ 去的方向、地方 ）。 去就（ KI^ CHIU^ 或去或從 ）。 去勢（ KI^ S^ 割除睾丸 ）。

		3、死亡。如： 去世（KI^ S^）。 4、距離。如： 相去甚遠（CIONG KI^ SM^ IAN`）。 5、過去。如： 去年（KI^ NGIANv）。 6、放棄。如： 去職（KI^ ZD`）。 7、發出。如： 去信（KI^ CIN^ 發出信件）。
棄 弃	KI^	1、捨去。如： 拋棄（PAU KI^）。 　　棄權（KI^ KIANv 拋棄權利）。 　　棄置（KI^ Z^ 丟掉）。 棄甲（KI^ GAB`拋棄軍服、戰敗逃走）。 棄邪歸正（KI^ CIAv GUI ZN^ 重新走入正途）。 2、廢除。如： 廢棄（FI^ KI^）。 3、死。如： 棄世（KI^ S^）。 　　棄市（KI^ S^ 古時的死刑）。 　　棄養（KI^ IONG 指父母死亡）。 4、忘記。如： 捐棄（GIAN KI^）。 5、不自愛。如： 自暴自棄（TS^ PAU^ TS^ KI^）。
忌	KI^	1、畏懼： 畏忌（WI^ KI^）。 　　忌憚（KI^ TAN^ 有所恐懼，不敢做）。 2、嫉妒： 妒忌（DU^ KI^）。
惎	KI^	1、教訓： 惎誨（KI^ FI^ 教誨）。 2、殘害、毒害： 惎間王室（KI^ GIAN UONGv SD`）。 3、憎惡、厭惡。
跽	KI^	跪下、長跪。
憩 憇	KI^	休息： 休憩（HYU KI^）。 　　少憩（SEU` KI^ 稍微休息）。 　　憩息（KI^ CID` 休息）。

愒	KI^	同「憩」，休息。 不尚愒焉（BUD` SONG^ KI^ IAN 不要依傍尋陰涼）。
舉 举	KIAv	〔河洛音 GIAv 的變音〕，舉起。如： 　舉筆（KIAv BID` 握筆）。 　舉竹篙（KIAv ZUG` GO）。 　舉高起來（KIAv GO HI` LOIv 舉高）。 　舉刀揭斧（KIAv DO IAD^ BU` 大動干戈，刀光劍影）。
擎	KIAv	同「舉 KIAv」。 　擎筆（KIAv BID` 握筆）。 　擎竹篙（KIAv ZUG` GO）。 　擎高起來（KIAv GO HI` LOIv）。 　擎刀揭斧（KIAv DO IAD^ BU` 大動干戈，刀光劍影）。
跒	KIAv	跁跒（PAv KIAv 蛙蹲著，不肯前進）。
跨	KIA^	「跨 KUA^」的變音。 　跨杈（KIA^ UA）：雙足開叉走路。 　腳跨跨（GIOG` KIA^ KIA^ 雙腳開叉走路貌）。 　腳跨開來（GIOG` KIA^ KOI LOIv 把腳跨開）！
胯	KIA^	同「跨 KIA^」。腳開叉。 　胯杈（KIA^ UA）：雙足開叉走路。 　腳胯胯（GIOG` KIA^ KIA^ 雙腳開叉走路貌）。 　腳胯開來（GIOG` KIA^ KOI LOIv 把腳跨開）！
祛	KIA^	刷乾淨，清除。如： 　祛淨來（KIA^ CHIANG^ LOIv 用刷子刷乾淨）！ 　祛災（KIA^ ZAI 清除災難）。 　祛病（KIA^ PIANG^ 清除疾病）。
怯	KIAB`	1、畏懼： 　膽怯（DAM` KIAB`）。 2、軟弱： 　嬌怯（GIEU KIAB`）。
愜 惬	KIAB^	心中滿足： 　愜意（KIAB^ I^）。
搾	KIAB^	以機器碾碎壓搾。如： 　搾蔗也（KIAB^ ZA^ E` 搾取甘蔗汁）。 　搾到手（KIAB^ DO` SU` 機器碾到手）。

竭	KIAD^	1、用盡力量掙扎。如： 　　竭命（KIAD^ MIANG^ 斷氣前的最後掙扎）。 2、拼命工作。如： 　　煞猛竭（SAD` MANG KIAD^ 奮力拼）。 　　竭日竭夜（KIAD^ NGID` KIAD^ IA^ 日夜辛勤工作）。 3、出力爬坡、上崎（SONG GIA^）。如： 　　竭崎（KIAD^ GIA^ 爬坡）。 　　竭不上（KIAD^ Mv SONG 爬不上去）。
揭	KIAD^	去。 　　來揭（LOIv KIAD^ 來和去）。
蹶	KIAD^	1、跌倒： 　　一蹶不振（ID` KIAD^ BUD` ZN` 一跌倒就爬不起來）。 　　竭蹶（KIAD^ KIAD^ a.跌倒，b.勉強支持）。 2、踩踏。 3、勉強支持、掙扎，同「竭 KIAD^」： 　　蹶崎（KIAD^ GIA^ 爬坡）。 　　蹶來食（KIAD` LOIv SD^ 謀生辛勞）。 　　蹶命（KIAD^ MIANG^ 臨終掙扎）。 4、馬用後腳踢。
撅	KIAD^	1、挖掘： 　　撅地（KIAD^ TI^ 掘地）。 2、攪拌。如： 　　撅糕（KIAD^=KID^ GANG 以開水泡製、用手攪拌漿糊）。 　　撅芋粄（KIAD^=KID^ U^ BAN` 攪拌芋頭做的米粄）。
鉗鉆	KIAMv	1、挾制、挾持。如： 　　鉗制（KIAMv Z^）。 2、夾東西的工具： 　　鉗也（KIAMv ME` 鉗子）。如： 　　鐵鉗（TIED` KIAMv）。 　　火鉗（FO` KIAMv）。
箝	KIAMv	夾住。如： 　　箝制（KIAMv Z^）。同「鉗」。
拑	KIAMv	1、夾住。如： 　　拑制（KIAMv Z^）。同「鉗」。 2、雙足分開跨騎。動物交配跨騎身上。 　　拑于車頂上（KIAMv MA^ TSA DANG`

294

		HONG^ 跨坐在單車、機車上面）。 狗相拑（GIEU` CIONG KIAMv 狗交配）。 拑牛母（KIAMv NGYUv MAv 騎在母牛背上，牛交配）。 3、身體伸不直： 腰拑背吊（IEU KIAMv BOI^ DIAU^）。
欠	KIAM^	1、不夠、不足、缺少。如： 欠缺（KIAM^ KIAD`）。 欠安（KIAM^ ON 身體不適、不安）。 欠佳（KIAM^ GA 不十分好）。 2、借人的財物未還。如： 舊欠（KYU^ KIAM^）。 掛欠（GUA^ KIAM^ 賒欠記帳）。 欠債（KIAM^ ZAI^）。 欠賬（KIAM^ ZONG^ 錢未付，記在帳冊上）。
傔	KIAM^	侍從： 傔從（KIAM^ CHYUNGv 侍從）。 傔卒（KIAM^ ZUD` 衛兵）。
慊	KIAM^	怨恨，不滿意。 貴不慊於上（GUI^ BUD` KIAM^ I SONG^）。
跨	KIAM^	「跨 KUA^、KIA^ 的變音」，從上跨過。 跨人（KIAM^ NGINv 跨過人）。 跨于過（KIAM^ MA^ GO^ 跨過去）! 跨過去（KIAM^ GO^ HI^）。 莫跨我（MOG^ KIAM^ NGAIv 別從我身上跨過）。
儉儉	KIAM^	節省，節約： 省儉（SANG` KIAM^ 節儉）。 儉約（KIAM^ IOG` 節約）。 節儉（JIED` KIAM^）。 勤儉（KYUNv KIAM^ 勤勞節儉）。
拃	KIAM^	伸開兩指丈量： 一拃長（ID` KIAM^ TSONGv 伸開母指與他指兩指之間的長度）。
牽挈	KIAN	1、在前挽引。如： 牽引（KIAN IN = IN` 在前拉動、連及）。 牽牛（KIAN NGYUv）。 牽牛花（KIAN NGYUv FA 清晨開花，花像喇叭的一種藤花）。 牽索也（KIAN SOG` GE` 拉繩子）。

		牽頭（KIAN TEUv 帶頭、在前頭拉）。
		牽掛（KIAN GUA^ 惦記、掛念）。
		2、挽手。如：
		牽手（KIAN SU` 拉著手，比喻伴侶，尤稱長相伴隨的老伴）。
		3、連帶、拖累、糾纏。如：
		牽連（KIAN LIENv）。
		牽制（KIAN Z^ 被牽連糾纏著，不能自由）。
		牽涉（KIAN SAB^ 連累）。
		冤牽（IAN KIAN 冤枉牽連，牽涉冤屈）。
		4、勉強、不自然。如：
		牽強（KIAN KIONGv 勉強）。
		5、倒牽（DO^ KIAN 說話一再重復）、倒牽馬（DO^ KIAN MA 說話一再重復，使人厭煩。嘮叨、囉嗦）。
圈	KIAN	1、畫圓作記號。如：
		圈票（KIAN PEU^ 在選票人名上畫圓投票）。
		圈選（KIAN CIEN` 在選票人名上畫圓投票）。
		圈點（KIAN DIAM`畫圓畫點作記號）。
		圈定（KIAN TIN^ 畫圈選定）。
		2、圈套（KIAN TO^ 以滑動繩結套人或獸，活捉人獸的圈套，或稱誘人受騙的計劃）。
騫 騫	KIAN	1、拔取、同「搴KIAN」。如：
		騫旗（KIAN KIv 拔旗、奪旗）。
		2、飛騰。如：
		騫騰（KIAN TINv 任官升職、飛黃騰達）。
		騫舉（KIAN GI` 飛翔遠引）。
褰	KIAN	用手提起衣褲。
		褰裳（KIAN SONGv 提起衣裳）。
搴	KIAN	1、拔取。如：
		斬將搴旗（ZAM` JIONG^ KIAN KIv 殺敵奪旗，比喻勇猛善戰）。
		2、提引。如：
		搴衣（KIAN I）。
譴 譴	KIAN`	1、差派。如：
		派譴（PAI^ KIAN`）。
		譴兵（KIAN` BIN 派兵）。

		2、打發。如： 　　遣散（KIAN` SAN^ 解散）。 3、排除。如： 　　消遣（SEU KIAN` 排除愁悶的娛樂）。 4、責備。如： 　　譴責（KIAN` JID` 責其過失）。
勸勸	KIAN^	用言語開導，使人聽從。如： 　　勸導（KIAN^ TO）。 　　勸告（KIAN^ GO^ 勸說）。 　　規勸（GUI KIAN^ 勸告）。 　　勸解（KIAN^ GIAI` 規勸）。 　　勸戒（KIAN^ GIAI` 勸勉警戒）。 　　勸阻（KIAN^ ZU` 規勸阻止）。 　　勸說（KIAN^ SOD` 言語規勸）。 　　勸善（KIAN^ SAN^ 勸人行善）。 　　勸募（KIAN^ MU^ 勸人捐獻財物）。 　　勸誘（KIAN^ YU^ 以言語誘導）。 　　勸業（KIAN^ NGIAB^ 勸人從事某行業 　　　　　並給予補助）。 　　勸駕（KIAN^ GA^ 勸人任職或前去）。 　　勸慰（KIAN^ WI^ 以言語安慰）。
眷	KIAN^	1、顧念。如： 　　眷顧（KIAN^ GU^）。 　　眷念（KIAN^ NGIAM^）。 2、愛慕。如： 　　眷戀（KIAN^ LIEN^）。 　　眷愛（KIAN^ OI^）。
扦	KIAN^	用尖物刺入。如： 　　扦鼻（KIAN^ PI^ 在牛鼻兩孔之間的 軟骨穿洞，掛鼻鐶，俾便駕馭）。 　　扦耳（KIAN^ NGI` 耳垂穿孔）。 　　扦花（KIAN^ FA 穿花成串）。 　　扦肉（KIAN^ NGYUG` 插肉成串）。 　　扦菸葉（KIAN^ IAN IAB^ 將菸葉串聯成 　　　　　串，俾便燻乾）。
撐	KIANGv	「撐 TSANG^ 的變音」：舉撐到更高 處。 　　撐竹篙（KIANGv ZUG` GO 舉高竹竿）。 　　衫褲撐高一些（SAM FU^ KIANGv GO ID` CID` 將曬在竹竿上的衣物撐到更高 處）。
儉	KIANG^	1、節儉。

297

僸		省僸（SANG` KIANG^）。 2、僸嘴（KIANG^ ZOI^ 吃過藥之後，為避免沖淡藥性，謹慎吃食）。
吸	KIB`	1、鼻子引入空氣。如： 呼吸（FU KIB` 吐氣吸氣）。 吸氣（KIB` HI^）。 2、喂進氣體。如： 吸煙（KIB` IAN = BAG^ IAN）。 3、攝引。如： 吸引（KIB` IN） 吸力（KIB` LID^）。 4、收取、容納。如： 吸收（KIB` SU）。
泣	KIB`	不出聲只流淚的哭： 飲泣（IM` KIB`）。 泣血（KIB` HIAD`）：遭三年之喪，眼睛哭盡眼淚而流血。 泣鬼神（KIB` GUI` SNv 使鬼神感動，喻壯烈）。
扱	KIB`	1、斂取，收取。如： 扱取（KIB` CHI`）。 2、拜手及地。如： 婦拜扱地（FU^ BAI^ KIB` TI^）。
汲	KIB^	自井中取水： 汲水（KIB^ SUI`）。
擖	KID^	攪拌使熟。如： 擖糨（KID^ GANG 煮漿糊，邊煮邊攪拌）。 擖甜粄（KID^ TIAMv BAN` 將甜粄攪拌均勻）。 緊煮緊擖（GIN` ZU` GIN` KID^ 邊煮邊攪拌）。
解 觧	KIE`	「解 GIAI` 的變音」，將扣緊或繫在褲上的皮帶打開；打開包袱的結、解開繩結。 解皮帶（KIE` PIv DAI^）。 解索也（KIE` SOG` GE` 解開繩結）。 解開來（KIE` KOI LOIv 解開它！）。 解不開（KIE` Mv KOI）。 解落矣（KIE` LOD` LEv 解開了）。
弇	KIEB`	1、由上向下罩蓋。如： 弇魚也（KIEB` NGv NGE` 以竹籐做的罩蓋去圈罩魚）。

		弇烏蠅（KIEB` U INv 以罩子去網罩蒼蠅）。 　　弇鵰也（KIEB` DIAU UE` 以網罩擒捉小鳥）。 2、蓋印。如： 　　弇印也（KIEB` IN^ NE` 蓋章）。 弇金票（KIEB` GIM PEU^ 印製錢票）。 3、店鋪倒閉。如： 　　弇歇矣（KIEB` HED` LEv）：倒閉了。 4、建築物倒塌。如： 　　屋也弇歇矣（UG` GE` KIEB` HED` LEv 房子倒塌了）。
克	KIED`	1、致勝。如： 克服（KIED` FUG^ 打破困難障礙）。 克難（KIED` NANv 克服困難）。 柔能克剛（YUv NENv KIED` GONG 溫柔能勝強剛）。 2、節制。如： 克己（KIED` GI` 節制自己）。 克制（KIED` Z^ 壓制）。
刻	KIED`	1、雕鏤、刀刻。如： 雕刻（DIAU KIED`）。 　　刻字（KIED` S^ 以刀雕刻字）。 2、深入。如： 　　深刻（TSM KIED`）。 　　刻意（KIED` I^ 專心一意）。 　　刻畫（KIED` FA^ 深刻描繪）。 刻骨銘心（KIED` GUD` MEN` CIM 刀刻骨頭、深刺心窩的，極端感恩或怨恨）。 3、虐待。如： 　　苛刻（KO KIED` 苛毒刻薄）。 　　刻毒（KIED` TUG^ 陰險惡毒）。 4、不厚道。如： 　　刻薄（KIED` POG^ 待人不寬厚）。 5、認真。如： 刻苦（KIED` KU` 能吃苦。認真、用功）。
乞	KIED`	求討。如： 　　求乞（KYUv KIED`）。 乞食（KIED` SD^）：討食，乞丐。
吃	KIED`	1、吃食。 　　吃飯（KIED`=NGAD` FAN^）。

299

		2、遭受： 吃虧（KIED`=KIAD` KUI 遭受虧損）。
咳	KIED`	咳嗽（KUED` TSUG^）：a.呼吸器官受刺激，氣逆而發的聲音。b.呼吸器官受刺激，氣逆而發的動作。
挈	KIED`	1、舉、提起。如： 提綱挈領（TIv GONG KIED` LIANG` 舉出綱要，提出要領）。 2、帶著。如： 扶老挈幼（FUv LO` KIED` YU^ 扶老攜幼）。
墾 垦	KIEN`	翻起耕土、開闢荒地、耕種田地。如： 墾殖（KIEN` TSD^ 開墾土地，種植糧作）。 墾區（KIEN` KI 開墾地區）。 墾地（KIEN` TI^ 開墾土地）。 開墾（KOI KIEN` 開闢荒地耕種）。 墾荒（KIEN` FONG 開墾荒地）。
懇 恳	KIEN`	1、真誠親切。如： 懇切（KIEN` CHIED`）。 誠懇（SNv KIEN` 真誠親切）。 懇親（KIEN` CHIN 連絡感情親情）。 懇摯（KIEN` ZB` 誠懇）。 2、請求。如： 懇求（KIEN` KYUv 真誠懇切請求）。 懇請（KIEN` CHIANG` 懇切地請求）。
啃	KIEN`	以門牙剝咬食物： 齒啃（TS` KIEN` 齒咬）。 啃骨頭（KIEN` GUD` TEUv）。
揹	KIEN`	1、壓迫： 勒揹（LED^ KIEN`）。 2、扣留，留難、壓迫他人： 揹留（KIEN` LIUv）。
愾 忾	KIEN`	發怒、氣憤、生氣。如： 盡愾（CHIN^ KIEN` 很生氣）。 愾伊（KIEN` Iv 氣他，對他生氣）。 會愾死（UOI^ KIEN` CI` 會氣死）。 莫愾矣（MOG^ KIEN` NEv 別氣了）！ 愾麼個（KIEN` MA` GE^ 生什麼氣）？
箍	KIEU	環一類的東西，將木桶或鼓身箍住。 箍環（KIEU FANv=KUANv 箍住木桶或鼓身的環箍）。 箍木桶（KIEU MUG` TUNG` 箍住木桶）。

300

摳	KIEU	1、提起，撩起。如； 　　摳衣（KIEU I 見到尊長時，以指撩起衣裳表示尊敬）。 2、以指挖取。如： 　　摳挖（KIEU UA） 　　摳耳屎（KIEU NGI` S` 挖耳屎）。
箍	KIEU	同"彄 KIEU"：環箍。 1、用竹篾或鐵皮做的環，緊套在木桶上，使桶不致散開。如： 　　箍桶也（KIEU TUNG` NGE` 圈木桶）。 2、如水管卷曲成卷。如： 　　箍水管（KIEU SUI` GON` 將水管圈成一卷）。 　　箍電線（KIEU TIEN^ CIEN^ 將電線圈成一卷）。 　　蛇哥箍穩矣（SAv GO KIEU UN` NEv 蛇卷曲著）。 3、畫圓。如： 　　箍圓圈也（KIEU IANv KIAN NE` 畫圓圈）。
蹺蹺	KIEU	蹺腳（KIEU GIOG`）：雙腳交叉。坐著或躺著一腳放在另一腳上。雙足交叉盤坐。
蹻	KIEU	通「蹺」。一腳抬高置於另一腳上坐著或盤坐。 蹻腳（KIEU GIOG` 雙足交叉）。
撓撓	KIEUv	撓人（KIEUv NGINv 小孩子為要求某物或某事，纏煩大人、啼哭不放的不乖舉動）。
叩敂	KIEU^	1、以指背敲打、敲、擊。如： 　　叩門（KIEU^ MUNv 敲門）。 2、問。如： 　　叩安（KIEU^ ON 問安）。 　　叩問（KIEU^ UN^ 盤問）。 3、磕頭。如： 　　叩拜（KIEU^ BAI^）。 　　叩頭（KIEU^ TEUv 磕頭）。 　　叩首（KIEU^ SU` 叩頭）。
扣	KIEU^	1、拘留人或物不放。如： 　　扣留（KIEU^ LIUv）。 　　扣押（KIEU^ AB`）。 2、減掉、按成減算錢、除去。如：

		折扣（ZAD` KIEU^）。 扣錢（KIEU^ CHIENv）。 借錢先扣利息（JIA^ CHIENv CIEN KIEU^ LI^ CID`）。 七除八扣（CHID` TSUv BAD` KIEU^ 東減西扣）。 3、鈕扣（NEU` KIEU^）＝扣也（KIEU^ UE` 衣扣）。 4、穿衣結上鈕扣稱為： 扣扣也（KIEU^ KIEU^ UE`扣上鈕釦）。 衫扣也（SAM KIEU^ UE` 衣扣）。 褲扣也（FU^ KIEU^ UE` 褲子上的鈕扣）。 5、通「叩」。如： 扣門（KIEU^ MUNv 敲門）。 扣問（KIEU^ MUN^ 探問）。 扣頭（KIEU^ TEUv 一頭重另一頭輕，不平衡，又稱「頭重輕 TEUv TSUNG KIANG」）。
撬	KIEU^	1、用木、竹、鐵棍等，以槓桿原理將重物撬起或移動。如： 撬起來（KIEU^ HI` LOIv）。 2、以木、竹、鐵器撬開釘緊的木箱。 撬開（KIEU^ KOI）。 3、撬頭（KIEU^ TEUv）：不平衡，或稱"頭重輕 TEUv TSUNG KIANG"；一頭重，另一頭輕；像人力車，因坐的人重，背一靠，拉的人輕，就被吊起離地。 撬尾（KIEU^ MI 同"撬頭"。 4、撬槓（KIEU^ GONG^ 撬起重物的竹槓鐵槓）。
翹翹	KIEU^	1、仰望： 翹企（KIEU^ KI 挺起腳跟仰望、十分盼望）。 翹首（KIEU^ SU` 舉頭仰望）。 翹望（KIEU^ UONG^ 仰望）。 翹足以待（KIEU^ JYUG` I TAI^ 很急地等待）。 2、舉起： 翹足（KIEU^ JYUG` 挺起腳踵）。
廞	KIM	1、興起： 廞其樂器（KIM KIv NGOG^ HI^）。

		2、淤塞： 廞塞（KIM SED`）。 3、憤怒貌： 振廞（ZN` KIM）。
擒 揞	KIMv	捕捉，捉拿。如： 　　擒賊（KIMv TSED^ 捉賊）。 　　生擒（SEN KIMv 活捉）。 　　雞擒（GIE KIMv 從上籠罩形捉雞用具）。 　　擒殺（KIMv SAD` 抓來殺）。 　　擒縱（KIMv JYUNG` a、操縱。 　　　　　　　　b、捕捉和釋放）。
撳 撳 揞	KIM^	用手或指按壓、從上面重壓。如： 　　撳鈴（KIM^ LINv 按鈴、按電鈴）。 　　撳人（KIM^ NGINv 手或身體壓在別人身上）。 　　撳緊（KIM^ HENv 壓緊）。
傾 傾	KIN	1、歪斜： 　　傾斜（KIN CHIAv）。 　　傾聽（KIN TANG 注意聽）。 　　傾耳（KIN NGI` 側耳傾聽）。 　　傾倒（KIN DO` a、跌倒。b、稱讚佩服）。 　　傾城傾國（KIN SANGv KIN GUED` 形容女人美得足以使君王亡國失城）。 　　傾家蕩產（KIN GA TONG^ SAN`家產花盡，家庭離散）。 2、毀壞： 　　傾覆（KIN FUG^＝PUG` 顛覆、覆沒）。 　　傾陷（KIN HAM^ 陷害）。 3、倒出： 傾盆（KIN PUNv 翻倒水盆一般的大雨）。 　　傾注（KIN ZU^ 倒出大雨）。 　　傾銷（KIN SEU 低價促銷）。 4、向慕： 　　傾心（KIN CIM 心中向慕）。 　　傾慕（KIN MU^ 仰慕）。 傾向（KIN HIONG^意志或事情發展的趨向）。 5、排擠： 　　傾軋（KIN ZAB` 排擠同事）。
矜	KIN	1、憐惜，憐憫：

303

		矜惜（KIN CID`）。 矜恤（KIN CID` 憐憫）。 2、慎重： 　　矜持（KIN TSv 莊重自持，做作不自然）。 3、端莊： 　　矜莊（KIN ZONG）。 4、驕傲自大： 　　驕矜（GIEU KIN）。 5、使人佩服仿效： 　　矜式（KIN SD`）。
擎	KINv	1、舉起： 　　擎起（KINv HI`）。 　　擎天（KINv TIEN 舉起天空）。 2、承受： 　　擎受（KINv SU^）。 擎天柱（KINv TIEN TSU 負天下大任 　　　　　　　　的人材）。
慶 庆	KIN^	1、祝賀。如： 　　慶賀（KIN^ FO^ 祝賀）。 　　慶祝（KIN^ ZUG`）。 　　慶吊（KIN^ DIAU^ 慶祝和吊喪）。 　　慶典（KIN^ DIEN` 慶祝典禮）。 2、可祝賀紀念的事。如： 　　國慶（GUED` KIN^ 一國的生日）。 　　喜慶（HI` KIN^ 歡喜慶祝）。 　　節慶（JIED` KIN^ 節期慶典）。 慶幸（KIN^ HEN^ 可慶而欣幸）。 3、吉祥。如： 　　吉慶（GID` KIN^）。 4、福氣。如： 　　餘慶（Iv KIN^）。
瘸	KIOv	手或腳不靈活、不健全的人。如： 　　瘸腳（KIOv GIOG` 跛腳）。 手瘸瘸（SU` KIOv KIOv 手不靈活）。 手瘸腳跛（SU` KIOv GIOG` BAI 手足 　　　　　　　不健全、不靈活）。 瘸手瘸腳（KIOv SU` KIOv GIOG` 手 　　　　　　　足不健全、不靈活）。
噭	KIOG`	大笑，逗笑。 　　發噭（FAD` KIOG` 發笑）。 　　大噭（TAI^ KIOG` 大笑）。

懼	KIOG`	1、恭敬。 2、懼然（ KIOG` IANv 警視 ）。
倦	KIOI^	「倦 KIAN` 的變音」、疲倦。如： 　　倦矣（ KIOI^ IEv 累了 ）。 　　眠懶睡倦（ MINv LAN SOI^ KIOI^ 睡懶覺 ）。
匡	KIONG	1、改正、糾正。如： 　　匡正（ KIONG ZN^ = ZANG^ 指正 ）。 　　匡復（ KIONG FUG^ 匡正、恢復 ）。 2、幫助。如： 　　匡助（ KIONG TSU^ ）。 　　匡布袋（ KIONG BU^ TOI^ 以雙手張開布袋口，幫助人容易裝袋 ）。 3、匡救（ KIONG GYU^ 補救 ）。
恇	KIONG	害怕： 　　恇懼（ KIONG KI` ）。
強 彊	KIONGv	1、有力量。如： 　　力強（ LID^ KIONG^ ）。 　　強弱（ KIONGv NGIOG^ ）。 　　強大（ KIONGv TAI^ ）。 　　強盛（ KIONGv SUN^ ）。 　　強健（ KIONGv KIAN^ ）。 　　強壯（ KIONGv ZONG^ ）。 　　強烈（ KIONGv LIED^ 強力、猛烈 ）。 　　強硬（ KIONGv NGANG^ 堅定不讓 ）。 　　強毅（ KIONGv NGI^ 意志堅強 ）。 　　強權（ KIONGv KIANv 強力的權勢 ）。 2、橫暴。如： 　　強盜（ KIONGv TO^ ）。 　　強橫（ KIONGv UANGv 蠻橫 ）。 　　強悍（ KIONGv HON^ 勇猛有力 ）。 　　強佔（ KIONGv ZAM^ 強力佔取 ）。 　　強迫（ KIONGv BED` 用勢逼迫 ）。 　　強制（ KIONGv Z^ 以法律約束 ）。 　　強顏（ KIONGv NGIANv 厚臉皮、無恥 ）。 　　強姦（ KIONGv GIAN 以強力姦污婦女 ）。 　　強人個細妹也（ KIONGv NGINv GE^ SE^ MOI^ IE`強姦別人家的婦女 ）。
趕	KIONG^	「趕 GON` 的變音」。 　　趕快（ KIONG^ KUAI^ ）：趕緊，趕快。
苛	KO	刻薄。如： 　　苛刻（ KO KIED` 刻薄嚴厲 ）。

305

		苛待（KO TAI^ 刻薄待人）。 苛令（KO LIN^ 嚴酷的法令）。 苛求（KO KYUv 苛刻的要求）。 苛政（KO ZN^ 苛刻的政治）。
靠	KO^	「靠 KAU^ 」的變音。碰傷、壓傷、打傷。 靠傷（KO^ SONG）。 西瓜分石頭靠到（CI GUA BUN SAG^ TEUv KO^ DO`西瓜被石頭碰傷）。
犒	KO^	以酒食財物獎賞或勞軍： 犒師（KO^ S 慰勞部隊）。 犒賞（KO^ SONG` 慰勞獎賞）。 犒軍（KO^ GYUN 勞軍）。
擴 扩	KOG`	往外伸張、放大、推廣、開展。如： 擴大（KOG` TAI^）。 擴充（KOG` TSUNG 推廣）。 擴展（KOG` ZAN` 推廣開展）。 擴張（KOG` ZONG 擴大）。 擴散（KOG` SAN^ 散布開來）。 擴音機（KOG` IM GI 放大聲音的機器）。
推	KOG`	1、敲擊： 推門（KOG`=KOG^ MUNv 敲門）。 推頭顱殼（KOG`=KOG^ TEUv NAv HOG` 敲頭殼）。 2、商量： 商推（SONG KOG`=KOG^）。 3、引述、引證： 揚推古今（IONGv KOG`=KOG^ GU` GIM 約略陳述古今）。
開 开	KOI	1、與「關」相反。啟。如： 開門（KOI MUNv）。 開口（KOI KIEU` 說話）。 開眼（KOI NGIAN` 增加見識）。 開展（KOI ZAN` 擴大）。 開通（KOI TUNG 開始通行）。 開張（KOI ZONG 開店）。 開啟（KOI KI` 打開）。 2、花朵綻放。如： 開花（KOI FA）。 盛開（SUN^ KOI）。 3、起始。如： 開始（KOI TS`）。

開首（KOI SU` 開頭）。
開端（KOI DON 開頭）。
開場（KOI TSONGv 開幕、事局的開始）。
開幕（KOI MOG` 開場）。
開春（KOI TSUN 春天開始）。
開工（KOI GUNG 開始工作）。
開機（KOI GI 開始運轉）。
開基（KOI GI 創設事業的基礎）。
開元（KOI NGIANv 開國）。
開市（KOI S^ 開店）。
開盤（KOI PANv 貨物金融開市時的價格）。
開例（KOI LI^ 起開例子）。
開創（KOI TSONG`）。
開鑼（KOI LOv 啟幕、開始）。

4、拓殖。如：
開拓（KOI TOG` 開展）。
開墾（KOI KIEN` 開拓）。
開闢（KOI PID` 開拓土地）。

5、啟行。如：
開船（KOI SONv）。

6、駕駛。如：
開車（KOI TSA）。

7、寫列出來。如：
開單（KOI DAN）。
開罰（KOI FAD^ 開罰單）。

8、挖掘。如：
開採（KOI TSAI`）。

9、設立。如：
開校（KOI GAU`）。
開國（KOI GUED`）。
開店（KOI DIAM^）。
開廠（KOI TSONG` 設立工廠）。

10、除去。如：
開除（KOI TSUv 除去）。
開缺（KOI KIAD` 官吏去職）。

11、分離。如：
離開（LIv KOI）。

12、教導。如：
開導（KOI TO）。

13、支付費用。如：
開支（KOI Z）。
開銷（KOI SEU 開支）。

		開票（KOI PEU^ 開支票、公布選舉結果）。
		14、放寬、儘量、暢快、明朗。如：
		開釋（KOI SD` 釋放）。
		開放（KOI FONG^）。
		開懷（KOI FAIv 開心）。
		開心（KOI CIM）。
		開朗（KOI LONG 明亮）。
		開泰（KOI TAI^ 時運亨通）。
		開恩（KOI EN 請求施恩）。
		15、手術。如：
		開刀（KOI DO）。
		16、嫖。如：
		又開又賭（YU^ KOI YU^ DU`）。
		17、舉行。如：
		開會（KOI FI^）。
		開庭（KOI TINv 法庭審案訴訟）。
		18、發射。如：
		開砲（KOI PAU^）。
		開戰（KOI ZAN^）。
		開火（KOI FO` 開戰）。
		19、增加食慾。如：
		開胃（KOI WI^）。
		20、揭曉。如：
		開獎（KOI JIONG`）。
		公開（GUNG KOI）。
		22、啟發文明。如：
		開明（KOI MINv）。
		開化（KOI FA^）。
		23、得罪。如：
		開罪（KOI TSUI^）。
		24、水沸。如：
		開水（KOI SUI` 滾水）。
揩	KOI	揩抹（KOI MAD` 抹拭，擦拭）。
溉洗	KOI`	1、澆灌。如：
		灌溉（GON^ KOI`）。
		2、洗滌。如：
		溉滌（KOI` TID^）。
刊	KON	1、登載。如：
		刊載（KON ZAI^）。
		刊登（KON DEN 登載）。
		2、修訂、刪改。如：

		刊正（KON ZN^）。 刊誤（KON NGU^ 勘誤、改正錯誤）。
寬寬	KON	1、脫去。如： 　寬衣（KON I 解開上衣）。 2、饒恕。如： 　寬容（KON YUNGv）。 　寬宥（KON YU^ 寬恕）。 　寬貸（KON TOI^ 寬恕罪咎）。 　寬恕（KON SU^ 饒恕）。
看	KON^	1、用眼觀察。如： 　觀看（GON KON^）。 　看報（KON^ BO^）。 　看書（KON^ SU）。 　看到（KON^ DO` 看見）。 　看不到（KON^ Mv DO` 看不見）。 　看中（KON^ ZUNG^ 看了心裏合意）。 　看相（KON^ CIONG^ 觀察相貌卜吉凶）。 　看破（KON^ PO^ 看透、看穿）。 　看透（KON^ TEU^ 看穿）。 　看穿（KON^ TSON 看透）。 2、對人、事、物的認識。如： 　看法（KON^ FAB`）。 3、拜訪探問。如： 　看朋友（KON^ PENv YU）。 4、照顧。如： 　看顧（KON^ GU^）。 5、診治。如： 　看病（KON^ PIANG^）。 6、待遇。如： 　看待（KON^ TAI^）。 　看輕（KON^ KIANG 看不起）。 　看重（KON^ TSUNG^ 重視）。 7、守護。如： 　看守（KON^ SU`）。 　看護（KON^ FU^）。 　看管（KON^ GON` 看守）。 8、試試看。如： 　試看哪（TS^ KON^ NA^）。 　嚐看哪（SONGv KON^ NA^ 嚐味道）。 　去看哪（HI^ KON^ NA^ 去看看）。 　行看哪（HANGv KON^ NA^ 穿鞋試

		走、走走看看、交往看看）。
狂	KONGv	1、精神失常。如： 　　瘋狂（FUNG　KONGv）。 　　發狂（FAD`=BOD`　KONGv）。 2、猛烈。如： 　　狂風（KONGv　FUNG）。 3、縱情。如： 　　狂歡（KONGv　FON　瘋狂地歡樂）。 4、放肆、自大。如： 　　狂妄（KONGv　UONG`）。 5、誇大。如： 　　狂言（KONGv　NGIANv）。
慷慨	KONG`	意氣激昂、度量大、不吝嗇。如： 　　慷慨（KONG`　KOI`）。
抗	KONG^	1、對敵人或外力的抵禦。如： 　　對抗（DUI^　KONG^）。 　　抵抗（DI`　KONG^）。 2、拒絕、反對。如： 　　抗命（KONG^　MIN^　反抗命令）。 　　抗議（KONG^　NGI）。 　　抗拒（KONG^　KI　反抗拒絕）。 　　抗爭（KONG^　ZEN　持反對意見極力爭取）。 　　抗暴（KONG^　PAU^　反抗暴力）。 　　抗顏（KONG^　NGIANv　正顏不屈）。 　　抗辯（KONG^　PIEN^　對不利於己的言詞，作防禦陳述）。 3、不相上下、勢力相當。如： 　　抗衡（KONG^　HENv　彼此不相上下）。 　　抗行（KONG^　HANGv　彼此相等）。 　　分庭抗禮（FUN　TINv　KONG^　LI）。同「分庭亢禮」。 4、高尚。如： 　　抗節（KONG^　JIED`）。 　　抗志（KONG^　Z^　高尚、不屈）。
囥	KONG^	藏、放： 　　囥好（KONG^　HO`　放好、藏好）。 　　囥起來（KONG^　HI`　LOIv　收藏起來）。 　　囥于桌上（KONG^　NGA^　ZOG`　HONG^　放在桌上）。
拘	KU	〔河洛音〕：限制行動，使不自由。 　　拘束（KU　SOG`）。

摳抠	KU	1、提起,撩起。如; 摳衣（KU I 見到尊長時,以指撩起衣裳表示尊敬）。 2、以指挖取。如: 摳挖（KU UA）。
苦	KU	「苦 KU`」的變音,為生活操勞。 苦倒＝苦到（KU DO` 過勞而病）。 苦上苦下（KU SONG KU HA 來回為生活操勞）。 苦日苦夜（KU NGID` KU IA^ 日夜為生活操勞）。
哭	KU	哭人（KU NGINv 幼兒以哭要求,兒童為求得某物、求准某事,在父母面前或周圍耍賴哭鬧）。
靠	KU^	「靠 KAU^」的變音,支撐、憑靠。 靠杖也（KU^ TSONG` NGE 以杖支撐）。
怙	KU^	同「靠KU^」。憑借、依靠。亦音「FU^」。 怙杖也（KU^＝FU^ TSONG` NGE` 以杖支撐）。 失怙（SD` KU^＝FU^ 失去依靠、失去父親）。
夸	KUA	說大話。同「誇」。如: 夸誕（KUA DAN^ 誇大不可信）。
誇夸	KUA	1、說大話。如: 誇大（KUA TAI^）。 誇口（KUA KIEU`）。 誇張（KUA ZONG）。 2、向別人衒耀自己。如: 誇耀（KUA IEU^ 誇大宣揚自己）。 自誇（TS^ KUA）。 3、稱讚。如: 誇獎（KUA JIONG`）。 誇讚（KUA ZAN^）。
垮	KUA`	崩潰、倒塌。如: 垮台（KUA` TOIv）。
刮	KUAD`	「刮 GUAD` 的變音」:訓責、指責、罵。 分人刮矣（BUN NGINv KUAD` LEv 被人訓責、挨罵、挨刮鬍子）。 愛刮伊（OI^ KUAD` Iv 要訓戒他、刮他鬍子）!
劊剑	KUAI^	斬斷。如: 劊子手（KUAI^ Z` SU` 執行死行的

		人。殺害人民的官吏）。
噲哈	KUAI^	1、下嚥。 2、噲伍（KUAI^ NG` 羞與庸流為伍）。
縊	KUANv	用繩索繫圈： 　　投縊（TEUv KUANv 上吊自縊）。 　　縊首（KUANv SU` 絞刑）。
款欸欵	KUAN`	1、緩慢。如： 　　款步（KUAN` PU^ 慢步）。 2、誠懇殷勤。如： 　　款待（KUAN` TAI^）。 　　款交（KUAN` GAU 誠懇的交誼）。 　　款曲（KUAN` KYUG` a、殷勤酬應。 　　　　　　　　　　　b、心中的委屈）。 　　款密（KUAN` MED^ 親密）。 3、整理、收拾。如： 　　款行李（KUAN` HENv LI` 打點行李）。 　　款房間（KUAN` FONG GIAN）。
攇	KUAN^	1、手提、提起。如： 　　攇酒（KUAN^ JIU 手提酒、買酒）。 　　攇水（KUAN^ SUI` 提水）。 　　攇箱也（KUAN^ CIONG NGE` 提箱子）。 　　攇不贏（KUAN^ Mv IANGv 提不動）。 2、懷孕。如： 　　攇人（KUAN^ NGINv 懷孕）。 　　攇大肚（KUAN^ TAI^ DU` 懷孕）。
亅	KUD^	鉤子。逆鉤。挖掘。
掘	KUD^	挖掘。如： 　　掘井（KUD^ JIANG` 挖井）。 　　掘芋也（KUD^ U^ UE` 挖芋頭）。 　　掘番薯（KUD^ FAN SUv 挖地瓜）。 　　掘窟也（KUD^ FUD` LE` 挖洞、挖窟窿）。 　　頓掘（DUN^ KUD^ 以哭鬧抗議或引人注意）。
哭	KUG`	嗷。流淚放出悲聲。如： 　　哭訴（KUG` SU^ 流淚訴苦）。 　　啼哭（TIv KUG` 哭出聲音）。 　　哀哭（OI KUG` 哀聲哭泣）。
刲	KUI	切割： 　　刲羊（KUI IONGv 宰割羊）。
悝	KUI	嘲笑。

詼詼	KUI	說話滑稽： 　　詼諧（KUI　HAIv）。
窺窺	KUI	偷看。如： 　　窺探（KUI　TAM`　隱身偷看）。 　　窺伺（KUI　S^　偷看人，伺其不備而入）。 　　窺管（KUI　GON`　所見甚少）。 　　窺豹（KUI　BAU^　只看到一部分）。
窺窺	KUIv	同「窺 KUI」。偷看。如： 　　窺探（KUIv　TAM`　隱身偷看）。 　　窺伺（KUIv　S^　偷看人，伺其不備而入）。 　　窺管（KUIv　GON`　所見甚少）。 　　窺豹（KUIv　BAU^　只看到一部分）。
闚	KUIv	同「窺」。
暌	KUIv	隔離。如： 　　暌合（KUIv　HAB^　離合）。 　　暌違（KUIv　WIv　離隔）。 　　日月相暌（NGID`　NGIAD^　CIONGv　KUIv）。
睽	KUIv	隔離。如： 　　睽違（KUIv　WIv　隔離）。 　　眼不相視。如： 　　乖睽（GUAI　KUIv　不相看）。
聧	KUIv	耳聾。
跪	KUI`	兩膝著地或單膝著地。如： 　　跪拜（KUI`　BAI^）。 　　罰跪（FAD^　KUI`）。 　　長跪（TSONGv　KUI`　跪的時間長）。
潰潰	KUI`	1、大水沖坍堤岸。如： 　　潰堤（KUI`　TIv）。 2、散亂。如： 　　潰逃（KUI`　TOv）。 　　潰不成軍（KUI`　BUD`　SNv　GYUN）。 3、腐爛。如： 　　潰爛（KUI`　LAN^）。
餽馈	KUI`	餽饌（KUI`　TSON^　贈食物給尊長）。 餽贈（KUI`　ZEN^　贈禮與人）。
饋馈	KUI`	1、進食於尊長。如： 　　饋饌（KUI`　TSON^　贈送食物給尊長）。 2、送禮物與人，同「餽」。如： 　　饋贈（KUI`　ZEN^　贈送禮物）。 　　饋遺（KUI`　WIv　贈送）。

		饋人（KUI` NGINv 廚師）。 3、中饋（ZUNG KUI` 妻子的別稱）。
聵聵	KUI`	1、不明白事理： 昏聵（FUN KUI`）。 2、耳聾： 聾聵（LUNG KUI` 生來就聾）。
捆	KUN`	1、用繩子綁起來。如： 捆綁（KUN` BONG`）。 2、一束稱為 一捆（ID` KUN`）。如： 一捆禾稈（ID` KUN` UOv GON` 一捆稻草）。 一捆蔗葉（ID` KUN` ZA^ IAB^）。
綑 捆	KUN`	同「捆」。用繩子綁起來。如： 綑綁（KUN` BONG`）。
滾滾	KUN`	輥動： 滾滾輾（KUN` KUN` ZAN^）：人在地上滾動或圓筒形物體在地上滾動。
困	KUN^	1、勞苦、艱難、貧苦。如： 困苦（KUN^ KU`）。 貧困（PINv KUN^）。 困頓（KUN^ DUN` 困苦勞頓）。 2、艱苦、陷在苦難中。如： 困難（KUN^ NANv）。 為病所困（WI^ PIANG^ SO` KUN^ 有病痛纏身）。 3、包圍。如： 圍困（WIv KUN^ 包圍困逼）。 困敵（KUN^ TID^ 圍困敵人）。 困獸（KUN^ TSU^ 受圍困的獸）。 4、疲倦。如： 困倦（KUN^ GIAN`）。 困乏（KUN^ FAD^ 疲倦、窘乏）。
睏	KUN^	疲睡、睡覺。如： 小睏（SEU` KUN^ 小睡）。 睏覺（KUN^ GAU^ 睡覺）。 歇睏（HIAD` KUN^ 休息，住宿）。
控	KUNG`	1、操縱、掌握。如： 控制（KUNG` Z^）。 掌控（ZONG` KONG` 操縱）。 2、告狀、訴訟。如： 控告（KUNG` GO^）。

		控訴（ KUNG` SU^ ）。
		3、拉引。如：
		控弦（ KUNG` HIANv 操弓拉弦 ）。
求	KYUv	1、尋找。如：
		尋求（ CHIMv KYUv ）。
		搜求（ SEU KYUv ）。
		求學（ KYUv HOG^ ）。
		2、乞助。
		請求（ CHIANG` KYUv ）。
		求人（ KYUv NGINv ）。
		要求（ IEU KYUv ）。
		求討（ KYUv TO` ）。
		求見（ KYUv GIAN^ ）。
		求情（ KYUv CHINv 求人同情 ）。
		求教（ KYUv GAU^ 求人指教 ）。
		求婚（ KYUv FUN 求對方答應結婚 ）。
		求援（ KYUv IAN 請人幫助 ）。
		求饒（ KYUv NGIEUv 求人饒恕 ）。
		3、懇託。如：
		懇求（ KIEN` KYUv 誠懇請求 ）。
		需求（ CI KYUv 需要 ）。
		央求（ IONG KYUv 懇求 ）。
		4、責望。如：
		苛求（ KO KYUv 苛刻的要求 ）。
尷	KYUv	逼迫。
屈	KYUD`	1、彎曲。如：
		屈指（ KYUD` Z` ）。
		屈膝（ KYUD` CHID` 下跪 ）。
		屈折（ KYUD` ZAD` ）。
		伸屈（ SN＝TSUN KYUD`伸直和彎曲 ）。
		2、服輸。如：
		屈服（ KYUD` FUG^ ）。
		屈伏（ KYUD` FUG^ ）。
		寧死不屈（ NENv CI` BUD` KYUD` ）。
		3、理虧。如：
		理屈（ LI KYUD` ）。
		4、冤枉，侮辱。如：
		冤屈（ IAN KYUD` ）。
		委屈（ WI KYUD` ）。
		屈就（ KYUD` CHIU^ 委曲遷就 ）。
		屈打（ KYUD` DA` ）。
		屈辱（ KYUD` YUG^ ）。

		屈害（KYUD` HOI^ 陷害）。 5、勞駕。如： 屈駕（KYUD` GA^）。
詘 誳	KYUD`	同「屈」。
曲	KYUD`	1、彎、與直相反。如： 彎曲（UAN KYUD`）。 曲線（KYUD` CIEN^）。 曲尺（KYUD` TSAG` 可折曲的尺）。 曲折（KYUD` ZAD`）：彎彎曲曲。 2、不公正。如： 曲解（KYUD` GIAI` 誤解）。 曲直（KYUD` TSD^ 事情的是非）。 委曲求全（WI KYUD` KYUv CHIONv 遷就事實，求取成功）。
鞠	KYUG`	1、彎身。如： 鞠躬（KYUG` GYUNG 躬腰行大禮）。 2、撫育。如： 鞠養（KYUG` IONG 養育）。 鞠育（KYUG` YUG` 養育）。
掬 匊	KYUG`	兩手合掌捧起： 掬水而飲（KYUG` SUI` Iv IM`）。
勤	KYUNv	1、努力、盡力、不懶。如： 勤學（KYUNv HOG^ 努力向學）。 勤勉（KYUNv MIEN 努力工作）。 勤儉（KYUNv KIAM^ 勤勉又節儉）。 勤樸（KYUNv PUG` 勤勞樸實）。 勤懇（KYUNv KIEN` 努力不懈）。 勤勞（KYUNv LOv 盡力勞動）。 勤苦（KYUNv KU` 勤懇不怕勞苦）。 2、次數多。如： 勤練（KYUNv LIEN^ 反覆練習）。 3、在規定時間內工作。如： 服勤（FUG^ KYUNv）。 4、厚意待人。如： 殷勤（IN KYUNv）。同「懃」。
恐	KYUNG`	1、害怕。如： 恐懼（KYUNG` KI`）。 恐怖（KYUNG` BU^ 可怕）。 恐惶（KYUNG` FONGv 驚怕惶恐）。 恐慌（KYUNG` FONG 恐懼心慌）。 2、恫嚇。如：

		恐嚇（KYUNG` HAG`）。 3、疑慮詞：或者、似乎、大概。如： 恐怕（KYUNG` PA^ 驚怕，或許）。
邐逕	LAv	「邐 LOv」的變音。 邐家門（LAv GA MUNv 男女相親之後，女方往訪男家，看看男方的家門）。
拉	LA`	1、拖引： 拖拉（TO LA`）。 2、糾合： 拉攏（LA` LUNG`）。
扐	LA^	在水中摸索、在黑暗中觸摸。如： 扐看哪（LA^ KON NA^ 用手或棍子探索看看）。 扐方底（LA^ MOv DAI` 摸不到底，比喻深奧）。 用腳扐（YUNG^ GIOG` LA^ 用腳去觸摸看看）。
絡絡	LAB`	網袋狀的東西。套上去。如： 手絡也（SU` LAB` BE` 手套。） 絡上去（LAB` SONG HI^ 套上去。） 絡不落＝入（LAB` Mv LOG^＝NGIB^ 套不進去）。
落	LAB`	1、落入、陷下去。如： 落下去矣（LAB` HA HI^ IEv 腳或車輪陷入泥濘中、重物陷入深處）。 落到窟也（LAB` DO` FUD` LE` 落入窟窿中）。 2、破。如： 袋也落歇矣（TOI^ IE` LAB` HED` LEv 袋子破裂、東西掉落出來了）。
塌	LAB`	倒塌，塌陷。如： 屋也、橋也塌歇矣（UG` GE`，KIEUv UE` LAB` HED` LEv 房子、橋塌下來了）。
邋	LAB^	1、免費討得。如： 邋食（LAB^ SD^ 免費得食）。 2、邋邋（LAB^ LAB^ 衣服舊、不乾淨的樣子）。 邋遢（LAB^ TAB^ 不整潔；做事不謹慎）。
剌	LAG^	用刀劃開、切開，用鋸鋸開。如： 剌開（LAG^ KOI 割開，鋸開）。 剌樹也（LAG^ SU^ UE` 鋸開樹木）。 剌板也（LAG^ BIONG NGE` 鋸開木板）。

拉	LAI	相拉（ CIONG　LAI　拉扯，打架 ）。 拉到（ LAI　DO` 打到，碰到，撞到 ）。
犁	LAIv	1、用畜力或機器牽引的耕地農具。 2、犁田（ LAIv　TIENv 用犁翻田土 ）。 3、犁犁（ LAIv　LAIv　秤竿或鐘錶的分針 　　　　　　　　時針低於水平面；低著頭 ）。 頭犁犁（ TEUv　LAIv　LAIv　低著頭 ）。 秤也犁犁（ TSN^　NE`　LAIv　LAIv　秤竿 　　　　　　低於水平面 ）。 針也犁犁（ ZM　ME`　LAIv　LAIv　鐘錶的 　　　　　　分針時針低於水平面 ）。
拉	LAIv	拉尿（ LAIv　NGIAU^　尿床。在睡夢中 　　　　屙尿 ）。 拉屎（ LAIv　S`不知不覺中屙出屎來 ）。
睞睞	LAI`	1、用斜眼看。如： 偷睞（ TEU　LAI`　偷看 ）。 2、青睞（ CHIANG　LAI`）：顧念、重視。
賴賴	LAI^	1、依靠。如： 依賴（ I　LAI^ ）。 賴也（ LAI^　IE`　兒子。舊時有養兒防老 的觀念，人老了必需依賴兒子維生，因 為女兒都要出嫁，不能賴以維生，乃將 兒子視為唯一依賴 ）。 賴也，妹也（ LAI^　IE`，MOI^　IE`兒子， 女兒 ）。 細賴也，細妹也（ SE^　LAI^　IE`,SE^ MOI^　IE` 　　　　　男孩子，女孩子；男的，女的 ）。 2、不認帳。如： 賴帳（ LAI^　ZONG^ ）。 抵賴（ DI`　LAI^ ）。 3、反過來怪人、誣告。如： 誣賴（ Uv　LAI^ ）。 賴人（ LAI^　NGINv　誣賴別人 ）。 4、打潑賴（ DA`　PAD`　LAI^）：耍無賴。
覽覽	LAM`	觀看。如： 遊覽（ YUv　LAM`　遊玩觀看，觀光 ）。 閱覽（ IAD^　LAM` ）。 攬勝（ LAM`　SUN^　遊覽名勝 ）。 展覽（ ZAN`　LAM`　當眾展示 ）。
攬攬	LAM`	1、摟抱，雙手還報。如： 攬人（ LAM`　NGINv　摟抱人 ）。 攬緊（ LAM`　HENv　抱緊 ）。

		2、把持。如： 攬大權（LAM` TAI^ KIANv）。 3、招來、拉來。如： 招攬（ZEU LAM`）。 攬生理（LAM` SEN LI 招攬生意）。
罱	LAM`	罱泥（LAM` NAIv 撈取河底濫泥作肥料）。
覽览	LAM^	同「覽 LAM`」： 遊覽（YUv LAM^ 遊歷賞玩）。 展覽（ZAN` LAM^ 展示）。
懶懶嬾	LAN	1、不努力。如： 懶怠（LAN TAI^ 懶惰）。 偷懶（TEU LAN）。 2、不願意、不想。如： 懶講（LAN GONG` 懶得講話）。 好食懶做（HAU^ SD^ LAN ZO^ 好吃懶做）。
攔拦	LANv	阻擋、遮掩。如： 攔阻（LANv ZU` 阻擋）。 攔路（LANv LU^ 阻擋去路）。 遮攔（ZA LANv 遮掩）。
聆	LANGv	凝神聽： 聆聽（LANGv TANG 靜聽）。 聆賞（LANGv SONG` 靜聽欣賞）。 聆教（LANGv GAU^ 聽了心裡領會）。
拎	LANGv	舉高懸掛。如： 拎衫褲（LANGv SAM FU^ 掛高衣服晾乾）。
連连	LANGv	「連 LIENv」的變音。如： 狗相連（GIEU` CIONG LANGv 狗在交配）。
遨	LAU	隨意出外遊歷賞玩。如： 遨所在（LAU SO` TSAI^ 遊覽）。 遨聊（LAU LIAU^ 遊玩）。
撈捞	LAUv	從水或液體中取出。如： 撈魚也（LAUv NGv NGE`）。 撈月（LAUv NGIAD^ 撈取在水中月亮，比喻無所得）。
潦	LAUv	1、路上積水： 水潦（SUI` LAUv）。 2、以手戽水洗： 潦屎窟（LAUv S^ FUD` 以手戽水洗屁股）。
絡	LAU^	收取沒人要的東西。如：

络		络壞東西歸來（LAU^ FAI` DUNG CI GUI LOIv 收取壞的東西回來）。 络上络下（LAU^ SONG LAU^ HA 到處搜尋可吃或沒人要的東西）。
伸	LEv	伸舌（LEv SAD^ 舌頭伸出）。 伸出來（LEv TSUD` LOIv 伸出來、不注意掉出來）。 舌伸伸到（SAD^ LEv LEv DO` 舌頭伸出口外的樣子）。
摟搂	LED^	用手環抱。如： 摟人（LED^ NGINv 摟抱人）。 摟緊（LED^ HENv 抱緊）。 摟石頭（LED^ SAG^ TEUv 抱石頭）。 摟西瓜（LED^ CI GUA 抱西瓜，抱著懷孕的肚子）。 肚摟摟（DU` LED^ LED^ 肚子大大的）。
扐	LED^	同「摟 LED^ 」。 扐人（LED^ NGINv 摟抱人）。 扐緊（LED^ HENv 抱緊）。 扐石頭（LED^ SAG^ TEUv 抱石頭）。 扐西瓜（LED^ CI GUA 抱西瓜，抱著懷孕的肚子）。
勒	LED^	1、拉緊繮繩。 勒馬（LED^ MA 拉繩停馬）。 2、強制。 勒令（LED^ LIN^ 迫令）。 勒逼（LED^ BED` 強迫）。 勒索（LED^ SOG` 逼取財物）。 勒贖（LED^ SUG^ 強迫以財贖取）。 3、以繩繞纏。 勒死（LED^ CI` 繞繩纏死）。 4、雕刻。 勒石（LED^ SAG^ 雕刻石頭）。 勒碑（LED^ BI 在碑石上雕刻字畫）。
泐	LED^	1、親筆書寫： 手泐（SU` LED^）。 2、雕刻： 泐石（LED^ SAG^）。 3、石頭依其紋路散裂。
累	LEU	累倒。如： 會做累（UOI^ ZO^ LEU 會做死）。

		做于會累矣（ZO^ UA^ UOI^ LEU UEv 工作真是累死人）！
摟摟	LEUv	1、用手圍抱： 摟攬（LEUv LAM` 摟抱）。 2、掏取。如： 摟錢（LEUv CHIENv 掏錢）。 摟褲袋也（LEUv FU^ TOI^ IE` 掏褲袋）。
漏	LEU^	1、從器物的孔隙或破裂處流出或泄氣。 漏水（LEU^ SUI`）。 漏氣（LEU^ HI^）。 漏雨（LEU^ I`）。 2、洩露、透露。如： 洩漏秘密（CIED` LEU^ BI^ MED^）。 走漏風聲（ZEU` LEU^ FUNG SANG）。 3、遺落、遺失、脫落。如： 遺漏（WIv LEU^）。 漏網（LEU^ MIONG` 犯人逃脫）。 漏歇兩頁（LEU^ HED` LIONG` IAB^ 遺漏兩頁）。 4、逃避。如： 漏稅（LEU^ SOI^）。 5、使液體流入他物的喇叭型用具。如： 酒漏（JIU` LEU^ 漏斗）。
嘍嘍	LEU^	喊叫、招來家畜家禽。如： 嘍狗也（LEU^ GIEU` UE` 叫狗來）。 嘍雞也（LEU^ GIE IE` 叫雞來）。
鏤鏤	LEU^	1、雕刻： 鏤花（LEU^ FA 雕刻花草）。 2、刺青： 鏤身（LEU^ SN 在身上刺青）。
理	LI	1、做事。如： 辦理（PAN^ LI）。 理事（LI S^ 做事的人）。 2、修整。如： 修理（CIU LI）。 整理（ZN` LI）。 理髮（LI FAD`）。 3、顧、搭、睬。如： 理睬（LI TSAI`）。 4、治、管。如： 治理（TS^ LI）。 管理（GON` LI）。

		5、思考的能力。如： 理性（LI CIN^ 不感情用事）。 理解（LI GIAI` 領悟事理）。
悝	LI	憂，悲，疾。
剺	LIv	割，劃。
釐 厘	LIv	改正訂定。如： 釐正（LIv ZN^ 改正）。 釐訂（LIv DANG`）：整理訂定，亦作 釐定（LIv TIN^ 整理改定）。
離 离	LIv	1、分開。如： 分離（FUN LIv）。 離別（LIv PED^）。 離合（LIv HAB^ 分離或聚合）。 離恨（LIv HEN^ 離別的憂痛）。 離心力（LIv CIM LID^ 物體旋轉運心的力量）。 離鄉背井（LIv HIONG BOI^ JIANG` 離開家鄉，客居他鄉）。 離群索居（LIv KYUNv SOG` GI 離開人群獨居）。 2、相隔。如： 相離（CIONG LIv）。 距離（KI LIv）。 3、解除關係。如： 離婚（LIv FUN）。 離異（LIv I^ 離婚）。 4、離奇（LIv KIv）：事情發生得奇怪。
罹	LIv	1、遭遇： 罹難（LIv NAN^ 遭遇災難）。 罹禍（LIv FO^ 遭遇災禍）。 罹患（LIv FAM^ 遭遇禍患,遭遇病患）。 2、憂患： 無罹（Uv LIv 沒有憂患）。
剓	LIv	解，分割。
旅	LI`	出外、在外作客、過路客。如： 旅客（LI` KIED`）。 旅行（LI` HANGv）。 旅途（LI` TUv）。 旅館（LI` GON`）。 旅居（LI` GI 暫時居住）。

		旅次（LI` TS^ 旅行所住的地方）。
履	LI`	1、實行，實踐。如： 履行（LI` HANGv）。 履約（LI` IOG` 實踐約定事項）。 履新（LI` CIN 上任新職）。 2、指人的行動作為。經歷作為。如： 履歷（LI` LID^ 經歷）。 3、踩踏、行走。如： 如履平地（Iv LI` PIANGv TI^ 好像在平地上走路；比喻做事容易）。 履險如夷（LI` HIAM` Iv Iv 走險地像走平地一樣；比喻安渡險境）。 4、穿鞋。如： 履革（LI` GIED`）。
勵 励	LI^	1、勸勉。如： 鼓勵（GU` LI^）。 勵志（LI^ Z^ 勉勵自己的心志）。 2、努力。如： 勵行（LI^ HANGv 努力實行）。 奮勵（FUN` LI^ 努力奮鬥）。 勵精圖治（LI^ JIN TUv TS^ 奮起精神，謀求安定進步）。
厲 厉	LI^	1、把刀磨利。如： 磨厲（MOv LI^ 磨刀使其鋒利）。 厲兵秣馬（LI^ BIN MAD^ MA 磨利兵器，餵飽馬匹，準備作戰）。 2、嚴肅，嚴格。如： 嚴厲（NGIAMv LI^）。 厲色（LI^ SED` 嚴肅的臉色）。 厲禁（LI^ GIM^ 嚴格禁止）。 3、認真、嚴格。如： 厲行（LI^ HANGv 嚴格實行）。 4、猛烈。如： 厲害（LI^ HOI^）。 厲疾（LI^ CHID^ 猛烈而迅速、疫病）。 雷厲風行（LUIv LI^ FUNG HANGv）。 5、虐待。如： 厲民（LI^ MINv）。
慮 虑	LI^	1、思考，謀劃。如： 考慮（KAU` LI^）。 思慮（S LI^）。 2、憂愁。如：

		憂慮（YUv　LI^）。 3、疑惑。如： 疑慮（NGIv　LI^）。
濾 滤	LI^	使液體通過布、紙、砂等流下，清除其中雜質。 過濾（GO^　LI^）。 濾水（LI^　SUI`　過濾水）。
蒞 莅	LI^	臨到： 蒞臨（LI^　LIMv）。
涖	LI^	到。同「蒞」。 涖任（LI^　IM^　官吏到任）。
戾	LI^	1、來到。如： 戾止（LI^　Z`　來臨）。 2、性情乖僻。如： 乖戾（GUAI　LI^）。 戾氣（LI^　HI^　乖僻暴惡的氣勢）。
挾	LIAB`	挾藏、擠塞。如： 楔牙齒（LIAB`　NGAv　TS`　擠塞在牙縫中）。 楔刀也（LIAB`　DO　UE`　身藏刀子）。 尾楔楔到（MI　LIAB`　LIAB`　DO`　夾著尾巴）：比喻不受歡迎或沒有達到目的。 避避楔楔（BIANG^　BIANG^　LIAB`　LIAB`　躲躲藏藏）。 山坑楔角（SAN　HANG　LIAB`　GOG`　極其偏僻處）。
懾 慑	LIAB`	1、因怕而屈服： 懾服（LIAB`　FUG^）。 2、威脅。
獵 猎	LIAB^	1、搜捕禽獸。如： 漁獵（NGv　LIAB^　捕魚和打獵）。 打獵（DA`　LIAB^）。 2、打獵的。如： 獵犬（LIAB^　KIAN`）。 獵銃（LIAB^　TSUNG^　獵槍）。
躐 蹖	LIAB^	1、踰越： 躐等（LIAB^　DEN`　a、超越等級、 　　　　　　　　　　b、不循秩序）。 2、踐踏： 陵躐（LINv　LIAB^　欺凌踐踏）。
掠	LIAG`	1、強取： 劫掠（GIAB`　LIAG`）。 2、捕捉：[河洛音]

		掠到（LIAG` DO` 抓到）。 3、溜掠（LIU` LIAG`）：[河洛音]動作輕巧敏捷。
勒	LIAG^	以橡皮筋、絲線、繩索捆綁。如： 勒緊（LIAG^ HENv 捆緊）。 分樹奶勒到一浪（BUN SU^ NEN^ LIAG^ DO` ID` LANG^ 被橡皮筋勒成一條凹痕）。
廉	LIAMv	1、便宜。如： 廉價（LIAMv GA^ 價錢便宜）。 2、不貪污。如： 清廉（CHIN LIAMv）。 廉潔（LIAMv GIAD` 清廉）。 廉明（LIAMv MINv 清廉光明）。 3、考察、查訪。如： 廉訪（LIAMv FONG`）。 廉得其情（LIAMv DED` KIv CHINv 查知其詳情）。
斂 歛	LIAM`	減退。 斂水（LIAM` SHUI` 水乾了）。 水斂歇矣（SUI` LIAM` HED` LEv 水退了、乾了）。
殮 殮	LIAM^	將死屍裝入棺材。如： 落殮（LOG^ LIAM^）。 入殮（NGIB^ LIAM^）。 殮屍（LIAM^ S）。
斂 歛	LIAM^	1、凝聚、收藏。如： 斂跡（LIAM^ JIAG` 收斂放縱的行為）。 斂財（LIAM^ TSOIv 聚斂錢財）。 2、收縮、不放縱。如： 收斂（SU LIAM^ 停止作為）。 斂容（LIAM^ YUNGv 一臉正經的樣子）。 3、退卻不前。如： 斂步（LIAM^ PU^）。
領 領	LIANG	1、統率、引帶。如： 領兵（LIANG BIN）。 統領（TUNG` LIANG）。 2、接受、取。如： 領獎（LIANG JIONG`）。 領錢（LIANG CHIENv）。 3、保有、有主權的，如： 領土（LIANG TU`）。

		佔領（ZAM^ LIANG）。 4、瞭解。如： 領悟（LIANG NGU^）。
撩	LIAU	1、提起、提取。如： 褲腳撩起來（FU^ GIOG` LIAU HI` LOIv 褲管提起來）。 2、用圓鍬或鏟子剷起地上物。 撩屎（LIAU S` 鏟起地上的糞便）。
撩	LIAUv	1、挑逗，戲弄人。如： 撩人（LIAUv NGINv 挑逗人）。 撩习（LIAUv DIAU 動手動腳）。 撩撩觸觸（LIAUv LIAUv DUD` DUD` 動手動腳戲弄人）。 2、紛亂： 繚亂（LIAUv LON^）。
療 疗	LIAUv	1、醫治疾病。如： 醫療（I LIAUv 治病）。 治療（TS^ LIAUv 醫治療養）。 療養（LIAUv IONG 醫治調養）。 療程（LIAUv TSANGv 治療的過程）。 2、救治，解除。如： 療飢（LIAUv GI 止住飢餓）。
潦	LIAUv	1、做事不精細： 潦草（LIAUv TSO`）。 2、境遇不順： 潦倒（LIAUv DO`）。
繚 缭	LIAUv	1、纏繞： 香煙繚繞（HIONG IAN LIAUv NGIEU`）。 2、纏擾： 繚亂（LIAUv LON^ 擾亂）。
聊	LIAUv	閒談。如： 聊天（LIAUv TIEN 談天說地，閒聊）。 閒聊（HANv LIAUv）。
了	LIAU`	1、明白、懂得。如： 了解（LIAU` GIAI`）。 一目了然（ID` MUG` LIAU` IANv 一看就明白）。 2、完結、盡。如： 完了（UANv LIAU`）。 未了（WI^ LIAU`）。 了結（LIAU` GIAD^ 結束）。 了卻（LIAU` KIOG` 了結）。

		了事（LIAU` S^ 事情了結、明白事理）。 3、完全地。如： 了無懼容（LIAU` Uv KI` YUNGv 毫 無懼怕的面容）。 4、聰明。如： 小時了了，大未必佳（SEU` Sv LIAU` LIAU`, TAI^ WI^ BID` GA 小 時聰明，長大了未必聰明）。 5、生意失敗、賠錢、倒店。如： 了錢（LIAU` CHIENv 虧錢）。 了歇矣（LIAU` HED` LEv 賠光了）。
瞭	LIAU`	明白： 明瞭（MINv LIAU`）。 瞭解（LIAU` GIAI`）。
瞭	LIAU`	1、明白： 明瞭（MINv LIAU`）。 瞭然（LIAU` IANv 非常明晰）。 瞭解（LIAU` GIAI`）。 瞭如指掌（LIAU` Iv Z` ZONG` 看得清楚）。 2、眼睛光明： 瞭亮（LIAU` LIONG^）。
鐐	LIAU^	拷在腳上、限制行動的鐵鍊。如： 腳鐐（GIOG` LIAU^）。
料	LIAU^	1、猜想、估量。如： 料想（LIAU^ CIONG`）。 預料（I^ LIAU^ 臆度）。 料事如神（LIAU^ S^ Iv SNv 料想事 情像神一樣準確）。 2、料理（LIAU^ LI 處理、照料、烹飪）。
聊	LIAU^	邊談邊走。休息、放假、遊玩、玩耍。 放聊（BIONG^ LIAU^ 放假）。 遊聊（YUv LIAU^ 遊覽、遠足,旅行）。 行聊（HANGv LIAU^ 邊走邊看、散步）。 聊日（LIAU^ NGID` 假日）。 聊涼（LIAU^ LIONGv 納涼, 休息）。 來聊（LOIv LIAU^ 邀人來玩）！
瞭	LIAU^	登高遠望： 瞭望（LIAU^ UONG^）。
撂	LIAU^	1、拋開： 撂過一片（LIAU^ GO^ ID` PIEN` 拋開一 邊）。 2、撈取：

		擇取（LIAU^ CHI`）。
立	LIB^	1、站、企。如： 直立（TSD^ LIB^）。 企立（KI LIB^ 站立）。 立身（LIB^ SN 做人）。 立志（LIB^ Z^ 立定志向）。 立場（LIB^ TSONGv 對事的態度或主張）。 立論（LIB^ LUN^ 自己所主張的議論）。 立竿見影（LIB^ GON GIAN^ IANG` 效果立見）。 2、建設，創設。如： 設立（SAD` LIB^ 創立）。 創立（TSONG` LIB^）。 立案（LIB^ ON^ 創業登記）。 3、制定。如： 立約（LIB^ IOG` 制定條約）。 立法（LIB^ FAB` 制定法律）。 立嗣（LIB^ S^ 以他人之子，繼承自己的宗嗣）。 4、存在。如： 自立（TS^ LIB^）。 立言（LIB^ NGIANv 留書、留言）。 5、即刻。如： 立刻（LIB^ KIED`）。 立地（LIB^ TI^ 即刻）。 立即（LIB^ JID` 即時）。 6、建樹。如： 立功（LIB^ GUNG）。
捩	LID`	用力旋轉物體： 轉捩（ZON` LID`）。 轉捩點（ZON` LID` DIAM` 事情轉變的關鍵點）。
仂	LID^	勤勞。
慄	LID^	恐懼而發抖： 戰慄（ZAN^ LID^）。 慄慄（LID^ LID^ 恐懼貌）。
躒	LID^	動，走，行動。
律	LID^	約束。如： 律己（LID^ GI` 約束自己）。
列	LIED^	1、擺設，布置。如： 　陳列（TSNv LIED^）。 2、加入。如：

		列席（LIED^ CID^）。 列入（LIED^ NGIB^）。
裂	LIED^	破壞，分開。如： 分裂（FUN LIED^）。 破裂（PO^ LIED^）。 裂痕（LIED^ HEN 破裂的痕跡、不和睦）。 決裂（GIAD` LIED^ 破裂）。
搧	LIEN	不愛惜的搬動。如： 搧上搧下（LIEN SONG LIEN HA）。
連 连	LIENv	1、接續、結合、聯合。如： 連接（LIENv JIAB`）。 連結（LIENv GIAD` 結連）。 連合（LIENv HAB^ 聯合）。 連年（LIENv NGIANv 年年）。 連續（LIENv CYUG^ 接連）。 連連（LIENv LIENv 接連）。 連綿（LIENv MIENv 接連）。 連貫（LIENv GON^ 接連）。 連盟（LIENv MENv 結盟）。 連署（LIENv SU` 連帶簽署）。 連環（LIENv KUANv 連扣）。 連扣（LIENv KIEU^ 連環）。 連鎖（LIENv SO` 連環扣結）。 連枝（LIENv GI 喻兄弟姊妹）。 連袂（LIENv MI^ 攜手、連襟）。 連理（LIENv LI 兩樹相連、夫婦結連）。 連累（LIENv LUI^ 牽連受累）。 連串（LIENv TSON^ 連貫）。 2、帶動、加入。如： 連帶（LIENv DAI^ 牽連，附帶）。 連本帶利（LIENv BUN` DAI^ LI^）。 3、屢次。如： 連捷（LIENv CHIAB^ 接連勝利）。 4、依依不捨。如： 流連（LIUv LIENv）。
聯 联	LIENv	1、連、結合。如： 聯合（LIENv HAB^）。 聯名（LIENv MIANGv）。 聯單（LIENv DAN 兩份以上同式單據）。 聯盟（LIENv MENv 訂立條約的幾個國家）。 聯軍（LIENv GYUN 兩個以上國家聯

		合組成的軍隊）。 聯邦（LIANv BONG 兩國或兩州以上聯成一邦，共同擁戴一個中央政府）。 聯袂（LIENv MI^ 攜手同行）。 聯姻（LIENv IM 結婚）。 聯想（LIENv CIONG`）。 聯合國（LIENv HAB^ GUED` 第二次世界大戰之後,1945年10月24日創立的，為維持世界和平而設立的同盟國 United Nations）。 2、連續不斷。如： 聯接（LIENv JIAB`）。 聯貫（LIENv GON^ 連貫）。
憐 怜	LIENv	1、哀憫： 憐憫（LIENv MEN`）。 可憐（KO` LIENv）。 2、愛惜： 憐惜（LIENv CID`）。 愛憐（OI^ LIENv）。
斂 敛	LIEN`	1、退卻不進： 斂退（LIEN` TUI^）。 2、從口中退吐。如： 斂骨頭（LIEN` GUD` TEUv 從口中退出骨頭）。 斂出來（LIEN` TSUD` LOIv 從口中退吐出來）。
攆	LIEN`	1、驅逐： 攆出去（LIEN` TSUD` HI^ 趕出去）。 2、追趕： 追攆（ZUI LIEN`）。
戀 恋	LIEN^	1、掛念、不忍分離。如： 留戀（LIUv LIEN^）。 戀棧（LIEN^ ZAN^ 貪戀祿位）。 戀戀不捨（LIEN^ LIEN^ BUD` SA`）。 2、男女情愛，兩相愛慕。如： 戀愛（LIEN^ OI^）。 戀人（LIEN^ NGINv）。 熱戀（NGIAD^ LIEN^）。 苦戀（KU` LIEN^）。 單戀（DAN LIEN^ 單方面的相思愛慕）。
攣 挛	LIEN^	同「戀」：彼此牽繫不絕。

練练	LIEN^	反復學習，增加經驗。如： 練習（LIEN^ CIB^）。 熟練（SUG^ LIEN^）。 歷練（LID^ LIEN^ 閱歷多，經驗豐富）。 練達（LIEN^ TAD^ 有見識，明白世故）。
煉炼	LIEN^	1、通『鍊 LIEN^』。熔化金屬，去除雜質。 提煉（TIv LIEN^）。 煉鐵（LIEN^ TIED`）。 煉鋼（LIEN^ GONG^）。 2、用火久熬。如： 煉乳（LIAN^ NEN^ 精煉濃縮的牛奶）。 精煉（JIN LIEN^）。
鍊炼	LIEN^	1、用火冶製，使之精熟。如： 千錘百鍊（CHIEN TSUIv BAG` LIEN^）。 鍊丹（LIEN^ DAN 熬藥）。 鍊鋼（LIEN^ GONG^）。 2、比喻精熟。如： 精鍊（JIN LIEN^）。 老鍊（LO` LIEN^）。 3、用金屬連環成串。同「鏈」。如： 金鍊也（GIM LIEN^ NE` 金鍊條、項鍊）。 鐵鍊（TIED` LIEN^）。
謰	LIEN^	言語混亂不清。誆騙，以言語欺騙。 謰人（LIEN^ NGINv 騙人）。 狡騙謰摰（HIEU PIEN^ LIEN^ TSOD` 以不正當手法騙取）。 分人謰矣（BUN NGINv LIEN^ NEv 被騙了）。 謰猴也食雞屎（LIEN^ HEUv UE` SD^ GIE S` 騙猴子吃雞糞，是欺騙弱智者的惡劣行為，也指不知者上當；比喻以不正當手段玩弄人家）。
躐躐	LIEN^	踐踏、摧殘。如： 莫躐上躐下（MOG^ LIEN^ SONG LIEN^ HA 別踩來踩去）。 分牛腳躐到（BUN NGYUv GIOG` LIEN^ DO` 被牛腳踩到）。
飲饮	LIM	〔河洛音〕。喝、飲。如： 飲酒（LIM JIU`）。 飲茶（LIM TSAv）。 飲湯（LIM TONG）。
臨	LIM	接近。如： 臨唇（LIM SUNv 靠近邊緣）。

		臨臨焉（LIM LIM ME 很接近、幾乎靠近）。
淋	LIMv	1、澆灌。如： 淋水（LIMv SUI` 澆水）。 淋花（LIMv FA 澆花）。 雨淋（I` LIMv）。 淋浴（LIMv YUG^）。 2、濕透、浸濕。如： 淋濕（LIMv SB`）。 淋漓（LIMv LIv 濕透、下滴）。 3、充盛。如： 淋漓盡致（LIMv LIv CHIN^ Z^ 描繪得精彩透徹）。
臨临	LIMv	1、居高向低。如： 居高臨下（GI GO LIMv HA^）。 2、面對、遇到。如： 面臨（MIEN^ LIMv）。 臨陣（LIMv TSN^ 上戰場）。 臨場（LIMv TSONGv 到場時）。 親臨（CHIN LIMv 親身面對）。 臨渴掘井（LIMv HOD` KUD^ JIANG` 口渴時才挖井）。 3、將要、靠近。如： 臨別（LIMv PED^ 即將離別）。 臨街（LIMv GIAI 靠近街道）。 臨河（LIMv HOv 河邊）。 臨終（LIMv ZUNG 死前）。 臨危（LIMv NGUIv 當危急時）。 臨盆（LIMv PUNv 將分娩時）。 4、來到、遇到。如： 光臨（GONG LIMv）。 蒞臨（LI^ LIMv）。 身臨其境（SN LIMv KIv GIN^）。 5、摹仿著寫或畫。如： 臨摹（LIMv MUv 仿寫仿畫）。 臨帖（LIMv TIAB` 照字帖寫）。 6、臨時（LIMv v 臨到事情發生時、暫時）。 7、臨床（LIMv TSONGv 醫生的醫療業務實踐）。
懍	LIM`	敬畏、畏懼： 懍然（LIM` IANv）。

		威風懍懍（WI FUNG LIM` LIM` 敬畏的樣子）。
廩	LIM`	1、供給： 廩給（LIM` GIB` 供應）。 2、積聚： 廩於腸胃（LIM` I TSONGv WI^ 積聚於腸胃）。
遴	LINv	選拔。如： 遴選（LINv CIEN` 挑選）。 遴派（LINv PAI^ 選派）。
瞵	LINv	注視： 瞵盼（LINv PAN^）。
凌	LINv	1、欺壓、侵犯。如： 凌辱（LINv YUG^ 欺侮侵犯人）。 侵凌（CIM` LINv 侵犯）。 凌虐（LINv NGIOG` 欺侮虐待）。 氣勢凌人（HI^ S^ LINv NGINv）。 2、向上升起、超越。如： 凌雲（LINv YUNv 升空）。 凌空（LINv KUNG 升空）。 凌駕（LINv GA^ 超過。勝過）。 3、接近。如： 凌晨（LINv SNv）。 4、細碎、錯雜、無秩序。如： 凌亂（LINv LON^ 雜亂）。 凌雜（LINv TSAB^ 雜亂）。 5、凌厲（LINv LI^ 奮發直前、猛烈、行動快）。
淩	LINv	1、經歷： 汎海淩山（FAM^ HOI` LINv SAN）。 2、同「凌」。 3、淩雲（LINv YUNv 升高）。 淩辱（LINv YUG^ 欺侮侵犯）。 淩波（LINv BO 美人輕盈步履貌）。
輪輪	LINv	「輪 LUNv」的變音，輪流、輪到。 輪水（LINv SUI 輪流給水）。 輪食（LINv SD^ 輪流奉養）。 一輪（ID` LINv 循環一回）。 照輪（ZEU^ LINv 依序輪流）。 輪到我矣（LINv DO` NGAIv IEv 輪到我了）！
吝	LIN`	捨不得用。如； 吝惜（LIN` CID`）。

		吝嗇（LIN` SEB` 過分省用錢財或只知收入不肯支出；一毛不拔）。
悋	LIN`	同吝：慳也，吝嗇。
令	LIN^	促使。如： 令人興奮（LIN^ NGINv HIN FUN`）。 令人滿意（LIN^ NGINv MAN I^）。
掠	LIOG^	1、搶奪。如： 掠奪（LIOG^ TOD^）。 掠取（LIOG^ CHI` 奪取）。 掠美（LIOG^ MI 搶奪美女，奪取他人功績）。 2、用刑具拷打。如： 拷掠（KAU` LIOG^）。 3、梳頭： 掠頭顱毛（LIOG^ TEUv NAv MO 梳頭髮）。
剠	LIOG^	同「掠 LIOG^」。
略	LIOG^	1、計劃。如： 戰略（ZAN^ LIOG^）。 2、侵奪。如： 略地（LIOG^ TI^ 侵略土地）。 侵略（CHIM` LIOG^）。 略奪（LIOG^ TOD^）。 3、省去、簡化。如： 省略（SEN` LIOG^）。 4、疏忽。如： 忽略（FUD` LIOG^）。 疏略（SU LIOG^）。
縫縫	LIONv	「縫 FUNGv」的語音。如： 用針縫（YUNG^ ZM LIONv）。 縫矣三針（LIONv NEv SAM ZM 縫了三針）。
攣攣	LIONv	相牽繫，不離。同「縫 LIONv」。如： 攣補（LIONv BU` 以針線縫補衣服）。 攣衫褲（LIONv SAM FU^ 縫衣服）。
量	LIONGv	1、用器物確定東西的長短、大小、高低、輕重、多少。 量米（LIONGv MI`）。 拿尺來量（NA TSAG` LOIv LIONGv）。 量體重（LIONGv TI` TSUNG）。 量體溫（LIONGv TI` UN）。 量身定做（LIONGv SN TIN^ ZO^ 照著身材大小去做）。

		2、斟酌。如： 商量（SONG　LIONGv）。 考量（KAU`　LIONGv　考慮商量）。 3、審度、計算。如： 量入為出（LIONGv　NGIB^　WIv　TSUD` 　　　　　　按收入的多少，支配支出）。
諒 谅	LIONG^	1、寬恕。如： 原諒（NGIANv　LIONG^）。 諒解（LIONG^　GIAI`）。 2、料想。如： 諒必（LIONG^　BID`　想必）。 3、誠實守信。如： 友諒（YU　LIONG^）。
晾	LIONG^	通風使之乾燥。如： 晾衫褲（LIONG^　SAM　FU^）。
悢	LIONG^	遼遠，請求。
遛	LIU	慢慢走。如： 遛上遛下（LIU SONG LIU HA 到處走動）。 遛馬（LIU　MA　牽馬散步，使馬恢 　　　　　復疲勞）。 遛狗（LIU　GIEU`　牽狗屙屎尿散步）。
溜 澑	LIU	1、滑。 溜滑（LIU　UAD^　很滑）。 2、散步、閒逛。如： 閒溜（HANv　LIU）。 3、偷跑。如： 溜走矣（LIU　ZEU`　UEv　偷跑了）。
留 㽞 畱	LIUv	1、停在某處。如： 停留（TINv　LIUv）。 留校（LIUv　GAU`　留在原校）。 留級（LIUv　GIB`　留在原級不能升級）。 2、集中注意力在某事上。如： 留意（LIUv　I^）。 留心（LIUv　CIM）。 留神（LIUv　SNv　小心謹慎）。 3、叫人或物不離開。如： 留任（LIUv　IM^）。 留客（LIUv　KIED`　留住客人）。 挽留（UAN`　LIUv）。 4、保存。如： 保留（BO`　LIUv）。 留名（LIUv　MIANGv）。

遛	LIUv	逗遛（TEU^ LIUv 停留不進）。
流	LIUv	1、水或其他液體逐漸移動。如： 流水（LIUv SUI`）。 順流（SUN^ LIUv 順水流動）。 逆流（NGIAG^ LIUv 反流動方向）。 流血（LIUv HIAD`）。 流汗（LIUv HON^）。 流目汁（LIUv MUG` ZB` 流淚）。 流口涎（LIUv HEU` LAN 流口水）。 2、移動不定。如： 流砂（LIUv SA）。 漂流（PEU LIUv）。 3、運轉不停。如： 流動（LIUv TUNG）。 輪流（LUNv LIUv）。 流年（LIUv NGIANv 歲月流逝）。 4、不知來路、沒有目標。如： 流彈（LIUv TANv）。 流星（LIUv SEN）。 5、傳播或相沿下來的。如： 流傳（LIUv TSONv）。 流言（LIUv NGIANv 謠言）。 流弊（LIUv BI^ 遺留下來的弊害）。 6、趨向於。如： 流行（LIUv HANGv）。 流於形式（LIUv I HINv SD`）。 7、指流動的。如： 電流（TIEN^ LIUv）。 寒流（HONv LIUv）。 流通（LIUv TUNG 沒有阻礙）。 8、河川流經的地方。如： 河流（HOv LIUv）。 主流（ZU` LIUv）。 支流（Z LIUv）。 9、放逐、漂泊。如： 流放（LIUv FONG^ 放逐出去）。 流亡（LIUv MONGv 逃到海外）。 流浪（LIUv LONG^ 漂泊無定）。 流連（LIUv LIENv 沈迷遊樂）。 流落（LIUv LOG^ 漂泊他鄉）。
罶罶	LIU`	設圈套： 罶人（LIU` NGINv 欺詐，騙人進入）。

醪醪	LIU^	用來套東西的繩結： 蛤蟆醪也（HAv MAv LIU^ UE` 可放鬆縮緊，上下滑動的活結）。 醪掠也（LIU^ LIAG` GE` 套物繩結）。
餾餾	LIU^	1、蒸餾（ZN LIU^）：液體熱化成氣體再遇冷凝成液體。 2、再蒸一次。如： 餾甜粄（LIU^ TIAMv BAN`）。
溜	LIU^	1、滑過。如： 溜冰（LIU^ BEN）。 2、滑落。如： 溜下來（LIU^ HA LOIv）。 3、溜歇矣（LIU^ HED` LEv a.鬆脫了。b.流產了）。 4、溜皮（LIU^ PIv）：脫皮。
紐紐	LIU^	〔河洛音〕。 1、紐扣： 紐也（LIU^ UE`）。 2、繫結、套結。如： 紐緊（LIU^ HENv 套緊）。 蛤蟆紐也（HAv MAv LIU^ UE` 抓青蛙的活結）。 讀音 NEU`。又音 NGYU`。
落	LO	落入，加入，混合。如： 落鹽（LO IAMv 加入鹽）。 落糖（LO TONGv 加入糖）。 落陣（LO TSN^ 加入陣營）。 落合矣（LO GAB` BEv 混在一起了）。 落到矣（LO DO` UEv 混合在一起了。與人通姦）。 落共下（LO KYUNG^ HA^ 混一起）。
粿	LO	1、雜亂： 粿雜（LO TSAB^ 混雜）。 2、混合；同「落 LO」： 粿合（LO GAB` 混合）。 粿糖（LO TONGv 加糖）。 粿塩（LO IAMv 加塩）。 粿湯（LO TONG 與湯混合）。 粿共下（LO KYUNG^ HA^ 混合在一起）。
羅	LOv	1、用網抓鳥。如： 門可羅雀（MUNv KO` LOv CHIOG` 門庭冷落，無人來往）。

		2、搜集、招請。如： 羅致（ LOv　　Z^　蒐羅人才）。 3、散布、排列。如： 羅列（ LOv　LIED^　陳列 ）。 羅布（ LOv　BU^　羅列散布 ）。
邏逻	LOv	1、巡查。如： 巡邏（ SUNv　　LOv ）。 2、邏輯（ LOv　CIB^ ：Logic 客觀事物或思維的規律性 ）。
勞劳僗	LOv	1、勤苦、工作。如： 勞力（ LOv　LID^ ）。 勞苦（ LOv　KU` ）。 勞動（ LOv　TUNG^ ）。 勞役（ LOv　ID^　以勞力服役 ）。 勞碌（ LOv　LUG`　勞苦忙碌 ）。 勞民傷財（ LOv　MINv　SONG　TSOIv 勞苦人民，浪費錢財 ）。 2、事功。如： 功勞（ GUNG　LOv ）。 3、勞動者的總稱。如： 勞工（ LOv　GUNG ）。 勞資雙方（ LOv　Z　SUNG　FONG ）。 4、費煩。如： 勞神（ LOv　SNv　費神 ）。
嘮	LOv	多言。如： 嘮叨（ LOv　TO ）。
裸倮躶臝	LO`	不穿衣褲。如： 赤裸（ TSAG`　LO`　赤身裸體 ）。 裸體（ LO`　TI` ）。 裸身露體（ LO`　SN　LU^　TI`　裸露身體 ）。
潦	LO`	做事、寫字不精細： 潦草（ LO`　TSO` ）。
嘍喽	LO^	呼叫動物。如： 嘍狗也（ LO^＝LEU^　GIEU`　UE`　喊狗 ）。
鑢	LO^	在皮膚上塗硬質藥條。如「薄荷玉」之類的藥條。 鑢薄荷玉（ LO^　POG^　HOv　NGYUG^ ）。
勒	LOD`	抑迫。如： 勒索（ LOD`　SOG`制馬的繩子。強迫索取 ）。 勒馬（ LOD`　MA　拉緊馬韁 ）。 勒令（ LOD`　LIN^　迫令 ）。 勒贖（ LOD`　SUG^　強迫以財物贖取 ）。

落	LOD`	鬆落、脫開。如： 落歇矣（LOD` HED` LEv 鬆落了）。 擘不落（BOG` Mv LOD` 擘不開）。 落骨頭（LOD` GUD` TEUv 啃吃附在骨頭上的肉）。
挅	LOD^	1、以手逼壓、把腸內或軟管內的物體擠出。 　　挅出來（LOD^ TSUD` LOIv 逼壓出來）。 2、以指逼壓順穗拉扯： 挅穀串（LOD^ GUG` TSON^）：以手將穀穗的穀粒逼壓扯下。 3、用鞭打： 挅猴（LOD^ HEUv 不乖的人被打）。 4、挅尾也瀉（LOD^ MI IE` CIA^ 有尾的動物為逃命，伸直尾巴快跑）。
攞	LOD^	同「挅」。 攞衫袖（LOD^ SAM CHIU^ 推高袖子）。 攞褲腳（LOD^ FU^ GIOG` 拉高褲管）。
力	LOG`	出力、覓食。如： 力食（LOG` SD^ 設法找吃,賺錢糊口）。
樂 乐	LOG`	不慌不忙、輕輕鬆鬆。如： 樂樂焉做（LOG` LOG` GE ZO^ 不慌不忙地做）。
樂 乐	LOG^	1、歡喜、愉快。如： 歡樂（FON LOG^）。 樂土（LOG^ TU` 安樂的地方）。 樂天（LOG^ TIEN 安樂天命）。 樂園（LOG^ IANv 快樂的園地）。 樂群（LOG^ KYUNv 以朋友群居為樂）。 樂趣（LOG^ CHI^ 興趣）。 樂業（LOG^ NGIAB^ 安於本身工作）。 樂觀（LOG^ GON 有成功的希望,不悲觀）。 樂極生悲（LOG^ KID^ SEN BI 盛必衰）。 樂善好施（LOG^ SAN^ HAU^ S 喜歡行善救窮人）。 樂不可支（LOG^ BUD` KO` Z 非常歡喜）。 幸災樂禍（HEN^ ZAI LOG^ FO^ 以人家遭殃為快樂）。 2、喜愛。如：

		樂此不疲（LOG^ TS` BUD` PI 喜愛此道而不倦）。
落	LOG^	1、下墜，下降。如： 落雨（LOG^ I` 下雨）。 落水（LOG^ SUI` 下雨）。 落霜（LOG^ SONG 下霜）。 落雪（LOG^ CIED` 下雪）。 落雹（LOG^ POG^ 下冰雹）。 降落（GONG^ LOG^ 降下掉落）。 落淚（LOG^ LUI^ 流下眼淚）。 落髮（LOG^ FAD` 掉落頭髮、剃髮為尼）。 落第（LOG^ TI^ 不及格）。 落選（LOG^ CIEN` 沒有當選）。 落筆（LOG^ BID` 開始寫）。 落款（LOG^ KUAN`在書畫上寫姓名年月）。 2、衰敗，稀疏，遭難。如： 衰落（SOI LOG^）。 冷落（LANG LOG^ 冷淡疏離）。 落難（LOG^ NAN^ 遭難）。 落荒（LOG^ FONG 逃到荒野）。 落水狗（LOG^ SUI` GIEU` 喻失勢的人）。 落井下石（LOG^ JIANG` HA^ SAG^ 乘人之危,再加陷害）。 3、寂寞、零落。如： 落寞（LOG^ MOG` 寂寞）。 落魄（LOG^ PAG` 窮困無聊）。 4、脫漏。如： 脫落（TOD` LOG^）。 5、跟不上。如： 落後（LOG^ HEU^）。 落伍（LOG^ NG`）。 6、歸到。如： 花落誰家（FA LOG^ SUIv GA）。 落空（LOG^ KUNG 沒有著落）。 落泊（LOG^ POG` 漂泊失所）。 7、停頓處，停留處。如： 段落（DON^ LOG^）。 下落（HA^ LOG^）。 8、夕陽。 落日（LOG^ NGID`）。
烙	LOG^	1、燙、熨。如：

		烙衣（LOG^ I 燙衣服）。 2、烙印（LOG^ IN^ 用燒紅的鐵印，印在器物或動物身上）。
絡絡	LOG^	1、維繫。如： 連絡（LIENv LOG^）。 絡繹不絕（LOG^ ID^ BUD` CHIED^ 人車來往不停）。 2、人體的神經、血管，網狀的東西。 脈絡（MAG` LOG^）。 經絡（GIN LOG^）。 3、用權術駕馭、拉攏。如： 籠絡（LUNG LOG^）。
來	LOIv	1、去的相反。如： 往來（UONG LOIv 去和來）。 來往（LOIv UONG 彼此交往、來和去）。 來函（LOIv HAMv 來信）。 來意（LOIv I^ 來人的目的）。 來歷（LOIv LID^ 來由和經過情形）。 來路（LOIv LU^ 來歷，所由來）。 來源（LOIv NGIANv 事物的根源）。 來賓（LOIv BIN 外來客人）。 來坐（LOIv TSO 請坐！）。 來龍去脈（LOIv LYUNGv KI^ MAG` 事情的前後線索）。 來勢洶洶（LOIv S^ HYUNG HYUNG 正在進行的形勢洶湧）。 2、去。如： 來去（LOIv HI^ 去！我們走吧！） 3、到達。如： 來矣（LOIv IEv 來了）！ 4、以後。如： 來年（LOIv NGIANv 明年）。 來日（LOIv NGID` 日後）。 5、助詞。如： 打開來（DA` KOI LOIv）。 上來（SONG` LOIv）。 來做看哪（LOIv ZO^ KON^ NA^ 來做做看）！
徠俫	LOIv	招致： 招徠（ZEU LOIv 設法招人來照顧買賣）。
賚賚	LOI^	賞賜、賜予。如： 賜賚（SU^ LOI^）。 賞賚（SONG` LOI^）。

341

晾	LONG	把日曬的衣服或燃燒的柴火升高，使通風： 晾衫褲（LONG SAM FU^ 攤開衣服，使之通風）。 晾起來通風（LONG HI` LOIv TUNG FUNG）。
踉	LONG^	走路不正： 踉踉蹌蹌（LONG^ LONG^ TSONG^ TSONG^）。
滷	LU	用鹽調製食品。如： 滷鹽（LU IAMv 加鹽調製食品）。 滷鹹菜（LU HAMv TSOI^）。
撩	LUv	「撩 LIAUv」的變音。提取、捲起、掀開褲子。 撩褲腳（LUv FU^ GIOG` 提起褲管）。 撩褲頭（LUv FU^ TEUv 把滑下去的褲子提高）。 撩開來（LUv KOI LOIv 掀開）：如掀開男孩子的褲子小便。
虜	LU`	1、生擒的敵人。如： 俘虜（FUv LU`）。 2、捉到。如： 虜獲（LU` FED^）。 3、同「擄」。如： 虜掠（LU` LIOG`）。
擄	LU`	1、掠取、劫奪。如： 擄掠（LU` LIOG`）。 擄奪（LU` TOD^）。 2、獲。如： 擄獲（LU` FED^）。
逯	LU`	1、衣褲因動作而移位。如： 衫逯出來矣（SAM LU` TSUD` LOIv IEv 衣衫跑出來了）。 2、與人理論、磨時間。如： 同伊逯（TUNGv Iv LU` 跟他磨、與他理論到底）。 3、做超過自己力量的吃力工作。如： 逯不上（LU` Mv SONG 以此力量推不上去）。
路	LU^	1、來往的通道。如： 道路（TO^ LU^）。 大路（TAI^ LU^ 大馬路）。 泥路（NAIv LU^ 泥土路）。 石路（SAG^ LU^ 石頭路）。

		路程（ LU^　TSANGv 道路的遠近 ）。 路線（ LU^　CIEN^ 道路所經之地 ）。 路人（ LU^　NGINv 陌生人 ）。 路脣（ LU^　SUNv 路邊 ）。 路徑口（ LU^　GANG^　HEU` 路口 ）。 2、運輸線道。如： 陸路（ LYUG^　LU^ ）。 水路（ SUI`　LU^ 海線 ）。 3、做事的方法。如： 門路（ MUNv　LU^ ）。 4、方向、途徑。如： 生路（ SANG　LU^ ）。 死路（ CI`　LU^ ）。 邪路（ CIAv　LU^ ）。 5、條理。如： 思路（ S　LU^ ）。 紋路（ FUNv = UNv　LU^ 木板的條紋 ）。 6、短路（ DON`　LU^ 電線走火、不當走的路 ）。
璐	LU^	美玉。
鷺鷥	LU^	鷺鷥（ LU^　S 涉禽類，似鶴，常在水邊捕魚為食 ）。
露	LU^	顯現在外。如： 顯露（ HIAN`　LU^ ）。 露出（ LU^　TSUD` ）。 露天（ LU^　TIEN 在室外 ）。 露骨（ LU^　GUD` 真意表露出來 ）。 露宿（ LU^　CYUG` 在露天睡覺 ）。 露營（ LU^　IANGv 在野外安營住宿 ）。 露面（ LU^　MIEN^ 出現在人面前 ）。 露馬腳（ LU^　MA　GIOG` 露出隱情 ）。 露宿風餐（ LU^　CYUG`　FUNG　TSON 形容出外人的苦況 ）。 財不露白（ TSOIv　BUD`　LU^　PAG^ 所帶的錢財不被人看見 ）。
賂賂	LU^	私下送財物，請人徇私枉法。如： 賄賂（ FI^　LU^ ）。
鑢	LU^	磨、擦。如： 鑢平（ LU^　PIANGv 磨平 ）。 鑢金（ LU^　GIM 磨亮 ）。 鑢到手（ LU^　DO`　SU` 磨擦到手 ）。 鑢溜皮（ LU^　LIU^　PIv 磨擦破皮 ）。

		鑢淨矣（LU^ CHIANG^ NGEv 磨乾淨了）。
落	LUD`	「落 LOG^、LOD`」的變音。 1、鬆開、脫落。如： 　落歇矣（LUD` HED` LEv 鬆脫了）。 　擘不落（BOG` Mv LUD` 擘不開）。 2、以手擦拭。 　落皮（LUD` PIv 脫皮）。 　落雞毛（LUD` GIE MO 將雞皮上的細毛，擦拔乾淨）。 　落頸筋（LUD` GIANG` GIN 用手擦乾淨頸上的污垢）。 　落不淨（LUD` Mv CHIANG^ 擦不乾淨）。
抐	LUD^	「抐 LOD^」的變音。握住順手滑壓過： 抐奶（LUD^ NEN^ 擠奶汁）。 抐穀串（LUD^ GUG` TSON^ 扯去穀粒）。 抐樹葉也（LUD^ SU^ IAB^ BE` 扯去樹葉）。
碌	LUG`	1、事忙。如： 勞碌（LOv LUG`）。 忙碌（MONGv LUG`）。 3、煩擾。如： 細人也碌人（SE^ NGINv NGE` LUG` NGINv 小孩子煩人）。 碌死人（LUG` CI` NGINv 煩死人）。
逯	LUG`	行走。
摝	LUG`	攪拌。如： 摝糖水（LUG` TONGv SUI` 攪拌糖水使之均勻）． 摝屎棍（LUG` S` GUN^ 攪拌屎坑，使之更臭。喻攪雜事物，使之更混亂的人）。 摝衰人（LUG` SOI NGINv 攪局，使人混亂）。
汆	LUG^	用滾水燙煮，不加酌料。被滾水燙。 汆粄也（LUG^ BAN` NE` 燙米粄）。 汆麵條（LUG^ MIEN^ TIAUv 煮燙麵條）。 汆罌也（LUG^ ANG NGE` 水燙瓶子）。 分滾水汆到手（BUN GUN` SUI` LUG^ DO` SU` 被開水燙到手）。
爈	LUG^	火燙。如： 火爈到手（FO` LUG^ DO` SU` 被火燙傷手）。
濾	LUG^	1、濾清：

		漉酒（LUG^ JIU`）。 2、濕淋淋： 濕漉漉（SB` LUG^ LUG^）。 3、水慢慢滲下： 滲漉（SM` LUG^）。
擂	LUI	用手拳打。如： 擂人（LUI NGINv 以拳打人）。 分人擂矣（BUN NGINv LUI IEv 挨人拳打了）。
累	LUI	1、堆高： 危如累卵（NGUIv Iv LUI LON` 危險如堆卵）。 2、連接成串： 結實累累（GIAD` SD^ LUI LUI 結實成串）。
擂 搥	LUIv	1、研碎。如： 擂胡椒（LUIv FUv ZEU）。 擂麋（LUIv MIENv 研碎成粉）。 2、擂台（LUIv TOIv）：比賽場所。 3、擊打出聲。如： 擂鼓（LUIv GU` 擊鼓）。
累 象	LUI`	1、增加，如： 累積（LUI` JID`）。 2、麻煩、拖累。如： 累贅（LUI` ZUI^ 增加拖累麻煩的事物）。 3、屢次。如： 累次（LUI` TS^）。 累犯（LUI` FAM^ 重複犯罪）。 累年（LUI` NGIANv 連年）。 累卵（LUI` LON` 危險疊卵，同「壘卵」。 累次三番（LUI` TS^ SAM FAN 一再、屢次）。 經年累月（GIN NGIANv LUI` NGIAD^ 積累很久）。
累 累	LUI`	1、同「累 LUI」。 2、監禁。 累囚（LUI` CHIUv 拘繫罪犯）。 累篝（LUI` GUNG 以竹篾編織成的盛裝魚蝦的盛具）。 3、纏繞。 4、累卵（LUI` LON` 疊卵，危險）。 5、累累（LUI` LUI` a、結果實很多。

		b、失意貌）。
累	LUI^	1、牽連。如： 受累（SU^ LUI^ 受牽連）。 連累（LIENv LUI^ 受牽連）。 累人（LUI^ NGINv 使人牽累）。 累及（LUI^ KIB^ 連累到）。 2、負擔、身受的事。如： 家累（GA LUI^ 家庭負擔）。 3、虧欠。如： 虧累（KUI LUI^ 積欠）。 4、疲勞。如： 勞累（LOv LUI^）。
銇	LUI^	1、鑽孔。如： 銇鑽（LUI^ ZON^ 鑽孔用鑽）。 銇空（LUI^ KANG 鑽孔）。 2、刀削。如： 銇蔗根（LUI^ ZA^ GIN 削除甘蔗節上的根）。 銇樹椏（LUI^ SU^ PA 削除樹幹上的枝葉）。
輪 轮	LUN	碾壓： 輪米（LUN MI`）：以石輪或橡皮輪將糙米碾磨成白米。
掄 抡	LUN	以手臂旋迴。如： 掄棍（LUN GUN^）。
倫 伦	LUNv	比。如： 倫比（LUNv BI`）。
侖 仑	LUNv	反省、思索、條理。 肚裡侖一侖（DU` LI LUNv ID` LUNv 肚裡思索一番）。
輪 轮	LUNv	照次序循環更換。如： 輪流（LUNv LIUv）。 輪番（LUNv FAN 輪流）。 輪值（LUNv TSD^ 輪流當班）。 照輪（ZEU^ LUNv 依次輪流）。 輪充（LUNv TSUNG 輪番替換充任）。 輪迴（LUNv FIv 循環不停。佛家謂：人出生即輾轉於六道之中，惟成道者免於輪迴）。
淪 沦	LUNv	1、沉沒。如： 沉淪（TSMv LUNv）。 2、淪落（LUNv LOG^ 流落。飄零衰敗）。

		3、淪亡（LUNv MONGv 喪亡）。 4、淪陷（LUNv HAM^ 土地喪失）。
掄搶	LUNv	1、選擇： 掄才（LUNv TSOIv）。 2、以手臂旋轉： 掄棍（LUNv GUN^）。
論论	LUN^	1、分析、批評、衡量、說明事理。 討論（TO` LUN^）。 評論（PINv PUN^）。 社論（SA^ LUN^）。 爭論（ZEN LUN^）。 論壇（LUN^ TANv 言論界）。 論說（LUN^ SOD` 議論說明）。 論調（LUN^ TIAU^ 議論的態度和理由）。 論點（LUN^ DIAM` 討論的中心）。 論列（LUN^ LIED^ 評定是非）。 論定（LUN^ TIN^ 評論斷定）。 論斷（LUN^ DON^ 評論斷定）。 論罪（LUN^ TSUI`）。 論證（LUN^ ZN^ 根據已知的正確判斷來推論其他判斷是否正確）。 論文（LUN^ UNv 議論事物或研究學術的文章）。 2、主張、學說。如： 言論（NGIANv LUN^）。 創造論（TSONG` TSO^ LUN^ 聖經記載萬物起源於上帝的創造）。 進化論（JIN^ FA^ LUN^ 英國人達爾文創於1858年，說明物類演化過程的學說，又稱演化論，以「物競天擇，適者生存」為進化的原理）。 3、按照、評定。如： 論件計酬（LUN^ KIAN^ GIE TSUv 按照件數報酬）。 論質核價（LUN^ ZD` HED` GA^ 按照品質議價）。 論功行賞（LUN^ GUNG HANGv SONG` 評定功勞的大小給予獎賞）。
籠笼	LUNGv	1、拉攏。如： 籠絡（LUNGv LOG^ 以權術駕馭、拉攏人）。 2、籠罩（LUNGv ZAU^ 包蓋住）。

礱砻	LUNGv	碾開穀殼成米的機器。如： 礱穀（LUNGv GUG`）。 礱間（LUNGv GIAN 礱穀的機房）。 礱糠（LUNGv HONG 穀粒的外殼）。
攏拢	LUNG`	1、靠近、接近。如： 靠攏（KAU^ LUNG`）。 攏岸（LUNG` NGAN^ 靠岸）。 2、聚集、總合。如： 攏總（LUNG` ZUNG`）。 3、合併。如： 合攏（HAB^ LUNG`）。
勠	LYUG^	合力： 勠力（LYUG^ LID^）。
戮剹僇	LYUG^	1、殺死： 殺戮（SAD` LYUG^）。 2、合力： 戮力（LYUG^ LID^）。 3、使人受辱： 戮辱（LYUG^ YUG^）。
壟垄	LYUNG	1、堆高： 壟稈（LYUNG GON` 堆高稻草）。 2、以低姿勢鑽入。如： 壟被骨（LYUNG PI GUD` 鑽入棉被中）。 壟入眠床下（LYUNGv NGIB^ MINv TSONGv HA 鑽入床下）。
罵骂傌	MA^	1、用嚴厲的話斥責。如： 罵人（MA^ NGINv）。 相罵（CUONG MA^ 吵架）。 打罵（DA` MA^ 挨打、挨罵、打架吵架）。 2、用粗野的話侮辱。如： 謾罵（MAN^ MA^）。
抹	MAD`	1、塗、搽。如： 抹粉（MAD` FUN` 搽粉化妝）。 2、去掉。如： 抹菸筍（MAD` IAN SUN` 去掉菸葉之外的新芽）。 3、抹也（MAD` LE`）：抹水泥、石灰或抹漿糊的扁形工具：抹子。 4、被鬼魂附身、被喪家晦氣入侵。 會抹人（UOI^ MAD` NGINv 會被鬼魂附身）。 抹到人（MAD` DO` NGINv 喪家的晦氣

		影響到人）。
摙	MAG^	1、棒棍擊打。如： 摙分伊死（MAG^ BUN lv CI` 把他打死）= 摙挃死（MAG^ BI` CI`）。 摙到腳（MAG^ DO` GIOG`棒棍打到了腳）。 2、打倒摙（DA` DO^ MAG^ 直著身體向後倒）。 3、摙摙風（MAG^ MAG^ FUNG 突然地）。
買 买	MAI	1、用貨幣換進東西。如： 買賣（MAI MAI^）。 買貨（MAI FO^）。 買食（MAI SD^ 購買食物、買吃的）。 買醉（MAI ZUI^ 到酒店喝酒）。 2、用金錢或其他手段取得。如： 買通（MAI TUNG）。
埋 薶	MAIv	1、把東西或屍體放在坑中用土掩蓋。 埋葬（MAIv ZONG^）。 2、藏在不明顯處。如： 埋伏（MAIv FUG^）。 埋藏（MAIv TSONGv 隱藏）。 埋名（MAIv MIANGv 隱名）。 3、忽略才能。如： 埋沒（MAIv MUD^）。 4、專心。如： 埋頭伏案（MAIv TEUv FUG^ ON^ 低著頭一心一意在看書寫字）。 5、抱怨。如： 埋怨（MAIv IAN^）。
賣 卖	MAI^	1、以東西換錢。如： 賣米（MAI^ MI` 糶米）。 賣屋（MAI^ UG`）。 買賣（MAI MAI^）。 2、背叛。如： 出賣（TSUD` MAI^）。 賣國（MAI^ GUED`）。 賣友（MAI^ YU）。 3、自誇。如： 賣老（MAI^ LO` 以老賣老）。 賣弄（MAI^ NUNG` 故意向人誇耀、招攬權勢）。 4、賣座（MAI^ TSO` 受人歡迎）。 5、賣笑（MAI^ SEU^ 以媚笑取悅顧客）。

		賣淫（MAI^ IMv 妓女操賤業）。
邁迈	MAI^	1、跨步、前進。如： 邁進（MAI^ JIN^）。 邁步（MAI^ PU^）。 邁往（MAI^ UONG 走向、遠行）。 2、跨越。如： 邁古（MAI^ GU` 跨回古代）。 3、老。如： 老邁（LO` MAI^）。
勱	MAI^	勉力。
滿満滿	MAN	1、充實。如： 滿杯（MAN BI）。 滿足（MAN JYUG`）。 滿意（MAN I^）。 滿滿（MAN MAN）。 滿腹經綸（MAN FUG` GIN LUNv 才識豐富）。 2、全。如： 滿心（MAN CIM）。 滿面春風（MAN MIEN^ TSUN FUNG 喜氣呈現臉上）。 滿天星斗（MAN TIEN SEN DEU` 星星佈滿天空）。 滿城風雨（MAN SANGv FUNG I` 鬧得四處轟動）。 3、感到足夠。如： 滿足（MAN JYUG`）。 4、驕傲、不虛心。如： 自滿（TS^ MAN）。 滿招損，謙受益（MAN ZEU SUN`, KIAM SU^ ID` 自滿招來損失，謙卑承受利益。戒人應謙虛，不可自滿）。 5、普遍。如： 滿地（MAN TI^）。 滿目（MAN MUG` 滿眼都是、所看見的）。
蠻蛮	MANv	粗野、強橫、不開化。如： 野蠻（IA MANv）。 蠻皮（MANv PIv 習以為常、不覺新鮮、不動心了）。 蠻牛拖犁（MANv NGYUv TO LAIv 慢吞吞地）。

瞞瞞	MANv	1、隱藏實情。如： 隱瞞（YUN` MANv）。 2、欺騙。如： 欺瞞（KI MANv）。
蹣	MANv	蹣跚（MANv SAN a、踏行貌。b、走路困難貌）。
抿	MANv	緊閉嘴唇： 抿嘴（MANv ZOI^）。
鞔	MANv	用皮張鼓或用布蒙物。 鞔鼓（MANv GU` 張鼓皮）。
曼	MAN^	延伸，拖長、延綿不絕。如： 曼延（MAN^ IANv 展延）。 曼衍（MAN^ IAN` 無限展延、分佈）。 曼聲（MAN^ SANG 長聲）。
墁	MAN^	1、用磚鋪地稱為： 墁地（MAN^ TI^）。 　墁磚（MAN^ ZON 鋪地磚）。 2、用灰土抹牆壁。如： 　墁壁（MAN^ BIAG`）。
謾謾	MAN^	1、輕慢。如： 謾罵（MAN^ MA^ 狂亂罵人）。 2、以言語欺騙。如： 欺謾（KI MAN^）。
漫	MAN^	1、水漲、水溢出。如： 漫溢（MAN^ ID`）。 水漫（SUI` MAN^）。 2、遍布。如： 漫山（MAN^ SAN）。 漫汗（MAN^ HON^ 滿身汗）。 3、散亂： 散漫（SAN^ MAN^）。 漫無紀律（MAN^ Uv GI^ LID^ 散亂沒有紀律）。 4、放任： 漫步（MAN^ PU^ 散步、隨便走）。 漫遊（MAN^ YUv 隨便遊覽）。 漫談（MAN^ TAMv 隨便談）。 漫無拘束（MAN^ Uv GI SUG`）。 5、隨便。 漫不經心（MAN^ BUD` GIN CIM）。 6、漫畫（MAN^ FA^ 以誇張、比喻、象徵等手法諷喻、批評或讚揚

		某種現象或事物的繪畫）。 7、身上沒洗乾淨的，已成斑的污垢。 脅下個漫（HIAB` HA GE^ MAN^ 腋下的污垢）。 擦漫（TSO^ MAN^ 擦乾淨身上的污垢）。
嫚	MAN^	1、輕侮： 輕嫚（KIANG MAN^）。 嫚罵（MAN^ MA^輕嫚他人而肆意辱罵）。 2、嫚嫚（MAN^ MAN^）：柔順優美。
莽	MANG	性情粗魯。如： 莽夫（MANG FU）。 莽漢（MANG HON^）。 莽撞（MANG TSONG^言行粗率、不審慎）。 魯莽（LU MANG 性情粗魯）。
猛	MANG	賣力、努力。如： 煞猛（SAD` MANG）。
蒙	MANG	遮蓋。如： 蒙面（MANG MIEN^）。 蒙頭（MANG TEUv）。 蒙嘴（MANG ZOI^ 戴口罩）。
滿 滿 滿	MANG	「滿 MAN」的變音。 彌滿（MIv MANG）：密合，不漏水、不漏氣、不漏光。
莽	MANG`	性情粗魯。如： 莽夫（MANG` FU 性情粗魯的男人）。 莽漢（MANG` HON^ 性情粗魯的男人）。 莽撞（MANG` TSONG^ 言行粗率、不審慎）。 魯莽（LU MANG` 性情粗魯）。
耄	MAU`	老人沒有牙齒吃食的樣子。如： 嘴耄耄（ZOI^ MAU` MAU` 沒有牙齒的老人咬齒時，嘴巴凹陷的樣子）。 耄不到來食（MAU` Mv DO` LOIv SD^ 沒有牙齒，嚼食困難）。 又音 MOI`。
包	MAU^	全部承攬、全部收買、全部包辦、全部負責如： 總包（ZUNG` MAU^ 全部包攬）。 做包事（ZO^ MAU^ SE^ 總包的工作、趕工）。 伊包寫，我包貼（Iv MAU^ CIA`, NGAIv MAU^ DIAB` 他負責寫，我負責貼）。

冖	MED`	覆蓋、遮蓋。
覓覔覔	MED`	1、找、尋求。如： 尋覓（CHIMv　MED` 尋找）。 覓食（MED` SD^ 找吃的）。 2、做、搞。如： 覓麼個（MED` MAG` GE^ 搞什麼）？ 覓壞矣（MED` FAI` IEv 搞壞了）。 麼個都覓不成（MA` GE^ DU MED` Mv SANGv 什麼都搞不成。）
搣	MED`	搞、做、弄。如： 搣麼個（MED` MAG` GE^ 搞什麼）？ 搣壞矣（MED` FAI` IEv 搞壞了）。 麼個都搣不成（MA` GE^ DU MED` Mv SANGv 什麼都搞不成。）
默	MED^	1、不說話、不出聲。如： 沉默（TSMv　MED^）。 默禱（MED^ DO` 不出聲的心中祈禱）。 默許（MED^ HI` 口中不說而心中許可）。 默契（MED^ KIE^ 不明白表示，彼此心意契合）。 默認（MED^ NGIN^ 口未說出，心中承諾或承認）。 2、憑著記憶。如： 默寫（MED^ CIA` 憑著記憶不看而寫）。 3、默默無聞（MED^ MED^ Uv UNv 平淡不得意、未為別人重視）。
滅灭	MED^	1、熄火。如： 滅火（MED^ FO`）。 2、沉沒。如： 滅頂（MED^ DANG` 溺死）。 3、除絕、盡。如： 消滅（SEU MED^）。 滅亡（MED^ MONGv 消滅）。 滅種（MED^ ZUNG` 消滅種族）。 滅族（MED^ TSUG^ 殺光全族人）。 滅國（MED^ GUED` 滅絕全國）。 滅口（MED^ KIEU` 殺人以防止洩密）。 殲滅（CHIAM MED^ 殺盡滅絕）。
烕	MED^	古「滅」字。 褒姒烕之（BO S^ MED^ Z 褒姒竟然將它滅了）。
蔑	MED^	1、欺侮。如：

353

		侮蔑（U MED^）。 2、小、微細、輕忽。如： 蔑視（MED^ S^ 輕忽）。 蔑德（MED^ DED`）。 3、無。如： 蔑以復加（MED^ I FUG^ GA 沒有再能超過的了）。 4、丟掉。如： 蔑棄（MED^ KI^）。
宓	MED^	1、安靜。 2、宓泊（MED^ POG` 急流）。
衊	MED^	1、捏造罪名，誣陷他：： 誣衊（Uv MED^ 加罪無辜者）。 2、打衊嘴（DA` MED^ = ME^ ZOI^）：口被弄髒。
萌	MENv	1、草木的芽。草木發芽。如： 萌芽（MENv NGAv）。 2、開始、發生。如： 萌生（MENv SEN）。 萌動（MENv TUNG^ 開始了）。 故態復萌（GU^ TAI^ FUG^ MENv 又恢復老樣子了）。 3、萌兆（MENv SEU^ 預兆）。
瞑	MENv	閉目。如： 瞑目（MENv MUG` 閉目、人死而無所繫念）。
閔閔	MEN`	1、憂傷、憂患的事，如死亡、疾病： 憂閔（YUv MEN`）。 閔傷（MEN` SONG 憂傷）。 閔凶（MEN` HYUNG 父母的喪、憂患）。 2、勉勵。如： 閔勉（MEN` MIEN）。
憫悯	MEN`	1、憂愁，煩悶。 2、哀憐、憐惜。如： 憫恤（MEN` CID` 憐憫體恤）。 憐憫（LIENv MEN`）。
恬	MEN`	思、想、考慮： 恬到（MEN` DO` 想到）。
銘铭	MEN`	1、永遠記住。如： 銘之肺腑（MEN` Z FI^ FU`）。 3、記憶，回想，思想。如： 銘到（MEN` DO` 想到）。

		你銘看哪（Nv MEN` KON^ NA^ 你想想看！）
敏	MEN`	1、靈活、快捷。如： 敏捷（MEN` CHIAB^）。 敏銳（MEN` YUI^）。 靈敏（LINv MEN`）。 2、努力。如： 奮敏（FUN` MEN`）。 3、聰明。如： 敏慧（MEN` FI^）。 敏悟（MEN` NGU^ 明敏善悟）。
愍	MEN`	1、憐憫： 愍恤（MEN` CID`）。 2、憂愁。
黽黾	MEN`	勉力； 黽勉（MEN` MIEN 勉力做事）。
謀谋	MEUv	1、計策。如： 計謀（GIE^ MEUv）。 謀士（MEUv S^ 足智多謀的人）。 2、設法。尋求。籌畫。如： 籌謀（TSUv MEUv 計畫）。 謀生（MEUv SEN 討生活）。 謀福利（MEUv FUG` LI^ 尋求更好的福利）。 謀劃（MEUv UAG^ 籌畫）。 謀反（MEUv FAN` 計畫造反）。 3、商議。如： 謀面（MEUv MIEN^ 商議見面）。 不謀而合（BUD` MEUv Iv HAB^）。 4、暗算、謀殺、暗殺的簡稱。如： 謀殺（MEUv SAD`）。 謀害（MEUv HOI^）。 分人謀歇矣（BUN NGINv MEUv HED` LEv 被人謀殺掉了）。
繆缪	MEUv	1、綢繆（TSUv MEUv 事先防範、整修。事先做好準備工作。） 2、感情牽纏難分。如： 情意綢繆（CHINv I^ TSUv MEUv）。
描	MEUv	1、照原樣畫寫。如： 描花（MEUv FA）。 描畫（MEUv FA^）。 描繪（MEUv FI^ 依照原稿畫）。 苗華（MEUv MUv 依照原稿畫）。

		2、以文字圖畫表現事物真相。如： 描寫（MEUv CIA`）。 描述（MEUv SUD^ 詳細描繪說明）。 2、重復塗抹。如： 越描越黑（IAD^ MEUv IAD^ U 重復塗抹得更濃）。
瞄	MEUv	對準、視力集中在目標上。如： 瞄準（MEUv ZUN`）。
牟	MEUv	以正當手段取得： 牟利（MEUv LI^ 謀利）。
瞀	MEU^	1、眩惑。 2、眼睛昏花。 昏瞀（FUN MEU^）。 3、愚瞀（NGIv MEU^ 沒有知識貌）。
懋	MEU^	1、勤勉。如： 懋賞（MEU^ SONG` 獎勵其勤勉、重賞）。 2、貿易。如： 懋遷（MEU^ CHIEN 經商）。 3、盛大。如： 懋績（MEU^ JID`）。 懋典（MEU^ DIEN` 盛典）。
繆 缪	MEU^	謀詐。如： 繆巧（MEU^ KAU` 智謀詐術）。 繆纏（MEU^ TSANv 糾纏）。
貿 贸	MEU^	買賣、交易。如： 貿易（MEU^ ID^）。
迷	MIv	1、分辨不清。如： 迷路（MIv LU^）。 迷途（MIv TUv 迷路）。 迷津（MIv JIN 找不到渡口）。 迷惑（MIv FED^ 迷亂人心）。 迷惘（MIv UONG` 事物惑亂人心）。 迷途知返（MIv TUv DI FAN` 從錯誤中覺醒）。 2、神智昏亂。如： 昏迷（FUN MIv）。 迷離（MIv LIv 摸糊難以辯清）。 迷魂藥（MIv FUNv IOG^）。 意亂情迷（I^ LON^ CHINv MIv 情意迷亂）。 3、沉醉於某一嗜好中。如： 入迷（NGIB^ MIv）。

		迷信（MIv CIN^ 盲目信從）。 4、入迷於某一事物的人。如： 球迷（KYUv MIv）。 歌迷（GO MIv）。 戲迷（HI^ MIv）。 5、誘惑、陶醉。如： 迷人（MIv NGINv）。 迷戀（MIv FED^）。 6、轉動快。如： 迷頭（MIv TEUv 轉動快速）。 盡迷（CHIN^ MIv 轉動得很快）。 恁迷頭（AN` MIv TEUv 轉動這麼快速）。 迷迷也（MIv MIv IE` 陀螺、小型陀螺，用手指轉動的玩具）。
謎謎	MIv	1、叫人猜度的隱語。讔也（LIANG^ NGE`） 猜謎（TSAI MIv）。 謎語（MIv NGI）。 謎面（MIv MIEN^ 謎語的題目）。 謎底（MIv DAI` 謎語的答案）。 2、比喻沒有弄明白或難以理解的事物。 謎團（MIv TONv）。 宇宙之謎（I` CHIU^ Z MIv）。
靡	MIv	1、奢侈、浪費。如： 奢靡（SA MIv 奢侈浪費）。 靡費（MIv FI^ 浪費）。 2、順勢而倒，傾倒。如： 披靡（PI MIv 披蓋流行風勢）。 風靡（FUNG MIv 順著流行風走）。 3、衰弱不振。如： 萎靡（WI MIv）。 4、美好。如： 靡曼（MIv MAN^ 美麗、美色）。
抹	MIv	擦拭： 抹桌抹凳（MIv ZOG` MIv DEN^擦桌椅）。 抹桌布（MIv ZOG` BU^ 抹布）。 抹抹摸摸（MIv MIv MIO MIO 東摸西摸）。
敉	MI`	平定。如： 敉平（MI` PIANGv）。 敉寧（MI` NENv 安撫）。
眯	MI`	灰土進入眼睛，使眼睛不開。如：

		眯目（MI` MUG`）。
靡	MI`	1、傾倒： 風靡（FUNG MI` 使人沉迷）。 2、奢侈： 奢靡（SA MI` 浪費）。 3、懦弱： 萎靡（WI MI` 精神衰落）。 4、美好： 靡曼（MI` MAN^ 美麗，美色）。
弭	MI`	1、止息，消滅： 消弭（SEU MI` 消滅）。 弭亂（MI` LON^ 平息暴亂）。 弭兵（MI` BIN 消滅兵亂）。 弭災（MI` ZAI 消滅災難）。 弭轍（MI` TSAD^ 消除車輪走過的痕跡；比喻奔走很快）。 弭謗（MI` BONGv 消滅毀謗的言語）。 2、順服： 弭從（MI` CHYUNGv）。
亹	MI`	亹亹（MI` MI` 努力不倦）。
昧	MI^	1、隱藏： 昧良心（MI^ LIONGv CIM 違背良心）。 拾金不昧（SB^ GIM BUD` MI^ 撿到金錢沒有私藏起來）。 2、糊塗、不明事理： 昏昧（FUN MI^）。 愚昧（NGIv MI^）。
魅	MI^	迷惑： 魅惑（MI^ FED^）。 魑魅（TS MI^ 山林中的鬼怪）。
覓	MI^	在水中尋找，摸取。 覓蜆也（MI^ HAN` NE`在水中摸撿河蜆）。
汨	MI^	1、在水中摸尋。如： 汨蜆也（MI^ HAN` NE`在水中摸撿河蜆）。 2、潛入水中。如： 沒淬汨也（MUD^ CHI^ MI^ IE` 游泳時，頭沒入水中）。
寐	MI^	熟睡： 夙興夜寐（CYUG` HIN IA^ MI^ 早起晚睡，喻勤奮）。 假寐（GA` MI^ 坐著小睡）。
媚	MI^	1、討好、巴結：

		諂媚（TSAM` MI^）。 2、溫柔可愛： 嫵媚（U` MI^）。 3、景色美好。如： 春光明媚（TSUN GONG MINv MI^）。 4、媚外（MI^ NGOI^ 取悅於外國人）。
摸	MIA	「摸 MO」的變音。如： 摸頭顱（MIA TEUv NAv 摸頭殼）。 摸看哪（MIA KON^ NA^ 摸摸看）。 摸不得（MIA Mv DED`摸不得、不能摸）。
蒙	MIANG	「蒙 MUNGv, MANG」的變音。像曬網一樣，把濕布、被、衣服披在某地某物上。 蒙于石頭上（MIANG NGA^ SAG^ TEUv HONG^ 披在石頭上）。
冖	MID`	冪。鼏。覆蓋。以巾覆物。
覓 覔	MIED`	「覓 MED`」的變音，搞、幹、做。如： 覓麼個（MIED` MAG` GE^ 搞什麼）? 覓壞矣（MIED` FAI` IEv 搞壞了）。
搣	MIED`	做、搞、幹、弄。如： 搣麼個（MIED` MA` GE^ 搞什麼）? 搣壞矣（MIED` FAI` IEv 搞壞了）。 搣衰人（MIED` SOI NGINv 弄衰人，捉弄人，攪亂人）。 搣鬼搣怪（MIED` GUI` MIED` GUAI^ 　　　　　　搞一些奇奇怪怪的事）。 麼個都搣不成（MA` GE^ DU MIED` 　　　　Mv SANGv 什麼都搞不成。）
勉	MIEN	1、盡力。如： 奮勉（FUN` MIEN）。 勉力（MIEN LID^ 盡力、竭力）。 勤勉（KYUNv MIEN）。 2、鼓勵、勸導。如： 勉勵（MIEN LI^ 勸告鼓勵）。 勸勉（KIAN^ MIEN 勸導勉勵）。 勉為其難（MIEN WIv KIv NANv 勸人做不願做的事）。 3、勉強（MIEN GIONG`）：a、強制。b、勤奮。c、差不多、差強人意。
娩	MIEN	婦人產子： 分娩（FUN MIEN）。 又音 GYUNG^：娩人（GYUNG^ NGINv）。 娩賚＝賴也（GYUNG^ LAI^ IE`生兒子）。

敏	MIEN	1、聰明： 敏慧（MIEN FI^ 聰慧）。 敏銳（MIEN YUI^ 感覺靈敏）。 敏悟（MIEN NGU^ 明敏而善悟）。 2、快捷： 敏捷（MIEN CHIAB^）。 敏感（MIEN GAM` 感覺靈敏）。
糜	MIENv	1、煮爛。如： 煮糜（ZU` MIENv 煮爛）。 冇糜（MOv MIENv 不夠爛、不爛,不夠碎）。 蓋糜（GOI^ MIENv 很爛，很碎）。 盡糜（CHIN^ MIENv 很爛，很碎）。 2、搗碎。如： 捶糜（TSUIv MIENv 捶碎，打碎）。 咀糜（TSEU^ MIENv 嚼碎，咬碎）。 糜糜（MIENv MIENv 搗碎的、爛爛的）。
勉	MIEN`	同「勉 MIEN」。
勔	MIEN`	勔劍（MIEN` ZEU 勉勵）。
瞖	MIEN`	1、悶： 慰瞖（WI` MIEN` 鬱悶）。 2、強： 瞖不畏死（MIEN` BUD` WI^ CI` 強壯不怕死）。
眠	MINv	1、躺。如： 眠倒（MINv DO` 躺著）。 眠床（MINv TSONGv 床）。 2、睡。如： 睡眠（SOI^ MINv 睡目）。 眠一下（MINv ID` HA^ 躺一下、睡一下）。 3、死。 眠下去矣（MINv HA HI^ IEv 死了）。
鳴鳴	MINv	1、發出聲音。如： 禽鳴（KIMv MINv 鳥叫）。 雷鳴（LUIv MINv 雷聲）。 蟲鳴（TSUNGv MINv 蟲叫）。 鳴鼓（MINv GU` 打鼓出聲、發出進攻號令）。 鳴金（MINv GIM 敲鑼，打仗時退兵的號令）。 鳴鳳（MINv FUNG^ 喻貴重華美，世上少有）。 2、表達意見。如：

		百家爭鳴（BAG` GA ZEN MINv 大家都表達意見）。 3、表示情感。如： 鳴謝（MINv CHIA^ 表示謝意）。 鳴冤（MINv IAN 說出冤枉）。 不平之鳴（BUD` PINv Z MINv 說出冤屈）。
命	MIN^	1、差遣、指示、使令。如： 命令（MIN^ LIN^）。 任命（IM^ MIN^ 差遣）。 使命（S` MIN^ 差遣責任）。 2、取、擬定。如： 命名（MIN^ MIANGv 安名）。 命題（MIN^ TIv 出題目）。 3、認為。如： 自命不凡（TS^ MIN` BUD` FAMv 自滿、自傲）。 4、中靶。如： 命中（MIN^ ZUNG^）。
摸	MIO	「摸 MO」的變音。 1、暗中摸索。如： 摸看哪（MIO KON^ NA^）。 2、忙東忙西不停。 摸摸（MI MIO 窮忙）。 摸日摸夜（MIO NGID MIO IA^ 日夜窮忙）。
芒	MIONGv	芒種（MIONGv ZUNG^ 節候名，在陽曆六月七或八日）。
網網	MIONG`	招致、蒐羅。如： 網羅（MIONG` LOv）。
网	MIONG`	「網」的古字。
摸	MO	1、用手觸撫。如： 手摸（SU` MO）。 撫摸（FU` MO）。 2、探索。如： 摸索（MO SOG`）。 3、趁機偷懶、順水摸魚。如： 又在該裡摸矣（YU^ TSOI GE^ LE` MO UEv 又在那裡偷懶了）。
冇	MOv	沒有、無。如： 有冇（YU MOv 有，沒有）？ 冇錢（MOv CHIENv 沒錢）。 冇閒（MOv HANv 沒有空閒）。 冇成（MOv SANGv 沒有成功、沒有凝結）。 冇影（MOv IANG` 不確實）。

		冇愛（MOv OI^ 不要）。
		冇額（MOv NGIAG` 沒有名額，沒份）。
		冇效（MOv HAU` 沒效果、沒作用）。
		冇才情（MOv TSOIv CHINv 沒此能力,不夠格）。
		冇幾多（MOv GI`=ID` DO 沒有多少）。
		冇要緊（MOv IEU^ GIN` 不要緊）。
		冇出息（MOv TSUD` CID` 沒有出息）。
		冇奈何（MOv NAI^ HOv 無可奈何）。
		冇格殺（MOv GAD` SAD` 無可奈何）。
		冇定著（MOv TIN^ TSOG^ 不一定）。
		冇相干（MOv CIONG GON 不要緊,沒關係、不相干）。
		冇頭路（MOv TEUv LU^ 沒有工作）。
		冇法度（MOv FAB` TU^ 沒辦法）。
		冇正經（MOv ZN^ GIN 不正經,如同嬉戲）。
		冇核卵（MOv HAG^ LON`男子沒有勇氣）。
		冇好死（MOv HO` CI` 不得好死）。
		冇搭碓（MOv DAB` DOI^ 沒意思、沒效果,不癢不痛）。
		冇下冇落（MOv HE` MOv LOG^ 交代做的事沒有下文、漠不關心）。
		冇大冇細（MOv TAI^ MOv SE^ 目無尊卑、沒有子女）。
		冇癢冇痛（MOv IONG MOv TUNG^ 不癢不痛）。
		冇輸冇贏（MOv SU MOv IANGv 沒有輸贏）。
		冇影冇跡（MOv IANG` MOv JIAG` 無稽之談、不確實）。
		冇聲冇氣（MOv SANG MOv HI^ 不吭氣）。
		冇日冇夜（MOv NGID` MOv IA^ 日以繼夜）。
磨	MOv	1、物體相摩擦。如：
		磨練（MOv LIEN^ ）。
		磨勵（MOv LI^ 磨鍊）。
		磨刀（MOv DO 磨快刀子）。
		磨杵成針（MOv TSU` SNv ZM 將鐵杵磨成繡花針。喻有恆心者一定能成功 ）。
		磨拳擦掌（MOv KIANv TSAD` ZONG`

		準備動武）。 磨天大樓（MOv TIEN TAI^ LEUv 摩擦到天空的高樓）。 2、阻礙、困難。如： 好事多磨（HO` S^ DO MOv）。 3、消滅。如： 磨滅（MOv MED^）。
摩	MOv	1、接觸、摩擦。如： 摩拳擦掌（MOv KIANv TSAD` ZONG`）。 摩天大樓（MOv TIEN TAI^ LEUv 高樓）。 2、研究、切磋。如： 觀摩（GON MOv）。
劘	MOv	切開。
磨	MO^	1、把東西磨碎的上下兩層石頭。 磨石（MO^ SAG^）。 2、把東西磨成粉或漿。如： 磨豆腐（MO^ TEU^ FU^）。 磨米漿（MO^ MI` JIONG）。 磨粄也（MO^ BAN` NE` 磨米漿）。
募	MOG`	廣泛收集、徵集。如： 募款（MOG` KUAN` 徵集錢財）。 募集（MOG` CIB^）。
漠	MOG^	1、不關心： 漠視（MOG^ S^ 忽視,輕視）。 漠不關心（MOG^ BUD` GUAN CIM 毫不注意）。 2、清靜無聲： 漠漠（MOG^ MOG^ 寂靜無聲）。
磨	MOI`	沒有牙齒的咀嚼。如： 磨不糜來食（MOI` Mv MIENv LOIv SD^ 嚼不碎來吃）。
耄	MOI`	「耄 MAU`」的變音，同「磨 MOI`」。 八、九十歲老人的吃食情形，以牙齦嚼磨食物. 耄番豆（MOI` FAN TEU^ 嚼磨花生米）。 耄不糜來食（MOI` Mv MIENv LOIv SD^ 嚼不碎來吃）。 又音 MAU`。
忙	MONGv	1、事多、冇閒（MOv HANv）。如： 繁忙（FANv MONGv）。 忙碌（MONGv LUG`）。 忙亂（MONGv LON^ 事多雜亂）。

		2、急迫、急著做。如： 急忙（ GIB` MONGv ）。 不慌不忙（ BUD` FONG BUD` MONGv ）。
亡	MONGv	1、滅、除盡。如： 滅亡（ MED^ MONGv ）。 亡國（ MONGv GUED` ）。 2、逃。如： 逃亡（ TOv MONGv ）。 流亡（ LIUv MONGv 流放他國 ）。 亡命（ MONGv MIANG^ 逃命、逃亡在外）。 3、死、死去的。如： 死亡（ CI` MONGv ）。 亡故（ MONGv GU^ ）。 亡夫（ MONGv FU 死去的丈夫 ）。 亡羊補牢（ MONGv IONGv BU` LOv 羊逃走後趕快補修柵欄，謂事後補救 ）。
罔	MONG`	1、〔河洛音〕的變音。退而其次的滿足。 罔食（ MONG` SD^ 沒有好吃的，吃這也好 ）。 罔用（ MONG` YUNG^ 只好用了 ）。 罔著（ MONG` ZOG` 只好穿了 ）。 也罔（ IA MONG` 也好，也還可以，退而其次的好 ）。 2、同「網」： 罔罟（ MONG` GU` 羅網 ）。 3、冤枉人。 欺罔（ KI MONG` 冤枉 ）。 4、罔聞（ MONG` UNv 沒有聽到 ）。
望	MONG^	同「望 UONG^ 」。 1、遠眺。如： 眺望（ TIAU^ MONG^ 遠看 ）。 望洋興嘆（ MONG^ IONGv HIN TAN^ 比喻視野開闊後，有感於自己的渺小而心生感嘆；無能為力 ）。 2、希盼。如： 希望（ HI MONG^ = UONG^ ）。 冇望矣（ MOv MONG^ NGEv 沒有指望了 ）。
忘	MONG^	同「忘 UONG^ 」。不記得。如： 忘記（ MONG^ GI^ ）。 忘恩（ MONG^ EN ）。

		淡忘（TAM MONG^ = TAM UONG^ = 後來變音為 TIAM BIONG^）。
妄	MONG^	荒誕不實。如： 妄想（MONG^ CIONG` 不合理、不可能的想望）。 妄動（MONG^ TUNG^ 不加思索，輕易行動）。 妄為（MONG^ WIv 妄動，亂做）。 妄費（MONG^ FI^ 浪費、亂用）。 妄自菲薄（MONG^ TS^ FI POG^ 看輕自己）。
膜	MUv	膜拜（MUv BAI^）：長跪祭拜。
謨謀謩	MUv	計策、謀略。如： 遠謨（IAN` MUv 深遠的謀略）。 良謨（LIONGv MUv 好計策）。
摹	MUv	傚倣： 摹倣（MUv FONG`）。 摹擬（MUv NGIv 照樣學習）。 摹本（MUv BUN` 仿摹翻印的東西）。
慕	MU^	1、思念、依戀。如： 思慕（S MU^ 思念仰慕）。 愛慕（OI^ MU^）。 2、向往、敬仰。如： 仰慕（NGIONG` MU^）。 慕名（MU^ MIANGv 仰慕聲名）。
默	MU^	不開口、不說話。如： 默固（MU^ GU^ 沉默寡言）。
沒没	MUD^	1、沉入水中、沉下。如： 沒水（MUD^ SUI` 潛水）。 沒泪淬也（MUD^ MI^ CHI^ IE` 潛入水中）。 2、埋藏。如： 埋沒（MAIv MUD^）。 3、將之充公。如： 沒收（MUD^ SU）。 4、終盡。如： 沒世（MUD^ S^）。
歿歾殁	MUD^	死亡。如： 存歿（SUNv MUD^ 生死）。
搣	MUD^	「搣 MAG^」的變音，用棍擊打。 分人搣矣（BUN NGINv MUD^ LEv 被人

		毆打了)。 摵畀死 (MUD^ BI` CI` 打死他)！
目 四	MUG`	看。如： 注目 (ZU^ MUG` 集中視力 )。 目睹 ( MUG` DU` 眼看 )。 目擊 ( MUG` GID` 眼看 )。 目迎目送 ( MUG` NGIANGv MUG` SUNG^ 用眼睛迎送 )。 一目了然 ( ID` MUG` LIAU` IANv 一看就明瞭)。
木	MUG`	感覺不靈、失去知覺。如： 麻木 (MAv MUG` )。 木訥 ( MUG` NAB^ 為人樸實、口才不好)。
沐	MUG^	1、洗澡。如： 沐浴 (MUG^ YUG^)。 2、蒙受。如： 沐恩 (MUG^ EN 蒙恩)。 3、休假。如： 休沐 (HYU MUG^)。
牧 姆	MUG^	1、放養牲畜。如： 牧羊 (MUG^ IONGv)。 游牧 (YUv MUG^)。 牧場 (MUG^ TSONGv)。 牧草 (MUG^ TSO`)。 2、看牛羊的人。如： 牧人 (MUG^ NGINv)。 牧童 (MUG^ TUNGv)。 3、管理。如： 牧民 (MUG^ MINv)。
睦	MUG^	和好、親近。如： 和睦 (FOv MUG^)。 親睦 (CHIN MUG^ 親愛和順)。 敦親睦鄰 (DUN CHIN MUG^ LINv 與鄰居和睦親近)。
穆	MUG^	1、恭敬、嚴肅。如： 肅穆 (CYUG` MUG^)。 2、溫和、和悅、和睦。如： 和穆 (FOv MUG^ 和睦)。 穆如清風 (MUG^ Iv CHIN FUNG 像清風一樣溫和)。
悶 冈	MUN	閉塞、不使出汽。如： 悶飯 (MUN FAN^)。

		悶肉（MUN NGYUG`以文火悶煮肉類）。
燜 焖	MUN	微火久煮食物到乾熟，不使泄氣： 燜飯（MUN FAN^）。 燜豬肉（MUN ZU NGYUG`）。
抆 扪	MUNv	按、撫摸。如： 抆心自問（MUNv CIM TS^ UN^）。
問 问	MUN^	同「問 UN^」。詢問，質問。 1、請教、詢問。如： 問路（MUN^ LU^）。 問人（MUN^ NGINv）。 問題（MUN^ TIv）。 濫摻問（LAM` SAM` MUN^ 亂問）。 2、查究。如： 審問（SM` MUN^ 查問）。 問案（MUN^ ON^ 查究案情）。 3、責備。如： 責問（JID` MUN^）。 追問（ZUI MUN^ 回頭問）。 4、管、干預。如： 過問（GO^ MUN^）。 5、致候。如： 問候（MUN^ HEUv）。
悶 闷	MUN^	1、心中不暢。如： 煩悶（FANv MUN^）。 憂悶（YUv MUN^）。 2、密閉的。如： 悶熱（MUN^ NGIAD^）。 悶鍋（MUN^ UOG^）。
懣	MUN^	憤怒、煩悶、憤鬱： 煩懣（FANv MUN^）。 憤懣（FUN^ MUN^）。 志懣氣盛（Z^ MUN^ HI^ SUN^ 憤鬱的樣子）。
蒙	MUNGv	1、遮蓋。如： 蒙面（MUNGv MIEN^）。 蒙頭（MUNGv TEUv）。 2、受到。如： 蒙恩（MUNGv EN 受到恩惠）。 3、欺騙。如： 蒙蔽（MUNGv BI^ 受到欺騙）。 4、幼稚。如： 蒙童（MUNGv TUNGv）。

		蒙稚（MUNGv Z=TS）。 啟蒙（KI` MUNGv 開啟蒙稚，首先教導)。 5、感戴。如： 承蒙（SNv MUNGv）。 6、遭遇。如： 蒙難（MUNGv NAN^ 遭遇災難）。 7、愚昧。如： 蒙昧（MUNGv MI^）。
捧	MUNG`	「捧BUNG`」的變音。用手捧端，如： 捧茶（MUNG` TSAv 端茶）。 捧碗（MUNG` UON` 端碗）。 　捧飯（MUNG` FAN^ 端飯）。 　捧菜（MUNG` TSOI^ 端菜）。 　捧好（MUNG` HO` 端好）。
夢 夣	MUNG^	1、睡眠中的幻象。如： 發夢（BOD` MUNG^ 作夢）。 夢寐（MUNG^ MI^ 睡夢中）。 夢鄉（MUNG^ HIONG 睡夢世界）。 夢魘（MUNG^ IAM` 夢見可怕的事物，驚懼說夢話）。 夢遺（MUNG^ WIv 夢中遺精）。 2、神思。如： 夢魂顛倒（MUNG^ FUNv DIEN DO^ 心神恍惚）。 3、比喻不切實際、不能實現的妄想。 夢幻（MUNG^ FON^ 虛無）。 夢想（MUNG^ CIONG`）
拿	NA	1、握持、用手取。如： 拿筆（NA BID`）。 拿錢（NA CHIENv 取錢）。 拿穩（NA UN` 拿住）。 拿緊（NA HENv 拿緊）。 2、掌握、把握。如： 拿準主意（NA ZUN` ZU` I^ 掌握主張）。 3、擒捉、用強力取。如： 捉拿（ZOG` NA）。 擒拿（KIMv NA）。
拏 挐	NA	同「拿」。 1、握。如： 拏穩（NA UN` 拿住）。 2、拒捕犯人。如： 擒拏（KIMv NA 捉拿）。

拏	NA	同「拿、挐 NA」。
納 纳	NAB^	1、收入、歸入。如： 納入（NAB^ NGIB^）。 2、接受。如： 採納（TSAI` NAB^）。 納妾（NAB^ CHIAB` 娶小太太）。 納寵（NAB^ TSUNG` 納妾）。 笑納（SEU^ NAB^ 歡喜接納）。 接納（JIAB` NAB^）。 3、繳付。如： 繳納（GIEU` NAB^）。 納糧（NAB^ LIONGv 以米糧納稅）。 納稅（NAB^ SOI^）。 4、享受。如： 納福（NAB^ FUG` 享福）。 納涼（NAB^ LIONGv 乘涼）。 5、納采（NAB^ TSAI`婚嫁前的聘禮、聘金）。
訥	NAB^	同「訥 NAD`」。不善言詞。如： 木訥（MUG` NAB^ 不善表達言詞）。 訥口（NAB^ KEU`說話遲鈍，口才不好)。 訥譅（NAB^ SEB` 拙於表達言詞）。
灼	NAD`	火燙。如： 灼到手（NAD` DO` SU` 火燙到手）。 讀音 ZOG`。又音 TSAD^。
燃	NAD`	同「灼 NAD`」，火燙。如： 燃到手（NAD` DO` SU`）。
訥	NAD`	不善言詞。如： 木訥（MUG` NAD` 不善表達言詞）。 訥口（NAD` KEU`說話遲鈍，口才不好）。 訥譅（NAD` SEB` 拙於表達言詞）。
嚛	NAG`	大笑、喜樂而笑、戲笑。如： 莫嚛恁大聲（MOG^ NAG` AN` TAI^ SANG 別笑那麼大聲）。 又嗷又嚛（YU^ GIEU^ YU^ NAG` 又哭又笑）。
捺 丶	NAG^	緊縮、束縛。如： 捺一條印（NAG^ ID` TIAUv IANG^ 束緊成一條深痕）。 用樹奶捺緊（YUNG^ SU^ NEN^ NAG^ HENv 以橡皮束緊）。
乃	NAI	1、是、為、於是。如：

		乃係（NAI HE^ 乃是）。 遇小溪，乃涉水而過（NGI^ SEU` HAI，NAI SAB^ SUI` Iv GO^）。 2、你的、他的。如： 乃父（NAI FU^）。 3、竟。如： 乃至如此（NAI Z^ Iv TS`）。 4、卻。如： 貌似禾苗，乃係稗也（MAU^ S^ UOv MEUv，NAI HE^ PAI^ IE`）。
迺	NAI	同「乃」。
耐	NAI^	1、忍受得住、使用很久。如： 耐寒（NAI^ HONv）。 耐著（NAI^ ZOG` 耐穿）。 耐久（NAI^ GYU`）。 耐用（NAI^ YUNG^）。 耐勞（NAI^ LOv 忍受勞苦）。 耐煩（NAI^ FANv 不嫌麻煩）。 耐人尋味（NAI^ NGINv CHIMv MI^ 意味深遠，夠人尋思）。 2、耐心（NAI^ CIM 不急躁、不厭煩）。 耐性（NAI^ CIN^ 能耐性）。
揇	NAM`	通「攬 LAM`，摟 LED^」：以雙手環抱： 揇人（NAM` NGINv）：a、抱人。 　　　　　　　　　　　b、領養孩子。 揇腰跤（NAM` IEU GAU 摔角，摔交）。
難 难	NAN^	1、不幸的遭遇。如： 災難（ZAI NAN^）。 難民（NAN^ MINv）。 受難（SU^ NAN^ 受到災難）。 遇難（NGI^ NAN^ 遭遇災難）。 罹難（LIv NAN^ 遭遇災難）。 大難臨頭（TAI^ NAN^ LIMv TEUv 大難來到）。 2、責問。如： 責難（JID` NAN^ 訓責）。 非難（FI NAN^ 責問）。
蹨 蹍	NANG^	踩踏。如： 蹨死（NANG^ CI` 踩死）。 分牛腳蹨到（BUN NGYUv GIOG` NANG^ DO` 被牛腳踩到）。 腳蹨到屎（GIOG` NANG^ DO` S` 腳踩到

		屎）。
孬	NAU	不被疼愛、不愛人。「惜 CIAG`」的反面。 孬惜（NAU CIAG` 不得人愛或得人愛）。 孬人（NAU NGINv 不愛惜人）。 得人孬（DED` NGINv NAU 得不到人的惜愛）。
惱	NAU	同「孬」NAU。 不被人愛，不愛人。「惜 CIAG`」的反面。 惱惜（NAU CIAG` 不得人愛或得人愛）。 惱人（NAU NGINv 不愛惜人）。 得人惱（DED` NGINv NAU 得不到人的惜愛）。
撓 挠	NAUv	1、擾亂： 阻撓（ZU` NAUv）。 2、攪和： 撓酒（NAUv JIU` 混合酒）。 3、通「橈」。
譊	NAUv	喧鬧聲，爭辯聲。 譊譊（NAUv NAUv）。
鬧 闹	NAU^	1、聲音雜亂。如： 鬧熱（NAU^ NGIAD^ 熱鬧）。 鬧市（NAU^ S^ 熱鬧的街市、市場）。 2、吵、攪擾。如： 鬧鐘（NAU^ ZUNG 定時叫鬧的時鐘）。 大鬧（TAI^ NAU^）。 吵鬧（TSAUv NAU^）。 鬧事（NAU^ S^ 生事端）。 3、戲耍、玩笑。如： 戲鬧（HI^ NAU^）。 4、發生、發作。如： 鬧水災（NAU^ SUI` ZAI）。 鬧情緒（NAU^ CHINv CI^）。
膩 腻	NE^	1、油脂過多，使人不想吃。如： 油膩（YUv NE^）。 膩嘴（NE^ ZOI^ 吃膩了）。 2、厭煩。如： 煩膩（FANv NE^）。 3、膩膩細細（NE^ NE^ SE^ SE^ 做事不乾脆）。
躡 蹑	NE^	1、輕步快速跟隨： 躡蹤（NE^ ZUNG 輕步跟蹤）。 躡腳尾（NE^ GIOG` MI 腳尖著地）。

		躡手躡腳（NE^ SU` NE^ GIOG` 輕步行走，不驚動他人）。 2、踩踏： 躡足（NE^ JYUG` 踩踏人的腳；輕緩地走）。
捏	NED`	用兩手指甲挾。如： 用手指甲捏人（YUNG^ SU` Z` GAB` NED` NGINv）。
挪	NEMv	從袋、籃中偷取東西。如： 偷挪（TEU NEMv 探囊偷拿）。
能	NENv	1、才幹、本領、有才幹的。如： 才能（TSOIv NENv）。 能手（NENv SU` 有才幹的人）。 能幹（NENv GON^ 有能力、才力勝過他人）。 2、可以。如： 能夠（NENv GIEU^）。 3、會、能夠。如： 能文能武（NENv UNv NENv U）。
寧 宁 寕 寧 寍	NENv	1、平安、安定。如： 安寧（ON NENv）。 寧日（NENv NGID` 太平日子）。 寧歲（NENv SUI^ 太平年）。 寧靜（NENv CHIN^ 安寧無事）。 心神不寧（CIM SNv BUD` NENv 心神不定）。 2、情願、別有所願。如： 寧願（NENv NGIAN^）。 寧可（NENv KO` 情願）。 寧死不辱（NENv CI` BUD` YUG^ 情願死而不屈服）。 3、歸寧（GUI NENv 女子出嫁後回娘家省親）。
嚀 咛	NENv	叮嚀（DEN NENv）：再三囑咐。
獰 狞	NENv	獰獰（ZEN NENv）：凶惡可怕貌。
擰 拧	NENv	1、絞。 擰扭（NENv NGYU` 絞扭）。 2、捏扭。 擰嘴角（NENv ZOI^ GOG` 扭捏臉頰）。 3、倔強。

		撐性（NENv CIN^ 倔強的個性）。
扭	NEU`	捉、抓、擒拿。如： 扭賊（NEU` TSED^ 捉賊）。 扭送衙門（NEU` SUNG^ NGAv MUNv 捉往警局）。 扭開（NEU` KOI 抓開）。 扭魚也 NEU` NGv NGE` 抓魚）。 扭緊（NEU` HENv 抓緊）。
怩	NIv	忸怩（NGYU` NIv 慚愧不安貌,害羞貌）。
膩	NI^	同「膩 NE^」。 1、油膩（YUv NI^ 油脂過多）。 　膩嘴（NI^ ZOI^ 油脂過多，使人不想吃，吃膩了）。 2、厭煩。如： 　煩膩（FANv NI^）。
泥	NI^	1、不知變通： 　泥古（NI^ GU` 守舊不變）。 　拘泥（GI NI^ 固執不知變通）。 2、柔言索物，軟纏： 　泥伊（NI^ Iv 以甜言柔言纏他）。
匿	NID^	隱藏。如： 隱匿（YUN` NID^）。 匿名（NID^ MIANGv 埋名）。 匿跡（NID^ JIAG` 躲藏蹤跡）。 匿伏（NID^ FUG^ 潛伏）。
暱	NID^	親近。如： 親暱（CHIN NID^）。
昵	NID^	親近。通「暱」。 親昵（CHIN NID^）。
睨	NID^	斜眼看。
惄	NID^	飢餓。如： 憂惄（YUv NID^）。
溺	NID^	1、淹沒： 溺水（NID^ SUI` 淹沒在水中）。 溺死（NID^ CI` 沉在水中而死）。 2、沉迷： 沈溺（TSMv NID^）。 耽溺（DAM NID^ 沉迷）。 溺於酒色（NID^ I JIU` SED` 沉迷在酒色中）。 3、過分： 溺愛（NID^ OI^ 過分寵愛）。

		4、小便： 便溺（PIEN^ NID^）。 溺器（NID^ HI^ 尿壺）。 5、溺職（NID^ ZD` 不盡職、有虧職守）。
佞	NIN^	迷信。如： 佞佛（NIN^ FUD^ 對佛奉承）。
肉	NOv	踩踩： 腳肉過個印（GIOG` NOv GO^ GE^ IANG^ 　　　　　　　　腳踩踩過的腳印）。
衄	NOv	同「肉，踩 NOv」獸腳踐踏的腳印，踩踩。
撓 挠	NOv	1、屈服。如： 撓折（NOv ZAD` 折服）。 撓屈（NOv KYUD` 屈服）。 撓敗（NOv PAI^ 戰敗）。 不屈不撓（BUD` KYUD` BUD` NOv 不屈服）。 2、擾亂。如： 阻撓（ZU` NOv 擾亂阻擋）。 撓亂（NOv LON^ 擾亂）。 3、攪和。如： 撓酒（NOv JIU` 把兩種以上的酒混合 　　　　　一起）。 撓合（NOv HAB^ 摻合）。 4、兩手搓揉、揉摩，磨碎： 撓糜（NOv MIENv 磨碎）。 撓索也（NOv SOG` GE` 把兩股或 　　　　　三股的麻皮、繩線，搓成一 　　　　　條繩索或一條線）。 撓圓板也（NOv IANv BAN` NE` 搓 　　　　　湯圓）。
磨	NOv	「磨 MOv」的變音。摩擦、磨亮、磨利。 磨墨（NOv MED^ 研磨黑墨）。 磨金（NOv GIM 磨亮）。 磨尖（NOv JIAM 摩擦使尖端尖銳）。 磨刀也（NOv DO UE` 把刀子磨利）。 磨不利（NOv Mv LI^ 刀子磨不快）。 磨刀恨不利，刀利傷人指（NOv DO 　　HEN^ Mv LI^,DO LI^ SONG 　　NGINv Z` 喻培育人成功之 　　後，反來傷害自己）。
挪	NOv	1、移動： 挪開（NOv KOI 移開）。 挪移（NOv Iv 移用款項）。

		挪借（NOv JIA^ 借用）。 2、兩手搓磨： 挪手（NOv SU`）。
挼挼	NOv	兩手搓撓、揉摩： 挼挲（NOv SA） 挼索也（NOv SOG` GE` 把兩股或三股的麻皮、繩線，搓成一條繩索或一條線）。 挼圓粄也（NOv IANv BAN` NE` 搓湯圓）。
跺	NOv	用腳踐踏、搓揉、摧殘： 跺躝（NOv NANG^ = LIEN^ 腳跺）。 跺麋（NOv MIENv 用腳磨碎）。
惱惱	NO`	1、憤怒。如： 惱怒（NO` NU^）。 惱羞成怒（NO` CIU SNv NU^ 羞慚至極，不知醒悟，反而遷怒他人）。 2、怨恨。如： 惱恨（NO` HEN^）。 3、煩悶。如： 煩惱（FANv NO`）。 懊惱（AU^ NO`）。
懦	NO^	柔弱。如： 懦弱（NO^ NGIOG^ 軟弱）。 懦夫（NO^ FU 懦弱沒有氣節的男子）。
吶	NOD`	1、高聲呼喊。如： 吶喊（NOD` HAM^ = HEM 大聲呼喊）。 2、吶吶（NOD` NOD` 說話困難貌）。
諾諾	NOG`	1、應允。如： 承諾（SNv NOG`）。 應諾（IN^ NOG` 答應）。 允諾（YUN NOG` 應允）。 諾言（NOG` NGANv 應允的話）。 2、在契約上簽字： 畫諾（FA^ NOG` 簽字）。 3、答應的聲音： 連聲諾諾（LIENv SANG NOG` NOG` 接連說出承諾的話）。
搦	NOG`	1、握、執。 搦筆（NOG` BID` 執筆）。 2、挑戰： 搦戰（NOG` ZAN^）。 3、捕捉。

暖	NON	使之溫熱。如： 暖水（NON SUI` 加熱使水溫熱）。 暖菜（NON TSOI^ 加熱使菜溫熱）。 暖酒（NON JIU` 加熱使酒溫熱）。
攗	NONG	把木柴架起，使其通風，搧旺火勢。 攗高起來（NONG GO HI` LOIv）。
攗	NONGv	同「攗 NONG」。 升高、架高。如：把曬在竹架上的衣服攗高（NONGv GO）。
囊	NONGv	包羅一切。如： 囊括（NONGv GUAD`）。
努	NU`	1、盡量使出。如： 努力（NU` LID^）。 2、凸出、用力伸出。如： 努嘴（NU` ZOI^ 翹嘴唇）。 嘴努努（ZOI^ NU` NU`翹著嘴唇,不高興）。
怒	NU^	1、生氣、慼（KIEN`）。如： 發怒（FAD` NU^）。 怒氣（NU^ HI^）。 怒意（NU^ I^ 有怒氣貌）。 怒目（NU^ MUG` 生氣瞪人）。 怒吼（NU^ HEUv 生氣吼叫）。 怒氣填胸（NU^ HI^ TIENv HYUNG 滿肚子氣）。 喜怒哀樂（HI` NU^ OI LOG^ 歡喜,發怒,悲傷,快樂）。 2、氣勢旺盛。如： 怒放（NU^ FONG^ 花盛開）。 怒濤（NU^ TOv 海濤澎湃）。 怒潮（NU^ TSEUv 潮水澎湃）。 怒髮衝冠（NU^ FAD` TSUNG GON 盛怒,豎起頭髮直衝帽子）。
恧	NUG`	恧縮（NUG` SUG`）：畏縮不前。
蠕	NUG`	蟲類微動的樣子。如： 蠕蠕焉動（NUG` NUG` GE TUNG）。
忸	NUG^	1、忸怩（NUG^ NIv 慚愧不安、難為情貌）。 2、受驚而跳動、嚇一跳。如： 打忸（DA` NUG^）。 忸于恁高（NUG^ GA^ AN` GO 被嚇跳得這麼高）！ 3、通「狃」。
餒	NUI`	1、餓：

376

餒		凍餒（DUNG^ NUI` 飢寒交迫）。 2、心虛，灰心： 氣餒（HI^ NUI`）。 3、魚腐爛： 魚餒肉敗（NGv NUI` NGYUG` PAI^）。
捻	NUN`	用手指挾轉小東西。如： 捻螺絲（NUN` LOv S 扭動螺絲）。 捻迷迷也（NUN` MIv MIv IE` 手指轉動陀螺）。
哝哝	NUNGv	小聲說話不停，自言自語，埋怨的話： 哝哝哝哝（NUNGv NUNGv NUNG^ NUNG^ 低語埋怨）。
農 农 辳	NUNGv	耕種的事或人。如： 農事（NUNGv S^ 耕種）。 農科（NUNGv KO 研究農業的專門學科）。 農學（NUNGv HOG^ 研究農業的專門學問）。 農耕（NUNGv GIEN 耕作）。 農田（NUNGv TIENv 農地）。 農場（NUNGv TSONGv）。 農家（NUNGv GA）。 農村（NUNGv TSUN）。 農戶（NUNGv FU^ 農家）。 農舍（NUNGv SA`農人耕作時的住家)。 農具（NUNGv KI` 耕農用具）。 農忙（NUNGv MONGv 農事忙碌期間）。 農閒（NUNGv HANv 非農事忙碌期間）。 農藥（NUNGv IOG^ 消除農作物遭受病蟲害的藥物）。 農人（NUNGv NGINv 農民）。 農民（NUNGv MINv 從事農耕事業的人）。 農夫（NUNGv FU 農人）。 農婦（NUNGv FU^ 農家婦人）。
弄 挵	NUNG`	1、玩耍。如： 弄火（NUNG` FO` 玩火）。 弄蛇（NUNG` SAv 玩蛇）。 弄孫（NUNG` SUN 祖父與孫嬉戲）。 2、挑撥。如： 唆是弄非（SO S^ NUNG` FI 挑撥是非）。 弄鬼弄怪（NUNG` GUI` NUNG` GUAI^ 搞鬼搞笑，挑撥是非）。

		3、做、使、辦。如： 弄姿（NUNG` Z 故作嬌媚引人注意）。 弄筆（NUNG` BID`舞弄筆墨，顛倒虛實）。 弄假成真（NUNG` GA` SNv ZN 使假的成了真的）。
弄	NUNG^	以手把玩、戲耍。如： 弄獅（NUNG^ S 舞獅）。 弄人（NUNG^ NGINv 以物虐弄人，作弄人）。 弄花鼓（NUNG^ FA GU` 耍鼓陣）。 作弄（ZOG` NUNG^ 玩弄）。 戲弄（HI^ NUNG^ 玩弄）。 弄假成真（NUNG^ GA` SNv ZN 原為虛假偽裝的事，竟巧變成真實的事）。
噥啾	NUNG^	小聲說話不停，自言自語，埋怨的話： 噥噥噥噥（NUNGv NUNGv NUNG^ NUNG^ 低語埋怨）。
忤	NG`	不順從、拂逆。如： 違忤（WIv NG` 背逆）。 忤物（NG` UD^ 與人不合）。 忤逆（NG` NGIAG^ 背逆長輩）。 忤耳（NG` NGI` 忠言逆耳）。
牾	NG`	橫逆： 橫牾（UANGv NG`）。
迕	NG`	1、遇見： 相迕（CIONG NG` 相遇）。 2、違背： 乖迕（GUAI NG`）。 3、錯迕（TSO^ NG` 雜亂）。
牾	NG`	1、牴牾（DI NG` 牛角相牴觸，衝突）。 2、牾逆（NG` NGIAG^ 違背，橫逆）。
迓	NGA^	1、迎接： 迎迓（NGIANGv NGA^）。 2、迓油（NGA^ YUv 在轉動的機器軸上點（加）油，使之潤滑）。
訝 迓	NGA^	1、疑怪。如： 驚訝（GIANG NGA^ 驚疑）。 訝異（NGA^ I^ 怪異）。 2、迎接。同「迓」。如： 迎訝（NGIANGv NGA^）。
禦	NGA^	禦：同"迓"，迎接。

		以禦田祖（I NGA^ TIENv ZU`迎接神農）。
磕	NGAB^	用前額磕地、磕頭、用頭去碰。如： 磕死（NGAB^ CI`）。 磕頭（NGAB^ TEUv 磕頭）。 磕到桌角（NGAB^ DO` ZOG` GOG` 頭碰觸到桌角）。
喫啮	NGAD`	同「嚙、齧、囓、吃、咬」。前齒咬物。 喫不斷（NGAD` Mv TON 咬不斷）。 喫蔗也食（NGAD` ZA^ E` SD^ 咬甘蔗吃）。 喫到舌母（NGAD` DO` SAD^ MAv 咬到舌頭）。 喫掣（NGAD` TSAD` 吝嗇，器量狹小，過分捨不得花錢）。
齧啮	NGAD`	同「喫、嚙、囓、吃、咬」。以前齒咬物： 齧一口（NGAD` ID` HEU` 咬一口）。 番豆齧開析（FAN TEU^ NGAD` KOI SAG` 花生米咬開兩半）。 齧豬骨頭（NGAD` ZU GUD` TEUv）。 齧掣（NGAD` TSAD` 吝嗇，器量狹小，過分捨不得花錢）。
嚙啮	NGAD`	以前齒咬物。同「喫、齧、囓、吃、咬」。
囓啮	NGAD`	同"齧"，以前齒咬物。
吃	NGAD`	1、用前齒咬夾、咬斷或咬食。如： 吃不斷（NGAD` Mv TON 咬不斷）。 吃緊（NGAD` HENv 咬緊）。 2、食。如： 吃食（NGAD` SD^）。
咬	NGAD`	「咬 NGAU」的變音。 1、用齒夾磨。如： 咬手指（NGAD` SU` Z`）。 2、動物以牙齒傷人。如： 狗也咬人（GIEU` UE` NGAD` NGINv 狗咬人）。
齕	NGAD`	1、齒咬。 2、齮齕（I` NGAD` 毀傷人）。 3、齕掣（NGAD` TSAD` 吝嗇，器量狹小，過分捨不得花錢）。
齘	NGAD^	1、齘牙（NGAD^ NGAv 磨牙，上下齒摩擦）。

嚙啮		2、轉動的機件被卡緊、擠緊而不能轉動。 　　嚙緊矣（NGAD^ HENv NEv 卡緊了）。 3、嚙耗油火（NGAD^ GO YUv FO` 耗油火，浪費油電，耗費精力、浪費時間）。
喫啮	NGAD^	同「嚙 NGAD^」。 又音　NGAD`。
齧啮	NGAD^	同「嚙 NGAD^」。 又音　NGAD`。
嚙啮	NGAD^	同「嚙 NGAD^」。 又音　NGAD`。
睚	NGAIv	瞪眼怒視。 睚眥（NGAIv TS^ 瞪眼怒視）。 睚眥必報（NGAIv TS^ BID` BO^ 比喻極小的間隙也要報復）。
騃	NGAIv	笨。同「獃」。如： 痴騃（TS NGAIv 痴獃）。
捱	NGAI`	吝嗇、該用錢的時候捨不得用，稱為捱吝（NGAI` LIN`）。
耐	NGAI^	「忍耐」。如： 耐不歇（NGAI^ Mv HED^ 耐不住）。 再耐一下添（ZAI^ NGAI^ ID` HA^ TIAM 再多忍耐一下子）。 耐嗇（NGAI^ SAI^ 吝嗇）。
頷頷頤	NGAM	1、下頷（HA NGAM 下顎：頷上頸下部分）。 頷首（NGAM SU` 點頭應允）。 頷到桌角（NGAM DO` ZOG` GOG` 下顎碰到桌角）。 2、頷頷愕愕（NGAM NGAM NGOG` NGOG`）糊里糊塗或運途坎坷。
頷頷	NGAM`	向前傾倒、傾斜、點頭敬禮。如： 頷頭（NGAM` TEUv 鞠躬敬禮、點頭）。 頷下來了（NGAM` HA LOIv IEv 某物前傾歪斜了）。
刐	NGAN	削去邊角。如： 刐屓（NGAN ZAN 長不大的樣子、營養不良、見老不見長大的樣子）。 刐方為圓（NGAN FONG WIv IANv 將方的削成圓的）。
硬	NGANG^	1、不屈服。如：

		硬愛（NGANG^ OI^ 偏要,沒有理由地愛）。 硬性（NGANG^ CIN^ 形容毫不通融、 　　　物質難以刻鏤的性質）。 硬頸（NGANG^ GIANG` 不低頭、不順 從、不屈服，不信）。 硬骨（NGANG^ GUD` 骨頭硬）。 硬漢（NGANG^ HON^ 不肯屈服的人）。 硬呈（NGANG^ TSANGv 呈現堅硬貌）。 2、狠。如： 硬心（NGANG^ CIM）。 3、健壯。如： 硬朗（NGANG^ LONG）。
咬	NGAU	1、以齒夾住、夾碎或切斷東西。如： 咬斷（NGAU TON）。 咬緊（NGAU HENv 咬緊）。 狗咬骨頭（GIEU` NGAU GUD` TEUv）。 咬牙切齒（NGAU NGAv CHIED` TS` 形 　　　　　容痛恨到極點）。 咬薑啜醋（NGAU GIONG TSOD` TS^ 吃薑和醋伴飯，比喻生活艱苦）。 咬不到來食（NGAU Mv DO` LOIv SD^ 牙齒不好或沒有牙齒,不能咬碎食 物）。 2、認定不變。如： 咬定（NGAU TIN^）。 3、動物以牙齒傷人。如： 狗咬人（GIEU` NGAU NGINv）。
齩	NGAU	用齒咀嚼食物，與「咬」通。
翱	NGAUv	翱翔（NGAUv CIONGv 在空中盤旋飛 行、消遙自得貌）。
熬	NGAUv	1、久煮。如： 煎熬（JIEN NGAUv）。 熬牛肉（NGAUv NGYUv NGYUG` 熬煮牛肉）。 2、忍受。如： 熬苦（NGAUv KU`）。 熬夜（NGAUv IA^ 夜晚繼續做事不睡 覺）。 熬刑（NGAUv HINv 忍受苦刑）。
敖	NGAUv	1、出遊、玩遊。 敖遊四海（NGAUv YUv CI^ HOI` 旅遊 全世界）。 2、敖翔（NGAUv CIONGv 自由飛翔）。

		3、焦灼。
遨	NGAUv	同「敖」。隨意出遊。如：遨遊（NGAUv YUv）。
聱	NGAUv	1、聱牙（NGAUv NGAv 讀不順口，文章難讀、難懂）。 2、物體不平、不直、歪、偏、側、不正。 聱聱（NGAUv NGAUv 歪歪的、不正）。 聱頭（NGAUv TEUv 頭歪，傲慢）。 頭聱聱（TEUv NGAUv NGAUv 頭歪歪的、不正。亦指傲慢）。 聱左（右）片（NGAUv ZO「YU^」PIEN` 面向左（右）邊；歪向左（右）邊）。
鏖	NGAUv	1、苦戰，殺傷多： 鏖戰（NGAUv ZAN^ 苦戰）。 鏖兵（NGAUv BIN 激烈且大規模的戰爭）。 2、喧嘩。
爊	NGAUv	煨。
傲	NGAU^	1、自大、看不起人。如： 驕傲（GIEU NGAU^）。 傲慢（NGAU^ MAN^ 自視很高，對人驕傲）。 傲岸（NGAU^ NGAN^ 性情高傲）。 傲骨（NGAU^ GUD` 高傲不屈的骨氣）。 2、頭轉向。如： 傲轉來（NGAU^ ZON` LOIv 頭回轉過來）。 傲左片（NGAU^ ZO` PIEN` 頭轉向左邊）。
㚈	NGAU^	1、嬌健的神氣： 排㚈（PAIv NGAU^）。 2、傲慢。
儀 仪	NGIv	1、舉止、容貌。如： 儀態（NGIv TAI^）。 儀容（NGIv YUNGv 體態容貌）。 2、禮節、程序。如： 禮儀（LI NGIv）。 儀式（NGIv SD` 舉行典禮的形式和秩序）。 3、法則、程式、標準。如： 儀器（NGIv HI^ 測量繪畫實驗所用的工具）。 儀表（NGIv BEU` 規則、容貌）。

		4、遺贈的財物。如： 賀儀（ FO^　　NGIv ）。
疑	NGIv	1、不相信。如： 可疑（ KO`　 NGIv ）。 猜疑（ TSAI　 NGIv　不信而猜測 ）。 半信半疑（ BAN^　CIN^　BAN^　NGIv ）。 疑信參半（ NGIv　CIN^　TSAM　BAN^　半信半疑 ）。 疑神疑鬼（ NGIv　SNv　NGIv　GUI`多疑貌 ）。 2、不能作決定、心中存疑、猜想以為是。 懷疑（ FAIv　 NGIv ）。 嫌疑（ HIAMv　NGIv　懷疑 ）。 疑似（ NGIv　 S^ 懷疑以為相似 ）。 疑心（ NGIv　 CIM　懷疑猜測之心 ）。 疑志（ NGIv　 Z^　疑心 ）。 疑義（ NGIv　NGI^　有所疑問的意義 ）。 疑雲（ NGIv　YUNv　疑慮像雲霧遮蓋一般，令人不暢 ）。 疑問（ NGIv　UN^ ）。 疑案（ NGIv　ON^　有疑問的案子 ）。 疑難（ NGIv　NANv　懷疑而有困難 ）。 疑慮（ NGIv　LI^　懷疑考慮 ）。 疑懼（ NGIv　KI`　懷疑而心生恐懼 ）。 疑竇（ NGIv　DEU^　有使人懷疑之處 ）。 疑惑（ NGIv　FED^　不明白有所迷惑 ）。 疑梗（ NGIv　GANG`懷疑而有所阻梗 ）。
擬 拟 儗	NGIv	1、打算。如： 擬定（ NGIv　TIN^ ）。 2、起草。如： 草擬（ TSO`　NGIv　打草稿 ）。 擬稿（ NGIv　GO`　起草稿 ）。 擬題（ NGIv　TIv　草擬題目 ）。 擬議（ NGIv　NGI^　擬定議事 ）。 3、相類似、比。如： 比擬（ BI`　NGIv　相比 ）。 4、模仿。如： 模擬（ MUv　NGIv　模仿 ）。 摹擬（ MOv　NGIv　模仿 ）。 擬古（ NGIv　GU`　仿古 ）。

愚	NGIv	1、不聰明。如： 愚笨（NGIv　BUN^）。 愚昧（NGIv　MI^ 愚笨）。 愚蒙（NGIv　MUNGv 愚昧）。 愚妄（NGIv　UONG^ 愚昧無知）。 愚鈍（NGIv　TUN^ 愚笨遲鈍）。 愚蠢（NGIv　TSUN` 愚笨）。 愚不可及（NGIv　BUD`　KO`　KIB^ 再笨也不過如此）。 2、欺騙。如： 愚弄（NGIv　NUNG^　欺騙玩弄）。 愚民（NGIv MINv欺騙人民、無知的人民）。 3、自稱的謙詞。如： 愚弟（NGIv　TI^）。 愚兄（NGIv　HYUNG）。 愚陋（NGIv　LEU^ 謙稱自己智識淺陋）。 愚見（NGIv　GIAN^ 謙稱自己的意見）。
虞	NGIv	1、憂慮： 無虞（Uv　NGIv　無慮）。 　　堪虞（KAM　NGIv　可考慮）。 2、欺騙： 詐虞（ZA^　NGIv 欺詐）。
睨	NGIv	斜著眼睛看。如： 睥睨（PI^　NGIv　a.斜眼看人，有不屑之意；b.左右斜視，顧盼自雄貌）。
艤	NGIv	移船近岸： 艤舟（NGIv　ZU）。
檥	NGIv	通「艤」字。
耳	NGI`	1、人和動物的聽覺器官，通稱 耳空（NGI`　GUNG＝KUNG 的變音）或 耳公（NGI`　GUNG）。如： 耳聞（NGI`　UNv 聆聽、聽說、聽到）。 耳聾（NGI`　LUNG　聽不到聲音）。 耳鳴（NGI`　MINv　耳中的喧鬧聲）。 耳語（NGI`　NGI 附在耳旁輕聲說話）。 耳目（NHI`　MUG` 替人打探消息者）。 耳殼（NGI`　HOG` 像貝殼形狀的耳翼）。 耳垂（NGI`　SUIv ＝耳墜也（NGI`　TSUI^ IE`）耳翼垂下肉的肥厚部分）。 耳環（NGI`　KUANv 帶在耳垂的裝飾物）。 耳垢（NGI`　GIEU^　耳屎）。

384

		耳漏（NGI` LEU^ 耳中漏出黏液或膿液的病症、又稱耳道加答兒）。 耳順（NGI` SUN^ 六十歲：六十而耳順）。 耳邊風（NGI` BIEN FUNG 不理睬別人說的話）。 耳目一新（NGI` MUG` ID` CIN 改變舊態，煥然一新）。 耳提面命（NGI` TIv MIEN^ MIN^ 一再懇切地叮囑）。 耳濡目染（NGI` Iv MUG` NGIAM` 常常接觸，深受影響）。 耳熟能詳（NGI` SUG^ NENv CIONGv 聽慣了，所以能知道詳細）。 耳鬢廝磨（NGI` CI S MOv 形容親密關係）。 耳聞不如目見（NGI` UNv BUD` Iv MUG` GIAN^ 只聽傳說，不如親眼看見的真實）。 2、指物體兩旁附著的東西。如： 冇耳鑊也（MOv NGI` UOG^ GE` 無提耳的鍋子）。 雙耳酒甕（SUNG NGI` JIU` UNG^ 兩個提耳的酒甕）。
餌 饵	NGI`	1、誘取魚鳥、動物的食物： 釣餌（DIAU^ NGI`）。 魚餌（NGv NGI`）。 2、以利誘人： 餌敵（NGI` TID^ 以利誘敵）。 餌以金錢（NGI` I GIM CHIENv）。
義 义	NGI^	1、公正合宜的道理或行動。如： 正義（ZN^ NGI^）。 義理（NGI^ LI 正義和公理）。 義方（NGI^ FONG 合於正義的道理）。 義舉（NGI^ GI` 正義的行動）。 義憤（NGI^ FUN^ 替別人抱不平）。 義人（NGI^ NGINv 惡人的相反，秉行上帝公義的人）。 義不容辭（NGI^ BUD` YUNGv TSv 站在道義上必須做的）。 義無反顧（NGI^ Uv FAN` GU^ 秉持公義一往直前，不退縮）。 2、為志節而犧牲的行為。如：

		就義（CHIU^　NGI^）。 3、認作親屬的。如： 義子（NGI^　Z` 認養的兒子）。 義女（NGI^　NG` 認養的女兒）。 義父（NGI^　FU^ 非親生的乾爸）。 義母（NGI^　MU 拜認的乾媽）。 4、人工製造的。如： 義肢（NGI^　GI 以塑膠或木頭做的假 　　　　　手假腳）。 義齒（NGI^　TS` 假牙）。 義乳（NGI^　I`=NEN^ 假乳房）。 5、意思。如： 意義（I^　NGI^）。 主義（ZU`　NGI^ 由信仰而產生力量 　　　　　的特殊思想或學說）。 義正辭嚴（NGI^　ZN^　TSv　NGIAMv 所 　　　　　抱持的理由名正言順，所 　　　　　發抒的言語極為嚴正）。 6、義務（NGI^　U^ 應盡的天職、責 任）。 7、義工（NGI^　GUNG 自願免俸的工 作）。 8、義賣（NGI^　MAI^ 為募款所賣）。
議 议	NGI^	1、商討、談論。如： 會議（FI^　NGI^）。 議論（NGI^　LUN^ 評論、討論）。 商議（SONG　NGI^ 商討談論）。 議定（NGI^　TIN^ 商討決定）。 議決（NGI^　GIAD` 會議決定）。 議題（NGI^　TIv 討論的題目）。 議案（NGI^　ON^ 討論的案件）。 議程（NGI^　TSANGv 會議程序）。 議會（NGI^　FI^ 議政機關）。 議院（NGI^　IAN^ 國會）。 議和（NGI^　FOv 和談）。 議員（NGI^　IANv 代表人民行使權 力，為人民謀福利的人員）。 議處（NGI^　TSU` 議定處罰）。 2、意見、言論。如： 提議（TIv　NGI^ 提出意見）。 3、批評。如： 非議（FI　NGI^ 遭人批評）。

蓺	NGI^	種植。亦作藝。 蓺麻如之何（NGI^ MAv lv Z HOv）。
藝 艺	NGI^	1、技術、技能。如： 手藝（SU` NGI^ 雙手技能）。 技藝（GI NGI^ 技術才能）。 藝能（NGI^ NENv 技藝才能）。 才藝（TSOIv NGI^ 才能技術）。 琴藝（KIMv NGI^ 彈琴技藝）。 棋藝（KIv NGI^ 下棋技藝）。 2、含有技巧及美術價值的活動或產物。 藝術（NGI^ SUD^）。 文藝（UNv NGI^）。 藝文（NGI^ UNv 藝術和文學）。 藝人（NGI^ NGINv 藝術工作者、從事演藝事業的人）。 藝林（NGI^ LIMv 藝術界）。 藝妓（NGI^ GI 以歌舞為業的妓女）。 3、種植。如： 園藝（IANv NGI^ 花園栽種）。 樹藝（SU^ NGI^ 樹木栽種）。
遇	NGI^	1、相逢、踫到。如： 相遇（CIONG NGI^）。 遭遇（ZO NGI^）。 遇難（NGI^ NAN^ 遭遇災難）。 遇險（NGI^ HIAM` 遭遇危險）。 遇合（NGI^ HAB^ 心意相投）。 遇人不淑（NGI^ NGINv BUD` CYUG` 指女人嫁到不好的丈夫）。 2、機會。如： 機遇（GI NGI^）。 3、對待、款待。如： 待遇（TAI^ NGI^）。
御	NGI^	1、駕駛，駕駛人： 駕御（GA^ NGI^ 駕駛）。 御馬（NGI^ MA 騎馬，駕馭馬車）。 御車（NGI^ TSA 駕車）。 2、治理： 御政（NGI^ ZN^ 治理政事）。 3、率領。如： 御兵（NGI^ BIN 率領軍兵）。
禦	NGI^	1、抵抗。如： 禦寒（NGI^ HONv）。

		禦敵（NGI^ TID^ 對抗敵人）。 禦侮（NGI^ U` 抵抗外來的侵略）。 禦寇（NGI^ KIEU^ 抵抗強盜、外侮）。 2、敵人。如： 強禦（KIONGv NGI^ 強敵）。
寓寓	NGI^	1、居住、住所： 寄寓（GI^ NGI^ 居住）。 寓所（NGI^ SO` 住家）。 公寓（GUNG NGI^ 聚居的住宅）。 2、寄托、寄意： 寓言（NGI^ NGIANv 以淺近的事物表 　　　達某種教訓的語文）。 寓木（NGI^ MUG` 寄生的樹木）。 寓目（NGI^ MUG` 屬目、看）。 3、含蓄： 寓意（NGI^ I^）。
馭馭	NGI^	1、駕駛車馬。同「駕御」。 駕馭（GA^ NGI^ 駕駛）。 2、統治、控制。如： 馭眾（NGI^ ZUNG^ 控制群眾）。 馭下（NGI^ HA^ 控制底下的人）。 馭邊（NGI^ BIEN 統治邊疆）。 馭者（NGI^ ZA` 統治者）。
詣詣	NGI^	到、前往、晉見。如： 詣府（NGI^ FU` 前往貴府）。 孤詣（GU NGI^）：單獨行動。 趨詣（CHI NGI^ 謁見）。
毅	NGI^	意志堅決果斷、不可動搖： 毅力（NGI^ LID^ 堅強果決的意志力）。 毅勇（NGI^ YUNG` 意志堅強勇敢）。 毅然決然（NGI^ IANv GIAD` IANv 形 　　　　　容果敢堅強的決斷力）。
刈	NGI^	1、割草。 刈草（NGI^ TSO`）。 2、殺。
舉舉	NGIAv	〔河洛音〕舉起。如： 舉手（NGIAv SU`）。 舉不高（NGIAv Mv GO）。 手舉起來（SU` NGIAv HI` LOIv）。 讀音 GI`，又音 KIAv。
迎	NGIA`	迎戰、遇到麻煩事、難應付。如： 迎到矣（NGIA` DO` UEv 遇上了）。

		迎不橫（NGIA` Mv UANG^ 應付不了）。讀音 NGIANGv。
惹	NGIA`	1、同「迎 NGIA`」。 2、引起： 惹事（NGIA` S^）。 惹是非（NGIA` S^ FI）。 莫去惹伊（MOG^ HI^ NGIA` Iv 別去惹他）。
喏	NGIA`	向人作揖，應答人。
翹翹	NGIA^	嘴唇向上翹。如： 嘴翹翹（ZOI^ NGIA^ NGIA^）。 鬚翹翹（CI NGIA^ NGIA^ 鬍鬚向上翹）。 另音 NGIEU^, HIEU^, HIA, KIAU, KIEU^, NGIEU^。
轟聶	NGIAB`	1．姓。 2．附耳細語。
囁嚅	NGIAB`	1、口動。 2、想說又止： 囁囁（NGIAB` NGIAB`）。
懾	NGIAB`	1、因怕而屈服： 懾服（NGIAB` FUG^ 屈服）。 2、威脅： 聲懾海外（SANG NGIAB` HOI` NGOI^ 威震海外）。 懾息（NGIAB` CID` 比喻極怕而屏住氣息）。
攝攝	NGIAB`	1、一合一開的。如： 攝目（NGIAB` MUG` 眼睛忽合忽開）。 攝影（NGIAB` IANG` 照相：照門開合，攝取影像）。 一攝目（ID` NGIAB` MUG` 時間像一眨眼時間短暫）。 目攝滴咄（MUG` NGIAB` DID^ DOG^ 形容不停眨眼的人）。 2、安定。如： 天下攝然（TIEN HA^ NGIAB` IANv 天下太平）。
躡蹱	NGIAB`	1、腳步輕快跟在人後。如： 躡蹱（NGIAB` JYUNG 輕步跟蹱）。 2、踩踏。如： 躡足（NGIAB` JYUG` 踏人的腳）。 3、躡手躡腳（NGIAB` SU` NGIAB` GIOG` 輕步行走，不使人察覺）。

眨	NGIAB`	1、眨目（NGIAB` MUG` 眨眼）。 2、閃爍。如： 眨爐（NGIAB` LANG^ 閃電）。 電火緊眨（TIEN^ FO` GIN` NGIAB` 電燈一直在閃著）。
挾	NGIAB`	1、兩邊肉向內挾。如： 挾一枝筆（NGIAB` ID` GI BID`）。 挾不歇（NGIAB` Mv HED^ 挾不住）。 不會挾矣（Mv UOI` NGIAB` BEv 不會挾了）。 2、倒捲。如： 挾褲腳（NGIAB` FU^ GIOG` 倒捲褲管）。 挾衫袖（NGIAB` SAM CHIU^ 捲起袖子）。 3、偷取東西暗藏： 偷挾（TEU NGIAB` 偷偷夾帶）。 4、避避挾挾（BIANG^ BIANG^ NGIAB` NGIAB` 躲躲藏藏）。
業	NGIAB^	1、從事、做。如： 業農（NGIAB^ NUNGv 從事農業）。 業師（NGIAB^ S 受業的老師）。 2、已經。如： 業已批准（NGIAB^ I` PI ZUN`）。
熱熱	NGIAD^	1、盛、旺。如： 鬧熱（NAU^ NGIAD^ 熱鬧）。 2、情緒高、做事起勁。如： 熱心（NGIAD^ CIM 做事起勁、富有同情心）。 熱情（NGIAD^ CHINv 情感情緒熱烈）。 熱誠（NGIAD^ SNv 熱心誠懇）。 熱愛（NGIAD^ OI^ 非常喜愛）。 熱中（NGIAD^ ZUNG 急切企圖獲得貌）。 熱烈（NGIAD^ LIED^ 情緒熾烈）。 熱血（NGIAD^ HIAD` 有血性且熱心）。 熱忱（NGIAD^ TSMv 情感熱絡真摯）。 熱度（NGIAD^ TU^ 溫度、指做事時熱心的程度）。 熱淚（NGIAD^ LUI^ 因情感激昂流下的淚水）。 3、感情親密。如： 親熱（CHIN NGIAD^）。 熱戀（NGIAD^ LIEN^ 如火如荼的戀愛）。

逆	NGIAG^	1、方向相反，與「順」相對。如： 逆水（NGIAG^ SUI` 與水流方向相反）。 逆流（NGIAG^ LIUv 水倒流）。 逆行（NGIAG^ HANGv 向反方向走、不正當的行為）。 逆境（NGIAG^ GIN^ 不如意的遭遇）。 逆水行舟（NGIAG^ SUI` HANGv ZU 比喻在惡劣的環境中努力奮鬥）。 逆來順受（NGIAG^ LOIv SUN^ SU^ 遭遇不順利的事況，仍能順其自然地去接受）。 2、抵觸。如： 忠言逆耳（ZUNG NGIANv NGIAG^ NGI` 正直的話聽不進去）。 3、背叛。如： 叛逆（PAN^ NGIAG^）。 忤逆（NG` NGIAG^ 對長輩背逆）。 4、不孝順。如： 逆子（NGIAG^ Z` 不孝子）。 5、接受。如： 逆命（NGIAG^ MIN^ 接受命令）。 6、預先猜測。如： 逆知（NGIAD^ Z=DI 預先知道）。 逆料（NGIAG^ LIAU^ 預先猜測）。 7、違背。如： 逆天（NGIAG^ TIEN 違背天理）。 逆倫（NGIAG^ LUNv 違背倫理）。
冉 冄	NGIAM	緩慢移動的樣子。如： 冉冉（NGIAM NGIAM 行動緩慢、柔弱貌）。
拈	NGIAM	1、用手指取東西、撿取。如： 拈柴（NGIAM TSEUv 撿柴）。 拈香（NGIAM HIONG 以指取香粉祭拜）。 拈鬮（NGIAM KIEU 抓鬮、抽籤）。 拈飯糝（NGIAM FAN^ SAM` 撿取飯粒）。 拈籤也（NGIAM CHIAM ME` 抽籤）。 拈燒怕冷（NGIAM SEU PA^ LANG 處世優柔寡斷，沒有定見）。 2、拾遺、撿到東西。如： 拈到一包錢（NGIAM DO` ID` BAU CHIENv）。
捻	NGIAM	用兩指撿取輕便之物。如： 捻香（NGIAM HIONG 手拿香祭拜）。

		捻針（NGIAM ZM 以兩指撿起針來）。
黏粘	NGIAMv	1、膠付、膠貼。如： 黏貼（NGIAMv DIAB`）。 黏力（NGIAMv LID^ 附著力）。 黏液（NGIAMv ID^ 有黏性的液體）。 黏膜（NGIAMv MOG^ 覆蓋在身體器官管腔內壁的薄膜）。 黏錫（NGIAMv CIAG` 焊錫）。 黏牙帶齒（NGIAMv NGAv DAI^ TS` a、吃東西黏在齒上。b、說話或做事不乾脆）。 黏黏浹浹（NGIAMv NGIAMv GIAB` GIAB` 黏而濕的感覺）。 2、像漿糊或膠一樣的性質。如： 黏性（NGIAMv CIN^ 膠黏使附著的特性）。 黏黏（NGIAMv NGIAMv 黏而濕的感覺）。 3、小孩纏人不放。如： 黏人（NGIAMv NGINv）。
粘	NGIAMv	「黏」的簡體字。
唸	NGIAMv	唸唸唸唸（NIAMv NGIAM^ NGIAM^ NGIAM^）：嘮叨、說話不停。
染	NGIAM`	1、感受、傳染。如： 傳染（TSONv NGIAM` 感染）。 染病（NGIAM` PIANG^ 感染傳染病）。 染疫（NGIAM` ID^ 感染傳染病）。 染到性病（NGIAM` DO` CIN^ PIANG^）。 2、通姦。如： 兩人有染（LIONG` NGINv YU NGIAM`）。 3、染指（NGIAM` Z` 不該得的卻妄行取拿）。
染	NGIAM^	1、在物件上著色。如： 染布（NGIAM^ BU^）。 染色（NGIAM^ SED`）。 染料（NGIAM^ LIAU^ 染色的藥料）。 染衫褲（NGIAM^ SAM FU^ 染衣服）。 2、染線紅（NGIAM^ CIEN^ FUNGv 紅色可食的粉末染料，用於食品著色）。
念	NGIAM^	1、惦記、想。如： 思念（S NGIAM^）。 想念（CIONG` NGIAM^ 思念）。 懷念（FAIv NGIAM^ 想念）。

		念舊（NGIAM^ KYU^ 懷念舊友舊情）。 2、念頭（NGIAM^ TEUv 心中突起的意念）。 3、讀出聲音。如： 念經（NGIAM^ GIN）。
唸	NGIAM^	讀出聲音。同「念 NGIAM^」,「唸 NIAMv」。
驗 驗	NGIAM^	1、查考。如： 考驗（KAU` NGIAM^ 查考驗證）。 試驗（S^=TS^ NGIAM^ 考試）。 2、檢查。如： 驗算（NGIAM^ SON^ 檢查計算）。 驗血（NGIAM^ HIAD` 檢查血液）。 驗光（NGIAM^ GONG 檢查視力）。 3、有效。如： 靈驗（LINv NGIAM^）。 4、做過、有心得。如： 經驗（GIN NGIAM^）。
研	NGIAN	1、細磨、細碾。如： 研粉（NGIAN FUN` 磨成粉末）。 研末（NGIAN MAD^ 磨成粉末）。 2、探究。如： 研究（NGIAN GYU^）。 研習（NGIAN CIB^ 研究學習）。 研討（NGIAN TO` 研究討論）。 研鑽（NGIAN ZON^ 研究鑽求）。 3、用棍子緊壓。如： 研緊（NGIAN HENv 壓緊）。 研穩（NGIAN UN` 壓住）。
刓	NGIANv	削去邊角。如： 刓方為圓（NGIANv FONG WIv IANv 將方的削成圓的）。
凝	NGIANv	1、液體受冷結成固體： 凝固（NGIANv GU^ 結成固體）。 凝結（NGIANv GIAD` 結成固體）。 2、注意力集中： 凝神（NGIANv SNv 聚精會神）。 凝視（NGIANv S^ 目不轉睛地注視）。 凝眸（NGIANv MEUv 集中眼力凝視）。 凝思（NGIANv S 集中思考）。 凝佇（NGIANv TSU^ 有所期待而站立不走動）。 3、聚集：

		凝聚（NGIANv CHI^ 凝結聚集）。 4、凝咽（NGIANv IAN 忍住哽咽的聲音）。 5、凝妝（NGIANv ZONG 盛妝）
撚	NGIAN`	以手指壓捏、掐捏。如： 撚手（NGIAN` SU` 捏手的痠痛處）。 撚穩（NGIAN` UN` 壓緊，捏緊）。 撚緊（NGIAN` HENv 壓緊）。 撚畀死（NGIAN` BI` CI` 將他捏死）。 通「搵 NGIAN`、按 NGIAN`」。
搵	NGIAN`	用力指壓。同「搵、撚、按 NGIAN`」。 搵緊（NGIAN` HENv 壓緊）。 搵骨（NGIAN` GUD` 指壓）。 搵看哪（NGIAN` KON^ NA^ 壓壓看）！
按	NGIAN`	同「搵、撚、搵 NGIAN`」。 讀音 ON^。
搵	NGIAN`	同「搵、撚、按 NGIAN`」。
唁	NGIAN^	慰問喪家。如： 弔唁（DIAU^ NGIAN^）。 唁信（NGIAN^ CIN^ 慰問喪家的信）。 唁電（NGIAN^ TIEN^ 慰問喪家的電報電話）。 唁慰（NGIAN^ WI^ 慰問喪家）。
贗 贋 贗	NGIAN^	偽造的、假冒的： 贗品（NGIAN^ PIN` 偽照假冒的東西）。 贗鼎（NGIAN^ DIN` 偽照假冒的東西）。
願 愿	NGIAN^	1、達到某種目的的希望。如： 願望（NGIAN^ UONG^）。 志願（Z^ NGIAN^ 志望）。 心願（CIM NGIAN^ 心中的希望）。 願聞其詳（NGIAN^ UNv KIv CIONGv 希望聽到整個詳細情形）。 2、想要、自我許可。如： 願意（NGIAN^ I^）。 自願（TS^ NGIAN^）。 甘願（GAM NGIAN^ 心甘情願）。 3、忠厚。如： 謹願（GYUN` NGIAN^ 忠厚老實的盼望）。
癮 瘾	NGIAN^	因嗜好成了習慣的癮性。如： 煙癮（IAN NGIAN^ 抽菸的癮性）。 酒癮（JIU` NGIAN^ 喝酒的癮性）。 癮頭（NGIAN^ TOUv 癮性）。 癮煙（NGIAN^ IAN 想抽煙的癮性）。

		癮乳（NGIAN^ NEN^ 想吃奶的癮性） 過癮（GO^ NGIAN^ 滿足某癮性的愛好）。 冇過癮（MOv GO^ NGIAN^ 對嗜好癮性不 　　　　　　　　　　　滿足）。
迎	NGIANGv	1、接、逢、遇。如： 迎接（NGIANGv JIAB`）。 親迎（CHIN NGIANGv 親自迎接）。 迎親（NGIANGv CHIN 迎娶、娶妻）。 迎候（NGIANGv HEU^ 迎接等待）。 迎年（NGIANGv NGIANv 迎接新年）。 迎敵（NGIANGv TID^ 迎戰）。 迎擊（NGIANGv GID` 當面攻擊,迎敵）。 迎新送舊（NGIANGv CIN SUNG^ KYU^ 　　　　　　　迎接新的，送走舊的）。 2、向、對。如： 迎風（NGIANGv FUNG 面對風向）。 迎面（NGIANGv MIEN^ 對面）。 3、討好。如： 迎合（NGIANGv HAB^ 討好對方、會合）。
迎	NGIANG^	相對怒視或相對示愛。如： 牛相迎（NYUv CIONG NGIANG^ 兩牛怒 　　　　　目相對或相對示愛）。 迎矣一下晝（NGIANG^ NGEv ID` HA ZU^ 　　　　　　　　　相對了一下午）。
蹺	NGIAU`	腳不良於行。如： 蹺腳（NGIAU` GIOG` 跛腳）。 腳蹺蹺（GIOG` NGIAU` NGIAU`腳不良於行）。
捏	NGIED`	同「捏 NED`」。 1、假造事實。如： 捏造（NGIED` TSO^）。 2、指夾。如： 捏人（NGIED`＝NED` NGINv）。 3、以指揉撚。 捏花（NGIED` FA）。
奄	NGIEM^	病弱、氣息微弱： 奄奄（NGIEM^ NGIEM^ 病弱、氣息將盡貌）。 奄弱（NGIEM^ NGIOG^）。
苒	NGIEM^	軟弱、紛垂之貌。如： 苒苒（NGIEM^ NGIEM^ 病弱、衰弱貌）。 苒弱（NGIEM^ NGIOG^ 病弱貌）。
凝	NGIENv	同「凝 NGIANv」。 1、液體受冷結成固體：

		凝固（NGIENv GU^ 結成固體）。 凝結（NGIENv GIAD` 結成固體）。 2、注意力集中： 凝神（NGIENv SNv 聚精會神）。 凝視（NGIENv S^ 目不轉睛地注視）。 凝眸（NGIENv MEUv 凝視）。 凝思（NGIENv S 集中思考）。 凝佇（NGIENv DU^有所期待而不走動）。 3、聚集： 凝聚（NGIENv CHI^）。 4、凝咽（NGIENv IAN 忍住哽咽的聲音）。 5、凝妝（NGIENv ZONG 盛妝）。
饒	NGIEUv	1、寬恕、赦免。如： 饒恕（NGIEUv SU^ 寬容、寬恕）。 饒人（NGIEUv NGINv 寬恕人）。 饒命（NGIEUv MIANG^ 懇求赦免自己的死）。 2、豐富、富足。如： 富饒（FU^ NGIEUv）。 豐饒（FUNG NGIEUv）。 饒益（NGIEUv ID` 使人受益、富足）。 饒沃（NGIEUv UOG` 土地肥沃）。 3、多、很。如： 饒有風味（NGIEUv YU FUNG MI^）。
繞	NGIEU`	1、迂迴。如： 繞道（NGIEU` TO^）。 繞襲（NGIEU` CIB^ 繞道襲擊）。 2、包圍。如： 圍繞（WIv NGIEU`）。 環繞（FANv=KUANv NGIEU`）。 3、纏繞。如： 纏繞（TSANv NGIEU`）。 繞樑（NGIEU` LIONGv 形容音樂動人之深，讓人低迴不已）。 繞膝（NGIEU` CHID` 形容老年人子孫眾多）。
遶	NGIEU`	通「繞 NGIEU`」。
耦	NGIEU`	1、兩人並耕： 耦耕（NGIEU` GIEN）。 2、同「偶」： 配耦（PI^ NGIEU` 配偶）。 耦語（NGIEU` NGI 兩人面對面私語）。

		3、雙數： 奇耦（KIv NGIEU` 單數和偶數）。 耦數（NGIEU` SU^ 雙數）。
翹翹	NGIEU^	向上翻起、突起、不平、不正。如： 翹嘴（NGIEU^ ZOI^ 嘴唇上翹）。 翹起來（NGIEU^ HI` LOIv）。
耨	NGIEU^	1、鋤田鋤草。 2、鋤田鋤草的農具。
吟	NGIMv	1、詩歌聲。如： 吟詠（NGIMv YUN` 口唱）。 吟詩（NGIMv S 唱詩）。 吟哦（NGIMv NGOv 吟詠詩歌）。 吟骨（NGIMv GUD` 作詩的精神力）。 吟力（NGIMv LID^ 寫詩的根氣）。 吟壇（NGIIMv TANv 詩壇）。 吟風弄月（NGIMv FUNG NUNG` NGIAD^ 　　　　　比喻文人的閒情雅興，作詩吟詩）。 2、病痛呻吟聲。如： 呻吟（SN NGIMv）。 痛吟（TUNG^ NGIMv 疼痛而呻吟）。
妊娠	NGIM`	婦人懷孕： 妊娠（NGIM` ZN`= SN 懷孕）。 妊婦（NGIM` FU^ 懷孕的婦人）。 避妊（PID` NGIM` 避免懷孕）。
認認	NGIN^	1、分辨、識得。如： 認識（NGIN^ SD`）。 認清（NGIN^ CHIN 認識清楚）。 2、表示同意、承認。如： 承認（SNv NGIN^）。 認可（NGIN^ KO` 准許、同意）。 認許（NGIN^ HI` 承認准許）。 認罪（NGIN^ TSUI^ 承認犯罪）。 3、相認（CIONG NGIN^ 經過法定程序 　　　　　結成關係、或稱結拜）。 認養（NGIN^ IONG 領養非親生子女）。 4、打盡認（DA` CHIN^ NGIN^ 吃膩而起的 　　抖顫）。
揉	NGIO	用手壓搓。如： 揉人（NGIO NGINv 小孩搓揉父母）。 揉鹹菜（NGIO HAMv TSOI^ 加鹽搓揉酸 　　　　菜）。 揉紙團（NGIO Z` TONv 將紙張揉成紙

		團）。 揉歇矣（ NGIO HED` LEv 揉掉了，病死了）。
蹂	NGIO	蹂躪（ NGIO = NOv LIEN^ = NANG^ 踐踏、摧殘）。又音 NOv ， JIO 。
虐	NGIOG`	1、苛毒、殘暴。如： 虐待（ NGIOG` TAI^ ）。 虐政（ NGIOG` ZN^ 凶狠殘暴的政治）。 2、用網捉鳥，使鳥自投羅網。如： 虐鵰也（ NGIOG` DIAU UE` 以網捉鳥）。 3、抓昆蟲。如： 虐洋尾也（ NGIOG` IONGv MI IE 手抓蜻蜓）。 4、虐人（ NGIOG` NGINv 被穀芒或其他刺激性東西刺激皮膚引起的不適或過敏）。 虐蠍（ NGIOG` CIOG` 被穀芒、毒蟲或其他刺激性東西，刺激皮膚引起的不適或過敏感覺）。
謔	NGIOG`	含有譏刺的開玩笑： 戲謔（ HI^ NGIOG` 嬉戲譏刺）。 謔謔（ NGIOG` NGIOG` 喜樂）。 謔而不虐（ NGIOG` Iv BUD` NGIOG` 開玩笑而不至刻薄）。
仰	NGIONG`	1、頭面向上。如： 仰首（ NGIONG` SU` 抬頭）。 仰臥（ NGIONG` NGO^ 仰睡）。 仰泳（ NGIONG` YUN`仰面背在下的游泳)。 仰望（ NGIONG` UONG^ 期望、託付）。 仰瞻（ NGIONG` ZAM 抬頭觀望）。 仰人鼻息（ NGIONG` NGINv PI^ CID` 看人的臉色辦事、仰賴他人生活）。 2、敬慕。如： 仰慕（ NGIONG` MU^ 景仰愛慕）。 敬仰（ GIN^ NGIONG` 敬佩仰慕）。 景仰（ GIN` NGIONG` 尊敬）。 仰止（ NGIONG` Z` 敬慕）。 3、依賴。如： 仰仗（ NGIONG` TSONG^ 依靠）。 仰賴（ NGIONG` LAI^ 依賴）。 仰給（ NGIONG` GIB` 仰賴他人供給）。 仰攀（ NGIONG` PAN 攀付於位高的人)。

攘	NGIONG`	1、抵禦、排除： 攘外（NGIONG` NGOI^ 抵禦外侮）。 攘夷（NGIONG` Iv 排斥異族）。 攘除奸凶（NGIONG` TSUv GIAN HYUNG 除滅奸邪惡徒）。 2、侵奪： 攘奪（NGIONG` TOD^）。 3、揚散： 攘場（NGIONG` TSONGv 將穀場上的穀粒揚淨）。 攘臂（NGIONG` BI` 捲起袖子，露出手臂，喻精神振奮）。 4、竊取： 攘竊（NGIONG` CHIAB` 偷竊）。 攘羊（NGIONG` IONGv 偷羊）。
嚷	NGIONG`	1、喧鬧： 吵嚷（TSAOv NGIONG` 大聲吵鬧）。 喧嚷（CIEN NGIONG` 喧鬧）。 2、叫喊： 喊嚷（HEM NGIONG` 叫喊）。
釀	NGIONG^	1、製酒。如： 釀酒（NGIONG^ JIU`）。 2、醞釀（YUN^ NGIONG^ 事情逐漸演化形成）。
讓让	NGIONG^	謙虛。不與人爭、給別人得好處。 禮讓（LI NGIONG^）。 讓賢（NGIONG^ HIANv 將職位禮讓給賢能者）。 讓位（NGIONG^ WI^ 將職位禮讓給賢能者）。 讓人（NGIONG^ NGINv 謙讓給別人）。 讓步（NGIONG^ PU^ 退一步不與人爭）。 讓路（NGIONG^ LU^ 讓路給人走）。 讓座（NGIONG^ TSO^ 讓座位給人）。 2、轉移。如： 讓渡（NGIONG^ TU^ 把財產權轉移給別人不計報酬）。 讓與（NGIONG^ I 把產權交給別人）。
訛讹吪	NGOv	1、錯誤、虛假。如： 訛言（NGOv NGIANv 謠言）。 訛傳（NGOv TSONv 謠傳）。 訛音（NGOv IM 不正確的發音）。

		以訛傳訛（I NGOv TSONv NGOv 將聽到的謠言再傳出去）。 2、敲詐、騙人財物。如： 訛詐（NGOv ZA^）。 訛索（NGOv SOG` 詐騙勒索）。
譌	NGOv	「訛」本字。
囮	NGOv	以欺詐手段奪取別人錢財： 囮炸（NGOv ZA^）。
餓 饿	NGO^	肚飢（DU` GI）。如： 飢餓（GI NGO^）。 餓鬼（NGO^ GUI` 飢餓的鬼）。 餓死（NGO^ CI` 飢餓而死）。 餓虎飢鷹（NGO^ FU` GI IN 喻貪殘暴虐的人）。
臥	NGO^	1、躺下。如： 仰臥（NGIONG` NGO^ 面向上躺臥）。 臥床（NGO^ TSONGv 躺在床上）。 臥病（NGO^ PIANG^ 因病躺臥）。 臥薪嚐膽（NGO^ CIN SONGv DAM` 睡在柴上，口嚐苦膽，喻艱苦卓絕，奮力自強）。 臥虎藏龍（NGO^ FU` TSONGv LYUNGv 潛藏優異賢才、預先儲備優秀人才）。 2、睡覺用的。如： 臥室（NGO^ SD` 睡覺的房間）。 臥具（NGO^ KI` 睡覺用具）。 臥鋪（NGO^ PU 火車、輪船上供旅客睡覺的床鋪）。
昂	NGO^	頭向上仰。如： 頭昂昂（TEUv NGO^ NGO^ 仰著頭）。 昂起來（NGO^ HI` LOIv 頭仰起來）。
愕	NGOG`	1、驚懼的樣子。如： 驚愕（GIANG NGOG`）。 愕照（NGOG` ZEU^ 驚愕互視）。 愕然（NGOG` IANv 驚懼貌）。 2、傻、笨、遲鈍。如： 愕愕（NGOG` NGOG` 傻傻，呆呆）。 恁愕（AN` NGOG` 這麼笨！）
熬	NGOG^	熬夜（NGOG^ IA^ 整夜未睡）。
呆	NGOIv	獃、楞住。如： 呆呆（NGOIv NGOIv 傻傻呆呆的）。

獃	NGOIv	愚笨、不靈活。通「呆」。 獃獃（NGOIv NGOIv 傻傻呆呆的）。
礙 碍	NGOI^	1、阻擋。如： 阻礙（ZU` NGOI^）。 礙眼（NGOI^ NGIAN` 阻擋視線或對事情的發展有所妨礙）。 礙手礙腳（NGOI^ SU` NGOI^ GIOG` 因為有阻礙，無法順利達成任務）。 2、妨害。如： 妨礙（FONGv NGOI^）。 礙口（NGOI^ KIEU` 不方便說話）。 礙事（NGOI^ S^ 妨礙做事）。 礙難照准（NGOI^ NANv ZEU^ ZUN` 因有所妨礙，故難於照准）。
昂	NGONG	1、向上仰： 挺挺昂（TEN` TEN` NGONG 平躺、仰臉睡、仰游）。 2、高舉。如： 昂首（NGONG SU` 抬頭。） 3、漲價。如： 昂貴（NGONG GUI^ 價錢高）。
昂	NGONGv	同「昂 NGONG」。 又音 NGO^。
戇	NGONG^	愚笨、傻獃、剛直。如： 戇也（NGONG^ NGE` 傻子、傻瓜）。 戇牯（NGONG^ GU` 傻孩子）。 戇戇（NGONG^ NGONG^ 傻傻笨笨地）。 戇直（NGONG^ TSD^ 愚蠢而剛直）。
娛	NGU^	歡喜快樂。如： 娛樂（NGU^ LOG^ 可做為快樂消遣的事）。 娛親（NGU^ CHIN 博取父母的喜悅）。 娛娛（NGU^ NGU^ 高興快樂貌）。 彈琴自娛（TANv KINv TS^ NGU^ 彈琴自己快樂消遣）。
誤 悮	NGU^	1、錯失。如： 錯誤（TSO^ NGU^ 不對的）。 誤殺（NGU^ SAD` 因為錯失殺害了無辜者）。 誤傷（NGU^ SONG 並非有意傷害）。 誤筆（NGU^ BID` 寫錯）。 2、因自己錯失使人受害。如：

		誤人子弟（NGU^ NGINv Z` TI^）。
		誤人誤己（NGU^ NGINv NGU^ GI` 害人害己、傷害了自己也傷害到別人）。
		3、耽擱、延遲、錯過。如：
		誤時（NGU^ Sv 錯過時間）。
		延誤（IANv NGU^ 延遲耽誤）。
		誤期（NGU^ KIv 錯過約定時間）。
		誤點（NGU^ DIAM` 錯過鐘點）。
		耽誤（DAM NGU^ 延遲耽擱）。
		誤差（NGU^ TSA 近似值與真值的差額、沒有正中目標）。
		誤事（NGU^ S^ 耽誤事情，以致損失利益）。
		誤解（NGU^ GIAI` 不正確的了解領會）。
		誤會（NGU^ FI^ 誤解）。
悟	NGU^	1、明白：
		省悟（SEN` NGU^ 反省覺悟）。
		領悟（LIANG NGU^ 明瞭）。
		悟性（NGU^ CIN^ 從一般概念去認識理解事物的性能，又稱識性）。
		悟道（NGU^ TO^ 對宗教的道理有所領悟）。
		2、啟發：
		啟悟（KI` NGU^）。
		3、由迷惑轉為清楚：
		覺悟（GOG` NGU^）。
晤	NGU^	見面：
		會晤（FI^ NGU^ 會面）。
		晤面（NGU^ MIEN^ 會面）。
		晤談（NGU^ TAMv 面談）。
		晤對（NGU^ DUI^ 面對面會晤）。
牾	NGU^	牴牾（DI` NGU^ 牛角相牴，是衝突的意思）。
寤	NGU^	睡醒。
		驚寤（GIANG NGU^ 驚醒）。
		寤夢（NGU^ MUNG^ 清醒時所說所見的事，常在入睡後夢見）。
		寤寐（NGU^ MI^ 半睡半醒，神智不清）。
		寤寐不忘（NGU^ MI^ BUD` UONG^ 比喻隨時隨地都在想著，不論

		睡覺或清醒時都沒有忘記。）
玩	NGUAN`	1、嬉戲。如： 玩耍（NGUAN` SA`）。 玩物（NGUAN` UD^ 玩具）。 2、戲弄。如： 玩弄（NGUAN` NUNG^）。 玩笑（NGUAN` SEU^ 戲弄取笑）。 3、研究。如： 玩味（NGUAN` MI^）。 4、欣賞。如： 玩月（NGUAN` NGIAD^ 賞月）。 賞玩（SONG` NGUAN` 欣賞觀看）。 5、古董。如： 古玩（GU` NGUAN`）。
忨	NGUAN`	忨愒（NGUAN` KOI` 貪,偷安歲月而怠廢職務）。
翫	NGUAN`	安於習慣，不再注意。通「忨」。 翫愒（NGUAN` KOI` 偷安，同忨愒）。
頠	NGUD`	動搖不安穩貌。
危	NGUIv	1、不安全。如： 危險（NGUIv HIAM`）。 危身（NGUIv SN 危及本身）。 危亡（NGUIv UONGv＝MONGv 生死關頭）。 危急（NGUIv GIB` 險惡急迫）。 危機（NGUIv GI 緊要關頭）。 危殆（NGUIv TAI^ 危險）。 危如累卵（NGUIv Iv LUI` LON` 像堆疊蛋一樣危險）。 2、傷害。如： 危害（NGUIv HOI^）。 3、病重。如： 病危（PIANG^ NGUIv）。 4、端正。如： 危坐（NGUIv TSO 端坐）。 5、高大。如： 危牆（NGUIv CIONGv 高牆）。 危城（NGUIv SANGv 高峻的城牆）。
偽 伪	NGUI`	1、假的。如： 虛偽（HI NGUI`）。 偽裝（NGUI` ZONG 虛假的作為和掩飾、保護色）。 偽證（NGUI` ZN^ 假的證據）。

		偽造（NGUI` TSO^ 假冒真品製造，以冒充真貨）。 偽幣（NGUI` BI^ 假的鈔票、偽鈔）。 偽鈔（NGUI` TSAU 假鈔票）。 偽君子（NGUI` GYUN Z` 假充好人，以欺世盜名的人）。 2、欺詐。如： 偽詐（NGUI` ZA^ 作假欺詐）。
紐 纽	NGYU`	1、連結、聯繫。如： 紐帶（NGYU` DAI^ 韌帶）。 2、衣扣。如： 紐扣（NGYU`=NEU` KIEU^）。 紐襻（NGYU`=NEU` PAN^ 紐扣套環）。 3、器物上可提掛的部分。如： 秤紐（TSN^ NGYU`=NEU`）。
扭	NGYU`	1、轉動。如： 扭轉（NGYU` ZON`）。 扭打（NGYU` DA` 二人揪扭打架）。 扭送（NGYU` SUNG^ 扭住送往官署）。 扭筋（NGYU` GIN 由於扭動使筋絡挫傷）。 扭力（NGYU` LID^ 扭動棒狀物後，欲恢復原狀的拉力：torsion）。 扭轉乾坤（NGYU` ZON` KIANv KUN 形容力足轉變全面局勢）。 2、用力撐。如： 扭斷（NGYU` TON 扭撐而斷）。 扭嘴角（NGYU` ZOI^ GOG` 揪撐嘴角）。 3、扭皺（NGYU` JIU^ 人的性情多挑剔、不穩定、這樣也不滿意，那樣也不滿意）。
忸	NGYU`	忸怩（NGYU` NIv 慚愧不安貌；難為情貌）。
鈕 刡	NGYUG`	挫折，失敗： 敗鈕（PAI^ NGYUG`）。
忍	NGYUN	1、容讓、按耐住心中激動情緒，不使發出。 忍耐（NGYUN NAI^）。 忍受（NGYUN SU^ 忍耐承擔）。 忍痛（NGUNN TUNG^ 忍著痛楚）。 忍氣吞聲（NGYUN HI^ TUN SANG 忍受怒氣，忍不作聲）。

		忍辱負重（NGYUN YUG^ FU^ TSUNG^ 任勞任怨，忍受侮辱，擔負重擔）。 2、殘忍、狠心。如： 忍心（NGYUN CIM）。
頑	NGYUNv	1、愚頑： 父頑母頑（FU^ NGUANv MU NGYUNv 父母都愚頑）。 2、說話不老實： 頑訟（NGYUNv CYUNG^ 不忠不信而好打官司）。
愿愿	NGYUN`	肯，願意。 不愿（BUD` NGYUN` 不肯）。 愿愿（NGYUN` NGYUN` 謹敬貌）。
刃	NGYUN`	鋒利刀口。刺、殺： 手刃（SU` NGYUN` 用刀殺人）。 刀刃（DO NGYUN` 刀鋒）。
紉紉	NGYUN`	1、以線穿針。如： 紉針（NGYUN` ZM）。 2、以針線縫。如： 縫紉（FUNGv NGYUN`）。 縫紉機（FUNGv NGYUN`GI 裁縫機、針車）。 3、心中佩服。如： 紉佩（NGYUN` PI^）。
軔	NGYUN`	1、止住車輪轉動的木頭。如： 發軔（FAD` NGYUN` 轉動車輪，引申為事情的開始）。 2、阻止。如： 軔其行（NGYUN` KIv HANGv 阻止其行動）。
軔軔	NGYUN^	捱時間。如： 軔矣一點鐘才項床（NGUN^ NEv ID` DIAM` ZUNG ZANG^ HONG^ TSONGv 捱了一個小時才起床）。
牣	NGYUN^	1、充滿： 充牣（TSUNG NGYUN^）。 2、同「軔」。
䋹	NGYUNG^	繩線鬆弛、不緊、鬆的。如： 䋹䋹（NGYUNG^ NGYUNG^ 鬆鬆的）。 放䋹（BIONG^ NGYUNG^）：放鬆。 恁䋹線（AN` NGYUNG^ CIEN^ 這麼放鬆！）。
阿	O	1、倚靠。如：

		阿衡（O HENv 古時天子倚仗為治理國事、敦礪品德的大臣）。 2、偏袒。如： 阿諛（O Iv 曲意奉承）。 守正不阿（SU` ZN^ BUD` O 公正不偏倚）。 3、逢迎。如： 阿媚奉承（O MI^ FUNG^ SNv 巴結逢迎）。
屙	O	1、排泄糞尿。如： 屙屎（O S` 排放大便）。 屙尿（O NGIAU^ 排放小便）。 屙痢肚（O LI^ DU`）：瀉肚子。 屙瀉淨（O CIA^ BAv）：瀉肚子。 屙淨（O BAv 沒有償願、失敗了）。 2、從口出不吉利或不實的話。如： 屙膿屙血（O NUNGv O HIAD`）：胡說、空穴來風，說毫無根據的話。 屙衰人（O SOI NGINv 說話使人倒霉）。
垮	O	倒塌。如： 垮歇矣（O HED` LEv 倒塌了、垮掉了）。
吽	Ov	食量大。如： 吽牯（Ov GU` 大吃大喝的男人）。 吽母（Ov MAv 大吃大喝的女人）。 恁吽（AN` Ov 吃這麼多）。
哄	Ov	哄嬰兒睡。如： 哄睡矣（Ov SOI^ IEv 哄睡了）。
懊	O^	1、悔恨。如： 懊悔（O^ FI`）。 2、煩惱。如： 懊惱（O^ NO`）。 3、失意。如： 懊喪（O^ SONG 因失意沮喪）。
嘔 呕	O^	反胃、吐的聲音。如： 嘔嘔滾（O^ O^ GUN` 嘔吐聲）。
遏	OD`	擋風、擋水、遏止。如： 遏水（OD` SUI` 阻擋水路）。 遏風（OD` FUNG 擋風）。 遏止（OD` Z` 阻擋）。 遏不贏（OD` Mv IANGv 抵擋不住）。

哀	OI	1、傷悲。如：
		悲哀（ BI　　OI ）。
		哀傷（ OI　　SONG ）。
		哀怨（ OI　　IAN^ 憂傷中含著怨恨 ）。
		哀痛（ OI　　TUNG^　悲痛 ）。
		哀悼（ OI　　TO^　悲傷的祭弔 ）。
		哀榮（ OI　　YUNGv 人死後所受到的榮耀 ）。
		哀鳴（ OI　　MINv 悲痛的哀聲 ）。
		2、悼念。如：
		默哀（ MED^　OI ）。
		3、憐憫。如：
		哀憐（ OI　　LIENv 哀傷憐憫 ）。
		哀求（ OI　　KYUv 苦苦請求 ）。
		4、母喪、居親喪。如：
		孤哀（ GU　　OI 父喪稱孤，母喪稱哀 ）。
		哀子（ OI　　Z` 母死自稱 ）。
		孤哀子（ GU　OI　Z` 父母雙亡的孩子 ）。
愛愛	OI^	1、對人、事、物有真誠親切的感情。
		愛國（ OI^　GUED` ）。
		相愛（ CIONG　OI^ ）。
		親愛（ CHIN　OI^ ）。
		愛群（ OI^　KYUNv 愛護同類 ）。
		愛戴（ OI^　DAI^ 敬愛擁戴 ）。
		2、喜歡。如：
		愛好（ OI^　HAU^　喜好 ）。
		愛憎（ OI^　ZEN 愛與恨 ）。
		愛慕（ OI^　MU^ 心中傾慕 ）。
		愛食愛賭（ OI^ SD^ OI^ DU` 好吃好賭 ）。
		3、憐惜、保護。如：
		自愛（ TS^　OI^ ）。
		愛惜（ OI^　CID` ）。
		愛護（ OI^　FU^ 愛惜保護 ）。
		4、戀情。如：
		戀愛（ LIEN^　OI^ ）。
		愛火（ OI^　FO` 愛情如火熱 ）。
		愛情（ OI^　CHINv ）。
		5、要。如：
		愛去買菜（ OI^ HI^ MAI TSOI^ 要去買菜 ）。
		伊愛買屋（ Iv OI^ MAI UG` 他要買房子 ）。

		你愛考大學（Nv OI^ KAU` TAI^ HOG^ 你要考大學）。
曖曖	OI^	昏暗、不明。 曖昧（OI^ MI^ a、隱約不明。 　　　　　　　b、隱私不可告人的事）。
安	ON	1、平靜、穩定。如： 安定（ON TIN^）。 安全（ON CHIONv）。 平安（PINv ON 平穩安逸）。 安心（ON CIM 心中無慮）。 心安（CIM ON 心中無慮）。 安穩（ON UN` 安全妥當）。 安家（ON GA 安排家務、居家安定）。 安閒（ON HANv 閒適安逸）。 安逸（ON ID^ 舒適恬靜）。 安樂（ON LOG^ 平安快樂）。 安居（ON GI 安然居住）。 安息（ON CID` 安心休息）。 安葬（ON ZONG^ 完成埋葬事宜）。 安良除暴（ON LIONGv TSUv PAU^ 安撫善良，除去惡暴）。 安貧樂道（ON PINv LOG^ TO^ 安於貧窮，也樂於求道，不為外界奢華誘引）。 安家樂業（ON GA LOG^ NGIAB^ 家庭和樂，事業穩定）。 2、慰藉。如： 安慰（ON WI`）。 3、裝置。如： 安裝（ON ZONG）。 安置（ON Z^ 安放）。 安頓（ON DUN` 安置）。 安插（ON TSAB` 將人或事妥善安置）。 安釦也（ON KIEU^ UE` 縫扣子）。 4、存放。如： 無處安身（Uv TSU^ ON SN）。 5、健康。如： 安康（ON KONG）。 6、問候。如： 請安（CHIANG` ON）。 問安（MUN^ ON）。 7、何？如：

		安在（ON TSAI^ 何在）？ 8、安名（ON MIANGv 命名）。 安到（ON DO^ 叫做，稱呼）。
按	ON^	1、依照。如： 按照（ON^ ZEU^）。 按時（ON^ Sv）。 按日（ON^ NGID`）。 按月（ON^ NGIAD^）。 按期（ON^ KIv）。 按部就班（ON^ PU^ CHIU^ BAN 依照次序來做）。 2、壓下。如： 按手（ON^ SU` 牧長壓手在人的頭上，領受神所恩賜之職；或任何人將手按在疼痛位置，求上帝醫治）。 按脈（ON^ MAG` 為病人把脈）。 按摩（ON^ MOv 使力下壓加以揉擦，又稱推拿或指壓，為醫術的一種）。 3、止住。如： 按兵不動（ON^ BIN BUD` TUNG^ 停止軍隊的發動）。
盎	ONG`	身體壓在硬物上。如： 盎到腰骨（ONG` DO` IEU GUD` 腰壓到硬物）。 分石頭盎到（BUN SAG^ TEUv ONG` DO` 身體壓在石頭上）。
盎	ONG^	盎撞（ONG^ TSONG^ 不聽話、頂撞長輩）。
扒	PA	扒飯（PA FAN^ 飯碗就口，用筷子括飯入口）。 不會扒矣（Mv UOI^ PA Ev 不會吃飯了）。
爬	PAv	1、手足伏地，以四肢行走。如： 爬行（PAv HANGv）。 七坐八爬（CHID` TSO BAD` PAv 人出生後七個月就會坐，八個月時會在地上爬行）。 2、攀登、攀援。如： 爬樹（PAv SU^）。 爬壁（PAv BIAG^）。 爬山（PAv SAN 上山）。 爬床拖蓆（PAv TSONGv IA` CHIAG^ 形

		容病床上的人極端痛苦狀，以手抓床拉蓆掙扎）。 3、昆蟲用肚子、環節或腳伏地而行。 爬蟲（PAv TSUNGv）。 蟲也爬（TSUNGv NGE` PAv 蟲爬）。
扒	PAv	1、趁人不備，偷竊人身上的財物。 扒手（PAv SU`）。 2、用手或耙，聚攏東西。如： 扒草（PAv TSO`）。 3、搔。如： 扒癢（PAv IONG 搔癢）。
跁趴	PAv	1、跁趷（PAv KIAv 蛙蹲著,不肯前進）。 2、嬰兒匍匐。 七坐八跁（CHID` TSO BAD` PAv 嬰兒七個月大時會坐，八個月大時會跁行）。
怕	PA^	1、畏懼。如： 怕死（PA^ CI`）。 不怕困難（Mv PA^ KUN^ NANv）。 2、恐怕。如： 驚怕（GIANG PA^）：恐怕。 3、想是、或者、猜測。如： 伊怕不來咧（Iv PA^ Mv LOIv LE 他一定是不來了）！
罷罷	PA^	免去，停止。如： 罷免（PA^ MIEN 免職）。 罷手（PA^ SU` 停止，不再進行）。 罷工（PA^ GUNG 停止工作，目的在抗議）。 罷休（PA^ HYU 了結）。
潑泼	PAD`	1、以勺散水。如： 潑水（PAD` SUI` 以勺子舀水潑地或潑菜）。 潑尿（PAD` NGIAU^ 舀水肥潑菜）。 2、凶悍、蠻橫。如： 潑婦（PAD` FU^ 蠻橫的婦人）。 打潑賴（DA` PAD` LAI^ 耍賴、耍性子）。 3、靈機生動。如： 活潑（FAD^ PAD`）。
刈	PAD`	1、用草鐮割草。如： 刈草（PAD` TSO` 割草）。 刈权也（PAD` TSA^ E` 砍伐草木作為

		柴火）。 2、打刈賴（DA` PAD` LAI^ 耍賴、耍性子）。
搧	PAD`	搧扇也（PAD` SAN^ NE` 搧扇子）。 搧涼（PAD` LIONGv）。 搧風（PAD` FUNG ）。
撥撥	PAD`	撥扇也（PAD` SAN^ NE` 搧扇子）。 撥涼（PAD` LIONGv 煽涼）。 撥風（PAD` FUNG 煽風）。
拔	PAD^	1、拉、抽、揪。如： 拔草（PAD^ TSO`）。 拔除（PAD^ TSUv 除去）。 拔山（PAD^ SAN 形容力氣大，可以拔起大山）． 拔河（PAD^ HOv 兩隊拉大繩，比輸贏）。 海拔（HOI` PAD^ 陸地、山岳高於海平面的高度）。 拔腿（PAD^ TUI` 邁步快走）。 拔步（PAD^ PU^ 拔腿）。 2、選出。如： 選拔（CIEN` PAD^）。 拔擢（PAD^ TSOG^ 選拔才俊）。 3、特出、凸出。如： 拔群（PAD^ KYUNv 出眾）。 出類拔萃（TSUD` LUI^ PAD^ TSUI^ 才學出眾）。 4、奪得。如： 拔城（PAD^ SANGv 奪城）。
跋	PAD^	1、在地上走： 跋涉（PAD^ SAB^ 旅途奔走）。 2、寫在書前或書後的文字稱為： 跋文（PAD^ UNv 寫在書前的稱為序文）。 跋尾（PAD^ MI 寫在書畫後的題詞）。 3、跋扈（PAD^ FU^ 強悍傲慢）。
拂	PAD^	拂拭灰塵、撣。如： 凳也拂淨來（DEN^ NE` PAD^ CHIANG^ LOIv 凳子撣拂乾淨）。 拂塵灰（PAD^ TSNv FOI 拂去灰塵）。 拂蚊也（PAD^ MUN NE` 揮趕蚊子）。
潑	PAD^	大量冒出：

潑		潑汗（PAD^ HON^ 大量冒汗、冒冷汗）。
		潑血（PAD^ HIAD` 大量濺血、射血）。
排	PAIv	1、依次序成行。如：
		排隊（PAIv DUI^）。
		排列（PAIv LIED^）。
		排印（PAIv IN^ 排字印刷）。
		排字（PAIv S^ 檢取鉛字排成印刷底板）。
		排版（PAIv BAN` 排字、排印）。
		排行（PAIv HONGv 依長幼次序排列）。
		排場（PAIv TSONGv 設置、外表鋪排的場面）。
		排山倒海（PAIv SAN DO` HOI` 比喻來勢洶洶）。
		2、解除。如：
		排解（PAIv GIAI` 排開解除）。
		排除（PAIv TSUv）。
		排泄（PAIv CIED` 排除體內廢物）。
		排氣（PAIv HI^ 使廢氣排出、放屁、抽除空氣）。
		排水溝（PAIv SUI` GIAU 排除污水的水溝）。
		排水量（PAIv SUI` LIONG^ 指船在水中所能排開的水量，由此測知船的容積和載重的噸數）。
		3、練習、演練。如：
		排演（PAIv IAN 演練）。
		4、擯斥。如：
		排斥（PAIv TSD` 反感、排除斥棄）。
		排擠（PAIv JID` 排斥他人，使人無法容身）。
		排外（PAIv NGOI^ 排斥外國人）。
		排球（PAIv KYUv 以雙手掌手臂前推或接球,使對方漏接得勝的互推球類）。
		排除異己（PAIv TSUv I^ GI` 排斥與自己心意相違背的人）。
		5、量詞。一行列。如：
		一排字（ID` PAIv S^）。
		雙排鈕也（SUNG PAIv KIEU^ UE` 雙排鈕扣）。
		五排凳也（NG` PAIv DEN^ NE` 五排凳子）。

派	PAI^	1、分配。如： 攤派（TAN　PAI^　分派）。 派出所（PAI^　CHUD`　SO` 巡警分駐的所在地）。 2、差遣。如： 差派（TSAI　PAI^）。 分派（FUN　PAI^　差派）。 派遣（PAI^　KIAN`　差遣）。 派員（PAI^　IANv　差遣人員）。
湃	PAI^	澎湃（PONGv＝PONG　PAI^　a、水勢洶湧。b、飲食豐盛）。
敗 敗	PAI^	1、輸、負、失利。如： 失敗（SD`　PAI^）。 成敗（SNv　PAI^　成功與失敗）。 戰敗（ZAN^　PAI^　戰爭失利）。 敗北（PAI^　BED`　打敗而逃）。 落敗（LOG^　PAI^　比賽或戰爭失敗）。 敗訴（PAI^　SU^　訴訟官司失敗）。 敗績（PAI^　JID`　出戰失敗、競賽輸了）。 敗露（PAI^　LU^　惡行被識破）。 2、毀壞。如： 腐敗（FU`　PAI^　腐爛）。 敗壞（PAI^　FAI^　毀壞）。 敗絮（PAI^　CI^　比喻枯槁而無用）。 敗類（PAI^　LUI^　群體秩序的破壞人）。 敗名（PAI^　MIANGv　敗壞名聲）。 敗家子（PAI^　GA　Z`　傾家蕩產、不能自立的子弟）。 敗柳殘花（PAI^　LIU　TSANv　FA 指妓女）。 敗壞門楣（PAI^　FAI`　MUNv　MIv　敗壞家風）。 3、衰落。如： 敗俗（PAI^　CYUG^　敗壞風俗）。 衰敗（SOI　PAI^　老衰枯萎）。
攀 扳	PAN	1、抓住別的東西向上爬。如： 攀登（PAN　DEN）。 攀緣（PAN　IANv　依附他物使身體上升、心志不堅）。 攀援（PAN　IAN　依附他物使身體上升）。 2、牽扯。如： 攀扯（PAN　TSA`）。

		攀談（PAN TAMv 引人與自己談話）。 3、挽留。如： 攀留（PAN LIUv）。 4、向上攀爬： 攀牆（PAN CIONGv 越牆）。 攀擎（PAN KIAv 形容好動頑皮，愛攀高）。 攀籬吊壁（PAN LIv DIAU^ BIAG` 攀越籬笆，攀登牆壁）。 5、企求關係： 高攀（GO PAN 與人共事而自謙）。 攀親（PAN CHIN 議論婚嫁）。 攀龍附鳳（PAN LYUNGv FU^ FUNG^ 攀附權貴以求高職）。
絆 絆	PAN	被繩索阻礙、用腳阻擋，使人絆倒。 絆橫人（PAN UANG^ NGINv 繩索使人絆倒）。
拚	PAN	1、兩人相搏鬥。如： 拚橫（PAN UANG^ 摔角使之倒下）。 拚不橫（PAN Mv UANG^ 摔不倒）。 2、用力摔倒人或摔死動物。如： 拚蛙也（PAN GUAI` IE` 摔死小青蛙）。 拚畀死（PAN BI` CI` 把他摔死）。 拚死矣（PAN CI` IEv 摔死了）。 3、鞭打，用皮帶或繩索打人。 用皮帶拚（YUNG^ PIv DAI^ PAN）。
伴	PAN	讀音 BAN^。作陪。如： 作伴（ZO^ = ZOG` PAN）。 陪伴（PIv PAN）。 冇伴（MOv PAN 沒有伴侶）。 伴侶（PAN LI` 作伴的人）。 伴娘（PAN NGIONGv 陪伴新娘的女子）。 伴郎（PAN LONGv 陪伴新郎的男子）。 老伴（LO` PAN 老的伴侶）。
般	PANv	留連。 般桓（PANv FANv 徘徊留連）。 又音 BAN。
胖	PANv	安舒。如： 心廣體胖（CIM GONG` TI` PANv 心胸寬闊，身體自然康泰）。
磐	PANv	磐牙（PANv NGAv 互相連接）。 磐互（PANv FU^ 盤纏交互）。 磐桓（PANv FANv 徘徊留連）。

盤 盤 柈	PANv	1、回繞。如： 盤旋（PANv CIENv）。 盤桓（PANv FANv 徘徊留連）。 盤錯（PANv TSO^盤旋交錯；事情繁雜）。 盤腿（PANv TUI` 兩腿交錯而坐）。 盤曲（PANv KYUD` 盤旋曲折）。 2、據守。如： 盤據（PANv GI` 霸佔；據守）。 盤踞（PANv GI^ 據守不放）。 3、仔細核對查究。如： 盤問（PANv UN^ 仔細查問）。 盤查（PANv TSAv 清查）。 盤詰（PANv GIAD` 盤查詰問）。 盤算（PANv SON^ 盤想計算）。 4、商店或生財用的貨物讓人。如： 盤店（PANv DIAM^）。 盤貨（PANv FO^ 清點貨品）。 5、全面的。如： 全盤（CHIONv PANv）。 盤據（PANv GI` 全盤佔據；亦作盤踞）。 6、旅費。如： 盤川（PANv TSON）。 盤費（PANv FI^）。 盤纏（PANv TSANv）。 7、盤水（PANv SUI` 從甲盛器,舀水到乙盛器中）。
攀	PANv	同「攀 PAN」： 攀籬吊壁（PANv LIv DIAU^ BIAG` 到處攀登）。 攀朧（PANv KIAv 像蜘蛛一般,到處攀登）。
判	PAN^	1、分辨。如： 判別（PAN^ PED^）。 2、評定。如： 評判（PINv PAN^）。 裁判（TSAIv PAN^）。 3、斷定。如： 判定（PAN^ TIN^）。 判斷（PAN^ DON^）。 判決（PAN^ GIAD`對訴訟當事人的判定)。
叛	PAN^	違反、背離。如： 背叛（BOI^ PAN^）。 反叛（FAN` PAN^）。

		叛逆（PAN^ NGIAG^ 背叛）。 叛亂（PAN^ LON^ 謀反作亂）。 叛變（PAN^ BIEN^ 叛亂行動）。 叛兵（PAN^ BIN 叛變的軍人）。 叛軍（PAN^ GYUN 叛變的軍隊）。 叛國（PAN^ GUED` 背叛自己的國家）。 叛徒（PAN^ TUv 反叛的人、信徒或師徒）。
伴	PAN^	讀音 BAN^。作陪、伴隨。如： 作伴（ZO^ = ZOG` PAN^）。 冇伴（MOv PAN^ 沒有伴侶）。 伴侶（PAN^ LI` 作伴的人）。 伴娘（PAN^ NGIONGv）。 伴郎（PAN^ LONGv）。 陪伴（PIv PAN^）。 伴唱（PAN^ TSONG^ 陪伴唱歌）。 伴奏（PAN^ ZEU^ 以樂器伴隨其他樂器或人聲彈奏）。
辦辦	PAN^	1、處理事務、安置準備。如： 辦事（PAN^ S^）。 辦理（PAN^ LI 處理事務）。 辦公（PAN^ GUNG 處理公事）。 辦法（PAN^ FAB` 處理的方法）。 辦妥（PAN^ TOv 辦理妥當）。 2、懲罰。如： 辦罪（PAN^ TSUI^ 審理罪犯）。 法辦（FAB` PAN^ 依法究辦）。 辦案（PAN^ ON^ 審理案件）。 3、購買。如： 辦貨（PAN^ FO^ 買貨）。 辦裝（PAN^ ZONG 買衣服）。
盼	PAN^	1、期待、希望。如： 盼望（PAN^ UONG^）。 希盼（HI PAN^ 希望期盼）。 盼禱（PAN^ DO` 希盼祈禱）。 2、看。如： 顧盼（GU^ PAN^ 觀看）。 左顧右盼（ZO` GU^ YU^ PAN^ 左右觀看）。
拚	PAN^	不顧惜。 拚命（PAN^ MIANG^ 不顧惜生命）。 拚死（PAN^ CI` 不惜犧牲生命）。 又音 BIA^，BIANG^，PAN。
嗙	PANG	1、吹氣、打氣。如：

		唪風（PANG FUNG 打氣、吹氣、吹）。 2、生氣。如： 唪頦（PANG GOI 鼓大脖子吹氣球、生氣）。 唪頦蛇（PANG GOI SAv 眼鏡蛇）。
怦	PANG	1、心急。 2、怦怦（PANG PANG 心動貌，忠直貌）。
澎	PANGv	1、形容波浪相擊稱為 澎湃（PANGv PAI^ 波浪激起相撞擊）。 澎湖（PANGv FUv 台灣島西邊的澎湖島嶼）。 2、澎漲（PANGv ZONG^ 膨漲、擴張漲大）。
膨	PANGv	脹大、鼓漲。如： 膨脹（PANGv ZONG^）。
蜞	PANGv	膨蜞（PANGv KIv 小蟹，又作螃蜞 PONGv KIv）。
棚	PANGv	搭架以供植物攀援的支架。築樓板、架高台。 棚起來（PANGv HI` LOIv 高架起來）。
髼	PANGv	髼鬙（PANGv SEN 頭髮散亂貌）。
蹦	PANG`	蹦跳（PANG` TIAUv 生氣而暴跳）。
浮	PANG`	浮跳（PANG` TIAUv 生氣而暴跳）。
秕 粃	PANG^	無實的穀粒。如：： 秕穀（PANG^ GUG` 不充實、沒有米粒的穀）。 秕秕（PANG^ PANG^ 不充實、不結實）。 秕卵（PANG^ LON` 沒有生命的蛋）。 秕銃（PANG^ TSUNG^ 彈殼中裝火藥，以臘封塞，沒有彈頭，只聽到爆聲的槍彈）。 秕頭（PANG^ TEUv 花花公子。只崇尚時髦，只重外表，不學無術的人。自以為了不起的作風）。
胖	PANG^	內裡不充實（只有一半的肉）。 同「秕（PANG^）」。 胖胖（PANG^ PANG^ 內裡鬆鬆的、不結實）。 胖穀（PANG^ GUG 不充實、沒有米粒的穀）。 胖卵（PANG^ LON` 沒有生命的蛋）。 胖銃（PANG^ TSUNG^ 彈殼中裝火藥，以臘封塞，沒有彈頭的槍彈）。 胖頭（PANG^ TEUv 花花公子。只崇尚時髦,只重外表，不學無術的

		人。自以為了不起的作風）。
跑	PAU	1、快速度走路。如： 跑步（PAU PU^）。 賽跑（SOI^ PAU 比賽快跑）。 跑道（PAU TO^ 比賽跑步的規定路線）。 2、徑賽的簡稱。如： 長跑（TSONGv PAU 長距離的賽跑）。 短跑（DUN` PAU 短距離的賽跑）。 3、跑馬（PAU MA）：騎馬。 4、跑堂（PAU TONGv 茶、酒館中伺候顧客的人）。
拋	PAU	1、投、扔。如： 拋繡球（PAU CIU^ KYUv）。 拋售（PAU SU^ 大量出售）。 拋空（PAU KUNG 買空賣空的投機生意）。 拋錨（PAU MAUv 把錨投入海中使船停泊；車船故障而停止）。 拋磚引玉（PAU ZON IN NGYUG^ 獻出自己的陋物以引出他人獻出精美之物）。 2、丟棄。如： 拋棄（PAU KI^）。 3、暴露。如： 拋頭露面（PAU TEUv LU^ MIEN^ 指舊時婦女不待在閨房中，而外出不避開生人）。 4、拋鹽（PAU IAMv 將切好的水果或蔬菜加鹽，拋翻使鹽均勻）。 5、拋拋滾（PAU PAU GUN` 開水沸騰冒泡的樣子）。
炰	PAUv	炰烋（PAUv HAU = HIEU 驕傲氣盛貌，咆哮）。
鉋刨鑤	PAUv	削平木材或削皮的工具稱為 鉋也（PAUv UE`）。如： 鉋平（PAUv PIANGv）。 瓜鉋也（GUA PAUv UE` 削瓜皮用的鉋刀）。 鉋板也（PAUv BIONG NGE` 鉋平木板）。
刨	PAUv	1、同「鉋」。如： 刨皮（PAUv PIv 削皮）。 刨平（PAUv PIANGv）。

		2、挖掘。如： 刨土（PAUv　TU`）。
咆	PAUv	發怒大吼、大哭： 咆哮（PAUv　HAU^）。
庖	PAUv	代庖（TOI^　PAUv　代替別人做事）。
爬	PAUv	爬土（PAUv　TU`　用爪扒土）。
爆	PAU^	1、炸裂。如： 爆破（PAU^　PO^　以炸藥炸破）。 爆炸（PAU^　ZA^　以火藥炸裂）。 爆發（PAU^　FAD`突然發生、炸裂開來)。 爆裂（PAU^　LIED^　爆炸裂開）。 2、紙包的爆炸物。如： 爆竹（PAU^　ZUG`　紙爆也）。 鞭爆（BIEN　PAU^　編成一串的爆竹)。 紙爆也（Z`　PAU^　UE`　爆竹、鞭炮）。
炮	PAU^	如法炮製（Iv FAB` PAU^ Z^ a.依定法製 作, b.精煉藥材使成精品）。
泡	PAU^	1、用滾水沖泡。如： 泡茶（PAU^　TSAv）。 2、浸漬。如： 浸泡（JIM^　PAU^浸在液體中使入味)。 泡菜（PAU^　TSOI^泡漬現吃的蔬菜）。
抱	PAU^	1、胸懷： 懷抱（FAIv　PAU^）。 2、張臂雙手圍攬： 摟抱（LEUv　PAU^）。 懷抱（FAIv PAU^抱在懷中,所抱的意見)。 3、心存： 抱怨（PAU^　IAN^　心存怨恨）。 抱屈（PAU^　KYUD`　心中有冤屈）。 抱恨（PAU^　HEN^　心中懷恨）。 抱歉（PAU^　KIAM　心中有歉意）。 抱不平（PAU^ BUD` PIANGv 心存不平，挺 　　　身而出）。 4、有： 抱病（PAU^　PIANG^　有病、生病）。
袌	PAU^	同「懷抱」的「抱」。
暴	PAU^	1、凶惡、凶狠。如： 殘暴（TSANv　PAU^　殘酷）。 暴虐（PAU^　NGIOG`　殘忍苛虐）。 暴行（PAU^　HANGv　殘暴的行為）。 暴政（PAU^　ZN^　殘暴的政治）。

		暴君（PAU^ GYUN 暴虐的君王）。 暴徒（PAU^ TUv 凶暴蠻橫的惡徒）。 2、意外的、忽然的。如： 暴富（PAU^ FU^ 意外致富）。 暴斃（PAU^ BI^ 突然死亡）。 暴卒（PAU^ ZUD` 暴斃）。 暴病（PAU^ PIANG^ 急症）。 暴富（PAU^ FU^ 突起的富有）。 3、急躁。如： 暴跳（PAU^ TIAU^）。 性暴（CIN^ PAU^ 性情暴躁）。 4、來勢急速猛烈。如： 暴動（PAU^ TUNG^ 眾人齊出，做出強暴破壞的舉動）。 暴風雨（PAU^ FUNG I` 風災）。 5、不自愛。如： 自暴自棄（TS^ PAU^ TS^ HI^不愛惜自己）。 6、暴殄天物（PAU^ TIEN` TIEN UD^ 不知愛惜東西）。
虣	PAU^	通「暴」。
迫	PED`	1、壓迫。如： 壓迫（AB` PED`）。 逼迫（BED` PED`）。 迫害（PED` HOI^）。 迫不得已（PED` BUD` DED` I` 為情勢所逼不得不如此）。 2、急切。如： 迫切（PED` CHIED` 急促）。 迫令（PED` LIN^ 急迫或逼迫的命令）。 迫不及待（PED` BUD` KIB^ TAI^ 急迫得不能再等待）。 3、靠近。如： 迫近（PED` KYUN）。
別別	PED^	1、分辨。如： 辨別（PIEN^ PED^）。 區別（KI PED^ 分別）。 鑑別（GAM^ PED^ 鑑定分別）。 2、分離。如： 分別（FUN PED^）。 離別（LIv PED^）。 3、奇特。如： 特別（TID^ PED^）。

		別緻（PED^ Z^ 新奇、別出心裁的事物）。 別出心裁（PED^ TSUD` CIM TSAIv 特別而新奇的心思）。
弼弼	PED^	1、輔助： 輔弼（FU` PED^）。 2、匡正： 弼達（PED^ TAD^ 匡正過失）。
烹亨	PEN	煮燒食物。如： 烹飪（PEN IM^）。 烹調（PEN TIAUv 用煎炒煮炸蒸燉等方法做食物）。
標标	PEU	1、記號、符號。如： 標誌（PEU Z^ 記號）。 標頭（PEU TEUv 標誌）。 標籤（PEU CHIAM 標誌紙）。 商標（SONG PEU）。 2、表明。如： 標示（PEU S^）。 標明（BEU MINv）。 標語（PEU NGI 張貼用的宣傳字句）。 標注（PEU ZU^ 列出的注解）。 標記（PEU GI^ 記號）。 標題（PEU Tiv 標明的題目）。 標價（PEU GA^ 標出定價）。 標榜（PEU BONG` 表揚稱讚）。 標點符號（PEU DIAM` FUv HO^ 字句後的線形、點形、符號，用以標示名號或段落、情感等）。 標新立異（PEU CIN LIB^ I^ 特立新奇的名目，以炫大眾）。 3、目的物。如： 目標（MUG` PEU）。 標的（PEU DID` 目標）。 奪標（TOD^ PEU 奪得標的物）。 4、範式。如： 標準（PEU ZUN`）。 5、標本（PEU BUN` 經過整理而保持原形的動植物或礦物等的實物樣品）。 6、標槍（PEU CHIONG 投擲比遠用的鐵頭竹柄矛槍）。
漂	PEU	1、浮在水面。如：

		漂流（PEU LIUv）。 漂浮（PEU FEUv）。 漂洋過海（PEU IONGv GO^ HOI`跨海出國）。 2、流動。如： 漂泊（PEU POG`行止無定）。 漂淪（PEU LUNv 飄零淪落）。 漂絮（PEU CI^ 飄零無定如花絮）。
飄 飄 颻	PEU	1、隨風飛揚： 飄揚（PEU IONGv 飛揚）。 飄搖（PEU IEUv 飛翔貌）。 飄落（PEU LOG^ 隨風飄動而落下）。 飄零（PEU LINv 四處飄落、身世坎坷）。 飄香（PEU HIONG 風吹來的香氣）。 飄逸（PEU ID^ 比喻灑脫的個性、比喻文辭的優雅）。 2、行動輕快： 飄忽（PEU FUD`風快貌）。
嫖	PEUv	男子玩弄妓女、狎妓。如： 嫖妓（PEUv GI 狎妓）。 好嫖好賭（HAU^ PEUv HAU^ DU`）。
浮	PEUv	同「浮 FEUv」。 1、漂在水面、與「沉」相反。如： 漂浮（PEU PEUv）。 浮沉（PEUv TSMv 浮起或沉沒）。 浮力（FEUv LID^ 物體在液體中或氣體中向上的作用力）。 浮浮（PEUv PEUv 向上浮輕飄飄的樣子）。 浮雲（PEUv YUNv 漂浮在天上的雲）。 浮舟（PEUv ZU 浮在水上的小船）。 浮屍（PEUv S 浮起的屍體）。 浮起來（PEUv HI` LOIv）。 浮圓粄也（PEUv IANv BAN`NE`煮浮湯圓）。 2、油炸食物。如： 浮油（PEUv YUv 油炸）。 浮魚也（PEUv NGv NGE`油炸魚）。 浮肉丸（PEUv NGYUG` IANv 油炸肉丸）。
漂	PEUv	1、沖洗： 漂洗（PEUv SE`）。 漂白（PEUv PAG^ 加藥料洗滌使潔白）。 2、同「漂 PEU」及「浮 PEUv」。浮在水面。

抔	PEUv	1、用手捧物： 抔飲（PEUv IM`捧杯喝）。 2、抔土（PEUv TU`一撮的泥土,喻極少）。
漂	PEU`	1、沖洗。如： 漂白（PEU` PAG^）。 漂洗（PEU` SE`）。 2、漂漂焉講（PEU` PEU` UE GONG`）淡淡地、輕描淡寫地說。
瞟	PEU`	瞟眼（PEU` NGIAN` 斜眼看）。
摽	PEU`	落下。 摽梅（PEU` MOIv 梅子落下：梅落知時期已晚,喻女子當及時出嫁）。
掊	PEU`	1、以手取物。 2、打擊： 掊擊（PEU` GID`）。
裒	PEU`	1、聚集： 裒集（PEU` CIB^ 聚集）。 裒斂（PEU` LIAN^ 聚斂財物）。 裒輯（PEU` CIB^ 薈萃而編輯）。 2、減少： 裒多益寡（PEU` DO ID` GUA` 減少有餘的,補充不足的）。
慓	PEU^	輕捷： 慓悍（PEU^ HON^ 輕捷勇猛）。
剽	PEU^	1、劫掠。如： 剽取（PEU^ CHI`）。 2、輕捷強悍。如： 剽悍（PEU^ HON^）。
批	PI	1、評判指教。如： 批評（PI PINv）。 批判（PI PAN^ 批評裁判）。 批改（PI GOI` 批評指正學生的作業、考卷）。 2、對文件或文章簽註意見。如： 批注（PI ZU^ 批示註明）。 批示（PI S^）。 批准（PI ZUN` 核准）。 3、大量買貨或賣貨。如： 批發（PI FAD`）。 4、量詞。如： 一批人（ID` PI NGINv 一陣人潮）。

		一批貨（ID` PI FO^）。
披	PI	1、衣服搭罩在身上而不穿。 披風（PI FUNG 批在身上的無袖防風罩衣）。 2、洗好的衣服掛在曬衣處。如： 披衫（PI SAM）。 3、在頭頂上。如： 披星戴月（PI SEN DAI^ NGIAD^ 喻夜間趕工）。 4、散開。如： 批頭散髮（PI TEUv SAN^ FAD`頭髮散亂）。
狓	PI	狓猖（PI TSONG a.飛颺。b.不可制止貌）。
疲	PI	1、厭倦。如： 樂此不疲（LOG^ TSv BUD` PI 享樂於此道不厭倦）。 2、勞累、倦怠。如： 疲勞（PI LOv）。 疲乏（PI FAD^ 精神不繼,體力勞倦)。 疲憊（PI PI^ 疲倦無力）。 疲弊（PI BI^ 困憊）。 疲於奔命（PI I BUN MIANG^ 終日奔波,不勝勞苦）。
培	PIv	1、以水、土、肥料養育植物,在植物的根附近蓋上泥土。如： 培養（PIv IONG）。 栽培（ZAI PIv）。 培壅（PIv YUNG 栽種壅土）。 培植（PIv TSD^ 栽種植物）。 2、用照顧植物的心情去教育孩子。 培育（PIv YUG`）。
陪	PIv	隨同作伴。如： 陪伴（PIv BAN^）。 陪客（PIv KIED` 陪伴客人的人）。 陪酒（PIv JIU` 配客人喝酒）。 陪笑（PIv SEU^ 隨時帶著笑臉陪伴客人）。 陪嫁（PIv GA^ 嫁妝或隨從出嫁的侍女）。 陪襯（PIv TSN^ 以別的東西來襯托主體）。 陪罪（PIv TSUI^ 向人道歉、賠罪）。 陪審制度（PIv SM` Z^ TU^ 是人民

		直接參與行使司法權的制度,又稱國民裁判制度,在審理訴訟時,由民間選出陪審員陪同法官、推事一起參與審理)。
肥	PIv	使田地肥沃。如: 用肥(YUNG^　　PIv)。 肥田(PIv　　TIENv)。
鄙	PI`	1、看不起。如: 鄙視(PI`　　S^ )。 鄙棄( PI`　　KI^　輕視)。 2、粗俗、低劣。如: 鄙俗(PI`　　CYUG^　淺陋低俗 )。 鄙陋( PI`　　LEU^　庸俗淺薄)。 卑鄙(BI　　PI`　低劣淺陋、人格低下)。 鄙薄( PI`　　POG^　粗俗淺薄、人格低下)。 3、自謙詞。如: 鄙見(PI`　　GIAN^　謙稱自己的意見 )。 鄙意( PI`　　I^　自謙自己的意見)。 鄙人(PI`　　NGINv　對人自稱 )。 鄙夫( PI`　　FU　對人自稱)。
仳	PI`	分離: 仳離(PI`　　LIv)。
圮	PI`	毀壞: 傾圮(KIN　　PI`　傾覆毀壞)。
被	PI^	1、受: 被害(PI^　　HOI^　受人陷害)。 被告(PI^　　GO^　被人提起訴訟,是接受訟案的當事人)。 被動(PI^　　TUNG^　動作非出於己意,主動之反)。 被選權(PI^　　CIEN`　KIANv　受人推舉出來選舉的被選的權利)。 2、及: 澤被天下(TSED^　PI^　TIEN　HA^　恩澤及於天下)。
配	PI^	1、兩姓結婚。如: 婚配(FUN　　PI^)。 配偶(PI^　　NGIEU`　夫妻 )。 元配( NGIANv　　PI^　第一個妻子 )。 匹配( PID`　　PI^　地位能力相當、結為夫妻)。 2、牲畜交合。如: 交配(GAU　　PI^)。

		配種（PI^　ZUNG`）。 3、分派。如： 分配（FUN　PI^）。 配置（PI^　Z^　分置配合）。 配備（PI^　PI^　裝備）。 配合（PI^　HAB^　分工合作，完成同一任務）。 配給（PI^　GIB`　照規定數量公平分給大家）。 配當（PI^　DONG　分派適當，是日本話）。 4、調和。如： 配藥（PI^　IOG^）。 配方（PI^　FONG　配藥）。 5、補不足。如： 配貨（PI^　FO^　分派或補充貨物）。 配鎖（PI^　SO`　補充鎖或鑰匙）。 配角（PI^　GOG`　重要性次於主角的角色）。
備 俻 俻 备	PI^	1、具有。如： 才德兼備（TSOIv　DED`　GIAM　PI^）。 2、完全。如： 完備（UANv　PI^）。 3、預籌。如： 預備（I^　PI^）。 準備（ZUN`　PI^）。 備忘（PI^　UONG^　記載事項以免忘記）。 備考（PI^　KAU`　留供參考）。 備核（PI^　HED`　留供考核）。 備足（PI^　JYUG`　準備充足）。 備註（PI^　ZU^　附加的字句，用於解釋或捕不足）。 備案（PI^　ON^　向有關單位登記存案）。 備查（PI^　TSAv　準備充分，留待考查）。 備用（PI^　YUNG^　預先準備以供必要時使用）。 備辦（PI^　PAN^　預置）。 4、設施。如： 設備（SAD`　PI^）。
憊 惫	PI^	疲倦困頓： 疲憊（PI　PI^）。 困憊（KUN^　PI^　困頓）。
媲	PI^	1、配合、相配：

		媲偶（PI^　NGIEU` 並相為伴）。 2、相並、相比： 媲美（PI^　MI 喻其美相配襯）。
佩	PI^	1、掛、帶、戴、插。如： 佩戴（PI^　DAI^）。 佩帶（PI^　DAI^）。 佩掛（PI^　GUA^）。 玉佩（NGYUG^　PI^ 佩掛在身上的玉石）。 佩劍（PI^　GIAM^ 佩掛在身上的劍）。 佩刀（PI^　DO 掛在腰間的刀）。 2、敬服。如： 佩服（PI^　FUG^）。 欽佩（KIM　PI^ 欽敬佩服）。
珮	PI^	同「佩」。佩帶在身上的玉飾。
沛	PI^	1、盛大、旺盛。如： 充沛（TSUNG　PI^ 豐沛）。 豐沛（FUNG　PI^ 豐盛）。 沛然（PI^　IANv 雨勢極大、茂盛宏大）。 沛澤（PI^　TSED^ 長有水草的沼澤湖泊）。 2、跌倒、流離。如： 顛沛（DIEN　PI^ 流離困苦、不得意）。
劈	PIAG`	1、用大刀或斧頭大力破開。如： 劈死（PIAG`　CI`）。 劈開（PIAG`　KOI 以大刀切破）。 劈斷（PIAG`　TON 以大刀砍斷）。 劈樹椏（PIAG`　SU^　PA` 刀劈樹枝）。 2、牛用雙角攻擊。如： 分牛劈到（BUN　NGYUv　PIAG`　DO` 被牛角觸傷）。 3、雷擊，雷劈。如： 雷公劈死人（LUIv　GUNG　PIAG`　CI`　NGINv）。 4、劈腿（PIAG`　TUI` 男人開女人的雙腿性交）。
霹	PIAG^	「霹 PID`」的變音。 1、信號槍、小鞭炮等的爆炸聲。如： 霹聲（PIAG^　SANG）。 2、彈簧、橡皮等反彈。如： 會霹人（UOI^　PIAG^　NGINv 會彈到人）。 霹到人（PIAG^　DO`　NGINv 彈到人）。

平	PIANGv	同「平 PINv」。平坦，同樣。如： 平地（PIANGv TI^）。 平平（PIANGv PIANGv 尋常而無特異之處，平坦，該凸起的沒有凸起）。 平輩（PIANGv BI^ 同一輩分）。 平鼻（PIANGv PI^ 鼻樑不高）。 平分（PIANGv FUN 平均分配）。 平等（PIANGv DEN` 不分階級一律同等相待）。 不平（Mv PIANGv 不平坦）。 平順（PIANGv SUN^ 平靜順暢）。 平高（PIANGv GO 一樣高）。 平大（PIANGv TAI^ 一樣大）。 平長（PIANGv TSONGv 同樣長）。
匹	PID`	1、相結合、地位能力相當、相配。 匹配（PID` PI^ 地位能力相當、結為夫妻）。 匹敵（PID` TID^ 能力相當的對手）。 2、單獨。如： 匹夫（PID` FU 每一人、一般人）。 單槍匹馬（DAN CHIONG PID` MA 單獨赴會）
擗	PID`	1、擘開。如： 擗開（PID` KOI）。 2、手搥胸表示悲憤： 擗踊（PID` YUNG` 手搥胸,腳頓地,示悲憤）。
避	PID`	1、躲閃。如： 避難（PID` NAN^ 躲開災難）。 逃避（TOv PID` 躲閃）。 避雨（PID`=BIANG^ I` 躲避大雨）。 避嫌（PID` HIAMv 避開嫌疑）。 避債（PID` ZAI^ 逃債）。 避暑（PID` TSU` 躲避炎熱）。 避孕（PID` IN` 避免懷孕）。 避姙=妊（PID` NGIMv=NGIM` 避孕）。 避風港（PID` FUNG GONG` 為小型船隻躲避強風設立的港口）。 避雷針（PID` LUIv ZM 運用尖端放電原理製成的、避免雷擊的、置於屋頂的、尖端鍍金或鉑的金屬棒，並以導線連至深埋地下的金屬版）。

		2、免除。如： 避免（PID` MIEN）。
劈	PID`	同「劈 PIAG`」，用刀分開： 劈開（PID`=PIAG` KOI）。 劈斷（PID`=PIAG` TON 用刀切斷）。 劈蔗尾（PID`=PIAG` ZA^ MI 砍去甘蔗 　　　　有葉子的尾部）。
躄	PID`	雙足殘廢，不能行走。
闢 辟	PID`	1、開拓。如： 開闢（KOI PID`）。 闢戶（PID` FU^ 開立門戶）。 闢地（PID` TI^ 開拓土地）。 闢土開疆（PID` TU` KOI GIONG 開拓疆土）。 2、斥除、消滅、反駁。如： 闢謠（PID` IEUv 消滅謠言）。 闢除（PID` TSUv 消除）。 闢邪（PID` CHIAv 排斥邪說）。
譬	PID`	同「譬 PI^」。 1、以比喻的方法告訴人。如： 譬喻（PID` I^ 比如、比方）。 譬如（PID` Iv 比如、比方）。 2、了解、領會。如： 曉譬（HIAU` PID` 領會、明白）。
撇	PIED`	1、捨棄不管。如： 撇棄（PIED` HI^=KI^）。 2、遺留下。如： 撇下（PIED` HA^）。 字的筆形：向左下運行的一筆「ノ」、 「ノ」，稱為撇（PIED`）。 一撇一畫（ID` PIED` ID` UAG^ 寫字 　　　　運筆）。
ノ	PIED`	字的筆形向左下運行的一筆「ノ」、「ノ」， 稱為撇（PIED`）。如： 一ノ一ㄟ（ID` PIED` ID` NAG^ 寫字 　　　　運筆向左下斜及向右下斜 　　　　的一筆）。 八字還未ノ（BAD` S^ HANv MANGv 　　　　PIED` 舊時的婚姻，必需以女 的出生年月日時八字，與男 　　　　的合配，始得成婚；比喻婚事 　　　　還未結成或事情還未成功）。
瞥	PIED`	很快地從眼前經過。很快地看一眼。

429

		一瞥（ID` PIED`）。 瞥見（PIED` GIAN^）。
蹩	PIED`	跛腳： 蹩腳（PIED` GIOG`）。
偏	PIEN	1、歪斜、不正。如： 偏離（PIEN LIv）。 偏差（PIEN TSA 差錯）。 偏左（PIEN ZO`）。 偏向（PIEN HIONG^ 歪向）。 偏方（PIEN FONG 非正式的藥方、秘方）。 偏執（PIEN ZB` 固執己見）。 偏旁（PIEN PONGv 文字左右邊的單獨筆劃）。 偏巧（PIEN KAU` 意外的巧合）。 偏走矣（PIEN ZEU` UEv 歪向一邊了）。 2、表示相反。如： 偏偏（PIEN PIEN 故意）。 偏偏不去（PIEN PIEN Mv HI^ 硬是不去）。 3、不公平、側重一面。如： 偏心（PIEN CIM）。 偏見（PIEN GIAN^ 固執己見）。 偏愛（PIEN OI^ 特別喜愛一方）。 偏私（PIEN S 偏袒徇私）。 偏重（PIEN TSUNG^ 側重）。 偏頗（PIEN PO` 頑固而不公正）。 偏廢（PIEN FI^ 顧不得全面）。 偏袒（PIEN TAN` 私護、露出一肢手臂）。 4、偏到腳（PIEN DO` GIOG` 因踩到石頭、湖窟或用力不當，扭傷了腳踝）。 5、偏房（PIEN FONGv 非正室的一房）。
翩	PIEN	鳥在空中疾飛： 翩翩（PIEN PIEN）。
諞	PIENv	諞言（PIENv NGIANv 自誇，花言巧語）。
蹁	PIENv	走路腳不正貌。 蹁躚（PIENv CHIEN 走路轉圈圈的樣子）。 蹁跹（PIENv CIEN` 邊走邊轉圈圈）。 打腳蹁（DA` GIOG` PIENv 走路累了,兩腳不聽使喚，腳軟而相碰觸）。
卞	PIEN^	1、急躁。如： 卞急（PIEN^ GIB` 著急）。 2、姓。

忭	PIEN^	喜樂： 忭頌（PIEN^ CYUNG^ 欣喜愉快地祝頌）。
抃	PIEN^	拍手： 抃頌（PIEN^ CYUNG^ 拍手祝頌）。
便	PIEN^	1、相宜、順適。如： 方便（FONG PIEN^）。 便利（PIEN^ LI^）。 便民（PIEN^ MINv 使人方便）。 便便（PIEN^ PIEN^ 已有的，現成的）。 2、平常的、簡單的。如： 便飯（PIEN^ FAN^ 家常飯）。 便衣（PIEN^ I 私服、便服、平常所穿的衣服）。 便條（PIEN^ TIAUv 簡單寫的字條）。 便酌（PIEN^ ZOG` 簡便小吃）。 便橋（PIEN^ KIEUv 簡便搭建的過水橋）。 便菜飯（PIEN^ TSOI^ FAN^ 家常便飯）。 3、便當（PIEN^ DONG a.方便妥當。 　　　　　　　　　　b.隨身攜帶的飯盒）。
遍	PIEN^	次數。如： 一遍又一遍（ID` PIEN^=BIEN^ YU^ ID` PIEN^=BIEN^）。 布滿。如： 遍地（PIEN^=BIEN^ TI^）。 遍布（PIEN^=BIEN^ BU^）。 遍野（PIEN^=BIEN^ IA 遍布郊野）。 遍歷（PIEN^=BIEN^ LID^ 周遊各地）。 行遍（HANGv PIEN^=BIEN^ 走遍）。 遍體鱗傷（PIEN^=BIEN^ TI` LINv SONG 全身都是傷痕）。
徧	PIEN^	普及。 普徧（PUv PIEN^=BIEN^）。 徧及（PIEN^=BIEN^ KIB^ 處處都達到）。 徧布（PIEN^=BIEN^ BU^ 傳布周到）。 徧地（PIEN^=BIEN^ TI^ 滿地）。 徧歷（PIEN^=BIEN^ LID^ 到處走過）。 徧體（PIEN^=BIEN^ TI` 滿身）。
騙 騗 諞	PIEN^	做假、欺詐。如： 欺騙（KI PIEN^）。 騙人（PIEN^ NGINv）。 騙局（PIEN^ KYUG^ 騙人錢財的事）。 騙案（PIEN^ ON^ 欺詐案件）。

		騙術（PIEN^ SUD^ 欺騙的方法）。
辨 采	PIEN^	判別、認出。如： 分辨（FUN PIEN^）。 辨別（PIEN^ PED^ 分辨判定）。 辨認（PIEN^ NGIN^ 加以識別）。 辨色（PIEN^ SED` 辨別顏色）。 辨正（PIEN^ ZN^ 辨別清楚加以改正）。
采	PIEN^	「辨 PIEN^」的本字。
辯 辯	PIEN^	1、爭論是非。如： 爭辯（ZEN PIEN^）。 辯駁（PIEN^ BOG` 依據某一理論來反駁）。 辯論（PIEN^ LUN^ 論述理由予以辯駁）。 辯護（PIEN^ FU^ 以辯論維護其利益）。 2、能說善道。如： 辯才（PIEN^ TSOIv 有辯論的才能）。 辯口（PIEN^ KIEU` 擅於言詞，口才好）。
拼	PIN	1、湊在一起。如： 拼湊（PIN TSEU^）。 2、努力、盡力、力戰。如： 拼命（PIN MIANG^）。 同伊拼（TUNGv Iv PIN 跟他拼鬥）。 拼死一戰（PIN CI` ID` ZAN^ 拼到死的戰役）。 3、絞編。如： 拼索也（PIN SOG` GE` 絞編繩索）。 拼毛辮也（PIN MO BIEN NE` 梳編辮子）。 4、以音標符號複合成音，稱為 拼音（PIN IM）。 拼注（PIN ZU^ 拼音注音）。
姘	PIN	男女非正式的結合： 姘夫（PIN FU 女人有的不正當關係的男子）。 姘婦（PIN FU^ 非正式結合的外姘婦女）。
憑 凭	PINv	1、靠。如： 憑靠（PINv KAU^）。 憑依（PINv I 依靠）。 憑票（PINv PEU^ 憑證據）。 憑單（PINv DAN 憑單據）。 憑欄（PINv LANv 靠著欄杆）。

		憑良心（PINv LIONGv CIM）。 2、依托。如： 憑藉（PINv JIA^）。 全憑努力（CHIONv PINv NU` LID^）。 3、證據。如： 憑據（PINv GI`）。 4、隨意。如： 任憑（IM^ PINv 隨便）。 憑空（PINv KUNG 沒有事實的根據）。
帲	PINv	遮蔽。 帲幪（PINv MUNGv 遮蔽的帳幔，在上的叫幪,在下的叫帲。喻受人庇蔭）。
洴	PINv	在水面上漂浮。
評 评	PINv	1、議論。如： 評論（PINv LUN^ 批評申論）。 評語（PINv NGI 評論的斷語）。 詩評（S PINv 對詩歌的評論）。 2、判定。如： 評定（PINv TIN^ 裁判斷定）。 評理（PINv LI 依據道理來判定）。 評議（PINv NGI^ 批評議論）。 評註（PINv ZU^ 評判優劣並加註解）。
品	PIN`	1、物件。如： 物品（UD^ PIN`）。 2、等級、類別。如： 上品（SONG^ PIN` 最高級）。 3、人的性格、行為。如： 品行（PIN` HEN^ 人的個性和行為）。 品性（PIN` CIN^ 人品性格）。 人品（NGINv PIN` 人的長相性情人格）。 品貌（PIN` MAU^ 人的品德相貌）。 品學（PIN` HOG^ 道德人格和學識）。 品質（PIN` ZD` 產品的優劣）。 品目（PIN` MUG^ 物品的名稱項目）。 品名（PIN` MIANGv 物品的名稱）。 品級（PIN` GIB` 古代官吏的等級， 　　　如：九品十八級。物品的等級）。 品種（PIN` ZUNG` 產品的種類、經人 　　　挑選有優良遺傳條件的植物或 　　　家畜）。 4、評量。如： 品相（PIN` CIONG^ 品評人物）。

		品評（PIN` PINv 品嘗評量）。 5、細辨滋味。如： 品茗（PINv MEN`喝茶品評其滋味、等級)。 品茶（PIN` TSAv 品茗）。
聘	PIN`	1、請人擔任職務。如： 聘請（PIN` CHIANG` 誠敬地邀請學有 　　　　專長的人任職）。 聘任（PIN` IM^ 聘請擔任）。 聘用（PIN` YUNG^ 聘請任用）。 聘書（PIN` SU 聘用證書）。 2、約定或嫁娶的約定。如： 聘好（PIN` HO` 約定好）。 聘正（PIN` ZANG^ 約定好）。 下聘（HA^ PIN` 送聘禮決定婚事）。 聘金（PIN` GIM 男方在訂婚時，送給 　　　　女方的禮金）。 聘妻（PIN` CHI 未婚妻）。 聘條件（PIN` TIAUv KIAN^ 約好條件）。
劈	PIN^	「劈 PIAG`」的變音。快刀切斷： 劈蔗尾（PIN^ ZA^ MI 快刀砍切甘蔗的 　　　　尾葉）。 劈樹椏（PIN^ SU^ PA` 砍掉小樹枝）。
賃 賃	PIOG^	租賃。如： 賃屋歇（PIOG^ UG` HED^ 租房子住）。 賃田耕（PIOG^ TIENv GANG 租田地種植）。
紡 紡	PIONG`	紡線、抽紗成線。如： 紡線（PIONG` CIEN^ 抽紗紡成線）。 紡織（PIONG` ZD` 織布）。 讀音 FONG`。
偏	PIU^	「偏 PIEN」的變音。滑偏。 偏走矣（PIU^ ZEU` UEv 使用工具不 　　　　慎，滑走了）。
漂	PIU^	「漂 PEU」的變音。如： 打漂漂也（DA` PIU^ PIU^ UE` 投扁形 石頭或瓦片在水面上漂滑,打水漂）。
波	PO	1、波及（PO KIB^ 影響到,牽涉到）。 2、形容目光。如： 秋波（CHIU PO）。
破	PO^	1、打碎、損壞。如： 破壞（PO^ FAI`= FAI^）。 破碎（PO^ SUI^ 破壞粉碎）。 破損（PO^ SUN` 損壞）。

		破除（PO^ TSUv 破壞消除）。
		破滅（PO^ MED 破碎消滅）。
		破爛（PO^ LAN^ 破碎糜爛）。
		破約（PO^ IOG` 破壞協定）。
		破門（PO^ MUNv 撞開門、打破門）。
		破例（PO^ LI^ 不循守舊例、例外）。
		破格（PO^ GIED` 變更規格、例外）。
		破戒（PO^ GIAI^ 破壞戒守）。
		破相（PO^ CIONG^ 臉面有疤痕、破壞面相）。
		破身（PO^ SN 失身）。
		家破人亡（GA PO^ NGINv MONGv 家室衰亡）。
		破鏡重圓（PO^ GIANG^ TSUNGv IANv 指夫妻失和離散後復和）。
		2、裂開。如：
		破裂（PO^ LIED^）。
		破竹（PO^ ZUG` 劈裂竹筒、形容事情順利）。
		破口（PO^ KIEU` 開口大罵）。
		破綻（PO^ TSAN^ 破裂的痕跡、露出毛病）。
		破曉（PO^ HIAU` 天剛亮）。
		破膽（PO^ DAM` 嚇破膽子）。
		破釜沉舟（PO^ FU` TSMv ZU 打破鍋子，把船弄沉,表示勇決）。
		3、揭穿真相。如：
		破案（PO^ ON^）。
		4、戰勝。如：
		大破敵軍（TAI^ PO^ TID^ GYUN）。
		5、花費。如：
		破費（PO^ FI^ 花費錢財）。
		破鈔（PO^ TSAU 破費）。
		破財（PO^ TSOIv 損失錢財）。
		6、空前。如：
		破天荒（PO^TIEN FONG 以前從未發生過）。
		7、破土（PO^ TU` 建築工程或安葬的初次動土）。
		8、破病（PO^ PIANG^ 生病）。
剖	PO^	1、切開、破開。如：
		解剖（GIAI` PO^ 切開）。
		剖開（PO^ KOI 以刀切開）。

		剖腹（PO^ FUG` 切開肚子）。 剖面（PO^ MIEN^ 物體切開來所看到的切面）。 剖篾也（PO^ MED^ LE` 剖竹削成篾皮）。 剖心瀝膽（PO^ CIM LID^ DAM` 真誠相待）。 2、分析、辨析。如： 剖析（PO^ CID`）。 剖白（PO^ PAG^ 辨明；辯解）。
拍	POG`	1、用雙手的巴掌合打。如： 拍手（POG` SU`）。 2、用單手掌打，用球拍拍。如： 拍球（POG` KYUv）。 3、樂曲的節奏。如： 四拍（CI^ POG` 一小節拍四次）。 拍節（POG` JIED` 依節奏打拍子）。 4、貨物當眾估價或喊價比價發賣： 拍賣（POG` MAI^）。
泊	POG`	船靠岸。如： 停泊（TINv POG`）。 泊船（POG` SONv 停靠船隻）。
賠 賠	POIv	1、償還損失。如： 賠償（POIv SONG`）。 賠款（POIv KUAN` 賠錢）。 賠錢（POIv CHIENv）。 賠命（POIv MIANG^ 以生命賠償）。 2、虧損。如： 賠本（POIv BUN`）。 3、認錯、道歉。如： 賠禮（POIv LI）。 賠罪（POIv TSUI^ 自己有錯，向人道歉）。 4、陪嫁（POIv GA^ 嫁女兒的嫁妝或女奴）。
吠	POI^	狗叫。如： 狗吠（GIEU` POI^ 狗叫、廢話）。 吠日（POI^ NGID` 指蜀犬吠日，比喻少見多怪）。 吠影吠聲（POI^ IANG` POI^ SANG 比喻不將真假辨識清楚，就盲目附和）。
焙	POI^	烘、烤。如： 火焙（FO` POI^ 以火烘烤）。

		烘焙（HANG POI^ 火焙）。 焙茶（POI^ TSAv 烘焙茶葉）。 焙燥（POI^ ZAU 烘乾）。 焙蕃薯（POI^ FAN SUv 烤地瓜）。
背	POI^	背誦、暗記。如： 背書（POI^ SU 全篇熟記後，背誦）。
反	PON	1、反胃、嘔吐。如： 反飯（PON FAN^ 吐出飯）。 反血（PON HIAD` 吐血）。 反出來（PON TSUD` LOIv 嘔吐出來）。 2、將動物的腸子或腸形的布條由內向外翻過來。 反雞腸也（PON GIE TSONGv NGE` 翻雞腸子）。
翻	PON	同「反 PON」。 1、反胃、嘔吐。如： 翻飯（PON FAN^ 吐出飯）。 翻血（PON HIAD` 吐血）。 翻于一天一地（PON NA^ ID` TIEN ID` TI^ 吐得滿地都是）。 2、將動物的腸子或腸形的布條由內向外翻過來。 翻腸也（PON TSONGv NGE` 翻腸子）。
抨	PONG	1、攻擊他人過失。 抨擊（PONG GID` 攻擊）。 2、用手大力槌。 抨門（PONG MUNv 槌門，敲門）。 抨人（PONG NGINv 以拳打人）。 抨摧（PONG TSUIv 抨擊摧打）。
膨	PONG^	漲大、腫起。如： 膨大（PONG^ TAI^ 放大）。 膨起來矣（PONG^ HI` LOIv IEv 膨漲起來了）。 膨于恁大（PONG^ NGA^ SN` TAI^ 漲得這麼大）。 膨風（PONG^ FUNG 漲氣、吹牛）。 膨線（PONG^ CIEN^ 毛線）。
放	PONG^	放大。如： 放大（PONG^ TAI^ 放大）。 放鏡（PONG^ GIANG^ 放大鏡、望遠鏡）。 放于恁大個像也（PONG^ NGA^ AN` TAI^ GE^ CIONG^ NGE` 放這麼大的相

		片）！
傍	PONG^	依靠、倚仗： 依傍（I PONG^）。 傍官勢（PONG^ GON S^ 倚仗官家勢力）。
鋪 鋪	PU	1、平放。如： 鋪平（PU PIANGv 放平）。 鋪地毯（PU TI^ TAN`）。 鋪被蓆（PU PI CHIAG^ 鋪被子草蓆）。 2、陳設。如： 鋪設鐵路（PU SAD` TIED` LU^）。
舖	PU	「鋪 PU」的俗字。
瀑	PU	滿溢出來、滿過盛器流瀉出來。如： 瀑布（PU BU^ 從高處溢流下來，像 　　　一匹布從河口滿溢（瀑）出來。 　　　就像"匹練"一詞：一匹白 　　　絹，形容瀑布）。 瀑出來（PU TSUD` LOIv 滿溢出來）。 飯滾矣，瀑出來矣！（FAN^ GUN NEv， 　　　PU TSUD` LOIv IEv 煮的 飯開了，滿溢出來了）！
匍	PUv	1、頭伏地，手足並行。如： 匍匐（PUv FUG^ 伏地爬行）。 2、匍背（PUv BOI^）：駝背。
譜 谱	PUv	1、記載人、事、物而分類編列的。 食譜（SD^ PUv）。 族譜（TSUG^ PUv）。 家譜（GA PUv）。 2、記載音樂符號的樂曲或寫曲譜。 樂譜（NGOG^ PUv）。 譜曲（PUv KYUG` 寫樂曲）。 3、大致的範圍。如： 離譜（LIv PUv 離開了範圍）。
扶	PUv	扶持、攙扶。如： 扶穩（PUv UN` 扶著，扶好）。 扶起來（PUv HI` LOIv 把倒下的人、 動物或植物扶起來）。
瞽	PU`	「瞽 GU`」的變音。 1、眼瞎。如： 目瞽（MUG` PU` = GU`）。 2、瞽瞽焉（PU` PU` UE 約略知悉。對某 人、某物或某事，如眼瞎的人，似見未 見地，似懂非懂地，約略地知道）。

譜譜	PU`	「譜 PUv」的又音。分類編列的表冊： 1、記載人、事、物而分類編列的。 食譜（SD^　PU`）。 族譜（TSUG^　PU`）。 家譜（GA　PU`）。 棋譜（KIv　PU`）。 2、記載音樂符號的樂曲或寫曲譜。 樂譜（NGOG^　PU`）。 譜曲（PU`　KYUG`　寫樂曲）。 3、大致的範圍。如： 離譜（LIv　PU`　離開了範圍）。
步	PU^	1、行走。如： 步行（PU^　HANGv　以雙腳走路）。 步兵（PU^　BIN　徒步作戰的兵卒、陸軍的兵種之一）。 步伐（PU^　FAD^　軍隊或學校操練中所行的腳步）。 步槍（PU^　CHIONG　步兵所用的主要武器）。 步步為營（PU^　PU^　WIv　IANGv　步步設防，節節推進，比喻穩紮穩打）。 2、追隨。如： 步人後塵（PU^　NGINv　HEU^　TSNv　跟隨人後）。 3、表示程度或階段。如： 進步（JIN^　PU^）。 初步（TSU　PU^　剛開始的階段）。 步驟（PU^　ZEU^　事情進行的程序次第）。
部	PU^	1、統率。如： 部下（PU^　HA^）。 部屬（PU^　SUG^　部下）。 部隊（PU^　DUI^　軍隊）。 2、門類。如： 部門（PU^　MUNv　分門別類）。 3、地位、位置。如： 部分（PU^　FUN^）。 部位（PU^　WI^　位置）。 內部（NUI^　PU^）。 中部（ZUNG　PU^）。 下部（HA^　PU^）。 部落（PU^　LOG^　村落）。

		部首（PU^ SU`取字形的相同部位作為首字，並作為查字的根據，此一首字稱為部首）。 4、安排。如： 部署（PU^ SU`布設、安排）。 5、量詞。如： 一部機器（ID` PU^ GI HI^）。
孵	PU^	卵生動物用身體覆蓋卵，以體溫使卵內胚胎發育出生稱為 孵卵（PU^ LON`）。
菢	PU^	鳥類孵卵。同"孵PU^"。 菢卵（PU^ LON`）。
匍	PU^	埋伏窺視而捕捉。如： 貓匍老鼠（MEU^ PU^ LO` TSU`）。
瀑	PUD^	「瀑PU」的變音。滿溢出、冒出。 瀑出來（PUD^ TSUD` LOIv）。 瀑水（PUD^ SUI`）。
勃	PUD^	1、旺盛。如： 蓬勃（PUNGv PUD^）。 2、忽然。如： 勃興（PUD^ HIN）。 3、發怒。如： 勃然（PUD^ IANv）。 勃勃跳（PUD^ PUD^ TIAUv 發怒跳腳咆嘯）。
浡	PUD^	「浡BUD^」的變音。噴出、湧出、冒出。 浡水（PUD^=BUD^ SUI` 湧出水）。 浡屎（PUD^=BUD^ S`肛門出屎，放屁帶出屎）。
仆	PUG`	向前跌倒仆地。如： 仆倒（PUG` DO` 面向下倒下）。 前仆後繼（CHIENv PUG` HEU^ GI^ 前者倒地，後者繼之）。 盦盦仆（AM` AM` PUG` 身體、面向下仆倒）。
覆	PUG`	1、盛器倒翻。如： 覆轉來（PUG` ZON` LOIv 把盛器倒翻過來）。 盦盦覆（AM` AM` PUG` 身體、面向下仆倒）。 2、商店虧本關門，如： 覆歇矣（PUG` HED` LEv 倒閉了、盛器

		翻覆過來了）。
曝	PUG`	1、日曬。如： 曝曬（PUG` SAI^ 在太陽下曬）。 曝衣（PUG` I 曬衣服）。 曝背（PUG` BOI^ 曬背、赤膊）。 2、曝光（PUG` GONG 感光）。
攴 文	PUG^	文 PUG^：輕打。 注意：不同於"夂"UNv：反文。
撲 扑	PUG^	1、打、擊。如： 撲空（PUG^ KUNG 沒有碰著，沒有打著）。 撲蚊蠅（PUG^ MUN INv 撲打、滅蚊蠅）。 撲滅（PUG^ MED^ 消除）。 撲滿（PUG^ MAN 儲蓄的錢筒；只能入不能出，直到裝滿，再撲之使破的儲蓄工具）。 2、掠過。如： 清香撲鼻（CHIN HIONG PUG^ PI）。 3、輕拍。如： 撲粉（PUG^ FUN`）。 撲面（PUG^ MIEN^）。 4、向前衝。如： 飛蛾撲火（FI NGOv PUG^ FO`）。 5、撲朔迷離（PUG^ SOG` MIv LIv 原指雌雄不辨，現引申為事態模糊，令人無法詳辨）。
仆	PUG^	同「仆 PUG`」。如： 仆到（PUG^ DO` 臉向下趴著）。 仆于桌上（PUG^ GA^ ZOG` HONG^ 伏在桌上）。
伏	PUG^	1、臉面向下、身體也向下。如： 伏地（PUG^ TI^）。 伏案（PUG^ ON^ 在桌上低頭讀寫）。 伏于桌上（PUG^ GA^ ZOG` HNG^ 伏在桌上）。 2、隱藏，不使發現。如： 埋伏（MAIv PUG^）。 伏兵（PUG^ = FUG^ BIN）。 潛伏（CIAMv FUG^ = PUG^）。 伏筆（PUG` BID` 文中為鋪設下文而做的預先暗伏語句）。 3、伏罪（PUG^ = FUG^ TSUI^ 犯罪被處死）。 伏法（PUG^ = FUG^ FAB` 犯罪被處死）。

呸音	PUI^	「PUI^ 是從口、舌、齒間吐出」,「反 PON: 吐 TU^ 是從內臟食道中嘔吐出來」。 呸痰（ PUI^ TAMv 吐痰）。 呸口涎（ PUI^ HEU` LAN 吐口水）。 呸魚骨頭（ PUI^ NGv GUD` TEUv 從口吐出魚骨頭）。
潰	PUN	潰薄（ PUN POG^ 泉水激射出）。
噴噴	PUNv	吹。如： 噴風（ PUNv FUNG 用口吹風）。 噴喇叭（ PUNv LAB` BA^ 吹喇叭）。
歕	PUNv	同「噴 PUNv、PUN^ 」。 歕風（ PUNv FUNG 用口吹風）。 歕喇叭（ PUNv LAB` BA^ 吹喇叭）。
湓	PUNv	湓湓（ PUNv PUNv 水湧上來）。
歕	PUN^	同「噴 PUNv、PUN^ 」。
噴噴	PUN^	1、水壓使液體散射。如： 噴水（ PUN^ SUI` ）。 噴泉（ PUN^ CHIENv ）。 噴香水（ PUN^ HIONG SUI` ）。 噴漆（ PUN^ CHID` ）。
馮馮	PUNGv	1、欺凌。如： 馮凌（ PUNGv LINv 欺凌侵犯 ）。 2、馮河（ PUNGv HOv 徒步過河，比喻極危險 ）。
砰	PUNG^	砰砰滾（ PUNG^ PUNG^ GUN` 發怒大聲罵人）。
碰挷	PUNG^	碰觸（ PUNG^ TSUG` 接觸到 ）。 碰撞（ PUNG^ TSONG^ 相撞 ）。 碰巧（ PUNG^ KAU` 恰巧 ）。
思	S	1、想、考慮。如： 思慮（ S LI^ 思考）。 思考（ S KAU` 思想考量 ）。 思想（ S CIONG` 思考）。 思索（ S SOG` 經過一番研究考慮）。 思量（ S LIONGv 仔細思考 ）。 思議（ S NGI^ 想像議論 ）。 思忖（ S TSUN` 思慮忖度 ）。 思潮（ S TSEUv 思維的起伏浪潮、同一時代社會思想的趨勢）。 思量不得（ S LIONGv Mv DED` 不值得同情 ）。 2、想念、記掛。如：

		思念（S NGIAM^）。 相思（CIONG S）。 思親（S CHIN 思念親人）。 思鄉（S HIONG 想念故鄉）。 思慕（S MU^ 思念愛慕）。 3、想法、思路。如： 文思（UNv S 寫文章的思路）。 構思（GIEU S 結構思路）。
司	S	執掌其事。如： 職司（ZD` S 職掌）。 司庫（S KU^ 掌管錢庫）。 司機（S GI 掌管駕駛）。 司儀（S NGIv 開會或典禮時司掌儀式的人）。 司琴（S KIMv 集會時負責彈琴的人）。 司令（S LIN^ 發布命令的人）。 司法（S FAB` 執行法律、解釋法律的行為）。 司晨（S SNv 破曉時公雞啼叫）。 司空見慣（S KUNG GIAN^ GUNG^ 見多了不覺稀奇）。
撕	S	以手扯裂。如： 撕開（S KOI）。 撕破（S PO^）。 撕票（S PEU^ 撕裂票據；殺死綁票人質）。
澌	S	完全消滅。 澌滅（S MED^）。
梳	S	1、把頭髮理順。如： 梳頭（S TEUv）。 梳洗（S SE` 梳頭洗髮）。 梳妝台（S ZONG TOIv 梳頭打扮照鏡子用的化妝台）。 梳妝打扮（S ZONG DA` BAN^ 梳頭化妝整容）。 2、梳髮的工具。如： 梳也（S E` 梳子）。
詩 诗	S	文體名。可作歌詞的、以優美文辭抒寫情感的押韻韻文。如： 詩詞（S TSv）。 詩歌（S GO）。 詩經（S GIN）。

		詩書（S SU 泛指一般書籍、詩經及尚書的合稱）。 詩意（S I^ 可讓人反覆思量吟味的意情）。 五言詩（NG` NGIANv S五字一句的詩）。
屍 尸	S	死人的身體。如： 死屍（CI` S）。 屍體（S TI`）。 屍首（S SU` 屍體）。
尸	S	「屍」的簡體字
師 师	S	效法。如： 師法（S FAB`）。
施	S	1、實行、辦理。如： 施行（S HANGv）。 施政（S ZN^ 施行政務）。 施教（S GAU^ 實施教育教化）。 施與（S I 實施在）。 2、發揮能力。如： 施展（S ZAN`）。 3、給人好處而不取代價。如： 施捨（S SA`）。 施恩（S EN）。 施米（S MI` 發散食米給人）。 布施（BU^ S 施捨）。 4、加上。如： 施肥（S PIv）。 5、設置、設備。如： 設施（SAD` S）。
廝 厮	S	互相。如： 廝殺（S SAD` 互相殘殺）。 廝守（S SU` 彼此相守）。 廝混（S FUN^ 參雜混合、在一起胡鬧）。
飾 饰	S	1、修整。如： 修飾（CIU S）。 裝飾（ZONG S）。 2、供裝扮用的東西。如： 首飾（SU` S）。 服飾（FUG^ S 服裝和飾物）。 飾巾（S GIN 女子手帕、絲巾、為金等飾物）。 3、假託。如： 飾詞（S TSv）。

		4、偽裝、掩蓋。如： 飾偽（ S　NGUI`作假 ）。 飾非（ S　FI 掩蓋其過錯 ）。
釃	S	1、斟酒。 2、把酒濾清。
使	S`	1、差遣。如： 差使（ TSAI　S` ）。 使喚（ S`　FON^ 差使，呼喚 ）。 使嘴（ S`　ZOI^ 以嘴使喚 ）。 使人（ S`　NGINv 使喚人去做 ）。 役使（ ID^　S` 差遣 ）。 使徒（ S`　TUv 耶穌的門徒 ）。 使者（ S`　ZA` 肩負使命的人 ）。 使命（ S`　MIN^ 人們所負的任務職責 ）。 使女（ S`　NG` 婢女、女僕 ）。 2、假設。如： 設使（ SAD`　S` ）。 假使（ GA`　S` ）。 倘使（ TONG`　S` 設使 ）。 即使（ JID`　S` 假使，倘若 ）。 3、用。如： 使用（ S`　YUNG^ ）。 使錢（ S`　CHIENv 用錢 ）。 使力（ S`　LID^ 用力 ）。 使牛（ S`　NGYUv 用牛的拖力去工作 ）。 不使（ Mv　S` 不用、不必 ）。 4、放縱。如： 使性（ S`　CIN^ 任性 ）。 5、令。如： 使人跌倒（ S`　NGINv　DIED`　DO` ）。 使君有婦（ S`　GYUN YU FU^ 男人已有妻室 ）。 6、派到他國的外交人員。如： 大使（ TAI^　S` ）。 公使（ GUNG　S` 派駐外國的公使 ）。 出使（ TSUD`　S` 派駐外國大使 ）。 使館（ S`　GON` 大使館 ）。 外交使節（ NGOI^　GAU　S`　JIED` ）。
始	S`	1、最初、起頭。如： 開始（ KOI　S`＝TS` ）。 創始（ TSONG`　S`＝TS` 開頭創設 ）。 始末（ S`＝TS`　MAD^ 從開始到結束 ）。

		始終（S`=TS` ZUNG 從頭到尾）。 始祖（S`=TS` ZU` 有世系譜可查考的最初遠祖，鼻祖）。 始業（S`=TS` NGIAB^ 學校開學、商店開始營業）。 始作俑者（S`=TS` ZOG` YUNG` ZA` 率先為惡的人）。 始亂終棄（S`=TS` LON^ ZUNG KI^ 起初是與她苟且，最後卻棄她於不顧）。 2、才。如： 始知（S`=TS` Z 才知道）。 方始（FONG S`=TS` 才開始）。 始告完成（S`=TS` GO^ UANv SNv）。 3、語助詞。如： 未始不可（WI^ S`=TS` BUD` KO`未嘗不可）。
侍	S^	陪伴尊長、隨從。如： 服侍（FUG^ S^）。 侍側（S^ TSED` 在身旁服侍）。 侍從（S^ CHYUNGv 跟隨左右服侍）。 侍者（S^ ZA` 服侍的人）。 侍女（S^ NG` 婢女、女傭）。 侍奉（S^ FUNG^ 奉養）。
示	S^	表明、告訴。如： 表示（BEU` S^）。 指示（Z` S^）。 告示（GO^ S^）。 示知（S^ Z 出示讓人知曉）。 示意（S^ I^ 表示心意）。 示威（S^ WI 顯示威力；為達到某一訴求，糾眾抗議的運動）。 示弱（S^ NGIOG^ 顯示弱點）。 示眾（S^ ZUNG^ 顯示在眾人面前）。 示範（S^ FAM^ 作模範給人效法）。 示覆（S^ FUG^ 寫信時請對方答覆的用語）。
伺	S^	1、偵察。如： 窺伺（KUIv S^）。 伺求（S^ KYUv 觀察得失）。 2、服侍。如： 伺候（S^ HEU^ 服侍）。 3、等待。如：

		伺機（S^ GI 等待機會）。
		伺便（S^ PIEN^ 等待行動時機）。
事事	S^	1、人類所作所為和遭遇都叫做事。
		事物（S^ UD^）。
		事宜（S^ NGIv 事情）。
		事項（S^ HONG^ 列成條項的事務）。
		事由（S^ YUv 事情的原由）。
		事先（S^ CIEN 做事之前）。
		事故（S^ GU^ 所發生的事端）。
		2、職業。如：
		謀事（MEUv S^ 謀職）。
		3、變故。如：
		出事（TSUD` S^ 遭遇變故）。
		4、侍奉。如：
		事奉（S^ FUNG^）。
		事親至孝（S^ CHIN Z^ HAU^）。
		5、做。如：
		無所事事（Uv SO` S^ S^ 沒事做）。
		不事生產（BUD` S^ SEN SAN` 不工作從事生產）。
		6、帳目的事。如：
		算事（SON^ S^ 算帳）。
		賒事（TSA S^ 賒帳）。
		記事（GI^ S^ 記帳）。
		冇算事（MOv SON^ S^ 沒有算帳、不算）。
試試	S^	1、考驗。如：
		考試（KAU` S^）。
		試驗（S^ NGIAM^）。
		測試（TSED` S^）。
		試卷（S^ KIAN` 考試卷）。
		2、刺探。如：
		試探（S^ TAM`）。
		3、嘗。如：
		嘗試（SONGv S^）。
		試用（S^ YUNG^）。
		試辦（S^ PAN^）。
		試食（S^ SD^ 試吃）。
		試管（S^ GON` 化學試驗用具）。
弒	S^	下殺上：
		弒君（S^ GYUN 殺君王）。
		弒父（S^ FU^ 殺父）。
		弒逆（S^ NGIAG^ 違背人道的叛逆行為）。

逝	S^	1、過去、往。如： 逝去（ S^　KI^ ）。 光陰易逝（ GONG　IM　I^　S^ 時間容易過去）。 2、死亡。如： 逝世（ S^　S^ ）。 去逝（ KI^　S^ ）。 仙逝（ CIEN　S^ 謂人死、到仙界去了)。
誓	S^	1、互相約定共同遵守的條件。如： 盟誓（ MENv　S^ ）。 誓師（ S^　S 軍隊出發前集合，對士兵的告誡 ）。 2、說表示決心的話，說一定要做到的話。 發誓（ FAD`　S^ ）。 誓言（ S^　NGIANv ）。 誓詞（ S^　TSv 誓言 ）。 誓約（ S^　IOG` 發誓約定 ）。 誓願（ S^　NGIAN^ 立誓以表明志向 ）。 誓不兩立（ S^　BUD`　LIONG`　LIB^ 絕不與敵人並存於天地之間 ）。
勢 势	S^	1、地位高、權力大。如： 權勢（ KIANv　S^ 權力威勢 ）。 勢力（ S^　LID^ 權位 ）。 勢利（ S^　LI^ 權勢財富 ）。 有權有勢（ YU　KIANv　YU　S^ ）。 2、自然界的力量。如： 風勢（ FUNG　S^ 風向及風力 ）。 水勢（ SUI`　S^ ）。 地勢（ TI^　S^ ）。 3、動作的狀態。如： 姿勢（ Z　S^ 姿態 ）。 手勢（ SU`　S^ ）。 4、狀況情勢。如： 局勢（ KYUG^　S^ ）。 時勢（ Sv　S^ ）。 情勢（ CHINv　S^ ）。 攻勢（ GUNG　S^ ）。 勢如破竹（ S^　Iv　PO^　ZUG` 事情發展順利不費力 ）。 勢均力敵（ S^　GYUN　LID^　TID^ 形容雙方勢力相當,不分上下 ）。

		5、雄性動物的生殖腺。如： 去勢（KI^　　S^　　閹割）。
視 視 眯 眠	S^	1、看。如： 視力（S^　LID^ 眼睛所能看見的能力）。 視覺（S^　GOG` 辨別物體形狀、明暗和顏色特性的感覺）。 視線（S^　CIEN^ 看東西時，眼睛與物體成一直線）。 視野（S^　IA` 眼睛所能看見的範圍）。 注視（ZU^　S^ 集中視線，仔細觀看）。 凝視（NGIANv　S^ 注視）。 視若無睹（S^　IOG^　Uv　DU` 看見卻如沒有看見一般，比喻目中無人）。 2、察看。如： 視察（S^　TSAD`）。 3、看待。如： 重視（TSUNG^　S^）。 視死如歸（S^　CI`　Iv　GUI 看待死亡如同歸宿一般，不畏縮，不懼怕）。 4、怒視。如： 視人（S^　NGINv）：含敵意怒目看人。
是 昰	S^	1、合理的、正確的、對的。如： 是非（S^　FI）。 2、表示肯定。如： 正是（ZN^　S^）。 是否（S^　FEU` 肯定與否定）。 3、此、這。如： 是日（S^　NGID`）。 4、指示一種目的或對象。如： 唯利是圖（WIv　LI^　S^　TUv）。 5、事。如： 國是（GUED`　S^）。 6、所以。如： 是以（S^　I）。 是故（S^　GU^）：因此。
諟	S^	同「是 S^」。
蒔 莳	S^	栽種植物。如： 蒔田（S^　TIENv 插秧在田中）。 蒔秧（S^　IONG 插秧）。 蒔花（S^　FA 栽種花草）。 蒔繪（S^　FI^ 以貝殼、金屬或塑膠嵌

449

		於漆物、景物上的美術工藝）。
嗜	S^	特別愛好。如： 嗜好（ S^ HAU^ 因喜好，漸成習慣 ）。 嗜酒『錢』如命（ S^ JIU` "CIENv" lv MIANG^ 喜好喝酒"錢財"如同性命 ）。
俟	S^	1、等待。如： 俟候（ S^ HEU^ 侍候 ）。 俟命（ S^ MIN^ 等候命令，聽天由命 ）。 俟機行事（ S^ GI HANGv S^ 等時機行事 ）。 2、俟俟（ S^ S^ 慢慢走路貌 ）。
竢	S^	同「俟 S^ 」。
恃	S^	1、喪母稱 失恃（ SD` S^ ）。 2、依靠、仰仗： 倚恃（ I` S^ 倚靠、倚賴 ）。 有恃無恐（ YU S^ Uv KYUNG` 有所依靠，沒有惶恐 ）。 恃才傲物（ S^ TSOIv NGAU^ UD^ 憑藉著才幹，傲視一切 ）。 恃勢凌人（ S^ S^ LINv NGINv 仰仗權勢，欺凌他人 ）。
峙	S^	1、雙方對立、直立不動貌： 對峙（ DUI^ S^ 對立 ）。 峙立（ S^ LIB^ 山高聳直立 ）。 2、積累。
祀	S^	祭拜。如： 祭祀（ JI^ S^ ）。 祀天（ S^ TIEN 祭拜蒼天 ）。 祀奉（ S^ FUNG^ 祭祀供奉 ）。 祀神（ S^ SNv 祭神 ）。 祀典（ S^ DIEN` 祭典 ）。 祀祖（ S^ ZU` 祭祖 ）。
飼飼	S^	餵養。如： 飼養（ S^ IONG ）。 飼料（ S^ LIAU^ ）。
嗣	S^	1、子孫： 後嗣（ HEU^ S^ ）。 嗣子（ S^ Z` 親生兒子、長子，嫡嗣 ）。 2、繼承、接續： 嗣立（ S^ LIB^ ）。 嗣位（ S^ WI^ 繼位 ）。

		嗣歲（S^　SUI^　來年）。 嗣續（S^　CYUG^　後代的子嗣）。 3、從此： 嗣後（S^　HEU^）。
貰 贳	S^	1、賒欠： 貰貸（S^　TOI^）。 貰酒（S^　JIU`）。 2、出租： 貰器（S^　HI^　出租器物）。 3、赦免： 貰赦（S^　SA^　赦免而釋放）。 不貰不忍（BUD`　S^　BUD`　NGYUN）。
肆	S^	1、行為放縱： 放肆（FONG^　S^　行為放縱）。 肆意（S^　I^　任意）。 肆虐（S^　NGIOG`　任意害人）。 肆無忌憚（S^　Uv　GI^　TAN^毫無顧忌）。 大肆屠殺（TAI^　S^　TUv　SAD`大力盡興屠殺）。 2、盡力： 肆力（S^　LID^　盡力）。 肆目（S^　MUG`　盡眼而看）。
挲 抄	SA	抓拿。如： 隨手抄（SUIv　SU`　SA　隨手抓走）。 濫摻挲（LAM`　SAM`　SA　亂抓亂拿、不加選擇、不加思索地拿）。 挲揪矣（SA　CHIU　UEv　全抓住了）。
奢	SA	1、不節儉、過度浪費。如： 奢侈（SA　TS`）。 奢華（SA　FAv　浮華奢侈）。 奢靡（SA　MI`　花錢不知節儉）。 奢泰（SA　TAI^　奢侈）。 2、過分： 奢望（SA　MONG^＝UONG^　過度盼望）。 奢願（SA　NGIAN^　過度盼望）。 奢言（SA　NGIANv　過度誇口）。 奢鼻（SA　PI^　很神氣、喜歡人誇讚的樣子）。
捨	SA`	1、拋棄。如： 捨棄（SA`　KI^）。 捨身（SA`　SN　捨棄生命）。 捨生（SA`　SANG　捨棄生命）。

		捨命（SA` MIANG^ 捨棄生命）。 捨不得（SA` Mv DED`不忍心捨棄）。 捨己芸人（SA` GI` YUNv NGINv 為了替他人做事，丟開自己該做的事）。 捨本逐末（SA` BUN` ZUG` MAD^ 捨去重點不做，卻在不重要的枝節上下功夫；喻徒勞無功）。 2、放開，擱下。如： 捨己之田，耕人之地。（SA` GI` Z TIENv, GANG NGINv Z TI^）。 3、給予人。如： 施捨（S SA`）。
撒	SA`	散布： 撒肥（SA`=IE^ PIv 散布肥料，施肥）。 撒種（SA`=IE^ ZUNG` 散佈種子）。 撒鹽（SA`=IE^ IAMv）。
傻	SA`	愚笨。
灑 洒	SA`	1、散水於地： 灑水（SA` SUI`）。 2、灑脫（SA` TOD` 沒有拘束而態度大方）。 3、連綿不絕： 洋洋灑灑（IONGv IONGv SA` SA`）。
洒	SA`	同「灑」。「灑」的簡體字。
耍	SA`	1、戲弄： 耍弄（SA` NUNG^ 玩弄）。 耍笑（SA` SEU^ 開玩笑）。 2、遊戲： 玩耍（NGUANv SA` 嬉戲）。 耍貨（SA` FO^ 玩具）。
射	SA^	1、凡是利用彈力、壓力、爆炸力能使物體送到遠處的都叫射。如： 射箭（SA^ JIEN^）。 射擊（SA^ GID`）。 射水（SA^ SUI`）。 射獵（SA^ LIAB^ 打獵）。 射程（SA^ TSANGv 射擊距離）。 注射（ZU^ SA^ 打針,以針筒注入）。 射精（SA^ JIN 把精液射出體外）。 噴射機（PUN^ SA^ GI 以噴射引擎推動飛行的飛機）。

		鵰射也（DIAU SA^ E`射鳥用的橡皮彈弓）。 2、用語言文字暗示稱為影射（IANG` SA^）。
赦	SA^	饒恕罪犯、免除刑法。如： 赦罪（SA^ TSUI^ 免除罪刑）。 赦免（SA^ MIEN 免除罪刑）。 大赦（TAI^ SA^ 由國家領袖發布命令，赦免全國罪犯免刑或減刑）。
續 续	SA^	河洛音(續 SUA`)的變音。 1、接續： 續下去（SA^ HA HI^）。 續于下（SA^ A^ HA 接著）。 續落去（SA^ LOG^ HI^ 連續下去）。 2、順便： 續手（SA^ SU` 順手）。 順續（SUN^ SA^ 順手繼續）。 3、相反地，卻，反而。如： 喊伊來，伊續走歇矣！（HEM Iv LOIv, Iv SA^ ZEU` HED` LEv！叫他來，他反而走掉了！）
食	SA^	「吃食」的粗俗說法。 食飯（SA^ FAN^）。 食晝（SA^ ZU^ 吃中飯）。 食飽矣（SA^ BAU` UEv）。 讀音 SD^，又音 SAI。
眨	SAB`	合眼。如： 眨目（SAB` MUG` 眨眼、合眼）。 目眨眨到（MUG` SAB` SAB` DO`眼睛閉著）。 目不眨（MUG` Mv SAB` 眼睛不閉，死不瞑目）。
攝 摄	SAB`	1、收斂，合眼。如： 攝影（SAB` IANG` 照相：照門一開一合，攝取影像）。 攝目珠（SAB` MUG` ZU 閉眼睛再開）。 目攝攝（MUG` SAB` SAB` 眼睛閉著）。 目珠冇攝（MUG` ZU MOv SAB` 眼睛沒有閉合）。 攝護腺（SAB` FU^ CIEN^ 位於男人或雄性動物膀胱下、圍繞尿道、形似栗子的腺體）。

		2、吸取。如： 攝取（SAB` CHI` 吸取）。 攝力（SAB` LID^ 引力）。 攝魂（SAB` FUNv 勾魂）。 3、代為掌理。如： 攝政（SAB` ZN^ 代掌朝政）。 攝行（SAB` HANGv 代為行使）。 4、保養。如： 攝生（SAB` SEN 養生）。 5、接近。如： 攝近（SAB` KYUN^ 接近）。 攝合（SAB` HAB^ 拉攏撮合）。
拾	SAB`	〔廣東音〕、「拾 SB^」的變音。 收拾（SU SAB` a.撿拾東西。 　　　　　　　b.好好的東西被搞壞了）。 收拾歇矣（SU SAB` HED` LEv 被搞壞了，不能用了）。 拾碎（SAB` SOI^ = SUI^ 粉碎）。 拾酥（SAB` SU 很酥碎的口感）。
涉	SAB^	1、腳在淺水中行走。如： 涉水（SAB^ SUI`）。 涉獵（SAB^ LIAB^ 涉水獵獸，比喻人瀏覽群書，不能深入鑽研）。 2、經歷。如： 涉世（SAB^ S^ 經歷世上諸事）。 3、牽連。如： 交涉（GAU SAB^商量有關的事；牽涉）。 牽涉（KIAN SAB^ 有牽連）。 涉足（SAB^ JYUG` 參與而有所關聯）。 涉訟（SAB^ CYUNG^ 訴訟）。
汆	SAB^	把生的食物投入沸水中燙熟或燙半熟的煮法。 汆菜（SAB^ TSOI^）。 汆熟（SAB^ SUG^ 以水燙熟）。 汆雞鴨（SAB^ GIE AB` 燙熟雞肉鴨肉）。 汆豬肉（SAB^ ZU NGYUG`燙熟豬肉）。 汆番薯（SAB^ FAN SUv 煮燙地瓜）。 汆包黍（SAB^ BAU CYUG`煮燙玉蜀黍）。 汆粽也（SAB^ ZUNG^ NGE`煮燙粽子）。 汆烏豆也（SAB^ U TEU^ UE`水煮黑豆）。 而將煮熟的食物或冷的器具以煮開的滾水再煮燙，則發音「汆 LUG^」，

		汆面帕粄（LUG^ MIEN^ PA^ BAN`燙粄條）。 汆注射筒（LUG^ ZU^ SA^ TUNGv 燙注射筒）。
燞	SAB^	同「汆 SAB^」：把生的食物投入沸水中燙熟或燙半熟的煮法。 燞菜（SAB^ TSOI^）。 燞熟（SAB^ SUG^ 以開水燙熟）。 燞雞鴨（SAB^ GIE AB`燙熟雞肉鴨肉）。 燞番薯（SAB^ FAN SUv 煮燙地瓜）。 燞豬肉（SAB^ ZU NGYUG`燙熟豬肉）。 燞粽也（SAB^ ZUNG^ NGE`煮燙粽子）。 燞烏豆也（SAB^ U TEU^ UE`水煮黑豆）。
跂	SAB^	1、伸腳取物。 2、拖著鞋走路。
設 設	SAD`	1、布置、安排。如： 設備（SAD` PI^ 工廠、醫院、商號等工作必要的設施）。 設置（SAD` Z^ 設立，佈置）。 設施（SAD` S 佈置、規劃施行）。 設宴（SAD` IAN^ 擺設筵席）。 設立（SAD` LIB^ 成立、設置）。 設定（SAD` TIN^ 設置定準）。 陳設（TSNv SAD` 陳列）。 設局（SAD` KYUG^設計圈套引人入局）。 2、籌劃。如： 設法（SAD` FAB` 想辦法，籌畫）。 設計（SAD` GIE^ 預先籌備計謀，設定做事計畫）。 3、假想。如： 假設（GA` SAD` 假定）。 設想（SAD` CIONG`為人著想、假想）。 設身處地（SAD` SN TSU` TI^ 設定自己處在他人的立場,客觀為人著想）。 4、假如。如： 設或（SAD` FED^ 假如）。 設若（SAD` IOG^ 假若）。
塞	SAD`	塞（SED`）的變音。遮滿，蓋滿，封閉。 蒙塞（MANG SAD` 蓋滿,遮滿）。 弇塞（GIEMv SAD` 蓋緊,使不透氣）。
殺	SAD`	1、使失去生命。如： 殺死（SAD` CI`）。 殺生（SAD` SEN 殺死生命）。

		殺身（SAD` SN 殺死生命）。
		殺一警百（SAD` ID` GIN` BAG` 處罰一人，作為全體的警戒）。
		殺雞取卵（SAD` GIE CHI` LON` 比喻貪得無厭之人為營求暴利，非搾盡其所有不停止）。
		2、戰鬥、進攻。如：
		殺入（SAD` NGIB^ 攻入）。
		相殺（CIONG SAD` 打仗）。
		殺伐（SAD` FAD^ 殺戮攻擊）。
		殺敵（SAD` TID^）。
		殺機（SAD` GI 殺人的動機）。
		殺氣（SAD` HI^ 殺伐之氣）。
		自殺（TS^ SAD` 自己殺自己）。
		他殺（TA SAD` 非自殺,他力致死）。
		謀殺（MEUv SAD` 蓄意殺人）。
		姦殺（GIAN SAD` 姦淫後殺死）。
		銃殺（TSUNG^ SAD` 以槍打死）。
		槍殺（CHIONG SAD` 以槍打死）。
		3、消滅、減除。如：
		殺菌（SAD` KYUN 消除細菌）。
		殺價（SAD` GA^ 討價還價）。
		4、收束、斷絕。如：
		殺帳（SAD` ZONG^ 結帳）。
		5、殺青（SAD` CHIANG 書籍寫定或電影拍攝完成）。
		6、通「煞」。極、非常。
		怨殺（IAN^ SAD` 極怨恨）。
		殺風景（SAD` FUNG GIN` 傷雅敗興）。
煞	SAD`	1、閉塞。如：
		弇煞（GIEMv SAD` 蓋滿、蓋緊使不漏氣）。
		蒙煞（MANG SAD` 遮滿、蓋滿使不漏光）。
		釘煞（DANG SAD` 釘緊使之閉塞）。
		煞尾（SAD`=SOD^ MI 結束）。
		2、很、極。如：
		煞猛（SAD` MANG 做事很賣力,很努力工作）。
		煞費苦心（SAD` FI^ KU` CIM 花費很多心思）。
蝕	SAD^	減少。如：

蝕		消蝕（SEU SAD^ 消減）。 蝕本（SAD^ BUN` 虧本）。 蝕水（SAD^ SUI` 退水）。 蝕歇五公斤（SAD^ HED` NG` GUNG GIN 減少了五公斤）。 水蝕歇矣（SUI` SAD^ HED` LEv 水消退了）。
閃 闪	SAG`	「閃 SAM`」的變音。 閃到腰（SAG` DO` IEU 閃了腰）。 閃到水（SAG` DO` SUI` 潛水時，水進了肺部）。
縮 缩	SAG`	「縮 SUG`」的變音。 縮粄漬（SAG` BAN` TSE^ 把磨好的米漿盛入布袋，放在草灰中使吸乾水份）。
嗍	SAG`	嗍燥（SAG` ZAU 吸乾）。 嗍粄漬（SAG` BAN` TSE^ 把磨好的米漿盛入布袋，放在草灰中使吸乾水份）。
食 乞	SAI	「食 SD^」的變音。「吃食」的不雅語。 好食（HAU^ SAI 罵人「好吃 HAU^ SD^」）。 莫食（MOG^ SAI 不吃算了）！ 食飽矣（SAI BAU` UEv 吃飽了）。
徙	SAI`	遷移。如： 遷徙（CHIEN SAI` 搬遷）。 徙位（SAI` WI^ 移動位置）。 徙屋（SAI` UG` 搬家）。 徙居（SAI` GI 移居）。 貓徙竇（MEU^ SAI` DEU^ 貓搬家、形容人的遷徙不定）。 徙上徙下（SAI` SONG SAI` HA 多次遷徙）。
葸	SAI`	害怕。 畏葸（WI^ SAI` 畏懼）。
躧	SAI`	通「屣」：鞋不著跟。 躧履起迎（SAI` LI` HI` NGIANGv 拖拉著鞋走路）。
曬 晒	SAI^	太陽照射。如： 曬燥（SAI^ ZAU 日曬到沒有水分）。 曬衫褲（SAI^ SAM FU^ 曬衣服）。 曬日頭（SAI^ NGID` TEUv 曬太陽）。 日曬雨淋（NGID` SAI^ I` LIMv 被太陽曬，被雨淋）。
晒	SAI^	「曬」的簡字。

457

率	SAI^	1、榜樣： 表率（BEU` SAI^）。 2、做事不經心、輕忽、不嚴謹： 草率（TSO` SAI^）。 輕率（KIN SAI^）。 3、性情爽直： 坦率（TAN` SAI^）。 率直（SAI^ TSD^ 個性坦白直爽）。 率性（SAI^ CIN^ 不做作,凡事任性而為）。 率真（SAI^ ZN 個性坦率真實,不虛假）。 4、統領、帶領： 率先（SAI^ CIEN 領先）。 統率（TUNG` SAI^ 統帥、統一率領）。 率領（SAI^ LIANG 帶領）。
蟬蟬	SAMv	連續。如： 蟬連（SAMv LIENv 連續，連任）。 蟬聯（SAMv LIENv 連續）。
閃閃	SAM`	1、突然亮起來或光線忽隱忽現。如： 閃光（SAM` GONG）。 閃耀（SAM` IEU^ 亮光）。 閃電（SAM` TIEN^ 雷電、眨爉,比喻迅速）。 2、偏著身體避躲。如： 閃開（SAM` KOI 避開）。 閃避（SAM` PID` 避開）。 閃失（SAM` SD` 差錯）。
摻	SAM`	握，持： 摻執（SAM` ZB`）。
贍	SAM^	1、供給財物。如： 贍養（SAM^ IONG 供給衣食養育）。 2、輔助。如： 贍卹（SAM^ CID` 撫卹補助）。 3、豐足。如： 贍富（SAM^ FU^ 富足）。
刪	SAN	除去、修改。如： 刪除（SAN TSUv）。 刪改（SAN GOI` 刪除修改）。 刪節（SAN JIED` 去除不必要的文字）。 刪削（SAN CIOG` 修改刪除）。
搧	SAN	1、用手巴掌批打面頰：

		搧一巴掌（SAN ID` BA ZONG`）。 2、搖扇： 搧風（SAN FUNG 引申為挑撥、鼓動） 搧動（SAN TUNG^ 挑撥、鼓動）、 搧惑（SAN FED^ 挑撥、鼓動、誘惑）。
潸	SAN	流淚不止的樣子。
產产	SAN`	1、出生、有關分娩的。如： 產房（SAN` FONGv 專供產婦生產的病房）。 產科（SAN` KO 接生或醫療產婦的醫科）。 產婆（SAN` POv 接生的助產婦）。 產子（SAN` Z` 生孩子）。 產婦（SAN` FU^ 生孩子的婦人）。 2、生出。如： 生產（SEN SAN`）。 產生（SAN` SEN）。 3、出產。如： 產品（SAN` PIN` 出產的東西）。 產地（SAN` TI^ 出產地）。 產物（SAN` UD^ 出產物）。 產量（SAN` LIONG^ 出產數量）。 產額（SAN` NGIAG` 生產的數量）。 土產（TU` SAN` 當地出產的）。 4、財物。如： 財產（TSOIv SAN`）。 產權（SAN` KIANv 財產所有權）。 產業（SAN` NGIAB^ 財產）。
散	SAN`	零碎的。如： 散工（SAN` GUNG 零工）。 散裝（SAN` ZONG 零裝）。
散	SAN^	1、分開。如： 散開（SAN^ KOI）。 分散（FUN SAN^）。 解散（GIAI` SAN^）。 散會（SAN^ FI^）。 2、消除。如： 散心（SAN^ CIM 消除心悶，舒暢心懷）。 散步（SAN^ PU^ 漫步散心）。 3、分布。如： 散發（SAN^ FAD`）。 散佈（SAN^ BU^）。 4、散漫（SAN^ MAN^ 紛亂漫無秩序）。
扇	SAN^	1、搖動或轉動而生風的器具。如：

459

		扇也（SAN^ NE`）。 電扇（TIEN^ SAN^）。 2、計算門的單位。如： 一扇門（ID` SAN^ MUNv 單片的門）。 雙扇門（SUNG SAN^ MUNv 雙片的門）。
煽	SAN^	搖動扇子搧風。引申為鼓動人做不好的事。 煽動（SAN^ TUNG^）。
謆	SAN^	以言語煽動人： 謆惑（SAN^ FED^ 煽動迷惑）。
善	SAN^	1、惡的反面，被人認為是正當的行為規範。 善事（SAN^ S^ 正當的行為，好事）。 行善（HANGv SAN^ 作善事）。 善良（SAN^ LIONGv 心地美好）。 2、美好。如： 善終（SAN^ ZUNG 安祥結束生命）。 盡善盡美（CHIN^ SAN^ CHIN^ MI 美好無缺）。 3、待人和好。如： 友善（YU SAN^ 友好）。 善意（SAN^ I^ 友好的態度）。 善士（SAN^ S^ 樂善好施的人）。 4、擅長。如： 善辯（SAN^ PIEN^ 擅長辯論）。 善戰（SAN^ ZAN^ 擅長打仗）。 5、容易。如： 善變（SAN^ BIEN^ 容易改變）。 善忘（SAN^ UONG^ 容易忘記）。 6、收拾、整頓。如： 善後（SAN^ HEU^ 收拾後事）。 7、熟悉。如： 面善（MIEN^ SAN^ 面熟）。
擅	SAN^	1、自作主張、專權。如： 擅權（SAN^ KIANv 專權）。 擅自（SAN^ TS^ 獨斷獨行）。 2、專長、專精。如： 擅長（SAN^ TSONGv 專精，專門）。 擅美（SAN^ MI 專美）。
嬗	SAN^	更替： 遞嬗（TI^ SAN^ 替換）。
掞	SAN^	發舒：

460

		揙藻（SAN^ ZAU` 發揮文采詞藻）。
訕 訕	SAN^	1、說話毀謗人。如： 訕謗（SAN^ BONG`嘲笑並破壞他人名譽）。 訕薄（SAN^ POG^ 以虛假言論輕薄毀謗人）。 2、譏笑、嘲笑。如： 訕笑（SAN^ SEU^）。 3、難為情的樣子。如： 訕訕（SAN^ SAN^）。
膳 饍	SAN^	飯食、飲食。如： 膳食（SAN^ SD^ 飯食）。 用膳（YUNG^ SAN^ 用餐、飲食）。 膳費（SAN^ FI^ 伙食錢）。 膳宿（SAN^ CYUG` 飲食住宿）。
繕 缮	SAN^	1、補修： 修繕（CIU SAN^）。 繕治（SAN^ TS^ 修補治理）。 2、謄寫、抄寫： 繕寫（SAN^ CIA`）。
聲 声	SANG	1、名譽。如： 聲名（SANG MIANGv）。 聲望（SANG UONG^ 名望）。 聲譽（SANG I^ 聲望名譽）。 聲勢（SANG S^ 名聲威勢）。 2、宣稱、表示。如： 聲明（SANG MINv）。 聲言（SANG NGIANv 聲明揚言）。 聲稱（SANG TSN 聲言）。 4、語音學中的子音、輔音、聲母（不是母音、韻母）稱為聲： 聲母（SANG MU 標聲的、韻母前的字母，亦即子音）。 聲韻（SANG YUN^ 聲母和韻母）。 聲符（SANG FUv 標聲的符號）。
生	SANG	1、活的、生的。如： 生個（SANG GE^ 活的）。 還生（HANv SANG 還活著）。 活生（FAG` SANG 活生生的）。 生死（SANG CI` 生與死）。 生生分人打死矣（SANG SANG BUN NGINv DA` CI` IEv 活活被打死了）。 刮生（GUA` SANG 生魚肉被刮來生吃）。

星	SANG	醃生（IAM SANG 醃漬蘿蔔、黃瓜等生菜，生吃）。 畜生（TSUG` SANG 動物，家畜）。 2、生出、長出、出生、未熟的。如： 生日（SANG NGID` 誕生日）。 生卵（SANG LON` 生蛋）。 生春（SANG TSUN 生蛋）。 生菇（SANG GU 發霉）。 生毛（SANG MO 長出毛髮）。 生鬚（SANG CI 長出鬍鬚）。 生鏅（SANG LU 生鏽）。 生成（SANG SANGv 與生俱來的）。 翻生（FAN SANG 復活）。 返生（FAN` SANG 復活）。 雙生（SUNG SANG 孿生）。 先生（CIN SANG）。 學生（HOG^ SANG）。 生熟（SANG SUG^ 未熟的和已熟的）。 後生（HEU^ SANG 年輕、年輕人，意即後來出生的）。 後生也（HEU^ SANG NGE` 年輕人、後來出生的）。 生番豆（SANG FAN TEU^ 未炒熟的花生米）。 生豬肉（SANG ZU NGYUG`生的豬肉）。 生溜苔（SANG LIU TOIv 長青苔）。 生正矣（SANG ZANG^ NGEv 早就準備好的）。 生牯也（SANG GU` UE` 公的壯牛）。 3、生疏，陌生。如： 生疏（SANG SU）。 生份（SANG FUN^ 陌生）。 陌生（MED` SANG）。 生份人（SANG FUN^ NGINv 陌生人）。
星	SANG	零星（LANGv SANG 零碎物件）。
成	SANGv	1、成功、完成。如： 成矣（SANGv NGEv a.事情成功了。 　　　　　　　　　b.凝結成塊了）。 2、十分之一稱為 一成（ID` SANGv）。 3、生成（SANG SANGv 生來如此、與生俱來）。

省	SANG`	節省。如： 省錢（SANG` CHIENv）。 省儉（SANG` KIANG^ 節儉）。 省省焉用（SANG` SANG` NGE YUNG^ 節省用，不可浪費）。
盛	SANG^	〔河洛音〕 盛勢（SANG^ SEv）：盛氣凌人、很神氣、咄咄逼人的氣勢。
誚誚	SAU	〔河洛音〕譏諷、諷刺。如： 誚鄙（SAU PI`）：諷刺鄙視。 誚燃（SAU NAD`）：嘲諷。
捎	SAU	1、切除、鋸斷： 捎短（SAU DON`）：切短。 捎樹尾（SAU SU^ MI 切短高樹的枝葉）。 捎齊來（SAU TSEv LOIv 把它剪齊）。 2、順便託帶或寄送： 捎信（SAU CIN^）。
汆	SAUv	「汆 SAB^」的變音。在滾水中煮燙。 汆麵（SAUv MIEN^ 燙麵條）。
蒐	SAU^	收集： 蒐集（SAU^ CIB^）。 蒐輯（SAU^ CIB^ 蒐集）。 蒐羅（SAU^ LOv 蒐集網曬）。 蒐揪（SAU^ CHIU 將零亂東西收拾好）。
什	SB^	雜物。如： 什物（SB^ UD`）。 什錦（SB^ GIM` 各種各樣不同的東西混合而成之意）。
拾	SB^	撿取。如： 拾起（SB^ HI`）。 檢拾（GIAM` SB^）。 路不拾遺（LU^ BUD` SB^ WIv 不撿取路上別人遺失的財物）。 拾金不昧（SB^ GIM BUD` MI^ 拾得財物，不隱藏起來佔為己有）。 收拾（SU SB^）。
失	SD`	1、遺漏、丟掉、消失、缺失。如： 遺失（WIv SD` 丟掉，失落）。 失物（SD` UD^ 遺失物品）。 失落（SD` LOG^ 遺失掉落）。 失傳（SD` TSONv 未能流傳而消失）。 失業（SD` NGIAB^ 沒有工作）。

失血（SD` HIAD`流出不該流的血）。
失守（SD` SU`未盡職持守）。
失地（SD` TI^作戰失守丟掉的土地）。
喪失（SONG` SD`失去）。
消失（SEU SD`消除，匿跡）。
缺失（KIAD` SD`缺少、失去）。
損失（SUN` SD`虧損）。
失利（SD` LI^失去有利情勢）。
失色（SD` SED`失去原有光彩色澤）。
失真（SD` ZN 失掉真實感）。
失敬（SD` GIN^怠慢賓客）。
失迎（SD` NGIANGv沒有好好歡迎）。
失陪（SD` PIv不能陪伴）。
失禮（SD` LI 不合禮節）。
失職（SD` ZD`沒有盡到職守）。
失蹤（SD` JYUNG消失蹤跡，不知去向）。
失竊（SD` CHIAB`被偷）。
失明（SD` MINv眼睛看不見）。
失所（SD` SO`無處居住）。
失和（SD` FOv意見不合）。
失神（SD` SNv眼光呆滯無神）。
失意（SD` I^不能稱心如意）。
失戀（SD` LIEN^男女之間的戀情中斷）。
失修（SD` CIU 長久未修護）。
失效（SD` HAU`失去效用）。
失散（SD` SAN^走失分散）。
失敗（SD` PAI^沒有成功）。
失學（SD` HOG^失去就學機會）。
失勢（SD` S^失去權勢，被閣）。
失策（SD` TDED`策略錯誤）。
失察（SD` TSAD`檢察疏失）。
失當（SD` DONG^不恰當）。
失誤（SD` NGU^發生差錯）。
失算（SD` SON^算計錯誤）。
失德（SD` DED`德行有所缺失）。
失信（SD` CIN^不守信用、不被信任）。
失怙（SD` FU^父親去世）。
失恃（SD` S^母親去世）。
失節（SD` JIED`操守缺失）。
2、不小心犯下的錯誤。如：
失口（SD` KIEU`說出不該說的話）。
失言（SD` NGIANv失口）。
過失（GO^ SD`過錯）。

		失火（SD` FO` 不小心引起火災）。 失手（SD` SU` 操作失誤）。 失足（SD` JYUG` 不慎跌落）。 失身（SD` SN 失去貞操）。 3、輕易錯過。如： 失時（SD` Sv 錯過好時機）。 4、沒有達到目的。如： 失望（SD` UONG^ = MONG^）。 5、違背。如： 失約（SD` IOG` 未遵照約定）。 6、發生意外。如： 失事（SD` S^）。 7、改變常態。如： 失常（SD` SONGv 失去平時的水準）。 失聲（SD` SANG 聲音啞。無法自制突然哭泣出聲）。 失態（SD` TAI^ 應對時，失去常態、舉止不合禮節）。
適 适	SD`	1、切合。如： 適合（SD` HAB^）。 適當（SD` DONG）。 適口（SD` KIEU` 合口味）。 適應（SD` IN^ 適當地應對）。 適意（SD` I^ 合意，契合心意）。 適宜（SD` NGIv 合宜）。 適用（SD` YUNG^ 合用）。 適中（SD` ZUNG 正好，不過分，也無不及）。 適切（SD` CHIED` 切合實際）。 適應（SD` IN^ 適當應對）。 適者生存（SD` ZA` SEN SUNv 能適應環境的才能生存）。 2、正好。如： 適逢（SD` FUNGv 正好遇到）。 適值（SD` TSD^ 恰好在場）。 適齡（SD` LINv 恰當的年歲）。 適婚（SD` FUN 適合結婚，與之結婚)。 適可而止（SD` KO` Iv Z` 到了洽當時機就該停止）。 適得其反（SD` DED` KIv FAN` 恰恰相反)。 3、舒服。如： 舒適（SU SD` 舒坦）。 安適（ON SD` 舒服）。

		4、去、往。 無所適從（Uv SO` SD` CHYUNGv 沒有目標，無法隨從，不知該怎麼做）。 遠適異國（IAN` SD` I^ GUED` 遠走出國了；遠嫁到外國去了）。 5、嫁人。如： 適人（SD` NGINv）。 適林（SD` LIMv 嫁給姓林的為妻）。 6、當然。如： 適然（SD` IANv 適當）。
釋释	SD`	1、解說。如： 解釋（GIAI` SD`）。 釋義（SD` NGI^ 解說其中意義）。 2、消散。如： 冰釋（BEN SD` 像冰溶解一樣，化解了）。 釋疑（SD` NGIv 消散疑慮）。 釋懷（SD` FAIv 心安，無掛慮）。 釋憾（SD` HAM^ 消除仇恨、遺憾）。 釋悶（SD` MUN^ 消除煩悶）。 釋念（SD` NGIAM^ 消除掛念）。 3、解放。如： 開釋（KOI SD` 解開釋放）。 釋放（SD` FONG^ 解除束縛，使恢復自由）。 4、放下。如： 釋重負（SD` TSUNG^ FU^ 放下重擔）。 5、釋迦牟尼（SD` GA MUv NIv）佛教的教祖，是北印度淨飯王之子，廿九歲時出宮城入雪山修行六年，忽然悟道，便四出宣揚佛法（西元前563-485年）。
拭	SD`	擦去、抹去： 擦拭（TSAD` SD`）。 拭淚（SD` LUI^ 擦拭眼淚）。 拭目以待（SD` MUG` I TAI^ 拂拭雙眼，期望等待事業有成）。
螫	SD`	蟲刺，以毒針刺之。 蜂螫（FUNG SD` 蜜蜂或毒蜂螫人）。
識识	SD`	1、知道、能辨認。如： 認識（NGIN^ SD`）。 辨識（PIEN^ SD` 辨認）。 識別（SD` PED^ 辨別）。 識相（SD` CIONG^ 知趣、懂得看相）。

		識趣（SD` CHI^ 知趣）。 相識（CIONG SD` 相互認識）。 不識（Mv SD` 不認識，不曾）。 識大體（SD` TAI^ TI` 顧全大局）。 不識字（Mv SD` S^）。 伊識我（Iv SD` NGAIv 他認識我）。 目不識丁（MUG` BUD` SD` DEN 不識字）。 2、見解、辨認事物的能力。如： 見識（GIAN^ SD`）。 學識（HOG^ SD` 學問、見解）。 知識（Z^ SD` 知覺和學識）。 識別（SD` PED^ 加以辨認判別）。 識時務（SD` Sv U^ 能辨識時機，把握時機）。
飾 饰	SD`	同「飾 S」。 1、修整。如： 修飾（CIU SD`）。 裝飾（ZONG SD`）。 2、供裝扮用的東西。如： 首飾（SU` SD`）。 服飾（FUG^ SD` 服裝和飾物）。 飾巾（SD` GIN 女子手帕、絲巾、圍巾等飾物）。 飾終（SD` ZUNG 尊容死者的典禮）。 3、假託。如： 飾詞（SD` TSv 假託的言語）。 4、偽裝、掩蓋。如： 掩飾（AM`=IAM` SD` 掩蓋偽裝）。 飾偽（SD` NGUI` 作假）。 飾非（SD` FI 掩蓋其過錯）。
食 饣	SD^	1、吃。如： 食飯（SD^ FAN^）。 食粥（SD^ ZUG` 吃稀飯）。 食飽（SD^ BAU`）。 煮食（ZU` SD^ 烹飪）。 食用（SD^ YUNG^ 作食物用）。 食具（SD^ KI` 吃飯用具）。 偏食（PIEN SD^ 對食物有所偏好，有所不吃）。 食堂（SD^ TONGv 飯廳、飯店）。 食力（SD^ LID^ 靠勞力生活、承擔的力量過於沉重、擊中要害）。

		食量（SD^ LIONG^ 吃的份量）。 食道（SD^ TO^ 消化器官，連接喉嚨與胃的管子）。 好食懶做（HAU^ SD^ LAN ZO^ 愛吃不做）。 天狗食月、天狗食日（TIEN GIEU` SD^ NGIAD^，TIEN GIEU` SD^ NGID` 月蝕、日蝕）。 2、飲、喝。如： 食茶（SD^ TSAv 飲茶）。 食水（SD^ SUI` 喝水）。 食湯（SD^ TONG 喝湯）。 食藥（SD^ IOG^ 喝湯藥）。 3、供給吃的東西。如： 食物（SD^ UD^）。 食品（SD^ PIN`）。 食料（SD^ LIAU^ 食品材料）。 主食（ZUv SD^ 正餐吃的主要食物）。 副食（FU^ SD^ 主食之外的食品）。 食糧（SD^ LIONGv 穀物的總稱）。 食糖（SD^ TONGv 食用的糖）。 食鹽（SD^ IAMv 食用鹽）。 食米（SD^ MI` 食用的米）。 豬食（ZU SD^ 豬吃的東西）。 4、飼養。如： 餵食（WI^ SD^）。 飲食（IM` SD^ 喝的和吃的）。 食頭路（SD^ TEUv LU^做有俸給的工作）。 5、吞沒。如： 食言（SD^ NGIANv 不履行諾言）。 6、食指（SD^ Z` 拿東西吃的第二指）。 7、食香（SD^ HIONG 吃香，受人歡迎）。
蝕 蝕	SD^	1、日蝕（NGID` SD^ 日光為月球所遮蔽時；俗稱天狗食日）。 2、月蝕（NGIAD^ SD^ 月光為地球所遮蔽時；俗稱天狗食月）。 3、侵剝損傷。如： 侵蝕（CHIM` SD^ 侵損毀壞）。 剝蝕（BOG` SD^ 侵損毀壞）。 4、虧本。如： 蝕本（SD^ BUN`）。
實	SD^	1、滿。如：

实 寔 実		充實（TSUNG SD^）。 踏實（TAB^ = TEB^ SD^）。 實足（SD^ JYUG` 豐足）。 結實（GIAD` SD^ 身體狀實，質地堅固，植物結果子）。 2、真實、事蹟。如： 事實（S^ SD^ 確實）。 實話（SD^ FA^）。 實情（SD^ CHINv）。 不實（BUD` SD^ 不實在，虛偽）。 老實（LO` SD^ 誠實）。 誠實（SNv SD^ 不虛假）。 切實（CHIED` SD^ 非常實在）。 確實（KOG` SD^ 不假）。 真實（ZN SD^ 確實）。 實際（SD^ JI^ 真實情況）。 實在（SD^ TSAI^ 真實存在）。 實權（SD^ KIANv 實際權限）。 實價（SD^ GA^ 真實價格）。 實驗（SD^ NGIAM^ 實地體驗）。 實習（SD^ CIB^ 實地練習）。 實力（SD^ LID^ 形容有真實的能力、潛力）。 實業（SD^ NGIAB^ 指農工商漁礦等經濟實際業務）。 實地（SD^ TI^ 實在的,當場的,真實地物）。 實體（SD^ TI` 真實的物體）。 實心（SD^ CIM 中心是實在的，與空心相對）。 實質（SD^ ZD` 實體的本質）。 實物（SD^ UD^ 實際存在的東西）。 實用（SD^ YUNG^ 實際應用）。 實現（SD^ HIAN^ 達到目的）。 實行（SD^ HANGv 實際施行）。 實施（SD^ S 付諸實行）。 實踐（SD^ CHIEN^ 真實力行）。 實惠（SD^ FI^ 實際得到的利益）。 實至名歸（SD^ Z^ MIANGv GUI 比喻為人處世有信用，則名聲自然隨伴而來）。 實事求是（SD^ S^ KYUv S^ 比喻做事切合實際者）。

		3、果仁、種子。如： 果實（GO` SD^）。 結實累累（GIAD` SD^ LUI` LUI` 植物結出果實很多）。
舐	SE	用舌舔。如： 舐盤也（SE PANv NE`）。 狗舐個（GIEU` SE GE^）：狗舌舔的，意即舔不乾淨。比喻為沒有清洗或沒有打掃乾淨。
誚誚	SE	苛刻言詞譏諷。 誚灼（SE NAD`：尷誚 KAU SE`）。 分人誚矣（BUN NGINv SE Ev 被人譏諷了）。
伸	SEv	伸出。如： 伸出來（SEv TSUD` LOIv 軟長物，不覺中伸露出來）。 伸螺也（SEv LOv UE` 蝸牛：身體伸出殼外的螺）。
洗	SE`	1、用水去髒。如： 洗手（SE` SU`）。 洗腳（SE` GIOG`）。 洗頭（SE` TEUv 洗髮）。 洗身（SE` SN 洗澡）。 洗面（SE` MIEN^ 洗臉）。 洗嘴（SE` ZOI^ 刷牙漱口）。 洗淨（SE` CHIANG^ 洗乾淨）。 洗盪（SE` TONG 洗滌）。 洗腦（SE` NO` 強制改造思想的殘酷行為）。 洗心革面（SE` CIM GIED` MIEN^ 徹底改過自新）。 2、伸雪冤辱。如： 洗冤（SE` IAN 洗雪冤屈）。 洗雪（SE` CIED`）。 3、殺盡。如： 血洗（HIAD` SE` 殺光）。 洗劫（SE` GIAB` 搶劫殺害一空）。 4、空空的。如： 囊空如洗（NONGv KUNG Iv SE` 口袋中一無所有）。 5、洗塵（SE` TSNv 設宴歡迎遠到久別的人）。

470

		6、洗禮（SE` LI 基督教的儀式之一，信基督的人經過水禮，象徵信基督得到新的生命，進入基督徒的團契）。
銑銑	SE`	用鋼刀割磨： 銑鋸也（SE` GI^ IE` 磨利鋸齒）。 銑床（SE` TSONGv 裝有割削鋼刀的機器）。
誚誚	SE`	譏諷： 尻誚（KAU SE`：誚灼 SE NAD`，譏誚）。
璽璽	SE`	古代皇帝的印。如： 玉璽（NGYUG^ SE`）。 璽書（SE` SU 皇帝的詔書）。 璽綬（SE` SU^ 古時印章的泛稱）。 璽節（SE` JIED` 古時印章的泛稱）。
細細	SE^	1、精緻。如： 精細（JIN SE^）。 細巧（SE^ KAU` 精細巧妙）。 細密（SE^ MED^ 細緻精密）。 細緻（SE^ Z^ 物品的質地細密精緻）。 細膩（SE^ NE^ 細緻、細密）。 2、心思周密、周密。如： 細心（SE^ CIM 心思周密）。 仔細（Z` SE^ 小心謹慎、留神、細心，當心）。 恁仔細（AN` Z` SE^ 這麼細心謹慎。有些地區被用為"謝謝你"的代詞，其實那只是說："你做事這麼細心謹慎"而沒有感謝之意）。 3、詳盡。如： 詳細（CIONGv SE^ 詳盡周密）。 細節（SE^ JIED` 詳細的內容）。 細則（SE^ ZED` 詳細規則）。 細算（SE^ SON^ 詳細計算）。
譅	SEB`	說話鈍拙： 訥譅（NAB^ SEB` 說話鈍拙）。
澀蹠涩濇	SEB`	1、不光滑。如： 粗澀（TSU SEB`）。 2、文字難讀。如： 艱澀（GIAN SEB` 艱難）。
潗	SEB`	同「澀」。不滑潤： 潗潗（SEB` SEB`）。 艱潗（GIAN SEB` 艱難）。
扱	SEB^	拳打。

		扱人（SEB^ NGINv 揍人）。 扭來扱（NEU` LOIv SEB^ 抓來打）。
塞	SED`	1、隔絕不通。如： 阻塞（ZU` SED`）。 堵塞（DU` SED` 阻塞）。 2、充滿。如： 充塞（TSUNG SED`）。 塞塞（SED` SED` 塞滿的、心悶）。 3、填空。如： 塞責（SED` JID` 做事敷衍）。 塞滿（SED` MAN 擠滿）。 4、瓶塞。如： 塞也（SED` LE` 塞子）。 罌塞（ANG SED` 瓶塞）。 酒塞也（JIU` SED` ILE` 酒瓶塞）。 5、阻住。如： 塞穩（SED` UN` 塞住）。 塞緊（SED` HENv 塞緊）。 塞塞也（SED` SED` LE` 塞住塞子）。
扱	SEM^	「扱 SEB^」的變音。拳打。如： 分人扱矣（BUN NGINv SEM^ MEv 挨打了）。
生	SEN	1、出生、生育。如： 出生（TSUD` SEN）。 誕生（TAN^ SEN）。 生養（SEN IONG 出生養育）。 生父（SEN FU^ 親生父親）。 生辰（SEN SNv 生日）。 生育（SEN YUG` 生養兒女）。 生產（SEN SAN` 分娩、生養、出產）。 生殖（SEN TSD^ 繁殖）。 2、產生、發生。如： 生事（SEN S^ 鬧事，惹事）。 發生（FAD` SEN）。 產生（SAN` SEN）。 生變（SEN BIEN^ 發生變化）。 3、成長。如： 生長（SEN＝SANG ZONG`）。 生根（SEN＝SANG GIN）。 生平（SEN PINv 一生的經歷）。 4、生命。如： 生命（SEN＝SANG MIANG^）。

		回生（FIv SEN 恢復生命、復活）。 喪生（SONG` SEN = SANG 喪失生命）。 生存（SEN = SANG SUNv 生命存活在）。 生還（SEN = SANG FANv 喪失的生命，又回生了）。 生路（SEN = SANG LU^ 生存的途徑）。 5、生計。如： 生活（SEN FAD^）。 謀生（MEUv SEN 討生活）。 生計（SEN GIE^ 謀生）。 生民（SEN MINv 指人民）。 生靈（SEN LINv 百姓）。 生理（SEN LI 做生意；有關身體的生理學）。 生活指數（SEN FAD^ Z` SU^ 對物價波動，引起生活程度變化的比率指數）。 6、活的。如： 生物（SEN UD^ 活物；動植物）。 生態（SEN TAI^ 生物的生存狀態）。 生動（SEN TUNG^ 富生命力、活潑）。 7、未熟。如： 生薑（SEN GIONG）。 生菜（SEN TSOI^）。 8、不熟悉。如： 生字（SEN S^ 不熟的字）。 生疏（SEN SU 生硬、不熟練）。 生手（SEN SU` 不熟練的人）。 9、讀書人、學生。如： 學生（HOG^ SEN）。 書生（SU SEN）。 10、僵硬。如： 生硬（SEN NGANG^）。 11、對男人之尊稱。如： 先生（CIEN SEN = CIN SANG）。 12、醫師。如： 醫生（I SEN）。 13、戲劇中角色。如： 小生（SEU` SEN）。
惺	SEN	1、醒悟： 惺悟（SEN NGU^）。 2、聰明。如： 假惺惺（GA` SEN SEN 聰明卻佯裝

		無知,虛情假意)。 3、動搖不定。如: 惺忪 (SEN ZUNG 動搖不定貌、清醒貌)。
齔	SENv	齒咬。 狗會齔人 (GIEU` UOI^ SEN^ NGINv 狗會咬人)。
省	SEN`	1、節約、節儉、簡化。亦音 SANG`。 簡省 ( GIAN` SEN`＝SANG`)。 省略 (SEN`＝SANG` LIOG^ 省去不重要的)。 節省 (JIED` SEN`＝SANG` )。 省力 ( SEN`＝SANG` LID^ 節省力氣 )。 省事 ( SEN`＝SANG` S^ 減少辦事的麻煩)。 省錢 ( SEN`＝SANG` CHIENv 節約用錢 )。 省儉 ( SEN`＝SANG` KIANG^ 節儉 )。 2、檢查、察看。如: 內省 ( NUI^ SEN` 自己反省)。 反省 (FAN` SEN` 反省)。 3、看望尊親。如: 省親 (SEN` CHIN )。 4、覺悟、知道。如: 省悟 ( SEN` NGU^)。 不省人事 (BUD` SEN` NGINv S^ 失去知覺)。
搮	SEN^	捏住鼻子,以氣排出鼻涕。如: 搮涕＝濞 (SEN^ PI^)。
齔	SEN^	「食 SD^ 」的變音,「吃」的土話。 齔飯 (SEN^ FAN^)。 狗齔人 (GIEU` SEN^ NGINv 狗怒咬人)。
消	SEU	1、溶解、散失、除去、耗費。如: 消散 (SEU SAN^ 消除)。 消失 (SEU SD` 散滅)。 消滅 (SEU MED^ 清除毀滅)。 消除 (SEU TSUv 消滅)。 消防 (SEU FONGv 消除預防火災)。 消毒 (SEU TUG^ 殺滅病菌並抑制病菌擴散)。 消蝕 (SEU SAD^ 消滅)。 消化 (SEU FA^ 食物溶化成養料的作用)。 消磨 (SEU MOv 漸漸耗損)。 消耗 (SEU HO＝HO^ 漸漸耗損)。 消費 (SEU FI^ 因用去而漸少;以

		花錢滿足人心）。 消弭（SEU MI` 消停）。 消沉（SEU TSMv 消滅沉沒、心志頹廢不振）。 消災（SEU ZAI 免除災禍）。 消魂（SEU FUNv 散失魂魄、心神被奪）。 消長（SEU ZONG` 盛衰，增減）。 消聲匿跡（SEU SANG NID^ JIAG` 隱匿不出）。 2、音信。如： 消息（SEU CID` 訊息）。 3、排遣。如： 消遣（SEU KIAN`）。 消夏（SEU HA^ 排遣炎夏）。 消暑（SEU TSU` 消夏）。 消停（SEU TINv 停頓，休息）。 4、消遙（SEU IEUv 自由自在，沒有拘束）。 5、承受。如： 消受（SEU SU^ 忍受、享用）。 6、消夜（SEU IA^ 夜間吃點心；同宵夜）。 7、消極（SEU KID^ 消沉，不振作；與積極相對）。
逍	SEU	安閒自在。如： 逍遙（SEU IEUv 自由自在、不拘束）。 逍遙自在（SEU IEUv TS^ TSAI^）。 逍遙法外（SEU IEUv FAB` NGOI^ 犯了罪，卻沒有受到法律制裁）。
銷銷	SEU	1、熔化金屬。如： 銷鎔（SEU YUNGv）。 銷鑄（SEU ZU^ 銷鎔鑄造）。 2、解除。如： 銷假（SEU GA` 請假期滿註銷假期）。 撤銷（TSAD^ SEU 推廣銷售）。 3、售出、消費。如： 銷售（SEU SU^ 賣出）。 銷貨（SEU FO^ 賣出貨品）。 銷路（SEU LU^ 銷售範圍）。 報銷（BO^ SEU 報告收支帳目，請求核銷，報廢）。

		通「消」。如：銷魂。銷聲匿跡。
蕭蕭	SEU	1、冷落、清淨。如： 蕭條（SEU TIAUv）。 2、疏散。如： 蕭疏（SEU SU）。
蒐	SEU	1、搜集，聚集。如： 蒐集（SEU CIB^）。 蒐羅（SEU LOv 搜求羅致）。 蒐輯（SEU CIB^ 搜集）。 蒐揪（SEU CHIU 將零亂東西收拾好）。 2、古時帝王春秋季打獵。如： 春蒐夏苗（TSUN SEU HA^ MEUv 春天打獵，夏季種苗）。 3、植物的一種：茜草。
搜	SEU	1、尋覓： 搜尋（SEU CHIMv）。 搜求（SEU KYUv 尋找）。 搜查（SEU TSAv 四處檢查）。 搜索（SEU SOG` 搜查）。 搜集（SEU CIB^ 搜尋收集）。 搜捕（SEU BU` 捉拿犯人）。 搜緝（SEU CIB^ 搜捕）。 搜羅（SEU LOv 蒐集、搜求羅致）。 2、研究： 搜討（SEU TO` 精密研究）。 3、剝削： 搜刮（SEU GUAD` 剝削人民）。
鎪	SEU	雕刻： 彫鎪（DIAU SEU）。
燒燒	SEU	1、以火焚、物體著火。如： 燒柴（SEU TSEUv 燒木柴）。 燒火（SEU FO` 用火焚）。 火燒屋（FO` SEU UG` 火燒房屋）。 2、溫度高，熱。如： 燒冷（SEU LANG 冷熱）。 燒暖（SEU NON 溫暖）。 發燒（FAD` SEU 體溫比平常高）。 燒湯（SEU TONG 熱湯）。 燒水（SEU SUI` 熱水）。 燒茶（SEU TSAv 熱茶；炙茶）。 頭顱燒燒（TEUv NAv SEU SEU 頭額燙燙的）。

		手腳冇燒（SU` GIOG` MOv SEU 手腳冰冷）。
捎	SEU	1、請人傳物。如： 捎信（SEU CIN^ 傳信）。 2、掠過。如： 橫捎（UANGv SEU 橫過）。 3、窺探。如： 捎看（SEU KON^ 窺視）。
嗾	SEU	1、煽動人作壞事。 嗾使（SEU S` 唆使，指使人做不正當的事）。 2、以口發聲，對狗發令。
愁	SEUv	1、憂慮。如： 憂愁（YUv SEUv）。 愁苦（SEUv KU` 憂愁苦悶）。 愁眉（SEUv MIv 憂愁的面容）。 愁食愁著（SEUv SD^ SEUv ZOG` 憂愁吃穿）。 2、慘淡的樣子。如： 愁雲慘霧（SEUv YUNv TSAM` U^ 形容環境慘淡）。
召	SEU^	1、招喚。如： 徵召（ZN SEU^）。 召集（SEU^ CIB^）。 召見（SEU^ GIAN^ 上級召喚下級）。 召租（SEU^ ZU 招租）。 2、招禍。如： 召禍（SEU^ FO^）。
紹绍	SEU^	1、繼續、繼承。如： 紹述（SEU^ SUD^ 繼承遵循）。 紹衣（SEU^ I 繼承好的楷模）。 2、替人引牽聯繫。如： 介紹（GIAI^ SEU^）。
笑关咲	SEU^	1、快樂時面部的表情、譇NAG`。如： 笑容（SEU^ YUNGv 微笑的面容）。 笑顏（SEU^ NGIANv 笑臉）。 微笑（WI=MI SEU^ 微微的笑,不是大笑）。 狂笑（KONGv SEU^ 大笑）。 笑談（SEU^ TAMv 談笑）。 笑微微到（SEU^ MI MI DO`笑臉迎人）。 笑面虎（SEU^ MIEN^ FU` 面帶微笑

		內心狡詐的人）。 笑裡藏刀（SEU^ LI TSONGv DO 貌似和善，內心卻狡詐）。 笑逐顏開（SEU^ ZUG` NGIANv KOI 形容人十分高興，臉上就掛著笑容）。 2、譏嘲。如： 譏笑（GI SEU^）。 嘲笑（TSEUv SEU^）。 取笑（CHI` SEU^ 譏笑）。 笑罵（SEU^ MA^ 嘲笑辱罵）。 笑柄（SEU^ BIANG^ 某一可做為取笑的材料）。 笑貧不笑娼（SEU^ PINv BUD` SEU^ TSONG 形容世人只譏笑窮人，而不嘲笑操賤業的人）。
肇	SEU^	1、引起一件事的開頭。如： 肇禍（SEU^ FO^ 招致災禍）。 肇亂（SEU^ LON^招致禍亂、啟開戰亂）。 2、開始。如： 肇始（SEU^ TS` 開始）。 肇歲（SEU^ SUI^ 新年）。 肇端（SEU^ DON 開端）。 肇基（SEU^ GI 開始建立基業）。 肇造（SEU^ TSO^ 開始建造）。
湊	SEU^	「湊 TSEU^」的變音。聚合、裝配。 湊落去（SEU^ LOG^ HI^ 裝進去）。 湊桌腳（SEU^ ZOG` GIOG` 裝桌腳）。 湊不緊（SEU^ Mv HENv 裝不緊）。 湊不入（SEU^ Mv NGIB^ 裝不進去）。
漱	SEU^	盪嘴（TONG ZOI^）： 漱口（SEU^ KIEU` 用水清洗口腔）。
嗽	SEU^	痰逆發聲： 咳嗽（KIED` SEU^ = TSUG^）。 又音 TSUG^。
嘯 嘨 歗	SEU^	1、動物的長吼聲。如： 虎嘯（FU` SEU^ 老虎長聲吼叫）。 2、發出長聲。如； 海嘯（HOI` SEU^ 海底地震時，海床發生垂直變動,所發生的一連串周期極長的大浪向各方傳播的現象。日語稱"津波つなみ"）。

		3、高聲呼喊。如： 呼嘯（ FU SEU^ 大聲喊叫 ）。 仰天長嘯（ NGIONG` TIEN TSONGv SEU^ 向高天大聲呼喊 ）。
歔	SEU^	同「嘯」。
審 審	SM`	1、詳查、細究。如： 審查（ SM` TSAv ）。 審議（ SM` NGI^ ）。 審理（ SM` LI 詳查處理 ）。 審核（ SM` HED` 審查考核 ）。 審定（ SM` TIN^ 審查鑒定 ）。 審計（ SM` GIE^ 會計上對帳目的審查核計 ）。 審美（ SM` MI 判斷美醜 ）。 3、詢問案件。如： 審問（ SM` UN^ ）。 審訊（ SM` CYUN^ 詳細詢問 ）。 審案（ SM` ON^ 審問案情 ）。 審判（ SM` PAN^ 審問判斷 ）。
慎	SM`	小心。如： 謹慎（ GYUN` SM` ）。 慎重（ SM` TSUNG^ 謹慎鄭重 ）。 慎行（ SM` HANGv 謹慎行止 ）。 慎言（ SM` NGIANv 謹慎言語 ）。 慎思（ SM` S 仔細考慮 ）。 慎始（ SM` TS` 小心謹慎事情的起始 ）。 不慎（ BUD` SM` 不小心 ）。 慎終追遠（ SM` ZUNG ZUI IAN` 謹慎送終，追思遠祖 ）。
諗	SM`	1、諫也。告也。 2、諗：思念。 將母來諗（ JIONG MU LOIv SM` 深深懷念老親娘 ）。 3、潛藏也： 魚鮪不諗（ NGv WI` BUD` SM` ）。 4、知悉。
滲 渗	SM^	液體從細孔慢慢透入或透出。如： 滲透（ SM^ TEU^ ）。 滲漏（ SM^ LEU^ 逐漸滲透而滴漏 ）。 滲出（ SM^ TSUD`由地下或細孔冒出）。
升	SN	1、由下向上。如： 升高（ SN GO ）。

479

		升天（SN TIEN 升上天空。死亡）。 上升（SONG^ SN 往上升）。 升旗（SN KIv）。 升沉（SN TSMv 升高或下沉）。 升降（SN GONG^ 升高或下降）。 升級（SN GIB` 晉升更高級次）。 2、登入。如： 升堂入室（SN TONGv NGIB^ SD` 隨時可進入人的家中，也比喻順序深造而有所得）。
昇	SN	1、太陽升起。如： 日昇（NGID` SN）。 2、上揚、上進。如： 高昇（GO SN）。 昇華（SN FAv 固體直接變成氣體或氣體直接變為固體；低級趣味轉變成高尚格調）。 3、同「升」。
陞	SN	高升、升高。通「升」。如： 陞遷（SN CHIEN 升官而轉任他職）。 陞官（SN GON 晉升官階）。
申	SN	1、陳述、表明。如： 申述（SN SUD^）。 申訴（SN SU^ 申鳴冤情）。 申令（SN LIN^ 申述命令）。 申命（SN MIN^ 申述命令）。 申冤（SN IAN 申明冤屈）。 申斥（SN TSD` 申誡斥責）。 申報（SN BO^ 申述呈報）。 申謝（SN CHIA^ 申明謝意）。 申辯（SN PIEN^ 說明原委加以辯白）。 申請（SN CHIANG` 向上請求）。 申誡（SN GIAI^ 申飭警戒）。 申告（SN GO^ 申明告訴）。 2、同「伸」。如： 引申（IN SN 字詞由原意產生近似新意）。
伸	SN	1、舒展開。如： 伸出（SN = TSUN TSUD`）。 伸長（SN = TSUN TSONGv 擴展拉長）。 伸直（SN = TSUN TSD^ 擴展拉直）。 伸展（SN = TSUN ZAN` 擴展拉開）。

		伸腰（SN = TSUN　IEU 伸展腰身）。 伸手（SN = TSUN　SU` 伸出手臂）。 伸縮（SN　SUG` 伸展或收縮）。 2、同「申」，表白。如： 伸訴（SN　SU^）。
繩繩	SNv	1、規矩、約束、法度。如： 準繩（ZUN`　SNv）。 2、繼承。如： 繩祖（SNv　ZU` 繼承祖先）。 3、約束、懲治。如： 繩之以法（SNv　Z　I　FAB` 以法律約束）。
成	SNv	1、事情完畢。如： 完成（UANv　SNv）。 成事（SNv　S^ 事情完成）。 成就（SNv　CHIU^ 事業成功）。 成功（SNv　GUNG 事業成就）。 成交（SNv　GAU 交易成功）。 成立（SNv　LIB^ 議決、設立、成功）。 成全（SNv　CHIONv 幫助完成）。 成果（SNv　GO` 成績、結果）。 成績（SNv　JID` 成果、功效）。 成名（SNv　MIANGv 功成名就）。 成親（SNv　CHIN 結婚、完成親事）。 成婚（SNv　FUN 結婚、完成婚事）。 成家（SNv　GA 男人娶妻、成立家室）。 成器（SNv　HI^ 成為有用器皿）。 成群（SNv　KYUNv 群集）。 成仁（SNv　INv 為正義犧牲生命）。 成本（SNv　BUN` 商業資本）。 成千累萬（SNv　CHIEN　LUI`　UAN^ 形容數量很多）。 2、夠數。如： 成雙（SNv　SUNG 成為一雙）。 成對（SNv　DUI^ 成為一對）。 3、成就、成果。如： 坐享其成（TSO　HIONG`　KIv　SNv 白得的成功，不是自己努力的成果）。 4、長大。如： 成長（SNv　ZONG`）。 成熟（SNv　SUG^）。 成人（SNv　NGINv 已成大人）。 成年（SNv　NGIANv 已成大人）。

		5、已定的、現成的。如： 成規（SNv GUI 已定的規矩）。 成見（SNv GIAN^ 已有的見解）。 成心（SNv CIM 存心、故意、有心、偏見）。 成竹（SNv ZUG`成見、預先打定的主意）。 成藥（SNv IOG^ 配好的藥）。 成語（SNv NGI 沿用成習慣的古語）。
丞	SNv	輔佐。如： 丞相（SNv CIONG^ 宰相，輔佐皇帝的最高官吏）。 府丞（FU` SNv 政府最高輔佐官,宰相）。 縣丞（IAN^ SNv）。
誠 誠	SNv	1、真心、不詭詐。如： 誠實（SNv SD^ 老實）。 誠意（SNv I^ 真心待人）。 誠樸（SNv PUG^ 誠懇真實）。 誠服（SNv FUG^ 真心服從）。 誠懇（SNv KIEN` 真誠懇切）。 誠心誠意（SNv CIM SNv I^真心實意）。 2、的確、實在。如： 誠然（SNv IANv）。 3、假若。如： 誠能如此（SNv NENv Iv TS`若能如此）。
承	SNv	1、接受、擔當。如： 承受（SNv SU^ 承擔）。 承蒙（SNv MUNGv 蒙受他人好意）。 承當（SNv DONG 承受擔當）。 承領（SNv LIANG 承接領受）。 承教（SNv GAU^ 接受指教）。 承歡膝下（SNv FON CHID` HA^ 子女順從父母心意，博取父母歡喜）。 2、接續。如： 繼承（GI^ SNv）。 承續（SNv CYUG^ 繼續）。 承襲（SNv CIB^繼承因襲前人的事業）。 承先啟後（SNv CIEN KI` HEU^ 承繼先賢先哲，啟導後知後覺）。 3、包辦。如： 承包（SNv BAU）。 承攬（SNv LAM` 承接包辦）。 4、托住、接住。如：

		承水（ SNv SUI` 以桶、盆等器皿接水）。 承接（ SNv JIAB` 接住，接辦）。 承口涎（ SNv HEU` LAN 承接口水、聽人天花亂墜地講話）。 承巴掌（ SNv BA ZONG` 挨掌打）。 用桶也承（ YUNG^ TUNG` NGE` SNv 以水桶承接）。 5、認許。如： 承認（ SNv NGIN^ 供認所做的）。
乘	SN^	1、使用交通工具代步。如： 乘車（ SN^ TSA）。 2、順應、趁著。如： 乘勢（ SN^ S^）。
唆	SO	指使策動人去做傻事或非法的事。 教唆（ GAU SO）。 唆使（ SO S`）。 唆慫（ SO SUNG` 慫恿唆使）。 唆是弄非（ SO S^ NUNG` FI 挑撥是非）。
梭	SO	1、織機上拉著橫線穿過縱線的橄欖形工具，稱為梭。如： 梭織（ SO ZD` 織布、形容往來繁盛）。 穿梭（ TSON SO 在織布、比喻來往不斷）。 2、日月如梭（ NGID` NGIAD^ Iv SO 日子如梭子的一來一往很快經過）。
挲 抄	SO	1、以手撫摩搓揉： 挲面（ SO MIEN^ 打扮臉、撫摩臉）。 挲草（ SO TSO` 雙足跪在稻田中，雙手搓揉田泥除草）。 挲平（ SO PIANG 以手抹平）。 2、挲鹽（ SO IAMv 在整塊肉魚上抹鹽）。
娑	SO	婆娑起舞（ POv SO HI` U` 盤旋而舞）。
騷 騷	SO	1、淫蕩、輕浮的舉動： 騷姿（ SO Z 騷姿弄首，故作姿態誘人）。 風騷（ FUNG SO 淫蕩、輕浮）。 2、不滿。如： 牢騷（ LOv SO 抑悶不平）。 3、擾亂。如： 騷擾（ SO IEU` 擾亂）。 騷動（ SO TUNG^ 擾亂，不安靜）。
嗦	SO	囉嗦（ LO SO 話多而不乾脆）。
趖	SOv	1、爬蟲類，以環節（肚子）爬行。 蜈蚣蟲趖入來矣（ NGv GUNG TSUNGv

		SOv NGIB^ LOIv IEv 蜈蚣爬進來了）。 2、動作緩慢： 恁趖（AN` SOv 這麼慢）！ 莫趖矣（MOG^ SOv UEv 別拖了，別耽誤了）！ 做事蓋趖（ZO^ SE^ GOI^ SOv 做事很慢）。
愫	SO`	心疑。
鎖 锁 鑠	SO`	1、加在門、箱、車、器具上，使不能隨便打開的裝置。如： 鎖頭（SO` TEUv 鎖）。 門鎖（MUNv SO`）。 鎖鏈（SO` LIEN^以鐵環鉤連成的刑具）。 鎖匙（SO` Sv 鑰匙）。 2、用鎖封住封閉。如： 關鎖（GUAN SO`）。 鎖門（SO` MUNv 鎖上門鎖）。 鎖邊（SO` BIEN 封鎖布邊的縫紉法）。 封鎖（FUNG SO`）。 3、愁眉苦臉。如： 鎖眉（SO` MIv）。
擻 擞	SO`	1、振作、振奮。如： 抖擻（DEU` SO` 振發貌）。 2、擻火（SO` FO` 抖落爐中火灰）。
掃 扫 埽	SO^	1、用工具（掃帚）除去塵土和垃圾。 掃地（SO^ TI^）。 掃除（SO^ TSUv）。 掃墓（SO^ MU^ 祭掃墓地）。 2、除滅。如： 掃蕩（SO^ TONG^ 完全消滅）。 掃除文盲（SO^ TSUv UNv MONGv 使人人識字）。 3、迅速掠過、達到各方面。如： 掃射（SO^ SA^ 像掃地一般以槍射擊目標）。 4、掃地用具。 掃帚（SO^ JIU` 掃把）。 掃把（SO^ BA` 掃帚）。
掌 抄	SO^	同「抄 SO．SO^」。以手掃平或嫂淨：用手掌淨（YUNG^ SU` SO^ CHIANG^）。
說 说	SOD`	1、講話。如： 說話（SOD` FA^）。

		演說（IAN SOD` 演講）。 說服（SOD` FUG^ 以言語勸人，使人信服）。 遊說（YUv SOD` 用言語勸服人）。 說破（SOD` PO^ 將隱密的事，講說明白）。 說合（SOD` HAB^ 幫人說話，使事圓滿完成）。 說項（SOD` HONG^ 替人說情）。 說情（SOD` CHINv 替人說好話，請求原諒）。 說親（SOD` CHIN 為人說媒，措合親事）。 說書（SOD` SU 講說書中故事或要義）。 說笑（SOD` SEU^ 講笑話、談笑）。 2、言論、主張。如： 學說（HOG^ SOD`）。 論說文（LUN^ SOD` UNv）。 3、解釋。如： 說明（SOD` MINv）。 解說（GIAI` SOD`）。 3、稱讚、誇獎、褒獎。如： 說好話（SOD` HO` FA^ 說吉祥稱讚的言語）。 盡會說人（CHIN^ UOI^ SOD` NGINv 很會說好話褒獎人）。 說伊會講話（SOD` Iv UOI^ GONG` FA^ 誇讚、褒獎他很會說話）。
刷	SOD`	1、清除。如： 刷洗（SOD` SE` 洗刷清洗）。 3、刷新（SOD` CIN 突破舊的、創造新的）。 刷新記錄（SOD` CIN GI^ LYUG^）。 4、削切成籤： 刷籤（SOD` CHIAM 削切成籤）。
吸	SOD^	吸吮。用口吸空氣、吸液體或吸物體。 吸空氣（SOD^ KUNG HI^）。 吸入去（SOD^ NGIB^ HI^ 吸進去）。 吸到蚊也（SOD^ DO` MUN NE`吸到蚊子）。
吮	SOD^	同「吸 SOD^，KIB`」。吸吮。如： 吮空氣（SOD^ KUNG HI^）。 吮入去（SOD^ NGIB^ HI^ 吸進去）。 吮到蚊也（SOD^ DO` MUN NE`吸到蚊子）。
煞	SOD^	完畢、結束。如：

		煞戲（SOD^ HI^ 戲演完了）。 煞台（SOD^ TOIv 台上的戲演完了）。 煞歇矣（SOD^ HED` DEv 停止了）。 大雨煞矣（TAI^ I` SOD^ DEv 大雨停了）。
索	SOG`	1、尋找。如： 探索（TAM` SOG`）。 索引（SOG` IN 指引、查引）。 2、討取。如： 索取（SOG` CHI`）。 索債（SOG` ZAI^ 討債）。
溯 泝 遡	SOG`	1、追想已往的事。如： 回溯（FIv SOG`）。 追索（ZUI SOG`）。 2、逆流而上。如： 溯江而上（SOG` GONG Iv SONG^ 在河中逆水行駛）。 3、探求本源。如： 溯源（SOG` NGIANv 回溯到源頭）。
塑	SOG`	1、用土、石膏、化學可塑料等做成東西。 塑造（SOG` TSO^）。 塑像（SOG` CIONG^ 塑造人像）。 雕塑（DIAU SOG` 雕刻塑造）。 2、塑膠（SOG` GAU：Plastic，泛指高分子有機化合物製造而成的固體原料）。
嗍	SOG`	以口吸取或以紙、乾布、草灰等吸乾 嗍燥（SOG` ZAU 吸乾）。 嗍水（SOG` SUI` 吸水）。 燥嗍（ZAU SOG` 乾燥）。 嗍粄漬（SOG` BAN` TSE^ 把磨好的米漿盛入布袋，放在草灰中使吸乾水份）。 嗍分伊燥（SOG` BUN Iv ZAU 用灰、布、紙等吸乾）。
搠	SOG`	1、塗抹。 2、以長物向前刺。
鑠 爍	SOG`	1、同「鑠 SOG`」，熔銷金屬： 鑠金（SOG` GIM 熔銷金子，熔銷金屬）。 2、火光閃動貌： 閃爍（SAM` SOG` 光波閃動）。
束	SOG`	[河洛音] 束縛： 束腰（SOG` IEU）。

		拘束（KU SOG`）。
甩	SOI`	拋棄： 甩出去（SOI` TSUD` HI^ 拋出去）。 甩石（SOI` SAG^ 以甩石器將石頭甩出）。 甩手（SOI` SU` 甩去手上的水，甩手運動，丟下事情不管）。
睡	SOI^	閉目安息、使大腦處於休息狀態。 睡目（SOI^ MUG` 睡覺）。 睡眠（SOI^ MINv 睡覺）。 睡夢（SOI^ MUNG^ 睡覺作夢）。 啄目睡（DUG` MUG` SOI^ 打瞌睡）。
稅	SOI^	租借。如： 稅屋（SOI^ UG` 租房子）。
說	SOI^	用話語說動人： 說服（SOI^ FUG^）。 勸說（KIAN^ SOI^）。
賽賽	SOI^	1、比較出優劣勝負。如： 比賽（BI` SOI^）。 賽馬（SOI^ MA 跑馬比賽）。 賽車（SOI^ TSA 汽車賽）。 球賽（KYUv SOI^）。 賽舟（SOI^ ZU 划船比賽）。 賽鴿（SOI^ GAB` 鴿子比賽）。 2、勝過。如： 賽過（SOI^ GO^ 贏過）。
率	SOI^	同「率 SAI^」。 率領（SOI^ LIANG 帶領）。
酸	SON	1、悲痛。如： 心酸（CIM SON）。 酸鼻（SON PI^ 悲苦、想哭時鼻子發酸）。 酸楚（SON TSU` 傷心,悲傷,悲苦）。 酸辛（SON CIN 淒苦）。 3、同「痠」。如： 酸痛（SON TUNG^ 身體痠痛）。 酸軟（SON NGION 身體痠痛）。
痠	SON	肌肉過度疲勞或身體某部因病引起的疼痛無力的感覺。 痠軟（SON NGION）。 痠痛（SON TUNG^）。 腰痠背痛（IEU SON BOI^ TUNG^）。
拴	SON	用繩子繫上、縛繫。如： 拴牛（SON NGYUv 繫牛）。

		拴馬（SON MA 繫馬）。
閂闩	SON	插上門閂。如： 閂門（SON MUNv 以閂插門）。
算标	SON^	1、核計數目。如： 預算（I^ SON^ 事先計算）。 算術（SON^ SUD^ 計算的學術）。 計算（GIE^ SON^ 數算、盤算、核計）。 算式（SON^ SD` 計算公式）。 算盤（SON^ PANv 珠算用具 abacus(英)，Ábaco(西)，ソロバン(日)）。 算帳（SON^ ZONG^ 結算帳目）。 2、當作。如： 不(方)算（BUD`= MOv SON^ 不算）。 3、作罷、完結。如： 算矣（SON^ NEv 算了）！ 4、謀劃。如： 打算（DA` SON^ 謀算，準備做）。 失算（SD` SON^ 算計錯誤）。 謀算（MEUv SON^ 謀劃）。 暗算（AM^ SON^ 暗中謀算）。 5、預測。如： 算命（SON^ MIANG^ 推測人的命運）。
傷伤	SONG	1、受損破裂。如： 傷害（SONG HOI^）。 傷口（SONG KIEU`= HEU` 受傷處）。 受傷（SU^ SONG 受到傷害）。 傷痕（SONG HEN 受傷的痕跡）。 傷患（SONG FAM^ 受傷的人）。 傷亡（SONG MONGv 死傷）。 傷兵（SONG BIN 受傷的兵士）。 傷科（SONG KO 專治跌打損傷的外科）。 2、損害。如： 傷害（SONG HOI^ 損害破損）。 傷財（SONG TSOIv 破財）。 傷神（SONG SNv 精神耗損）。 傷人（SONG NGINv 傷害人,得罪人)。 傷身體（SONG SN TI` 損害身體）。 傷腦筋（SONG NO` GIN 傷神）。 3、悲哀。如： 哀傷（OI SONG 悲傷）。 傷悲（SONG BI 悲傷）。 傷感（SONG GAM` 有所感觸而悲傷）。

		傷心（SONG CIM 心中悲痛）。 4、詆毀、毀謗、得罪。如： 中傷（ZUNG^ SONG 以言詞毀謗人）。 出口傷人（TSUD` KIEU` SONG NGINv 中傷）。 5、觸犯。如： 傷風敗俗（SONG FUNG PAI^ CYUG^ 觸犯風俗，敗壞風俗）。 傷天害理（SONG TIEN HOI^ LI 違背天理）。
上	SONG	由下而上、升高。如： 上去（SONG HI^）。 上來（SONG LOIv）。 上樓（SANG LEUv）。 上車（SONG TSA）。 上船（SONG SONv）。 上馬（SONG MA）。 上床（SONG TSONGv）。 上下（SONG HA 上去下來；來往）。 上班（SONG=SONG^ BAN 就工作崗位）。 上不得（SONG Mv DED` 上不去）。
商	SONG	討論、計議。如： 商討（SONG TO`）。 商量（SONG LIONGv 討論溝通）。 商定（SONG TIN^ 商量決定）。 商議（SONG NGI^ 商量議定）。 商酌（SONG ZOG` 斟酌）。 商榷（SONG KOG` 加以討論和策劃）。
嘗 尝 甞	SONGv	1、用嘴舌試滋味。如： 品嘗（PIN` SONGv 品味）。 嘗看哪（SONGv KON^ NA^ 口嘗嘗看）。 2、試探。如： 嘗試（SONGv S^）。 3、經歷、曾經。如： 未嘗（WI^ SONGv 不曾）。 備嘗艱辛（PI^ SONGv GIAN CIN 經歷或飽受千辛萬苦）。
嚐	SONGv	口嘗。同「嘗 SONGv」。
賞 赏	SONG`	1、以財物獎勵有功。如： 獎賞（JIONG` SONG`）。 賞罰（SONG` FAD^ 獎賞與懲罰）。 賞金（SONG` GIM 獎金）。 賞功（SONG` GUNG 獎勵有功的人）。

		2、稱讚、讚美。如： 讚賞（ZAN^ SONG`）。 欣賞（HYUN SONG` 羨慕）。 賞識（SONG` SD`欣賞重視別人優點）。 3、領會事物的美。如： 賞花（SONG` FA）。 賞月（SONG` NGIAD^ 觀賞月景）。 4、敬稱別人佳惠於自己。如： 賞光（SONG` GONG 請人光臨）。 賞賜（SONG` SU^ 嘉惠賜與）。
償償	SONG`	1、歸還。如： 償還（SONG` FANv）。 償債（SONG` ZAI^ 還債）。 償願（SONG` NGIAN^ 完成心願）。 償失（SONG` SD` 補償損失）。 2、酬報。如： 如願以償（Iv NGIAN^ I SONG` 願望終於實現了）。 3、抵當。如： 補償（BU` SONG`）。 賠償（POIv SONG`）。 償命（SONG` MIANG^ 抵命）。
爽	SONG`	違背，失約。如： 爽約（SONG` IOG` 違背約定）。
喪喪	SONG`	1、失去。如： 喪失（SONG` SD`）。 喪生（SONG` SEN 失去生命）。 喪志（SONG` Z^ 失去志氣）。 喪膽（SONG` DAM` 極端畏懼）。 2、指人夭折，喪失幼兒。 喪歇矣（SONG` HED` DEv 幼兒失掉了）。
上	SONG`	裝上。如： 上樑（SONG` LIONGv 把屋樑裝上去。） 上鞋（SONG` HAIv 把鞋面與鞋底釘在一起）。 上上去（SONG` SONG HI^ 推上、裝上去）。
損損	SONG`	「損 SUN`」的變音。消耗損失。如： 打損（DA` SONG` 浪費、損耗）。 耗損（HO SONG` 損失、耗費、浪費）。
上	SONG^	1、升高。如： 登上（DEN SONG^ 坐到高位上）。 上台（SONG^ TOIv 登台）。

		上進（SONG^ JIN^ 努力求進步）。 2、進呈。如： 上菜（SONG^ TSOI^ 送菜上桌）。 上街（SONG^ GIAI 走上街道）。 上學（SONG^ HOG^ 學生到校上課）。 3、教學。如： 上課（SONG^ KO^）。 4、登載。如： 上報（SONG^ BO^ 登報）。 5、塗抹。如： 上藥（SONG^ IOG^）。 6、中計。如： 上當（SONG^ DONG^）。 7、出現。如： 上映（SONG^ IANG` 播放電影）。 上電視（SONG^ TIEN^ S^ 出現在電視上）。
尚	SONG^	1、尊崇。如： 崇尚（TSUNGv SONG^）。 尚武（SONG^ U 崇尚武術）。 2、掌管。如： 尚衣（SONG^ I 管衣服的官）。
書书	SU	寫。如： 書寫（SU CIA` 手寫）。 書法（SU FAB` 以毛筆寫字，書寫的筆法）。
疏	SU	1、開通。如： 疏通（SU TUNG）。 疏解（SU GIAI` 通解）。 疏導（SU TO 疏通開導）。 疏濬（SU ZUN^ 疏通）。 2、分散。如： 疏散（SU SAN^）。
姝	SU	順從的樣子。如： 姝姝（SU SU）。
舒	SU	1、伸展、張開。如： 舒展（SU ZAN`）。 舒張（SU ZONG）。 舒懷（SU FAIv 舒展開懷）。 2、遲緩。如： 舒緩（SU FON^）。 3、開闊安適。如： 舒適（SU SD`）。

		舒服（SU FUG^）。 4、姓。
輸輸	SU	1、轉運。如： 運輸（YUN^ SU 運送）。 輸送（SU SUNG^ 運送）。 輸入（SU NGIB^ 貨物由外國進口）。 輸出（SU TSUD`本國貨品出口到外國）。 輸通（SU TUNG 輸運）。 輸尿管（SU NGIAU^ GON` 輸送尿液導管）。 輸卵管（SU LON` GON`輸送卵子導管）。 輸精管（SU JIN GON`輸送精液導管）。 2、失敗。如： 輸贏（SU IANGv 失敗或勝利）。 輸球（SU KYUv 打球輸了）。 3、貢獻。如： 捐輸（GIAN SU）。 輸血（SU HIAD` 將健康人的血液注入相同血型的病人身上）。
甦	SU	死而復活。如： 甦醒（SU CIANG`）。 復甦（FUG^ SU 復活）。
穌甦	SU	死而復生，同「甦」。如： 穌醒（SU CIANG` 再次清醒）。
蘇苏	SU	同「甦SU」。睡醒。從死中復生。如： 復蘇（FUG^ SU 復活）。 蘇活（SU FAD^ 復活）。 蘇生（SU SEN＝SANG 復活）。
收	SU	1、接到、接納。把東西收藏好。如： 收藏（SU TSONGv）。 收拾（SU SB^ 拾取整理、懲治處罰）。 收集（SU CIB^ 聚集）。 收齊（SU TSEv 收集齊全）。 收納（SU NAB^ 接受納入）。 收信（SU CIN^ 收到信件）。 收回（SU FIv）。 收歸（SU GUI 收回）。 收受（SU SU^ 接受）。 收養（SU IONG 接納養育）。 收容（SU YUNGv 收納容入）。 收留（SU LIUv 收納留下）。 收據（SU GI` 收款或收物憑據）。

		收條（SU TIAUv 收物後留下的憑據）。收益（SU ID` 得到的利益）。收租（SU ZU 收取租金）。收發（SU FAD` 接收和發送）。收音（SU IM 收聽到聲音樂音）。收看（SU KON^ 從電視台收看到影像）。接收（JIAB` SU 接受收納）。收復（SU FUG^ 收回失去的）。沒收（MUD^ SU 將別人擁有的財物取走充公）。收起來（SU HI` LOIv）。收回成命（SU FIv SNv MIN^ 取消所發出的命令）。 2、農作物成熟後採割回來。如：收割（SU GOD` 割取收藏）。收穫（SU FED^ 收取）。收成（SU SNv 收穫）。收斂（SU LIAM^ 收穫農作物；徵收租稅；指言行的約束謹慎）。 3、錢財的進項。如：收支（SU Z 收入和支出）。收入（SU NGIB^ 進帳）。收款（SU KUAN` 收錢）。收賄（SU FI^ 收受賄賂）。 4、買。如：收買（SU MAI 買入）。 5、結束。如：收工（SU GUNG 結束工作）。收場（SU TSONGv）。收盤（SU PANv 交易市場最後所開的價錢）。 6、拘捕。如：收押（SU AB`）。 7、收縮（SU SUG` 將大的縮小）。 8、收拾歇矣（SU SAB` HED` LEv 被毀掉了、報銷了、完蛋了、結束了）。
抒	SU	1、發泄、釋放。如：抒懷（SU FAIv 發抒心中懷抱）。抒情（SU CHINv 發抒情感）。抒念（SU NGIAM^）。 2、解除、排除。如：抒難（SU NANv 解除困難）。

紓紓	SU	解除： 紓難（ SU NAN^ ）。
攄	SU	表白吐露： 攄懷（ SU FAIv 表白 ）。 攄陳（ SU TSNv 發表 ）。
仇	SUv	敵對、怨恨。如： 仇恨（ SUv HEN^ ）。 仇敵（ SUv TID^ ）。 仇人（ SUv NGINv 互相仇恨敵對的人）。 仇視（ SUv S^ 視對方為敵人，以敵意看人）。 仇家（ SUv GA 彼此有嫌隙的人家 ）。 仇殺（ SUv SAD` 因仇恨而殺人 ）。
讎讐	SUv	1、應答、用言語回答。 2、言不和同、至怨、怨仇： 讎敵（ SUv TID^ 仇敵 ）。 3、校對文字： 校讎（ GAU` SUv 校對 ）。 讎定（ SUv TIN^ 校對考正 ）。 4、通「酬」。 讎柞（ SUv ZOG` 醻酢：敬客與還敬）。
搒	SU`	以手探取他人財物的人： 搒手（ SU` SU` 扒手 ）。
守	SU`	1、看守、保護、管理。如： 守護（ SU` FU^ ）。 保守（ BO` SU` ）。 看守（ KON^ SU` ）。 守備（ SU` PI^ 防守戒備 ）。 守衛（ SU` WI^ 保衛 ）。 守更（ SU` GANG 守夜 ）。 守軍（ SU` GYUN 防守的軍隊 ）。 守望（ SU` UONG^ 防守巡視 ）。 守喪（ SU` SONG 守孝 ）。 守歲（ SU` SUI^ 除夕夜團聚圍爐到天亮 ）。 守成(SU` SNv 保守祖先的遺業不衰敗)。 守孝(SU` HAU^ 居喪時在靈前守候)。 守株待兔（ SU` ZU TAI^ TU^ 比喻人拘泥固執，不知變通）。 守口如瓶(SU` KIEU` Iv PINv 說話謹慎)。 2、遵行，遵循。如： 守法（ SU` FAB` 遵循法規 ）。

		3、堅持。如： 守節（SU` JIED`不改變忠貞的節操）。 守寡（SU` GUA`寡婦不改嫁）。 守舊（SU` KYU^因襲舊制不願改變）。 守身如玉（SU` SN lv NGYUG^愛惜自己的貞節）。 4、等待。如： 守候（SU` HEU^等候）。
狩	SU`	古時天子出巡。冬季打獵： 巡狩（SUNv SU`天子巡察諸侯所守之地）。 狩獵（SU` LIAB^到林野捕捉鳥獸）。
署	SU`	1、簽名。如： 簽署（CHIAM SU`）。 署名（SU` MIANGv）。 2、布置。如： 部署（PU^ SU`）。 3、代理官職。如： 署理（SU` LI）。
樹 树	SU^	1、種植、培植。如： 十年樹木，百年樹人（SB^ NGIANv SU^ MUG`, BAG` NGIANv SU^ NGINv 樹木要十年來培育，才能成料；人的教育，要一百年才看見成果）。 2、建立。如： 樹立（SU^ LIB^）。 樹敵（SU^ TID^樹立敵人；與人結冤)。 樹黨（SU^ DONG`結黨）。
澍	SU^	1、雨水潤濕草木： 澍濡（SU^ lv）。 2、灌注： 澍淵（SU^ IAN）。
受	SU^	1、接納、收取。如： 接受（JIAB` SU^）。 收受（SU SU^）。 領受（LIANG SU^領取）。 承受（SNv SU^承當）。 受聘（SU^ PIN`接受聘請）。 受惠（SU^ FI^受到恩惠）。 受益（SU^ ID`獲得益處）。 受業（SU^ NGIAB^接受師長教導）。 受獎（SU^ JIONG`接受獎勵）。

		受賄（SU^ FI^ 接受賄賂）。 受禮（SU^ LI 接受禮金禮物或敬禮）。 受用（SU^ YUNG^ 享用）。 受理（SU^ LI 接受辦理）。 受命（SU^ MIN^ 奉命）。 受精（SU^ JIN 精子與卵子結合的生殖作用）。 受胎（SU^ TOI 懷胎）。 受洗（SU^ SE` 接受洗禮：基督教徒向公眾表示接受耶穌基督為救主的水禮）。 不受教（BUD` SU^ GAU^ 沒有教養、不接受教育,沒有受教育）。 受寵若驚（SU^ TSUNG` IOG^ GIANG 得到意外的恩寵感到驚喜）。 2、遭受到。如： 受傷（SU^ SONG 遭受傷害）。 受害（SU^ HOI^ 遭到禍害）。 受氣（SU^ HI^ 遭受欺負）。 忍受（NGYUN SU^ 忍耐承受）。 受潮（SU^ TSEUv 受到潮濕）。 受寒（SU^ HONv 感冒）。 受屈（SU^ KYUD` 遭受委屈）。 受累（SU^ LUI^ 遭受壞人壞事的牽連）。 受罪（SU^ TSUI^ 忍受痛苦折磨）。 受難（SU^ NAN^ 遭受災難）。
授	SU^	1、交付、給予。如： 授權（SU^ KIANv 給予權利）。 2、任命。如： 授命（SU^ MIN^ 授予任命，捐軀）。 3、教導、傳承。如： 傳授（TSONv SU^）。 授業（SU^ NGIAB^ 傳授學業給子弟）。 授課（SU^ KO^ 教授課業）。 教授（GAU SU^ 教導授業；大學最高職教師）。 授意（SU^ I^ 示意他人）。 授與（SU^ I 傳授給）。 授受（SU^ SU^ 給予和接受）。 授田（SU^ TIENv 授與田產）。
售	SU^	出賣。如： 出售（TSUD` SU^ 販賣）。

		販售（FAN^ SU^ 販賣）。 售票（SU^ PEU^ 賣票）。
訴 訴 愬	SU^	1、述說、敘述說明。如： 訴苦（SU^ KUv 述說愁苦）。 訴求（SU^ KYUv 以言詞祈求）。 訴諸公論（SU^ ZU GUNG LUN^ 以公眾的言論來判定是非）。 2、申辯、打官司。如： 訴苦（SU^ KU` 申述苦楚）。 訴願（SU^ NGIAN^ 向上級請求）。 訴狀（SU^ TSONG^ 申請訴訟案件的書狀）。 訴訟（SU^ CYUNG^ 向法院申訴判決）。
豎	SU^	直立起來： 豎直（SU^ TSD^ 豎立，直立）。 豎立（SU^ LIB^ 直立）。
賜 賜	SU^	1、賞、給。如： 賞賜（SONG` SU^ 賞給）。 恩賜（EN SU^ 高位者送給低位者的東西,上帝賞賜的才能）。 賜予（SU^ I 贈送給與）。 厚賜（HEU^ SU^ 厚厚的賞給）。 賜福（SU^ FUG` 賞賜幸福，福氣）。 賜顧（SU^ GU^ 來光顧）。 賜信（SU^ CIN^ 來信）。 2、有求於人的敬詞。如： 賜教（SU^ GAU^ 來教導）。
戍	SU^	防守。如： 戍守（SU^ SU`）。 戍衛（SU^ WI^ 防衛）。 戍邊（SU^ BIEN 戍守邊疆）。
摔	SUD`	1、扔棄，棄擲： 摔碎（SUD` SUI^ 擲破）。 摔歇（SUD` HED` 丟掉）。 2、跌跤： 摔倒（SUD` DO` 跌倒）。 摔跤（SUD` GAU 跌跤）。
述	SUD^	陳說。如： 口述（KIEU` SUD^ 口說）。 陳述（TSNv SUD^ 口說）。 論述（LUN^ SUD^ 論說敘述）。 記述（GI^ SUD^ 記錄舊聞）。 述作（SUD^ ZOG` 論述和創作）。

		述職（SUD^ ZD` 報告職務、施政狀況）。
怵	SUD^	1、戒懼、驚動： 怵惕（SUD^ TID` 心裡驚動）。 怵然（SUD^ IANv 驚懼貌）。 2、引誘脅迫： 怵迫（SUD^ BED` 威脅利誘、心被誘惑而軟化、悽愴）。
吸	SUD^	「吸 SOD^」的變音。吸吮。如： 吸湯（SUD^ TONG）。 又音 BAG^，KIB`，SOD^。
吮	SUD^	「吮 SOD^」的變音。吸吮。如： 吮入（SUD^ NGIB^ 吸入）。 吮湯（SOD^ TONG 吸湯）。 又音 CHION，CHION`，SUN`。
束	SUG`	控制、限制、捆住。如： 約束（IOG` SUG` 相互有約限定）。 拘束（GI SUG` 限制，束縛）。 束手（SUG` SU` 被限制）。 束縛（SUG` FUG^ 拘束）。 束身（SUG` SN 約束自己）。 束裝（SUG` ZONG 整束衣裝）。 束髮（SUG` FAD` 幼兒成童結髮為飾，故指成童的年齡）。 結束（GIAD` SUG` 已綑成束，完結）。 束腰帶（SUG` IEU DAI^ 綁腰帶）。
縮縮	SUG`	1、變小。如： 縮小（SUG` SEU`）。 縮水（SUG` SUI` 洗水之後縮小了）。 縮影（SUG` IANG` 縮小的影像）。 縮本（SUG` BUN` 縮小的版本）。 縮尺（SUG` TSAG` 縮小的比例尺）。 2、不伸開、伸不開、伸開又收回。 縮手縮腳（SUG` SU` SUG` GIOG`）。 3、害怕、退避。如： 畏縮（WI^ SUG` 退縮）。 退縮（TUI^ SUG` 害怕而縮回）。 恧縮（NUG` SUG` 畏縮不前）。 4、節儉。如： 縮衣節食（SUG` I JIED` SD^）。 5、省略。如： 縮寫（SUG` CIA`省略的句子或簡寫字）。 縮減（SUG` GAM` 減少）。

屬属	SUG^	所擁有的。如： 所屬（SO` SUG^）。 屬於（SUG^ I）。 屬地（SUG^ TI^ 屬於某一主權統治之地）。
贖赎	SUG^	1、用財物換回抵押品。如： 贖身（SUG^ SN用錢換回失去自由的人）。 贖刑（SUG^ HINv 以錢財消除罪名）。 2、彌補抵償。如： 贖罪（SUG^ TSUI^ 以金錢或行動抵回罪過）。
睢	SUI	瞪眼向上望。如： 睢睢（SUI SUI 仰目怒視）。 睢維（SUI WIv 眼睛開合）。
眭	SUI	深目惡視貌。
夊	SUI	「夊」，走路遲緩的樣子。 注意:不同於「夂Z`」從後面來，PUG^輕打）。
隨随	SUIv	1、跟從。如： 隨從（SUIv CHYUNGv 跟隨）。 隨同（SUIv TUNGv 相隨同行）。 隨行（SUIv HANGv 追隨在後同行）。 隨侍（SUIv S^ 隨從侍候）。 2、聽任、任意。如： 隨便（SUIv PIEN^）。 隨意（SUIv I^ 依隨自己意願）。 隨心所欲（SUIv CIM SO` YUG^ 隨自己意願行事）。 3、順應、順勢、順手。如： 隨手（SUIv SU` 順手）。 隨地（SUIv TI^ 任何地方）。 隨口（SUIv KIEU` 隨時說出）。 隨筆（SUIv BID` 隨手筆記的文章）。 隨機應變（SUIv GI IN^ BIEN^ 見情勢而改變行事）。 隨波逐流（SUIv PO ZUG` LIUv 無固定方向，順水漂流）。 隨遇而安（SUIv NGI^ Iv ON 到任何地方都能安處）。
垂	SUIv	1、從上縋下。如： 耳垂（NGI` SUIv 耳翼下端垂下的肥厚部分）。 垂釣（SUIv DIAU^ 釣魚）。

		垂柳（SUIv LIU 樹枝下垂的柳樹）。 垂楊（SUIv IONGv 樹枝下垂的楊樹）。 垂簾（SUIv LIAMv 垂下窗簾，在簾外聽聞並垂問政事）。 垂涎（SUIv CIENv 看見好吃的食物流口水）。 垂頭喪氣（SUIv TEUv SONG` HI^ 比喻失意沮喪不得志）。 2、上級對下級。如： 垂問（SUIv UN^ 長輩對晚輩表示關懷）。 垂詢（SUIv CYUNv 垂問）。 垂念（SUIv NGIAM^ 感謝長輩關愛的謙詞）。 垂愛（SUIv OI^ 長輩對晚輩的關愛）。 3、接近。如： 垂老（SUIv LO` 接近老年期）。 垂危（SUIv NGUIv 頻臨危險）。 垂成（SUIv SNv 接近成功）。 4、流傳、存在。如： 永垂不朽（YUN` SUIv BUD` HYU`）。
碎	SUI^	1、破裂成細片。如： 破碎（PO^ SUI^）。 碎片（SUI^ PIEN`）。 碎屍萬段（SUI^ S UAN^ DON^ 把人的屍體切碎，形容極其刻毒仇恨）。 2、瑣屑。如： 瑣碎（SO` SUI^）。 碎步（SUI^ PU^ 步伐小而快步的走法)。
遂	SUI^	1、順暢、如願： 遂心（SUI^ CIM 隨心所欲、達成心願）。 遂願（SUI^ NGIAN^ 達成心願）。 2、成功： 未遂（WI^ SUI^ 沒有成功）。 遂成（SUI^ SNv 就此成功了）。 3、就、即。如： 人心遂定（NGINv CIM SUI^ TIN^）。
祟	SUI^	暗中破壞： 從中作祟（CHYUNGv ZUNG ZOG` SUI^）。 鬼鬼祟祟（GUI` GUI` SUI^ SUI^ 使用鬼計，暗中破壞）。
誶	SUI^	怒罵： 詬誶（GIEU^ SUI^ 怒罵）。

飧飱	SUN	1、用湯煮飯。 2、煮食。
存	SUNv	1、在。如： 存在（ SUNv　TSAI^ ）。 生存（ SEN　SUNv ）。 存亡（ SUNv　MONGv 生存或死亡 ）。 存歿（ SUNv　MUD^ 存在或死亡 ）。 2、現有、留下的。如： 存餘（ SUNv　Iv 剩餘 ）。 存續（ SUNv　CYUG^ 留下繼續 ）。 存根（ SUNv　GIN 留下的根據 ）。 存摺（SUNv ZAB`留存作為憑據的簿冊）。 3、寄托。如： 寄存（ GI^　SUNv ）。 儲存（ TSUv　SUNv　積存 ）。 存放（ SUNv　FONG^ 存款放款 ）。 存留（ SUNv　LIUv ）。 4、儲蓄、儲藏。如： 存款（ SUNv　KUAN` ）。 貯存（ DU`　SUNv 儲存 ）。 存糧（ SUNv　LIONGv 儲存糧食 ）。 存水（ SUNv　SUI` 儲水 ）。 5、含有。如： 存心（ SUNv　CIM）。
徇	SUNv	1、經營： 徇私（ SUNv　S ）。 2、同「殉」。 徇難（ SUNv　NAN^ ）。 徇義（ SUNv NGI^不顧生命,維持正義）。 徇情（ SUNv　CHINv 殉情、徇私 ）。
恂	SUNv	1、信實。如： 恂恂（ SUNv　SUNv 信實的樣子 ）。 2、畏懼。如： 恂慄（ SUNv　LID^ ）。
巡巡	SUNv	往來察看。如： 巡夜（ SUNv　IA^ ）。
循	SUNv	1、依照。如： 遵循（ ZUN　SUNv ）。 2、同「巡」。如： 循行（ SUNv　HANGv ）。 3、有次序的。如： 循循善誘（ SUNv　SUNv　SAN^　YU^ ）。

		4、循環（SUNv FANv = KUANv 事物運動的周而復始）。
詢詢	SUNv	1、查問。如： 詢問（SUNv UN^）。 2、徵求意見。如： 諮詢（Z SUNv）。
殉	SUNv	1、因某事犧牲生命。如： 殉情（SUNv CHINv 為情犧牲生命）。 殉道（SUNv TO^ 為所遵循的道犧牲生命）。 殉國（SUNv GUED` 為國犧牲生命）。 2、不顧生命去追求。如： 殉名（SUNv MIANGv）。 殉利（SUNv LI^）。 3、陪葬。 殉葬（SUNv ZONG^）。
繩绳	SUNv	1、制裁。如： 繩之以法（SUNv Z I FAB`）。 2、法度。如： 準繩（ZUN` SUNv）。 繩檢（SUNv GIAM` 約束、糾正）。 繩治（SUNv TS^ 匡正管理）。 繩尺（SUNv TSAG` 法度）。
損损	SUN`	1、減少。如： 減損（GAM` SUN`）。 損益（SUN` ID` 減少或加多，減損利益）。 2、傷害。如： 損害（SUN` HOI^）。 破損（PO^ SUN`）。 3、物、利或人畜的喪失。如： 損失（SUN` SD`）。 耗損（HO^ SUN`）。 4、以輕薄言詞嘲弄人；損害別人。 損人利己（SUN` NGINv LI^ GI`）。 5、損抑（SUN` ID` 謙恭地辭退）。
吮	SUN`	以口吸飲。如： 吮乳（SUN` I` = CHION NEN^）。
順顺	SUN^	1、向同一方向。如： 順水（SUN^ SUI`）。 順流（SUN^ LIUv 順著流水）。 順風（SUN^ FUNG 順著風向、順利無

502

		阻）。 順水推舟（SUN^ SUI` TUI ZU 乘機行事）。 2、沿、循。如： 順路（SUN^ LU^ 趁著出門的方便）。 順便（SUN^ PIEN^ 趁便，順帶）。 順手（SUN^ SU` 順便）。 順時（SUN^ Sv 順應時代，順時針方向）。 順手牽羊（SUN^ SU` KIAN IONGv 隨手拿走別人的東西，不費力氣的）。 3、隨、趁便。如： 順口（SUN^ KIEU` 隨口）。 4、依從。如： 順從（SUN^ CHYUNGv）。 順應（SUN^ IN^ 適應）。 5、按照次序。如： 順序（SUN^ CI^）。 順次（SUN^ TS^ 順著次序）。 順延（SUN^ IANv 順次向後延）。
勝	SUN^	1、佔優勢、贏了。如： 優勝（YUv SUN^）。 勝利（SUN^ LI^）。 勝訴（SUN^ SU^ 訴訟勝利）。 勝算（SUN^ SON^ 推算可以得勝）。 勝負（SUN^ FU^ 贏輸）。 勝敗（SUN^ PAI^ 勝負）。 勝仗（SUN^ TSONG^ 打贏戰爭）。 略勝（LIOG^ SUN^）。 2、足夠、擔當得起。如： 勝任（SUN^ IM^）。 3、受得住。如： 悲不自勝（BI BUD` TS^ SUN^）。 4、盡。如： 不勝感激（BUD` SUN^ GAM` GID`）。
乘椉	SUN^	1、使用交通工具代步。如： 乘車（SUN^ TSA 搭乘車輛）。 2、順應、趁著。如： 乘勢（SUN^ S^）。
巽	SUN^	和順謙恭： 巽順（SUN^ SUN^ 謙卑）。 巽言（SUN^ NGIANv 謙遜的話）。
顨	SUN^	同「巽」。

潠	SUN^	口中含水噴散。
遜遜	SUN^	1、退讓。如： 遜位（ SUN^ WI^ 讓位）。 2、逃遁。如： 逃遜（ TOv SUN^ ）。 3、減減。如： 遜色（ SUN^ SED`）。 4、謙虛恭敬貌。如： 謙遜（ KIAM SUN^ ）。 遜謝（ SUN^ CHIA^ 謙虛不肯接受）。 又音 CYUN^ 。
侚	SUN^	疾也，快速。 幼而侚(侚)齊（ YU^ Iv SUN^＝CYUN^ TSEv 齊＝速也） 思慮侚(侚)通（ S LI^ SUN^＝CYUN^ TUNG 敏達）。 又音 CYUN^ 。
徇	SUN^	1、同「殉」。 徇難（ SUN^＝CYUN^ NAN^ ）。 徇義（ SUN^＝CYUN^ NGI^ 不顧生命，維持正義）。 徇情（ SUN^＝CYUN^ CHINv 殉情、徇私）。 2、巡行而宣令。 使徇于師（ S` SUN^＝CYUN^ I S ）。 又音 CYUN^ 。
鬆松	SUNG	1、不緊。如： 鬆鬆（ SUNG SUNG ）。 鬆散（ SUNG SAN^ ）。 鬆軟（ SUNG NGION 柔軟不堅實）。 鬆口（ SUNG KIEU` 放開咬住的東西、講話語意不堅定，說出來了）。 鬆綁（ SUNG  BONG` 放鬆捆綁的繩索）。 鬆緊（ SUNG GIN` 鬆弛或緊縮 ）。 2、放開。如： 放鬆（ FONG^＝BIONG^  SUNG ）。 鬆手（ SUNG  SU` 放開手）。 輕鬆（ KIANG SUNG ）。 鬆懈（ SUNG HAI` ）。
慫恿	SUNG`	從旁鼓舞推動： 慫恿（ SUNG`  YUNG` 以話激動唆使他人去做某事）。 唆唆慫慫（ SO SO SUNG`  SUNG` 以話

		激動唆使他人去做壞事）。
搡	SUNG`	向前推、擠： 搡人（SUNG` NGINv 推人）。 搡開（SUNG` KOI 推開）。 搡上崎（SUNG` SONG GIA^ 推上坡）。 搡車也（SUNG` TSA E` 推車子）。 莫搡我（MOG^ SUNG` NGAIv 不要推擠我）。 搡不行（SUNG` Mv HANGv 推不動）。 拖拖搡搡（TO TO SUNG` SUNG` 拖拖拉拉）。
聳聳	SUNG`	1、驚駭、驚動。如： 聳動（SUNG` TUNG^ 驚動）。 聳聽（SUNG` TANG 駭人的聽聞）。 聳懼（SUNG` KI` 恐懼）。 聳人聽聞（SUNG` NGINv TANG UNv 故意誇大言詞，以造成驚駭效果）。 2、隆起。如： 高聳（GO SUNG` 高起）。 聳拔（SUNG` PAD^ 高聳挺拔）。 聳峙（SUNG` S^ 高高挺立）。 聳立（SUNG` LIB^ 高高挺立）。 聳揖（SUNG` IB` 高拱雙手行禮）。 聳肩（SUNG` GIEN 抬起雙肩表示無奈或無話可說）。
悚	SUNG`	1、恐懼： 惶悚（FONGv SUNG` 惶恐）。 悚懼（SUNG` KI` 害怕）。 悚悚（SUNG` SUNG` 惶恐貌）。 毛骨悚然（MO GUD` SUNG` IANv 形容驚懼害怕）。 2、譏人怯懦無能。
竦	SUNG`	1、跳躍、跳動。如： 舉臂竦身（GI` BI` SUNG` SN 舉起手臂，跳動身體）。 2、恭敬貌。如： 竦立（SUNG` LIB^ 恭敬站立）。 3、通「悚」。驚懼： 竦懼（SUNG` KI` 害怕）。 惶竦（FONGv SUNG` 惶恐）。 毛骨竦然（MO GUD` SUNG` IANv 形容驚懼害怕）。

送	SUNG^	1、贈給。如： 贈送（ZEN^ SUNG^）。 送禮（SUNG^ LI 送人禮物）。 送錢（SUNG^ CHIENv 贈送金錢）。 送炭(SUNG^ TAN^人有急難時加以援助)。 送敬（SUNG^ GIN^對人表示感謝敬意）。 2、傳遞。如： 送信（SUNG^ CIN^ 傳信）。 發送（FAD` SUNG^ 開始傳送）。 放送（FONG^ SUNG^ 廣播,電訊傳播)。 傳送（TSONv SUNG^ 傳遞,電訊傳播）。 送達（SUNG^ TAD^ 送到）。 送還（SUNG^ FANv = UANv 歸還）。 送貨（SUNG^ SUNG^ 傳達貨品）。 送茶（SUNG^ TSAv 端茶，奉茶）。 送舊迎新（SUNG^ KYU^ NGIANGv CIN 送走舊的，迎接新的）。 3、伴行。如： 護送（FU^ SUNG^ 保護伴行）。 送別（SUNG^ PED^送人離別、設宴餞別）。 送行（SUNG^ HANGv 送人遠行、設宴餞別）。 送路（SUNG^ LU^ 送行）。 相送（CIONG SUNG^ 送行,互相贈送）。 送老（SUNG^ LO` 送殯）。 送殯（SUNG^ BIN^ 送靈柩到墳場）。 送終（SUNG^ ZUNG 安排親人喪事）。 送葬（SUNG^ ZONG^ 送終）。 4、供應。如： 送電（SUNG^ TIEN^ 供應電力）。 送水（SUNG^ SUI` 供應用水）。 5、犧牲、糟蹋。如： 送命（SUNG^ MIANG^）。 送死（SUNG^ CI`）。
蹋	TAB`	不愛惜東西、侮辱他人，故意耗散妄費。 蹧蹋（ZAU TAB`）。 蹧蹋人（ZAU TAB` NGINv 侮辱人）。
塌	TAB`	1、傾倒。如： 坍塌（TAN TAB` 倒塌）。 2、凹陷。如： 塌陷（TAB` HAM^ 深陷）。

		鼻梁塌塌（PI^ LIONGv TAB` TAB`）。 地泥塌下去矣（TI^ NAIv TAB` HA HI^ IEv 地塌下去了）。
貼 貼	TAB`	1、補貼。如： 貼秤頭（TAB`＝DAB` TSN^ TEUv 再加多一點使斤兩足夠的附屬物）。 貼錢（TAB` CHIENv 倒貼錢）。 兩頭不貼蓆（LIONG` TEUv Mv TAB`＝DAB` CHIAG^ 駝背的人仰臥時，頭尾兩頭都不著蓆子，喻兩邊都不成）。 2、眼睛張不開的樣子、閉目。如： 目貼貼（MUG` TAB` TAB`＝MUG` DAB` DAB`）。
踏	TAB^	1、腳著地。如： 踏腳（TAB^ GIOG` 腳在原地踩踏）。 踏步（TAB^ PU^ 兩腳在原地踩踏）。 2、踩踐。如： 踐踏（CHIEN^ TAB^ 踩踏）。 腳踏車（GIOG` TAB^ TSA 兩腳踩動的兩輪自行車）。 3、步行。如： 踏歌（TAB^ GO 走路時依走路節拍唱歌）。 踏青（TAB^ CHIANG 在青草地上散步）。 踏月（TAB^ NGIAD^ 月下散步）。 踏上踏下（TAB^ SONG TAB^ HA 走來走去）。 踏出踏入（TAB^ TSUD` TAB^ NGIB^ 躊躇不定、不安貌）。 4、實地察看。如： 踏看（TAB^ KON^）。 踏勘（TAB^ KAM 實地檢驗查看）。
嗒	TAB^	大吃大喝。
達 达	TAD^	1、通。如： 通達（TUNG TAD^）。 直達（TSD^ TAD^）。 2、明白事理。如： 明達（MINv TAD^）。 達理（TAD^ LI）。 達人（TAD^ NGINv 明白事理的人）。 3、到。如： 到達（DO^ TAD^）。

		抵達（DI` TAD^）。 4、告訴。 轉達（ZON` TAD^）。 5、興旺。 發達（FAD` TAD^）。 6、度量寬宏。如： 豁達（UOG` TAD^ 寬宏大量）。
撻	TAD^	1、鞭打。 鞭撻（BIEN TAD^ 鞭打）。 2、征伐： 撻伐（TAD^ FAD^ 征討）。 撻罰（TAD^ FAD^ 鞭打處罰）。
蹉	TAD^	1、跌倒： 滑蹉（UAD^ TAD^ 滑倒）。 2、散步： 溜蹉（LIU TAD^）。
紮	TAG`	用繩線捆綁、纏束、打結（DA` GIED`）。 紮結（TAG` GIED` 打結）。 紮鞋帶也（TAG` HAIv DAI^ IE 繫鞋帶）。 紮頭顱毛（TAG` TEUv NAv MO 繫頭髮）。 紮緊（TAG` HENv 綁緊，紮緊）。 紮索也（TAG` SOG` GE 結繩索）。 紮頸（TAG` GIANG` 以繩索套脖子自縊）。 紮手紮腳（TAG` SU` TAG` GIOG` 做事受到束縛牽制）。
糴 余	TAG^	買進糧食。賣出糧食叫「糶（TIAU^）」 糴米（TAG^ MI` 買米）。 糴穀（TAG^ GUG` 買穀）。 糴糧（TAG^ LIONGv 買進糧食）。
探	TAI	探 TAM 的變音。藤類的捲鬚攀附他物攀延；同"蔓"。 探藤（TAI TENv 藤莖延生）。 瓜藤探上屋矣（GUA TENv TAI SONG UG` GEv 瓜藤爬上屋頂了）。
遞	TAI	同「蔓，探 TAI」藤類蔓延。 遞藤（TAI TENv 藤類蔓生）。
屠	TAIv	（河洛音）殺、革職。 屠頭（TAIv TEUv 殺頭、革職）。 屠雞屠鴨（TAIv GIE TAIv AB` 殺雞殺鴨）。 讀音 TUv。
剔	TAI`	刮削。如： 剔皮（TAI` PIv 削皮）。

		剝魚片（TAI` NGv PIEN` 薄切生魚片）。
待	TAI^	1、等候。如： 等待（DEN` TAI^）。 待旦（TAI^ DAN^ 等待天亮）。 待字（TAI^ S^ 等待出嫁）。 待命（TAI^ MIN^ 等待命令）。 待罪（TAI^ TSUI^ 等待受罰；官吏自謙做得不好）。 待斃（TAI^ BI^ 等死）。 2、照顧、應接。如： 接待（JIAB` TAI^）。 招待（ZEU TAI^）。 3、對付。如： 對待（DUI^ TAI^）。 4、待遇（TAI^ NGI^ a.工作的報酬。b.對待人的情形）。
怠	TAI^	1、懶惰。如： 懶怠（LAN TAI^）。 怠工（TAI^ GUNG 不認真做工）。 怠惰（TAI^ TO^ 懶惰）。 2、不經意、簡慢。如： 怠慢（TAI^ MAN^ 待客疏忽簡慢）。 3、疏忽。如： 怠忽（TAI^ FUD` 懶惰忽略）。
汰	TAI^	洗。 汰衣（TAI^ I 洗衣服）。
迨	TAI^	1、及、等到： 迨後（TAI^ HEU^）。 2、趁： 迨其不備（TAI^ KIv BUD` PI^）。
隶	TAI^	從後追及。同「逮 TAI^」。 亦音 TI^。
逮	TAI^	1、及： 不逮（BUD` TAI^）。 2、追捕： 逮捕（TAI^ BU`）。
紿绐	TAI^	欺騙。
貪	TAM	1、不知足。如： 貪心（TAM CIM）。 貪污（TAM U 收受不法之財）。 貪財（TAM TSOIv）。

		貪婪（TAM LAMv 貪心不足）。 貪圖（TAM TUv 非分的企求）。 貪墨（TAM MED^ 貪污）。 貪戀（TAM LIEN^）。 貪贓枉法（TAM ZONG UONG` FAB` 受賄賂而枉法曲情）。 2、不知休止的貪愛。如： 貪色（TAM SED` 嗜好女色）。 貪杯（TAM BI 嗜酒如命）。 3、怕死。如： 貪生怕死（TAM SANG PA^ CI`）。
探	TAM	遠取。如： 探手（TAM SU` 伸手過去。） 探身（TAM SN 伸長或越過身體）。 探頭（TAM TEUv 頭向前伸出）。
覃	TAMv	1、廣延： 覃及遠方（TAMv KIB^ IAN` FONG）。 2、深廣： 覃恩（TAMv EN 廣施恩惠）。
燂	TAMv	1、以火熱之： 燂燒來（TAMv SEU LOIv 將茶、湯置於爐灶上加熱使溫熱）。 2、火燂煤（FO` TAMv MOIv 燒焦後的剩餘物質）。
談談	TAMv	1、講論、對話。如： 交談（GAU TAMv）。 談話（TAMv FA^）。 美談（MI TAMv 指有價值或趣味性舉動，為人所談論或傳頌者）。 談吐（TAMv TU^ 談話時的詞句和神態）。 談判（TAMv PAN^ 雙方商量解決）。 談笑（TAMv SEU^ 說笑）。 談論（TAMv LUN^ 議論是非）。 談虎色變（TAMv FU` SED` BIEN^ 說到某可怕事就害怕）。
惔	TAMv	1、憂愁。 2、焚燒： 憂心如惔（YUv CIM Iv TAMv 憂心如焚）。
探	TAM`	1、偵察。如： 探敵情（TAM` TID^ CHINv）。 探聽（TAM` TANG）。 探偵（TAM` ZN）=

		偵探（ZN TAM` 偵查消息）。 2、訪問。如： 探親（TAM` CHIN）。 探友（TAM` YU）。 探訪（TAM` FONG`）。 探望（TAM` UONG^ 訪問看望）。 探詢（TAM` CYUNv）。 3、尋求。如： 探礦（TAM` KONG` 尋求礦產）。 探險（TAM` HIAM` 在危險處尋求）。 探求（TAM` KYUv）。 探討（TAM` TO` 探尋討論）。 探索（TAM` SOG` 尋求搜索）。 4、摸取。如： 探囊取物（TAM` NONGv CHI` UD^ 伸手入袋拿東西）。 5、向前伸出。如： 探頭（TAM` TEUv）。
撢	TAM`	1、尋取： 撢取（TAM` CHI` 探取）。 2、訪候： 撢候（TAM` HEU^ 探候）。 3、試探： 試撢（TS^ TAM` 試探）。 4、伺察： 伺撢（S^ TAM` 伺察）。 5、拂去灰塵： 撢塵（TAM` TSNv）。 雞毛撢＝撢（GIE MO TAM` 雞毛撢子）。
撣	TAM`	1、通「撢」：拂去灰塵： 撣塵（TAM` TSNv）。 2、恭敬： 撣撣（TAM` TAM`）。
啖	TAM^	1、以口咬物、吃。 2、以餌誘之。
餤	TAM^	以利誘人。
啗	TAM^	1、以重利誘人。 啗之以利（TAM^ Z I LI^ 以利誘人）。 2、同「啖」，吃。
噉	TAM^	同「啖 TAM^」。 1、以口咬物、吃。 2、以餌誘之。

探	TAM^	1、在河川、圳溝上架橋。如： 探橋也（TAM^ KIEUv UE` 架橋）。 2、爬高所需架設梯子。如： 探梯也（TAM^ TOI IE`架設靠壁的梯子）。
攤攤	TAN	1、展開、擺開、翻開。如： 攤開（TAN KOI 擺開）。 攤書（TAN SU 展開書本）。 2、平均分派。如： 分攤（FUN TAN）。 攤還（TAN UANv = FANv）。 3、照份分派。如： 攤派（TAN PAI^）。 4、舖。如： 攤被（TAN PI 舖被子）。
坍	TAN	建築物倒塌。如： 坍塌（TAN TAB`）。 坍台（TAN TOIv 垮台、不能繼續維持、受辱）。
彈彈	TANv	1、以手指撥弄： 彈琴（TANv KIMv）。 彈花（TANv FA 把棉花彈開）。 彈冠（TANv GON 以指彈去帽上久積的灰塵，喻即將出任或恢復官職）。 2、用武力鎮壓。如： 彈壓（TANv AB`）。 3、彈劾（TANv HED` 檢舉違法或失職的行為）。
袒禮	TAN`	1、裸露。如： 袒胸（TAN` HYUNG 露出胸部）。 2、庇護。如： 袒護（TAN` FU^）。 偏袒（PIEN TAN`）。 3、心中無私、無秘密。如： 袒白（TAN` PAG^）。
嘆叹	TAN^	1、感嘆、呼出心中的不愉快聲、發泄心頭苦悶。 嘆息（TAN^ CID`）。 感嘆（GAM` TAN^）。 嘆氣（TAN^ HI^）。 嘆惜（TAN^ CID` 感嘆可惜）。 道嘆（TO^ TAN^ 講出所感嘆的）。

		嘆詞（TAN^ TSv 文法上表示喜怒哀樂之詞，又稱感嘆詞）。 2、讚美聲。如： 讚嘆（ZAN^ TAN^）。 嘆賞（TAN^ SONG` 讚賞）。 嘆服（TAN^ FUG^ 讚賞佩服）。
歎	TAN^	同「嘆」。
憚 怛	TAN^	1、恐懼。如： 忌憚（KI^=GI^ TAN^ 有所恐懼，不敢做）。 2、怕難。如： 憚煩（TAN^ FANv 畏懼瑣煩）。
聽 聴 听 聼	TANG	1、用耳朵接受聲音。如： 好聽（HO` TANG）。 聽聞（TANG UNv 所聽到的）。 聽覺（TANG GOG` 耳受聲音後，由聽神經傳到大腦所發生的知覺）。 2、順從。如： 聽從（TANG CHYUNGv）。 聽命（TANG MIN^ 遵從命令、聽天由命）。 聽話（TANG FA^）。 不聽（Mv TANG）。 聽信（TANG CIN^ 聽取信任、等候信息）。 3、探問。如： 探聽（TAM` TANG）。 4、處理、辦事。如： 聽政（TANG ZN^ 處理政事）。 聽事（TANG S^ 辦事）。 5、任憑人。如： 聽便（TANG PIEN^ 任由自便）。
踏	TEB^	「踏 TAB^」的變音。堅實。如： 踏實（TEB^ SD^ 堅實）。 讀音 TAB^。
踢	TED`	用腳觸動或撞擊。如： 踢人（TED` NGINv）。 踢腳趾（TED` GIOG` Z` 腳指踢到東西，比喻碰到意外或困難）。 踢足球（TED` JYUG` KYUv）。
慝	TED`	心中藏著的惡意： 邪慝（CIAv TED`）。
貣	TED`	向人求乞。 行貣（HANGv TED` 求乞）。
謄	TENv	1、照樣抄寫。如：

謄		謄寫（TENv CIA` 照樣抄寫、照著寫）。 謄本（TENv BUN` 抄寫或影印的文件）。 謄正（TENv ZN^ 以楷書謄寫）。 謄清（TENv CHIN 照草稿抄錄清楚）。 2、照樣走，跟隨在後。如： 謄人（TENv NGINv 跟在人後或照著前人做）。 謄人走（TENv NGINv ZEU` 跟人跑了、私奔）。 莫謄我（MOG^ TENv NGAIv 別跟著我）。 謄上謄下（TENv SONG TENv HA 跟上跟下）。 謄陣不到（TENv TSN^ 跟不上隊伍）。
疼	TENv	1、痛。 疼痛（TENv TUNG^）。 2、憐愛。 疼愛（TENv OI^）。
挺	TEN`	1、突出。如： 挺胸（TEN` HYUNG）。 挺肚（TEN` DU` 肚子凸出）。 2、撐直。如： 挺直（TEN` TSD^）。 挺立（TEN` LIB^ 直立）。 挺腳趾（TEN` GIOG` Z` 腳指著地，腳跟提起）。 3、仰臥。如： 挺挺昂睡（TEN` TEN` NGONG SOI^ 仰睡）。 挺挺昂泅（TEN` TEN` NGONG CHIUv 仰泳）。 4、勇敢直前。如： 挺身而出（TEN` SN Iv TSUD` 勇敢拔身而出）。 5、出眾、特出。如： 英挺（IN TEN`）。
鋌鋌	TEN`	疾走貌： 鋌而走險（TEN` Iv ZEU` HIAM` 被迫無路可走，只好冒險，幹非法勾當）。
挺	TEN^	1、以力支持，幫忙。如： 挺手（TEN^ SU` 幫忙）。 挺扛（TEN^ GONG 幫忙抬動）。 挺會也（TEN^ FI^ IE` 共同以錢組會）。 2、理睬、理會。如： 莫挺伊（MOG^ TEN^ Iv 不理他）。 挺不直（TEN^ Mv TSD^ 無法用言語理

		直）。
稱稱	TEN^	配稱。如： 畚箕不稱樑（BUN^ GI Mv TEN^ TSANG^ 畚箕不配與禮樑匹配、不相稱）。 稱伊不到（TEN^ Iv Mv DO` 與他不匹配，不相稱）。
偷	TEU	1、竊取，不法，暗中取得。如： 偷竊（TEU CHIAB`）。 2、行動不使人知道。如： 偷聽（TEU TANG）。 偷食（TEU SD^ 偷吃）。 偷情（TEU CHINv 暗中做情愛）。 偷懶（TEU LAN 不肯努力做、偷時間休息）。 偷工減料（TEU GUNG GAM` LIAU^ 為多賺錢，不按規定標準做）。 3、偷閒（TEU HANv 忙中自找閒暇）。
投	TEUv	1、拋擲、扔。如： 投手（TEUv SU`）。 2、放入。如： 投票（TEUv PEU^ 放入選票）。 投資（TEUv Z 投入資金）。 投標（TEUv BEU 承攬工程前的競標）。 投稿（TEUv GO` 文稿放入信箱寄出）。 3、跳入。如： 投水（TEUv SUI` 跳入水中）。 投河（TEUv HOv 跳入河中）。 投生也（TEUv SANG NGE` 動物、禽獸，俗稱由於輪迴，投胎轉世者）。 4、遞送。如： 投遞（TEUv TI^）。 投書（TEUv SU 寄送書信）。 投訴（TEUv SU^ 控訴）。 投人（TEUv NGINv 向人投訴）。 5、自己衝入或參加。如： 投火（TEUv FO` 衝入火中）。 投考（TEUv KAU` 參加考試）。 投軍（TEUv GYUN 參軍）。 投效（TEUv HAU` 請求效力）。 投案（TEUv ON^ 自首）。 投繯（TEUv FANv 自縊）。 6、歸依。如：

		棄暗投明（KI^ AM^ TEUv MINv）。 投降（TEUv HONGv）。 投奔（TEUv BUN 棄暗投明）。 投誠（TEUv SNv 投降、誠心降服）。 7、契合。如： 情投意合（CHINv TEUv I^ HAB^情意契合）。 8、依托。如： 投靠（TEUv KAU^ 依靠別人生活）。 9、鑽研、看機會、情勢改變心意。 投機（TEUv GI）。
透	TEU`	1、通過。如： 透氣（TEU` HI^ 呼吸，透空氣）。 2、透大氣（TEU` TAI^ HI^ a、深呼吸。b、嘆氣）。
黈	TEU`	增加、混合、攪和。如： 黈水（TEU` SUI` 加冷水、加熱水）。 黈色（TEU` SED` 混合顏色）。 黈淡來（TEU` TAM LOIv 加水或加別的顏色混合，使水或色料變淡）。
透	TEU^	1、徹底。如： 透徹（TEU^ TSAD^）。 透心涼（TEU^ CIM LIONGv 徹底涼爽）。 2、通過。如： 透過（TEU^ GO^）。 透日（TEU^ NGID` 整天）。 透夜（TEU^ IA^ 整夜、徹夜）。 透水（TEU^ SUI` 導水、通水）。 透電（TEU^ TIEN^ 通電）。 透當晝（TEU^ DONG ZU^ 整個中午，正當中午）。 透大路（TEU^ TAI^ LU^ 通到大馬路）。 透土狗也（TEU^ TU` GIEU` UE` 以水灌蟋蟀洞，引出蟋蟀）。 蛇窿透蛙窟（SAv LUNGv TEU^ GUAI` FUD` 壞人互通行惡，物以類聚）。 3、泄漏。如： 透露（TEU^ LU^）。 4、超出。如： 透支（TEU^ Z 支出超過收入，超過預算）。
毒	TEU^	「毒 TUG^」的變音。下毒。如： 毒死（TEU^ CI` 下毒使之死亡）。

		毒人（TEU^ NGINv 下毒使人死亡）。 毒老鼠（TEU^ LO^ TSU`以毒藥使老鼠死亡）。 毒魚也（TEU^ NGv NGE`以毒餌毒魚）。
逗	TEU^	1、停留。如： 逗留（TEU^ LIUv）。 2、挑引。如： 挑逗（TIAU TEU^ 挑起勾引）。 逗弄（TEU^ NUNG` 逗引玩弄）。 逗趣（TEU^ CHI^ 引人發笑）。
提	TIv	1、拿著使其懸空。如： 提燈（TIv DEN）。 手提（SU` TIv）。 2、從下向上移。如： 提高（TIv GO）。 3、從後向前移。如： 提前（TIv CHIENv）。 4、取出。如： 提款（TIv KUAN`）。 提出（TIv TSUD`）。 5、舉出。如： 提名（TIv MIANGv）。 提倡（TIv TSONG^）。 提案（TIv ON^）。 6、說起。如： 提親（TIv CHIN 說親事）。 提起（TIv HI`）。 提及（TIv KIB^）。 提醒（TIv CIANG`）。 7、防備。如： 提防（TIv FONGv）。 8、提琴（TIv KIMv 西樂弦樂器）。 小提琴 Violin， 中提琴 Viola， 大提琴 Violoncello， 倍大提琴 Contra Bass 或 String Bass。
題	TIv	寫在上面。如： 出題（TSUD` TIv）。 題字（TIv S^）。 題詞（TIv TSv）。 題名（TIv MIANGv）。
啼	TIv	1、哭泣。如：

嚇		啼哭（TIv KUG` 嗷、哭泣。） 啼笑（TIv SEU^ 哭和笑）。 2、鳥叫聲。如： 雞啼（GIE TIv = TAIv）。 月落烏啼（NGIAD^ LOG^ U TIv 黑夜烏鴉鳴啼）。
剃	TI^	用刀刮去毛髮。如： 剃頭（TI^ TEUv 剃髮，理髮，剪髮）。 剃鬚（TI^ CI 刮鬍鬚）。 剃度（TI^ TU^ 削髮為僧尼）。
鬀	TI^	同「剃」。
替	TI^	1、代換。如： 代替（TOI^ TI^）。 替代（TI^ TOI^）。 替換（TI^ FON^）。 替身（TI^ SN）。 2、廢。如： 興替（HIN TI^ 興盛與頹廢）。 3、衰敗。如： 替壞（TI^ FAI`）。
逮	TI^	從後追及。同「逮 TAI^」。
遞 递	TI^	1、傳送。如： 傳遞（TSONv TI^）。 遞信（TI^ CIN^ 傳信）。 遞解（TI^ GIAI` 押送罪犯）。 2、更換、補缺。如： 遞補（TI^ BU`）。 遞代（TI^ TOI^ 更換替代）。 遞用（TI^ YUNG^ 更換使用）。 遞加（TI^ GA 依次序增加）。 遞減（TI^ GAM` 依次減少）。
髢 鬄	TI^	用他人頭髮，添在自己髮中的假髮。
鬄	TI^	1、剃髮。 2、同「髢」。
薙	TI^	1、除草。如： 薙草（TI^ TSO`）。 2、同「剃」。如： 薙髮（TI^ FAD` 削髮，剃頭）。 薙鬚（TI^ CI 刮鬍子）。
嚏	TI^	打哈啾（DA` HA^ CHIU^）： 打噴嚏（DA` PUN^ TI^ = DI^）。

踢	TI^	用腳踢。
帖	TIAB`	服從。如： 服帖（ FUG^ TIAB` ）。 帖耳（ TIAB` NGI` 馴服的樣子 ）。
貼 貼	TIAB`	1、依順。如： 服貼（ FUG^ TIAB` ）。 2、補助。如： 補貼（ BU` TIAB` ）。 貼現（ TIAB` HIAN^ 補貼錢款 ）。 3、妥當。 妥貼（ TOv TIAB` ）。 4、緊靠。 貼身（ TIAB` SN ）。 粘貼（ NGIAMv TIAB` ）。 5、貼本、賠錢。如： 貼錢（ TIAB` CHIENv ）。 6．適合。如： 貼切（ TIAB` CHIED` ）。
怗	TIAB`	服、聽從。如： 服怗（ FUG^ TIAB` 順服 ）。
墊 墊	TIAB`	襯托在底下的東西，同「貼 TIAB`」： 墊底（ TIAB` DAI` ）。 墊腳（ TIAB` GIOG` 墊在腳下 ）。 墊錢（ TIAB` CHIENv 代付錢款，貼錢，賠本 ）。 墊補（ TIAB` BU` 貼補 ）。 墊枕頭（ TIAB` ZM` TEUv 墊在頭下 ）。 墊高一些（ TIAB` GO ID` CID` ）。
喋	TIAB^	殺人眾多，在血上行走。如： 喋血（ TIAB^ HIAD` ）。
蹀	TIAB^	踏。如： 蹀足（ TIAB^ JYUG` 踏腳 ）。
疊 疊	TIAB^	1、層層堆積。如： 疊穀包（ TIAB^ GUG` BAU ）。 疊磚也（ TIAB^ ZON NE` 堆磚頭 ）。 疊高疊正（ TIAB^ GO TIAB^ ZANG^ 堆高、堆整齊 ）。 2、折疊。如： 疊被（ TIAB^ PI 摺疊棉被 ）。
填	TIAMv	同「填 TIENv」填塞。如： 填海（ TIAMv HOI` a、丟入海中。b、將海填滿 ）。

		填滿（TIAMv MAN）。
瘖	TIAM`	疲倦、累。如： 盡＝蓋瘖（CHIN^＝GOI^ TIAM` 很累）。 做于恁瘖（ZO^ UA^ AN` TIAM` 做得這麼累）。
舚	TIAM`	舌舐。如： 舐舚（SE TIAM`）。
餂	TIAM`	用言語鉤取他人同情。如： 以言餂之（I NGIANv TIAM` Z 用言語引誘）。
拈	TIAM^	1、撥動燈心： 拈燈（TIAM^ DEN）。 2、筆在硯臺上蘸墨汁： 拈筆（TIAM^ BID`）。
煔	TIAM^	1、以火熟物。 2、沉肉於湯。
𦧁	TIAM^	將舌頭伸出嘴外。
蚦	TIAM^	吐舌。
墊 垫	TIAM^	1、襯托使之高厚。如： 墊高（TIAM^ GO）。 墊貫（TIAM^ PUN 墊厚）。 2、填塞。如： 墊海（TIAM^ HOI` 填海）。
挑	TIAU	1、用針穿引、勾出或撥開。如： 挑笏（TIAU NED`從皮肉中把刺挑出來）。 2、選擇。如： 挑選（TIAU CIEN`）。 3、用肩擔。如： 挑水（TIAU SUI`）。 4、挑撥（TIAU BAD`）。如： 挑唆（TIAU SO 挑撥唆使）。 挑逗（TIAU TEU^ 挑撥逗引）。 5、引誘。如： 挑引（TIAU IN 挑撥引誘）。
佻	TIAU	1、不莊重： 輕佻（KIN TIAU）。 2、佻佻（TIAU TIAU）：獨行貌。
恌	TIAU	輕薄。如： 輕恌（KIN＝KIANG TIAU）。
祧	TIAU	繼承。如： 承祧（SNv TIAU 繼承）。 兼祧（GIAM TIAU 承繼）。

調調	TIAU	調皮（TIAU PIv 頑皮、奸猾、難應付）。
調調	TIAUv	1、適當配合均勻。如： 調味（TIAUv MI^）。 調酒（TIAUv JIU`）。 調勻（TIAUv YUNv 調和均勻）。 調和（TIAUv FOv）。 調節（TIAUv JIED`）。 調製（TIAUv Z^）。 調配（TIAUv PI^）。 2、和解。如： 調解（TIAUv GIAI`）。 調停（TIAUv TINv）。 3、戲弄。如： 調戲（TIAUv HI^）。 調侃（TIAUv KON 以言語挑逗）。 調笑（TIAUv SEU^）。 調情（TIAUv CHINv）。 調戲（TIAUv HI^）。 4、使正常。如： 調整（TIAUv ZN`）。 調控（TIAUv KUNG`）。 調音（TIAUv IM 矯正提琴、鋼琴等的絃音正常）。 5、徵問盤查。如： 調查（TIAUv TSAv）。 6、保養。 調養（TIAUv IONG）。 調理（TIAUv LI 調養料理）。 調劑（TIAUv JI^ 使生活苦樂平均；配合藥物）。
跳	TIAUv	1、生氣跳腳。如： 浮跳（PANG` TIAUv 浮躁、氣急暴跳）。 緊趵緊跳（GIN` BEU GIN` TIAUv 暴跳如雷）。 2、眼皮跳動。如： 目珠緊跳（MUG` ZU GIN` TIAUv 眼皮直跳）。 左跳食，右跳打（ZO` TIAUv SD^，YU^ TIAUv DA` 左眼皮跳動就有吃的，右眼皮跳動就會挨打）。 3、忙碌、到處張羅、奔波。如： 跳上跳落(下)（TIAUv SONG TIAUv LOG^(HA) 忙裡忙外．到處亂竄）。

		4、跳動，震動。 跳走矣（TIAUv ZEU` UEv 如跳電、彈簧滑走）。 嚇到跳起來（HAG` DO^ TIAUv HI` LOIv）。 錢跳出來矣（CHIENv TIAUv TSUD` LOIv IEv 錢幣被震動出來了）。 跳上跌落（TIAUv SONG DIED` LOG^ 孩童在桌、凳、床上跳上跳下地玩耍）。 螺絲跳落矣（LOv S TIAUv LOD` LEv 螺絲震動脫落了）。
丟	TIAU`	1、丟棄，扔掉。如： 丟歇（TIAU` HED` 丟掉，扔掉）。 丟歇矣（TIAU` HED` LEv 扔掉了）。 丟落圳（TIAU` LOG^ ZUN^ 丟入水溝）。 丟分狗食（TIAU` BUN GIEU` SD^ 扔給狗吃）。 2、拋擲、扔、投。如： 丟上去（TIAU` SONG HI^ 扔上去）。 丟下去（TIAU` HA HI^ 扔下去）。 丟入去（TIAU` NGIB^ HI^ 扔進去）。 丟過去（TIAU` GO^ HI^ 扔過去）。
掉	TIAU^	同「調TIAU^」。掉換： 掉換（TIAU^ UON^）。 掉人（TIAU^ NGINv 換人）。 掉你搞矣（TIAU^ Nv KAI IEv 換你挑了）。 分人掉走矣（BUN NGINv TIAU^ ZEU` UEv 被人調換調包了）。
跳	TIAU^	1、兩腳離地躍起。如： 跳高（TIAU^ GO）。 跳遠（TIAU^ IAN`）。 2、反彈。如： 彈跳（TANv TIAU^）。 跳板（TIAU^ BAN` a、跳水用的彈跳板，b、跳遠的起跳板，c、跳箱前的彈踏板，d、船與岸間的渡板，e、從甲地到乙地的過渡站）。 3、越過。如： 跳越（TIAU^ IAB^ 越過了一頁）。 跳牆（TIAU^ CIONGv 越牆）。 跳棋（TIAU^ KIv 越過他棋行走的遊戲）。 跳繩（TIAU^ SUNv ＝跳索也 TIAU^ SOG` GE`）。

		4、起伏搏動。如： 心跳（CIM TIAU^）。 5、從高處躍下。如： 跳傘（TIAU^ SAN`）。 跳樓（TIAU^ LEUv）。 跳水（TIAU^ SUI`）。 跳河（TIAU^ HOv）。 跳海（TIAU^ HOI`）。
調調	TIAU^	更動、派遣。同「掉 TIAU^」。如： 調動（TIAU^ TUNG^）。 調任（TIAU^ IM^）。 調派（TIAU^ PAI`）。 調兵（TIAU^ BIN）。 調遣（TIAU^ KIAN` 調派）。 調上調下（TIAU^ SONG TIAU^ HA 常被調動）。 調換（TIAU^ UON^ 掉換）。 輪調（LINv TIAU^ 輪流）。 調虎離山（TIAU^ FU` LIv SAN 引誘老虎離開，以便利安全行動。騙人離開根據地，以期達到某種目的）。
眺覗	TIAU^	1、遠望。如： 眺望（TIAU^ UONG^＝MONG^）。 遠眺（IAN` TIAU^）。 2、斜視。
糶巢	TIAU^	賣出糧食。如： 糶米（TIAU^ MI`）。 糶穀（TIAU^ GUG`）。 耳吊吊冇米糶（NGI` DIAU^ DIAU^ MOv MI` TIAU^ 沒有耳垂的人，不富有）。
惕悬	TID`	1、小心謹慎： 警惕（GIN` TID`）。 惕厲（TID` LI^ 時時自省修身）。 2、恐懼： 惕惕（TID` TID` 恐懼、憂傷）。
剔	TID`	1、分解骨肉。如： 剔淨（TID` CHIANG^）。 2、挑選，把壞或無用的去掉： 剔除（TID` TSUv）。 剔牙（TID` NGAv 挑出牙縫中的東西）。
倜	TID`	1、超越，沒有拘束貌： 倜儻（TID` TONG`）。

		2、高舉狀： 倜然（ TID` IANv 高舉貌 ）。
迢邈	TID^	1、離迢（ Liv TID^ 遠離 ）。 2、迢聰（ TID^ TANG 遠道聽聞：書信中常用的客套話 ）。
迪廸	TID^	1、開導： 啟迪（ KI` TID^ 開導 ）。 2、納進： 迪吉（ TID^ GID` 祝人納福之意 ）。
滌涤	TID^	洗乾淨： 洗滌（ SE` TID^ ）。 滌除（ TID^ TSUv 洗滌消除 ）。 滌蕩（ TID^ TONG 搖動、洗蕩 ）。
填	TIENv	1、補塞、塞滿。如： 填補（ TIENv BU` ）。 填塞（ TIENv SED` 塞滿 ）。 填房（ TIENv FONGv 續娶 ）。 填平（ TIENv PIANGv 補平 ）。 填充（ TIENv TSUNG 充滿 ）。 2、寫。如： 填寫（ TIENv CIA` 寫入 ）。
闐闐	TIENv	填盈。如： 賀客闐門（ FO^ KIED` TIENv MUNv 賀客滿門 ）。 闐闐（ TIENv TIENv 飽滿盈溢 ）。
挵	TIEN`	1、撥動： 挵鎖（ TIEN` SO` 開鎖 ）。 2、逐漸添付： 挵會（ TIEN` FI^ 逐漸繳付會款，分期付款 ）。 又音 TSN。
殄	TIEN`	1、滅絕： 殄滅（ TIEN` MED` ）。 2、糟踏、浪費： 暴殄天物（ PAU^ TIEN` TIEN UD^ 浪費財物 ）。
佃	TIEN^	1、耕作。如： 佃作（ TIEN^ ZOG` ）。 2、租地耕種。如： 佃農（ TIEN^ NUNGv 租田耕種的人 ）。 佃戶（ TIEN^ FU^ 佃農 ）。 佃租（ TIEN^ ZU 田稅 ）。

		3、打獵。如： 以佃以漁（I TIEN^ I NGv 耕田捕魚）。
墊墊	TIEN^	1、襯托。如： 墊高（TIEN^ GO） 墊平（TIEN^ PIANGv）。 2、暫時代付款項。如： 墊付（TIEN^ FU^）。
電電	TIEN^	電鍍（TIEN^ TU^ 用電解方法在金屬或塑膠表面均勻附著薄層的其他金屬）。 電焊（TIEN^ HON^ 以電能發高熱熔化金屬接合）。 電療（TIEN^ LIAUv 應用電力、電子治療）。
奠	TIEN^	1、祭獻。如： 祭奠（JI^ TIEN^）。 奠儀（TIEN^ NGIv 致喪家的禮金） 奠酒（TIEN^ JIU` 祭奠用酒）。 2、安置。如： 奠基（TIEN^ GI 安置基礎）。
震	TIN	會動、有動作、搖動。如： 震動（TIN TUNG） 莫震動（MOG^ TIN TUNG 不要動）。 不會震動（Mv UOI^ TIN TUNG 不會動）。 讀音 ZN`。
停	TINv	中止、暫時擱置，止息。如： 停止（TINv Z`）。 調停（TIAUv TINv）。 停妥（TINv TO 辦妥）。 停當（TINv DONG 妥當、完畢）。 停留（TINv LIUv 停止不進）。 停頓（TINv DUN` 進行中忽然停止）。 停職（TINv ZD` 停止職務）。 停學（TINv HOG^ 停止學校的學習）。 停戰（TINv ZAN^ 停止戰爭）。 停工（TINv GUNG 停止工作）。 停泊（TINv POG` 船停靠）。 停腳（TINv GIOG` a、沉澱，b、歇腳）。 停鉈（TINv TOv 停頓、停止）。
渟	TINv	水停止，不流動。
霆	TINv	急雷般快怒。如： 雷霆（LUIv TINv 大怒）。
騰騰	TINv	1、奔跑、跳躍。如： 奔騰（BUN TINv）。

		2、上升。如： 騰空（ TINv　KUNG 飛上天空）。 飛騰（ FI　TINv ）。 騰達（ TINv　TAD^ 興隆發跡）。 騰越（ TINv　IAD^ 升高越過）。 騰躍（ TINv　IOG`=IEU^ 物價飛漲、活躍）。 騰雲駕霧（ TINv　YUNv　GA^　U^ 駕馭雲霧）。
挺	TIN`	同「挺 TEN`」：挺直。   1、直立不屈：   挺立（ TIN`　LIB^ ）。 挺節（ TIN`　JIED` 守節不屈）。 3、爭執不屈： 硬挺（ NGANG^　TIN` ）。
頲	TIN`	頭正直貌。
鋌 梃	TIN`	疾行貌。 鋌而走險（ TIN`　Iv　ZEU`　HIAM` a. 被迫而有非分的行動；b. 走得很快）。
定	TIN^	1、平靜、安穩。如： 鎮定（ ZN`　TIN^ ）。   定神（ TIN^　SNv 定心）。   心定（ CIM　TIN^ 心中平靜）。   定亂（ TIN^　LON^ 平定叛亂）。   定居（ TIN^　GI 安定居住）。   2、規定的。如：   定時（ TIN^　Sv ）。   定期（ TIN^　KIv ）。   定省（ TIN^　SEN` 子女朝夕向父母請安）。 定價（ TIN^　GA^ ）。 3、預先約妥。如： 定貨（ TIN^　FO^ ）。 定購（ TIN^　GIEU ）。 4、慢、不急。如： 定定焉（ TIN^　TIN^　NE 慢慢地）。 5、定定（ TIN^　TIN^ 如此而已）。
聽 聼 听 聴	TIN^	1、任憑人： 聽任（ TIN^　IM^ ）。 聽天由命（ TIN^　TIEN　YUv　MIANG^ ）。 聽其自然（ TIN^　KIv　TS^　IANv ）。 2、處理： 聽政（ TIN^　ZN^ 聽任處理）。
暢 畅	TIONG^	〔河洛音〕高興歡喜。如： 暢樂（ TIONG^　LOG^ 歡喜、高興、快樂）。

		恁暢（AN` TIONG^ 這麼高興）！ 不使暢（Mv S` TIONG^ 不必高興，悲哀就在後頭）。 暢于核卵丟歇矣（TIONG^ NGA^ HAG^ LON` DIED` HED` LEv 高興到睪丸都掉了，形容過於高興）。 讀音 TSONG`。
丟	TIU`	「丟 TIAU`」的變音。同「丟 TIAU`」。 丟歇矣去（TIU` HED` LEv HI^ 把它丟掉）！
拖 拕	TO	1、牽引、拉。如： 拖車（TO TSA 後掛的車）。 拖也（TO UE` 抽屜）。 拖出去（TO TSUD` HI^）。 拖不贏（TO Mv IANGv 拉不動，不夠力量拉動）。 拖箱也（TO CIONG NGE` 抽屜）。 2、向後延。如： 拖延（TO IANv）。 拖皮（TO PIv 故意拖延、拖拉成性）。 3、下垂。如： 拖地泥（TO TI^ NAIv 垂落在地面上拖）。 長裙拖地（TSONGv KYUNv TO TI^）。
惛	TO	1、喜悅： 惛心（TO CIM）。 2、長久： 惛惛（TO TO）。
搯	TO	掬取。
導 导	TO	1、指引。如： 引導（IN TO）。 指導（Z` TO）。 導師（TO S 指導老師）。 導遊（TO YUv 引導旅遊）。 導演（TO IAN 戲劇指導人）。 2、啟發。如： 開導（KOI TO）。 3、傳送。如： 導電（TO TIEN^）。 傳導（TSONv TO）。 導管（TO GON` 傳送液體或氣體的管子）。 導體（TO TI` 傳熱或導電的物體）。 亦音 TO^。
叨	TO	1、相煩。如：

		叨擾（TO IEU`感謝款待）。 2、說話囉嗦、使人厭煩。如： 嘮叨（LOv TO＝DO）。 3、領受。如： 叨陪末座（TO PIv MAD^ TSO^ 承邀作陪，受人招宴的謙詞）。
饕號	TO	貪食、貪財。 饕客（TO KIED`俗稱貪愛某一味的客人）。 饕餮（TO TIED` 貪財叫饕，貪吃叫餮）。
咷	TOv	大聲哭。如： 嚎咷（HOv TOv）。
淘	TOv	用水沖洗、洗去雜質。如： 淘米（TOv MI` 洗米）。 清除泥沙渣滓。如： 淘井（TOv JIANG` 洗井）。 3、淘汰（TOv TAI^ 除去差的或不適合的部分）。
掏	TOv	挖取： 掏土（TOv TU` 挖土）。 2、探取。 掏摸（TOv MO 扒取他人財物）。
絢絢	TOv	1、負荷、負擔。 2、絢牛（TOv NGYUv 以繩拴牛）。
逃迯	TOv	為躲避而離開。如： 逃避（TOv PID` 逃走避開）。 逃走（TOv ZEU` 逃離）。 逃難（TOv NAN^ 為躲避災難而逃）。 逃亡（TOv MONGv 為避免死亡而逃）。 逃生（TOv SEN 為保全生命而逃）。 逃命（TOv MIANG^ 為保全生命而逃）。 逃兵（TOv BIN 脫離軍隊或兵役的兵士）。 逃婚（TOv FUN 逃避婚姻）。 逃學（TOv HOG^ 逃避上學）。 逃竄（TOv TSON^ 向四處奔逃）。 逃荒（TOv FONG 逃避饑荒）。 逃遁（TOv TUN` 怕罪而走避）。 逃犯（TOv FAM^ 逃躲的囚犯）。 逃奔（TOv BUN 逃走）。
沱洍	TOv	流淚、流鼻涕貌： 涕沱（TI^ TOv）。 沱若（TOv IOG^ 流鼻水）。

馱馱	TOv	牲口背負重物。如： 馱運（TOv YUN^）。
妥	TOv	1、用繩索穩住、綁緊、拴緊。如： 妥牛（TOv NGYUv 拴牛）。 妥緊（TOv HENv 拴緊、固定好）。 妥善（TOv SAN^ 妥帖適當）。 妥當（TOv DONG^ 穩適）。 2、融合。如： 妥協（TOv HIAB^ 與人意見融合）。
躲躲	TOv	藏身。如： 躲藏（TOv TSONGv）。 躲避（TOv PID` 閃避）。 躲閃（TOv SAM` 躲避閃開）。 躲雨（TOv I` 避雨）。
討討	TO`	1、索取、請求。如： 討食（TO` SD^ 乞討食物）。 討錢（TO` CHIENv 追討欠債）。 討債（TO` ZAI^ 追討欠債）。 討教（TO` GAU^ 請求教導）。 討饒（TO` NGIEUv 請求饒恕）。 討功勞（TO` GUNG LOv 邀功）。 2、招惹。如： 自討苦食（TS^ TO` KU` SD^ 自己招惹麻煩）。 3、探索。如： 討論（TO` LUN^）。 探討（TAM` TO` 探索討論）。 研討（NGIAN TO` 研究討論）。 4、發動攻擊。如： 征討（ZN TO` 以兵力攻打）。 討伐（TO` FAD^ 征伐）。 5、娶親。如： 討親（TO` CHIN）。 討妻也（TO` JIA` E` 娶妻）。 討舖娘（TO` PU NGIONGv 娶妻）。 討心舅（TO` CIM KYU 娶媳婦）。
套	TO^	1、罩在外面。如： 外套（NGOI^ TO^）。 筆套（BID` TO^）。 2、籠絡人的計謀。如： 圈套（KIAN TO^）。
盜	TO^	偷或搶。如：

		盜取（TO^ CHI`）。 盜竊（TO^ CHIAB` 偷盜）。 偷盜（TEU TO^）。 盜名（TO^ MIANGv 以欺騙手段獲得好名聲）。 盜賣（TO^ MAI^ 私售他人或公家的物品）。
蹈	TO^	1、踩踏。如： 赴湯蹈火（FU^ TONG TO^ FO` 進入沸水或火焰之中，比喻不怕危險困難）。 蹈義（TO^ NGI^ 就正道而死）。 蹈海（TO^ HOI` 投海而死）。 蹈襲（TO^ CIB^ 守舊不變）。 2、遵循、實行。如： 循規蹈矩（SUNv GUI TO^ GI`依常規行事）。 3、頓足、跳動、跳舞。如： 手舞足蹈（SU` U` JYUG` TO^）。
悼	TO^	1、悲痛懷念。如： 追悼（ZUI TO^）。 悼念（TO^ NGIAM^ 追思）。 悼亡（TO^ MONGv 喪妻、悼念亡魂）。 2、憐惜。如： 惋悼（UAN` TO^ 惋惜追思）。
惰	TO^	懶息。如： 懶惰（LAN TO^）。
墮 墮	TO^	1、向下墜落。如： 墮地（TO^ TI^ 跌落地上）。 墮入（TO^ NGIB^ 跌入）。 墮胎（TO^ TOI 人工打落胎兒）。 2、做不名譽的事而不能自拔，稱為： 墮落（TO^ LOG^ 不自振作）。
唾	TO^	吐口水。如： 唾棄（TO^ KI^ 鄙視而拋棄）。
幬 幬	TO^	覆蓋。
脫	TOD`	1、剝落。如： 脫皮（TOD` PIv）。 脫殼（TOD` HOG` 脫去外殼）。 2、除去。如： 脫俗（TOD` CYUG^ 不俗氣）。 脫鞋（TOD` HAIv）。

		脫鞋襪＝襪（TOD` HAIv MAD`）。
脫衫脫褲（TOD` SAM TOD` FU^ 脫衣服）。
脫胎換骨（TOD` TOI UON^ GUD` 從老式中變出新式，徹底改變原樣）。
3、離開。如：
脫險（TOD` HIAM`）。
脫軛（TOD` AG` 卸下重擔）。
脫手（TOD` SU` 賣出、離手）。
脫身（TOD` SN 從危險中離身）。
脫臼（TOD` KYU 骨關節脫落）。
脫兔（TOD` TU^ 迅速貌）。
脫走（TOD` ZEU` 逃脫離開）。
脫穎而出（TOD` IN` Iv TSUD` 嶄露頭角、自顯才能）。
4、說出。如：
脫口而出（TOD` KIEU` Iv TSUD` 沒有經過思考、隨口說出）。
5、遺漏。如：
脫落（TOD` LOG^ 掉落）。
奪	TOD^	1、用強力取得。如：
奪權（TOD^ KIANv）。
搶奪（CHIONG` TOD^）。
2、爭先取得。如：
奪標（TOD^ PEU）。
3、作出決定。如：
定奪（TIN^ TOD^）。
4、削除。如：
剝奪（BOG` TOD^）。
5、奪目（TOD^ MUG` 光彩耀眼）。
6、衝出。如：
奪門而出（TOD^ MUNv Iv TSUD`）。
7、染上。如：
奪地氣（TOD^ TI^ HI^ 靠近地面吸取地氣）。
奪到色（TOD^ DO` SED` 染到別的顏色）。
托	TOG`	1、用手掌承著。如：
手托（SU` TOG` 以手承托）。
托付（TOG` FU^ 交代囑咐）。
托身（TOG` SN 寄身）。
托孤（TOG` GU 把孤兒委託他人保育）。
托缽（TOG` BAD` 僧徒布施、乞食）。
托起來（TOG` HI` LOIv 以手承起）。

		2、承托東西的器具。如： 托盤（TOG` PANv）。 3、陪襯。如： 托襯（TOG` TSN^ 借此明彼）。 襯托（TSN^ TOG` 借此明彼）。 4、通「託」。寄託。 拜托（BAI^ TOG` 求人代做）。 托兒所（TOG` Iv SO`託管幼兒的場所）。
託 讬	TOG`	同「托TOG`」。 1、寄存。如： 寄託（GI^ TOG` 委託、倚賴）。 託身（TOG` SN 寄身）。 託兒所（TOG` Iv SO`）。 2、請人代辦。如： 拜託（BAI^ TOG` 以言語請求人去做）。 託付（TOG` FU^ 委託別人去做）。 3、信任。如： 信託（CIN^ TOG` 信任委託）。 4、推諉。如： 推託（TUI TOG` 推辭）。 5、囑咐。如： 委託（WI` TOG` 囑託）。 6、託夢（TOG` MUNG^ 神鬼在夢中與人說話）。 7、託福（TOG` FUG` 靠著對方福氣）。 8、假借。如： 託名（TOG` MIANGv 假借他人名義）。 託病（TOG` PIANG^ 假稱有病）。 託故（TOG` GU^ 假借理由）。 託言（TOG` NGIANv 假託說話）。
侂	TOG`	寄託。
拓	TOG`	1、擴充。如： 開拓（KOI TOG` 開墾拓寬）。 拓地（TOG` TI^ 擴充地界）。 拓展（TOG` ZAN 拓寬擴展）。 拓邊（TOG` BIEN 開拓邊界）。 2、開墾。如： 拓荒（TOG` FONG 開墾荒地）。 拓殖（TOG` TSD^開闢荒地以移殖人民）。
擇 择 择	TOG^	挑選、揀選。如： 揀擇（GIAN` TOG^ 揀選）。 擇菜（TOG^ TSOI^ 把蔬菜中的雜草揀

		乾淨)。 擇一枝筆（TOG^ ID` GI BID`）。 揀揀擇擇，擇到爛瓢勺（GIAN` GIAN` TOG^ TOG^ TOG^ DO` LAN^ PUv SOG^ 千挑萬選，卻選中了破爛的瓠瓜勺子）。 讀音 TSED^。
跢	TOG^	漫步走。
推	TOI	不接受、諉卸。如： 推開（TOI KOI）。 推辭（TOI TSv 推卻）。 推懶（TOI LAN 推諉偷懶）。 推不俐（TOI Mv LI^ 推不掉）。 推三推四（TOI SAM TOI CI^ 以各種藉口設法推辭）。 讀音 TUI。
擡抬	TOIv	1、向上提高或舉高。如： 抬高（TOIv GO）。 抬頭（TOIv TEUv 仰頭）。 抬價（TOIv GA^ 漲價）。 2、兩人以上共同舉起。如： 扛抬（GONG TOIv 兩人肩抬）。 抬轎（TOIv KIEU^ 扛轎）。 3、抬舉（TOIv GI` 提拔、獎勵）。
跆	TOIv	足蹈。 跆拳（TOIv KIANv 手打腳踢的拳術）。
代	TOI^	1、更替。如： 代替（TOI^ TI^）。 代理（TOI^ LI）。 代用（TOI^ YUNG^）。 代步（TOI^ PU^ 坐車轎替代走路）。 代表（TOI^ BEU`）。 代筆（TOI^ BID` 代寫）。 代勞（TOI^ LOv 代辦）。 代價（TOI^ GA^ 價值）。 2、輪流交換。如： 交代（GAU TOI^）。 瓜代（GUA TOI^ 期滿換人接替）。
袋	TOI^	裝入袋中。如： 袋錢（TOI^ CHIENv 裝錢）。 袋煙（TOI^ IAN 裝菸）。 袋入（TOI^ NGIB^ 裝入袋中）。

貸貸	TOI^	袋不落去（TOI^ Mv LOG^ HI^ 裝不進）。
		1、借錢。如： 借貸（JIA^ TOI^）。 貸款（TOI^ KUAN`）。 貸權（TOI^ KIANv 以物權抵押貸款）。 2、推卸。如： 責無旁貸（JID` Uv PONGv TOI^ 自己應負的責任，沒有理由推卸給別人）。 3、寬恕。如： 嚴究不貸（NGIAMv GYU^ BUD` OI^ 嚴懲不寬恕）。
斷斷	TON	折斷、斷絕。如： 切斷（CHIED` TON）。 斷絕（TON CHIED^）。 拗斷（AU` TON 折斷）。 咬斷（NGAU TON）。 斷截（TON JIED` 斷成兩截或幾截）。 斷線（TON CIEN^ 線斷了）。 斷情（TON CHINv 斷絕感情）。 斷腸（TON TSONGv 悲傷至極）。 斷掌（TON ZONG` 掌紋橫斷）。 斷烏（TON U 天黑了）。 冇斷（MOv TON 沒有切斷）。 斷節（TON JIED` 斷截了）。 斷歇矣（TON HED` LEv 斷掉了）。 讀音 DON^。
湍	TON	急流。如： 湍急（TON GIB`）。
團团团	TONv	1、聚集、結合在一起。如： 團結（TONv GIAD`）。 團拜（TONv BAI^ 聚集一起互相賀年）。 團聚（TONv CHI^）。 團圓（TONv IANv）。 2、團團轉（TONv TONv ZON` 忙碌貌）。
摶抟	TONv	用手揉成一團。如： 摶草結（TONv TSO` GIED` 將稻草、蔗葉、茅草等綁紮成柴火）。
剸	TONv	裁斷，截斷。
㦜	TONv	憂愁勞苦貌。 勞心㦜㦜（LOv CIM TONv TONv HI 心中憂愁又哀傷）。
揣	TONv	猜想、揣度。如：

		揣看哪（TONv KON^ NA^ 猜猜看）。 揣著矣（TONv TSOG^ GEv 猜對了）。 揣不著（TONv Mv TSOG^ 猜不著）。 做謎分人揣（ZO^ LIANG^ BUN NGINv TONv 出謎語給人猜）。
鍛鍊	TON^	1、鍊鐵、磨鍊。如： 鍛練（TON^ LIEN^）。 2、把金屬燒紅捶打。如： 鍛鐵（TON^ TIED`）。 另音 DON^。
盪荡	TONG	洗。如： 盪嘴（TONG ZOI^ 漱口）。 洗盪（SE` TONG 洗滌、清洗）。 又音 TONG^。
唐	TONGv	1、說大話、不做正經事。如： 荒唐（FONG TONGv）。 2、粗率的行動。如： 唐突（TONGv TUD` 冒昧的舉動）。 3、姓。
搪	TONGv	1、塗抹。如： 搪瓷（TONGv TSv 上釉）。 2、敷衍、支吾。如： 搪塞（TONGv SED` 敷衍塞責）。 3、抵擋。如： 搪風冒雨（TONGv FUNG MAU^ I` 抵禦風雨）。 水來土搪（SUI` LOIv TU` TONGv 大水來了，用泥土阻擋）。 4、冒犯。如： 搪突（TONGv TUD` 冒昧的舉動）。
溏	TONGv	半流動而不凝結的。如： 溏心卵（TONGv CIM LON`）。
躺	TONG`	1、身體平臥。如： 平躺（PINv TONG`）。 躺臥（TONG` NGO^ 仰臥）。 2、物體橫倒。如： 躺置（TONG` Z^ 橫倒著平放）。
淌	TONG`	流出。如： 淌汗（TONG` HON^ 冒汗）。 淌淚（TONG` LUI^ 流淚）。 淌血（TONG` HIAD` 流血）。
燙	TONG^	1、以熱改變樣子。如：

燙		燙衣（TONG^ I 以熨斗燙衣服）。 2、以熱使平。如： 燙平（TONG^ PIANGv 以熨斗燙平）。 又音 YUN^。
盪蕩	TONG^	1、洗滌。如： 盪口（TONG^ KEU` 漱口）。 2、動移。如： 動盪（TUNG^ TONG^）。
蕩荡	TONG^	1、搖動、擺動。如： 動盪（TUNG^ TONG^）。 2、閒逛。如： 閒蕩（HANv TONG^）。 遊蕩（YUv TONG^）。 3、清除。如： 掃蕩（SO^ TONG^）。 4、行為不檢、敗家。如： 浪蕩子（LONG^ TONG^ Z` 敗家子）。 放蕩不羈（FONG^ TONG^ BUD` GI 行為浪蕩，不知檢束）。 5、平坦。如： 坦蕩（TAN` TONG^）。 蕩穀（TONG^ GUG` 晒穀時將穀耙平）。 6、同「宕」，耽擱。如： 一蕩(宕)三春（ID` TONG^ SAM TSUN 一耽擱就是三年）。
宕	TONG^	拖延。如： 宕睡（TONG^ SOI^ 睡過了時間。） 宕工（TONG^ GUNG 拖延工作時間，耽延工作）。 一宕三春（ID` TONG^ SAM TSUN 一耽誤就是三年。）
塗	TUv	1、抹改。如： 塗改（TUv GOI`）。 2、上色、上漆或上藥。如： 塗抹（TUv MAD`）。 塗敷（TUv FU 抹擦）。 塗藥（TUv IOG^ 搽藥）。 塗面（TUv MIEN^ 抹臉）。 塗粉（TUv FENv 抹粉）。 塗色（TUv SED` 著色）。 塗料（TUv LIAU^ 顏料）。
圖	TUv	打算、計謀、謀取。如：

图圖啚圖		企圖（KI TUv）。 圖謀（TUv MEUv）。 希圖（HI TUv 設法辦到）。 圖賴（TUv LAI^ 企圖狡賴）。 圖利（TUv LI^ 謀取利益）。 發憤圖強（FAD` FUN^ TUv KIONGv）。
屠	TUv	1、宰殺牲畜。如： 屠宰（TUv ZAI 宰殺）。 屠殺（TUv SAD` 像宰殺牲畜一般殺害）。 屠牛（TUv NGYUv 殺牛）。 屠夫（TUv FU 宰殺牲畜為業的人）。 屠戶（TUv FU^ 屠夫、殺牲畜的人家）。 屠場（TUv TSONGv 屠宰場）。 2、殘殺、濫殺無辜。如： 屠城（TUv SANGv 洗劫城市）。
吐	TU^	1、使東西從口中出來。如： 吐痰（TU^ TAMv）。 吐沫（TU^ MAD^ 唾液）。 嘔吐（EU` TU^ 反出來PON TSUD` LOIv）。 吐氣（TU^ HI^ 吐出鬱氣，呼出空氣）。 2、說出來。如： 吐實（TU^ SD^ 說出實話）。 談吐（TAMv TU^ 說話）。 吐露（TU^ LU^ 說出）。 3、露放。如： 吐花（TU^ FA 開花）。
度	TU^	1、心意，推測。如： 忖度（TSUN` TU^ 推測）。 置之度外（Z^ Z TU^ NGOI^ 不放在心中，不予理會）。 2、法則。如： 法度（FAB` TU^）。 冇法度（MOv FAB` TU^ 沒有辦法）。 胸襟。如： 氣度（HI^ TU^ 氣量，度量）。 度量（TU^ LIONG^ 寬厚或褊狹的氣度）。 捱過。如： 度日（TU^ NGID` 過日子）。
渡	TU^	1、橫過水面。如： 渡河（TU^ HOv）。 渡江（TU^ GONG）。 渡船（TU^ SONv 渡水的船）。

		渡口（TU^ KIEU` 渡船停泊的地方）。 渡頭（TU^ TEUv 渡口）。 2、通過、經過。如： 渡假（TU^ GA`）。 3、看顧、哄帶小孩。如： 渡人（TU^ NGINv）。 渡細人也（TU^ SE^ NGINv NE` 看顧小孩子）。 4、交付。如： 引渡（IN TU^ 引來交付）。 讓渡（NGIONG^ TU^ 讓給）。
鍍鍍	TU^	把一種金屬用電解法塗在另一種金屬器物上稱為 電鍍（TIEN^ TU^）， 鍍金（TU^ GIM 電鍍；到國外求學或居留）。
杜	TU^	堵塞。如： 杜絕（TU^ CHIED^）。 杜口不言（TU^ KEU` BUD` NGIANv 不開口說話）。
凸	TUD`	突出的、凹的反面。如： 凸出（TUD` TSUD` 高出正常面）。 凹凸（AU TUD` 低窪或凸出）。 凸透鏡（TUD` TEU^ GIANG^ 中央厚，邊緣薄的透視玻璃，可製遠視眼鏡、望遠鏡）。
突	TUD`	1、衝破。如： 突圍（TUD` WIv 衝出包圍）。 突破（TUD` PO^ 衝破）。 突飛猛進（TUD` FI MEN JIN^ 進步很快）。 2、凸出。如： 突起（TUD` HI` 高起）。 3、唐突（TONGv TUD` 冒昧觸犯）。
突	TUD^	承受重量的物體滑走，但未完全脫落。 突走矣（TUD^ ZEU` UEv 滑走了）。
凸	TUD^	同「凸 TUD`」。 又音 TUD`。
秃	TUG`	同「秃 TUD`」。 又音 TUD`。
讀读	TUG^	1、照文字念出聲音。如： 宣讀（CIEN TUG^ 當眾讀出）。 讀書（TUG^ SU 讀出書上的字音）。 朗讀（LONG` TUG^ 出聲念出）。

		默讀（MED^ TUG^ 不出聲讀書）。 讀音（TUG^ IM 文字的發音、字音；讀字時的字音,不是講話時的字音）。 2、閱讀。如： 讀者（TUG^ ZA` 閱讀的人）。 讀本（TUG^ BUN` 誦讀的課本）。 讀物（TUG^ UD^ 閱讀用的書籍、雜誌、報紙、漫畫等）。 3、上學、做功課。如： 讀書（TUG^ SU）。
瀆 凟 潰	TUG^	1、不恭敬。如： 瀆職（TUG^ ZD` 有虧職守）。 2、冒犯。如： 干瀆（GON TUG^ 干犯）。 3、褻瀆（CIED` TUG^ 對人不尊敬）。
殰	TUG^	胎死腹中。
黷	TUG^	1、虧。 黷職（TUG^ ZD` 有虧職守）。 2、貪得無厭。 貪黷（TAM TUG^）。 3、窮兵黷武（KYUNGv BIN TUG^ U 濫用兵力）。
讟	TUG^	1、說人家的不是。如： 謗讟（BONGv TUG^ 毀謗）。 2、怨恨。如： 怨讟（IAN^ TUG^）。
毒	TUG^	1、用毒物殺死。如： 毒殺（TUG^ SAD`）。 毒害（TUG^ HOI^）。 毒老鼠（TUG^ LO^ = LO` TSU` 或 TEU^ LO^ TSU` 毒殺老鼠）。 毒死人（TUG^ = TEU^ CI` NGINv）。 2、兇狠。如： 惡毒（OG` TUG^）。 毒辣（TUG^ LAD^ 手段惡毒）。 又音 TEU^。
推	TUI	1、不接受、諉卸。如： 推開（TUI KOI）。 推卻（TUI KIOG` 不接受）。 推辭（TUI TSv 推卻）。 推諉（TUI WI` 不願負責,推卸責任）。 2、擴充。如：

		推廣（TUI GONG` 擴充）。
推行（TUI HANGv 推動）。
推銷（TUI SEU 推廣銷售）。
3、使物向前、向上移動。如：
推搡（TUI SUNG` 向前推）。
推動（TUI TUNG^）。
推舉（TUI GI` 推高舉起、推選舉薦）。
推選（TUI CIEN` 推出選出來擔任）。
公推（GUNG TUI 大家一致推出）。
推崇（TUI TSUNGv 推舉擁戴）。
推戴（TUI DAI^ 推舉擁戴）。
推薦（TUI JIEN^ 推選舉薦）。
推派（TUI PAI^ 推舉選派）。
推讓（TUI NGIONG^ 推辭謙讓）。
推翻（TUI FAN 推倒已成立的定局）。
推轂（TUI GUG` 像推車輪前進一般幫助他人成就事業、推選人才）。
手推車（SU` TUI TSA 手推的裝物車）。
推己及人（TUI GI` KIB^ NGINv 以對待自己的心態對待別人）。
推心置腹（TUI IM Z^ FUG` 誠心對待他人）。
4、研究。如：
推敲（TUI KAU^ 推門或敲門，斟酌文句或文字的應用）。
推究（TUI GYU^ 研究）。
推理（TUI LI 由已知推求未知）。
推斷（TUI DON^ 研究判斷）。
推測（TUI TSED` 研究探測）。
推論（TUI LUN^ 研究討論）。
推事（TUI S^ 推敲事理、法院的審判官）。
推陳出新（TUI TSNv TSUD` CIN 推究舊原理以求得新方法）。
頹 頹 穨	TUIv	1、頭髮脫落稱為「頹」。
頹齡（TUIv LINv 老年）。
頹山（TUIv SAN 山上無樹木、山崩）。
2、衰老。
老頹（LO` TUIv）。
衰頹（SOI TUIv）。
3、敗壞、崩壞。如：
頹風（TUIv FUNG 敗壞風俗）。
頹廢（TUIv FI^ 荒廢、精神不振）。
頹垣斷壁（TUIv IANv DON^ BIAG` 牆壁

		崩倒）。 4、傻傻、痴呆、笨頭笨腦的。如： 頹頹（ TUIv　TUIv ）。
隤	TUIv	同「頹」。
蛻	TUI`	1、蛇或昆蟲脫皮。如： 蟬蛻（ SAMv　TUI` 蟬所脫的殼，蟲類脫落的皮）。 蛻變（ TUI`　BIEU^ 比喻事物的更迭）。 2、大孩子已穿不下的衣服， 蛻分細個著（ TUI`　BUN　SE^　GE^　ZOG` 大孩子的衣服，蛻給小的孩子穿）。 又音　TUI^。
脫	TUI`	同「蛻」。 脫脫（ TUI`　TUI` 舒緩貌）。
駾	TUI`	驚走奔突貌。
退	TUI^	1、向後倒走。如： 後退（ HEU^　TUI^ ）。 退卻（ TUI^　KIOG` ）。 退兵（ YUI^　BIN ）。 退縮（ TUI^　SUG` ）。 2、謙讓。如： 退讓（ TUI^　NGIONG^ ）。 退避三舍（ TUI^　PID`　SAM　SA` 比喻謙虛退讓，不與人爭執）。 3、離職。如： 退職（ TUI^　ZD` 離職）。 退休（ TUI^　HYU ）。 退閒（ TUI^　HANv 退休後閒居在家）。 退學（ TUI^　HOG^ ）。 4、消除原有義務。如： 退役（ TUI^　ID^ ）。 退伍（ TUI^　NG` ）。 退位（ TUI^　WI^ ）。 5、離去。如： 退席（ TUI^　CID^ ）。 退堂（ TUI^　TONGv ）。 退省（ TUI^　SEN` 自我反省）。 退隱（ TUI^　YUN` 退休隱居）。 6、消除。如： 退燒（ TUI^　SEU 體溫降低）。 7、降低。如： 退潮（ TUI^　TSEUv 海潮降低）。

		減退（GAM` TUI^）。 8、歸還： 退還（TUI^ UANv）。 退股（TUI^ GU` 退出股份）。 退換（TUI^ UON^ 退還舊的,交換新的）。 9、辭卸。如： 辭退（TSv TUI^ 辭職）。 退婚（TUI^ FUN 廢除婚姻）。 10、逐漸減弱、消失。如： 退色（TUI^ SED` 顏色減淡）。 退化（TUI^ FA^ 老化）。 退步（TUI^ PU^）。
蛻	TUI^	1、蛇或昆蟲脫皮。如： 蟬蛻（SAMv TUI^ 蟬所脫的殼、蟲類脫落的皮）。 蛻變（TUI^ BIEU^ 比喻事物的更迭）。 大孩子已穿不下的衣服， 蛻分細個著（TUI^ BUN SE^ GE^ ZOG` 大孩子的衣服蛻給小的孩子穿）。 又音 TUI`。
兌	TUI^	交易，交換。如： 兌換（TUI^ FON^=UON^ 交換）。 兌付（TUI^ FU^ 依據憑證交錢財或物品）。 兌現（TUI^ HIAN^ 實現、交換現金）。 又讀 DUI^。
褪	TUI^	1、脫落、消滅、逐漸消失。如： 褪色（TUI^=TUN^ SED`）。 2、退縮。如： 褪手（TUI^=TUN^ SU`）。
吞	TUN	1、嚥下。如： 吞食（TUN SD^）。 吞吐（TUN TU^ 吞入吐出。a、港口、車站人貨的出入量。b、說話半吞半吐）。 吞口涎（TUN HEU` LAN 吞口水）。 吞雲吐霧（TUN YUNv TU^ U^ 抽煙吞吐煙霧）。 2、兼併、侵佔。如： 併吞（BIN^ TUN）。 侵吞（CHIM` TUN）。 吞沒（TUN MUD^ 侵佔別人財物）。

		吞滅（TUN MED^ 併吞消滅）。 3、忍氣吞聲（NGYUN HI^ TUN SANG 忍受著不發作，不出聲）。 4、溫吞（UN TUN 微溫），同「溫暾 UN TUN」。
涒	TUN	1、食而吐出。 2、水勢迴旋貌。
屯	TUNv	同「囤」。 1、聚集，存儲。如： 屯集（TUNv CIB^ 聚集）。 屯糧（TUNv LIONGv 積貯食糧）。 屯積（TUNv JID` 積存貨物，囤集）。 屯街塞巷（TUNv GIAI SED` HONG^ 人多）。 2、駐兵。如： 屯兵（TUNv BIN 駐兵防守）。 屯紮（TUNv ZAB` 駐紮）。 3、開墾。如： 屯墾（TUNv KIEN` 聚集多人開墾）。
塡	TUNv	塡塞、塡滿。如： 塡泥（TUNv NAIv）。 塡滿（TUNv MAN）。 塡平（TUNv PIANGv）。 塡窟也（TUNv FUD` LE` 塡窟窿）。 塡滿矣（TUNv MAN NEv 塡滿了、吃飽了的不雅土語）。 又音 TIAMv，TIENv。
褪	TUNv	同「褪 TUI^」。失去光澤： 色褪（SED` TUNv）。
囤	TUNv	積存糧食或貨物。如： 囤貨（TUNv FO^ 積存貨物）。 囤積（TUNv JID` 存積）。
遁	TUN`	1、逃、避。如： 逃遁（TOv TUN`）。 遁北（TUN` BED` 敗北，潰敗逃走）。 2、隱藏。如： 遁跡（TUN` JID` 隱藏形跡）。 遁形（TUN` HINv 隱藏形跡）。 遁世（TUN^ S^ 退隱）。 遁走（TUN` ZEU` 脫逃）。
遯	TUN`	1、同「遁」。 遯世（TUN` S^ 遠避現世）。 2、欺。

		3、謙遜。
氽	TUN`	1、在水面飄浮。 2、將生的食物投入沸水燙，再連同湯一起撈起的烹煮法。 氽麵條（TUN` MIEN^ TIAUv 客話稱為「氽 LUG^」麵條）。
褪	TUN^	1、逐漸消失。如： 褪色（TUN^ SED` 顏色逐漸消失）。 2、脫去或退換衣服。如： 褪衣（TUN^ I 脫衣或將大孩子穿過的衣服褪給小的弟妹穿）。 3、退縮。如： 褪手（TUN^ SU` 退縮）。
通	TUNG	1、暢達、往來。如： 暢通（TSONG` TUNG）。 流通（LIUv TUNG）。 打通（DA` TUNG）。 通過（TUNG GO^）。 通氣（TUNG HI^ 透氣、傳達信息）。 通行（TUNG HANGv）。 通訊（TUNG CYUN^）。 通敵（TUNG TID^ 通透敵人）。 通商（TUNG SONG）。 通婚（TUNG FUN 聯婚）。 通融（TUNG YUNv 暫時借貸、變通的辦法）。 通透（TUNG TEU^ 互通消息、秘密通信）。 通順（TUNG SUN^）。 通電（TUNG TIEN^）。 通學（TUNG HOG^ 不住校、每天上下學）。 2、明白。如： 通曉（TUNG HIAU` 明白）。 通達（TUNG TAD^ 明白事理）。 3、貫徹。如： 貫通（GON^ TUNG）。 4、傳達。如： 通知（TUNG DI=Z）。 通令（TUNG LIN^）。 通告（TUNG GO^）。 通報（TUNG BO^）。 通謀（TUNG MEUv 與人密謀）。 通風報信（TUNG FUNG BO^ CIN^ 傳達消息）。

		5、不正常的性關係。如： 私通（S TUNG）。 通姦（TUNG GIAN）。 6、翻譯。如： 通譯（TUNG ID^）。 通事（TUNG S^ 翻譯員）。 7、貨幣。如： 通貨膨脹（TUNG FO^ PANGv ZONG^）。 通融（TUNG YUNGv 暫時借貸、變通辦法）。
動 动	TUNG	靜的反面，動的。如： 震動（TIN TUNG 有動作）。 地動（TI^ TUNG 地震）。 莫動（MOG^ TUNG 不要動）。 會動（UOI^ TUNG）。 不動（Mv TUNG 不做）。 動不得（TUNG Mv DED` a.動彈不得。 b.不可觸摸）。 動于到就……（TUNG NGA^ DO` CHIU^ 動不動就…….）。
恫	TUNG	痛。 恫瘝（TUNG GUAN 病痛，疾苦）。 又音 TUNG^。
痌	TUNG	疾苦。 痌瘝（TUNG GUAN 病痛，疾苦）。
捅	TUNG`	1、直觸。如： 捅柚也（TUNG` YU^ UE` 用長竿觸動柚子，使之掉落）。 捅球也（TUNG` KYUv UE` 撞球）。 2、以尖物戳穿。如： 捅壞矣（TUNG` FAI` IEv 戳壞了）。
統 统	TUNG`	1、前後相承，彼此相連。如： 傳統（TSONv TUNG`）。 2、總、全、都、綜合、合一、總管。 統計（TUNG` GIE^）。 統共（TUNG` KYUNG^ 總共）。 統括（TUNG` GUAD` 包括）。 統統（TUNG` TUNG` 全部）。 統盤（TUNG` PANv 全部）。 統一（TUNG` ID` 合一統治）。 統治（TUNG` TS^ 統括治理）。 統率（TUNG` SOI^ 統督率領）。 統帥（TUNG` SOI^ 最高指揮官）。

		統領（TUNG` LIANG 統帥）。 統轄（TUNG` HAD` 統括管轄）。 統制（TUNG` Z^ 統理、統御）。
恫	TUNG^	恐嚇。如： 恫嚇（TUNG^ HAG` 虛聲恐嚇，虛張聲勢恐嚇人）。
慟恸	TUNG^	極度悲哀、過分悲傷。如： 哀慟（OI TUNG^ 極度悲痛）。 慟哭（TUNG^ KUG` 哀痛而哭泣）。
動动	TUNG^	1、靜的反面。如： 動態（TUNG^ TAI^）。 運動（YUN^ TUNG^）。 活動（FAD^ TUNG^）。 牽動（KIAN TUNG^ 引動）。 動力（TUNG^ LID^ 機械或電力牽動的力量）。 動向（TUNG^ HIONG^ 事態發展的趨向）。 動脈（TUNG^ MAG` 從心臟輸送鮮血到全身的血管）。 動產（TUNG^ SAN` 可以移動的財產）。 動詞（TUNG^ TSv 表示事物動作或存在的字詞）。 動彈（TUNG^ TANv 身體的動作轉側）。 動靜（TUNG^ CHIN^ 消息）。 動機（TUNG^ GI 發動時的目的及力）。 2、行為。如： 舉動（GI` TUNG^）。 動作（TUNG^ ZOG` 舉動）。 行動（HANGv TUNG^）。 動身（TUNG^ SN 出發）。 移動（Iv TUNG^）。 動手（TUNG^ SU` 開始做、鬥毆）。 動武（TUNG^ U 鬥毆）。 動用（TUNG^ YUNG^ 使用、起用，挪用）。 動亂（TUNG^ LON^ 社會、政治變亂）。 3、開始。如： 動工（TUNG^ GUNG 開工）。 4、牽動人心。如： 動心（TUNG^ CIM 感人）。 動火（TUNG^ FO` 發脾氣、發火）。 動怒（TUNG^ NU^ 發脾氣）。 動搖（TUNG^ IEUv 意志不堅定、搖擺

		不穩)。 動聽（TUNG^ TANG 聽來感動）。 驚動（GIANG TUNG^ 因害怕而有動作)。 5、動物（TUNG^ UD^ 能自行活動的生物，禽、獸和游魚、昆蟲的總稱)。
働	TUNG^	勤業勞力。 勞働（LOv TUNG^）。
洞	TUNG^	洞開（TUNG^ KOI 門戶大開）。
嗤	TS	1、冷笑。如： 嗤之以鼻（TS Z I PI^ 冷笑不屑的神態)。 2、冷笑的樣子。如： 嗤笑（TS SEU^）。 3、嗤嗤然（TS TS IANv 很歡喜的樣子)。
摛	TS	舒佈： 摛藻（TS ZAU` 作文章，發揮胸中情意)。
笞	TS	鞭笞（BIEN TS 以竹板鞭打）。
慈	TSv	1、深篤的愛、仁愛。如： 慈愛（TSv OI^）。 仁慈（INv TSv 仁愛）。 慈善（TSv SAN^ 慈愛好善）。 慈悲（TSv BI 慈愛，富同情心)。 2、長輩疼愛晚輩。如： 慈祥（TSv CIONGv）。
遲 迟 遅	TSv	1、行動緩慢。如： 遲緩（TSv FON^）。 遲誤（TSv NGU^ 動作緩慢以致耽誤事情)。 遲疑（TSv NGIv 因懷疑不立刻下決定)。 2、不敏捷。如： 遲鈍（TSv TUN^）。 遲重（TSv TSUNG^ 遲鈍）。 3、不及時、時間不早。如： 遲到（TSv DO^）。 延遲（IANv TSv 延長時間而遲到）。 遲暮（TSv MU^ 年老衰殘）。 遲早（TSv ZO` 早晚，或早或晚）。 4、殺死，宰殺。如： 凌遲（LINv TSv 先剖四肢，再刺喉嚨的殘酷死刑；引申為殘殺、宰殺)。 遲雞（TSv GIE 宰雞）。 遲鴨（TSv AB` 宰鴨）。

		遲牛（TSv NGYUv 宰牛）。 遲人放火（TSv NGINv BIONG^ FO` 殺人放火，罪大惡極）。
弛	TSv	1、放鬆弓弦、鬆懈、不緊張。如： 弛弓（TSv GYUNG）。 弛張（TSv ZONG 張緊或放鬆）。 鬆弛（SUNG TSv 放鬆）。 弛禁（TSv GIM^ 放輕鬆）。 弛緩（TSv FON^ 急慢、不緊張）。 2、放棄。如： 廢弛（FI^ TSv）。
持	TSv	1、手拿。如： 持筆（TSv BID`）。 持劍（TSv GIAM^）。 2、保守不變。如： 保持（BO` TSv）。 堅持（GIAN TSv）。 持守（TSv SU`）。 持久（TSv GYU` 維持時間長）。 持續（TSv CYUG^ 維持不斷）。 持正（TSv ZN^ 主持正道）。 持平（TSv PINv 維持公道）。 持重（TSv TSUNG^ 舉動不輕浮、老成）。 持身（TSv SN 律己）。 持盈（TSv INv 持守已成的事業）。 3、對抗。如： 相持不下（CIONG TSv BUD` HA^）。 4、掌管。如： 主持（ZU` TSv）。 持家（TSv GA 主持家務、保守家業）。 5、扶助。如： 扶持（FUv TSv）。 6、挾制。如： 劫持（GIAB` TSv）。
馳馳	TSv	1、車馬快跑。如： 奔馳（BUN TSv）。 2、騎馬跑。如： 馳馬（TSv MA）。 馳騁（TSv TSN`）。 3、心思嚮往。如： 神馳（SN TSv）。 4、傳揚。如：

		馳譽（TSv I^）。 馳名（TSv MIANGv 揚名）。 馳逐（TSv ZUG` 追趕）。
辭 辞 辝	TSv	1、告別。如： 辭別（TSv PED^）。 辭行（TSv HANGv）。 辭世（TSv S^ 告別人世、死亡）。 2、推卸。如： 辭謝（TSv CHIA^ 說感謝的話）。 推辭（TUI TSv）。 辭職（TSv ZD` 辭去職務）。 辭呈（TSv TSNv 辭職的呈文）。 3、解雇。如： 辭退（TSv TUI^）。 辭謝（TSv CHIA^ 辭退並感謝）。
鋤 锄	TSv	以鋤動土。如： 鋤田（TSv TIENv）。 鋤山（TSv SAN）。 鋤土（TSv TU` 掘土）。 又音 GOI`，TSUv。
呰	TSv	責罵。如： 訓呰（HYUN^ TSv 訓斥）。
褫	TS`	1、奪去。如： 褫奪公權（TS` TOD^ GUNG KIANv 剝奪其行使或享受公共權利的資格）。 2、脫去。如： 褫其外衣（TS` KIv NGOI^ I）。 繽挽褫扯（BIN BANG TS` TSA` 繽=繽亂，挽=拉扯，褫=剝奪，扯=牽扯。忙得不可開交,或比喻牽扯不清）。
跐	TS`	1、踩。如： 腳跐（GIOG` TS` 用足踩）。 2、腳尖著地腳跟提起。如： 跐足（TS` JYUG` 腳跟挺起）。
試 试	TS^	試探、嘗試。如： 試食（TS^ SD^ 試吃）。 試著（TS^ ZOG` 試穿衣服鞋子）。 試寫（TS^ CUA`嘗試新筆,嘗試寫作）。 試用（TS^ YUNG^ 嘗試使用）。 試看哪（TS^ KON^ NA^ 試試看）。 試過矣（TS^ GO^ UEv 試過了）。

		冇試不知（MOv TS^ Mv DI 沒試過，不知道）。 讀音 S^ 。
治	TS^	1、管理。如： 治理（TS^ LI）。 2、辦理。如： 政治（ZN^ TS^ 辦理眾人的事）。 治事（TS^ S^ 辦事）。 治喪（TS^ SONG 辦喪事）。 3、修整。如： 治水（TS^ SUI` 修整河道,使水通暢）。 整治（ZN` TS^ 修整治理）。 4、懲罰。如： 治罪（TS^ TSUI^）。 5、醫病。如： 治病（TS^ PIANG^）。 治療（TS^ LIAUv）。 治癒（TS^ I^ 治好了病）。 6、研究。如： 治學（TS^ HOG^ 研究學問）。 7、整理。如： 治裝（TS^ ZONG 整理或購買服裝）。
飼 饲	TS^	餵人吃食。如： 飼飯（TS^ FAN^ 餵飯）。 飼粥（TS^ ZUG` 餵稀飯）。 飼乳（TS^ NEN^ 餵奶）。 飼糡（TS^ GANG 餵嬰兒吃米糊）。 【餵動物吃食,則用「餵WI^」,不用"飼TS^"。如：餵豬（WI^ ZU）、餵狗（WI^ GIEU`）、餵雞餵鴨（WI^ GIE WI^ AB`）】。
刺 刺	TS^	1、以尖物插入。如： 刺入（TS^ NGIB^）。 刺刀（TS^ DO 刺殺敵人用的尖刀）。 刺繡（TS^ CIU^ 用彩線在布上繡花繡字）。 2、以言語譏諷。如： 諷刺（FUNG TS^）。 3、以外物影響身心。如： 刺激（TS^ GID`）。 4、偵察、探聽。如： 刺探（TS^ TAM`）。 5、暗殺。如： 行刺（HANGv TS^）。

		刺殺（TS^ SAD`）。 刺客（TS^ KIED` 行刺的人）。
熾 炽	TS^	燃燒。如： 熾炭（TS^ TAN^ 燃燒木炭）。
伙	TS^	以財物幫助人。如： 伙助（TS^ TSU^）。
眙	TS^	向前直看。
憘	TS^	1、憤怒： 憤憘（FUN^ TS^ 憤怒，憤恨）。 2、恨。
賒 赊	TSA	1、買賣貨款延付；先取貨記賬，有錢時再付清。 賒欠（TSA KIAM^ 買物暫不付錢、先記賬）。 賒米（TSA MI` 買米暫不付錢、先記賬）。 賒貨（TSA FO^ 賒欠貨物）。 賒賬（TSA ZONG^ 買了暫不付錢，先記在賬中）。 冇錢買，先賒來用（MOv CHIENv MAI, CIEN TSA LOIv YUNG^ 沒錢買，先拿來用，等有錢時再付清賒帳）。 2、同「奢」： 窮賒（KYUNGv TSA 極盡奢侈）。
奢	TSA	過分浪費。不節儉。如： 奢侈（TSA TS`）。
搽	TSAv	塗抹。如： 搽粉（TSAv FUN` 抹化妝粉）。 搽油（TSAv YUv 抹油）。 搽藥也（TSAv IOG^ GE` 塗藥）。
查	TSAv	檢點、檢核、考察。如： 檢查（GIAM` TSAv）。 查明（TSAv MINv 查清楚）。 查帳（TSAv ZONG^ 檢查帳目）。 查獲（TSAv FED^ 查到了）。 查看（TSAv KON^ 檢查察看）。 查收（TSAv SU 檢查後收下）。 查究（TSAv GYU^ 調查追究）。 查辦（TSAv PAN^ 查明辦理）。 查閱（TSAv IAD^ 檢閱）。 查勘（TSAv KAM 訪查勘察）。 查抄（TSAv TSAU 查明犯人財產沒收充公）。

		調查（TIAUv TSAv）。 查盤（TSAv PANv 查問、盤問）。 盤查（PANv TSAv 查問、盤問）。 巡查（SUNv TSAv 巡視察看）。 查考（TSAv KAU` 調查和考察）。
躤	TSAv	踩踏。
扯	TSA`	1、撕裂。如： 扯開（TSA` KOI 撕開）。 扯壞矣（TSA` FAI` IEv 撕壞了）。 扯爛矣（TSA` LAN^ NEv 撕得稀爛）。 扯罅(裂)矣（TSA` UAD^ LEv 撕裂了）。 扯面皮（TSA` MIEN^ PIv 撕開人的醜陋面具。傷人自尊，不給面子）。 2、拉、牽。如： 拖拖扯扯（TO TO TSA` TSA` 拉拉扯扯）。 繽挷裇扯（BIN BANG TS` TSA`）－繽＝繽亂，挷＝拉扯，裇＝剝奪，扯＝牽扯。忙得不可開交，或比喻牽扯不清。 3、扯飯（TSA` FAN^ 啟開食慾,很下飯）。
撦	TSA`	同「扯」。
哆	TSA`	張口。
岔	TSA^	1、分叉的。如： 岔路（TSA^ LU^ 分岔的馬路）。 岔椏（TSA^ UA 樹分枝）。 分岔（FUN TSA^）。 2、轉移方向、話題轉題。如： 岔開（TSA^ KOI 轉移話題,引開話題）。
詫 佗	TSA^	1、驚奇。如： 詫異（TS^ I^ 覺得奇怪）。 2、誇張。如： 誇詫（KUA TSA^ 誇大）。
杈	TSA^	妨礙。如： 杈人（TSA^ NGINv 妨礙人）。 杈礙（TSA NGOI^ 妨礙）。
插	TSAB`	1、刺入、放進去。如： 插入（TSAB` NGIB^）。 插花（TSAB` FA）。 安插（ON TSAB` 安放）。 插枝（TSAB` GI 剪下樹枝,插入土中,使之生根）。 插曲（TSAB` KYUG` 插在兩大樂曲中的小曲）。

		插頁（TSAB` IAB^ 加上另頁）。 插圖（TSAB` TUv 加上圖案在書頁上）。 插秧（TSAB` IONG 蒔田，插種稻秧）。 插牌也（TSAB` PAIv IE` 插上牌子在地上或貨物上）。 插棍也（TSAB` GUN^ NE` 插木棍在地上）。 插翅難飛（TSAB` TS^ NANv FI 插入翅膀，也飛不走，比喻無法逃脫）。 2、參加。如： 插足（TSAB` JYUG` 參加）。 插口（TSAB` KIEU` 加入言談）。 插嘴（TSAB` ZOI^ 插話在別人言談中）。 插班（TSAB` BAN 加入這班級）。 3、插箕（TSAB` GI 用竹篾編成的盛具，其開口部分可以插入穀糧堆中取穀糧，將其倒入袋中或裝入容器中）。
睬	TSAB`	「睬 TSAI`」的變音。理睬。如： 莫睬伊（MOG^ TSAB` Iv 不理他）。 睬不得（TSAB` Mv DED` 不能理）。 讀音 TSAI`。
扱	TSAB`	1、舉起： 攎扱（TOIv TSAB` 攎起）。 2、通「及」： 婦拜扱地（FU^ BAI^ TSAB` TI^ 婦拜及地）。
察	TSAD`	1、仔細看。如： 察看（TSAD` KON^）。 覺察（GOG` TSAD` 明白）。 觀察（GON TSAD` 仔細觀看）。 明察（MINv TSAD` 切實查看）。 察訪（TSAD` FONG` 探訪查看）。 察破（TSAD` PO^ 看破）。 察言觀色（TSAD` NGIANv GON SED` 仔細觀察）。 2、調查。如： 考察（KAU` TSAD`）。
詧	TSAD`	同「察」。
擦	TSAD`	1、磨拭。如： 擦拭（TSAD` S^ 磨擦光亮，磨擦乾淨）。 2、兩物相磨。如： 磨擦（MOv TSAD`）。

		擦搓（TSAD` TSO^ 磨擦）。 塗抹。如： 擦油（TSAD` YUv）。 擦藥（TSAD` IOG^）。 貼近。如： 擦肩而過（TSAD` GIEN lv GO^）。
掣	TSAD`	1、快速牽動。如： 抽掣（TSU TSAD` a、趁人不備揭取其物。b、執拗牽制、不甘願地做。c、掣動）。 電會掣人（TIEN^ UOI^ TSAD` NGINv 觸電會抽掣人）。 莫掣恁大力（MOG^ TSAD` AN` TAI^ LID^ 別那麼用力抽動）。 2、時間來不及。如： 赴不掣（FU^ Mv TSAD` 趕不上,時間來不及）。 走不掣（ZEU` Mv TSAD` 走避不及）。 做不掣（ZO^ Mv TSAD` 製作不及）。 接不掣（JIAB` Mv TSAD` 承接不及）。
搐	TSAD`	1、抽痛、抽掣、動而痛。同「掣TSAD`」。 緊抽緊搐（GIN` DUI` GIN` TSAD` 疼痛得又抽又搐）。 2、牽制： 抽搐（TSU TSAD` 心不甘情不願地做）。
撤	TSAD^	1、免去、除去。如： 撤職（TSAD^ ZD` 廢除職務）。 撤換（TSAD^ FON^ = UON^ 撤去原職,改派新人繼任）。 撤消（TSAD^ SEU 取消）。 撤廢（TSAD^ FI^ 廢除）。 2、向後移轉。如： 撤退（TSAD^ TUI^ 退後）。 撤兵（TSAD^ BIN 撤除軍隊）。
徹彻	TSAD^	通「澈」。 1、貫通、深透、明瞭。如： 徹夜（TSAD^ IA^ 透夜）。 徹查（TSAD^ TSAv 澈底調查）。 徹悟（TSAD^ NGYU^ 明白透徹）。 洞徹（TUNG^ TSAD^ 明白透徹）。 2、首尾貫通,水清見底。如： 徹底（TSAD^ DAI`）。

		清徹（CHIN TSAD^）。
灼	TSAD^	火燒。如： 灼到頭顱毛（TSAD^ DO` TEUv NAv MO 火燒到頭髮）。
斥	TSAG`	1、拒絕，逐。如： 排斥（PAIv TSAG`）。 斥逐（TSAG` ZUG` 驅逐）。 斥退（TSAG` TUI^ 揮手令其退去、革職）。 2、指責。如： 指斥（Z` TSAG`）。 斥責（TSAG` JID` 指責）。 斥罵（TSAG` MA^ 責罵）。 3、伺望。如： 斥候（TSAG` HEU^ 偵查敵情）。 4、充滿。如： 充斥（TSNG TSAG`）。 5、開拓。如： 斥土（TSAG` TU` 開荒）。 斥地（TSAG` TI^ 墾地）。 6、拿出錢來。如： 斥資（TSAG` Z 拿出資本）。 讀音 TSD`。
拆	TSAG`	1、分開。如： 拆開（TSAG` KOI）。 拆屋（TSAG` UG` 拆毀房子）。 2、破壞。如： 拆散家庭（TSAG` SAN^ GA TINv）。
坼	TSAG`	裂開： 天崩地坼（TIEN BEN TI^ TSAG` 天崩地裂）。
拆	TSAG^	隔開。如： 拆開（TSAG^ KOI 隔開）。
猜	TSAI	1、疑心。如： 猜疑（TSAI NGIv）。 猜忌（TSAI GI^ 測度疑忌）。 猜懼（TSAI KI` 猜疑畏懼）。 2、推測。如： 猜測（TSAI TSED`）。 猜度（TSAI TU^ 推測料想）。 猜想（TSAI CIONG` 推測料想）。 猜謎（TSAI NGIv 猜謎語）。
差	TSAI	使喚、役遣。如：

		差使（TSAI S`）。 差派（TSAI PAI^）。 差役（TSAI ID^ 供使喚的人；差事）。 差遣（TSAI KIAN` 派遣）。 出差（TSUD` TSAI 奉差派出門履職）。 雜差（TSAB^ TSAI 雜役）。 差事（TSAI S^ 委派的職務）。
拆	TSAI	同「拆 TSAG`」。 1、分開。如： 拆開（TSAI KOI）。 拆屋（TSAI UG` 拆毀房子）。 2、破壞。如： 拆散家庭（TSAI SAN^ GA TINv）。
挼	TSAI	用力以手搓揉： 挼鹹菜（TSAI HAMv TSOI^ 芥菜加鹽用雙手揉壓使之柔軟入味）。 挼粄漬（TSAI BAN` TSE^ 燙熟少許粄漬與生粄漬搓揉在一起，使之有黏性可做粄皮包餡）。 挼麵（TSAI MIEN^ 搓揉麵糰）。
裁	TSAIv	1、切開。如： 剪裁（JIEN` TSAIv 剪布縫製衣服）。 裁紙（TSAIv Z` 剪紙）。 裁縫（TSAIv FUNGv 剪開縫製、製衣匠）。 2、削減、去除。如： 裁減（TSAIv GAM`）。 裁員（TSAIv IANv 減少人力）。 裁兵（TSAIv BIN 減少兵力）。 裁軍（TSAIv GYUN 減少軍隊的武力）。 裁撤（TSAIv TSAD^ 裁定撤除）。 3、決定、判定。如： 裁決（TSAIv GIAD`）。 裁定（TSAIv TIN^ 決定）。 裁可（TSAIv KO` 裁定許可）。 裁判（TSAIv PAN^ 裁決判定）。 裁斷（TSAIv DON^ 裁定決斷）。 裁奪（TSAIv TOD^ 裁示定奪）。 裁處（TSAIv TSU` 決斷處置）。 磬裁（CHIN` TSAIv a.彎腰恭敬等候裁決。b.隨你的意思定奪，或變音為 CHIN^ TSAI^，意思是：隨便你，隨便）。 4、殺、刎頸。如：

		自裁（TS^ TSAIv 自殺）。 5、安排、取捨。如： 別出心裁（PED^ TSUD` CIM TSAIv 用心思特別設計）。 6、量好、移正。如： 裁正來（TSAIv ZANG^ LOIv 把位置移正）。
采	TSAI`	「採 TSAI`」的本字。 摘取、擇取。如： 采集（TSAI` CIB^ 採集）。 采摘（TSAI` ZAG` 摘取）。 ＊注意："采"不同於"釆"。 （釆：PIEN^ 是"辨"本字）。
睬	TSAI`	注目、理會。如： 理睬（LI TSAI` 理會）。 莫睬伊（MOG^ TSAI` Iv 不理他。） 又音 TSAB`。
採	TSAI`	1、摘取下來。如： 採茶（TSAI` TSAv）。 採花（TSAI` FA）。 採蜜（TSAI` MED^ 採取蜂糖）。 採集（TSAI` CIB^ 採收）。 採摘（TSAI` ZAG` 摘取）。 採礦（TSAI` KONG` 採集礦藏）。 冇採（MOv TSAI` 原指農作物成熟採收時，價格暴跌，連採收的工資都不足支付，沒有採收工錢的價值「冇採工」或「冇採」。或謂農作物正當成熟時，毀於天災，沒有收成。後來引申為食物、貨物或人才的「可惜被毀，沒有發揮最大功效」）。 2、選取。如： 採納（TSAI` NAB^）。 採用（TSAI` YUNG^）。 採訪（TSAI` FONG` 探取訪問）。 採光（TSAI` GONG 門窗選擇向光線的位置）。 3、找、搜求。如： 開採（KOI TSAI` 開墾採收；找尋搜求）。
倸	TSAI`	同「睬，踩」。
踩	TSAI`	同「踩 TSAI`」。 1、腳踏、踏在腳下。如： 踩踏（TSAI` TAB^）。

		2、追捕。如： 跐緝（TSAI` CIB^ 追查緝拿犯人）。 跐訪（TSAI` FONG` 追尋）。
踩	TSAI`	同「跐 TSAI`」。 1、腳踏、踏在腳下。如： 踩踏（TSAI` TAB^）。 2、追捕。如： 踩緝（TSAI` CIB^ 追緝犯人）。 踩訪（TSAI` FONG` 追尋）。
踹	TSAI`	用力踐踏。如： 踹腳（TSAI` GIOG`）。 踹踏（TSAI` TAB^）。 又音 TSOI`。
在	TSAI^	1、居、佔。如： 在上（TSAI^ SONG^ 尊稱人居高位）。 在下（TSAI^ HA^ 稱自己的謙詞）。 2、生存。如： 在世（TSAI^ S^）。 健在（KIAN^ TSAI^ 健康存在）。 父母在，不遠遊（FU^ MU TSAI^, BUD` IAN` YUv）。 3、正進行某種動作。如： 正在（ZN^ TSAI^）。 4、表示位置、留處。如： 在位（TSAI^ WI^ 在某位置上）。 在家（TSAI^ GA）。 在學（TSAI^ HOG^ 就學中）。 在職（TSAI^ ZD`在某工作中,在職位上)。 在逃（TSAI^ TOv 逃亡中）。 在先（TSAI^ CIEN 在某時間之前）。 在外（TSAI^ NGOI^ 在某範圍之外）。 在座（TSAI^ TSO^ 坐在席次上的人）。 在朝（TSAI^ TSEUv 掌握政權中）。 在野黨（TSAI^ IA DONG` 不掌握政權的政黨）。 在室女（TSAI^ SD` NG` 未出嫁的處女）。 在所難免(TSAI^ SO` NANv MIEN 不能避免)。 5、幸運。如： 好在（HO` TSAI^）。 6、怡然適意貌。如： 自在（TS^ TSAI^）。 7、在行（TSAI^ HONGv 內行）。

		8、在乎（TSAI^ FUv 要點所在）。語音 TSOI。
參参叁叄	TSAM	1、加入。如： 參加（TSAM GA）。 參戰（TSAM ZAN^ 參加作戰）。 參政（TSAM ZN^ 參加政事）。 參與（TSAM I 參加，加入）。 參半（TSAM BAN^ 加入一半）。 2、查考。如： 參考（TSAM KAU` 參照查考）。 參照（TSAM ZEU^ 參考依照）。 參看（TSAM KON^ 對照觀察，參證）。 參觀（TSAM GON 參考觀察）。 3、進見。如： 參拜（TSAM BAI^ 參見敬拜）。 參見（TSAM GIAN^ 晉見上級）。 4、交錯。如： 參雜（TSAM TSAB^ 混入摻合）。 5、商量。如： 參詳（TSAM CIONGv 商討）。 參酌（TSAM ZOG` 斟酌）。 參議（TSAM NGI^ 參與謀議）。 參事（TSAM S^參與審核和計畫的官）。 參謀（TSAM MEUv 謀商策略的官）。 參商（TSAM SONG 原指兩顆星，參在西，商在東，永不相會。比喻無法相見，也比喻兄弟不睦、形容意見不合）。
摻掺	TSAM	1、混入、攪和。如： 摻水（TSAM SUI` 加入水）。 摻雜（TSAM TSAB^ 混入摻合）。 2、握住、保持。如： 摻手（TSAM SU` 握持）。 摻執（TSAM ZB` 握持）。
攙搀	TSAM	1、同「摻」混合。如： 攙入（TSAM NGIB^ 混入）。 攙合（TSAM HAB^=GAB` 混合）。 攙和（TSAM FOv 摻合）。 攙雜（TSAM TSAB^ 混合）。 麵粉攙發酵（MIEN^ FUN` TSAM FAD` GAU^）。 2、扶、挽。如：

		攙扶（TSAM FUv 牽引扶持）。 3、傾倒向前而手著地。如： 攙到手（TSAM DO` SU` 使手受傷）。
㸎	TSAM	1、攙入： 㸎入（TSAM NGIB^ 加入）。 2、錯亂： 㸎雜（TSAM TSAB^）。
戳	TSAMv	尖物刺入。如： 刀戳（DO TSAMv 尖刀刺入）。 戳人（TSAMv NGINv 以刀刺人）。 戳蛤蟆頦（TSAMv HAv MAv GOI 刺入喉嚨）。 亦音 CHIAMv。
饞饞	TSAMv	貪吃。如： 嘴饞（ZOI^ TSAMv）。
讒諛	TSAMv	說別人壞話。如： 進讒（JIN^ TSAMv 投訴壞話）。 讒言（TSAMv NGIANv 說人不好的話）。 讒陷（TSAMv HAM^ 以讒言陷害）。
儳	TSAMv	1、表現： 儳功（TSAMv GUNG 表現功勞）。 2、惡言罵人： 儳偢（TSAMv ZU^惡言相罵。憂愁，埋怨）。
慘	TSAM`	1、傷痛、悲痛、悲慘。如： 悲慘（BI TSAM` 悲痛）。 慘痛（TSAM` TUNG^ 傷痛）。 慘切（TSAM` CHIED` 悲悽貌）。 慘狀（TSAM` TSONG^ 悲慘情狀）。 慘死（TSAM` CI` 悲慘的死）。 慘烈（TSAM` LIED^ 悲慘激烈）。 慘案（TSAM` ON^ 悲慘案件）。 慘變（TSAM` BIEN^ 悲慘事變）。 慘劇（TSAM` GI` 悲痛劇烈）。 2、毒辣。如： 慘殺（TSAM` SAD` 以殘酷手段殺死）。 3、慘淡（TSAM` TAM^ 暗淡無光。盡心力去做）。
憯	TSAM`	痛苦： 憯怛（TSAM` DAD` 憂勞）。
諂諂諂	TSAM`	以言語奉承巴結人。如： 諂媚（TSAM` MI^）。 諂笑（TSAM` SEU^ 巴結人時勉強擠

560

		出來的笑容）。
懺忏	TSAM^	悔改、改過。如： 懺悔（TSAM^ FI` 後悔改過）。
讖識	TSAM^	讖言（TSAM^ NGIANv 指吉凶的預言）。
鏨	TSAM^	以鏨刀切鏨或雕刻金石。如： 鏨字（TSAM^ S^ 在金石上刻字）。 鏨花（TSAM^ FA）。
纏纏	TSAN	1、盤問、環繞著使人無法脫身。如： 纏日纏夜（TSAN NGID` TSAN IA^ 日夜盤問）。 纏矣一暗晡（TSAN NEv ID` AM^ BU 盤問了一整夜）。 2、倒纏（DO^ TSAN）：倒反。
纏纏	TSANv	1、圍繞。如： 纏線（TSANv CIEN^）。 纏腳（TSANv GIOG` 以布條纏繞腳掌使腳掌不長大）。 2、攪擾。如： 糾纏（GYU TSANv 纏繞不清）。 纏人（TSANv NGINv 糾纏人）。 纏身（TSANv SN 糾纏在身邊）。 3、應付。 難纏（NANv TSANv 難應付）。
殘殘	TSANv	1、毀壞、傷害。如： 摧殘（TSUI TSANv）。 2、暴虐、狠毒、惡毒。如： 殘暴（TSANv PAU^ 殘忍凶暴）。 殘酷（TSANv KUG^ 殘忍冷酷）。 殘忍（TSANv NGYUN 凶狠惡毒）。 殘殺（TSANv SAD` 暴虐殺人）。
躦	TSANv	踐踏。如： 躦踏（TSANv TAB^）。
剗划剗	TSAN`	同「鏟 TSAN`」。 1、用鏟子移去、削平。如： 剗除（TSAN` TSUv 移除）。 剗平（TSAN` PIANGv 削平）。 剗草（TSAN` TSO`）。 2、剗錢（TSAN` CHIENv 到處想辦法籌錢）。 剗上剗下（TSAN` SONG TSAN` HA 到處張羅）。
鏟	TSAN`	同「剗 TSAN`」。

铲划		1、用鏟鏟物。如： 鏟菜（TSAN` TSOI^）。 鏟草（TSAN` TSO`）。 鏟平（TSAN` PIANGv）。 鏟除（TSAN` TSUv 移除、除減）。 2、以指怒指。如： 分人鏟矣（BUN NGINv TSAN` NEv 被人以手指怒指）。
竄	TSAN`	同「竄 TSON^」。 1、逃走、亂跑。如： 逃竄（TOv TSAN`）。 竄逸（TSAN` ID^ 逃逸）。 2、刪改字句。如： 竄改（TSAN` GOI`）。
闡闡	TSAN`	1、揭發、說明。如： 闡發（TSAN` FAD` 申明要義）。 闡明（TSAN` MINv 詳細說明）。 2、發揚、褒揚。如： 闡揚（TSAN` IONGv）。
顫顫	TSAN^	1、發抖。如： 顫抖（TSAN^ DEU` 怕得發抖）。 驚顫（GIANG TSAN^ 驚怕顫抖）。 2、物體抖動。如： 顫動（TSAN^ TUNG^）。 3、人或動物難制服的動作。如： 拼拼惱顫（BIN` BIN` NO` TSAN^ 掙扎反抗）。 又音 ZAN^，ZUN。
綻綻	TSAN^	1、衝出皮外，突出皮外、花開。如： 綻筍（TSAN^ SUN` 發芽）。 綻皮（TSAN^ PIv 翻皮）。 綻䘑（TSAN^ LINv 使陰莖衝出包皮之外）。 綻轉來（TSAN^ ZON` LOIv 翻皮、翻過來）：腸子、布條子，將內裡翻出到外面。 花蕾綻放（FA LUIv TSAN^ FONG^ 開花）。 2、破綻（PO^ TSAN^ 縫線破裂、比喻事情敗露,有破裂的痕跡)。
呈	TSANGv	1、顯露、顯現。如： 呈現（TSANGv HIAN^）。 2、奉上。如： 面呈（MIEN^ TSANGv 當面奉上）。

		呈文（TSANGv UNv 向上級呈遞公文）。 呈報（TSANGv BO^ 向上級呈送報告）。 呈送（TSANGv SUNG^ 呈現給上級）。 辭呈（TSv TSANGv 向上級提出離職請求的文書）。
瞠	TSANGv	1、睜大眼睛向前直視。如： 瞠視（TSANGv S^ 睜眼直看）。 瞠目（TSANGv MUG` 瞠視）。 瞠看哪（TSANGv KON^ NA^ 瞄瞄看，看一看）。 2、瞄準。如： 瞠準（TSANGv ZUN` 對準、瞄準）。 3、強光射眼，使眼睛睜不開。如： 瞠眼（TSANGv NGIAN`）。 瞠光（TSANGv GONG 強光射眼）。 4、瞠乎其後（TSANGv FU KIv HEU^ 趕不上、望塵莫及）。
撐	TSANGv	飽滿。如： 米撐也（MI` TSANGv NGE` 爆米花和糖，聚合成塊狀的食物）。
掌	TSANG^	同「撐」。支持、支柱： 掌柱（TSANG^ TSU）。
撐 撐	TSANG^	1、吃得過飽。如： 撐飽矣（TSANG^ BAU` UEv 吃飽了）。 豬撐大，狗撐壞（ZU TSANG^ TAI^，GIEU` TSANG^ FAI^ 豬吃飽會長大，狗吃太飽則不行）。 2、充滿、飽滿。如： 袋也撐裂矣（TOI^ IE` TSANG^ UAD^ LEv 袋子撐破了）。 3、用竿槳撐船進行。如： 撐船也（TSANG^ SONv 撐船）。 4．用棍、竿或用手撐擋。 撐門（TSANG^ MUNv 撐緊門板）。 5、應話頂撞。如： 撐話（TSANG^ FA^）。 撐人（TSANG^ NGINv 以言語頂撞人）。
操 抄	TSAU	1、拿、握持。如： 操刀（TSAU DO 用刀）。 操戈（TSAU GO 手持武器）。 操槍（TSAU CHIONG 拿槍操弄）。 2、從事、勞動。如：

		操作（TSAU ZOG`）。 操勞（TSAU LOv 操作辛勞）。 操持（TSAU TSv 操作從事，操守品行）。 3、訓練。如： 操練（TSAU LIEN^）。 操演（TSAU IAN 演練）。 操場（TSAU TSONGv 操練場所、運動場）。 4、駕駛、駕馭。如： 操舟（TSAU ZU 划船）。 操縱（TSAU JYUNG` 把持、擺佈）。 操琴（TSAU KIMv 彈琴）。 5、擔心。如： 操心（TSAU CIM）。 操煩（TSAU FANv 煩心）。 6、體操（TI` CAU 依口令或音樂操練身體）。
抄	TSAU	1、謄寫。如： 抄寫（TSAU CIA` 用筆謄寫）。 抄本（TSAU BUN` 手抄的文書）。 抄集（TSAU CIB^ 抄錄收集）。 抄襲（TSAU CIB^ 抄錄他人作品、從敵後或兩翼追擊）。 2、沒收財產。如： 抄家（TSAU GA）。 3、兩手交叉胸前。如： 抄手（TSAU SU`）。 4、搜身、搜查。如： 抄身（TSAU SN）。
追	TSAU	讀音 ZUI、語音 TSAU。追趕，追逐。 追不到（TSAU Mv DO` 追不到）。 在後背追（TSOI HEU^ BOI^ TSAU 在後面追）。
超	TSAU	「超 TSEU」的變音，追趕，追逐。 超不到（TSAU Mv DO` 追不到）。 在後背超（TSOI HEU^ BOI^ TSAU 在後面追）。
剿勦	TSAU	同「抄」。抄寫。如： 勦襲（TSAU CIB^ 抄錄他人語文）。
吵	TSAUv	1、聲音繁雜擾人。如： 吵人（TSAUv NGINv）。 吵鬧（TSAUv NAU^）。 吵雜（TSAUv TSAB^ 聲音紛雜）。

564

		吵耳吵鼻（TSAUv NGI` TSAUv PI^ 形容聲音很吵）。 2、攪擾。如： 攪吵（GAU` TSAUv）。 3、爭鬧。如： 爭吵（ZEN TSAUv）。 吵事（TSAUv S^ 吵架）。
炒爝	TSAU`	1、把食物放在鍋中加熱，並時時翻動的烹飪法。 炒菜（TSAU` TSOI^）。 2、做投機生意。如： 炒地皮（TSAU` TI^ PIv）。
躁	TSAU^	不安、性急。如： 暴躁（PAU^ TSAU^）。 躁急（TSAU^ GIB` 性急）。 躁進（TSAU^ JIN^ 太過著急求進）。 躁切（TSAU^ CHIED` 操心過切）。 煩躁（FANv TSAU^ 心煩不安）。 反躁（FAN` TSAU^ 夜裡睡不著）。
氉	TSAU^	氋氉（MO^ TSAU^ 煩悶）。
搜	TSAU^	讀音 SEU。搜尋、翻尋。如： 搜錢（TSAU^ CHIENv 到處翻尋金錢）。 搜書包（TSAU^ SU BAU 在書包裡找東西）。 一間屋都搜過矣（ID` GIAN UG` DU TSAU^ GO^ UEv 整間屋子都翻尋過了）。
斥	TSD`	1、拒絕，驅逐。如： 排斥（PAIv TSD`）。 斥逐（TSD` ZUG` 驅逐）。 斥退（TSD` TUI^ 揮手令其退去、革職）。 斥力（TSD` LID^ 引力的對稱，物與物相互排斥的力量）。 2、指責。如： 指斥（Z` TSD`）。 斥責（TSD` JID`）。 斥罵（TSD` MA^）。 3、伺望。如： 斥候（TSD` HEU^ 偵查敵情）。 4、充滿。如： 充斥（TSNG TSD`）。 5、開拓。如： 斥土（TSD` TU` 開荒）。

		斥地（TSD` TI^ 墾地）。 6、拿出錢來。如： 斥資（TSD` Z 拿出資本）。
叱	TSD`	惡聲罵人。如： 叱責（TSD` JID`）。 叱喝（TSD` HOD` 怒叱）。
踸	TSD`	單足走路。
絘	TSD`	縫。
植	TSD^	1、栽種。如： 種植（ZUNG^ TSD^）。 2、草木的總稱。如： 植物（TSD^ UD^）。 3、樹立。如： 植黨（TSD^ DONG` 建黨） 植堂（TSD^ TONGv 建立分堂）。 植基（TSD^ GI 建立基礎）。 扶植（FUv TSD^）。
稙	TSD^	稙稺（TSD^ Z 種植穀類植物，先種者稱稙，後種者稱稺）。
殖	TSD^	1、孳生。如： 繁殖（FANv TSD^）。 生殖（SEN TSD^）。 2、種植。如： 墾殖（KIEN` TSD^）。 3、生財。如： 殖財（TSD^ TSOIv）。 殖貨（TSD^ FO^ 增加財貨）。 4、移住。如： 殖民（TSD^ MINv）。
飭	TSD^	1、整頓： 整飭（ZN` TSD^ 整頓）。 2、告誡： 申飭（SN TSD^ 申斥）。 3、差使： 飭送（TSD^ SUNG^ 差人遣送）。 4、敬謹： 謹飭（GYUN` TSD^ 尊敬謹慎）。 飭躬（TSD^ GYUNG 整肅自己）。
塌	TSE`	塌下。如： 塌下來（TSE` HA LOIv 塌下來）。 讀音 TAB`，又音 LAB`。
瘯	TSE^	瘯，猶染也。動物傳染疫病而死曰瘯

566

漬		1、傳染。如： 漬人（TSE^ NGINv 病或時尚傳染到他人）。 漬到病（TSE^ DO` PIANG^ 被傳染到惡病）。 肺病會漬人（FI^ PIANG^ UOI^ TSE^ NGINv 肺病會傳染）。 2、蔓延。如： 延漬（IANv TSE^ 蔓延）。 火漬著屋矣（FO` TSE^ TSOG^ UG` GEv 火燒蔓延到房屋了）。 3、粄漬（BAN` TSE^ 米漿脫水之後，做成粄也 BAN` NE`之前，要用煮熟的熟漬 SUG^ TSE^ 聚合，才能展開粄皮包餡，這些生的和熟的通稱粄漬 BAN` TSE^）。
滯	TSE^	1、停留。如： 停滯（TINv TSE^）。 滯留（TSE^ LIUv 停留）。 2、不流通。如： 凝滯（NGIENv TSE^ 不流通的）。 滯礙（TSE^ NGOI^ 阻礙）。 滯積（TSE^ JID` 貨物囤積賣不出去）。 滯銷（TSE^ SEU 貨物銷不出去）。 滯悶（TSE^ MUN^ 胸中愁悶）。 滯固（TSE^ GU^ 固執不通）。 滯泥（TSE^ NAIv 拘泥，做事不爽快）。
測測	TSED`	1、度量、考量。如： 測量（TSED` LIONGv 用儀器量算地面的高低長寬）。 測驗（TSED` NGIAM^ 考試）。 測定（TSED` TIN^ 測量定奪）。 測候（TSED` HEU^ 測量氣候）。 測繪（TSED` FI^測量地勢並畫成圖）。 2、料想、推算。如： 推測（TUI TSED`）。 測度（TSED` TU^ 料想猜度）。 3、測候（TSED` HEU^ 觀察天文，測量氣象）。 又音 ZAD`，ZED`。
惻惻	TSED`	1、悲痛。如： 淒惻（CHI TSED`）。 2、不忍心、同情心。如：

		惻隱之心（TSED` YUN` Z CIM 見人受難，心裡不忍的同情心）。
策筴策	TSED`	1、計謀、辦法。如： 計策（GIE^ TSED`）。 策略（TSED` LIOG^ 謀略）。 策劃（TSED` FA^ = UAG^ 計畫）。 策士（TSED` S^ 有計謀的人）。 獻策（HIAN^ TSED` 貢獻謀略）。 2、馬鞭子、督促。如： 策勵（TSED` LI^）。 鞭策（BIEN CED` 督促）。 執策（ZB` TSED` 手拿馬鞭鞭策）。 策勉（TSED` MIEN 鞭策勉勵）。
擇擇択	TSED^	揀選、挑選。如： 選擇（CIEN` TSED^）。 擇友（TSED^ YU 選擇朋友）。 擇交（TSED^ GAU 選擇交友）。 擇配（TSED^ PI^ 選擇配偶）。 擇優（TSED^ YUv 挑選優秀的）。 擇吉（TSED^ GID` 挑選吉祥的，好日子）。 另音 TOG^。
呻	TSEN	痛苦呻吟。如： 痛于緊呻（TUNG^ NGA^ GIN` TSEN 痛得直呻吟）。 讀音 SN。
噌	TSEN	申斥。 噌吰（TSEN IEU 斥責么喝）。
襯	TSEN^	病痛引起的淋巴腺腫或頭痛、發燒、忽冷忽熱等的併發症。如： 牙齒痛,襯于牽核（NGAv TS` TUNG^, TSEN^ NA^ KIAN HAD^ 牙痛引起淋巴腺腫）。 頭顱痛,襯于人緊顫（TEUv NAv TUNG^, TSEN^ NA^ NGINv GIN` ZUN 頭痛引起人發抖）。 病痛襯于肥肥寒寒（PIANG^ TUNG^ TSEN^ NA^ PIv PIv HONv HONv 病痛引起忽冷忽熱）。
超	TSEU	1、越過。如： 超過（TSEU GO^）。 超越（TSEU IAD^）。

		超群（TSEU KYUNv 超越群眾）。 超倫（TSEU LUNv 超越群眾）。 超音速（TSEU IM SUG`超過聲音的速度）。 2、不同於平常、最高級。如： 超級（TSEU GIB`）。 超等（TSEU DEN`）。 3、追趕，追逐。變音為 TSAU。如： 超不到（TSEU=TSAU Mv DO` 追不到）。 在後背超（TSOI HEU^ BOI^ TSEU=TSAU 在後面追）。
嘲	TSEUv	譏笑。如： 譏嘲（GI TSEUv）。 嘲笑（TSEUv SEU^）， 嘲弄（TSEUv NUNG^ 嘲笑戲弄）。
啁	TSEUv	通「嘲 TSEUv」。 啁笑（TSEUv SEU^）。
瞧	TSEUv	看。如： 瞧見（TSEUv GIAN^ 看見）。
嚼	TSEU^	用齒咀嚼食物。如： 嚼糜（TSEU^ MIENv 咬碎）。 嚼番豆（TSEU^ FAN TEU^ 嚼食花生米）。 冇牙齒，嚼不到來食（MOv NGAv TS`，TSEU^ Mv DO` LOIv SD^ 沒牙齒，嚼不碎食物來吞食）。
咀	TSEU^	同「嚼 TSEU^」。用齒嚼食。如： 咀糜（TSEU^ MIENv 嚼碎。）
噍	TSEU^	嚼食。
湊 凑	TSEU^	同「湊 DEU^」。 1、會聚。如： 湊錢（TSEU^ CHIENv）。 湊雙（TSEU^ SUNG 湊成雙數）。 湊單（TSEU^ DAN 湊成奇數）。 2、迎合。如： 湊數（TSEU^ SU^）。 3、湊鬧熱（TSEU^ NAU^ NGIAD^）。 又音 DEU^。
召	TSEU^	招引，邀約。如： 召人（TSEU^ NGINv 邀約人）。 召朋友（TSEU^ PENv YU 邀約朋友）。 又音 SEU^。
沉	TSMv	1、沒在水中。如： 沉底（TSMv DAI` 沉入水底）。

		2、下陷。如： 下沉（ HA　TSMv　向下沉落 ）。 3、不輕。如： 沉重（ TSMv　TSUNG^ ）。 盡沉（ CHIN^　TSMv 很重 ）。 4、過分迷戀、溺愛。如： 沉迷（ TSMv　MIv ）。 5、深切。如： 沉思（ TSMv　S ）。 6、重壓感。如： 陰沉（ IM　TSMv 天氣或性情不光明 ）。
沈	TSMv	同「沉 TSMv」。
饕	TSM`	貪吃，吃食不知節制。如： 恁饕（ AN`　TSM` 吃這麼多，這麼不知節食 ）。
闖 闯	TSM`	突入。如： 闖入（ TSM`　NGIB^ 不經許可的突入 ）。 闖禍（ TSM`　FO^ 鬧出事端 ）。 又音 TSONG^。
沉	TSM^	1、溺水、浸水，押入水中。如： 沉水（ TSM^　SUI` 浸入、壓入或沒入水中 ）。 沉死（ TSM^　CI` 溺死 ）。 2、頭沉沉（ TEUv　TSM^　TSM^ 低著頭 ）。
沈	TSM^	同「沉 TSM^」。 又音 SM`，TSMv。
眈	TSM^	怒目直視。如： 目眈眈到（ MUG`　TSM^　TSM^　DO` ）。
稱 称 偁	TSN	1、對人的呼喚。如： 稱呼（ TSN　FU ）。 簡稱（ GIAN`　TSN 簡略稱呼 ）。 自稱（ TS^　TSN 自己稱呼 ）。 尊稱（ ZUN　TSN 尊敬的稱呼 ）。 2、叫做、自居。如： 稱為（ TSN　WIv ）。 名稱（ MIANGv　TSN ）。 稱王（ TSN　UONGv 以王自居 ）。 稱霸（ TSN　BA^ 在同輩中當老大 ）。 稱雄（ TSN　HYUNGv 稱霸 ）。 稱臣（ TSN　SNv 屈居第二、屈服 ）。 3、說。如： 稱謝（ TSN　CHIA^ 道謝 ）。

		4、讚譽。如： 稱讚（ TSN　　ZAN^ ）。 稱說（ TSN　　SOD` 稱讚 ）。 稱頌（ TSN　　CYUNG^ 稱讚頌揚 ）。 稱譽（ TSN　　I^ 讚譽 ）。 稱揚（ TSN　　IONGv 讚揚 ）。
嗔嗔	TSN	怒： 發嗔（ FAD` TSN 發怒 ）。 嗔怒（ TSN NU^ 憤怒 ）。
瞋瞋	TSN	瞋目而視（ TSN MUG` Iv S^ 發怒時 睜大眼睛看人，怒視 ）。
抻	TSN	抻麵（ TSN MIEN^ 拉長麵條 ）。 抻練（ TSN LIEN^ 以難題窘人 ）。 又音 TIEN`。
陳陈	TSNv	1、擺設。如： 陳列（ TSNv LIED^ ）。 陳設（ TSNv SAD` ）。 2、說明。如： 陳述（ TSNv SUD^ ）。 陳明（ TSNv MINv 說明 ）。 陳情（ TSNv CHINv 訴說隱情 ）。
呈	TSNv	1、顯示。如： 呈現（ TSNv HIAN^ ）。 2、下向上。如： 呈報（ TSNv BO^ ）。 亦音 TSANGv。
澄澈	TSNv	1、水清澈。 澄澈（ TSNv TSAD^ 水靜而清 ）。 澄清（ TSNv CHIN a.使濁水靜定、水中 雜質沉澱變清。b.解釋誤解、謠言。c. 平定混亂 ）。 2、心地清靜。 澄心（ TSNv CIM ）。 3、清明。 澄輝（ TSNv FI 明月光輝清明 ）。 澄澄（ TSNv TSNv 清明貌 ）。
澂	TSNv	同「澄 TSNv 」。
懲惩	TSNv	1、責罰。如： 懲罰（ TSNv FAD^ ）。 懲處（ TSNv TSU` 處罰 ）。 2、警戒。如： 懲戒（ TSNv GIAI^ ）。

		懲辦（TSNv PAN^ 處罰治罪）。
惩	TSNv	「懲」的簡體字。
裎	TSNv	裸身。如： 裸裎（LO`=LA` TSNv 裸體）。
抌	TSNv	觸動。
逞	TSN`	顯示、向人表現、炫耀、比賽。如： 逞強（TSN` KIONGv 比比誰強，炫耀強悍）。 逞靚（TSN` JIANG 炫耀美貌、比賽誰美）。 逞高（TSN` GO 比高，炫耀身高）。 逞遽（TSN` GIAG` 比快,炫耀快速）。 逞會（TSN` UOI^ 比賽誰能幹,炫耀能幹）。 逞英雄（TSN` IN HYUNGv 比勇敢，炫耀勇敢）。 逞大力（TSN` TAI^ LID^ 炫耀、比力氣）。 逞後生（TSN` HEU^ SANG 炫耀、比年輕）。
騁騻	TSN`	1、馬奔馳。如： 馳騁（TSv TSN` 馬向前直跑）。 2、儘量舒展、放開。如： 騁足（TSN` JYUG` 盡力奔跑）。 騁能（TSN` NENv 展現才能）。 騁懷（TSN` FAIv 開暢心懷）。 騁目四顧（TSN` MUG` CI^ GU^ 張眼四處看）。
稱称	TSN^	1、對稱（DUI^ TSN^ 兩相勻對的形體）。 2、適合。如： 相稱（CIONG TSN^ 兩相合適）。 稱心（TSN^ CIM 適合心裡的願望）。 稱職（TSN^ ZD` 能盡責任）。 稱意（TSN^ I^ 合意、滿意）。 3、同「秤」。 稱重（TSN^ TSUNG 秤重量）。
秤	TSN^	衡量輕重。如： 秤重（TSN^ TSUNG）。 秤斤兩（TSN^ GIN LIONG 秤重量）。
襯衬	TSN^	1、襯托在裡面的。如： 襯裡（TSN^ LI）。 襯衫（TSN^ SAM）。 襯裙（TSN^ KYUNv）。 襯托（TSN^ TOG` 用別種東西墊在另

		一種東西中）。 陪襯（PIv TSN^ 用別種東西配合在另一種東西上）。 2、從旁協助。如： 幫襯（BONG TSN^）。 又音 TSEN^。
趁趂	TSN^	1、利用機會。如： 趁早（TSN^ ZO`）。 趁便（TSN^ PIEN^ 順便）。 趁勢（TSN^ S^ 順機會）。 趁火打劫（TSN^ FO` DA` GIAB` 趁人危難時從中奪利）。 2、乘搭。如： 趁車（TSN^ TSA 乘車）。
坐	TSO	1、把臀部停置在椅凳上。如： 企坐（KI TSO 站立或坐下）。 坐到（TSO DO` 坐著）。 請坐（CHIANG` TSO 請坐下來）。 坐涼（TSO LIONGv 坐下乘涼）。 坐桌（TSO ZOG` 就坐酒席）。 坐聊（TSO LIAU^ 坐下休息閒聊）。 坐凳也（TSO DEN^ NE` 坐在凳子上）。 坐正來（TSO ZANG^ LOIv 坐端正）。 坐兼來（TSO GIAM LOIv 靠近坐）。 坐不落（TSO Mv LOG^ 坐不下、坐不進去）。 坐不歇（TSO Mv HED^ 坐不住，如坐針氈）。 坐儕不知企儕苦（TSO SAv Mv DI KI SAv KU` 坐者不知站者的苦楚）。 2、搭乘。如： 坐船（TSO SONv）。 坐轎（TSO KIEU^）。 坐車也（TSO TSA E` 乘坐車子）。 坐火車（TSO FO` TSA 搭火車）。 坐飛行機（TSO FI HANGv GI 搭乘飛機）。 3、關在監牢裡。如： 坐監（TSO GAM 關在監牢裡）。 坐囹（TSO LONG 坐監）。 坐館也（TSO GON` NE` 坐監）。 4、不動。如： 坐守（TSO SU` 堅守不動）。

		坐鎮（TSO ZN` 常駐親自督導）。 坐享（TSO HIONG` 不勞而獲）。 坐視（TSO S^ 旁觀、不管）。 坐食山空（TSO SD^ SAN KUNG 只吃不做，連山都會被吃光）。 讀音TSO^。
磋	TSO	1、研磨切割。如： 切磋（CHIED` TSO 把玉,石,角,鑽等切割研磨成寶。互相研究）。 2、研商。如： 磋商（TSO SONG 互相研究斟酌）。
蹉	TSO	1、傾跌。如： 蹉跌（TSO DIED`）。 2、失誤，差誤。如： 蹉跎（TSO TOv 失足跌倒、虛度光陰）。 又音TSO^。
搓	TSO	搓手（TSO SU` 雙手摩擦）。
漕	TSOv	水路運輸： 漕運（TSOv YUN^ 水運，海運）。
嘈	TSOv	聲音吵。如： 嘈雜（TSOv TSAB^ 聲音繁雜）。
懆	TSO`	憂愁不安貌。
慅	TSO`	憂愁貌。
坐	TSO^	同「坐 TSO」。
造	TSO^	1、製作。如： 製造（Z^ TSO^）。 仿造（FONG` TSO^ 模仿製造）。 2、建設。如： 建造（GIAN^ TSO^ 建築）。 造紙（TSO^ Z`）。 造橋（TSO^ KIEUv）。 3、培養。如： 造就（TSO^ CHIU^）。 4、虛構。如： 造謠（TSO^ IEUv 亂傳謠言）。 5、前往。如： 造訪（TSO^ FONG` 前往拜訪）。
艁	TSO^	「造」古字。
錯 错	TSO^	失去。如： 錯過機會（TSO^ GO^ GI FI^）。
銼	TSO^	同「挫」。用銼刀摩削。如： 銼折（TSO^ ZAD` 事情進行不順利）。

剉	TSO^	同「銼」。用剉刀摩削。 剉削（TSO^ CIOG` 用剉刀摩削）。 剉折（TSO^ ZAD` 進展不順利，挫折）。
挫	TSO^	1、音調低落。如： 抑揚頓挫（ID` IONGv DUN` TSO^）。 2、事情進行不順利。如： 挫折（TSO^ ZAD`）。 3、戰敗。如： 挫敗（TSO^ PAI^）。 4、屈辱。如： 受挫（SU^ TSO^ 受屈辱）。 挫辱（TSO^ YUG^ 受屈辱）。
擦	TSO^	1、磨擦拭淨。如： 擦桌凳（TSO^ ZOG` DEN^洗擦桌子凳子）。 2、磨擦消去。如： 擦淨（TSO^ CHIANG^ 擦乾淨）。 擦擦也（TSO^ TSO^ UE`黑板擦、橡皮擦）。 又音 TSAD`。
搓	TSO^	同「擦 TSO^」。
蹉	TSO^	溜滑、滑倒。如： 蹉橫人（TSO^ UANG^ NGINv 滑倒人）。
撮	TSO^	隔水燉煮。 撮酒（TSO^ JIU`用酒燉肉、雞、魚）。 酒撮燒來（JIU` TSO^ SEU LOIv 酒以器皿隔水燉熱）。
撮	TSOD`	1、牽引： 撮合（TSOD` HAB^）。 2、攝取： 撮要（TSOD` IEU^ 攝取簡要）。 3、以手指取微小的東西。 一撮鹽（ID` TSOD`=ZEB` IAMv）。 4、把散物聚攏起來並取之。 撮土（TSOD` TU`）。 撮肉丸（TSOD`=ZEB` NGYUG` IANv）。
掣	TSOD`	1、拔取。如： 掣籤（TSOD` CHIAM 抽籤）。 2、牽制。如： 掣後腿（TSOD` HEU^ TUI` 拉人後腿牽制人）。 3、閃電。如： 風馳電掣（FUNG TSv TIEN^ TSOD` 快速的颱風閃電）。

		4、施騙術獲得東西或達到目的。如： 會掣人（UOI^ TSOD` NGINv 會欺騙人）。 狡騙哄掣（HIEU PIEN^ LIEN^ TSOD`用不正當的手法獲利）。 掣把戲（TSOD` BA` HI^ 玩蒙騙的把戲）。
擲 擲	TSOD`	擲標槍似的投擲。如： 擲過去（TSOD` GO^ HI^）。
啜 歠	TSOD`	1、喝、吸、嘗。如： 啜茗（TSOD` MEN` 喝茶）。 啜羹（TSOD` GANG 喝湯）。 啜粥（TSOD` ZUG` 喝稀飯）。 咬薑啜醋（NGAU GIONG TSOD` TS^ 吃薑喝醋伴飯，比喻生活清苦）。 2、哭泣的樣子。 啜泣（TSOD` KIB`）。
觸 觸	TSOG`	用角抵物。兩物互撞。踫撞。如： 相觸（CIONG TSOG` 相撞）。 觸到人（TSOG` DO` NGINv 撞到人）。 車也相觸（TSA E` CIONG TSOG` 車子相撞）。 觸壞矣（TSOG` FAI` IEv 撞壞了）。
撞	TSOG`	同「觸 TSOG`」，「撞 TSONG^」的變音。又音 TSONG^。
措	TSOG`	1、對事件的安排料理。如： 措施（TSOG` S 措置的辦法）。 措置（TSOG` Z^ 安排，料理）。 措辭（TSOG` TSv 說話寫文章所用的詞句）。 2、籌辦： 籌措（TSUv TSOG` 籌備辦理）。 措手（TSOG` SU` 動手）。
剒	TSOG`	斬斷。
亍	TSOG`	1、小步。 彳亍（CHID` TSOG` 左步稱彳 CHID`，右步稱亍 TSOG`，躑躅 CHID` TSOG`）。 2、散步。如： 打彳亍（DA` CHID` TSOG` 散步、無目的地的走路、到處遊蕩）。 亍上亍下（TSOG` SONG TSOG` HA 無目的地的走路。到處遊蕩）。 3、用腳除田草。如： 亍田（TSOG` TIENv）。
赱	TSOG`	忽走忽停的樣子。通「亍、躅 TSOG`」。

辶		
㐬	TSOG`	交配。 又音 DIAU`。
蹴	TSOG`	徘徊不前，同「亍 TSOG`」。如： 躑躅（CHID` TSOG` 彳亍）。 躅街（TSOG` GIAI 在街上閒逛）。
踔	TSOG`	1、跳躍。 2、踔厲（TSOG^ LI^ 奮起猛進）。
戳	TSOG`	1、戳記（TSOG` GI^ 印章）。 2、用尖物刺。
怍	TSOG^	1、羞慚： 愧怍（KUI` TSOG^）。 2、慚愧得臉色改變： 怍色（TSOG^ SED`）。
鑿 凿	TSOG^	1、用鑿穿孔。如： 鑿空（TSOG^ KANG 鑿孔）。 穿鑿屋（TSON TSOG^ UG` 舊時用竹子搭建的房屋，以大竹穿鑿圓孔為柱，貫穿小直徑的竹子，織以竹片，糊上泥土為牆，蓋以茅草為頂的房屋）。 鑿井（TSOG^ JIANG` 挖井）。 3、明確、對、沒錯、正確。如： 確鑿（KOG` TSOG^ 確實正確）。 鑿（TSOG^ 對、正確）！ 不鑿（Mv TSOG^ 不對）！
著 着	TSOG^	1、漆顏色。如： 著色（TSOG^ SED` 加顏色）。 2、動手做。如： 著手（TSOG^ SU`）。 3、燃燒。如： 著火（TSOG^ FO`）。 著矣（TSOG^ GEv 火燒著了；對了）。 點不著（DIAM` Mv TSOG^ 點不著火）。 4、發生情緒。如： 著急（TSOG^ GIB` 心中著急）。 5、對、無誤、正確。同「鑿」！如： 著！（TSOG^！ 對！正確！） 做著矣！（ZO^ TSOG^ GEv 做對了！） 不著！（Mv TSOG^ 不對！錯了！） 6、碰觸、受到、被擊中。 著陸（TSOG^ LYUG^ 碰觸陸地）。

		著地（TSOG^ TI^ 著陸）。 著寒（TSOG^ HONv 受到風寒）。 著涼（TSOG^ LIONGv 受到風寒）。 著彈（TSOG^ TANv 被子彈擊中）。 著到大獎（TSOG^ DO` TAI^ JIONG` 中了大獎）。 著到肺病（TSOG^ DO` FI^ PIANG^ 得到肺病）。
濯	TSOG^	洗。如： 洗濯（SE` TSOG^ 洗滌）。 濯衣（TSOG^ I 洗衣）。 濯足（TSOG^ JYUG` 洗腳）。 又音 ZOG`。
擢	TSOG^	1、提拔。如： 拔擢（PAD^ TSOG^ 提拔）。 擢第（TSOG^ TI^ 考試及格）。 2、拔心稱為揠 IAD`，拔根稱為擢 TSOG^。
吹歘	TSOI	1、從口中用力噓氣。如： 吹風（TSOI FUNG 以口吹風）。 吹喇叭（TSOI LAB` BA^）。 吹叭哈（TSOI BA^ HAv 吹喇叭）。 吹簫也（TSOI SEU UE` 吹簫）。 2、氣體流動或推進。如： 風吹（FUNG TSOI）。 3、提倡。如： 鼓吹（GU` TSOI）。
炊	TSOI	煮食物。如： 炊煙（TSOI IAN 煮食時所生的火煙）。 炊事（TSOI S^ 煮食物）。
揣	TSOI`	料想，暗地猜想： 揣度（TSOI` TU^ 猜想）。 揣測（TSOI` TSED` 推測，揣度）。 揣摩（TSOI MOv 猜想人的意思）。 又音 TONv。
踹	TSOI`	用力踐踏： 踹踏（TSOI` TAB^ 踐踏）。 踹腳（TSOI` GIOG` 用力跺腳）。 又音 TSAI`。
穿	TSON	1、鑿通。如： 穿孔（TSON KUNG` 鑿孔）。 穿鑿（TSON TSOG^ 鑿孔通過）。 穿鑿屋（TSON TSOG^ UG` 鑿通大

		竹，穿入小竹作牆壁，搭建的茅屋）。 2、貫通孔眼。如： 穿針（TSON ZM）。 穿線（TSON CIEN^ 線通過針孔、聯絡雙方的人）。 3、通過。如： 穿過（TSON GO^）。 穿通（TSON TUNG 串通）。 穿梭（TSON SO 織布時紡橫線的梭子來往穿過、比喻來往不斷）。 4、穿著（TSON ZOG` 穿衣著鞋）。 5、明、透。如： 看穿（KON^ TSON 看透）。 6、穿插（TSON TSAB` 在戲劇或小說中附加情節提高可看性）。 7、穿山甲（TSON SAN GAB` 一種哺乳動物，皮膚如穿戰甲，又名鱗鯉）。
汆	TSON	將生的食物投入沸水中燙熟或燙半熟的烹飪法。 汆燙（TSON TONG^ 客話稱為「汆SAB^」或「汆LUG^」）。 汆番豆（TSON=SAB^ FAN TEU^ 燙煮花生）。 汆包黍（TSON=SAB^ BAU CYUG` 燙煮玉蜀黍）。 汆豬頭（TSON=SAB^ ZU TEUv 燙熟豬的頭）。 汆熟矣（SAB^=LUG^ SUG^ GEv 燙煮熟了）。 汆到手（LUG^ DO` SU` 熱水燙到了手）。 汆面帕粄（TSON=LUG^ MIEN^ PA^ BAN` 燙煮粄條）。
閂 閅	TSON	1、關門： 閂門（TSON MUNv 關鎖門加門閂）。 2、關鎖門的橫木： 3、門閂也（MUNv TSON=SON NE`）。
攛	TSON	1、拋擲。 2、勸人做事： 攛掇（TSON DOD` 引人做壞事）。 3、提前做事： 攛辦（TAON PAN^ 提前辦）。
躥	TSON	用力往上跳： 躥房越脊（TSON FONGv IAD^ JID` 跳上房屋，越過脊梁）。

傳传	TSONv	1、轉遞給別人。如： 傳球（ TSONv KYUv ）。 傳達（ TSONv TAD^ 傳遞 ）。 傳遞（ TSONv TI^ 輾轉遞送 ）。 傳教（ TSONv GAU^ 傳講宗教教義 ）。 傳道（ TSONv TO^ 傳教 ）。 傳令（ TSONv LIN^ 傳達命令 ）。 傳信（ TSONv CIN^ 傳送信件 ）。 傳送（ TSONv SUNG^ 傳遞 ）。 傳頌（ TSONv CYUNG^ 傳播頌揚 ）。 傳揚（ TSONv IONGv 傳頌 ）。 傳統（ TSONv TUNG` 由歷史文化相傳的風俗，習慣，思想，道德，信仰等 ）。 傳真（ TSONv ZN 利用電話傳送信紙上所寫的信件：Fax ）。 傳喚（ TSONv FON^ 叫喚 ）。 傳熱（ TSONv NGIAD^ 導熱 ）。 傳奇（ TSONv KIv 以冒險神奇的體裁寫的小說或戲劇；不同於一般神奇的經歷 ）。 2、延續生命不使斷絕。如： 傳種（ TSONv ZUNG` ）。 傳代（ TSONv TOI^ 傳種接代 ）。 方傳（ MOv TSONv 沒有後代 ）。 傳宗接代（ TSONv ZUNG JIAB` TOI^ 延續生命種族世代相傳 ）。 3、輾轉流傳。如： 宣傳（ CIEN TSONv 傳播散布 ）。 傳布（ TSONv BU^ 散佈 ）。 傳播（ TSONv BO 廣播、散播 ）。 傳單（ TSONv DAN 宣傳單張 ）。 傳說（ TSONv SOD` 口耳流傳的、非親眼看見或親自體驗事情的言論 ）。 傳聞（ TSONv UNv 輾轉相傳的言論 ）。 傳染（ TSONv NGIAN` 使感染 ）。 4、教授。如： 傳授（ TSONv SU^ ）。
攢	TSONv	湊合，集聚： 攢兜錢來（ TSONv DEU CHIENv LOIv 聚些錢來 ）。 攢眉（ TSONv MIv 心中不樂而緊皺眉頭 ）。
喘	TSON`	1、呼吸急促。如：

		氣喘（HI^ TSON` 喘氣急速）。 哮喘（HAU TSON` 氣管阻塞喘氣急速的病，俗稱發哮 BOD` HAB`）。 殘喘（TSANv TSON` 臨死時的喘氣）。 喘氣（TSON` HI^ 呼吸透氣急促）。 2、氣喘病（HI^ TSON` PIANG^ 哮喘，俗稱發哮 BOD` HAB`）。
竄 竄	TSON^	1、逃走： 逃竄（TOv TSON^）。 竄逸（TSON^ ID^ 逃逸）。 竄伏（TSON^ FUG^ 隱藏埋伏）。 竄匿（TSON^ NID^ 逃走藏匿）。 2、形容敵軍或成群盜匪的行動： 流竄（LIUv TSON^）。 3、修改文字： 竄改（TSON^ GOI`）。 又音 TSAN`。
串	TSON^	1、連貫。如： 串珠（TSON^ ZU 事物相連串）。 串針（TSON^ ZM 以針穿連）。 串聯（TSON^ LIENv 串通聯合）。 2、往來走動。如： 串門（TSON^ MUNv 往來走動於別人家門）。 3、彼此勾結。如： 串通（TSON^ TUNG 彼此案中通好）。 串騙（TSON^ PIEN^ 串通欺騙）。 勾串（GIEU TSON^ 勾結串通）。 4、參加演戲、扮演角色。如： 反串（FAN` TSON^ 男扮女，女扮男）。 5、穀串（GUG` TSON^ 或變音為 GUG` TSAN^ 稻穗）。
賺 賺	TSON^	獲利。如： 賺錢（TSON^ CHIENv）。 賺食（TSON^ SD^ 謀生活）。 賺到一棟大樓（TSON^ DO` ID` DUNG^ TAI^ LEUv）。
篡	TSON^	臣子奪取帝位。如： 篡位（TSON^ WI^）。 王莽篡漢（UONGv MANG TSON^ HON^）。
纂	TSON^	編輯文稿。如： 編纂（BIEN TSON^ 編輯）。

		纂輯（TSON^ CIB^ 編輯）。
纂	TSON^	同「撰，饌」。
攥	TSON^	手緊抓物品不放。
撰 僎 篡	TSON^	著述。如： 撰寫（TSON^ CIA` 寫作）。 撰文（TSON^ UNv 著作）。 撰著（TSON^ ZU^ 著作）。 撰述（TSON^ SUD^ 著述）。 杜撰（TU^ TSON^ 別無依據，憑空自造文辭；事不合格律）。
譔	TSON^	1、同「撰 TSON^」。 2、教授。 3、擅長言語。
猖	TSONG	任性妄為。如： 猖狂（TSONG KONGv）。 猖獗（TSONG KIAD^ 猖狂橫行。盜匪很強盛）。 狓猖（PI TSONG 飛颺。不可制止貌）。
藏	TSONGv	1、隱匿。如： 隱藏（IN` TSONGv）。 藏匿（TSONGv NID^ 隱藏不讓人知道）。 藏嬌（TSONGv GIEU 藏著不該交往的女人）。 藏伏（TSONGv FUG^ 躲藏不露出）。 藏私（TSONGv S 不肯盡情表露）。 藏奸（TSONGv GIAN 比喻不能以能力助人）。 2、存放。如： 收藏（SU TSONGv）。 冷藏（LANG TSONGv 冰存）。 儲藏（TSUv TSONGv 儲存）。 藏書（TSONGv SU 收藏的書籍）。
創 创 戧	TSONG`	1、初造、初有。如： 創始（TSONG` TS`）。 創作（TSONG` ZOG` 自己創始的作品）。 創業（TSONG` NGIAB^ 開始做某種事業）。 創辦（TSONG` PAN^ 開始辦理）。 創設（TSONG` SAD` 開始設立）。 創造（TSONG` TSO^ 新造）。 創舉（TSONG` GI` 初次的行為）。 創制（TSONG` Z^ 開始創設）。 2、戕傷、受傷。如：

		創傷（TSONG` SONG）。
		創痍（TSONG` Iv 創傷、傷疤）。
唱	TSONG^	1、發出歌聲。如：
		唱歌（TSONG^ GO）。
		唱遊（TSONG^ YUv 邊唱歌邊做遊戲）。
		唱和（TSONG^ FOv 一個唱一個附和）。
		2、高聲叫。如：
		唱票（TSONG^ PEU^ 照選票叫出人名）。
倡	TSONG^	1、發起。如：
		提倡（TIv TSONG^）。
		倡導（TSONG^ TO 領導提倡）。
		倡議（TSONG^ NGI^ 提議）。
		2、通「猖」。如：
		倡狂（TSONG^ KONGv 任性妄為）。
闖 闯	TSONG^	1、突入。如：
		闖入（TSONG^ NGIB^ 誤入）。
		2、同「撞」。如：
		闖倒（橫）（TSONG^ DO`=UANG^ 撞倒）。
		3、離家在外。如：
		闖江湖（TSONG^ GONG FUv）。
		4、來往出入。如：
		闖上闖下（TSONG^ SONG TSONG^ HA）。
		5、迷路。如：
		闖走矣（TSONG^ ZEU` UEv 迷路了）。
		闖差路（TSONG^ TSA LU^ 迷路）。
撞	TSONG^	1、相碰。如：
		相撞（CIONG TSONG^）。
		撞到（TSONG^ DO` 兩物相撞）。
		撞倒（TSONG^ DO` 相撞而跌倒）。
		撞橫矣（TSONG^ UANG^ NGEv 撞倒了）。
		撞到車也（TSONG^ DO` TSA E`撞到車子）。
		2、頂撞、衝突。如：
		盎撞（ONG^ TSONG^ 頂撞長輩、不聽話）。
		衝撞（TSUNG TSONG^ 前衝撞擊）。
		又音 TSOG`，ZUNG。
鬯	TSONG^	古時祭祀用，祭拜鬼神的香酒。
		鬯揶（TSONG^ IA 以香火、酒祭拜）。
愴 怆	TSONG^	悲傷。如：
		愴痛（TSONG^ TUNG^）。
		愴傷（TSONG^ SONG）。
		悽愴（CHI TSONG^）。
蹌	TSONG^	踉蹌（LONGv TSONG^ a、走路歪斜不正。

		b、亂走貌）。
抽	TSU	1、拔出、拉出。如： 抽簽（TSU CHIAM 抓鬮，拈鬮）。 抽稅（TSU SOI^ 徵收稅金）。 抽頭（TSU TEUv 從中取出一部分）。 2、脫開。如： 抽空（TSU KUNG^ 脫開忙碌）。 不得抽身（BUD` DED` TSU SN 不能脫身）。 3、吸出。如： 抽水（TSU SUI`）。 抽煙（TSU IAN 吸煙）。 4、收縮。如： 抽筋縮脈（TSU GIN SUG` MAG` 痙攣）。 5、抽抽掣掣（TSU TSU TSAD` TSAD` 不情願的動作）。
紬	TSU	1、牽引。 2、紬絃（TSU HIANv 抽取絲絃）。
搊	TSU	手指撥絃： 搊琵琶（TSU PIv PAv 手指撥彈琵琶）。
瘳	TSU	損失： 於己何瘳（I GI` HOv TSU 在自己有何損失呢？）
除	TSUv	1、去掉。如： 除去（TSUv KI^ 去除）。 免除（MIEN TSUv 免去）。 除害（TSUv HOI^ 除去禍害）。 除名（TSUv MIANGv 去掉名字）。 除籍（TSUv CID^ 除去戶籍冊上的名字）。 剪除（JIEN` TSUv 除滅）。 除罪（TSUv TSUI^ 免罪、赦罪）。 除蟲（TSUv TSUNGv 殺除害蟲）。 2、不算在內。如： 除外（TSUv NGOI^）。 除了（TSUv LIAU`）。 除歇（TSUv HED` 除了、除去）。 除非（TSUv FI 表否決的連詞、除此以外：「除非你去，無人能去）。
籌籌	TSUv	計劃、準備。如： 籌畫（TSUv UAG^ = FA^）。 籌商（TSUv SONG 籌畫商量）。 籌款（TSUv KUAN` 籌畫集款）。 籌備（TSUv PI^ 計畫準備）。

		籌算（TSUv SON^ 計畫、謀算、計算、核算）。
綢綢	TSUv	預先策劃。 綢繆（TSUv MEUv 形容情意纏綿。經營、使其牢固。預先策劃並加以準備）。 好綢繆矣（HO` TSUv MEUv UEv 可以計畫準備了，如婚姻、事業等）。
儲儲	TSUv	1、積蓄。如： 儲存（TSUv SUNv）。 儲蓄（TSUv HYUG`）。 儲備（TSUv PI^ 儲蓄備用）。 儲藏（TSUv TSONGv 收藏）。 籌聚（TSUv CHI^ 聚集積聚）。 2、儲君（TSUv GYUN 皇太子）。
芻	TSUv	1、牧養牲畜。如： 芻牧（TSUv MUG^）。 2、反芻（FAN` TSUv 牛羊將吃進去的草或食物，反退口中再嚼食）。 3、刈草。
酬	TSUv	1、主人斟酒敬客叫酬，客人回敬主人叫酢。 酬酢（TSUv ZOG`）。 2、報答。如： 報酬（BO^ TSUv）。 酬勞（TSUv LOv 以財物報答辛勞的人）。 酬謝（TSUv CHIA^ 以財物答謝）。 酬金（TSUv GIM 酬謝的錢）。 3、實現。如： 壯志未酬（ZONG^ Z^ WI^ TSUv）。 4、交際往來。如： 應酬（IN^ TSUv）。
醻	TSUv	同「酬」。
詶	TSUv	通「酬」。
鋤鋤鉏	TSUv	1、去草翻土的農具： 鋤頭（TSUv TEUv 俗稱「鑊頭 GIOG` TEUv」）。 2、以鋤整地。如： 鋤地（TSUv TI^）。 3、鏟除。如： 鋤奸（TSUv GIAN）。 鋤強扶弱（TSUv KIONGv FUv NGIOG^ 剷除強權，扶助弱小）。 又音 GOI`，TSv。

鉏	TSUv	1、用鋤頭整理田地。 2、鉏鋙（TSUv NGv 意見不合、交惡）。
耡	TSUv	同「鋤」。
瞅 矁 偢	TSU`	看： 瞅見（TSU` GIAN^ 看見）。
處 処 処	TSU`	1、辦理。如： 處理（TSU` LI）。 處事（TSU` S^ 辦事）。 處置（TSU` Z^ 安排）。 處分（TSU` FUN 懲戒處罰）。 處方（TSU` FONG 醫師診斷後開的藥方）。 2、懲罰。如： 處罰（TSU` FAD^ 懲罰）。 處刑（TSU` HINv 判刑、施以刑罰）。 處死（TSU` CI` 執行死刑）。 處決（TSU` GIAD` 處置決斷、處死）。 3、生活。如： 共處（KYUNG^ TSU` 一起生活）。 獨處（TUG^ TSU` 單獨生活）。 處境（TSU` GIN^ 境遇）。 處身（TSU` SN 置身、生活在）。 處世（TSU` S^ 在世上生活）。 處女（TSU` NG` 未出嫁的女子）。 處女作（TSU` NG` ZOG` 初次發表的作品）。 處女航（TSU` NG` HONGv 初次航行）。
助	TSU^	1、幫忙。如： 幫助（BONG TSU^）。 互助（FU^ TSU^ 互相幫助）。 助手（TSU^ SU` 幫手）。 助理（TSU^ LI 助手）。 助威（TSU^ WI 助長威風、聲勢）。 助長（TSU^ ZONG` 以人工幫助其成長）。 助教（TSU^ GAU^ 大學教授的助手）。 助產（TSU^ SAN` 輔助婦人生產、接生）。 助詞（TSU^ TSv 幫助詞句表示說話神情態度的字詞，如：啊、矣、也等字）。 助動詞（TSU^ TUNG^ TSv 幫助動詞的字詞。如：會做的會、很快的很字）。 2、有益。如： 助益（TSU^ ID`）。

住	TSU^	1、居住。如： 居住（GI　TSU^）。 住家（TSU^　GA）。 住民（TSU^　MINv　居民）。 住宅（TSU^　TSED^　住家）。 住址（TSU^　Z`居住地的路名及編號）。 住持（TSU^　TSv　居住並掌管）。 2、歇宿。如： 住宿（TSU^　CYUG`）。 3、牢固、穩。如： 穩住（UN`　TSU^）。 4、止。如： 住口（TSU^　KIEU`　閉口停止說話）。 住手（TSU^　SU`　停止動作）。
駐 駐	TSU^	1、車馬停止稱為「駐」。 駐馬（TSU^　MA）。 2、停留、設在。如： 駐防（TSU^　FONGv）。 駐守（TSU^　SU`　駐紮防守）。 駐兵（TSU^　BIN　駐紮軍隊）。 駐紮（TSU^　ZAB`　停留紮營）。 駐外使節（TSU^　NGOI^　S`　JIED`）派駐外國的公使或大使。 3、保持。如： 駐顏有術（TSU^　NGIANv　YU　SUD^善於保持容貌的青春）。
著	TSU^	1、撰述。如： 著述（TSU^＝ZU^　SUD^　著書立說）。 著書（TSU^＝ZU^　SU　寫書）。 著作（TSU^＝ZU^　ZOG`　寫作書籍）。 編著（BIEN　TSU^＝ZU^　整編著述）。 2、顯明。如： 顯著（HIAN`　TSU^＝ZU^）。 著名（TSU^＝ZU^　MIANGv　很有名）。 又音 DIAUv，TSOG^，ZOG`，ZU^。
措	TSU^	1、對事件的安排料理。如： 措施（TSU^　S　措置的辦法）。 措置（TSU^　Z^　安排，料理）。 措辭（TSU^　TSv　說話寫文章所用的詞句）。 2、籌辦： 籌措（TSUv　TSU^）。

587

		措手（TSU^ SU` 動手）。 又音 TSOG`。
出	TSUD`	1、從裡面到外面。如： 出去（TSUD` HI^）。 出門（TSUD` MUNv 走出家門）。 出入（TSUD` NGIB^ 出去進來）。 出動（TSUD` TUNG^ 開始行動）。 出場（TSUD` TSONGv 上舞台）。 輸出（SU TSUD` 出口）。 出口（TSUD` KIEU` 輸出、門口）。 出發（TSUD` FAD` 啟程）。 出使（TSUD` S` 出任外國使節）。 出嫁（TSUD` GA^ 女子結婚）。 出閣（TSUD` GIED` 出嫁）。 出路（TSUD` LU^ 進身的途徑、出口）。 出殯（TSUD` BIN^ 出葬）。 出軌（TSUD` GUI` 離開軌道、出了常軌）。 出納（TSUD` NAB^ 錢財的收支）。 出版（TSUD` BAN` 付印出書）。 出差（TSUD` TSAI 奉派外出）。 出籠（TSUD` LUNGv 新發行、離開籠子）。 出師（TSUD` S 學徒學成、出兵）。 出兵（TSUD` BIN 以軍隊攻打）。 出手（TSUD` SU`動手、從手中付出）。 出馬（TSUD` MA 親自動手做）。 出賣（TSUD` MAI^ 將自己的權益，暗中置於他人的犧牲上）。 2、發生。如： 出痲也（CHUD` MAv E` 出痲疹）。 出芽（TSUD` NGAv 發芽）。 出生（TSUD` SEN 誕生）。 出事（TSUD` S^ 發生事故）。 3、生產。如： 出產（TSUD` SAN`）。 出品（TSUD` PIN` 產品）。 4、顯露。如： 出面（TSUD` MIEN^）。 出頭（TSUD` TEUv 脫離困境）。 傑出（KIAD^ TSUD` 比別人出色）。 出色（TSUD` SED` 比一般傑出）。 出眾（TSUD` ZUNG^ 傑出）。 出沒（TSUD` MUD^ 忽現忽隱）。 出名（TSUD` MIANGv 顯露名聲）。

		出現（TSUD` HIAN^ 發現）。 出席（TSUD` CID^ 出現在席位上）。 出息（TSUD` CID` 顯出希望）。 出奇（TSUD` KIv 出現神奇）。 出現（TSUD` HIAN^ 發現）。 出缺（TSUD` KIAD` 出現缺額）。 出庭（TSUD` TINv 到法庭作證或受審）。 5、支付。如： 出錢（TSUD` CHIENv）。 6、擬定。如： 出題（TSUD` TIv）。 7、發洩。如： 出氣（TSUD` HI^）。
怵	TSUD`	1、戒懼： 怵惕（TSUD` TID` 心驚動貌）。 2、誘惑： 怵逼（TSUD` BED` 威脅利誘）。 3、悲悽，悽愴。
捽	TSUD^	1、擦拭。如： 捽手（TSUD^ SU` 擦手）。 捽嘴（TSUD^ ZOI^ 擦嘴）。 捽燥（TSUD^ ZAU 擦乾）。 2、摩擦： 捽來火（TSUD^ LOIv FO` 摩擦生火的火柴）。 3、拔： 捽草（TSUD^ TSO` 拔草）。 捽髮（TSUD^ FAD` 拔頭髮）。 又音 TSUG^，ZUD`。
擦	TSUD^	同（捽 TSUD^）。擦拭。如： 擦桌也（TSUD^ ZOG` GE` 擦桌子）。 擦燥來（TSUD^ ZAU LOIv 擦乾它）。 擦涕（TSUD^ PI^=TI^ 擦鼻涕）。 擦自來火（TSUD^ TS^ LOIv FO`擦點火柴）。 又音 TSAD`，TSO^。
促	TSUG`	1、靠近。如： 促膝（TSUG` CHID` 膝蓋相對,比喻親密）。 2、催迫。如： 催促（TSUI TSUG`）。 促進（TSUG` JIN^ 督促人向前進）。 督促（DUG` TSUG` 監督促進）。 3、急忙、不安。如：

		急促（GIB` TSUG`）。 匆促（TSUNG TSUG`）。 侷促（KYUG^ TSUG` 不安的樣子）。
趨	TSUG`	同「促 TSUG`」。
蹴躃	TSUG`	1、以腳踢物。如： 蹴球（TSUG` KYUv 踢球）。 躃鞠（TSUG` KYUG` 踢球）。 2、很快走過，踐踏。如： 一蹴即至（ID` TSUG` JID` Z^）。 3、恭敬貌。如： 蹴然（TSUG` IANv 恭敬小,惶恐不安）。
踧	TSUG`	踧踖（TSUG` JID` 因恭敬而感到不安）。
蹙慼	TSUG`	1、縮，皺。如： 蹙眉（TSUG` MIv 皺眉，憂思貌）。 2、形勢急迫。如： 日蹙（NGID` TSUG` 形勢急迫）。 3、腳踢。如： 以足蹙馬（I JYUG` TSUG` MA）。 又音 JYUG`。
觸	TSUG`	1、用角抵物、撞。如： 抵觸（DI` TSUG`）。 觸角（TSUG` GOG` 節足動物的感覺器官、接觸面）。 觸覺（TSUG` GOG` 碰觸外物的感覺）。 2、兩角相碰、踫著。如： 接觸（JIAB` TSUG`）。 觸目（TSUG` MUG` 眼睛所接觸的）。 觸礁（TSUG` ZEU 船底碰到礁石、比喻遇到困難而停頓；拋錨）。 3、冒犯。如： 觸犯（TSUG` FAM^）。 觸怒（TSUG` NU^ 冒犯使生氣）。 觸人（TSUG` NGINv 出話激憤人）。 講話會觸死人（GONG` FA^ UOI^ TSUG` CI` NGINv 講話的含意和口氣，會激憤人、氣死人）。 4、感動。如： 感觸（GAM` TSUG`）。 觸發（TSUG` FAD` 感動、碰觸發動）。 觸景傷情（TSUG` GIN` SONG CHINv 看見外界景象而傷感）。 又音 TSOG`，DUD`。

歜	TSUG`	盛怒貌。
擉	TSUG`	1、互撞： 互擉（FU TSUG` 互相碰撞）。 2、刺： 擉斃（TSUG` BI^ 刺死）。
摍	TSUG`	1、整理： 摍裝（TSUG` ZONG 整理行裝）。 2、開始： 摍載（TSUG` ZAI^ 開始，開端）。 3、擾亂不安： 摍擾（TSUG` IEU`）。
嗾	TSUG^	教人做壞事，唆使： 嗾使（TSUG^ S` 指使人去做不正當的事）。
嗽	TSUG^	咳嗽（KIED` TSUG^ 氣管的粘膜受痰或受氣體的刺激而發出咳聲）。 緊嗽（GIN` TSUG^ 一直咳嗽）。 嗽冇停（TSUG^ MOv TINv 咳嗽不停）。
漱	TSUG^	1、用水洗口腔： 漱口（TSUG^ KIEU`）。 2、在水中猛搖晃洗衣服： 漱淨（TSUG^ CHIANG^ 漱口使乾淨）。
椎	TSUI	擊打。同「錘」字： 椎擊（TSUI GID` 擊打）。
催	TSUI	1、督促、叫人動作加快。如： 催促（TSUI TSUG`）。 催逼（TSUI BED`）。 催討（TSUI TO` 催逼討回）。 催淚瓦斯（TSUI LUI^ NGA` S 使人流淚的毒氣）。 2、催眠（TSUI MINv 運用催眠術或藥物，使人入睡）。 催生（TSUI SEN 運用藥物使胎兒提早出生）。
摧	TSUI	1、拗折、折斷。如： 摧陷（TSUI HAM^ 拗折破壞）。 摧折（TSUI ZAD` 拗折）。 2、毀壞。如： 摧毀（TSUI FI`）。 摧殘（TSUI TSANv 使用暴力破壞、或污辱傷害）。
捶	TSUIv	以拳頭捶、手打、敲。如：

		搥胸（TSUIv　HYUNG）。 搥背（TSUIv　BOI^）。
鎚碓錘	TSUIv	敲擊。如： 鎚打（TSUIv　DA`）。
搥	TSUIv	同「搥」。 搥打（TSUIv　DA`）。 搥背（TSUIv　BOI^）。
揣	TSUI`	猜想、估量。如： 揣想（TSUI`　CIONG`　猜想）。 揣測（TSUI`　TSED`　猜測）。 揣度（TSUI`　TU^　猜想臆測）。 揣摩（TSUI`　MOv仔細推究、忖度）。 亦音 TONv。
墜坠	TSUI^	1、向下垂。如： 下墜（HA^　TSUI^　下垂）。 耳墜也（NGI`　TSUI^　IE`　耳墜子）。 2、向下垂落。如： 墜落（TSUI^　LOG^）。 墜下來（TSUI^　HA　LOIv）。
縋縋	TSUI^	1、用繩索從高處吊東西往下墜。如： 人對五樓縋下來（NGINv　DUI^　NG`　LEUv　TSUI^　HA　LOIv人從五樓縋下來）。 對窗也縋下去（DUI^　TSUNG　NGE`　TSUI^　HA　HI^　從窗子縋下去）。 2、往下拉吊。如： 縋樹桍（TSUI^　SU^　PA`　把樹枝拉下來；吊在樹枝上）。
淬	TSUI^	煉鋼燒紅的鐵，浸入水中使之收縮堅硬。 淬勵（TSUI^　LI^）。 淬礪（TSUI^　LI^　磨練）。
焠	TSUI^	同「淬 TSUI^」。
啐	TSUI^	1、吐出： 啐痰（TSUI^　TAMv　吐痰）。 2、鄙視，看不起： 咄啐（DOD`　TSUI^　呵叱，怒責）。 3、嚐味道。
伸	TSUN	拉長、舒展。如： 伸腰（TSUN　IEU）。 伸手（TSUN　SU`）。 伸長（TSUN　TSONGv　延伸）。

		伸直（TSUN TSD^ 彎變直）。 又音 LEv，SN。
皴	TSUN	皮膚受冷而裂開。如： 皴皮（TSUN PIv）。
逡	TSUN	逡巡（TSUN SUNv 走路心中有顧慮，不敢前行貌）。
蹲	TSUN	1、蹲踞。 2、蹲蹲：舞貌。 蹲蹲舞我（TSUN TSUN U` NGO 我們來翩翩跳舞）。 又音 DUN。
蠢	TSUN`	蟲子爬動的樣子、騷動。如： 蠢動（TSUN` TUNG^）。
忖	TSUN`	仔細想： 忖量（TSUN` LIONGv 仔細考量）。 忖度（TSUN` TU^ 思量測度）。
捘	TSUN^	用手揉搓使血液流暢。如： 捘腳（TSUN^ GIOG` 揉搓腳上青腫的患部）。
聰 聪	TSUNG	1、聽覺敏銳。如： 聰敏（TSUNG MEN` 聰明敏銳）。 聰明（TSUNG MINv 頭腦好）。 聰穎（TSUNG IN` 知覺靈敏）。 聰慧（TSUNG FI^ 腦力好，聰悟）。 耳聰目明（NGI` TSUNG MUG` MINv 喻為頭腦好、本性靈敏）。 2、聽力。如： 左耳失聰（ZO` NGI` SD` TSUNG 左耳聾了）。
沖	TSUNG	1、用水流力量刷洗。如： 沖水（TSUNG SUI`）。 沖洗（TSUNG SE`）。 2、用開水澆灌。如： 沖茶（TSUNG TSAv）。 3、被洪水衝破或毀壞。如： 沖破（TSUNG PO^）。 4、向上直進。如： 沖天（TSUNG TIEN）。 5、抵銷。如： 沖喜（TSUNG HI` 以喜事沖淡霉氣，化凶為吉）。 沖淡（TSUNG TAM 加水使濃味變淡；

		以他種消遣來減輕思念）。
忡	TSUNG	憂愁： 憂心忡忡（YU CIM TSUNG TSUNG）。
衝沖	TSUNG	1、向前直走。如： 衝峰（TSUNG FUNG 猛烈衝向敵人）。 衝出（TSUNG TSUD` 突圍）。 衝突（TSUNG TUD` a.衝入敵陣。 b.意見不同、互相抵觸）。 2、向上直推。如： 怒髮衝冠（NU^ FAD` TSUNG GON 生氣豎髮衝掉帽子）。 3、衝動（TSUNG TUNG^ 非理智、無意識的動作）。
充	TSUNG	1、滿、實。如： 充滿（TSUNG MAN）。 充足（TSUNG JYUG` 豐足）。 充分（TSUNG FUN 足夠）。 充斥（TSUNG TSD` 多到溢出來）。 充沛（TSUNG PI^ 充足）。 充塞（TSUNG SED` 塞滿）。 2、填滿。如： 充飢（TSUNG GI 吃食，使不餓）。 充實（TSUNG SD^ 填滿）。 充數（TSUNG SU^ 補足數量）。 充耳不聞（TSUNG NGI` BUD` UNv 故意塞住耳朵不聽）。 3、使用、擔任。如： 充任（TSUNG IM^ 擔任）。 充當（TSUNG DONG 充任）。 充軍（TSUNG GYUN 參加軍旅）。 4、假冒。如： 冒充（MO^ TSUNG）。 假充（GA` TSUNG）。
舂	TSUNG	1、搗米、搗藥的臼子稱為 舂臼（TSUNG KYU）。 2、用杵在臼裡搗物。如： 舂米（TSUNG MI`）。 舂藥（TSUNG IOG^）。
崇	TSUNGv	1、尊敬。如： 崇敬（TSUNGv GIN^）。 崇拜（TSUNGv BAI^ 尊敬崇尚，敬拜）。 2、重視。如：

崇	TSUNGv	尊崇（ZUN　TSUNGv）。 崇尚（TSUNGv　SONG^）。 快樂： 歡悰（FON　TSUNGv　歡喜快樂）。
寵 宠	TSUNG`	1、愛、恩。如： 恩寵（EN　TSUNG`）。 寵愛（TSUNG`　OI^　溺愛）。 2、縱容、偏愛、溺愛。如： 寵壞（TSUNG`　FAI^）。 3、納寵（NAB^　TSUNG`娶姨太太，常用於上對下的愛）。
熏	TSUNG^	1、煙向上冒，以煙熏炙。如： 熏腳（TSUNG^　GIOG`　以燒藥草或藥物的煙，熏炙腳底）。 2、氣味刺激人的鼻喉。如： 熏人（TSUNG^　NGINv　臭味逼人）。 3、熏老鼠（TSUNG^　LO^　TSU`　以煙逼老鼠出來）。 讀音 HYUN。
搗	U	掩遮： 搗蓋（U　GOI^　掩蓋）。
污	U	1、不乾淨。如： 污水（U　SUI`　不乾淨的水）。 污穢（U　UE^　不乾淨）。 污垢（U　GIEU^　未洗淨的斑垢）。 污漫（U　MAN^　行為污穢欺騙）。 污點（U　DIAM`　行為上的過失、事物的缺點）。 污損（U　SUN`　弄髒弄破）。 污泥（U　NAIv　髒泥土）。 2、弄髒。如： 污染（U　NGIAM`）。 3、無理的言行、使人受辱。如： 污辱（U　YUG^）。 污衊（U　MED^　譭謗他人的名聲）。 4、不廉潔。如： 貪污（TAM　U　將公款貪為私有）。 污吏（U　LI^　不廉潔的官吏）。 同「汙 U」。
汙	U	同「污 U」。
無 无	Uv	1、冇、沒有。如： 無事（Uv　S^）。

無幾　（　Uv　　GIˋ　沒有多少　）。
無已　（　Uv　　Iˋ　沒有窮盡、不得已　）。
無奈　（　Uv　　NAI^　無可奈何　）。
無心　（　Uv　　CIM　無意、不是存心的　）。
無意　（　Uv　　I^　不是故意、沒有意向　）。
無復　（　Uv　　FUG^　再沒有，不再　）。
無故　（　Uv　　GU^　沒有原因的　）。
無愧　（　Uv　　KUIˋ　沒有慚愧、對得住　）。
無端　（　Uv　　DON　沒有來由，沒頭沒腦　）。
無疑　（　Uv　　NGIv　沒有疑問、確定　）。
無比　（　Uv　　BIˋ　無可相比的　）。
無日　（　Uv　　NGIDˋ　沒有一天　）。
無知　（　Uv　　Z　沒有知識　）。
無能　（　Uv　　NENv　沒有能力　）。
無恥　（　Uv　　TSˋ　沒有羞恥心　）。
無效　（　Uv　　HAUˋ　沒有果效　）。
無恙　（　Uv　　IONG^　無病、無憂　）。
無非　（　Uv　　FI　不外如此　）。
無限　（　Uv　　HAN^　無窮盡、沒有止境　）。
無涯　（　Uv　　NG　沒有邊際　）。
無際　（　Uv　　JI^　沒有邊際　）。
無慮　（　Uv　　LI^　無須掛慮　）。
無敵　（　Uv　　TID^　沒有對敵　）。
無謂　（　Uv　　WI^　沒有意義　）。
無數　（　Uv　　SU^　很多　）。
無度　（　Uv　　TU^　沒有節制　）。
無情　（　Uv　　CHINv　沒有感情、愛情　）。
無庸　（　Uv　　YUNG　無用、無須　）。
無異　（　Uv　　I^　相同　）。
無聊　（　Uv　　LIAUv　無趣　）。
無從　（　Uv　　CHYUNGv　沒有下手處　）。
無視　（　Uv　　S^　沒有看見　）。
無補　（　Uv　　BUˋ　無益　）。
無須　（　Uv　　CI　用不著　）。
無辜　（　Uv　　GU　無罪的人　）。
無窮　（　Uv　　KYUNGv　沒有窮盡　）。
無緣　（　Uv　　IANv　沒有緣分　）。
無關　（　Uv　　GUAN　沒有關聯　）。
無礙　（　Uv　　NGOI^　沒有妨礙　）。
無疆　（　Uv　　GIONG　無窮盡　）。
無量　（　Uv　　LIONG^　無窮　）。
無線電　（　Uv　CIEN^　TIEN^　沒有導線，利用電波收發的電訊　）。

		2、不。如： 無足輕重（Uv JYUG` KIANG TSUNG^ 不關重要）。 無記名投票（Uv GI^ MIANGv TEUv PEU^ 選票上不簽名的投票）。 3、不論。如： 無論（Uv LUN^）。 事無大小（S^ Uv TAI^ SEU` 不論大小事）。
誣 诬	Uv	假造事實冤枉人、害人或侮辱人。如： 誣害（Uv HOI^ 誣賴陷害）。 誣陷（Uv HAM^ 誣賴陷害）。 誣賴（Uv LAI^ 將過錯責任加在別人身上）。 誣衊（Uv MED^ 捏造事實毀壞他人譽）。 誣告（Uv GO^ 捏造事實控告他人）。
舞 儛	U`	1、按音樂節奏表演多種姿態。如： 歌舞（GO U`）。 舞蹈（U` TO^ 跳舞）。 跳舞（TIAU^ U`）。 舞台（U` TOIv 供歌舞表演的高台）。 舞女（U` NG` 以伴舞為業的女子）。 2、揮動、表演。如： 舞劍（U` GIAM^ 揮劍跳舞）。 3、作弊。如： 舞弊（U` BI^）。 4、興起。如： 鼓舞（GU` U`）。 5、玩弄。如： 舞弄（U` NUNG` 玩弄、作弄、玩法）。 6、飛翔。如： 龍飛鳳舞（LYUNGv FI FUNG^ U`）。
侮	U`	1、欺負、輕慢。如： 侮辱（U` YUG^ 欺侮羞辱）。 欺侮（KI U`）。 侮慢（U` MAN^ 不尊重）。 2、侵略。如： 外侮（NGOI^ U`）。
惡 恶	U^	不喜歡、討厭。如： 厭惡（IAM^ U^）。 可惡（KO` U^ 厭恨）。 羞惡（CIU U^ 羞恥）。

		愛惡慾（OI^ U^ YUG^ 喜愛、厭惡、慾望。又音 OG`。
務務	U^	1、必須、一定。如： 務必（U^ BID`）。 2、事情。如： 業務（NGIAB^ U^）。 事務（S^ U^）。 3、從事、致力。如： 務農（U^ NUNGv 做農事）。 務實（U^ SD^ 實在做事）。 務本（U^ BUN` 致力於根本的事務）。 不務正業（BUD` U^ ZN^ NGIAB^）。 4、務成（U^ SNv 複姓）。
丫	UA	分叉： 分丫（FUN UA）。 岔丫（TSA^ UA 岔開）。 胑丫（KIA^ UA 腳叉開走路）。 又音 A。
挖穵	UA	1、掘、掏。如： 挖井（UA JIANG`）。 挖掘（UA KUD^）。 挖深（UA TSM 掘深）。 2、發掘、探求。如： 挖出（UA TSUD`）。 3、挖苦（UA KU` 用諷刺的話譏笑人）。 又音 IAD`，UAD`。
凹	UA	低下的。如： 凹入（UA NGIB^ 凹進去）。 凹陷（UA HAM^ 比平面低窪）。 低凹（DAI UA 凹陷）。 又音 AU，IAB`，UO。
椏	UA	分枝。通「椏UA」。如： 樹大分椏（SU^ TAI^ FUN UA 亦喻兄弟長大後分家）。
椏椏	UA	分枝： 分椏（FUN UA 樹枝分枝）。 樹椏（SU^ UA = PA`）。
哇	UAv	打哇哇（DA` UAv UAv 以掌拍口發出「哇哇 UAv UAv」聲，逗嬰兒發聲說話）。
偎	UA`	親近依傍： 偎靠（UA` KAU^ 依靠）。

		偎依（UA` I 依靠）。 偎憑（UA` BEN^ 憑靠）。 偎傍（UA` BONG` 偎依）。 偎大片（UA` TAI^ PIEN` 投靠強大的一邊）。 偎大析（UA` TAI^ SAG` 投靠強大的一邊）。 西瓜偎大片（CI GUA A` TAI^ PIEN`諭投機的人靠向強大的一邊）。 讀音 WI 。
話 話	UA^	口責、勸導。如： 話伊不聽（UA^ Iv Mv TANG 勸他不聽）。 不聽人話（Mv TANG NGINv UA^ 不聽人話）。 同我挺話（TUNGv NGAIv TEN^ UA^ 幫我責勸他）。
斡	UAD`	轉彎、回頭、旋轉。如： 彎斡（UAN UAD` 轉彎，彎曲，曲折）。 斡旋（UAD` CIENv 轉彎與迴旋、比喻從中進行調停）。 轉斡（ZON` UAD` 轉彎）。 斡左片（UAD` ZO` PIEN` 向左轉彎）。 斡轉來（UAD` ZON` LOIv 轉回來）。 斡不轉（UAD` Mv ZON`不能轉彎）。 彎彎斡斡（UAN UAN UAD` UAD` 曲折的路，彎彎曲曲）。
挖	UAD`	從盛器中挖出糊狀、膠狀物。如： 挖糨（UAD` GANG 挖漿糊）。 挖藥膏（UAD` IOG^ GAU）。 挖不起來（UAD` Mv HI` LOIv）。 挖一些分我（UAD` ID` CID` BUN NGAIv 挖一些給我）。
滑	UAD^	脫裂。同罅或裂。如： 滑嘴（UAD^ ZOI^ 兔唇,上嘴唇裂開）。 滑鼻（UAD^ PI^掛鼻環的鼻肉脫裂了）。 滑歇矣（UAD^ HED` LEv 脫裂了）。
裂	UAD^	裂縫、脫裂。 裂縫（UAD^ PUNG^ 裂縫）。 裂鼻（UAD^ PI^掛鼻環的鼻肉裂開了）。 裂嘴（UAD^ ZOI^ 兔唇、上嘴唇裂開）。 裂耳（UAD^ NGI` 耳朵有裂痕缺口,杯子等陶瓷器的提手斷裂了）。

		裂歌矣（UAD^ HED` LEv 脫裂了）。
罅	UAD^	裂開，脫裂，縫隙。 罅縫（UAD^ PUNG^ 裂縫）。 罅嘴（UAD^ ZOI^ 兔唇、上嘴唇裂開）。 罅耳（UAD^ NGI`耳朵有裂痕缺口，杯子等陶瓷器的提手斷裂了）。 罅鼻（UAD^ PI^ 鼻子裂開了）。 罅歌矣（UAD^ HED` LEv 裂開了）。
揭	UAG`	讀音 GIAD`。用棍子揭開、刁起或探索。 揭開（UAG` KOI）。 揭起來（UAG` HI` LOIv 勾起來）。 揭看哪（UAG` KON^ NA^ 用棍子探一探看）。
畫画	UAG^	1、塗寫。如： 亂畫（LON^ UAG^）。 2、繪圖。如： 畫圖（UAG^ TUv）。 畫線（UAG^ CIEN^）。 3、文字的筆畫。如： 筆畫（BID` UAG^）。 4、打算。如： 計畫（GIE^ UAG^）。
劃划	UAG^	1、區分、劃分。如： 劃開（UAG^ KOI）。 2、謀計。如： 計劃（GIE^ UAG^）。
划	UAG^	「劃」的簡體字。
彎弯	UAN	1、不直。如： 彎曲（UAN KYUD`）。 彎幹（UAN UAD` 彎曲、轉彎）。 2、曲折的部分。如： 轉彎（ZON` UAN）。 3、使曲折、折回。如： 扚彎（AU` UAN 使直的硬條物彎曲）。 彎轉來（UAN ZON` LOIv 轉彎回來）。
婉	UAN	宛轉柔順的樣子： 婉轉（UAN ZON` 委婉曲折）。 婉曲（UAN KYUD` 委婉曲折）。 婉言（UAN NGIANv 委婉地說話）。 婉約（UAN IOG` 圓轉柔和）。 婉容（UAN YUNGv 和婉的面容）。

		婉婉（UAN UAN 女子柔順貌）。 婉雅（UAN NGA` 優美和順）。 婉謝（UAN CHIA^ 婉言辭謝）。 婉勸（UAN KIAN^ 婉言相勸）。
完	UANv	1、齊全。如： 完全（UANv CHIONv）。 完人（UANv NGINv 各方面都齊全的人）。 完備（UANv PI^ 齊全無缺）。 完善（UANv SAN^ 完備美好）。 完膚（UANv FU 皮膚沒有一點損傷）。 完整（UANv ZN` 齊全無缺）。 完璧歸趙（UANv BID` GUI TSEU^ 比喻物歸原主）。 2、事畢。如： 完畢（UANv BID` 了結）。 完工（UANv GUNG 工作完畢）。 完婚（UANv FUN 婚事已辦完）。 完結（UANv GIAD` 完畢）。 完了（UANv LIAU` 完結）。 完成（UANv SNv 全部成功）。 3、交納。如： 完稅（UANv SOI^ 繳稅）。
浣	UANv	1、洗濯。 浣衣（UANv I 洗衣）。 2、旬；古人十日洗澡一次，故稱上旬為 上浣（SONG^ UANv），中旬為 中浣（ZUNG UANv），下旬為 下浣（HA^ UANv）。 又音 UAN`。
還	UANv	償付、復回。如： 還書（UANv SU）。 還錢（UANv CHIENv）。 償還（SONG` UANv 歸還，償付）。 又音 FANv．HANv。
挽	UAN`	1、牽引、拉、拔、拖拉。如： 挽車（UAN` TSA 拉車）。 前挽（CHIENv UAN` 在前面拉）。 2、設法使局勢回復原狀。如： 挽回（UAN` FIv）。 3、事後設法補救。如： 挽救（UAN` GYU^）。
婉	UAN`	說話、行事態度柔和。如：

		婉轉（UAN` ZON` 委婉曲折）。 婉曲（UAN` KYUD` 委婉曲折）。 婉言（UAN` NGIANv 委婉地說話）。 婉約（UAN` IOG` 圓轉柔和）。 婉容（UAN` YUNGv 和婉的面容）。 婉婉（UAN` UAN 女子柔順貌）。 婉雅（UAN` NGA` 優美和順）。 婉謝（UAN` CHIA^ 婉言辭謝）。 婉勸（UAN` KIAN^ 婉言相勸）。 婉麗（UAN` LI^ 柔美）。
剜	UAN`	用刀挖肉。 剜肉補瘡（UAN` NGYUG` BU` TSONG 移東補西,只顧眼前）。 剜空心思（UAN` KUNG CIM S 竭盡心力）。
浣	UAN`	洗滌： 浣衣（UAN` I 洗衣）。 上浣、中浣、下浣（SONG^ UAN`,ZUNG UAN`,HA^ UAN` 古人的十天洗一次澡,上旬洗澡叫上浣,中旬洗澡叫中浣,下旬洗澡叫下浣）。 又音 UANv。
惋	UAN`	1、痛惜： 惋惜（UAN` CID` 對別人的不幸遭遇表同情）。 惋傷（UAN` SONG 懊恨悲傷）。 2、驚歎： 惋歎（UAN` TAN^）。
綰 绾	UAN`	1、聯絡貫通： 綰轂（UAN` GUG`）。 2、繫紮： 綰結（UAN` GIED` 繫結）。 綰髮（UAN` FAD` 繫髮）。
橫	UANGv	阻擋。如： 橫梗（UANGv GANG`）。
橫	UANG^	跌倒、摔倒、摔躺在地、歪斜。如： 橫倒（UANG^ DO` 摔倒）。 橫橫（UANG^ UANG^ 橫著的,歪斜的）。 橫下來（UANG^ HA LOIv 倒下來）。 梗橫人（GANG^ UANG^ NGINv 絆倒人）。
曲	UD`	「曲 KYUD`」的變音。 1、使彎曲或使變直,拗。如：

		曲圓（UD` IANv 彎曲成圓形）。 曲直（UD` TSD^ 使彎的拗成直的）。 曲不直（UD` Mv TSD^ 彎曲的東西拗不直、有理說不清）。 曲不轉（UD` Mv ZON` 脾氣拗不過來）。 曲分伊彎（UD` BUN Iv UAN 把他弄彎、把直的東西拗曲）。 2、骨關節脫臼或扭傷。如： 腳曲到矣（GIOG` UD` DO` UEˋ腳關節扭傷了）。 3、身體四肢卷曲。如： 腳曲穩矣（GIOG` UD` UN` NEv 腳卷曲著）。 4、曲頭（UD` TEUv）或 曲歇矣（UD` HED` LEv 天才沒有人栽培、天才夭折；人才因環境限制，不能顯露才能）。
抔	UD`	以插箕裝谷物入袋或以畚斗裝垃圾。 抔地圾（UD` TI^ SEB` 以畚斗收垃圾）。 抔穀入袋（UD` GUG` NGIB^TOI^ 裝穀入袋）。
鬱 郁	UD`	鬱悴（UD` ZUD` 抑鬱寡歡。河洛音）。 又音 YUD`。
慍	UD`	含怒、抑鬱： 慍悴（UD` ZUD`）。
熅 炆	UNv	以微弱的火、慢火煮： 熅膠（UNv GAU 煮牛皮膠、猴膠）。 熅豬肉（UNv ZU NGYUG` 慢火悶煮豬肉）。 熅鹹菜（UNv HAMv TSOI^ 慢火煮鹹菜）。 罌也熅牛吝（ANG NGE` UNv NGYUv LIN` 用玻璃瓶子，並以慢火煮牛的陰莖，喻太過緩慢）。
聞 闻	UNv	1、聽到。如： 聽聞（TANG UNv 耳聽）。 聞名（UNv MIANGv 名聲遠播，出名）。 聞人（UNv NGINv 有聲望的名人）。 所見所聞（SO` GIAN^ SO` UNv 所看見的和所聽到的）。 聞一知十（UNv ID` Z SB^ 聽見一件事能知道十件事、比喻資質聰穎）。 聞風逃竄（UNv FUNG TOv TSAN` 聽到風聲就逃走）。

		2、傳達、報呈。如： 訃聞（ FU　　UNv 報喪）。
刎	UN`	刀割脖子自殺： 自刎（ TS^　　UN` ）。
慍慍	UN`	心含怨怒： 慍怒（ UN`　　NU^ ）。 慍恨（ UN`　　HEN^ 含怨怨恨 ）。 慍色（ UN`　　SED` 不悅的神色 ）。 慍容（ UN`　　YUNGv 慍色 ）。
抆	UN`	抹拭、擦拭： 抆淚（ UN`　　LUI^ 拭淚 ）。
韞韞	UN`	積藏、埋藏。
吻	UN`	1、嘴相接觸。如： 接吻（ JIAB`　　UN` ）。 擁吻（ YUNG`　　UN` 擁抱接吻 ）。 2、兩事相合。如： 吻合（ UN`　　HAB^ 符合 ）。
問问	UN^	1、請人告知、解答。如： 問路（ UN^　　LU^ ）。 問津（ UN^　　JIN 探問渡口、探詢門徑，光顧 ）。 問題（ UN^　　Tiv 讓人回答的題目 ）。 問答（ UN^　　DAB` 問與答 ）。 問心（ UN^　　CIM 自問良心、反省 ）。 2、審訊、查究。如： 問案（ UN^　　ON^ 審訊案件 ）。 問罪（ UN^　　TSUI^ 定罪 ）。 3、責備。如： 責問（ JID`　　UN^ ）。 4、干預。如： 過問（ GO^　　UN^ ）。 5、致候。如： 問候（ UN^　　HEU^ ）。 問安（ UN^　　ON 問候 ）。 6、問世（ UN^　S^ 應市、供給大眾使用 ）。 7、問鼎（ UN^　DIN` 比喻人想奪取領導地位 ）。 語音　MUN^ 。
搵	UN^	把東西按在液體裡，或以食物沾醬油、沾鹽。 搵鹽（ UN^　　IAMv 蘸鹽 ）。

		搵豆油（UN^ TEU^ YUv 蘸醬油）。 夾菜搵鹽（GIAB` TSOI^ UN^ IAMv 夾菜蘸鹽）。 2、液體、膠體或壞名聲沾到人身。 搵人（UN^ NGINv）。 3、搵浴（UN^ IOG^ 沐浴、洗浴）。 牛搵浴（UN^ IOG^ 水牛浴水。也比喻人洗澡時間過長）。
渰	UNG^	1、雲霧湧升的樣子： 渰鬱（UNG^ YUD`）。 渰然（UNG^ IANv 雲霧湧升貌）。 渰渰（UNG^ UNG` 雲霧湧升貌）。 2、水大的樣子。
齆	UNG^	鼻塞而不能呼吸不能辨味。
窩 窩	UO	藏匿犯法的人或物。如： 賊窩（TSED^ UO 賊巢）。 窩藏（UO TSONGv 藏匿）。
渥	UOG`	1、用濃重的東西塗抹。如： 渥丹（UOG` DAN）。 2、濃厚。如： 渥露（UOG` LU^ 深厚的露水）。 渥味（UOG` MI^ 味道濃重）。
摑	UOG`	打以巴掌。如： 摑一巴掌（UOG` ID` BA ZONG`）。 又音 GUED^。
豁	UOG`	1、捨棄、丟掉。如： 豁歇（UOG` HED` 丟掉、丟棄）。 豁命（UOG` MIANG^ 捨命）。 2、免除。如： 豁免（UOG` MIEN）。
霍	UOG`	散得很快： 揮霍（FI UOG` 輕散財物）。
穫	UOG`	收割農作物。 收穫（SU UOG`）。 亦讀 FED^。
劐	UOG`	同「穫」。
煨	UOI	用炭火悶燒。如： 煨番薯（UOI FAN SUv 以炭火燜熟甘薯）。
㧡	UOI	1、投擲： 㧡石頭（UOI SAG^ TEUv 拿石頭投擲）。 2、手腳失靈或癱瘓： 手㧡㧡（SU` UOI UOI 手癱瘓）。

605

會会	UOI^	會、能。如： 不會（Mv UOI^）。 會做（UOI^ ZO^）。 會食（UOI^ SD^）。 恁會（AN` UOI^ 這麼能幹）。 逞會（TSN` UOI^ 比能力）。 假會（GA` UOI^ 假裝會，逞英雄）。 會不會（UOI^ Mv UOI^）？ 盡會食（CHIN^ UOI^ SD^ 很會吃）。 蓋會讀書（GOI^ UOI^ TUG^ SU 很會讀書）。
喚唤	UON`	呼叫、指派、指使。如： 喚人去買（UON` NGINv HI^ MAI 派人去買）。 喚伊來做（UON` Iv LOIv ZO^ 叫他來做）。 喚不動（UON` Mv TUNG 使喚不動）。 讀音 FON^。
換换	UON^	1、對調。如： 交換（GAU UON^）。 調換（TIAU^ UON^）。 更換（GANG UON^）。 換班（UON^ BAN）。 2、改變、更改。如： 換衫（UON^ SAM 換衣服）。 換錢（UON^ CHIENv 兌換零錢）。 換藥（UON^ IOG^ 改換藥物）。 讀音 FON^。
往	UONG	1、去、到。如： 交往（GAU UONG 有交情）。 往來（UONG LOIv 交往；來回）。 往復（UONG FUG^ 來回）。 往返（UONG FAN` 來回）。 2、過去的。如： 往事（UONG S^）。
抨	UONG	「抨 PONG」的變音：捶打人。如： 抨人（UONG NGINv）。 又音 PONG。
枉	UONG`	1、不正直、曲。如： 嬌枉（GIEU UONG`）。 2、冤屈。如： 冤枉（IAN UONG`）。 枉死（UONG` CI` 冤屈而死）。

罔	UONG`	3、使歪曲、委屈遷就。如： 枉法（UONG` FAB` 曲解國家法律）。 誣陷： 誣罔（Uv UONG`）。
旺	UONG^	1、熾烈。如： 火旺（FO` UONG^）。 2、興盛。如： 旺盛（UONG^ SUN^）。 興旺（HIN UONG^）。 旺市（UONG^ S^ 興旺市場）。 旺季（UONG^ GUI^ 興旺季節，淡季的相對）。
望	UONG^	1、向遠處看。如： 眺望（TIAU^ UONG^ 遠眺）。 一望無際（ID` UONG^ Uv JI^ 看不見邊際）。 望而生畏（UONG^ Iv SEN WI^ 看見就怕）。 望塵莫及（UONG^ TSNv MOG` KIB^ 落後很遠，追趕不上）。 2、拜訪。如： 看望（KON^ UONG^ 探望）。 3、希圖。如： 希望（HI UONG^）。 望外（UONG^ NGOI^ 意料之外）。
朢	UONG^	「望」本字。
忘	UONG^	1、不記得。如： 忘記（UONG^ GI^ 淡忘歇,不記得）。 忘卻（UONG^ KIOG` 忘記）。 忘情（UONG^ CHINv 不受情慾牽制）。 不忘（BUD` UONG^ 沒有忘記、不會忘記）。 忘本（UONG^ BUN`忘記自己本來的存在）。 忘形（UONG^ HINv 由於得意,忘了自己形像）。 淡忘（TAM UONG^ 逐漸忘記）。 淡忘歇矣（TAM UONG^ HED` LEv 變音TIAM BIONG^ HED` LEv 忘掉了）。 忘年之交（UONG^ NGIANv Z GAU 忘記彼此的年歲,不計較彼此學識輩分懸殊,結為好朋友）。

		忘恩負義（UONG^ EN FU^ NGI^ 受人恩惠不知報，反而作出違背道義的事）。 2、不注意、忽略。如： 忘懷（UONG^ FAIv）。
委	WI	1、付托。如： 委托（WI TOG`）。 2、任命。如： 委任（WI IM^ 任用）。 委派（WI PAI^ 派任）。 3、推卸、同推諉。如： 推委（TUI WI 推卸）。 委罪（WI TSUI^ 將罪責推卸在別人身上）。 4、託付。 委託（WI TOG`）。 委員（WI IANv 受託辦事的人）。
萎	WI	1、縮小，畏退。如： 萎縮（WI SUG` 衰萎，退縮）。 2、死。如： 哲人其萎（ZAD` NGINv KIv WI 指賢人的去逝）。
偎	WI	親近。 偎倚（WI I` 親密緊靠）。 偎貼（WI DIAB` 親近貼靠）。 依偎（I WI 依靠，貼近）。
為 为 爲	WIv	1、做、行事、行為。如： 為人（WIv NGINv 做人的態度、與人相處）。 為力（WIv LID^ 盡力去做）。 為生（WIv SEN 做事維生、討生活）。 為患（WIv FAM^ 造成禍患）。 為善（WIv SAN^ 行善）。 為難（WIv NANv 作對、找麻煩、感覺困難）。 所作所為（SO` ZOG` SO` WIv 所做所行的）。 事在人為（S^ TSAI^ NGINv WIv 事情的成敗在於人的做與不做）。 2、當作。如： 四海為家（CI^ HOI` WIv GA）。 3、是。如： 為因（WIv IN 是為因由）。

		天下為公（TIEN HA^ WIv GUNG）。 4、行。如： 為善（WIv SAN^ 行善）。 5、擔任。如： 為首（WIv SU` 當首領）。 能者為師（NENv ZA` WIv S 會做的、能做的人當老師）。
圍 围 口	WIv	1、環繞、四周。如： 包圍（BAU WIv）。 圍繞（WIv NGIEU` 環繞）。 圍攻（WIv GUNG 包圍攻擊）。 圍困（WIv KUN^ 包圍不讓逃走）。 圍牆（WIv CIONGv）。 外圍（NGOI^ WIv）。 四圍（CI^ WIv 四周）。 圍裙（WIv KYUNv）。 2、圍棋（WIv KIv 兩人各持以黑白棋子，在三百六十格棋盤上，搶占地盤的棋弈）。
維 维	WIv	1、連結。如： 結維（GIAD` WIv）。 2、保持、支持。如： 維持（WIv TSv）。 維護（WIv FU^ 維持保護）。 維繫（WIv HI 連繫）。 思維（S WIv 運用概念，判斷推理）。 維新（WIv CIN 把舊法改成新的）。
惟	WIv	思想。如： 思惟（S WIv）。
遺 遗	WIv	1、丟失、漏掉、丟棄。如： 遺失（WIv SD`）。 遺漏（WIv LEU^）。 遺亡（WIv MONGv 遺失）。 遺棄（WIv KI^=HI^ 遺忘拋棄）。 2、丟失的東西。如： 路不拾遺（LU^ BUD` SB^ WIv 在路上不撿人家遺失的財物）。 3、漏掉的部分。如： 遺誤（WIv NGU^ 遺漏又錯誤）。 遺精（WIv JIN 男人夢洩）。 補遺（BU` WIv 補上遺漏的）。 4、忘記。如：

609

		遺忘（WIv　UONG^）。 5、流傳。如： 遺傳（WIv　TSONv）。
違 违	WIv	1、不依從、不遵守。如： 違法（WIv　FAB`不守法）。 違背（WIv　BOI^不依從）。 違心（WIv　CIM　不出於本心）。 2、離別。如： 久違（GYU`　WIv　久別）。 3、依違（I　WIv　遲疑不決）。
慰	WI`	1、使人心情安適。如： 慰問（WI`　UN^用安慰的話向人問候）。 慰勞（WI`　LO^為辛勞的人表示撫慰）。 安慰（ON　WI`　用話安人的心）。 慰唁（WI`　NGIAN^吊問死者家屬）。 2、心安。如： 欣慰（HYUN　WI`）。 亦音 WI^。
諉 诿	WI`	推託： 推諉（TUI　WI`）。
謂 谓	WI^	1、說。如： 所謂（SO`　WI^　所說的）。 某人謂（MEU　NGINv　WI^某人說）。 2、告訴。如： 弟謂兄曰（TI^　WI^　HYUNG　IAD^弟弟告 　　　　　訴哥哥說）。 3、意思。如： 無謂（Uv　WI^沒有意義）。 4、稱呼。如： 稱謂（TSN　WI^）。 謂之（WI^　Z　稱為）。
慰	WI^	1、使人心情安適。如： 慰問（WI^　UN^用安慰的話向人問候）。 慰勞（WI^　LO^為辛勞的人表示撫慰）。 安慰（ON　WI^　用話安人的心）。 慰唁（WI^　NGIAN^吊問死者家屬）。 2、心安。如： 欣慰（HYUN　WI^）。
蝟	WI^	蝟縮（WI^　SUG`　畏縮）。
猬	WI^	同「蝟 WI^」。
為 为	WI^	1、給、替。如： 為民服務（WI^　MINv　FUG^　U^）。

爲		2、因。如： 因為 (IN　WI^)。 為了 (WI^　LIAU` )。 3、向、對。如： 不足為外人道 ( BUD`　JYUG`　WI^　NGOI^　NGINv　TO^)。
餧	WI^	通「餵」。飼養牲畜，給動物食物： 餧狗餧貓 (WI^　GIEU`　WI^　MEU^ )。 餧雞鴨 ( WI^　GIE　AB`)。
餵喂	WI^	通「餧」。 1、飼養。如： 餵養 (WI^　IONG　養育)。 餵粥 (WI^　ZUG`　飼以稀飯 )。 2、給動物食物。如： 餵豬 ( WI^　ZU )。 餵狗 ( WI^　GIEU`)。 餵雞餵鴨 (WI^　GIE　WI^　AB`)。
畏	WI^	1、懼怕、恐懼。如： 畏懼 (WI^　KI`　懼怕 )。 畏怯 ( WI^　KIAB`　膽小心虛)。 畏難 (WI^　NANv　怕困難)。 不畏困難 (BUD`　WI^　KUN^　NANv)。 2、敬服、心服。如： 敬畏 (GIN^　WI^)。 畏友 (WI^　YU　心服的朋友)。 3、畏途 (WI^　TUv　險阻的道路)。
衛衛卫	WI^	1、保護、防衛。如： 守衛 (SU`　WI^　守護 )。 保衛 ( BO`　WI^　保護)。 自衛 (TS^　WI^　自己保護自己)。 衛兵 (WI^　BIN　守衛的士兵)。 衛隊 (WI^　DUI^　保衛長官的隊伍)。 衛戍 (WI^　SU^　駐紮軍隊保衛治安)。 2、衛生 (WI^　SEN a.保護身體健康。b.清潔)。
膩膩	WI^	厭煩、膩了。如： 食膩矣 (SD^　WI^　IEv　吃膩了)。 看膩矣 (KON^　WI^　IEv　看膩了)。 看到就膩 (KON^　DO`　CHIU^　WI^　看見就覺得膩)。
遺	WI^	遺：送給。饋也。
豁	WID`	「豁 UOG`」的變音。扔、擲、拋棄、丟掉。

		豁歌（WID` HED` 丟掉）。 豁過去（WID` GO^ HI^ 將小工具等扔過去）。 豁上去（WID` SONG HI^ 扔上去）。
劃划	WID^	很快地晃過面前。如： 銃丸也劃于過（TSUNG^ IANv NE` WID^ LA^ GO^ 子彈劃過去）。 一枝刀也，在我面前劃于過（ID` GI DO UE`, NGAIv MIEN^ HIENv WID^ LA^ GO^ 一面前劃過）。
有	YU	1、表示事與物的所屬。如： 我有錢（NGAIv YU CHIENv）。 伊有車也（Iv YU TSA E` 他有車子）。 有夫之婦（YU FU Z FU^ 有丈夫的婦人）。 有權有勢（YU KIANv YU S^）。 2、表示存在。如： 有困難（YU KUN^ NANv）。 3、表示發生、出現。如： 有病矣（YU PIANG^ NGEv 發病了）。 4、表示估量、比較。如： 一本書有一斤重（ID` BUN` SU YU ID` GIN TSUNG）。 5、冇的反面。如： 有心（YU CIM 有意）。 有意（YU I^ 有此意思）。 有冇（YU MOv 有無）？ 有影（YU IANG` 真實的）。 有分（YU FUN^ 有一份）。 有額（YU NGIAG` 有份）。 有為（YU WIv 有能力的）。 有恆（YU HENv = FENv 有毅力、有始有終）。 有限（YU HAN^ 有一定的限制）。 有效（YU HAU` 有果效）。 有緣（YU IANv 有緣分）。 有用（YU YUNG^ 有用處、有出息）。 有出入（YU TSUD` NGIB^ 有差錯）。 有娠矣（YU SN NEv 懷孕了）。 有口皆碑（YU KIEU` GIAI BI 人人稱讚）。 有志竟成（YU Z^ GIN^ SNv 做事心志堅定，最後畢竟成功）。

		有頭有尾（YU TEUv YU MI 始終如一）。 有出有入（YU TSUD` YU NGIB^ 有進有出）。 有始有終（YU TS` YU ZUNG 有頭有尾）。 有條不紊（YU TIAUv BUD` UN`＝UN^ 有條理有秩序不紊亂）。 有備無患（YU PI^ Uv FAM^ 凡事有準備就可免後患）。 有耳冇嘴（YU NGI` MOv ZOI^ 可聽不可說）。 6、表示大或多。如： 有六十歲矣（YU LYUG` SB^ SE^ Ev）。 7、用在某些動詞前，表客氣。如： 有請（YU CHIANG`）。 8、表示「某一、某些、一部分」。如： 有時節（YU Sv JIED` 有時候）。 有一日（YU ID` NGID` 有一天）。 有人講（YU NGINv GONG` 有人說）。 有兜個（YU DEU GE^ 有些）。 有兜人（YU DEU NGINv 有些人）。
攸	YU	攸然而逝（YU IANv Iv S^ 跑得很快的樣子）。
悠	YU	悠閒（YU HANv 從容樣）。 悠然（YU IANv 清閒樣）。 悠思（YU S 沉思）。
尤	YUv	怨恨、歸罪。如： 怨天尤人（IAN^ TIEN YUv NGINv 怨恨天，歸罪人）。
憂 忧	YUv	發愁。如： 憂愁（YUv SEUv）。 憂慮（YUv LI^）。 憂急（YUv GIB` 憂愁著急）。 憂傷（YU SONG 憂愁悲傷）。 憂鬱（YUv YUD` 憂愁煩悶）。 高枕無憂（GO ZM` Uv YUv 貼高枕頭，無可憂愁）。
猶 犹	YUv	1、還、尚且。如： 記憶猶新（GI^ I^ YUv CIN）。 2、同、如。如： 猶如（YUv Iv 如同）。 雖死猶生（SUI CI` YUv SEN＝SANG）。

		3、疑惑。如： 猶疑（YUv　NGIv）。 猶豫（YUv　I^　遲疑不決）。 4、尚。如： 猶可（YUv　KO`尚可）。
遊	YUv	1、走動。如： 遊行（YUv　HANGv）。 遊牧（YUv　MUG^隨草水而畜牧的生活）。 遊說（YUv　SOD`奔走各地以口才說動人，使其聽從自己的主張）。 遊蹤（YUv　ZUNG　遊歷的蹤跡）。 遊樂（YUv　LOG^　旅遊玩樂）。 遊歷（YUv　LID^　遊覽各地）。 遊藝會（YUv　NGI^　FI^　表演各種節目的集會）。 2、旅遊、閒逛、如： 遊覽（YUv　LAM`= LAM^　旅遊觀看）。 遊客（YUv　KIED`旅客）。 遊艇（YUv　TINv　載客遊湖，遊河，遊海的船艇）。 遊豫（YUv　I^　遊樂）。 遊記（YUv　GI^　旅遊記錄）。 3、到遠地去。如： 遊子（YUv　Z`遠離家鄉的人）。 遊學（YUv　HOG^　出外去講學）。 周遊列國（ZU　YUv　LIED^　GUED`到各國去旅遊）。 4、玩耍。如： 遊戲（YUv　HI^　嬉戲）。 5、交往。如： 交遊（GAU　YUv）。 6、貪玩、不做正事。如： 遊蕩（YUv　TONG^　放蕩不做事）。 遊民（YUv　MINv　遊手好閒，不務正業的人）。 遊手好閒（YUv　SU`HAU^　HANv不務正業）。
游	YUv	1、人或動物在水中行動。如： 游泳（YUv　YUN`泅水）。 2、流動的、不固定的。如： 游資（YUv　Z）。 3、通「遊」。如：

		游民（YUv MINv 無事可做，不務正業的人）。 游子（YUv Z` 離鄉的人）。 4、游擊隊（YUv GID` DUI^ 以流動戰術，出沒無常的部隊）。
郵邮	YUv	通過郵局寄出。如： 郵匯（YUv FI^ 郵局匯兌錢款）。 郵寄（YUv GI^ 以郵寄遞）。
揉	YUv	1、摩擦。 揉搓（YUv TSO^）。 2、使直變曲。 3、抽繞。 揉絲（YUv S）。 4、矯揉造作（GIEU YUv TSO^ ZOG` 過分做作，不自然）。 又音 NGIO。
糅	YUv	雜亂： 糅雜（YUv TSAB^）。
訧	YUv	過失； 無訧（Uv YUv 無過）。
囮	YUv	1、以欺詐手段奪取別人錢財。 2、鳥媒：以家鳥引誘野鳥。
羑	YU`	誘導人學好。
牖	YU`	通「誘」。如： 牖民（YU` MINv 開通、啟發人民的知識）。
佑	YU^	1、保護。如： 保佑（BO` YU^）。 佑護（YU^ FU^ 庇護）。 2、扶助。如： 佑助（YU^ TSU^ 扶助）。 佑民（YU^ MINv 保佑人民）。
祐	YU^	神的保護： 神祐（SNv YU^）。 保祐（BO` YU^）。 庇祐（BI^ YU^ 上帝保祐）。
誘诱	YU^	1、教導、引導。如： 誘導（YU^ TO）。 2、用計引人受害、使迷惑。如： 引誘（IN YU^）。 誘惑（YU^ FED`）。 誘拐（YU^ GUAI` 引誘拐騙）。 誘捕（YU^ BU` 引誘捕捉）。

		3、吸引。如：
		景色誘人（ GIN` SED` YU^ NGINv ）。
		又音 CIANGv。
宥	YU^	寬恕、原諒：
		寬宥（ KON YU^ ）。
		赦宥（ SA^ YU^ 寬赦 ）。
		原宥（ NGIANv YU^ 原諒 ）。
		宥免（ YU^ MIEN 赦免 ）。
		宥恕（ YU^ SU^ 寬恕 ）。
		宥過（ YU^ GO^ 寬恕過錯 ）。
侑	YU^	1、勸進：
		侑酒（ YU^ JIU` 勸酒 ）。
		2、報答。如：
		侑酬（ YU^ TSUv 酬報 ）。
鬱 郁 欎	YUD`	1、心中愁悶、凝聚。如：
		憂鬱（ YUv YUD` ）。
		鬱積（ YUD` JID` 積累煩悶 ）。
		鬱結（ YUD` GIAD` 心中積聚愁苦感到不舒暢 ）。
		鬱塞（ YUD` SED` 憂悶閉塞 ）。
		鬱悶（ YUD` MUN^ 煩悶糾結 ）。
		鬱卒（ YUD` ZUD` 心中煩悶閉塞 ）。
		2、樹木茂盛。如：
		蒼鬱（ TSUNG YUD` 茂盛 ）。
郁	YUD`	「鬱」的簡體字。
育	YUG`	1、生養。如：
		生育（ SEN YUG` 生產養育 ）。
		養育（ IONG YUG` 生養 ）。
		育嬰（ YUG` IN 養育嬰兒 ）。
		2、培植。如：
		育苗（ YUG` MEUv 培植秧苗 ）。
		3、培養。如：
		教育（ GAU^ YUG` 教導培育 ）。
		育才（ YUG` TSOIv 培育人才 ）。
		智育（ Z^ YUG` 頭腦知識的教育 ）。
		體育（ TI` YUG` 鍛鍊身體的教育 ）。
鬻	YUG`	1、販賣。如：
		鬻文（ YUG` UNv 替人寫字或寫文章賺錢 ）。
		鬻畫（ YUG` FA^ 賣畫 ）。
		2、生養。如：
		孕鬻（ IN` YUG` ）。

浴	YUG^	3、鬻法（YUG` FAB` 受賄枉法）。
浴	YUG^	1、洗澡。 淋浴（LIMv YUG^ 淋水洗澡）。 洗裕（SE` YUG^ 洗澡）。 沐浴（MUG^ YUG^ 洗澡）。 浴池（YUG^ TSv 洗澡池）。 浴室（YUG^ SD` 澡堂）。 2、渾身浸染。如： 浴血（YUG^ HIAD`）。 又音 IOG^。
欲	YUG^	1、想要、希望。如： 欲望（YUG^ UONG^ 心中所想望）。 欲罷不能（YUG^ BA^ BUD` NENv 想停止卻不能）。 欲擒故縱（YUG^ KIMv GU^ JYUNG 想要捕捉卻假裝釋放）。 欲蓋彌彰（YUG^ GOI^ MIv ZONG 想要遮蓋過失反而更加彰顯）。 2、喜愛。如： 吾欲也（NGv YUG^ IA 我所喜愛的）。 3、快要。如： 山雨欲來（SAN I` YUG^ LOIv）。 4、通「慾 YUG^」。如： 欲=慾火（YUG^ FO` 淫慾如火般無可遏止）。 欲=慾海（YUG^ HOI` 比喻情慾陷人之深）。 欲=慾望（YUG^ UONG^ 對情慾的渴望）。
慾欲	YUG^	內心需要而急著想滿足的願望。如： 食慾（SD^ YUG^）。 性慾（CIN^ YUG^ 對性的慾望）。 慾望（YUG^ UONG^ 心願）。 慾念（YUG^ NGIAM^ 情慾、貪慾）。 慾火（YUG^ FO` 情慾如火旺）。 慾海（YUG^ HOI` 情慾深陷）。 慾壑（YUG^ HOG` 慾望多而無限、貪得無厭）。 求知慾（KYUv Z YUG^ 想要知道的慾望）。
辱	YUG^	1、羞恥。如： 恥辱（TS` YUG^）。 2、欺負，使他人蒙羞。如： 侮辱（U` YUG^）。

		辱沒（YUG^ MUD^ 侮辱）。 辱罵（YUG^ MA^ 侮辱謾罵）。 3、敬詞。有「承蒙」之意。如： 辱臨（YUG^ LIMv 對人來拜訪，表示委屈對方降尊屈己）。 辱命（YUG^ MIN^ 有負所交託的責任命令）。 辱承（YUG^ SNv 承受）。 辱知（YUG^ Z 承蒙提拔知遇）。 辱教（YUG^ GAU^ 屈尊指教）。 辱蒙指教（YUG^ MUNGv Z` GAU^ 同辱教）。
籲呼	YUI^	1、大聲喊叫。如： 籲籲呼呼（YUI^ YUI^ FU FU）。 籲于恁大聲（YUI^ IA^ AN` TAI^ SANG 呼喊得那麼大聲）。 籲人來救（YUI^ NGINv LOIv GYU^ 大聲呼救）。 2、請求，招求。如： 呼籲（FU YUI^）。 籲求（YUI^ KYUv）。 籲請（YUI^ CHIANG`）。 籲天（YUI^ TIEN 向天呼求）。 籲俊（YUI^ ZUN^ 招求俊才）。
允	YUN	1、答應、認可。如： 應允（IN^ YUN 答應允許）。 允許（YUN HI` 答允）。 允諾（YUN NOG` 答應、首肯）。 2、公平得當。如： 公允（GUNG YUN）。 允當（YUN DONG^）。 亦音 YUN`。
暈	YUN	昏厥。 暈倒（YUN DO`）。 日暈（NGID` YUN 太陽周圍的光圈）。 暈船（YUN SONv 坐船時頭暈）。 又音 FUNv，HINv。
云	YUNv	說。如： 云云（YUNv YUNv 如此說、等等說法）。 人云亦云（NGINv YUNv ID^ YUNv 人家說你也說）。
匀	YUNv	1、平均。如： 均匀（GYUN YUNv）。

		勻停（YUNv　TINv　均勻適當）。 2、分讓。如： 勻出（YUNv　TSUD`）。
耘	YUNv	除草。如： 耕耘（GIEN　YUNv　耕田除草）。 耘田（YUNv　TIENv　在田間除草）。 耘耘（YUNv　YUNv　田間農作物茂盛）。
詠 咏	YUN`	吟唱。如： 吟詠（NGIMv　YUN`　唱歌）。 歌詠（GO　YUN`　唱歌）。 詠懷（YUN`　FAIv　以吟詠方式表達情懷的文章）。
泳	YUN`	泅水、在水中游動。如： 游泳（YUv　YUN`）。 仰泳（NGIONG`　YUN`　仰式游泳）。 泳賽（YUN`　SOI^）。 游泳池（YUv　YUN`　TSv　供游泳的水池）。
允	YUN`	1、答應、認可。如： 應允（IN^　YUN`　答應允許）。 允許（YUN`　HI`　答允）。 允諾（YUN`　NOG`　答應、首肯）。 2、公平得當。如： 公允（GUNG　YUN`）。 允當（YUN`　DONG^）。
殞	YUN`	1、死亡。如： 殞滅（YUN`　MED^）。 殞亡（YUN`　MONGv）。 2、通「隕」。墜落。如： 殞落（YUN`　LOG^）。
隕	YUN`	通「殞」。 1、墜落。如： 隕落（YUN`　LOG^）。 2、死亡。如： 隕滅（YUN`　MED^）。 隕亡（YUN`　MONGv）。
磒	YUN`	同「隕、殞」。
尹	YUN`	治理： 以尹天下（I　YUN`　TIEN　HA^　以治天下）。
運 运	YUN^	1、轉動、移動。如： 運轉（YUN^　ZON`　運動轉移）。 運行（YUN^　HANGv　物體周而復始的循環移動）。

		運動（YUN^ TUNG^ a.使身體健康的動作，b.物體變換位置的作用，c.為達到目的而奔走鑽營，d.在大眾社會之間，宣傳思想主義，以謀求能達到目的）。 運筆（YUN^ BID`動筆寫字）。 運銷（YUN^ SEU 載運貨物銷售）。 運將（YUN^ JIONG^ 開車的司機，日語的うん ちあん）。 運動場（YUN^ TUNG^ TSONGv 供人運動的場地）。 運動會（YUN^ TUNG^ FI^ 大型的，在運動場的，各種運動比賽）。 運轉手（YUN^ ZON` SU` 日語，駕駛汽、火車的司機）。 2、搬送。如： 運輸（YUN^ SU）。 搬運（BAN YUN^ 搬動運送）。 運送（YUN^ SUNG^ 運輸）。 運貨（YUN^ FO^ 運輸貨品）。 運費（YUN^ FI^ 運搬費用）。 3、使用。如： 運用（YUN^ YUNG^）。
熨	YUN^	1、用熱鐵燙平衣物的器具。如： 熨斗（YUN^ DEU`）。 2、用熨斗燙平。如： 熨平（YUN^ PIANGv）。 熨衫褲（YUN^ SAM FU^ 燙平衣服）。
壅	YUNG	1、堵塞、封蔽，覆蓋。如： 壅塞（YUNG SED` 阻塞、蓋滿）。 壅閉（YUNG BI^ 塞住不通）。 壅被骨（YUNG PI GUD` 蒙在被窩裡）。 2、覆蓋泥土，把土或肥料培在植物的根部。 壅土（YUNG TU` 覆蓋泥土）。 壅肥（YUNG PIv 覆蓋肥料）。 壅泥（YUNG NAIv 培土，以泥覆蓋）。 3、掩埋。如： 壅埋（YUNG MAIv 覆蓋泥土掩埋）。 壅歇矣（YUNG HED` DEv 埋掉了）。 4、泥灰、塵灰掩蓋人。如： 壅人（YUNG NGINv 泥灰塵土掩蓋人）。

		雍塵打灰（YUNG TSNv DA` FOI 灰塵覆蓋）。
慵	YUNG	懶惰。如： 慵懶（YUNG LAN）。
雍	YUNG	1、和順： 雍雍（YUNG YUNG）。 2、雍容（YUNG YUNGv 有威儀）。 3、雍睦（YUNG MUG^ 和好）。 4、雍關（YUNG AD` 同「雍過」：阻礙不通）。
雝	YUNG	「雍」的本字。
容	YUNGv	1、包含。如： 內容（NUI^ YUNGv 內含）。 容納（YUNGv NAB^ 收容接納）。 容量（YUNGv LIONG^ 收容的數量）。 容積（YUNGv JID` 收容的體積）。 2、盛放。如： 容器（YUNGv HI^ 盛放的器具）。 容身（YUNGv SN 安身、藏身）。 3、原諒。如： 寬容（KON YUNGv 寬恕）。 容忍（YUNGv NGYUN 寬容忍耐）。 4、允許。如： 容許（YUNGv HI`）。 5、從容（CHYUNGv YUNGv 不急迫貌）。
溶	YUNGv	物質在水或其他液體中化解開。如： 溶解（YUNGv GIAI`）。 溶液（YUNGv ID^ 容有藥物的液體）。 溶劑（YUNGv JI^ 能溶解他物的液體）。 溶質（YUNGv ZD`化解在液體中的物質）。 溶化（YUNGv FA^ 物體溶解在液體中）。
熔	YUNGv	同「鎔YUNGv」。用高溫使固體物質化為液態。 熔解（YUNGv GIAI`）。 熔化（YUNGv FA^ 溶解）。 熔鐵（YUNGv TIED` 溶解鋼鐵）。
融	YUNGv	1、受熱熔化。如： 融化（YUNGv FA^）。 融解（YUNGv GIAI` 熔化）。 2、調合、調和、和樂。如： 融和（YUNGv FOv）。 融洽（YUNGv KAB` 感情和睦）。

		融融 （ YUNG YUNG 和樂貌 ）。 融會貫通 （ YUNGv FI^ GON^ TUNG 參合各種事理並能徹底領悟 ）。 3、流通的狀況。如： 融通 （ YUNGv TUNG 周轉資金 ）。 金融 （ GIM YUNGv 金錢的流通 ）。
喁	YUNGv	1、呼聲相應和： 唱喁 （ TSONG^ YUNGv ）。 2、魚張嘴露出水面： 喁喁 （ YUNGv YUNGv 眾人向慕，好像魚張嘴露出水面 ）。
慫惥恿	YUNG`	聳慂(惥) （ SUNG` YUNG` 唆使、勸誘 ）。 唆聳 （ SO SUNG` 唆使，慫惥 ）。
湧涌	YUNG`	1、水從地下冒出。如： 泉湧 （ CHIENv YUNG` ）。 2、出現、升起像泉湧一樣。如： 湧現 （ YUNG` HIAN^ ）。
涌	YUNG`	「湧」的簡體字。
踴踊	YUNG`	1、跳。跳躍爭先、勇於做事。如： 踴躍 （ YUNG` IOG` 做事起勁、快活貌 ）。 2、升。如： 踴貴 （ YUNG` GUI^ 物價上漲 ）。
踊	YUNG`	「踴」的簡體字。
擁拥	YUNG`	1、抱。如： 擁攬 （ YUNG` LAM` ）。 2、推戴、圍護。如： 擁戴 （ YUNG` DAI^ 推戴擁護 ）。 擁護 （ YUNG` FU^ 擁戴 ）。 擁立 （ YUNG` LIB^ 擁戴就位 ）。 擁有 （ YUNG` YU 有 ）。 3、擠。如： 擁塞 （ YUNG` SED` 人多擠塞 ）。 擁聚 （ YUNG` CHI` 人多聚集 ）。
用	YUNG^	1、使用、運用。如： 用腦 （ YUNG^ NO` ）。 用計 （ YUNG^ GIE^ 使用計謀 ）。 用心 （ YUNG^ CIM 運用心思 ）。 用意 （ YUNG^ I^ 用心 ）。 用兵 （ YUNG^ BIN 使用兵力 ）。 運用 （ YUN^ YUNG^ 應用、設法變通使用）。 應用 （ IN^ YUNG^ 設法使用 ）。

		動用（TUNG^ YUNG^ 拿出應用）。利用（LI^ YUNG^ 盡了器物的功用、使用他人來謀自己的利益）。採用（TSAI` YUNG^ 採取使用）。有用冇用（YU YUNG^ MOv YUNG^ 有用處或沒有用處，孝順與不孝順、有或沒有出息、有或沒有長進）。 2、功能。如： 功用（GUNG YUNG^）。 用處（YUNG^ TSU^ 用途）。 用途（YUNG^ TUv 功能）。 用度（YUNG^ TU^ 用途）。 3、化費。如： 費用（FI^ YUNG^）。 用費（YUNG^ FI^）。 家用（GA YUNG^ 家中花費）。 用錢（YUNG^ CHIENv 化錢）。 4、需要。如： 需用（CI YUNG^ 需要的花費）。 不用（BUD`=Mv YUNG^ 不需）。 5、吃喝的婉詞。如： 用茶（YUNG TSAv 喝茶）。 用飯（YUNG^ FAN^ 吃飯）。 用膳（YUNG^ SAN^ 用飯）。 用餐（YUNG^ TSON 用飯）。
支	Z	1、撐持。如： 支持（Z TSv）。 支援（Z IAN 支持幫助）。 支撐（Z TSANG^ 支持）。 體力不支（TI` LID^ BUD` Z 體力無法維持）。 2、付出、取。如： 支出（Z TSUD`）。 支取（Z CHI`）。 支付（Z FU^ 付款）。 支票（Z PEU^ 存款人開發的，有錢額、付款日期和付款人簽名，可向銀行支款的憑票）。 3、差派、分派。如： 支使（Z S` 差遣）。 支配（Z PI^ 分配）。
知	Z	曉得、知道。如：

		不知（BUD` Z=Mv DI）。
知悉（Z CID` 全知道）。
知曉（Z HIAU` 知道曉得）。
知足（Z=DI JYUG` 感到、知道滿足）。
知人（Z=DI NGINv 有眼光，能體察人的品行才能）。
知心（Z=DI CIM 彼此交往知道對方的性情）。
知恥（Z TS` 知道羞恥）。
知過（Z GO^ 知道自己所犯的過失）。
知趣（Z CHI^ 知道情勢，不惹人厭惡）。
知覺（Z GOG` 感覺外界事物的本能作用）。
知止（Z Z` 知道停止）。
知己知彼（Z GI` Z BI` 了解雙方的實情）。
2、認識、瞭解。如：
知己（Z GI` 最要好的朋友）。
知交（Z GAU 最親密的朋友）。
知音（Z IM 知己）。
知命（Z MIANG^ 安於命運、五十歲）。
相知日深（CIONG Z NGID` TSM 互相了解，日益加深）。
3、知識。如：
求知（KYUv Z）。
無知（Uv Z）。
4、招待。如：
知客（Z KIED` 招待客人）。
5、使知道。如：
通知（TUNG Z）。
亦音 DI。
咨	Z	商量、詢問。如：
咨詢（Z SUNv 詢問）。
咨訪（Z FONG` 訪問、咨商）。
咨謀（Z MEUv 咨商、謀劃）。
諮	Z	1、商量：
諮議（Z NGI^ 商議）。
2、詢問：
諮詢（Z SUNv 詢問）。
滋	Z	1、補益。如：
滋養（Z IONG 可補養身體的養分）。
滋補（Z BU` 有滋養料可補身體健康）。

		2、生出、生長。如： 滋生（Z SEN）。 3、繁殖。如： 繁滋（FANv Z）。 4、食物的味道。如： 滋味（Z MI^）。 5、增加、愈加、甚。如： 滋事（Z S^ 紛擾鬧事）。 滋甚（Z SM^）。 滋潤（Z YUN^ 使乾燥的變濕潤）。
赼	Z	赼趄（Z ZU 遲疑不前）。
孜	Z	勤勉不懈。如： 孜孜不倦（Z Z BUD` GIAN`）。
恣	Z	放縱、沒有拘束： 恣意（Z I^ 任意）。 恣肆（Z CI^ 放肆）。 恣情（Z CHINv 縱情）。 恣縱（Z JYUNG` 放縱）。
貲 貲	Z	1、罰錢： 貲錢（Z CHIENv 小罰，以財自贖）。 2、以錢租賃。如： 貲屋（Z UG` 租屋）。
孳	Z	1、滋生繁殖： 孳生（Z SEN 生長繁殖）。 孳萌（Z MENv 萌芽生長）。 孳乳（Z I` 繁衍，孳生）。 孳衍（Z IAN` 繁衍）。 孳息（Z CID` 生長。生利息）。 2、勤勞不息： 孳孳（Z Z 勤勉不懈）。
齜	Z	張口露牙貌： 齜牙瞪眼（Z NGAv TEN^ NGIAN`）。
訾	Z`	同「訾」：批評別人的過失；詆毀。 1、自營之狀。求私利，背公營私。 2、誹謗貌。 皋皋訾訾（GAU GAU Z` Z` 欺詐攻擊心藏奸詐）。
夂	Z`	從後面來。夂：Z`。 (不同於夊 夊：SUI - 行路遲緩。)
仔	Z`	1、仔細（Z` SE^ a. 細心、不輕率。 b. 注意。） 2、仔肩（Z` GIEN 擔負責任）。

訾	Z`	1、批評別人的過失；詆毀： 訾議（Z` NGI^）。 2、衡量： 訾粟而稅（Z` SUG` Iv SOI^ 衡量粟的收成扣稅）。 3、限制： 訾程（Z` TSANGv 事之程限）。
止	Z`	1、停住。如： 停止（TINv Z`）。 止息（Z` CID` 停息）。 止宿（Z` CYUG` 住宿）。 終止（ZUNG Z`）。 止水（Z` SUI` 不流通的水）。 止境（Z` GIN^ 終止的境地）。 2、使停。如： 止痛（Z` TUNG^）。 止血（Z` HIAD`）。 止渴（Z` HOD` 解渴）。 止飢（Z` GI 止住飢餓）。 止歇矣（Z` HED^ LEv 止住了）。 止不歇（Z` Mv HED^ 止不住）。 3、攔阻。如： 阻止（ZU Z`）。 制止（Z^ Z`）。 禁止（GIM^ Z`）。 止步（Z` PU^ 停步）。 喝止（HOD` Z` 喊止）。 4、沉靜。如： 止水（Z` SUI` 不動的水）。 靜止（CHIN^ Z`）。 5、心之所安。如： 止於至善（Z` I Z^ SAN^ 直到最完美的境界才停止）。
指	Z`	1、用手指指點、點出、分析出。如： 指南（Z` NAMv 指示方向、指引方法）。 直指（TSD^ Z` 指向）。 指出（Z` TSUD` 點出）。 指點（Z` DIAM` 指出、點出）。 指示（Z` S^ 指點）。 指引（Z` IN 指示引導）。 指導（Z` TO 指示引導）。 指教（Z` GAU^ 指點教導）。

		指正（Z` ZN^ 指示改正）。 指證（Z` ZN^ 作證）。 指責（Z` JID`指出錯處加以責備）。 指斥（Z` TAD` 指責訓斥）。 指摘（Z` ZAG`指責、指明謬誤處）。 指定（Z` TIN^ 確定指出）。 指使（Z` S` 指示差使、唆使）。 指揮（Z` FI 發號施令、以指令調遣）。 向南指（HIONG^ NAMv Z` 指向南方）。 指南（北）針（Z` NAMv [BED`] ZM 各指南北方向的定向磁針）。 指手畫腳（Z` SU` FA^ = UAG^ GIOG` 說話時口講手動的姿態）。 指牛罵馬（Z` NGYUv MA^ MA 指甲罵乙）。 指桑罵槐（Z` SONG MA^ FAIv 指他罵你）。 指鹿為馬（Z` LUG^ Wlv MA 比喻顛倒是非）。 2、希望。 指望（Z` UONG^）。 指日（Z` NGID` 不久、不日）。 3、直立。如： 髮指（FAD` Z` 頭髮豎直,形容發怒）。
旨恉	Z`	1、意思、心意。如： 宗旨（ZUNG Z` 主要大意）。 旨趣（Z` CHI^ 宗旨和志趣）。 旨意（Z` I^ 中心大意）。 2、美味。如： 甘旨（GAM Z` 甘甜美味）。 旨酒（Z` JIU` 美味的酒）。
祗	Z`	恭敬、恭敬地： 祗請（Z` CHIANG` 恭請）。 祗仰（Z` NGIONG` 恭敬仰望）。 祗候（Z` HEU^ 恭候）。
抵	Z`	旁擊,側擊： 抵掌（Z` ZONG` 擊掌）。
底	Z`	1、到。 2、定。
制	Z^	1、創作。如： 制定（Z^ TIN^ 創制規定）。 制訂（Z^ DANG` 訂立）。

		2、限定、管束。如： 制止（Z^ Z` 限制禁止）。 節制（JIED` Z^ 不使過度）。 抵制（DI` Z^ 抵抗外來的壓制）。 制限（Z^ HAN^ 限制在一定的範圍內）。 制伏（Z^ FUG^ 用強力壓服）。 制勝（Z^ SUN^ 壓制得勝）。 制裁（Z^ TSAIv 以法律道德約束或處分）。 制宜（Z^ NGIv 訂立適當的標準）。 制空權（Z^ KUNG KIANv 一國所擁有控制航空的權力）。 制海權（Z^ HOI` KIANv 一國所擁有控制航海的權力）。 先發制人（CIEN FAD` Z^ NGINv 先下手以制服人）。 2、合於規定形式的。如： 制服（Z^ FUG^ a、規定的服裝。b、壓制使順服。c、克服）。
製 制	Z^	1、造作器物。如： 製造（Z^ TSO^）。 製作（Z^ ZOG`）。 製品（Z^ PIN` 產品）。 製藥（Z^ IOG^）。 監製（GAM^ Z^ 監督製造）。 鉅製（KI Z^ 稱讚人的作品或著作偉大）。 2、裁成衣服。如： 製衣（Z^ I 縫製衣服）。 縫製（FUNGv Z^ 針縫）。 裁製（TSAIv Z^ 剪裁縫製）。 3、詩文著作。如： 佳製（GA Z^ 佳作）。
劓	Z^	以尖物刺入： 劓及腹中（Z^ NGYUN` FUG` ZUNG 以及刺腹）。
忮	Z^	1、忌妒： 忮心（Z^ CIM 忌妒之心）。 不忮不求（BUD` Z^ BUD` KYUv 不忌妒不貪求）。 2、不聽從： 忮很（Z^ HEN` 違逆不聽從；「很」亦作「狠」是違逆之意）。

628

致	Z^	1、表達、給予、送達。如： 致送（Z^ SUNG^ 送給）。 致函（Z^ HAMv 寄信）。 致謝（Z^ CHIA^ 表達謝意）。 致意（Z^ I^ 表達心意）。 致賀（Z^ FO^ 表達祝賀之意）。 致祭（Z^ JI^ 表達祭拜之意）。 致敬（Z^ GIN^ 表達敬意）。 致辭＝詞（Z^ TSv 講述祝賀、致謝或弔唁詞）。 2、達到。如： 學以致用（HOG^ I Z^ YUNG^）。 3、招來。如： 羅致（LOv Z^ 廣於搜羅）。 致病（Z^ PIANG^ 招來疾病）。 致富（Z^ FU^ 招來富裕）。 致死（Z^ CI` 招致死亡）。 致命（Z^ MIN^＝MIANG^ 招致喪失生命）。 致命傷（Z^ MIN^ SONG 可以置人以死地的傷害）。 4、專注、盡力。如： 致力（Z^ LID^ 盡力做）。 致知（Z^ Z 窮其所能知）。 5、情趣。如： 興致（HIN^ Z^ 興趣）。 6、辭官。如： 致仕（Z^ S^ 辭官引退）。
志	Z^	1、心意的趨向、想有所為的決定。 立志（LIB^ Z^ 心裏所抱定的願望）。 志向（Z^ HIONG^ 心裏所抱定的願望）。 志願（Z^ NGIAN^ 心願、志向）。 志氣（Z^ HI^ 意志堅強的氣概）。 志略（Z^ LIOG^ 志氣才略）。 志趣（Z^ CHI^ 志向和意趣）。 2、心意。如： 得志（DED` Z^ 得意）。 4、通「誌」。如： 三國志（SAM GUED` Z^）。 歷代志（LID^ TOI Z^ 聖經中歷代的記錄）。
誌 志	Z^	1、記錄。如： 日誌（NGID` Z^ 每天行事的記錄）。

		2、記號、標識。如： 標誌（PEU Z^）。 3、表示。如： 誌慶（Z^ KIN^ 表示慶賀）。 誌喜（Z^ HI` 表示歡喜、恭喜）。 誌哀（Z^ OI 表示哀悼）。
置 寘	Z^	1、放、安放。如： 安置（ON Z^）。 佈置（BU^ Z^）。 置身事外（Z^ SN S^ NGOI^ 不管其事）。 置若罔聞（Z^ IOG^ UONG` UNv 當作沒有聽見）。 置之度外（Z^ Z TU^ NGOI^ 不放心上）。 2、設立。如： 設置（SAD` Z^）。 置備（Z^ PI^ 購置備用）。 3、買入。如： 添置（TIAM Z^）。 4、廢棄。如： 棄置（KI^ Z^）。
窒	Z^	阻塞、不通。如： 窒息（Z^ CID` 呼吸不通）。 窒礙（Z^ NGOI^ 阻塞不通）。 窒塞（Z^ SED` 阻塞）。
摯 贄	Z^	誠懇： 誠摯（SNv Z^）。 懇摯（KIEN` Z^）。通「贄」「鷙」。
躓	Z^	跌倒。 跋前躓後（PAG^ CHIENv Z^ HEU^ 進退兩難）。
遮	ZA	1、攔擋。如： 遮擋（ZA DONG`）。 2、掩蔽。如： 遮蔽（ZA BI^）。 遮掩（ZA AM = IAM`）。 遮羞（ZA CIU 遮蔽羞恥的私處）。 3、蓋、拿（GIEMv）：如： 遮蓋（ZA GOI^）。 遮瞞（ZA MANv 遮蓋真相欺瞞）。 遮陽（ZA IONGv 遮蓋陽光）。
抓	ZA	1、以手或爪緊握。如： 抓緊（ZA HENv 抓緊）。

		抓到頭顱毛（ ZA DO` TEUv NAv MO 抓到頭髮）。 2、捕捉。如： 抓賭（ ZA DU` 捕捉聚賭的人）。
揸擔	ZA	用手握物，抓。 揸緊（ ZA HENv 抓緊）。
擖	ZA	敲擊： 擖鼓（ ZA GU` 打鼓）。
螫	ZA	蜂類、蚊蟲用尾針刺人畜。如： 蚊也螫人（ MUN NE` ZA = DIAU NGINv 蚊子釘人）。 分蜂也螫到（ BUN FUNG NGE` ZA = DIAU DO` 被蜂螫釘）。 讀音 ZA，語音 DIAU。
拃	ZA`	伸開母指與他指丈量： 拃看哪有幾長（ ZA` KON^ NA^ YU GI` TSONGv 量量看有多長）？ 一拃長（ ID` ZA` TSONGv 伸開兩指的長度）。 又音 KIAM^。
炸	ZA^	1、火力爆發。如： 爆炸（ PAU^ ZA^ 爆發）。 炸彈（ ZA^ TANv 砲彈）。 轟炸（ FUNG ZA^ 以砲彈攻擊）。 炸藥（ ZA^ IOG^ 火藥）。 2、油炸（ YUv ZA^ 用油浮（PEUv）炸。日語："揚あげる"，油揚：あぶらあげ）。
煠	ZA^	用油浮炸、煎、煮食物，同油炸的「炸」。
榨	ZA^	壓取物質中的液體。如： 榨油（ ZA^ YUv ）。 壓榨（ AB` ZA^ ）。
搾	ZA^	壓榨。同「榨 ZA^ 」的第1項：壓取物質中的液體。
詐詐	ZA^	欺騙、假裝。如： 欺詐（ KI ZA^ ）。 詐騙（ ZA^ PIEN^ ）。 偽詐（ NGUI` ZA^ 欺詐）。 詐術（ ZA^ SUD^ 詐騙手段）。 詐降（ ZA^ HONGv 偽詐投降）。 詐財（ ZA^ TSOIv 騙錢）。 詐色（ ZA^ SED` 詐欺女色）。

		詐事（ZA^ S^ 假詐，假裝的）。 詐病（ZA^ PIANG^ 裝病）。 詐死（ZA^ CI` 裝死）。 詐睡（ZA^ SOI^ 裝睡）。 詐不知（ZA^ Mv DI 裝作不知道）。 詐癲詐戇（ZA^ DIEN ZA^ NGONG^ 裝瘋也裝傻）。
醡	ZA^	壓榨酒的器具。如： 酒醡（JIU` ZA^ 壓榨酒的器具）。 醡酒（ZA^ JIU` 製酒）。
砸	ZAB`	重力向下壓： 砸傷（ZAB` SONG）。
眨	ZAB`	眨眼（ZAB` NGIAN` 眼睛開關）。 眨目（ZAB`＝NGIAB` MUG` 眨眼）。 讀音 ZAB`，語音 NGIAB`。
摺	ZAB`	摺疊。如： 摺紙（ZAB` Z`）。 摺衫褲（ZAB` SAM FU^ 摺疊衣服）。 摺褲腳（ZAB` FU^ GIOG` 將長褲的褲腳摺短）。
褶	ZAB`	同「摺 ZAB`」，摺疊衣物。 褶衫褲（ZAB` SAM FU^）。 褶被（ZAB` PI 摺疊被子）。
慴	ZAB`	畏懼。如： 慴伏（ZAB` FUG^ 畏懼他人的威勢而屈伏）。
懾	ZAB`	1、因怕而屈服： 懾服（ZAB` FUG^ 屈服）。 2、威脅： 聲懾海外（SANG ZAB` HOI` NGOI^ 威震海外）。 懾息（ZAB` CID` 比喻極怕而屏住氣息）。
讋	ZAB`	驚懼： 讋服（ZAB` FUG^ 因驚懼而順服）。
紮	ZAB`	1、停留、暫住。如： 紮營（ZAB` IANGv）。 紮夜（ZAB` IA^ 宿夜）。 2、賴著不走。如： 紮穩矣（ZAB` UN` NEv 賴佔著不走）。
輒軋	ZAB`	車輪壓垮了。如： 車也輒歇矣（TSA E` ZAB` HED` LEv 車輪壓垮了）。

扎	ZAB`	鑽入，刺入。如： 扎心（ZAB` CIM 刺中隱私）。 扎手（ZAB` SU` 刺手，事情難應付）。 扎根（ZAB` GIN 生根）。
躠	ZAB^	以腳掌踐踏。如： 躠水（ZAB^ SUI` 在多水地面踩踏）。 躠上躠下（ZAB^ SONG ZAB^ HA 在水地上走來走去）。
扎	ZAD`	掙扎（ZEN ZAD` 用力抗拒）。 又音 ZAB`。
折	ZAD`	1、弄斷。如： 折斷（ZAD` TON 拗斷）。 骨折（GUD` ZAD` 斷骨）。 2、彎曲。如： 曲折（KYUD` ZAD` 道路彎曲）。 折回（ZAD` FIv 走到半路再走回來）。 折腰（ZAD` IEU 彎腰）。 3、摺疊。如： 折紙（ZAD` Z` 同「摺」）。 4、減低價錢，按成計算。如： 折扣（ZAD` KIEU^ 一定數目中減去的成數）。 七折（CHID` ZAD` 減去三成只剩七成的價錢）。 折中（ZAD` ZUNG 兩邊兼顧、小的和大的數目加起來除於2、雙方各作讓步）。 折半（ZAD` BAN^ 折中）。 折衷（ZAD` ZUNG 折中）。 5、抵換。如： 折錢（ZAD` CHIENv 以物抵錢）。 折合（ZAD` HAB^ 換算貨幣）。 6、虧耗損失。如： 折本（ZAD` BUN` 虧本）。 折耗（ZAD` HO^ 耗損）。 損兵折將（SUN` BIN ZAD` JIONG^ 損失兵將）。 7、受阻撓。如： 百折不回（BAG` ZAD` BUD` FIv）。 8、佩服。如： 心折（CIM ZAD` 心服）。 折服（ZAD` FUG^ 心服）。

		9、夭折（IEU ZAD` 年少即死）。
紮	ZAD`	1、纏緊。如： 紮紗布（ZAD` SA BU^ 以紗布包紮傷口）。 用布紮緊（YUNG^ BU^ ZAD` HENv 用布紮緊）。 2、心胸受壓、不開朗。如： 心肝紮紮（CIM GON ZAD` ZAD` 心緒不開朗）。 又音 TAG`，ZAB`，ZAD^。
忖測	ZAD`	量力而為。忖量時間、忖量大小、忖量輕重、忖量長短。如： 測力做（ZAD` LID^ ZO^ 量力而為）。 測時間（ZAD` Sv GIAN 量好時間做）。 測看哪（ZAD` KON^ NA^ 忖度看看）。 測脈（ZAD` MAG` 把脈）。 讀音 TSED`。
鍘鍘	ZAD`	切斷： 鍘草鍘藥（ZAD` TSO` ZAD` IOG^ 切草切藥材）。 開鍘（KOI ZAD` 舉起鍘刀有刀柄的一端，準備行刑切斷人頭）。
紮	ZAD^	1、心緒不開朗。如： 紮紮（ZAD^ ZAD^）。 2、擁擠、人多複雜、織物的橫縱線或物品放置擁擠。如： 恁紮（AN` ZAD^ 這麼擁擠）。 又音 TAG`，ZAB`，ZAD`。
挷	ZAD^	擠逼： 排挷（PAIv ZAD^ 排擠）。
炙	ZAG`	1、放在火上燒、烤、薰。如： 炙茶（ZAG` TSAv 煮開水泡茶）。 炙火（ZAG` FO` 烤火取暖）。 炙熱（ZAG` NGAD^ 像火燒一樣極炎熱）。 茶炙也（TSAv ZAG` GE` 燒茶＝煮水的茶壺）。 炙手可熱（ZAG` SU` KO` NGIAD^ 火勢炎盛，喻有財勢的人氣焰逼人）。 2、親近： 親炙（CHIN ZAG` 親近而受到教益）。 3、受太陽曬： 炙日頭（ZAG` NGID` TEUv 曬太陽）。

		風吹日炙（FUNG TSOI NGID` ZAG`風吹日曬）。
摘	ZAG`	1、以指捏斷或以他力取下。如： 摘取（ZAG` CHI`）。 摘花（ZAG` FA）。 摘印（ZAG` IN^ 取去官印,革職）。 摘柚也（ZAG` YU^ UE` 摘下柚子）。 摘柑也（ZAG` GAM ME` 摘取橘子）。 2、選取。如： 摘要（ZAG` IEU^ 摘錄要點）。 摘錄（ZAG` LYUG^ 要點記錄）。 3、摘奸（ZAG` GIAN 舉發奸惡,摘除奸惡）。
擿	ZAG`	同「摘」。
摭	ZAG`	同「摘」。拾取，摘取： 摭拾（ZAG` SB^）。 捃摭（GYUN` ZAG` 摘取）。 摭採（ZAG` TSAI` 採摘）。
謫 讁 讍	ZAG`	1、譴責： 指謫（Z` ZAG`）。 交謫（GAU ZAD` 交相指責）。 2、貶謫（BIEN` ZAG` 官員因罪放逐到遠方）。
磧 磧	ZAG`	重壓，抵押： 磧底（ZAG` DAI` a、人以盛器送禮，收到禮品之後,回放禮品於盛器中。b、押金、保證金）。 磧石頭（ZAG` SAG^ TEUv 以石頭壓住）。
笮	ZAG`	1、壓迫： 迫笮（BED` ZAG`）。 2、壓榨： 笮汁（ZAG` ZB` 榨汁）。
迮	ZAG`	壓迫、緊迫、倉促。
截	ZAG^	攔截。如： 攔截（LANv ZAG^）。 截到矣（ZAG^ DO` UEv 攔截到）。 莫截伊（MOG^ ZAG^ Iv 別阻攔他）。 去頭前截（HI^ TEUv CHIENv ZAG^ 到前面去攔截）！ 賊也在路上，分人截到矣（TSED^ LE` TSOI LU^ HONG^，BUN NGINv ZAG^ DO` UEv 小偷在路上被人攔截到了）。

		又音 JIED`。
咋	ZAG^	重咬： 咋舌（ZAG^ SAD^ 深自悔恨，重咬舌頭）。
齰	ZAG^	通「咋」：重咬： 齰舌（ZAG^ SAD^ 重咬舌頭，深表悔恨）。
栽	ZAI	種植草木。如： 栽種（ZAI ZUNG^）。 栽培（ZAI PIv 栽種培育）。 盆栽（PUNv ZAI 以花盆種花木）。 栽花（ZAI FA 種花）。
宰	ZAI`	1、屠殺。如： 宰牛（ZAI` NGYUv 殺牛）。 宰羊（ZAI` IONGv）。 屠宰（TUv ZAI` 宰殺）。 2、主管、主持。如： 主宰（ZU` ZAI` 掌管）。 宰制（ZAI` Z^ 主持一切）。 3、分割。如： 宰割（ZAI` GOD` 分割牲畜、分割土地、剝削）。
載 載 儎	ZAI^	1、裝運、乘坐。如： 載人（ZAI^ = ZOI^ NGINv）。 載貨（ZAI^ FO^ 載運貨物）。 載重（ZAI^ TSUNG^ 裝載甚重）。 滿載（MAN ZAI^ 載滿）。 2、記在書報上。如： 記載（GI^ ZAI^ 記錄）。 登載（DEN ZAI^ 登在書報上）。 轉載（ZON` ZAI^ 從別處轉入記載）。 載明（ZAI^ MINv 明白記載）。 3、承受。如： 載福（ZAI^ FUG` 承受福澤）。 載重量（ZAI^ TSUNG^ LIONG^ 車船飛機等能承受的最高重量）。 4、充滿。如： 怨聲載道（IAN^ SANG ZAI^ TO^ 埋怨聲滿了街道）。 風雪載途（FUNG CIED` ZAI^ TUv 路途上滿了風雪）。 5、又、乃、於是。

		載歌載舞（ZAI^ GO ZAI^ U`又唱歌又跳舞）。
詹	ZAM	1、擇定、選定。如： 謹詹於…（GYUN` ZAM I 謹訂於）… 2、多言，同「占 ZAM」。如： 詹詹（ZAM ZAM 多言貌）。 3、管理、省察。如： 詹事（ZAM S^）。
瞻	ZAM	看、仰望。如： 觀瞻（GON ZAM 觀看）。 前瞻（CHIENv ZAM 向前看、向未來看）。 遠瞻（IAN` ZAM 看遠方）。 瞻仰（ZAM NGIONG` 仰首觀望，有欽敬之意）。 瞻望（ZAM UONG^ 向上看、仰望）。 瞻前顧後（ZAM CHIENv GU^ HEU^ 看前面又看後面）。
沾	ZAM	1、浸濕。如： 沾濕（ZAM SB`）。 沾襟（ZAM KIM 流淚滴濕衣襟）。 2、受到別人的好處。如： 沾恩（ZAM EN 受到恩惠）。 3、接觸、染上。如： 沾手（ZAM SU` 以手接觸、參與）。 沾光（ZAM GONG 受到別人的好處）。 沾染（ZAM NGIAM` 受到不良事物的影響）。 沾污（ZAM U 沾染污穢）。 4、滿意。如： 沾沾自喜（ZAM ZAM TS^ HI` 輕佻得意貌）。
咕	ZAM	咕囃（ZAM ZAD` 附人耳邊小聲說話）。
覘 覘	ZAM	1、窺視。如： 覘候（ZAM HEU^）。 2、探看。
戡	ZAM	用手衡量物件的輕重。 戡敓（ZAM DOD`）。
霑	ZAM	同「沾」。 1、弄濕。如： 霑衣（ZAM I 弄濕衣服）。 2、受到恩惠。如： 霑恩（ZAM EN）。

斬斬	ZAM`	1、砍斷。如： 斬首（ZAM` SU` 斬頭）。 斬斷（ZAM` TON 砍斷）。 斬決（ZAM` GIAD` 執行殺頭的刑罰）。 斬頭（ZAM` TEUv 砍頭）。 斬草除根（ZAM` TSO` TSUv GIN 除盡惡奸）。 快刀斬亂麻（KUAI^ DO ZAM` LON^ MAv 儘速解決）。 2、同「嶄ZAM`」，很、極。如： 斬新（ZAM` CIN 簇新）。 3、一律。如： 斬齊（ZAM` TSEv 斬切整齊）。
颭	ZAM`	物體受到風吹而搖動不定。 颭颭（ZAM` ZAM` 風吹物動貌）。
佔	ZAM^	1、強取、據為己有，同「占」。如： 強佔（KIONGv ZAM^ 以強力據為己有）。 佔有（ZAM^ YU 強佔為己有）。 佔領（ZAM^ LIANG 佔有並統領）。 佔據（ZAM^ GI` 以武力佔有）。 侵佔（CHIM` ZAM^ 強佔）。 3、物體所佔有的空間。如： 佔位（ZAM^ WI^ 強佔地方）。 佔地（ZAM^ TI^）。 佔優勢（ZAM^ YUv S^ 佔上風，壓倒對方）。 又音 DIN^，JIAM^。
占	ZAM^	強力取得，同「佔ZAM^」。如： 強占（KIONGv ZAM^）。 霸占（BA^ ZAM^ 強占）。 占領（ZAM^ LIANG 佔有並統領）。 占據（ZAM^ GI` 以武力佔有）。 侵占（CHIM` ZAM^ 侵入占領）。
站	ZAM^	直立、久立。如： 站立（ZAM^ LIB^）。 站崗（ZAM^ GONG 在崗位上執行職務）。
滲滲	ZAM^	液體從小漏洞或小裂痕中滲透出來。 滲水（ZAM^ SUI` 水滲透出來）。
蘸	ZAM^	以手或物沾液體或沾他物。 蘸墨（ZAM^ MED^ 以筆沾墨汁）。 蘸鹽(糖)（ZAM^ IAMv (TONGv) 食物沾鹽或糖）。

		又音 JIAM` 。
碾	ZAN`	同「輾 ZAN`」。亦音 ZAN^ 。滾壓。如： 碾米（ZAN` MI`礱穀成米,使脫糠變白）。 碾藥（ZAN` IOG^ 研碎藥材成粉）。 又音 ZAN` 。
輾 輾 众	ZAN`	同「碾 ZAN`」。亦音 ZAN^ 。 1、轉動： 輾轉（ZAN` ZON` 反復轉動）。 2、以輪滾壓。如： 輾米（ZAN` MI`以輪滾壓使脫糠變白）。
蹍	ZAN`	1、壓： 蹍平（ZAN` PIANGv）。 2、駐足、踐踏。如： 蹍腳不歇（ZAN` GIOG` Mv HED^站不住腳）。 3、蹍前（ZAN` CHIENv 提前）。 蹍後（ZAN` HEU^ 延後）。 又音 ZAN^ 。
攢	ZAN`	1、積聚： 攢錢（ZAN` CHIENv 賺錢，積蓄錢財）。 2、湊合，集聚： 攢兜錢來....（ZAN`=TSONv DEU CHIENv LOIv 聚些錢來.....）。 攢眉（TSONv=ZAN` MIv 心中不樂而緊皺眉頭）。 又音 TSONv 。
儹 儧	ZAN`	同「攢」：積聚。 儹錢（ZAN` CHIENv 賺錢，積蓄）。
展	ZAN`	1、張開、舒放。如： 展開（ZAN` KOI 拓展）。 展翼（ZAN` ID^ 張開翅膀飛翔）。 伸展（SN ZAN` 伸張開展）。 展卷（ZAN` KIAN` 打開書本）。 舒展（SU ZAN` 寬舒）。 2、事情的變化。如： 發展（FAD` ZAN` 向周圍拓展）。 推展（TUI ZAN` 推廣）。 進展（JIN^ ZAN` 進深發展）。 擴展（KOG` ZAN` 擴張）。 3、延擱。如： 展期（ZAN` KIv 延長期限）。 展緩（ZAN` FON^ 暫緩延期）。

		展限（ZAN` HAN^ 放寬限期）。 4、陳列。如： 展示（ZAN` S^）。 展覽（ZAN` LAM`）。 展現（ZAN` HIAN^ 展示）。 書展（SU ZAN` 書本展覽）。 畫展（FA^ ZAN` 繪畫展覽）。 5、省視。如： 展墓（ZAN` MU^）。
趲	ZAN`	急走。
戰 战	ZAN^	1、相殺、打仗、戰爭。如： 戰爭（ZAN^ ZEN 以兵力決勝負的敵對行為）。 戰士（ZAN^ S^ 士兵）。 戰鬥（ZAN^ DEU^ 兩軍互相用兵力決鬥）。 戰場（ZAN^ TSONGv 打仗交戰的地方）。 戰線（ZAN^ CIEN^ 軍隊在作戰時據守的陣線）. 戰術（ZAN^ SUD^ 作戰的方法）。 戰略（ZAN^ LIOG^ 戰爭的謀略）。 戰車（ZAN^ TSA 備有槍砲並有機動力的裝甲車，tank坦克車）。 戰局（ZAN^ KYUG^ 戰爭的局勢）。 戰役（ZAN^ ID^ 一場戰爭）。 戰俘（ZAN^ FUv 作戰時被敵人所俘虜的兵士）。 戰犯（ZAN^ FAM^ 發動戰爭的責任犯)。 戰功（ZAN^ GUNG 作戰的功績）。 戰時（ZAN^ Sv 處於戰爭狀態的時期）。 交戰（GAU ZAN^ 迎戰、兩隊交鋒）。 戰雲（ZAN^ YUNv 打仗時的士氣殺氣）。 戰壕（ZAN^ HOv 打仗用的壕溝）。 戰利品（ZAN^ LI^ PIN` 戰爭時奪得的敵方槍械）。 戰鬥機（ZAN^ DEU^ GI 在空中作戰的輕型飛機）。 世界大戰（S^ GIAI^ TAI^ ZAN^）。 2、比較優劣的競賽。如： 球戰（KYUv ZAN^ 球賽）。

		觀戰（GON ZAN^ 看比賽）。 拇戰（MU ZAN^ 猜拳）。 3、害怕、顫動。如： 戰慄（ZAN^ LID^ 害怕）。 寒戰（HONv ZAN^ 冷而發抖）。 心驚膽戰（CIM GIANG DAM` ZAN^ 形容非常害怕）。
顫顫	ZAN^	發抖。又音顫（ZUN）。如： 顫動（ZAN^ TUNG^ 抖動）。 心寒膽顫（CIM HONv DAM` ZAN^ = ZUN）。 又音 ZUN，TSAN^。
贊贊	ZAN^	1、幫助。如： 贊助（ZAN^ TSU^）。 2、稱揚。如： 贊揚（ZAN^ IONGv 稱頌）。 稱贊（TSN ZAN^ 稱頌）。 贊許（ZAN^ HI` 稱揚）。 贊美（ZAN^ MI 稱讚他人的美善）。 贊賞（ZAN^ SONG` 稱讚）。 贊嘆（ZAN^ TAN^ 極其稱讚）。 3、行禮宣唱節目稱為 贊禮＝禮贊（ZAN^ MI）。 4、同意：如： 贊同（ZAN^ TUNGv）。 贊成（ZAN^ SNv）。
讚讚贊	ZAN^	通「贊 ZAN^」、誇獎、稱美。如： 1、幫助、襄助。如： 讚助（ZAN^ TSU^）。 2、稱揚。如： 讚揚（ZAN^ IONGv）。 稱讚（TSN ZAN^）。 讚許（ZAN^ HI` 稱揚）。 讚美（ZAN^ MI 稱讚他人的美善）。 讚賞（ZAN^ SONG` 稱讚）。 讚嘆（ZAN^ TAN^ 極其稱讚）。 3、行禮宣唱節目稱為 讚禮（ZAN^ MI）。 4、同意：如： 讚同（ZAN^ TUNGv）。 讚成（ZAN^ SNv）。
碾	ZAN^	滾壓，滾動。同「輾 ZAN`，ZAN^」。 1、壓碎，研磨。如：

		碾米（ZAN^ MI` 礱穀成米）。 碾藥（ZAN^ IOG^ 研碎藥材成粉）。 2、輾壓。如： 碾壓（ZAN^ AB`）。 碾平（ZAN^ PIANGv 以輪滾壓平）。 碾筒（ZAN^ TUNGv 滾筒）。 碾石（ZAN^ SAG^ 石頭製成的滾筒）。 3、滾動。如： 滾滾碾（KUN` KUN` ZAN^ 在地上滾動）。 亦音 ZAN`。
輾 輾	ZAN^	通「踺 ZAN^」。 1、滾動。如： 滾滾輾（KUN` KUN` ZAN^ 滾動著）。 球也輾過去矣（KYUv UE` ZAN^ GO^ HI^ IEv 球滾過去了）。 2、碾壓、輪子壓過。如： 車也輾死人（TSA E` ZAN^ CI` NGINv 車子壓死人）。 分輪也輾斷矣（BUN LIEN^ NE` ZAN^ TON NEv 被輪子碾斷了）。
爭 爭	ZANG	1、努力求取。如： 相爭（CIONG ZANG）。 2、吵論。如： 爭論（ZANG LUN^）。 爭吵（ZANG＝ZEN TSAUv）。 3、搶先。如： 爭先（ZANG CIEN）。 4、差異、改善。如： 爭差（ZANG＝ZEN TSA 相差、改善）。 冇爭（MOv ZANG 沒有差異、沒有改善）。 讀音 ZEN。
睜 睜	ZANG	張開眼睛： 睜眼（ZANG NGIAN` 分開上下眼皮，露出眼珠看）。
增	ZANG	改善、差異。同「爭 ZANG」。如： 冇增（MOv ZANG 沒有增加或改善多少）。 冇卡增（MOv KA^ ZANG 沒有改善多少）。
繕 繕	ZANG`	把壞的、不全的器物修補好、整修好、修理、補綴。 繕屋（ZNANG` UG` 整修屋子）。

642

整	ZANG`	修繕（CIU ZANG` 整修）。 繕車也（ZANG` TSA E` 修車子）。 繕好矣（ZANG` HO` UEv 修好了）。 同「繕 ZANG`」、修繕。如： 修整（CIU ZANG`）。 整車也（ZANG` TSA E` 修車子）。 整屋整好矣（ZANG` UG` ZANG` HO` UEv 修房子修好了）。
掙 挣	ZANG^	用力、出力。如： 出力掙（TSUD` LID^ ZANG^ 出力撐、出力逼出）。 再掙一下添（ZAI^ ZANG^ ID` HA^ TIAM 再用力多撐一些時間）。 掙不出來（ZANG^ Mv TSUD` LOIv 如生孩子或大便,擠逼不出來）。
搔	ZAU`	用指甲扒抓。如： 搔癢（ZAU` IONG 抓癢）。 搔出血（ZAU` TSUD` HIAD` 抓出血了）。
找	ZAU`	補不足或還給多餘的。如： 找錢（ZAU` CHIENv）。 不使找（Mv S` ZAU` 不必找錢）！
澡	ZAU`	1、洗浴。如： 澡堂（ZAU` TONGv 浴室）。 2、修飾： 澡身浴德（ZAU` SN YUG^ DED` 修身積德）。
罩	ZAU^	以器物遮蓋或撈物。如： 籠罩（LUNGv ZAU^ 蓋住、包圍住）。 燈罩（DEN ZAU^）。 罩篱（ZAU^ LEUv 疏孔竹編可過濾的撈物器具，從鍋中撈起食物的網形用具）。 魚罩（NGv ZAU^ 踢魚的捕魚器）。 桌罩（ZOG` ZAU^ 桌上飯菜防蠅罩）。 蚊罩（MUN ZAU^ 防蚊罩）。
執 执	ZB`	1、用手拿著。如： 執筆（ZB` BID` 握筆）。 執鞭（ZB` BIEN 握住教鞭或馬鞭）。 執戈（ZB` KO 拿起武器）。 執牛耳（ZB` NGYUv NGI` 在同業中居領導地位）。 2、掌握管理。如：

		執政（ZB` ZN^ 執掌政權）。 執掌（ZB` ZONG` 管理）。 3、堅持。如： 固執（GU^ ZB`）。 執意（ZB` I^ 固執自己意見）。 執迷（ZB` MIv 固執不悟）。 執一（ZB` ID` 固執不變）。 盡執（CHIN^ ZB` 很固執）。 4、憑證。如： 執照（ZB` ZEU^）。 5、依規定行事。如： 執法（ZB` FAB` 依法行事）。 執行（ZB` HANGv）。 執禮（ZB` LI 行禮）。 執業（ZB` NGIAB^ 執行職業、從事某種職業）。 執事（ZB` S^ 依法行事的人）。
縶 絷	ZB`	1、拘捕、監禁： 拘縶（GI ZAB` 拘捕）。 縶囚（ZB` CHIUv 抓囚犯）。 2、用繩繫住： 縶縛（ZB` FUG^）。 3、拴住馬腳： 縶馬（ZB` MA）。 4、馬韁繩。
織 织	ZD`	1、用絲、麻、棉紗、毛線等編成網、布或衣物等。 織布（ZD` BU^）。 編織（BIEN ZD`）。 織毛線（ZD` MO CIEN^）。 2、構造。如： 組織（ZU ZD`）。 3、穿梭一樣來往。如： 行人如織（HANGv NGINv Iv ZD` 行人來往繁密忙碌）。 又音 CHIAG`。
職 职	ZD`	管理、執掌。如： 職掌（ZD` ZONG` 掌理）。 職司（ZD` S 職掌）。
躑 踯 躅 蹢	ZD`	躑躅（ZD` TSOG` 行走遲緩貌，徘徊不前貌）。

擲摛	ZD`	1、投出、拋出、扔出去。如： 投擲（TEUv　ZD`）。 拋擲（PAU　ZD`　拋投）。 擲環（ZD`　FANv　投擲環套套在某物上）。 擲遠（ZD`　IAN`　投擲到遠處）。 擲鐵餅（ZD`　TIED`　BIANG`　投擲鐵餅的體育運動）。 2、請把東西交給自己的客氣話。如： 擲下（ZD`　HA^）。 擲還（ZD`　FANv＝UAN　請你還給）。 又音 JIED^，ED^，TSOD`。
擿	ZD`	同「擲」，「摘」。 又音 ZAG`。
質貭质	ZD`	1、詢問、就正。如： 質問（ZD`　UN^）。 質成（ZD`　SNv　求人判斷是非而得其平）。 質疑（ZD`　NGIv　求問疑惑）。 2、抵押、抵押品。如： 典質（DIEN`　ZD`）。 質押（ZD`　AB`）。
躓踬	ZD`	1、遇到阻礙絆倒。如： 躓礙（ZD`　NGOI^）。 躓頓（ZD`　DUN`　顛仆困頓）。 2、事情不順利。如： 困躓（KUN^　ZD`　境遇困難）。
扻	ZD`	責打： 扻打（ZD`　DA`）。
窒	ZD`	1、阻塞： 窒礙（ZD`　NGOI^）。 窒息（ZD`　CID`　呼吸不通）。 2、抑制： 窒欲（ZD`　YUG^　抑制慾望）。 又音 Z^。
厔	ZD`	礙止： 厔礙（ZD`　NGOI^　受阻而停止）。
庢	ZD`	礙止： 庢礙（ZD`　NGOI^　受阻而停止）。同「厔」。
陟	ZD`	1、升、登高： 陟降（ZD`　GONG^　升降）。

645

		陟彼高岡（ZD` BI` GO GONG 登那高岡）。 2、進用： 黜陟（DOD` ZD` 黜是降，陟是升）。
騭騭隲	ZD`	1、升。如： 隲騰（ZD` TINv）。 2、暗中安排。如： 陰隲（IM ZD` 陰德，暗藏不露的德行）。
撮	ZEB`	1、用兩、三個手指抓取東西。如： 撮茶心（ZEB` TSAv CIM 抓取些許茶葉）。 撮鹽（ZEB` IAMv 抓取些許的鹽）。 2、少量。如： 一撮鹽（ID` ZEB` IAMv 一小撮鹽）。 又音 TSOD`。
測測	ZED`	覺得、嘗試得。如： 測到好（ZED` DO` HO` 嘗試後覺得不錯）。 測看哪（ZED` KON^ NA^ 試試看、探測看看）。 讀音 TSED`。
砧	ZEM	用刀切剁。如： 砧豬菜（ZEM ZU TSOI^ 切剁豬菜）。 砧肉丸（ZEM NGYUG` IANv 剁碎肉，做肉丸子）。
蹬	ZEMv	「蹬DEM`」的變音。馬蹄、牛腳或人穿皮鞋踩人。 蹬人（ZEMv NGINv 踩人）。 蹬印（ZEMv IN^ 蓋章）。 分牛蹬到（BUN NGYUv ZEMv DO` 被牛踩到）。
揕	ZEMv	蓋印、用印。如： 揕印（ZEMv IN^）。
蹬	ZEM`	同「蹬ZEMv」。「蹬DEM`」的變音。 蹬腳（ZEM`＝DEM` GIOG` 踩腳步）。
爭爭	ZEN	1、努力求取。如： 爭取（ZEN CHI`）。 爭光（ZEN GONG 爭取光榮）。 爭氣（ZEN HI^ 立志向上）。 爭權奪利（ZEN KIANv TOD^ LI^ 爭奪權利）。 2、互不相讓。如： 爭奪（ZEN TOD^）。 爭端（ZEN DON 相爭的起因）。 爭執（ZEN ZB` 各持己見，相爭不下）。

		3、吵嘴。如： 爭吵（ZEN TSAUv）。 爭論（ZEN LUN^ 辯論不肯相讓）。 4、搶先。如： 爭先恐後（ZEN CIEN KYUNG` HEU^）。 亦音 ZANG。
睜睜	ZEN	打開眼睛： 睜眼（ZEN NGIAN`）。
掙掙	ZEN	用力支持： 掙扎（ZEN ZAB`）。
諍诤	ZEN	1、直言勸告： 諍友（ZEN YU 直言勸告朋友）。 2、通「爭」： 諍訟（ZEN CYUNG^）。
憎	ZEN	1、忿恨： 憎恨（ZEN HEN^）。 2、厭惡： 憎厭（ZEN IAM^）。
增	ZEN^	加多。如： 增加（ZEN^ GA）。 增產（ZEN^ SAN` 增加出產）。 增刊（ZEN^ KON 增加篇幅）。 增光（ZEN^ GONG 增加光榮）。 增長（ZEN^ ZONG` 增益長進）。 增刪（ZEN^ SAN 增加或刪減）。 增減（ZEN^ GAM` 增加或減少）。 增益（ZEN^ ID` 加添利益）。 增進（ZEN^ JIN^ 增加助長）。 增廣（ZEN^ GONG` 助長推廣）。
贈贈	ZEN^	送東西給人不收代價。如： 贈送（ZEN^ SUNG^）。 贈品（ZEN^ PIN 贈送的物品）。 贈與（ZEN^ I 送給）。 贈言（ZEN^ NGIANv 以正言相勸勉）。 贈別（ZEN^ PED^ 送別）。
憎	ZEN^	1、忿恨： 憎恨（ZEN^ HEN^）。 2、厭惡： 憎厭（ZEN^ IAM^）。
甑	ZEN^	炊蒸： 1、炊蒸所用的瓦罐。 2、飯甑（FAN^ ZEN^ 蒸飯用的盛飯木

		桶）。
招	ZEU	1、用手勢叫人來或向人致意。如： 招呼（ZEU FUv）。 招手（ZEU SU`）。 2、以公開方式使人來。如： 招生（ZEU SEN）。 招考（ZEU KAU` 招人應考）。 招募（ZEU MU^ 募集）。 招領（ZEU LIANG 招人認領）。 招標（ZEU PEU 出價競標承包工程，最低價者得標）。 招租（ZEU ZU 公告出租）。 招貼（ZEU DIAB` 貼廣告）。 招牌（ZEU PAIv 商店的廣告牌,店牌）。 招兵買馬（ZEU BIN MAI MA 招集工作人員）。 3、引來、惹。如： 招禍（ZEU FO^ 招來災禍）。 招惹（ZEU NGIA` 惹來麻煩）。 招搖（ZEU IEUv 虛張聲勢）。 招風引蝶（ZEU FUNG IN TIAB^）。 4、手法。如： 花招（FA ZEU）。 5、說出所犯罪行。如： 招認（ZEU NGIN^）。 招供（ZEU GYUNG 供認自己的罪行）。 6、邀請。如： 招邀（ZEU IEU）。 招待（ZEU TAI^ 接待）。 7、招贅、入贅。如： 招老公（ZEU LO` GUNG 女人招贅男人為夫）。 分人招（BUN NGINv ZEU 男人入贅到女家）。 招婿郎（ZEU SE^ LONGv 招贅女婿）。
昭 炤	ZEU	表白、顯明。如： 昭雪（ZEU CIED` 洗雪冤情）。 昭彰（ZEU ZONG 顯明）。 昭示（ZEU S^ 明示）。 昭和（ZEU FOv 日本天皇裕仁的年號，1926年為昭和元年）。
贅	ZEU	男子到女家成婚，同「招 ZEU」的第 7 項。

贅		贅婿郎（ZEU SE^ LONGv 招贅女婿）。 贅老公（ZEU LO` GUNG 女人招贅男人為夫）。 分人贅（BUN NGINv ZEU 男人被招贅到女家）。 讀音 ZUI^。
釗	ZEU	1、削。 2、勉勵。 勉釗（MIEN` ZEU 勉勵）。 勖釗（MIEN` ZEU 勉勵）。
諏諏	ZEU	1、會商。 2、選擇： 諏吉（ZEU GID` 擇吉）。 3、詢問： 諏問（ZEU UN^ 詢問、向人探詢意見）。
謅	ZEU	說話戲弄他人。嘲弄。
走	ZEU`	1、跑步。如： 行走（HANGv ZEU` 走路和跑步）。 走桌（ZEU` ZOG 餐廳的跑堂）。 走盡遽（ZEU` CHIN^ GIAG` 跑得很快）。 走相逐（ZEU` CIONG GYUG` 賽跑）。 走腳板（ZEU` GIOG` BAN` 跑腿）。 走不開腳（ZEU` Mv KOI GIOG 有事纏身離不開、不忍離去）。 2、奔逃。如： 奔走（BUN ZEU` 到處張羅）。 逃走（TOv ZEU`）。 敗走（PAI^ ZEU` 事敗逃走）。 3、去、往。如： 走投無路（ZEU` TEUv Uv LU^）。 4、泄漏。如： 走漏（ZEU` LEU^）。 5、改變原樣。如： 走色（ZEU` SED` 變色,退色）。 走樣（ZEU` IONG^ 變樣）。 走味（ZEU` MI^ 變味）。 走種（ZEU` ZUNG` 變種）。 走音（ZEU` IM 變音）。 走板（ZEU` BAN` 走樣、唱歌走音對不上拍子）。 走正（ZEU` ZANG 失正,失去原樣）。 6、離開。如：

		走開（ZEU` KOI）。 走！（ZEU`）！：趕人走開。 7、走私（ZEU` S 逃稅私貨）。 8、走腥（ZEU` CIANG 或變音為 ZEU` SANG 雌性牲畜發情期、求偶期）。 9、走狗（ZEU` GIEU` 甘願供有權有勢者驅使奔走的人）。 10、走運（ZEU` YUN^ 交好運）。
奏	ZEU^	1、彈、吹、玩樂器。如： 奏樂（ZEU^ NGOG` 彈奏樂器）。 彈奏（TANv ZEU^ 彈奏樂器）。 合奏（HAB^ ZEU^ 樂器分部一起吹奏）。 三重奏（SAM TSUNGv ZEU^ 三支(個)樂器分部一起吹(彈)奏）。 2、顯現：如： 奏效（ZEU^ HAU` 生效）。 奏功（ZEU^ GUNG 成功）。 奏捷（ZEU^ CHIAB^ 得勝）。 3、舊時臣子對君王的陳詞稱為「奏」。 奏明（ZEU^ MINv 下對上說明）。 奏略（ZEU^ LIOG^ 下對上呈文）。
揍	ZEU^	痛打。
照炤	ZEU^	1、光線直射。如： 照射（ZEU^ SA^）。 2、對鏡反看或對反光體反看。如： 照鏡也（ZEU^ GIANG^ NGE` 照鏡子）。 3、攝影。如： 照相（ZEU^ CIONG^）。 4、依據。如： 照樣（ZEU^ IONG^）。 依照（I ZEU^）。 執照（ZB` ZEU^ 執業的憑證）。 照排（ZEU^ BAIv 依次排隊）。 照輪（ZEU^ LUNv 依次輪流）。 5、看顧、關心。如： 照顧（ZEU^ GU^）。 6、對比、察看。如： 對照（DUI^ ZEU^）。 比照（BI` ZEU^）。 7、知曉、明白。如： 心照不宣（CIM ZEU^ BUD` CIEN 心中知曉，但不宣布）。

詔	ZEU^	教導。 父詔其子（ FU^ ZEU^ KIv Z` 父親教導兒子 ）。
炤	ZEU^	照耀，同「照 ZEU^」、通「昭 ZEU」。
箴	ZM	規勸。如： 箴規（ ZM GUI ）。 箴言（ ZM NGIANv 規勸人行善的話 ）。 箴銘（ ZM MEN` 以規勸為旨的一種文體 ）。
針 针	ZM	用針刺人的經絡穴道來治病。如： 針灸（ ZM GYU` ）。 又音 ZM^。
鍼	ZM	同「針 ZM」。
斟	ZM	1、用壺倒酒或倒茶。如： 斟酒（ ZM JIU` ）。 斟茶（ ZM TSAv ）。 2、斟酌（ ZM ZOG` a.斟酒而飲。b.度量考慮 ）。
枕	ZM`	把頭放在某物上。如： 枕籍（ ZM` CID^ 縱橫相枕而臥，形容縱橫堆，沒有秩序 ）。 枕戈待旦（ ZM` KO TAI^ DAN^ 枕著武器等待天明，比喻不忘職責 ）。
譖	ZM`	誣譖（ Uv ZM` 拿虛偽的事，在背後說人的不是 ）。
揕	ZM^	1、擊、刺： 揕其胸（ ZM^ KIv HYUNG 擊、刺其胸部 ）。 2、用指甲刺壓。如： 揕人（ ZM^ NGINv 用指甲刺壓人 ）。 用手指甲揕梨也（ YUNG^ SU` Z` GAB` ZM^ LIv IE` 以指甲刺壓梨子，其成熟度 ）。
針 针	ZM^	刺入後扣緊。如： 銀針也（ NGYUNv ZM^ ME` 別針 ）。 又音 ZM。
偵 侦	ZN	暗中察看。如： 偵探（ ZN TAM` 暗中探聽 ）。 偵防（ ZN FONGv 探伺 ）。 偵察（ ZN TSAD` 暗中調查探看 ）。 偵緝（ ZN CIB^ 偵查並捉拿罪人 ）。
遉	ZN	同「偵」。
診	ZN	檢查病情、看病。如：

651

诊		診察（ZN TSAD`）。 診斷（ZN DUN^ 診察判斷病情）。 診病（ZN PIANG^ 診察判斷病情）。 診療（ZN LIAUv 診察治療）。 診治（ZN TS^ 診察治療）。
眕	ZN	克制。憾而能眕者，鮮矣（恨而能克制者很少）。
征	ZN	1、遠行。如： 征途（ZN TUv）。 2、討伐。如： 征討（ZN TO`）。 3、同「徵」：收集、徵收。如： 征收（ZN SU）。 征兵（ZN BIN）。 征稅（ZN SOI^）。
怔	ZN	1、恐懼。如： 怔營（ZN IANGv 惶恐不安）。 2、心神不定。如： 怔忪（ZN ZUNG 驚懼貌）。
徵 征	ZN	1、召集。如： 徵召（ZN SEU^ 徵求召集）。 徵集（ZN CIB^ 徵求收集）。 徵兵（ZN BIN）。 徵調（ZN TIAU^ 徵兵調集）。 2、收稅。如： 徵稅（ZN SOI^）。 徵收（ZN SU）。 3、現象。如： 特徵（TID^ ZN）。 徵兆（ZN SEU^ 預兆）。 4、尋求。如： 徵求（ZN KYUv）。 徵聘（ZN PIN`）。 徵文（ZN UNv 徵求文章）。 徵詢（ZN CYUNv 徵求詢問）。 5、證明。如： 徵信（ZN CIN^ 徵詢誠信證明）。 足徵無偽（JYUG` ZN Uv NGUI`足可證明不假）。
蒸	ZN	1、熱氣上升。如： 蒸氣（ZN HI^）。 蒸發（ZN FAD`）。

		蒸騰（ZN TINv 熱氣上升）。
蒸餾水（ZN LIU^ SUI` 蒸氣凝成的水）。
蒸汽機（ZN HI^ GI 利用蒸氣壓力發生動力的機器，如火車頭）。
2、用蒸氣使食物熟透或加熱。如：
蒸飯（ZN FAN^）。
蒸籠（ZN LUNGv 蒸食品用的透氣竹籠或盛物）。
蒸粄也（ZN BAN` NE` 蒸熟米粄）。
臻	ZN	達到。如：
未臻（WI^ ZN 尚未達到）。
臻於完善（ZN I UANv SAN^）。
甄	ZN	1、製造陶器稱為甄。
甄陶（ZN TOv 喻為教育人才）。
2、選拔。如：
甄拔（ZN PAD^ 選拔）。
甄審（ZN SM` 甄選審定）。
甄選（ZN CIEN` 選取人才）。
甄別（ZN PED^ 以考試分別優劣）。
甄用（ZN YUNG^ 選用）。
整	ZN`	1、不亂、有秩序。如：
整齊（ZN` TSEv）。
整隊（ZN` DUI^ 整齊隊伍）。
整列（ZN` LIED^ 行列整齊、一整列）。
整潔（ZN` GIAD` 整齊清潔）。
2、治理、修理。如：
整理（ZN` LI）。
整飭（ZN` TSD^ 加以整頓檢束）。
整頓（ZN` DUN` 整理使不紊亂）。
整編（ZN` BIEN 整頓改編）。
整治（ZN` TS^ 治理）。
整枝（ZN` GI 修剪樹枝，剪去不必要的枝葉）。
整地（ZN` TI^ 整治土地）。
整軍（ZN` GYUN 整治軍隊）。
整容（ZN` YUNGv 修整容貌）。
拯	ZN`	援救。如：
拯救（ZN` GYU^）。
震	ZN`	1、劇烈搖動。如：
地震（TI^ ZN` 地動）。
震動（ZN` TUNG^ 顫動）。

		震顫（ZN` ZAN^ 震動發抖）。 震盪（ZN` TONG^ 搖盪）。 2、雷擊。如： 雷震（LUIv ZN`）。 3、情緒過分激動。如： 震怒（ZN` NU^）。 震驚（ZN` GIANG 異常驚恐）。 震悼（ZN` TO^ 驚愕悲痛）。 震悸（ZN` GUI^ 驚懼恐怖）。 震慄（ZN` LID^ 身體發抖）。 又音 TIN。
振	ZN`	1、搖動、震動、揮動。如： 振動（ZN` TUNG^ 物體擺動）。 振筆直書（ZN` BID` TSD^ SU 寫字很快）。 振振有詞（ZN` ZN` YU TSv 說得很有理由）。 2、奮發、興起。如： 振奮（ZN` FUN` 振作奮發）。 振作（ZN` ZOG` 打起精神做事）。 振興（ZN` HIN 使事業興旺）。 3、同「賑 ZN`」：救濟。如： 振救（ZN` GYU^ 救助，周濟）。 振濟（ZN` JI^ 救濟）。
賑 賑	ZN`	救濟。如： 賑災（ZN` ZAI 救災）。 賑救（ZN` GYU^ 救助，周濟）。 賑濟（ZN` JI^ 救濟）。
娠	ZN`	1、妊＝姙娠（NGIM` ZN` 婦女懷孕）。 2、腹中胎兒微動。 又音 SN。
鎮 鎮	ZN`	1、壓制。如： 鎮壓（ZN` AB`）。 鎮痛（ZN` TUNG^）。 2、用兵駐守。如： 坐鎮（TSO ZN`）。
正	ZN^	1、不偏、不斜、在中間。如： 正中（ZN^ ZUNG）。 2、與「反」相對。如： 正面（ZN^ MIEN^）。 端正（DON ZN^ 沒有歪斜）。 3、主要的、基本的。與「副」相對。 正本（ZN^ BUN`）。

正業（ ZN^　NGIAB^ 本行，非副業）。
4、與「負」相對。如：
正電（ ZN^　TIEN^ ）。
正極（ ZN^　KID^ 正電的一端，與負極相對）。
5、合規矩的、合法的。如：
正派（ ZN^　PAI^ 人的品行端正）。
正取（ ZN^　CHI` 正式錄取的 ）。
正室（ ZN^　SD` 正式的妻 ）。
正己（ ZN^　GI` 以身作則 ）。
正途（ ZN^　TUv 正當的道路 ）。
正道（ ZN^　TO^ 正大不移的道理）。
正統（ ZN^　TUNG`正當傳統的,合法的)。
正經（ ZN^　GIN 行為端正 ）。
正式（ ZN^　SD` 合法的,非臨時的）。
正確（ ZN^　KOG` 確實不假 ）。
6、沒有私心的。如：
公正（ GUNG　ZN^ 不假公濟私）。
正大（ ZN^　TAI^ 心志正直偉大）。
正直（ ZN^　TSD^ 公正而剛直 ）。
正氣（ ZN^　HI^ 光明正大的氣質）。
正義（ ZN^　NGI^ 公平正當的道理）。
正論（ ZN^　LUN^ 正大的議論 ）。
正人君子（ ZN^　NGINv　GYUN　Z` 品行端正大公無私的人）。
7、恰好。如：
正好（ ZN^　HO` ）。
正當（ ZN^　DONG 正在、合法的）。
正在（ ZN^　TSAI^ ）。
正值（ ZN^　TSD^ 適逢、當時 ）。
正午（ ZN`　NG` 中午 ）。
8、更改錯誤。如：如：
改正（ GOI`　ZN^ ）。
更正（ GIEN^　ZN^ ）。
正誤（ ZN^　NGU^ 對和錯,改正錯誤）。
9、精純不雜。如：
純正（ SUNv　ZN^ ）。
10、整理。如：
正襟（ ZN^　KIM 整肅衣冠 ）。
正衣冠（ ZN^　I　GON 整肅衣冠 ）。
正襟危坐（ ZN^　KIM　NGUIv　TSO^ 整好衣冠嚴肅地坐著 ）。
11、治罪。如：

		正刑（ZN^ HINv 依法執行死罪）。 正法（ZN^ FAB` 依法執行死罪）。 12、不假的、確實的。如： 正莊（ZN^ ZONG 真正的）。 正常（ZN^ SONGv 在常態中）。 正規（ZN^ GUI 在正常規範中）。 正軌（ZN^ GUI` 在正當的軌道上）。 正身（ZN^ SN 驗明是否確係本）。 13、正方形（ZN^ FONG HINv 四邊等長、四角都是直角的四方形）。
政	ZN^	同「正」、改正。如： 指政（Z` ZN^ 指示改正）。
證 证	ZN^	1、用人、事實、物來表明或斷定。 證實（ZN^ SD^ 證明斷定）。 證明（ZN^ MINv 用憑據來表明）。 2、憑據。如： 證據（ZN^ GI`）。 證人（ZN^ NGINv）。 證書（ZN^ SU 作為憑證的文憑）。 證章（ZN^ ZONG 印證）。 證券（ZN^ KIAN^ 代表金錢的證書，如股票、公債）。 證件（ZN^ KIAN^ 作為證明的文件）。 證候（ZN^ HEU^ 證驗、病狀）。
证	ZN^	「證」的簡字。
遭	ZO	遇到。如： 遭遇（ZO NGI^）。 遭殃（ZO IONG 遭遇災禍）。 遭難（ZO NAN^ 遭遇災難）。 遭逢（ZO FUNGv 遭遇）。
佐	ZO`	輔助。如： 佐理（ZO` LI）。 輔佐（FU` ZO`）。 佐餐（ZO` TSON 輔助進食，傍菜）。 佐證（ZO` ZN^ 助證、作證）。
做	ZO^	1、作、為。如： 做工（ZO^ GUNG）。 做屋（ZO^ UG` 造房屋）。 做號（ZO^ HO^ 做記號）。 做戲（ZO^ HI^ 演戲）。 做事（ZO^ S^ = SE^ 做工作）。 做得（ZO^ DED` 可以）。

做種　（ZO^　ZUNG`　做種子、傳代）。
做竇　（ZO^　DEU^　鳥獸做巢）。
做鬮　（ZO^　KIEU　做抽籤的籤）。
做官　（ZO^　GON　當官）。
做廚　（ZO^　TSUv　當大廚）。
做主　（ZO^　ZU`　出主意、做決定，領頭）。
做伴　（ZO^　PAN　陪伴）。
做家　（ZO^　GA　勤勞節儉）。
做讔　（ZO^　LIANG^　出謎語）。
做不得（ZO^　Mv　DED`不可以做）。
做暗號（ZO^　AM^　HO^　做自己知，別人不知道的記號）。
做頭家（ZO^　TEUv　GA　當老闆）。
做頭路（ZO^　TEUv　LU`經營事業）。
做媒人（ZO^　MOIv　NGINv　做媒）。
做狗爬（ZO^　GIEU`　PAv當狗在地下爬、為養活子女賣命工作賺錢）。
不做聲（Mv　ZO^　SANG　不出聲）。
盡做家（CHIN^　ZO^　GA　很勤儉）。
做先生（ZO^　CIN　SANG　當老師、當醫生）。
做衫褲（ZO^　SAM　FU^　縫製衣服）。
做麼個（ZO^　MA`　GE^　做什麼？）。
做人客（ZO^　NGINv　HAG`　作客）。
做人情（ZO^　NGINv　CHINv做些有恩於人的事）。
做生理（ZO^　SEN　LI　做生意、做買賣）。
做好心（ZO^　HO`　CIM　做善事）。
做鬧熱（ZO^　NAU^　NGIAD^　舉辦迎神賽會等熱鬧）。
做一下（ZO^　ID`　HA^　總共、全部）。
做寒矣（ZO^　HONv　NEv　冬天來了）。
做空也（ZO^　KANG　NGE`設陷阱、預先串謀）。
做樣也（ZO^　IONG^　NGE`　示範、做表面工作）。
做麼個（ZO^　MA`=MAG`　GE^　做什麼）。
做夜米（ZO^　IA^　MI`做不正當的交易。「夜米」是日語的「暗やみ」）。
淨食不做（CHIANG^　SD^　Mv　ZO^　只吃飯不做事）。
好食懶做（HAU^　SD^　LAN　ZO^）。
2、舉辦。如：

657

		做月（ZO^ NGIAD^ 生孩子的一個月期）。 做七（ZO^ CHID` 人死後每七天一次的家祭）。 做生日（ZO^ SANG NGID` 祝壽慶典）。 做滿月（ZO^ MAN NGIAD^ 孩子生出來滿一個月）。 做好事（ZO^ HO` S^ 辦理娶妻嫁女的喜事、做善事）。
茁	ZOD`	動植物初生的樣子。如： 茁長（ZOD` ZONG` 動植物出生長大）。 茁壯（ZOD` ZONG^ a、生長的樣子。b、肥壯的樣子）。 牛羊茁壯（NGYUv IONGv ZOD` ZONG^ 牛羊出生長大強壯）。
嗍	ZOD^	用口或器具吸吮。如： 嗍奶（ZOD^ NEN^ 吸奶）。 嗍田螺（ZOD^ TIENv LOv 吸田螺肉）。
作	ZOG`	1、同「做」。如： 工作（GUNG ZOG`）。 作為（ZOG` WIv 行為舉動、當作）。 作法（ZOG` FAB` 做事的方法手段）。 作弄（ZOG` NUNG^ 玩弄）。 作嫁（ZOG` GA^ 比喻替人做事）。 作物（ZOG` UD^ 工作產物）。 作用（ZOG` YUNG^ 影響其他事物的動作）。 作業（ZOG` NGIAB^ 工作事業、學生應做的功課）。 作古（ZOG` GU` 人死了）。 作料（ZOG` LIAU^ 調味材料）。 作惡（ZOG` OG` 生事、作壞事、作怪）。 作怪（ZOG` GUAI^ 作出怪事、花樣多）。 作祟（ZOG` SUI^ 作怪、作惡）。 作對（ZOG` DUI^ 與人敵對）。 作樂（ZOG` LOG^ 作為娛樂）。 作壩（ZOG` BOG` 築河堤）。 作亂（ZOG` LON^ 造反）。 作廢（ZOG` FI^ 成為廢物）。 作弊（ZOG` BI^ 舞弊、以不正當手法作利的事）。 作踐（ZOG` CHIEN^ 糟蹋）。 作戰（ZOG` ZAN^ 打仗）。

		作孽（ZOG` NGIAD`作壞事、自取其禍）。 作棋也（ZOG` KIv IE` 下棋）。 作姦犯科（ZOG` GIAN FAM^ KO 作惡犯法）。 作威作福（ZOG` WI ZOG` FUG`利用權勢胡作亂為）。 作繭自縛（ZOG` GIAN` TS^ FUG^ 蠶吐絲作繭束縛自己，比喻自己所作的事正好妨害了自己）。 2、鼓舞、奮起。如： 振作（ZN` ZOG`）。 3、創造。如： 創作（TSONG` ZOG`）。 4、著述。如： 著作（ZU^ ZOG`）。 寫作（CIA` ZOG`）。 作文（ZOG` UNv）。
迮	ZOG`	壓迫： 壓迮（AB` ZOG` 壓迫）。
踔	ZOG`	1、超越。 踔越（ZOG` IAD^ 同"卓越"）。 踔厲（ZOG` LI^ 奮起猛進、進步神速）。 2、高遠： 踔遠（ZOG` IAN`）。 踔絕（ZOG` CHIED^）。
灼	ZOG`	1、被火燒傷： 灼傷（ZOG` SONG）。 焚灼（FUNv ZOG` 薰燒）。 灼爛（ZOG` LAN^ 被火燒傷）。 2、憂急。如： 焦灼（ZEU ZOG`）。 3、光明貌。如： 灼燦（ZOG` TSAN^ 光明燦爛）。 4、明白： 灼見（ZOG` GIAN^ 明白透徹）。 灼灼（ZOG` ZOG` 光明貌）。 真知灼見（ZN Z ZOG` GIAN^ 形容見解透徹深遠）。
酢	ZOG`	酬酢（TSUv ZOG`主客相互敬酒，主人敬客稱酬，客人回敬稱為酢）。
酌	ZOG`	1、斟酒。如： 對酌（DUI^ ZOG` 相對飲酒）。

659

		自飲自酌（TS^ IM` TS^ ZOG`）。 2、飲酒宴會。如： 喜酌（HI` ZOG` 喜宴）。 3、酒。如： 清酌（CHIN ZOG`）。 酌酒（ZOG` JIU` 斟酒、注酒在盃中）。 4、商量。如： 商酌（SONG ZOG`）。 酌量（ZOG` LIONGv 商量）。 酌加（ZOG` GA 酌量增加）。 酌定（ZOG` TIN^ 斟酌決定）。 酌奪（ZOG` TOD^ 斟酌定奪）。 酌辦（ZOG` PAN^ 斟酌辦理）。 斟酌（ZM ZOG` 商量）。
捉	ZOG`	抓、握住。如： 捕捉（BU` ZOG`）。 捉賊（ZOG` TSED^ 抓賊）。 捉刀（ZOG` DO 代人寫作）。 捉筆（ZOG` BID` 抓筆、代人寫）。 捉姦（ZOG` GIAN 捉拿通姦的男女）。 捉魚也（ZOG` NGv NGE` 抓魚）。 捉鵰也（ZOG` DIAU UE` 抓鳥）。 捉蛙也（ZOG` GUAI` IE` 抓小青蛙）。 捉襟見肘（ZOG` KIM GIAN^ JIU` 衣服破舊不能蔽體，比喻窘迫）。
浞	ZOG`	浸濕。
著 着	ZOG`	1、穿衣服、穿鞋子。如： 穿著（TSON ZOG` 穿衣著鞋）。 著鞋（ZOG` HAIv）。 著襪（ZOG` MAD` 穿襪子）。 著衫褲（ZOG` SAM FU^ 穿衣服）。 2、著棋（ZOG` KIv 下棋、對弈）。
着	ZOG`	同「著 ZOG`，TSOG^」。
斫	ZOG`	砍： 斫木（ZOG` MUG` 砍樹）。 斫柴（ZOG` TSEUv 砍柴）。
斮	ZOG`	斬截： 斮脛（ZOG` GUANG` 截斷小腿）。
砌	ZOG`	堆砌。如： 砌牆（ZOG` CIONGv）。 砌壩（ZOG` BOG` 堆砌防水堤）。 砌堋頭（ZOG` PENv TEUv 砌土堤）。

斲	ZOG`	砍： 斲喪（ZOG` SONG` 砍伐殆盡）。 發塚斲棺（FAD` TSUNG` ZOG` GON 掘開墓塚砍裂棺木）。
濯	ZOG`	洗滌： 洗濯（SE` ZOG` 洗滌）。 濯足（ZOG` JYUG` 洗腳）。
跩	ZOIv	一搖一擺地走路。 又音 NGIAU`。
載 载	ZOI^	同「載 ZAI^」。以車船載運。 載人（ZOI^ NGINv）。 載貨（ZOI^ FO^）。 又音 ZAI`，ZAI^。
專 专	ZON	1、集中心力在一件事上。如： 專一（ZON ID`）。 專心（ZON CIM）。 專誠（ZON SNv 專心誠意）。 專門（ZON MUNv 專精一門）。 專家（ZON GA 專精一門的人）。 專業（ZON NGIAB^ 專藏）。 2、獨得。如： 專利（ZON LI^）。 專賣（ZON MAI^ 獨占經營）。 3、單獨的、特定的。如： 專車（ZON TSA）。 專送（ZON SUNG^）。 專程（ZON TSANGv）。 4、獨斷獨行。如： 專制（ZON Z^ 獨斷獨行）。 專權（ZON KIANv 獨攬權利）。 專政（ZON ZN^ 獨攬政權）。 專橫（ZON UANGv 蠻橫）。 專斷（ZON DON^ 專橫獨斷）。
剸	ZON	同「專」。 另音 TONv。
耑	ZON	借用作「專 ZON」。
顓 颛	ZON	1、同「專」。集中心力，專精一門。 顓制（ZON Z^ 專制）。 顓兵（ZON BIN 專擅兵權）。 2、謹慎而良善的。如： 顓民（ZON MINv）。 3、愚蒙無知。如：

661

		顢蒙（ZON MUNGv 固執不通）。 顢顢（ZON ZON 固執無知貌）。
鑽 钻	ZON	1、在人叢中或從小洞中穿通。如： 鑽山洞（ZON SAN TUNG^）。 鑽來鑽去（ZON LOIv ZON HI^ 在人堆中穿梭）。 2、專心研究。如： 鑽研（ZON NGIAN 窮究原理）。 鑽精（ZON JIN 窮究精深）。 3、運用人事關係以求達到目的。 鑽營（ZON IANGv 巴結貴人以求上進）。 鑽縫（ZON PUNG^ 運用人際關係達到某種目的、鑽法律漏洞）。 讀音 ZON^。
躦 躜	ZON	1、向前或向上穿過。 2、窮究義理。
轉 转	ZON`	1、旋動。如： 旋轉（CIENv ZON` 迴旋轉動）。 轉動（ZON` TUNG^）。 輾轉（ZAN` ZON`）。 轉眼（ZON` NGIAN` 一眨眼時間）。 轉瞬（ZON` SUN^ 轉眼間）。 2、改變方向。如： 轉向（ZON` HIONG^）。 轉彎（ZON` UAN）。 轉幹（ZON` UAD` 轉彎）。 轉頭（ZON` TEUv 改變方向，頭腳調換）。 轉入（ZON` NGID^ 轉到某處）。 轉側（ZON` ZED` 改變睡眠姿勢，改成側睡）。 3、遷移。如： 轉移（ZON` Iv）。 轉變（ZON` BIEN^ 改變）。 轉肩（ZON` GIEN 挑擔時左右肩互換)。 轉學（ZON` HOG^ 轉換學校）。 轉折（ZON` ZAD` 曲折、事情不順手）。 轉念（ZON` NGIAM^ 改變想法）。 轉進（ZON` JIN^ 改變路線前進，退卻）。 轉危為安（ZON` NGUIv WIv ON 脫離危險變為平安）。 4、運輸。如：

		轉運（ZON` YUN^ 改換運輸工具或路線）。 5、返回。 轉潤（ZON` YUN^ 乾燥物,如糖鹽,吸收空氣中的水分變濕）。 轉水（ZON` SUI` 轉潤變水）。 轉家（ZON` GA 回家）。 轉屋（ZON` UG` 回家）。 轉晝（ZON` ZU^ 中午放工回家）。 轉夜（ZON` IA^ 傍晚放工回家）。 轉妹家（ZON` MOI^ GA 回娘家）。 6、間接傳送。如： 轉播（ZON` BO）。 轉手（ZON` SU` 經過別人之手）。 轉交（ZON` GAU 經過別人之手交給）。 轉達（ZON` TAD^ 託人傳達）。 7、借用。如： 轉錢（ZON` CHIENv 借錢）。 8、轉酒（ZON` JIU` 醉酒嘔吐）。
纘	ZON`	繼續： 纘承先業（ZON` SNv CIEN NGIAB^ 繼續祖先事業）。
鑽 钻	ZON^	1、穿孔。如： 鑽也（ZON^ NE` 鑽子）。 鑽空（ZON^ KANG 鑽孔）。 鑽入（ZON^ NGIB^ 鑽進）。 2、穿孔的工具。如： 電鑽（TIEN^ ZON^ 電動鑽子）。 銇鑽（LUI^ ZON^ 鑽孔用鑽）。 又音 ZON。
坍	ZON^	屋牆倒下。如： 牆坍歇矣（CIONGv ZON^ HED` LEv 牆倒了）。 屋也坍歇矣（UG` GE` ZON^ HED` LEv 房子坍塌了）。 讀音 TAN。
躺	ZON^	平臥、倒臥。如： 躺一下（ZON^ ID` HA^ 躺睡一下）。 躺于路上（ZON^ NA^ LU^ HONG^ 倒在路上） 躺于眠床上（ZON^ NA^ MINv TSONGv HONG^ 躺在床上）。 讀音 TONG`。
張	ZONG	1、展開。如：

張		張開（ZONG KOI）。 張口（ZONG KIEU` 張開口）。 擴張（KOG` ZONG 擴大開展）。 張羅（ZONG LOv 張網、籌畫、蒐取）。 2、伸展。如： 伸張（SN ZONG）。 張揚（ZONG IONGv）。 3、誇大。如： 誇張（KUA ZONG）。 4、開店。如： 開張（KOI ZONG）。 5、望、看。如： 張望（ZONG UONG^ 四處看）。 6、主意。如： 主張（ZU` ZONG）。 7、恐慌。如： 慌張（FONG ZONG）。 張皇（ZONG FONGv 慌張）。
彰	ZONG	1、明顯、顯著。如： 彰顯（ZONG HIAN`）。 彰明（ZONG MINv）。 彰彰（ZONG ZONG 明白顯著）。 相得益彰（CIONG DED` ID` ZONG 彼此互相依附而更顯得光亮耀眼）。 彰明昭著（ZONG MINv ZEU ZU^ 非常顯明）。 2、表揚。如： 表彰（BEU` ZONG）。
妝 妝 粧	ZONG	1、打扮、修飾。如： 梳妝（S ZONG）。 妝扮（ZONG BAN^ 打扮）。 化妝（FA^ ZONG 打扮）。 妝匳（ZONG LIAMv 化妝用的鏡盒）。 2、嫁妝（GA^ ZONG 出嫁時的陪嫁品）。
裝	ZONG	1、修飾。如： 裝飾（ZONG S=SD`）。 裝扮（ZONG BAN^）。 裝修（ZONG CIU 房屋或商店的裝飾）。 裝潢（ZONG FONGv 裱糊字畫、表面裝飾）。 2、安放、裝置、設備。如： 安裝（ON ZONG）。

		裝置（ZONG Z^ 安裝放置）。 裝鎖頭（ZONG SO` TEUv 裝上鎖）。 裝箱（ZONG CIONG 裝入箱中）。 裝運（ZONG YUN^ 裝車運輸）。 裝載（ZONG ZAI^ 裝運貨物）。 裝貨（ZONG FO^ 裝載貨物）。 3、故意做作。如： 假裝（GA` ZONG）。 裝病（ZONG PIANG^）。 裝聾作啞（ZONG LUNG ZOG` A` 裝作聾子啞巴）。 4、做。如： 裝好（ZONG HO` 弄好！做好！） 裝便（ZONG PIEN^ 預備好！） 裝麼個（ZONG MAG` GE^ 做什麼）？ 裝壞矣（ZONG FAI` IEv 弄壞了）。 5、釘製書冊。 裝訂（ZONG DANG`）。
掌	ZONG`	1、把握、當權： 掌握（ZONG` AG`）。 掌權（ZONG` KIANv）。 掌管（ZONG` GON` 主持）。 掌印（ZONG` IN^ 掌管印章）。 掌櫃（ZONG` KUI^ 商店管錢的，經理）。 掌舵（ZONG` TO^ 掌管船舵開船的人）。 2、看守。如： 掌屋（ZONG` UG` 看家）。 掌牛（ZONG` NGYUv 看守牛吃草）。
長长	ZONG`	1、發育、滋生。如： 生長（SANG ZONG`）。 長成（ZONG` SNv 生長成人）。 2、成熟、增加、擴大。如： 長進（ZONG` JIN^）。
仗	ZONG^	1、憑倚、倚靠： 仗恃（ZONG^ S^ 依靠）。 仗勢（ZONG^ S^ 依靠權勢）。 仗義疏財（ZONG^ NGI^ SU TSOIv 重義氣，輕財物）。 2、執、持： 仗劍（ZONG^ GIAM^ 持劍）。 3、戰爭： 打仗（DA` ZONG^）。

漲漲	ZONG^	1、體積容積擴大。如： 漲大（ ZONG^ TAI^ ）。 膨漲（ PANGv ZONG^ ）。 漲縮（ ZONG^ SUG` 漲大或縮小 ）。 2、升高、向上增高。如： 漲價（ ZONG^ GA^ ）。 漲跌（ ZONG^ DIED` 漲價和跌價 ）。 漲落（ ZONG^ LOG^ 上漲或下落 ）。 漲潮（ ZONG^ TSEUv 潮水漲高 ）。 漲水（ ZONG^ SUI` 水面升高 ）。 3、彌漫、增加。如： 高漲（ GO ZONG^ ）。 漲紅（ ZONG^ FUNGv 面部通紅 ）。
脹脹	ZONG^	1、飲食過飽、胃部鼓漲。如： 飽脹（ BAU` ZONG^ ）。 鼓脹（ GU` ZONG^ ）。 發脹（ BOD` ZONG^ 罵人會生腫脹的病 ）。 2、皮肉浮腫。如： 腫脹（ ZUNG` ZONG^ ）。 3、膨大。如： 膨脹（ PANGv ZONG^ ）。
障	ZONG^	1、阻礙、隔斷。如： 阻障（ ZU` ZONG^ ）。 障礙（ ZONG^ NGOI^ ）。 障翳（ ZONG^ I^ 有所隱蔽。白內障 ）。 2、防衛。如： 保障（ BO` ZONG^ ）。 3、保護或遮擋的東西。如： 屏障（ PINv ZONG^ ）。
壯壯	ZONG^	1、強健有力。如： 強壯（ KIONGv ZONG^ ）。 壯士（ ZONG^ S^ 強壯有力的人 ）。 壯健（ ZONG^ KIAN^ 強壯健康 ）。 2、肥大、粗大。如： 壯大（ ZONG^ TAI^ ）。 3、氣盛。 壯懷（ ZONG^ FAIv 激昂慷慨的神情）。 理直氣壯（ LI TSD^ HI^ ZONG^ ）。 4、偉大。如： 壯觀（ ZONG^ GON 偉大的景象 ）。 壯麗（ ZONG^ LI^ 偉大華麗 ）。 壯舉（ ZONG^ GI` 偉大的舉動 ）。

		壯烈（ZONG^ LIED^ 偉大剛烈）。 壯志（ZONG^ Z^ 偉大志向）。 5、增加勇氣。如： 壯膽（ZONG^ DAM`）。
葬塟	ZONG^	1、掩埋屍體。如： 埋葬（MAIv ZONG^）。 安葬（ON ZONG^）。 土葬（TU` ZONG^ 埋在土中）。 火葬（FO` ZONG^ 火焚屍體，以骨灰安葬）。 葬花（ZONG^ FA）。 2、斷送。如： 葬送（ZONG^ SUNG^）。
誅 誅	ZU	1、殺死有罪的人。如： 誅奸（ZU GIAN）。 天誅地滅（TIEN ZU TI^ MED^）。 2、責罰。如： 口誅筆罰（KIEU` ZU BID` FAD^）。 3、討伐。如： 征誅（ZN ZU）。 4、剪除。如： 誅茅（ZU MAUv）。
租	ZU	1、付一定代價借用貨物或借住房屋。 租車（ZU TSA）。 租屋（ZU UG`）。 出租（TSUD` ZU）。 租借（ZU JIA^ 用錢租用）。 2、田賦。如： 田租（TIENv ZU）。 地租（TI^ ZU）。 3、借出的代價。如： 租金（ZU GIM）。 收租（SU ZU）。
侜	ZU	說謊欺騙。「譸」與「譸」同： 侜張=輈張=侏張=譸張（ZU ZONG 說假話）。
輈	ZU	說謊欺騙： 輈張=侜張=侏張=譸張（ZU ZONG 說假話）。
譸	ZU	說謊話欺騙： 譸張（ZU ZONG 說謊欺騙）。
周	ZU	1、普遍。如： 周到（ZU DO^ 面面顧到）。

		周全（ZU CHIONv 齊全周到）。 周轉（ZU ZON` 通融資金）。 2、救濟，如： 周濟（ZU JI^）。
賙	ZU	救濟、以財物救人急難： 賙濟（ZU JI^），亦作「周濟」。
組組	ZU	結合、構成。如： 組成（ZU SNv）。 組合（ZU HAB^ 聯合而成的團體）。 組織（ZU ZD` 結合或構成、細胞的結合）。 組訓（ZU HYUN^ 組織並訓練）。
趄	ZU	趑趄（Z ZU 遲疑不前）。
主	ZU`	以自己的意見決定。如： 主張（ZU` ZONG 對事物的主觀意見）。 主意（ZU` I^ 主旨,意見）。 主觀（ZU` GON 全憑自己的觀察,思想,了解所判斷的，與客觀相對）。 主動（ZU` TUNG^ 依自己意見行動、發生行動的主體）。
拄	ZU`	以杖支撐： 拄杖（ZU` TSONG` 以拐杖拄持支撐）。
煮煑	ZU`	1、把食品放在有水的鍋中加熱。如： 煮飯（ZU` FAN^ 煮米飯、煮食）。 煮菜（ZU` TSOI^ 烹調蔬菜或佐菜）。 煮麵（ZU` MIAN^ 煮麵食）。 煮食（ZU` SD^ 烹調食物）。 煮汁（ZU` ZB` 煮豬食）。 2、把器具或物品放在水或其他液態中加熱。 煮碗（ZU` UON` 煮燙碗盤消毒）。 煮注射筒（ZU` ZU^ SA^ TUNGv 消毒煮燙注射用的針筒）。
阻	ZU`	1、隔開。如： 阻隔（ZU` GAG`）。 阻切（ZU` CHIED` 切斷）。 2、擋、攔。如： 阻擋（ZU` DONG` 攔阻）。 阻止（ZU` Z`）。 阻塞（ZU` SED`）。 阻遏（ZU` OD` 阻止）。 阻攔（ZU` LANv 攔阻）。

		阻礙（ ZU` NGOI^ 妨礙進行 ）。 阻撓（ ZU` NOv 阻攔 ）。 阻力（ ZU` LID^ 阻擋的力量 ）。 阻梗（ ZU` GANG` 阻塞不通 ）。
詛 诅	ZU`	祈禱神鬼加害於所恨的人。如： 詛咒（ ZU` ZU^ ）。 詛盟（ ZU` MENv 立誓盟約 ）。 詛祝（ ZU` ZUG` 詛咒 ）。
咀	ZU`	用口嚼碎。如： 咀嚼（ ZU` JIOG` ）。
貯	ZU`	積存財物。如： 貯蓄（ ZU` HYUG` 儲蓄 ）。 貯積（ ZU` JID` 積蓄 ）。 貯水（ ZU` SUI` 積存用水 ）。 又音 ZU^ 。
注	ZU^	1、灌入。如： 注射（ ZU^ SA^ ）。 2、集中在一點上。如： 注意（ ZU^ I^ ）。 注目（ ZU^ MUG` 集中視線 ）。 注視（ ZU^ S^ 集中視線 ）。 注神（ ZU^ SNv 集中精神注意力 ）。 注重（ ZU^ TSUNG^ 著重 ）。 3、解釋文詞。如： 注解（ ZU^ GIAI` ）。 注釋（ ZU^ SD` ）。 注音（ ZU^ IM 加注音標 ）。 附注（ FU^ ZU^ 附帶加註 ）。 注腳（ ZU^ GIOG` 注解，在字句下面加註解釋說明 ）。 4、供賭博時的財物稱為 賭注（ DU` ZU^ ）。 5、登記、記載。如： 注冊（ ZU^ TSAB^ = TSAG` ）。 6、注定（ ZU^ TIN^ 指人事成敗都有定數、與生俱來的 ）。
註 注	ZU^	1、解釋文詞。如： 註解（ ZU^ GIAI` ）。 註釋（ ZU^ SD` ）。 註音（ ZU^ IM 加注音標 ）。 附註（ FU^ ZU^ 附帶加註 ）。 註腳（ ZU^ GIOG` 注解，在字句下面

		加註解釋說明）。 註疏（ZU^ SU 解釋經文叫註，解釋註文叫疏）。 2、記載、登記。如： 註冊（ZU^ TSAB^＝TSAG`）。 註銷（ZU^ SEU 取消登記）。
蛀	ZU^	1、被蟲侵食、蛀蝕。如： 凳腳蛀歇矣（DEN^ GIOG` ZU^ HED` LEv 凳腳被蟲蛀掉了）。 2、蛀牙（ZU^ NGAv 蛀齒）。
駐 駐	ZU^	1、車馬停止。如： 駐馬（ZU^ MA）。 駐腳（ZU^ GIOG` 停腳）。 2、停留、設住。如： 駐守（ZU^ SU` 設駐防守）。 駐防（ZU^ FONGv 駐紮軍隊守防）。 駐紮（ZU^ ZAB` 軍隊停宿）。 駐兵（ZU^ BIN 駐紮軍隊）。 駐顏（ZU^ NGIANv 保持容貌不衰老）。 駐外使節（ZU^ NGOI^ S` JIED`）。 亦音 TSU^。
住	ZU^	1、居留。如： 住家（ZU^＝TSU^ GA）。 住址（ZU^＝TSU^ Z` 居住的地點）。 住民（ZU^ MINv 在一定區域內居住的人民）。 2、停止。如： 停住（TINv ZU^）。 封住（FUNG ZU^ 封得牢固）。 住口（ZU^ KIEU` 停止說話）。 住手（ZU^ SU` 停止動作）。 又音 TSU^。
著	ZU^	1、顯明。如： 著名（ZU^ MIANGv 名聲顯著）。 顯著（HIAN` ZU^ 顯明）。 2、寫作。如： 編著（BIEN ZU^ 編纂著作）。 著書（ZU^ SU 寫成書本）。 著作（ZU^ ZOG` 寫作）。 著述（ZU^ SUD^ 著書立說）。 拙著（ZOD` ZU^ 謙稱自己的著作）。
咒	ZU^	1、用不吉祥的話或祈求神鬼降災於所

		恨的人。 詛咒（ZU` ZU^）。 咒罵（ZU^ MA^ 以咒語罵人）。 咒語（ZU^ NGI 詛咒用語）。 咒殽罵絕（ZU^ GO MA^ CHIED^ 咒罵人殽貘 GO MO，又絕子絕孫）。 2、符咒（PUv ZU^ 符籙=符誥 PUv GAU^ 和咒語）。
鑄 铸	ZU^	1、把熔化成液態的金屬或液化的非金屬倒在模型中製成器物。如： 鑄鐵（ZU^ TIED`）。 鑄造（ZU^ TSO^ 塑造、培育人才）。 鑄錢（ZU^ CHIENv 鑄造銅幣、鎳幣）。 2、造成。如： 鑄成大錯（ZU^ SNv TAI^ TSO^）。
貯 贮	ZU^	儲蓄、儲存： 貯存（ZU^ SUNv 儲存）。 貯蓄（ZU^ HYUG` 儲蓄）。 貯積（ZU^ JID` 存積）。 穀貯也（GUG` ZU^ UE` 儲穀倉）。 又音 ZU`。
翥	ZU^	鳥類高飛，飛起。如： 鸞翔鳳翥（LANv CIONGv FUNG^ ZU^）。
卒	ZUD`	1、完畢。如： 卒業（ZUD` NGIAB^ 畢業）。 卒歲（ZUD` SUI^ 過完一年）。 2、死亡。如： 病卒（PIANG^ ZUD` 病亡）。 暴卒（PAU^ ZUD` 突然死亡）。
悴	ZUD`	鬱悴（UD` ZUD` 抑鬱）。
猝	ZUD`	急忙的樣子： 倉猝（TSONG ZUD`），亦作「倉卒」。
捽	ZUD`	手拔： 捽髮（ZUD` FAD` 拔頭髮）。 捽草（ZUD` TSO` 拔草）。 又音 TSUD^。
祝	ZUG`	祈求、表示良好的願望。如： 祝福（ZUG` FUG`）。 慶祝（KIN^ ZUG`）。 祝賀（ZUG` FO^ 慶祝恭賀）。 祝詞（ZUG` TSv 祝賀的言詞）。 祝嘏（ZUG` GU` 祝壽）。

燭 爉 炖	ZUG`	照耀。如： 火光燭天（FO` GONG ZUG` TIEN）。
躅	ZUG`	1、行跡。如： 芳躅（FONG ZUG` 芳蹤）。 2、徘徊不前。如： 躑躅（CHID` ZUG`＝TSOG` 漫步彳亍）。
矚 瞩	ZUG`	注視。如： 遠矚（IAN` ZUG` 注視遠方，瞻望未來）。
囑 嘱	ZUG`	吩咐、托咐。如： 囑咐（ZUG` FU^ 吩咐）。 叮囑（DEN ZUG` 叮嚀）。 囑託（ZUG` TOG` 請託、托人帶話）。 遺囑（WIv ZUG` 死前寫下的叮囑）。
斸	ZUG`	砍伐。
築 筑 竺	ZUG`	建造。如： 建築（GIAN^ ZUG`）。 築路（ZUG` LU^）。
逐	ZUG`	1、趕走。如： 驅逐（KI ZUG`）。 逐客（ZUG` KIED` 趕走客人）。 2、追趕。如： 追逐（ZUI ZUG`）。 3、依序。如： 逐步（ZUG` PU^ 依著步驟）。 又音 GYUG`。
躓 踬	ZUG^	顛簸、上下跳動。如： 躓頓（ZUG^ DUN^ 車子上下顛簸顛頓）。 車也緊躓（TSA E` GIN` ZUG^ 車子一直在顛簸抖跳）。 錢躓出來矣（CHIENv ZUG^ TSUD` LOIv IEv 錢被顛簸抖出來了）。 書躓于跌歇矣（SU ZUG^ GA^ DIED` HED` LEv 書被車子顛簸抖掉了）。 亦音 ZD`。
追	ZUI	1、從後面趕上或跟隨。如： 追趕（ZUI GON` 從後面趕）。 追隨（ZUI SUIv 在後面跟隨）。 追逐（ZUI ZUG`＝GYUG` 追趕）。 追擊（ZUI GID` 從後打擊）。 2、回憶。如： 追念（ZUI NGIAM^ 回憶）。

		追憶（ZUI I^ 追思）。 追溯（ZUI SOG` 回憶從前、追究以往）。 追悼（ZUI TO^ 對死者表哀悼）。 3、上溯已往。如： 追究（ZUI GYU^ 查究）。 追悔（ZUI FI` 懊悔）。 4、事後補救。如： 追加（ZUI GA）。 追問（ZUI UN^ 查問前事）。 追記（ZUI GI^ 事後補寫）。 追述（ZUI SUD^ 說明前事）。 追認（ZUI NGIN^ 事後承認）。 來者可追（LOIv ZA` KO` ZUI）。 5、求索。如： 追求（ZUI KYUv）。 追索（ZUI SOG` 催逼）。 追繳（ZUI GIEU` 逼繳欠款）。 追蹤（ZUI ZUNG 求索前人蹤跡）。 6、求偶或愛戀。如： 追小姐（ZUI SEU` JI`）。 又音 DUI。
醉	ZUI^	1、酒或藥物使人神智不清。如： 酒醉（JIU` ZUI^）。 醉漢（ZUI^ HON^ 酒醉的男人）。 2、酒浸食物。如： 醉蝦（ZUI^ HAv）。 3、沉迷或專心於某物。如： 沉醉（TSMv ZUI^）。 醉鄉（ZUI^ HIONG 沉醉於酒的境界）。 4、心神沉溺其中，如： 心醉（CIM ZUI^）。 迷醉（MIv ZUI^）。 5、醉生夢死（ZUI^ SEN MUNG^ CI` 糊塗渡日，一生都像在醉夢中）。
膇	ZUI^	身體或四肢皮下水腫稱為： 膇水（ZUI^ SUI`）。 膇膇（ZUI^ ZUI^ 水腫貌）。 腳膇（GIOG` ZUI^）：腳腫水。
綴 緅	ZUI^	1、縫合： 補綴（BU` ZUI^）。 2、連結： 綴甲（ZUI^ GAB` 戶口連結）。

		綴文（ ZUI^ UNv 連續文字，即寫文章 ）。 綴法（ ZUI^ FAB` 作文，造句 ）。 3、裝飾： 點綴（ DIAM` ZUI^ ）。
惴	ZUI^	憂愁又恐懼的樣子。如： 惴惴不安（ ZUI^ ZUI^ BUD` ON ）
尊	ZUN	敬重。如： 尊重（ ZUN TSUNG^ ）。 尊敬（ ZUN GIN^ 敬重 ）。
遵	ZUN	1、依照吩咐、常理或法令做事。如： 遵命（ ZUN MIN^ ）。 遵守（ ZUN SU` ）。 遵循（ ZUN CYUNv 依照既定方針辦法進行 ）。 遵行（ ZUN HANGv 遵守奉行 ）。 遵奉（ ZUN FUNG^ 奉行 ）。 遵從（ ZUN CHYUNGv 從命 ）。 遵照（ ZUN ZEU^ 遵從依照 ）。 2、沿著。如： 遵海（ ZUN HOI` ）。
諄諄	ZUN	教不倦的態度，誠懇苦口婆心的樣子稱為： 諄諄（ ZUN ZUN ）。如： 誨語諄諄（ FI^ NGI ZUN ZUN ）。
顫顫	ZUN	發抖。如： 凍于緊顫（ DUNG^ NGA^ GIN` ZUN 凍得發抖 ）。 驚于緊顫（ GIANG NGA^ GIN` ZUN 怕得發抖 ）。 又音 TSAN^ , ZAN^ 。
逡	ZUN	逡巡（ ZUN SUNv 走路心中有顧慮，不敢前進 ）。
朘	ZUN	剝削： 朘削（ ZUN CIOG` 剝削 ）。 另音 ZOI 。
准	ZUN`	1、允許。「準」的簡體字。如： 允准（ YUN ZUN` 准許 ）。 批准（ PI ZUN` 答允 ）。 核准（ HED` ZUN` 允准 ）。 准許（ ZUN` HI` 允許 ）。 方准（ MOv ZUN` 沒有得到允許 ）。 2、比照。如：

		照准（ZEU^ ZUN` 比照核准）。 准飯食（ZUN` FAN^ SD^ 當飯吃）。 准抵好（ZUN` DU` HO` 就如此吧！） 3、確定。如： 准於某日…（ZUN` I MEU NGID`）…
撙	ZUN`	1、守法度，節省，裁減。如： 撙節（ZUN` JIED` 遵守禮節法度；節省費用）。 撙省（ZUN` SANG` 節省）。 撙屈（ZUN KYUD` 自節卑屈）。 2、以手扭動、鈕轉。如： 撙水（ZUN` SUI`打開或鎖緊水龍頭）。 撙螺絲（ZUN` LOv S 轉動螺絲帽或螺絲釘）。 撙電火（ZUN` TIEN^ FO` 開關電燈）。 撙發條（ZUN` FAD` TIAUv 時鐘手錶上弦）。
噂	ZUN`	相見談話。
雋 雋	ZUN^	甘美而耐人尋味： 雋永（ZUN^ YUN` 說話有趣味,甘美耐人尋味）。
寯	ZUN^	聚集。如： 才寯（TSOIv ZUN^ 聚集賢才）。
濬	ZUN^	1、挖深、疏通河道使水暢流： 疏濬（SU ZUN^）。 濬河（ZUN^ HOv 疏通河道）。 2、稱人智識高深、深奧： 濬智（ZUN^ Z^）。 濬哲（ZUN^ ZAD`高深奧妙的智識）。
浚	ZUN^	1、同「濬 ZUN^」。開通、挖掘河道。 疏浚（SU ZUN^）。 浚井（ZUN^ JIANG` 掘井）。 2、剝削。 3、取出。
忠	ZUNG	1、竭盡心力做事。如： 盡忠（CHIN^ ZUNG 竭盡忠誠）。 忠心（ZUNG CIM 忠誠之心）。 忠勇（ZUNG YUNG` 忠心勇猛）。 忠厚（ZUNG HEU^ 待人忠實寬後）。 忠實（ZUNG SD^ 忠厚老實）。 忠貞（ZUNG ZN 忠直堅貞）。 忠良（ZUNG LIONGv 忠心良善）。

		忠信（ZUNG CIN^ 忠心信實）。 忠勇（ZUNG YUNG` 忠誠且勇敢）。 忠恕（ZUNG SU^ 忠誠寬厚）。 忠烈（ZUNG LIED^ 忠誠義烈）。 忠義（ZUNG NGI^對人忠實而有義氣）。 忠良（ZUNG LIONGv 為國盡忠的人）。 忠孝（ZUNG HAU^對國家盡忠，對父母盡孝）。 2、正直。如： 忠直（ZUNG TSD^）。 忠言（ZUNG NGIANv 忠心勸告的話）。 忠告（ZUNG GO^ 誠心勸人做好）。 忠言逆耳（ZUNG NGIANv NGIAG^ NGI`進諫忠實誠懇的言語,往往不能為對方接納）。
鍾	ZUNG	1、專注、專一的傾向。如： 鍾情（ZUNG CHINv 專一聚凝情愛）。 鍾愛（ZUNG OI^ 專一聚凝情愛）。 2、聚集。如： 鍾靈（ZUNG LINv 凝聚靈秀）。
舂	ZUNG	1、用杵在臼中搗米、豆或藥： 舂米（ZUNG MI`）。 舂藥（ZUNG IOG^）。 舂番豆（ZUNG FAN TEU^搗碎花生米）。 2、舂臼也（ZUNG KYU UE`舂米的石臼）。 3、同「撞 ZUNG」。 舂撞（ZUNG TSONG^）。 舂到壁（ZUNG DO` BIAG` 撞到牆壁）。 亦音 TSUNG。
終 終	ZUNG	1、完畢、結局。如： 終了（ZUNG LIAU` 完了）。 終止（ZUNG Z`事情完了不再進行）。 終究（ZUNG GYU^ 畢竟、到底）。 終結（ZUNG GIAD` 結束）。 自始至終（TS^ TS` Z^ ZUNG從頭到尾）。 終日（ZUNG NGID` 一天到晚）。 終夜（ZUNG IA^ 整夜）。 終年（ZUNG NGIANv 整年、全年）。 2、死亡。如： 壽終（SU^ ZUNG）。 臨終（LIMv ZUNG 即將死亡）。 3、一生。如：

		終生（ZUNG SEN 一生）。 終身（ZUNG SN 一生）。
綜综	ZUNG	1、交錯。如： 綜雜（ZUNG TSAB^）。 錯綜複雜（TSO^ ZUNG FUG^ TSAB^）。 2、合起來。如： 綜合（ZUNG HAB^）。 綜理（ZUNG LI 綜合管理）。 綜攬（ZUNG LAM` 總包在一人身上）。 綜括（ZUNG KUAD` 總括）。
踪蹤	ZUNG	腳印，形跡、也指人的形影。如： 腳踪（GIOG` ZUNG 腳印）。 行踪（HANG ZUNG 腳蹤）。 踪跡（ZUNG JIAG` 腳跡、形影）。
撞	ZUNG	1、踫撞。如： 相撞（CIONG ZUNG 互相碰撞）。 撞壁（ZUNG BIAG` 衝撞牆壁）。 撞到壁（ZUNG DO` BIAG` 撞到牆壁）。 2、到處張羅、想辦法或拉關係。如： 撞上撞下（ZUNG SONG ZUNG HA 到處奔走張羅，想辦法）。
怔	ZUNG	怔怔（ZN ZUNG 驚懼貌）。
潀	ZUNG	小水流入大水。 鳧鷖在潀（FUv I TSAI^ ZUNG 野鴨沙鷗在河漢）。
沖	ZUNGv	水從高處向下沖瀉或傾倒。如： 沖水（ZUNGv SUI`）。 用水沖不淨（YUNG^ SUI` ZUNGv Mv CHIANG^ 以水沖不乾淨）。 一桶水沖下來（ID` TUNG` SUI` ZUNGv HA LOIv）。 又音 TSUNG。
種种秱	ZUNG`	生物的延續。如： 傳種（TSONv ZUNG` 傳宗接代）。 做種（ZO^ ZUNG` 傳種用）。 雜種（TSAB^ ZUNG`不純種、雜交所生的）。 絕種（CHIED^ ZUNG`斷絕生物的延續）。 孽種（NGIAD` ZUNG` 非嫡種，雜種）。 壞種草（FAI` ZUNG` TSO`不好的品種）。 好種方傳，壞種方斷（HO` ZUNG` MOv TSONv，FAI` ZUNG` MOv TON 優

		良品種沒有傳下來，壞的卻沒有斷絕）。
腫肿	ZUNG`	肌肉浮脹。如： 腫脹（ZUNG` ZONG^）。 紅腫（FUNGv ZUNG` 發紅腫脹）。 腫瘤（ZUNG` LIUv 腫脹的肉瘤,癌）。 腳腫腿（GIOG` ZUNG` ZUI^ 腳部腫脹腿水）。 面腫腫（MIEN^ ZUNG` ZUNG` 臉部腫脹）。
瘇	ZUNG`	「腫」的古字。
尰	ZUNG`	腳浮腫： 既微且尰（GI^ MI CHIA` ZUNG` 腿上生瘡腳腫大）。
踵	ZUNG`	跟在人後走： 追踵（ZUI ZUNG` 跟踵）。 跟踵（GIN ZUNG`）。 又音 ZANG。
傱傱	ZUNG`	倥傱（KUNG ZUNG` 做事急迫貌,窘困貌）。
種种秱	ZUNG^	1、栽植、培養。如： 種植（ZUNG^ TSD^ 栽種植物）。 種樹（ZUNG^ SU^ 栽種樹木）。 種菜（ZUNG^ TSOI^ 栽種蔬菜）。 種花（ZUNG^ FA 栽種花草）。 種因（ZUNG^ IN 預伏某事的起因）。 種瓜得瓜（ZUNG^ GUA DED` GUA 種瓜仁，得瓜果，比喻有因必有果）。 2、把疫苗引入人體用以抗疫。如： 種牛痘（ZUNG^ NGYUv TEU^）。 3、積。如： 種德（ZUNG^ DED` 積德）。
中	ZUNG^	1、合。如： 中意（ZUNG^ I^ 合意）。 中聽（ZUNG^ TANG 中意聽）。 2、對、正確。如： 猜中（TSAI ZUNG^ 猜對）。 擊中（GID` ZUNG^ 打中，射中）。 中的（ZUNG^ DID` 中靶心）。 中靶（ZUNG^ BA` 擊中靶心）。 3、得到。如： 中獎（ZUNG^ JIONG` 得到獎券頒給的獎金）。

| | | 中計（ZUNG^ GIE^ 中了人的暗算計謀、上當）。
4、遭受。如：
中傷（ZUNG^ SONG 陰謀暗算的打擊）。
中暑（ZUNG^ SU` 受暑熱昏倒休克的急症）。<br>中風（ZUNG^ FUNG 卒中，腦溢血）。<br>中毒（ZUNG^ TUG^ 有毒物質進入體內）。<br>5、考取。如：<br>考中（KAU` ZUNG^）。
中榜（ZUNG^ BONG` 考取上榜）。
中狀元（ZUNG^ TSONG^ NGIANv）。|

客家語文動詞總彙
Collected Hagga Language Verbs

漢字客家語文書寫　　萬國羅馬音韻標注
現代通用華文註解　　外文字母順序排列

劉丁衡 編著
Ten jen Liu　compiled

www.ingramcontent.com/pod-product-compliance
Lightning Source LLC
Chambersburg PA
CBHW071956150426
43194CB00008B/890